余姚年鉴

YUYAO YEARBOOK

2021

余姚市地方志编纂委员会 编

方志出版社
Publishing House of Local Records

图书在版编目（CIP）数据

余姚年鉴．2021 / 余姚市地方志编纂委员会编．—
北京 ：方志出版社，2021.12
ISBN 978-7-5144-5065-1

Ⅰ．①余… Ⅱ．①余… Ⅲ．①余姚－2021－年鉴
Ⅳ．①Z525.53

中国版本图书馆CIP数据核字（2021）第265556号

责任编辑：王品
责任校对：刘玉霞
责任印制：赵楚
出 版 者：方志出版社
地　　址：北京市朝阳区潘家园东里9号（国家方志馆4层）
邮　　编：100021
网　　址：http://www.zgfzcb.cn
发　　行：方志出版社图书营销中心（010-67110500）
印　　刷：杭州良诸印刷有限公司
开　　本：889毫米×1194毫米　1/16
印　　张：30.75
字　　数：823千字
版　　次：2021年12月第1版
印　　次：2021年12月第1次印刷
定　　价：180.00元

余姚市地方志编纂委员会

《余姚年鉴（2021）》编辑部

余姚市行政区划图

杭
州
湾
平
湖
市
海
盐
县
钱
塘
江
海宁市
慈溪市现代农业开发区
宁波杭州湾新区
中意宁波生态园
浙江杭州湾上虞工业园区
慈
溪
市
小
曹
娥
镇
泗
门
镇
临
山
镇
黄
家
埠
镇
朗
霞
街
道
低
塘
街
道
马
渚
镇
阳
明
街
道
凤
山
街
道
牟
山
镇
丈
亭
镇
三
七
市
镇
兰
江
街
道
上
虞
江

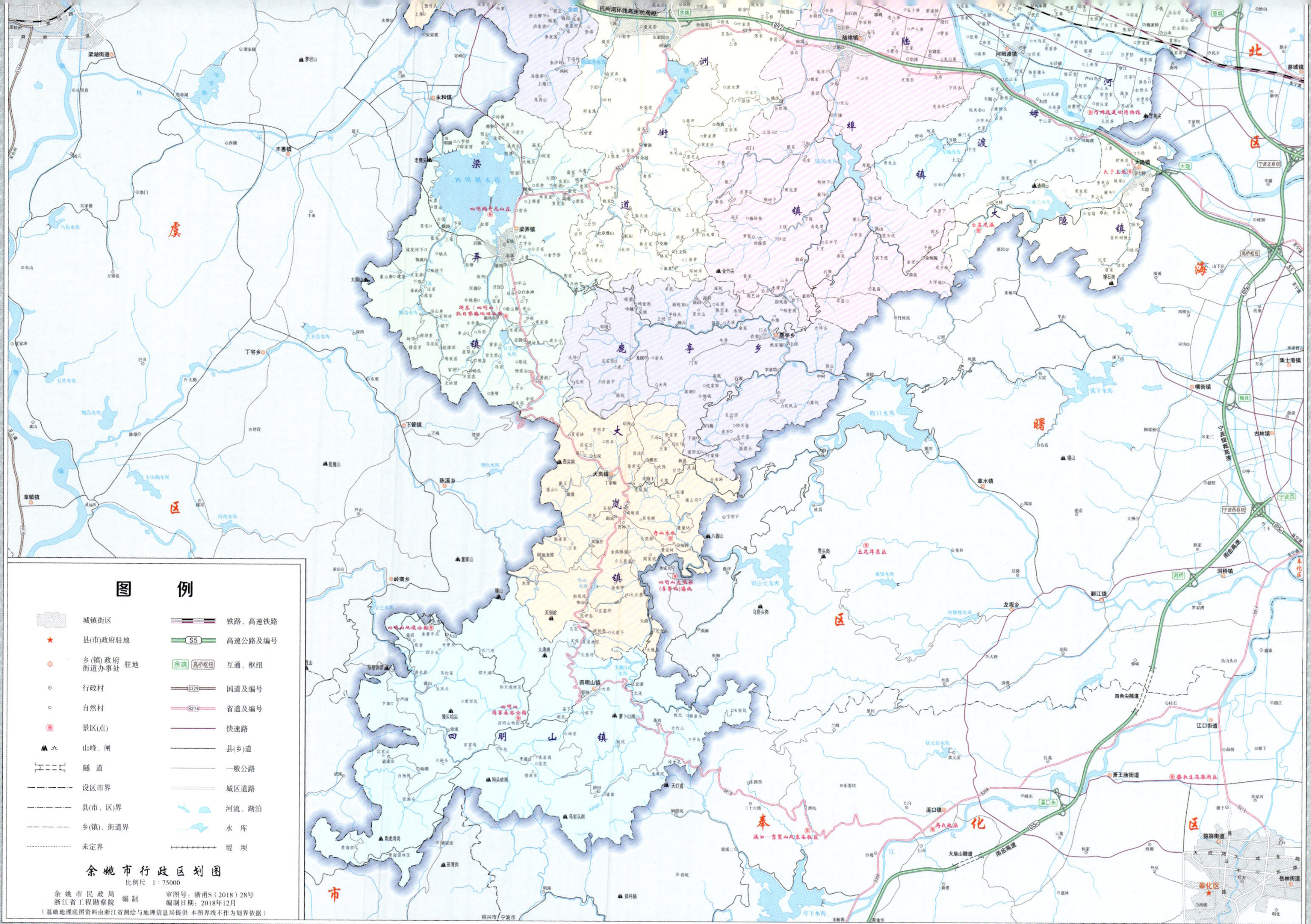
图 例
城镇街区
县(市)政府驻地
乡(镇)政府
街道办事处 驻地
行政村
自然村
景区(点)
山峰、闸
隧 道
设区市界
县(市、区)界
乡(镇)、街道界
未定界
铁路、高速铁路
高速公路及编号
互通、枢纽
国道及编号
省道及编号
快速路
县(乡)道
一般公路
城区道路
河流、湖泊
水 库
堤 坝
余姚市行政区划图
比例尺 1∶75000
余姚市民政局
浙江省工程勘察院 编制
审图号：浙甬S（2018）28号
编制日期：2018年12月
（基础地理底图资料由浙江省测绘与地理信息局提供 本图界线不作为划界依据）
北
区
海
曙
区
奉
化
区
市
虞
区
梁弄镇
大岚镇
四明山镇
鹿亭乡
陆埠镇
大隐镇
梨洲街道

地区生产总值（亿元）

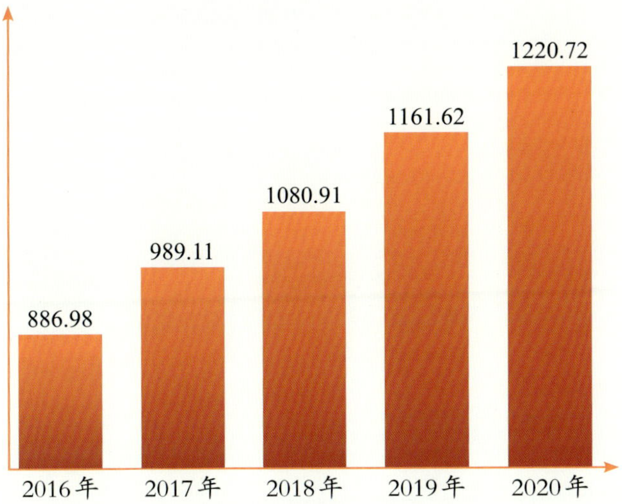

人均地区生产总值（元）

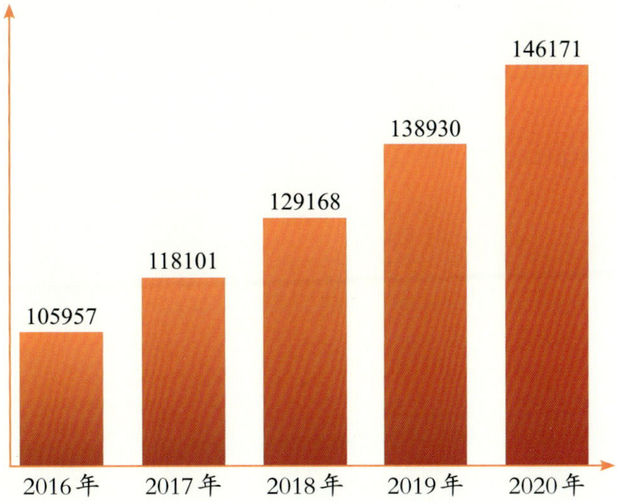

社会消费品零售总额（亿元）

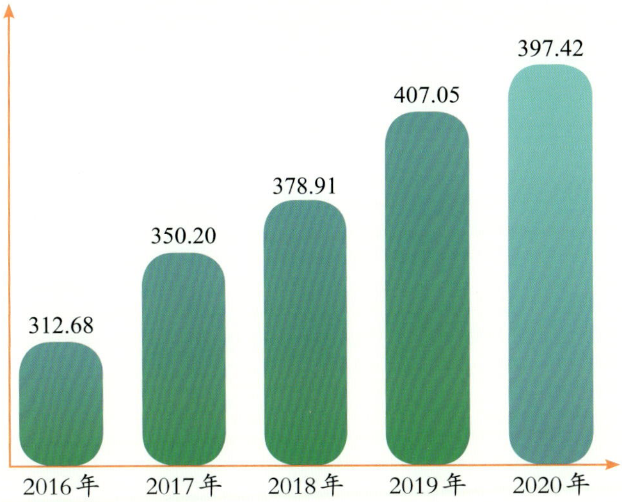

进出口总额（亿美元）

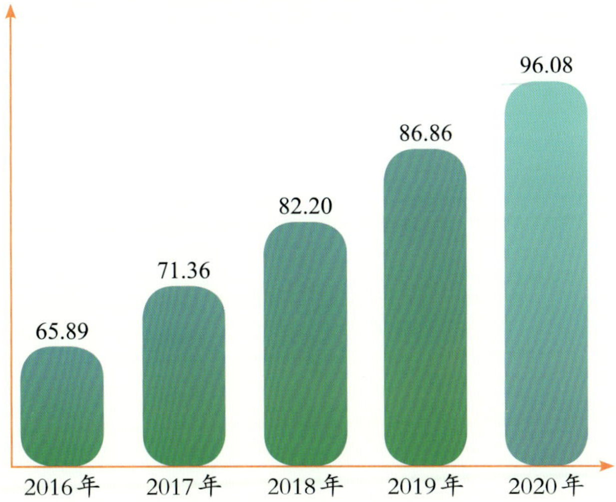

一般公共预算收入（亿元）

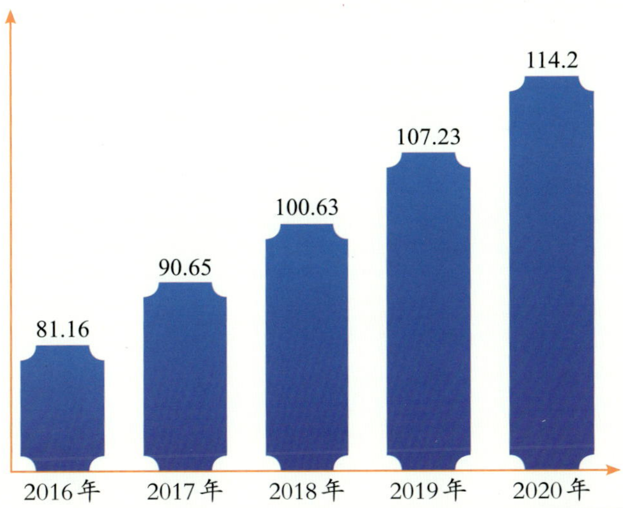

财政总收入（亿元）

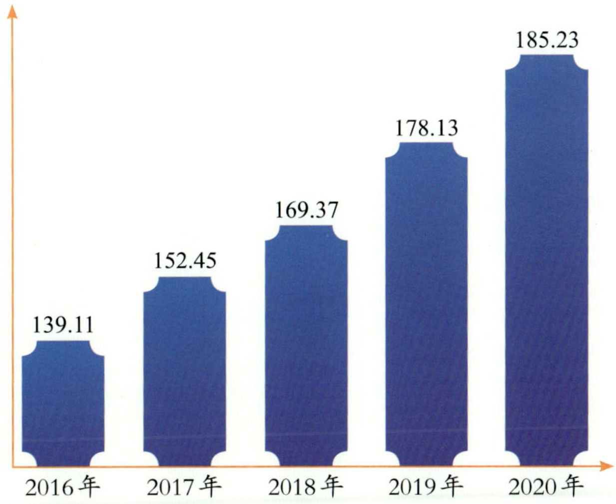

农村常住居民人均可支配收入（元）
28589
31019
33792
36811
39339
2016年
2017年
2018年
2019年
2020年

城镇常住居民人均可支配收入（元）
48831
52982
57250
61988
65212
2016年
2017年
2018年
2019年
2020年

第一产业增加值（亿元）
43.00
43.62
44.39
48.43
50.19
2016年
2017年
2018年
2019年
2020年

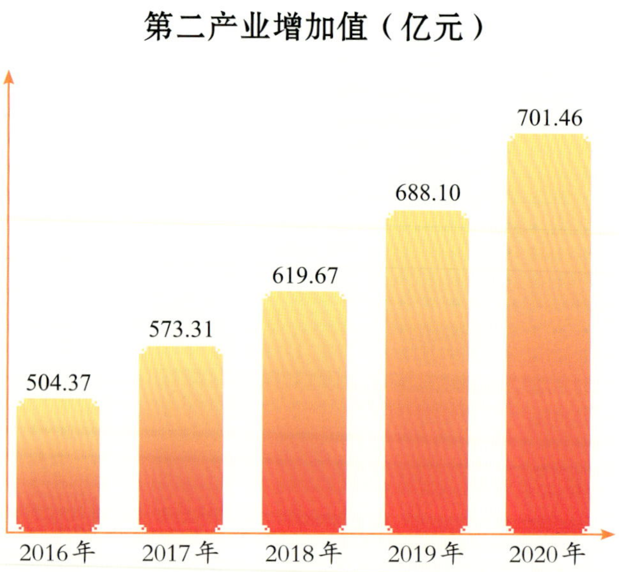
第二产业增加值（亿元）
504.37
573.31
619.67
688.10
701.46
2016年
2017年
2018年
2019年
2020年

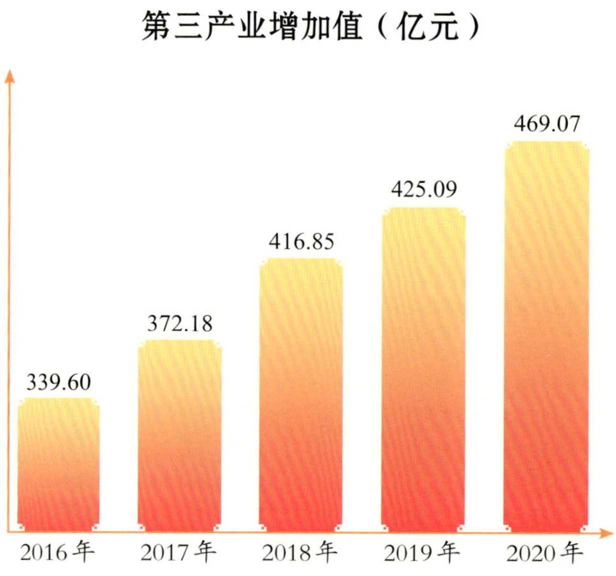
第三产业增加值（亿元）
339.60
372.18
416.85
425.09
469.07
2016年
2017年
2018年
2019年
2020年

5 月 8 日，中国人民政治协商会议第十三届余姚市委员会第四次会议开幕（黄静波　摄）

5 月 9 日，余姚市第十七届人民代表大会第四次会议开幕（黄静波　摄）

1月25日，在杭甬高速余姚道口，市公安局、市卫健局等部门工作人员正在对进出车辆及人员进行体温监测与登记，守好“余姚大门”（陈海东　摄）

1月31日，宁波市首例新型冠状病毒肺炎确诊患者治愈出院（陈海东　摄）

2月9日，市人民医院第二批医疗救治队驰援武汉（陈莹　摄）

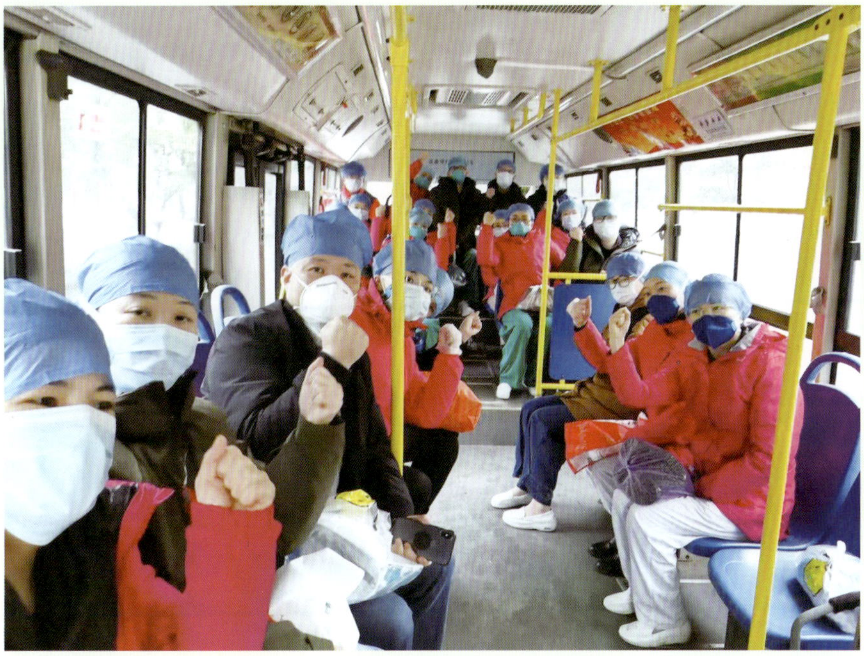

2020 年，余姚医护人员在武汉（市人民医院　提供）

4 月 15 日，余姚市第三批援鄂医疗队 10 名队员，在结束 14 天的休整后回到余姚（陈海东　摄）

11 月 13 日，浙江省召开抗击新冠肺炎疫情总结表彰大会。市领导与在余姚分会场受奖对象合影留念（黄静波　摄）

3月11日，全市扩大有效投资重大项目集中开工仪式举行（张旭东　摄）

2020年，泗门镇的陶家路江三期整治工程Ⅳ标段施工现场（陈海东　摄）

1月，G228古乍线（黄箭山至姚东大桥）改建工程完工通车（舜通集团　提供）

12月16日，建设中的跨姚江大桥（陈则宏　摄）

12月18日，余梁公路北延工程（规划省道S206）关键节点工程——罗家渡大桥正式合龙（舜通集团　提供）

2020 年，井头山遗址发掘现场（张旭东　摄）

5 月 26 日，工作人员登记整理遗迹中发掘出来的物品（张旭东　摄）

5 月 30 日，工作人员向媒体记者介绍考古成果（张旭东　摄）

6 月 18 日，河姆渡遗址博物馆的工作人员在井头山遗址再次深挖（张旭东　摄）

1月12日，中央广播电视总台《我们的中国梦——2020东西南北贺新春》节目摄制组在梁弄镇横坎头村摄制节目（陈海东　摄）

4月23日，“春归大地‘乡’约宁波”乡村旅游季活动启动仪式上，省委副书记、宁波市委书记郑栅洁与村民代表共同按触启动屏（陈海东　摄）

11月10日，第七届百姓文化节系列活动之“音”为有你、乐动姚城——2020余姚市“一人一艺杯”第二届歌手大赛决赛在龙山剧院举行（张旭东　摄）

9 月 1 日，宁波大叶园林设备股份有限公司在深交所创业板挂牌上市（余姚经济开发区管委会　提供）

9 月 24 日，浙江松原汽车安全系统股份有限公司在深交所上市（牟山镇　提供）

2020 年，舜宇光学科技集团有限公司全景（阳明街道　提供）

2020 年，大丰新貌（低塘街道　提供）

1月10日，第十一届中国余姚·河姆渡农业博览会暨第七届中国甲鱼节在中塑国际会展中心拉开帷幕（黄静波　摄）

9月16日，余姚海吉星城农副产品批发市场正式开业（城西开发建设中心　提供）

10月18日，中国（余姚）国际裘皮时装博览会开幕（朗霞街道　提供）

11月4日，2020中国（余姚）国际塑料博览会暨第二十二届中国塑料博览会开幕（塑料城管委会　提供）

10 月 30 日，“王阳明祖居地”纪念馆开馆仪式在大岚镇阴地龙潭村举行（陈则宏　摄）

10 月 31 日，姚江书院重建研讨会暨《姚江书院志略》点校本发行仪式举行（陈则宏　摄）

10 月 31 日，2020 宁波（余姚）阳明文化周开幕式举行（陈海东　摄）

10 月 31 日，2020 宁波（余姚）阳明文化周礼贤仪典现场，社会各界人士代表诵读王阳明经典篇目和名言（陈海东　摄）

11 月 1 日，嘉宾参观“先贤遗泽——王阳明、朱舜水、黄梨洲遗墨文献展”（张旭东　摄）

2020 年，河姆渡遗址博物馆远景（何杰　摄）

2020 年，舜江楼、通济桥夜景（张辉　摄）

2020 年，阳明古镇街景（黄静波　摄）

2020 年，“高风千古”牌坊、皇亲堰古桥近景（低塘街道　提供）

2020 年，姚城新貌（何杰　摄）

2020 年，最良桥畔远景（何杰　摄）

2020 年，东城绿道全景（陈则宏　摄）

2020 年，中江东侧慢行系统景观（市住建局　提供）

十里梅乡风景线（丈亭镇　提供）

2020 年 12 月，改造后的河姆渡浪墅桥村（市融媒体中心　提供）

柿林吊红（郑奕训　摄）

2020 年，浙东唐诗之路景观（邱锐钧　摄）

编辑说明

一、《余姚年鉴（2021）》以马克思列宁主义、毛泽东思想、邓小平理论、“三个代表”重要思想、科学发展观、习近平新时代中国特色社会主义思想为指导，深入贯彻中共十九大精神，坚持辩证唯物主义和历史唯物主义的立场、观点、方法，系统准确地反映余姚市委、市政府的工作，如实反映全市各领域事务变化状况，客观记述全市中国特色社会主义政治、经济、文化、社会和生态建设的历史进程，既为当今改革开放和经济建设服务，又为后人提供资料和借鉴。

二、《余姚年鉴》是余姚市地方志编纂委员会主持编纂，系统记述全市自然、政治、经济、文化和社会等方面基本情况的年度资料性文献。《余姚年鉴（2021）》是连续出版的第12部地方综合年鉴。

三、《余姚年鉴（2021）》采用分类编辑法。基本结构为类目、分目、条目3个层次，其中条目为主要的信息载体。

四、《余姚年鉴（2021）》正文部分类目根据实际情况适当调整结构框架，栏目设计和编排次序根据年鉴的基本体例和行业分类特点设置。

五、《余姚年鉴（2021）》收录的资料和记载的事件未予特别说明的，均局限于2020年度。各单位领导干部名录也以2020年度在职者为准。文中所述领导职务以事件发生时的相关主要职务为准。

六、《余姚年鉴（2021）》所采用的稿件由全市各机关单位、乡镇街道、工业园区、相关企事业单位提供，经《余姚年鉴》编辑部整理编辑，并经相关单位领导审核。文中所列数据，原则上以市统计局口径为准，市统计局未作统计的，由各业务部门和单位提供。部分数据因统计口径不同或有差异，请读者在应用时加以注意。

七、《余姚年鉴（2021）》卷首有中文目录和英文要目，卷末有主题索引，索引按主题词首字汉语拼音字母顺序排列。

部分组织机构全称、简称对照表

全称	简称
浙江省	省
中共浙江省委员会	省委
浙江省人民政府	省政府
中共宁波市委员会	宁波市委
宁波市人民政府	宁波市政府
余姚市	市
中共余姚市委员会	市委
余姚市人民代表大会常务委员会	市人大常委会
余姚市人民政府	市政府
中国人民政治协商会议余姚市委员会	市政协
中共余姚市纪律检查委员会	市纪委
余姚市监察委员会	市监委
余姚市人民法院	市法院
余姚市人民检察院	市检察院
中国人民解放军余姚市人民武装部	市人武部
中共余姚市委办公室	市委办
余姚市人民政府办公室	市府办
中共余姚市委组织部	市委组织部

续表

全称	简称
中共余姚市委宣传部	市委宣传部
中共余姚市委统一战线工作部	市委统战部
中共余姚市委政法委员会	市委政法委
中共余姚市委政策研究室	市委政研室
中共余姚市委机构编制委员会办公室	市委编办
中共余姚市委巡察工作领导小组办公室	市委巡察办
中共余姚市委市政府信访局	市信访局
中共余姚市委老干部局	市委老干部局
中共余姚市委党校	市委党校
中共余姚市委党史研究室	市委党史研究室
余姚市档案馆	市档案馆
余姚市社会矛盾纠纷调处化解中心	市矛调中心
余姚市融媒体中心（传媒集团）	市融媒体中心
余姚市总工会	市总工会
中国共产主义青年团余姚市委员会	团市委
余姚市妇女联合会	市妇联
余姚市工商业联合会（总商会）	市工商联
余姚市科学技术协会	市科协
余姚市文学艺术界联合会	市文联
余姚市残疾人联合会	市残联
余姚市红十字会	市红十字会
余姚市社会科学联合会	市社科联
余姚市关心下一代工作委员会	市关工委
余姚市慈善总会	市慈善总会
余姚市发展和改革局	市发改局
余姚市经济和信息化局	市经信局

续表

全称	简称
余姚市教育局	市教育局
余姚市科学技术局	市科技局
余姚市公安局	市公安局
余姚市民政局	市民政局
余姚市司法局	市司法局
余姚市财政局	市财政局
余姚市人力资源和社会保障局	市人社局
余姚市自然资源和规划局	市资规局
余姚市住房和城乡建设局	市住建局
余姚市交通运输局	市交通运输局
余姚市水利局	市水利局
余姚市农业农村局	市农业农村局
余姚市商务局	市商务局
余姚市文化和广电旅游体育局	市文广局
余姚市卫生健康局	市卫健局
余姚市退役军人事务局	市退役军人事务局
余姚市应急管理局	市应急管理局
余姚市审计局	市审计局
余姚市市场监督管理局	市市场监管局
余姚市统计局	市统计局
余姚市医疗保障局	市医疗保障局
余姚市综合行政执法局	市综合行政执法局
余姚市大数据发展管理局	市大数据局
余姚市政务服务办公室	市政务办
宁波市生态环境局余姚分局	生态环境局余姚分局
余姚市金融发展服务中心	市金融发展服务中心

续表

全称	简称
余姚市机关事务管理局	市机关事务管理局
余姚市供销合作社联合社	市供销联社
余姚市国有资产办公室	市国资办
余姚市招商中心	市招商中心
余姚市公共资源交易管理办公室	市公共资源交管办
宁波市住房公积金管理中心余姚分中心	市住房公积金管理中心
余姚市人民政府房屋征收管理中心	市房屋征收管理中心
余姚市铁路与轨道交通建设管理服务中心	市铁建中心

目 录

特 载

专 记

大事记

市情概览

中共余姚市委员会

余姚市人民代表大会

余姚市人民政府

政协余姚市委员会

中共余姚市纪律检查委员会·余姚市监察委员会

民主党派

群众团体

法治·军事

农业·农村·水利

商　贸

财政·税务

金　融

综合经济管理

交通·信息

城乡建设与管理

生态环境

人力资源·社会保障

文化·旅游·传媒

教 育

科学技术

医疗卫生·体育

社会生活

街道·镇乡

附　录

CONTENTS

Yuyao Municipal People's Congress

Yuyao Municipal People's Government

Yuyao Municipal Committee of Chinese People's Political Consultative Conference

Yuyao Municipal Discipline Inspection Committee of the CPC & Yuyao Municipal Supervisory Committee

Democratic Parties

Mass Organizations

Rule of Law & Military Affairs

Agriculture & Rural Area & Water Conservancy

Industries & Industrial Zones

Commerce and Service

Fiscal & Taxation

Finance

Comprehensive Economic Administration

Traffic & Information

Urban and Rural Construction & Environmental Protection

Appendices

勇于担当　勇开新局
奋力争创社会主义现代化先行市

——在市委十五届十次全体（扩大）会议上的报告

市委书记　奚　明

（2020年12月24日）

这次市委全会的主要任务是：高举习近平新时代中国特色社会主义思想伟大旗帜，全面贯彻党的十九大和十九届二中、三中、四中、五中全会精神和中央经济工作会议精神，深入贯彻习近平总书记考察浙江重要讲话精神，按照省委十四届八次全会、宁波市委十三届九次全会的部署要求，听取市委常委会工作报告，审议通过《中共余姚市委关于制定余姚市国民经济和社会发展第十四个五年规划和二〇三五年远景目标的建议》，动员全市上下坚决扛起“重要窗口”模范生的排头兵的责任使命，勇于担当、勇开新局，奋力争创社会主义现代化先行市。下面，我代表市委常委会，向全会报告三个方面的内容。

一、克难而上、砥砺奋进，交出高质量发展新答卷

市委十五届八次全会以来这一年极不平凡。面对严峻复杂的国际形势、艰巨繁重的改革发展稳定任务，特别是新冠肺炎疫情的严重冲击，市委常委会团结带领全市上下认真学习贯彻习近平总书记考察浙江重要讲话精神，深入贯彻党的十九大和十九届二中、三中、四中、五中全会精神，坚决落实党中央和省市委决策部署，紧扣忠实践行“八八战略”、奋力打造“重要窗口”的主题主线，坚持整体智治、唯实惟先，

扎实做好“六稳”工作、全面落实“六保”任务，按照争先创优和“六争攻坚”的要求，周密部署、果断行动、艰苦努力，精准高效推动疫情防控和经济社会发展。前三季度，全市实现地区生产总值880.4亿元，增长4.1%，居宁波首位；城镇和农村居民人均可支配收入分别达51017元、32188元，增长5.4%和5.3%。前11个月，一般公共预算收入109.97亿元，增长4.9%。“十三五”规划目标任务即将全面完成，高水平全面建成小康社会胜利在望。

1. **坚持知行合一，坚决做到“两个维护”**。始终把学懂弄通做实习近平新时代中国特色社会主义思想作为首要政治任务，努力实现维护意识、维护行动、维护能力、维护效果的高度统一。一方面，切实强化理论武装。每当习近平总书记发表重要讲话重要文章、做出重要指示，每当党中央召开重大会议、发布重要文件，都及时组织传达学习、研究部署贯彻落实意见，2020年以来市委理论学习中心组开展集体学习38次，市委常委会开展集体学习28次。建立“不忘初心、牢记使命”长效机制，充分发挥省委党校四明山分校等培训阵地、“学习强国”等平台作用，全域推行“周二夜学”，精心组织“学习贯彻中共十九届五中全会精神”专题学习会，成功举办省“溯源新思想”高端论坛，着力打造“舜江快播”“舜江青语”等理论宣讲品牌，营造学思用贯通、知信行合一的浓厚氛围。另一方面，始终坚持有令必行。专门召开市委十五届九次全会，系统谋划贯彻落实习近平总书记考察浙江重要讲话精神的重大举措，明确提出争当浙江建设“重要窗口”模范生的排头兵必须加快形成的13项重大标志性成果，并高标高效推动落地落实。坚持开门问策、集思广益，组织开展市委“十四五”规划建议起草工作，明确余姚“十四五”高质量发展的目标任务。积极配合做好中央生态环保督察、长江经济带环境问题整治、省委巡视等工作，坚决狠抓问题整改，确保各项事业发展坚守正确方向。

2. **坚持两手都硬，全力应对大战大考**。坚决扛起统筹疫情防控和经济社会发展的政治责任，因时而动、因势施策，调动一切力量共克时艰，39天内11例确诊病例全部治愈出院，实现患者“零死亡”、医护人员“零感染”，3月10日起率先基本恢复生产生活秩序。一是全力打好阻击硬仗。坚持“硬核隔离+精密智控”，出台村（社区）“十个严禁、十个一律”“暖心十二条”等举措，用好大数据追踪溯源、核酸检测等手段，创新落实“全域一码通”动态管控、发热门诊全周期管理、重点人员小周期滚动排查等机制，及时有效引导社会舆论，推动全员参与、全线压上，构筑起坚固防线。组织派出3批次12名医务工作者驰援武汉，全面完成防疫物资生产供应和调拨任务。疫情期间，204名优秀积极分子在火线申请入党，65492名党员自愿捐款806万元。二是高效推动复工复产。精准把握疫情变化趋势，先后出台帮扶企业20条等政策，强化劳务协作，选派1899名机关党员干部任“驻企管家”，帮助企业加快恢复生机活力，“四送一增强”服务企业专项行动入选省争先创优最佳实践案例、为宁波首个，2020年以来累计为企业解决问题7965个、满意率100%，实现减税8.99亿元、减费15.97亿元，全市现有市场主体14.8万户、增长11.1%。三是常态抓好疫情防控。严格贯彻“外防输入、内防反弹”的总体防控策略，慎终如始织密公共卫生防护网，完善常态化疫情防控机制，强化入境人员闭环管控、进口冷链食品检验检疫，精准落实秋冬季和冬春季疫情防控任务，坚决防止一切可能出现的意外。

3. **坚持稳中求进，推动经济回升向好**。果断实施非常之策，全力稳住经济基本面，我市居县域经济基本竞争力第10位、中国创新百强县第5位。一是不断增强创新实力。大力实施人才强市、创新强市战略，新引育硕士及以上高层次人才794人，引进高层次人才项目45个，新增高校院所及省级以上创新平台14个，科技人才超市投入使用，中意复旦（张江）科创中心实质性运营，R&D投入强度达3.1%。二是大力推动产业提升。紧盯“246”产业等重大部署，启动创建智能经济先行示范区，实施提升产业链供应链稳定性和竞争力三年行动计划，聚焦新材料、光电信息等四大产业链形成“一链一市领导一责任单位一培育方案”，精心打造“35”千百亿产业集群，1—11月分别实现规模以上工业、“246”产业、高新技术产业、装备制造业、17大传统制造业增加值419.4亿元、339.4亿元、288.8亿元、312.9亿元、211.1亿元，分别增长8.6%、13.4%、17%、15.8%、9.4%，增幅均居宁波第1位；实现战略性新兴产业增加值203.5亿元，增长11.7%，增幅居宁波第3位；前三季度服务业增加值增幅居宁波第3位。三是加快重大平台建设。中意宁波生态园、浙江余姚人才创业园发展势头强劲，智能光电小镇、机器人智谷小镇、中国云城等建设顺利，余姚经济开发区实现省综合考评十连冠，上海漕河泾新兴技术开发区余姚分区国际创新创业园启动建设。四是加大项目争速力度。坚持项目为王，前11个月完成固定资产投资272.48亿元、增长7.3%，其中民间投资增长5.9%；新签约甬矽二期等重点项目92个、总投资360.78亿元，实到外资7710万美元、市外实到内资106.5亿元。五是全力稳住内外市场。组织开展外贸“双翻番”“外贸转内销”等行动，多措并举促消费，1—11月实现出口601亿元、增长9.9%，实现社会消费品零售总额358.5亿元。六是聚力做强企业梯队。深入抓好“凤凰”行动和“350”企业、单项冠军、高新技术企业培育，新增国家级专精特新“小巨人”企业3家、上市企业2家、高新技术企业94家，舜宇集团入选中国企业500强、江丰电子跻身省制造业先进榜单。

4. 坚持改革牵引，提高市域治理水平。以数字化改革为总抓手，抓实13项宁波级以上改革试点，高水平推进整体智治。一是优化党政机关职能。加快建设数字政府，全面推进政务服务2.0建设，充分用好“浙里办”“浙政钉”掌上办公平台，41项“一件事”改革事项实现联办，47个事项纳入长三角政务服务“一网通办”，“助残一件事”改革被省委改革办推广，实现“无证件办事”全覆盖，政务服务事项网上可办率达100%、掌上可办率达95.63%、跑零次可办率达98.77%。分类推进新一轮事业单位改革，推动政事分开、事企分开，超额完成上级规定精简目标。二是打造一流营商环境。积极开展优化营商环境“10+N”便利化行动，实现一般企业投资项目审批“最多80天”；深化抓好要素市场化配置、“亩均论英雄”等改革，实施全域土地综合整治项目7个，新建小微企业园区2个，整治提升“低散乱污”企业（作坊）507家、低效企业207家，完成城镇低效用地再开发3207亩，“土地超市”交易金额达12.2亿元，“金融超市”二期建设顺利，我市居2020年中国营商环境百强县第5位。三是切实抓好基层治理。深入推进“最多跑一地”改革，在“三级四层”优化矛调中心建设，打造“1+9+X”制度闭环，基本形成“一中心四平台+全科网格团队”贯通互联的基层治理格局，“阿拉一起来”列入宁波创建首批全国市域社会治理现代化试点市重点项目。

5. 坚持久久为功，聚力提升城乡品质。坚定走好城乡融合高质量发展之路，不断增强城市发展能级。一是优化全域规划布局。精细实施城市规划设计，国土空间规划编制取得阶段性成果，完成编制“十四五”交通运输发展规划，统筹抓好文旅融合发展“十四五”规划、四明山省级旅游度假区总体规划等，充分发挥规划战略引领作用。二是加强基础设施建设。余慈城际快速通道等顺利完工，G228陆埠互通等重点项目加速推进，新建“四好农村路”88.4公里；姚江上游余姚西分、陶家路江整治三期等重大水利项目进展顺利，电力等基础设施建设投入持续加大，实现5G基站中心城区全覆盖。三是提升城市功能品质。狠抓“一轴两环三片区”提升改造，加快建设绿地科创中心，积极打造南雷南路两侧空间业态，全力推动老旧小区、城中村改造和智慧城市建设，完成10条背街小巷整治，新建停车位3792个，城乡争优项目完成率居宁波前列，顺利通过国家卫生城市省级复审。四是高标推进乡村振兴。开展“六清六净”提升农村人居环境专项行动，新创建宁波级以上新时代美丽乡村、美丽示范镇村、垃圾分类示范村等84个，新创建国家AAA级旅游景区3个、省A级景区村庄52个；深化农村集体产权制度、农村土地制度改革，充分发挥农村“产权超市”作用，推动10个中央扶持集体经济发展项目落地，90%的行政村集体经济年经营性收入达15万元以上，“互联网+”农产品出村进城工程列入国家部委试点，宁波市新时代美丽乡村建设暨乡村产业振兴现场会在我市召开。五是狠抓生态环境保护。深入实施蓝天、碧水、净土、清废四大行动，坚持污染防治、生态修复、建章立制并重，高效抓好上级反馈问题整改，实现城乡生活垃圾分类全覆盖，县级以上集中式饮用水源地达标率保持100%，前11个月空气质量优良率达88.7%、提高8.2个百分点，$PM_{2.5}$浓度下降21.2%。

6. **坚持和衷共济，广泛凝聚发展合力**。坚持党的集中统一领导、人民当家作主和依法治国有机统一，营造团结和谐的政治社会环境。一是支持人大及其常委会依法履职。支持对“十四五”规划编制、企业复工复产、转型升级、美丽乡村、全域旅游等进行监督，支持探索推广基层治理“代表一起来”，支持打造代表联络站升级版，有效发挥人大代表主体作用。二是支持政协发挥专门协商机构作用。支持创新开展“联片进镇帮村”活动，打造“基层治理阿拉一起来”“民生实事阿拉一起议”等基层协商平台，有效提高建言资政和凝聚共识水平，推动解决老旧小区改造等热点民生问题。三是全面深化依法治市。率先在全省建立诉讼一体化工作室、金融纠纷调解中心、品牌调解工作室，“法治微管家”等3个项目入围全国政法智能化建设创新项目，“乡村检察官”获评省县乡法治政府建设最佳实践项目，“七五”普法通过验收。四是全面加强统战、群团和国防动员等工作。扎实抓好新时代民营经济统战、民族宗教事业健康发展，建立镇级新乡贤联谊组织13个，举办“侨梦苑”系列重要活动，形成了一批统战重点品牌项目，统战部荣获省民族团结进步模范集体，农工党余姚市基层委员会获评全国先进；坚持党建带群团建设，认真做好外事、港澳台等工作；推动军民深度融合发展，不断完善退役军人服务保障体系。

7. **坚持以文塑城，深入建设文化强市**。始终以社会主义核心价值观引领文化建设，切实增强城市文化软实力。一是强化理论宣传普及。多角度、多渠道、多形式开展学习宣传习近平总书记考察浙江重要讲话精神系列活动，推动习近平新时代中国特色社会主义思想“飞入寻常百姓家”。全面深入开展抗击肺炎疫情、高水平全面建成小康社会、中共十九届五中全会精神等重大主题宣传，汇聚奋斗前行的强大能量。二是打赢意识形态斗争。建立市委意识形态工作领导小组及办公室，制定市委领导班子“一岗双责”责任清单，将工作落实情况全面纳入市委巡察，从严落实各级党委党组责任清单，抓好省委专项检查反馈问题整改，牢牢把握媒体、网络、学校等领域的主动权。三是深化精神文明建设。推进社会主义核心价值观融入精神文明创建，建立高标准常态化全民全域文明创建机制，蝉联全国文明城市殊荣。扎实开展新时代文明实践活动，实施十大文明好习惯养成工程，“道德银行”建设经验入选中宣部2020年新时代公民道德建设实践案例。四是推动文化繁荣发展。坚持文化事业文化产业双轮驱动，成功举办宁波（余姚）阳明文化周活动，实现农村文化礼堂全覆盖，我市成为首批省戏曲之乡，井头山遗址入选“考古中国”5项重大项目成果，阳明古镇历史文化街区成为网红景点，前三季度文创、文特产业分别增长27.6%、57.3%。

8. **坚持人民至上，持续增进民生福祉**。认真践行以人民为中心的发展思想，我市第11次荣登中国最具幸福感城市榜单。一是稳就业。把稳就业摆在更加突出的位置，1—11月新增就业2.3万人，城镇登记失业率保持在2.12%。二是强保障。本市户籍养老、医疗保险参保率分别达98.6%和99.65%，“滴滴”智慧养老平台试点启动，累计发放低保金、特困供养金、物价补贴等1.2亿元，社会救助和慈善、福利、红十字、残疾人、关心下一代等事业稳步发展。三是优服务。新（改、扩）建中小学和幼儿园20所，公办幼儿园招生覆盖率提升9.9个百分点，创建成为省区域推进语言文字规范化市，宁职院余姚校区正式签约；精心办好百姓文化节等活动，加快推进市公共文化中心项目；着力打造更高水平的健康余姚，医共体建设获得省激励表扬。四是促增收。全力打好低收入农户增收攻坚战，实现年人均收入9000元以下农户动态清零，前11月四明山区域农民收入增长10%；高标抓好东西部扶贫协作、对口支援、山海协作，望谟县如期脱贫摘帽。五是保平安。统筹发展和安全两件大事，努力建设更高水平的平安余姚，县级矛调中心建设专项考核居宁波首位，初次走访一次性化解率、上级交办历史信访积案化解率均居宁波第1位；摧毁黑恶团伙8个；安全生产事故起数逐年下降，食药品安全监管切实加强，经受住了“黑格比”等台风的考验，实现平安创建“十三连冠”。

9. **坚持从严治党，巩固发展良好生态**。始终把“严”的主基调贯穿管党治党全过程、各领域，全面提升党的建设质量。一是狠抓党的政治建设。深入开展领导班子和领导干部政治素质专项调研，常态化开展政治生态评估、政治体检和政治监督，构建抗击疫情战时“大监督”体系，严格执行民主集中制，持续提高民主生活会、组织生活会、“三会一课”等党内政治生活制度落实质量，对161个党组织开展巡察，我市在省管领导班子政治建设座谈会上作了经验交流。二是锻造过硬铁军队伍。深入实施乡镇街道党（工）委书记工作交流会制度，建立推行干部制度性交流等机制，选派27名干部人才到脱贫攻坚、山海协作、前湾新区等重要平台和先进发达地区挂职锻炼，拓宽年轻干部选用渠道，依托四明山干部学院开办培训班121个班次，14名干部和2个团队入选宁波“六争攻坚”好干部、先锋榜铁军榜，为11名干部及时澄清正名；深化公务员职务和职级并行制度改革，干部心理健康服务体系建设相关做法在宁波作了典型发言。三是夯实基层战斗堡垒。深入践行“两个必须”要求，高标高质抓好村社组织换届，党建联建促脱贫攻坚的做法得到国务院扶贫办主要领导批示肯定，梁弄新时代党建样板镇建设推荐上报全国基层党建优秀案例。全面推行党员联户“联六包六”工作法，构建形成以农合联党建联盟、基层治理党建综合体等组成的新时代党建联盟集群。创新实施“红锋信贷”，累计授信优惠信用贷款68.72亿元，发放42.58亿元。打造打响“红芯党建”品牌，成立互联网行业党委，“银辉”党建获评省老干部工作优秀创新案例。四是强化抓好正风反腐。认真履行从严治党主体责任，严格落实“四责协同”、“三交底谈话”和“一案双查”，在市镇两级全面推行“廉情报表”制度，深入推进清廉余姚建设。持之以恒纠治“四风”，开展制止餐饮浪费行为、“烟票”问题等专项整治，查处违反中央八项规定精神案件75起99人，查处不担当、不作为等形式主义官僚主义问题37起51人，惩治群众身边腐败和作风问题67起84人，扶贫开发和扶贫协作专项监督的做法受到中央媒体关注。保持反腐高压态势，综合运用“四种形态”处置1059人次，立案233件，结案206件，党纪政务处分202人，查处职务犯罪9人。高效运作反腐败协调机制，确保每一起案件查办实现“三个效果”有机统一。全面落实“一案五必须”，1万余名机关党员干部接受党风廉政建设警示教育。

一年来，市委常委会始终牢记，打铁还需自身硬。带头抓好政治建设，增强“四个意识”，坚定“四个自信”，做到“两个维护”；带头贯彻民主集中制，维护党性原则基础上的团结；带头巩固主题教育成果和开展“三服务”活动，增进民生福祉；带头弘扬斗争精神，妥善应对各类风险挑战；带头执行中央八项规定精神和廉洁自律准则，努力为全市党员干部作出示范表率。

一年成绩来之不易，这是以习近平同志为核心的党中央和省市委坚强领导的结果，是“八八战略”科学指引的结果，也是全市党员干部和广大群众真抓实干、团结奋斗的结果。

在总结成绩的同时，市委常委会分析了面临挑战和存在不足。推动经济高质量发展还需持续努力，产业链稳定性和竞争力还需持续加强，城乡品质还需持续提升，公共服务供给还需持续优化，生态文明建设还需持续发力，风险管控机制还需持续完善，干部担当精神、能力素养还需持续增强，全面从严治党主体责任压力传导还需持续强化。对此我们一定高度重视，认真研究、努力解决。

二、把握形势、找准方位，扛起新发展阶段新使命

中共十九届五中全会提出，2035年要基本实现社会主义现代化，“十四五”要为全面建设社会主义现代化国家开好局起好步，为我们做好今后一个时期的工作提供了根本遵循和行动指南。省委明确浙江到2035年将基本实现高水平现代化，成为新时代全面展示中国特色社会主义制度优越性的重要窗口，“十四五”要争创社会主义现代化先行省；宁波市委明确宁波到2035年将基本实现高水平社会主义现代化，成为浙江建设“重要窗口”的模范生，“十四五”要全面建设高水平国际港口名城、高品质东方文明之都，争创社会主义现代化先行市。

市委常委会高度重视“十四五”规划编制，在起草建议稿的过程中，认真学习领悟总书记关于“十四五”规划编制的重要讲话精神，以及省市委全会精神，多次召开市委常委会会议、市委专题会议等进行研究，特别是坚持充分发扬民主、广泛凝聚智慧共识，分别召开老干部座谈会、民主协商会、政协专题协商会，以及乡镇街道和部门主要负责人、党代表、人大代表、政协委员、基层干部、专家学者、企业家、京沪杭乡贤等各个层面的座谈会，并通过主流媒体和新媒体平台，征求和听取方方面面的意见建议，反复对建议稿进行推敲论证、修改完善。经过较长时间的精心打磨，形成了提交这次市委全会审议的建议稿。

市委建议稿分为三大板块、12个部分，共46条。第一板块为总论，包括第一、第二两个部分，主要阐述我市高水平全面建成小康社会取得的重大成就，新发展阶段面临的新机遇新挑战，到二〇三五年远景目标，“十四五”时期经济社会发展总体要求和主要目标。第二板块属于分论，由第三部分至第十一部分构成，主要围绕培育更为强劲的高质量发展新动能，加快构建更高能级的现代产业体系，探索构建更具活力的新发展格局，健全完善更高水平的社会主义市场经济体制机制，推进更大格局的一体化发展，打造更具品位的国家级历史文化名城，打造更具魅力的全域美丽升级版，打造更有获得感的幸福品质之城，打造更具效能的市域治理现代化典范城市等“九个更”的具体目标，提出了相关任务举措。第三板块由第十二部分和结束语构成，主要着眼于为实现“十四五”规划和二〇三五年远景目标汇聚强大合力，提出了完善党领导经济社会发展体制机制、凝聚全社会力量团结奋斗、加强清廉余姚建设、打造高素质干部队伍、健全规划制定和落实

机制等5方面内容。

在市委建议稿中，我们提出到2035年将基本实现高水平社会主义现代化，成为浙江建设“重要窗口”模范生的排头兵，“十四五”要全面建设高水平现代化创新型生态城市，争创社会主义现代化先行市。之所以这么提，主要基于三方面考量：第一，这是基于宏观大势的战略追求。当前，世界百年未有之大变局进入加速演变期，我们正面临“东升西降”的大趋势，中美战略博弈的大背景，全球治理体系的大变革，疫情变化和外部环境存在诸多不确定性，世界经济形势严峻复杂，复苏不稳定不平衡，同时，我国进入高质量发展新阶段，中华民族伟大复兴进入加快实现期，但经济恢复基础尚不牢固。余姚既面临严峻的挑战，更处于实现新的更大发展的战略机遇期、关键突破期，我们必须胸怀两个大局，增强忧患意识，坚持底线思维，坚定必胜信心，办好自己的事，以确定性工作应对不确定性形势，善于在危机中育先机、于变局中开新局，努力打牢高质量之基、激活竞争力之源、走好现代化之路。第二，这是基于对标对表的战略追求。基本实现高水平社会主义现代化，与党的十九大明确的实现第二个百年奋斗目标的阶段性安排，与中共十九届五中全会提出的“鼓励东部地区加快推进现代化”的要求，以及与省市委确立的奋斗目标高度一致，是余姚有能力也有责任实现的奋斗目标。成为浙江建设“重要窗口”模范生的排头兵，是余姚理应为宁波、浙江、全国扛起的担当，符合大局所需、余姚所能、群众所盼、未来所向。全面建设高水平现代化创新型生态城市，与市十五次党代会确立的奋斗目标既一脉相承又丰富拓展，其内涵较好体现了余姚城市的个性特质，反映了全市人民的共同追求，具有鲜明辨识度、强大感召力。争创社会主义现代化先行市，也与省、宁波的五年奋斗目标完全吻合。我们谋划和抓好中长期发展，必须保持战略定力，锲而不舍朝着奋斗目标挺进，为省市发展大局多探新路、多做贡献。第三，这是基于争先创优的战略追求。这些年来，我们坚定不移推动余姚在全国同等城市中争先进位，取得了较好成效，今后这个要求也不能有一点降格。为此，我们在设定具体工作目标、指标和任务时，既做到实事求是、切实可行，又坚持拉高标杆、自我加压，无论是定性表述，还是定量指标，都注重前瞻引领、立足示范先行，我们要力争通过努力，进一步扩大比较优势、提高发展质量、积累先进经验，推动余姚发展排位每年取得新进步、五年跨上新台阶。规划建议是管总的，编制规划纲要时要进行科学测算，对相关指标作进一步量化细化。

三、唯实惟先、勇开新局，开启现代化建设新征程

2021年是现代化建设进程中具有特殊重要性的一年，我们将迎来中国共产党成立100周年，也是我市市镇（乡）两级换届之年，做好各项工作意义重大、影响深远。

明年工作的总体要求是：以习近平新时代中国特色社会主义思想为指导，全面贯彻党的十九大和十九届二中、三中、四中、五中全会精神和中央经济工作会议精神，深入践行习近平总书记考察浙江重要讲话精神和对余姚的重要回信精神，坚决落实省市委全会精神、即将召开的省市委经济工作会议精神，坚持稳中求进工作总基调，围绕省委忠实践行“八八战略”、奋力打造“重要窗口”和宁波市委“当好模范生”的要求，切实扛起排头兵的使命担当，立足新发展阶段，贯彻新发展理念，构建新发展格局，以推动高质量发展为主题，以深化供给侧结构性改革为主线，以改革创新为根本动力，以满足人民日益增长的美好生活需要为根本目的，坚持系统观念，巩固拓展疫情防控和经济社会发展成果，更好统筹发展和安全，扎实做好“六稳”工作、全面落实“六保”任务，组织开展“两强三提升”行动，强

创新、强创优，力促产业提升、品质提升、能力提升，确保经济社会高质量发展走在前列，确保交出高分答卷，为“十四五”开好局，以优异成绩庆祝建党100周年。

明年主要工作目标是：地区生产总值增长7%左右；一般公共预算收入增长6.5%左右；规模以上工业增加值增长8.5%左右；R&D经费投入占GDP的比重达3.2%；城乡居民收入增长与经济增长同步；城镇登记失业率控制在3.5%以内；节能减排完成上级下达任务。

争创社会主义现代化先行市，实现明年目标追求，是拼出来、干出来的。要保持战略定力。坚定不移在忠实践行“八八战略”、奋力打造“重要窗口”中争做模范生、排头兵，久久为功建设高水平现代化创新型生态城市，齐心协力扛起高水平全面建设社会主义现代化的新任务，既坚持一以贯之、又做到与时俱进，以改革发展新成效展现“八八战略”的真理光芒和时代价值。要永葆争先锐气。树立参照系、明确新标杆，保持创造性张力、昂扬奋进者姿态，在追赶中发展、在跨越中领先，不断激发干在实处、走在前列、勇立潮头的精气神，形成全市域争先求进的好格局。要注重扬长补短。用好宝贵时间窗口，集中精力推进改革创新，巩固拓展智能经济、人才科技、文化资源、开放合作等比较优势，加快补齐城市能级不够高等相对短板，率先在解决发展不平衡不充分问题上取得重大进展，加快构筑面向未来、面向现代化的制胜新优势。要坚持系统观念。自觉将系统观念、系统方法运用到各领域各方面，加强前瞻性思考、全局性谋划、战略性布局、整体性推进，努力实现发展质量、结构、规模、速度、效益、安全相统一。具体明年要抓实八项抓手：

1. **要在增强创新策源能力上加快展现新作为**。坚持创新在现代化建设全局中的核心地位，强化科技力量、打造创新策源优势。一要着力集聚创新要素。以甬西科创走廊建设为引领，积极实施新一轮研究院精准引进建设计划，大力推动产业创新服务综合体等高质量发展，充分发挥浙大机器人研究院、浙商大萨塞克斯（宁波）人工智能国际研究院、中意复旦（张江）科创中心等作用，更加注重产学研协同创新，为创新转型提供有力支撑。持续深化“姚江英才”“阳明系列”等引才育才计划，谋划实施青年人才“鸿鹄行动”“姚燕归巢”等工程，切实用好离岸孵化器和海外引才工作站，加紧建设“院士之家”“人才之家”，支持浙江余姚人才创业园创建省级人才管理改革试验区，营造“引育留用管”全方位服务的最优人才环境，力争新引进高层次人才项目20项以上。二要着力育强创新主体。深入推动规模以上工业企业研发活动、研发机构、发明专利全覆盖，组织开展“育苗造林”行动，发展壮大一批核心技术能力突出的创新领军企业和活跃的科技型中小微企业，力争新认定各级企业工程（技术）中心80家以上、新培育国家科技型中小企业250家以上，高新技术企业达到350家。三要着力优化创新生态。大力推动“产学研用金、才政介美云”紧密联动，建强用好科技人才超市，深入促进众创空间、孵化器、加速器等建设，加大对科技创新、科技成果应用和产业化的政策、金融支持力度。建立健全关键核心技术动态清单，探索实施“揭榜挂帅”模式，努力在关键核心技术攻关上有所突破。

2. **要在服务构建新发展格局上加快展现新作为**。高质量服务国内大循环，高水平融入国际大循环，迈好服务构建新发展格局的第一步，确保见到新气象。一要全面融入重大战略。深度融入共建“一带一路”、长江经济带、长三角一体化发展等国家战略，积极抢抓省“四大”建设、前湾新区建设等机遇，高标建设上海漕河泾新兴技术开发区余姚分区、虹桥“中意楼”、上海姚江科技园，有效承接长三角区域尤其是上海产业转移和城市功能外溢，更高质量推动形成消费、投资、产业、公共服务、科创、要素循环流转。精心构建接沪、融甬、联杭、通金义综合运输通道，加力推进杭甬高速复线一期二期、G228和余慈中心连接线高速合建等工程，全力做好高铁北站与通苏嘉甬铁路、沪甬城际快速联通的谋划对接，打造宁波西门户综合交通枢纽。二要一体开拓内外市场。把扩大内需作为战略基点，注重需求侧管理，坚持培育新型消费、提升传统消费、增加公共消费并举，着力招引分享经济、体验经济、创意经济等新业态新模式新品牌，力争社会消费品零售总额增长8%；致力建设现代物流体系，加快中国塑料城等市场转型步伐，力争服务业增加值增长5.5%。深入推进高水平制度型开放，以建设中东欧国际产业合作园等开放合作平台为契机，深度开拓“一带一路”沿线等新兴市场，加快打造企业出海联盟；积极参与中国（浙江）自由贸易试验区宁波片区建设，持续实施外贸“双翻番”行动，推动内外销产品同线同标同质，聚力发展数字贸易等新业态，力争创成家电国家级外贸转型升级基地，促进内外贸一体化发展。三要不断优化发展生态。放宽市场准入，促进公平竞争，保护知识产权，深化“放管服”改革，实现市属国企市场化转型全覆盖，打造市场化、法治化、国际化营商环境。鼓励金融机构强化实体经济信贷投放，抓好“金融超市”2.0版建设，确保制造业贷款增速达6%以上。深化“亩均论英雄”改革，推广差别化供地模式，有效发挥“土地超市”作用，安排不少于40%建设用地指标保障工业项目，实现新增工业用地标准地供地全覆盖。抓好“项目提速、投资提质”行动，确保实到外资2.5亿美元、余姚市外实到内资80亿元以上，固定资产投资增长8%以上，继续发挥投资关键作用。

3. **要在推进制造强市建设上加快展现新作为**。以打造智能经济先行示范区为引领，积极创建省制造业高质量发展示范县，推动质量变革、效率变革、动力变革。一要精耕细作优势产业。深入实施提升产业链供应链稳定性和竞争力三年行动计划，突出抓好四大产业链“一链一市领导一责任单位一培育方案”落实，推动产业基础再造，强化共性技术供给，提升龙头企业产业链供应链引领力，让余姚制造的根系扎得更深。持续打造新兴产业新优势和传统制造业改造升级2.0版，全面推进“35”千百亿产业集群高质量发展，加快培育壮大机器人产业等一批“新星”集群。二要不断提升平台能级。着力推动开发园区整合提升，深化空间集约集聚工程，提高产业平台经济贡献度。打响中意宁波生态园“国际合作”和“前湾硅谷”两大品牌，力争工业总产值突破260亿元；支持余姚经济开发区创建省级高新区；加快舜宇新基地三期四期、甬矽二期、机器人智谷小镇等建设步伐，全速推进电子材料产业园、小微园区等建设，打造更多增长极。三要加快做强数字经济。深入实施数字经济“一号工程”2.0版，聚力建设省级数字经济创新发展试验区，力争数字经济核心产业增加值增长8%以上；深化产业数字赋能工程，实施智能化改造提升2.0版，狠抓“行业云”“区域云”和5G工业互联网，推动产业发展智联化，力争完成智能化改造项目150个，数字车间实现三年倍增。四要更好培育优质企业。坚持数字强企、质量强企、品牌强企、标准强企，深入实施五金工具、小家电等行业质量提升工程，以及“凤凰”、350培育、单项冠军培育等行动计划，健全现代企业制度，培育更多专精特新、隐形冠军、单项冠军，力争新增上市企业3家。五要切实壮大工匠队伍。大力实施新时代技能人才培育工程、“阳明蓝领”培养工程，探索建立技术高管、产业教授制度，加快技师学院、宁职院余姚校区建设步伐，构建一流高技能人才培养体系。

4. **要在推动区域协调发展上加快展现新作为**。统筹实施新型城镇化和乡村振兴战略，大力开展城市品质提升三年行动，抓好“三改四融五突破”，巩固提高城乡融合发展水平。一要优化市域统筹机制。高质量编制“十四五”规划纲要，加快编制市级、中心城区、乡镇级国土空间总体规划，注重专项规划与上位规划衔接融合，实现中心城区、镇区控制性详细规划全覆盖。健全完善集中财力办大事财政政策体系，统筹重点功能区块开发、重要基础设施建设、重大招商项目布局，使每一片空间、每一笔资金实现综合效益最大化。二要提高城镇建设品质。加快城市有机更新，进一步优化城市建设体制机制，切实强化资源力量整合，积极探索新型开发建设模式，统筹实施城中村改造五年行动、老旧小区改造三年行动，高标准谋好三江口等地块规划建设，联动抓好城市中轴线、“二环”改造提升，加大微治理、微改造力度，聚力打造有特色、有内涵的公园城市，使城市更加精致宜居。持续深化美丽城镇建设三年行动，力促泗门卫星城等与前湾新区一体化联动发展，统筹抓好各中心镇建设，确保新增美丽城镇7个。三要高标推进乡村振兴。强化“千万工程”牵引，突出抓好“2966”乡村产业振兴行动，着力推动四明山区域跨越式发展，新增一批省级新时代美丽乡村、宁波级梳理式改造村，实现行政村农村“产权超市”入市交易全覆盖，所有村集体经济年经营性收入达15万元以上。健全“两进两回”长效机制，抓好横坎头田园综合体等重大项目，筹建数字“三农”服务中心，谋划建设农业现代化创新创业基地，强化要素支撑。四要加强生态环境保护。以系统治理为理念，深入实施蓝天、碧水、净土、清废四大行动，高标抓好上级环保督察反馈问题、长江经济带生态环境问题整改，统筹打好深化杭州湾污染综合治理、“低散乱污”整治、生态修复等组合拳，抓好“智慧环保”、厨余垃圾处置厂、应急填埋场等工程，力争成为省级生态文明示范市。五要强化基础设施建设。加快推进通环西路、杭甬高速牟山连接线等重点项目，开工建设一批通断头、疏卡口、拓瓶颈的交通工程，力争胜陆公路、陆丈线一期建成通车，新改建农村公路31.5公里。力促姚江上游余姚西分、陶家路江三期整治等重大水利项目提速快进，加速推进城区污水收集系统六期等工程，综合谋划海绵城市、地下管廊建设，狠抓5G网络等新型基础设施和供水、供电、供气、通信设施建设，提升城市综合承载力。

5. **要在提高市域治理水平上加快展现新作为**。牢固树立整体治理理念，推进市域治理现代化。一要推进整体智治。加快建设新型智慧城市，强化数字化技术在经济建设、城市运行、生态环境监测、应急体系等各领域的运用，实现数字赋能。坚持以数字化改革撬动各领域各方面改革，突出抓好党政机关数字化转型，健全政务服务2.0体系，深化“一件事”集成改革，打造“掌上办事之市”“掌上办公之市”“掌上治理之市”。谋划建设“城市大脑”，着力打造未来社区、“数字乡村”，推动城乡管理向数字化、智能化、智慧化转变。二要坚持依法治市。深入学习贯彻习近平法治思想，大力推动市镇两级法治政府示范创建，深化司法体制综合配套改革，纵深推进政法一体化单轨制协同办案，积极探索高频事项“一件事”执法模式，高标完成乡镇街道合法性审查全覆盖标准化建设，切实抓好“八五”普法，更好发挥法治固根本、稳预期、利长远的保障作用。三要强化基层治理。健全党建统领、“四治”融合的城乡基层治理体系，建强各级各类调解组织，加快构筑分层过滤、衔接配套的纠纷解决格局；梳理完善市矛调中心工作机制，紧紧围绕“六个一”目标，更好推动“基层治理四平台”与市级层面机制联通；按照中央编办统一部署，开展全国县域综合行政执法改革试点工作，持续深化“双下沉、大联动”，着力构建联合执法“属地统筹”、综合执法“下沉入网”、专业执法“吹哨报到”的执法体系，进一步擦亮基层社会治理“阿拉一起来”品牌。四要加强风险防范。全面落实总体国家安全观，健全风险预警监测和应急处置机制，毫不放松抓好疫情防控，实行“五色信访”

工作模式，统筹加强社会治安防控、公共卫生防护、应急管理、扫黑除恶、食药品安全、防灾减灾救灾、舆情应对等工作，守牢债务、金融、安全生产等底线，及时阻断风险演变升级、转化蔓延的通道，建设更高水平的平安余姚，确保夺取“一星金鼎”。

6. **要在擦亮历史文化名片上加快展现新作为**。坚持把文化作为综合实力和竞争力的重要组成部分，加快创建国家级历史文化名城。一要加强思想引领。大力实施铸魂、溯源、走心工程，打响“舜江快播”“舜江青语”等宣讲品牌，用好新媒体传播矩阵，推动习近平新时代中国特色社会主义思想落地生根，激发强大奋进力量。二要打造文化标识。深入实施文化遗产保护工程，切实做好井头山遗址参评“2020全国十大考古新发现”及二期发掘工作，积极推进河姆渡国家考古遗址公园建设；抓好阳明古镇、姚江书院重建等项目，高标办好宁波（余姚）阳明文化周；统筹横坎头村、十六户村等红村资源，打造党员“初心家园”，不断提升三大文化知名度、影响力。三要建设文明高地。全面落实《新时代公民道德建设实施纲要》《新时代爱国主义教育实施纲要》，优化完善高标准常态化文明创建工作机制，持续推进新时代文明实践、文明细胞创建等活动和文明好习惯养成行动，推广应用“道德银行”移动服务平台，让广大群众共建共享文明成果。四要大抓文化产业。深入推进解码文化基因促进文化旅游高质量发展三年行动计划，抓实重点文化产业发展、重点文化企业扶持等工程，谋划创建国家全域旅游示范市。

7. **要在促进人的全面发展上加快展现新作为**。坚持人民至上，尽力而为、量力而行，健全为民办实事长效机制，聚力建设更有温度的幸福品质之城。一要着力推动共同富裕。纵深推进高质量就业社区（村）、创业型区县（市）建设，积极实施就业创业促进工程，确保全年新增城镇就业2.25万人以上。健全工资决定和合理增长制度，提高劳动报酬在初次分配中的比重。精准做好困难群体兜底保障工作，切实防止因病致贫、因“疫”返贫，确保低收入农户年收入增长10%以上。完善对口帮扶双向互动、合作共赢机制，实现巩固拓展脱贫攻坚成果同乡村振兴有效衔接。二要切实强化社会保障。组织实施社会保障提质工程，持续深化全民参保登记计划，有效促进企业职工基本养老保险制度平稳运行，健全完善医保支付制度。不断提升公办养老机构、区域性居家养老中心建管水平，确保老有颐养。落实藏粮于地、藏粮于技战略，拎稳“米袋子”“菜篮子”。打造“五色”新型退役军人全生命周期服务管理，让军人成为全社会尊崇的职业。始终坚持“房住不炒”，大力发展慈善、福利、红十字、残疾人等事业，织密织牢民生保障网。三要不断优化服务供给。加快构建覆盖学前教育、义务教育、高中教育和职业技术教育、特殊教育、成人教育、老年教育、终身教育的高质量教育体系，着重抓好北师大余姚学校等新建工程，争创全国义务教育优质均衡发展市。全方位推动健康余姚建设，持续深化医药卫生体制改革，加快推进市三院迁建、市医共体基础设施扩面提升等项目，确保通过国家卫生城市国家级复审。大力实施农村文化礼堂2.0提升工程，以及“一人一艺”全民艺术普及工程，抓紧建设市公共文化中心，精心办好百姓文化节等活动，丰富群众精神文化生活。

8. **要在加强党的全面领导上加快展现新作为**。以抓好省委巡视反馈问题整改为契机，大力推动党的建设和全面从严治党向“制度”、“治理”和“智慧”转变，积极构建党建统领的整体智治体系。一要坚决做到“两个维护”。坚持以习近平新时代中国特色社会主义思想武装头脑，巩固深化“不忘初心、牢记使命”主题教育成果，健全并落实理论中心组学习、教育培训机制，坚定贯彻执行习近平总书记重要指示批示精神和党中央重大决策部署，确保余姚现代化建设始终沿着正确方向前进。精心组织开展庆祝中国共产党成立100周年系列活动。常态化深入开展领导班子和领导干部政治素质专项调研，重点加强对遵守党的政治纪律和政治规矩的考察、监督，推动政治建设走深走实。二要始终坚持总揽全局。支持人大、政府、政协、监委、法院、检察院和群团组织依法依章程履行职能、开展工作，用好统一战线重要法宝，促进政党关系、民族关系、宗教关系、阶层关系、海内外同胞关系和谐，坚持党管武装，用心做好老干部工作，加强各领域党的建设，推动党的全面领导落实到方方面面。三要树立正确用人导向。着眼市镇（乡）领导班子换届，深入实施“一把手战略储备工程”，大力培养选拔忠诚干净担当的高素质、专业化领导干部，鲜明树立重品德、重才干、重担当、重实绩、重公认的导向。坚持事业为上、以事择人、人事相宜，以促进形成“两个担当”良性互动机制为总抓手，改进政绩考核评价办法，完善全面、立体、透视察人识人机制，健全激励干部担当作为系列政策，推动能者上、优者奖、庸者下、劣者汰。四要有效提升能力本领。坚持教育培训和实践磨砺相结合，探索建立按需培养、精准调训的全周期能力素质提升机制，定期开展智能制造、供给侧结构性改革、乡村振兴等专业知识培训，切实提升领导班子和领导干部适应新时代新要求抓改革、促发展、保稳定的水平和专业化能力。把攻坚一线作为培养干部的练兵场，大力选派优秀年轻干部到改革发展主战场、基层实践第一线、防范化解重大风险最前沿摔打磨砺，加大干部到上级机关、央企、先进地区实训锻炼力度，常态化推进干部制度性交流。五要不断夯实基层基础。深化打造全领域建强、全区域提升的“四明红锋”升级版，持续建设新时代基层党建样板集群。推动基层组织体系与基层治理体系高度融合，抓实村社换届“后半篇文章”，组织开展村社班子整固提升行动，建立完善“一肩挑”后村级组织规范运行机制。高质量推进各级党群服务中心标准化、规范化建设，优化提升党建联盟集群，提高党员发展和教育管理工作质量。狠抓“三整一全”建设，加强互联网、特色小镇、高层次人才企业等领域党建工作，聚力打造“红锋信贷2.0”升级版，铸强高质量发展红色引擎。六要深化清廉余姚建设。统筹推进各清廉单元建设，深化市、镇两级“廉情报表”机制，推动主体责任和监督责任同向发力，持续营造清朗政治生态和优良发展环境。刚性落实中央八项规定精神，深化作风建设长效机制，坚决防止“四风”问题反弹回潮。始终坚持“严”的主基调，紧盯重点领域、重要群体、关键环节，继续保持惩治腐败高压态势，一体推进不敢腐、不能腐、不想腐。深化反腐败协调机制，努力实现“三个效果”高度统一。充分发挥纪律、监察、巡察、派驻“四个全覆盖”的监督作用，综合运用监督执纪“四种形态”，督促各领域各部门实现权责统一、防范廉政风险。坚持严管与厚爱、激励与约束并重，强化日常监督，严肃整顿“政治边缘人”，支持保护“敢于担当者”。构建完善以村监会为主体的民主监督新模式，实现基层社会治理与基层监督协同并进。深化标本兼治，坚决执行“一案五必须”制度，强化党风廉政建设警示教育，以身边事警醒身边人。融合红色资源与廉政文化，加快打造横坎头村“红廉馆”教育基地，充分发挥廉洁文化浸润作用，推动形成风清气正、崇廉尚洁的社会氛围。

蓝图已经绘就、奋斗创造未来！让我们更加紧密地团结在以习近平同志为核心的党中央周围，高举习近平新时代中国特色社会主义思想伟大旗帜，紧扣忠实践行“八八战略”、奋力打造“重要窗口”的主题主线，齐心协力、开拓进取，唯实惟先走前列、担当担责开新局，为争创社会主义现代化先行市而努力奋斗！

政府工作报告

——在余姚市第十七届人民代表大会第五次会议上的报告

市委副书记、代市长 徐 云

（2021年1月20日）

一、2020年工作回顾和“十三五”发展成就

2020年极不平凡。面对国际国内形势的深刻变化特别是突如其来的新冠肺炎疫情，在上级党委政府和市委的正确领导下，在市人大、市政协的监督支持下，坚持以习近平新时代中国特色社会主义思想为指导，全市上下深入贯彻习近平总书记考察浙江重要讲话精神和对余姚重要回信精神，统筹推进疫情防控和经济社会发展，深入开展“六争攻坚、三年攀高”和“改革创新年、执行落实年”活动，克难攻坚、加压奋进，经济和社会各项事业基本达到预期目标。预计实现地区生产总值1210亿元、增长5.3%；完成一般公共预算收入114.2亿元、增长6.5%；城镇和农村居民人均可支配收入达到65273元和39277元，分别增长5.3%和6.7%。

一年来，我们的主要工作及成效是：

（一）疫情防控在大考中赢得主动。坚持把人民群众生命安全和身体健康放在第一位，坚决打好疫情防控的人民战争、总体战、阻击战。科学快速开展疫情防控，第一时间成立领导小组和工作专班，率先开展地毯式、滚动式排查，全域推行“铁桶”战术，快速完成隔离留观病房扩容，因时因势调整防控策略，统筹做好医用物资、生活必需品等供应保障，全面构筑联防联控、群防群控的坚固防线，23天实现确诊病例“零新增”，39天实现本地病例“全治愈”，做到了患者“零死亡”、医护“零感染”。12名援鄂医务人员义无反顾、逆行出征，为打赢湖北保卫战贡献了余姚力量。全面落实精密智控常态化机制，强化入境人员、中高风险地区来姚人员和冷链食品等重点人群、重点行业、重点场所闭环管控，全力抓好发热门诊全周期管理，不断巩固疫情防控稳定向好势头。最快速度部署推进复工复产，精准实施帮扶企业20条、金融保障服务等政策措施，创新产业链复工模式，推出“复工管家”“复工专列”，“四送一增强”做法入选省争先创优最佳实践案例，争取政府专项债、抗疫特别国债7.18亿元，累计减免税费28.6亿元、拨付“两直”资金9.17亿元，全市经济加快恢复、实现V型反转，地区生产总值增速位居宁波第一。在这场抗“疫”大战中，众多逆风而行、舍小顾大、无私奉献的大爱之举，让我们为之动容、为之骄傲！

（二）产业转型在逆势中增创优势。全面推进智能经济先行示范区创建，实施提升产业链供应链稳定性和竞争力三年行动计划，开展先进制造业集群培育工程，规模以上工业、高新技术、装备制造、“246”产业等增加值增速均位居宁波第一。建成投用科技大市场（科技人才超市），搭建完成余姚智能家电工业互联网平台，新增

省级产业创新服务综合体1家，新引育高层次人才795人，净增高新技术企业93家，规模以上企业研发机构设置率居全省第3位，我市入围省级数字经济创新发展试验区创建单位。整合提升开发园区，完成甬西智能科创走廊概念规划编制，中意宁波生态园新投产项目21个，中东欧国际产业合作园挂牌成立，机器人智谷小镇核心区初具规模，智能光电小镇产值达到160亿元。企业主体不断壮大，新增“品字标浙江制造”企业7家、宁波市级以上单项冠军和隐形冠军企业22家，新增上市企业3家、过会1家，舜宇集团首次入榜中国企业500强。商贸市场保持稳定，成功举办第22届中国塑料博览会，建成投用海吉星城农批市场，外贸出口占宁波份额比上年提高0.27个百分点，创建成为国家级外贸转型升级基地（家用电器）。坚持招商引资与增资扩产并举，甬矽电子二期等一批重大项目落地开工，实到内资108.6亿元、外资1亿美元，完成固定资产投资304亿元。现代农业提质发展，完成粮食生产面积40.6万亩，生猪出栏能力达26万头，“互联网+”农产品出村进城工程列入国家部委试点，建成省级现代农业园区、特色农业强镇各1个，培育无公害农产品36个，“余姚樱桃”获批国家农产品地理标志，创建成为省级渔业健康养殖示范县，被评为省农合联第一批持续深化“三位一体”改革示范建设单位。

（三）城乡品质在融合中不断提升。坚持“多规融合”，综合交通中长期发展规划基本完成，国土空间规划取得阶段性成果。南雷南路两侧、高铁新城等重点区块高标准开发，“阳明古镇”府前路历史文化街区一期实现开街，提升水环2.6公里，打通断头路3条，整治背街小巷10条，实现拆迁区块“清零”8个、3.9万平方米，既有住宅小区加装电梯实现破零。精细城市管理，扩大智慧城管覆盖范围，试点城区道路深度保洁模式，投用城市“智能停车”系统，创建“席地而坐”城市客厅示范区域4个，成功蝉联全国文明城市，通过国家卫生城市省级复查。提升基础承载能力，5G基站实现中心城区全覆盖，荷梁线改建一期等项目实现开工，G228古乍线（黄箭山至姚东大桥）改建等工程完工，余梁公路北延跨姚江大桥、胜陆公路草籽岗隧道贯通，姚江上游余姚西分调控枢纽通水通航，成为全国首批深化小型水库管理体制改革样板县（市、区）。深化乡村振兴战略，创建省美丽城镇样板镇1个，成功举办宁波市新时代美丽乡村建设暨乡村产业振兴现场会；新增国家AAA级旅游景区3个、省AAA级以上景区镇12个、A级以上景区村52个，创建成为省全域旅游示范县（市、区）。

（四）生态环境在攻坚中逐步改善。高标准落实中央环保督察等上级专项督察整改。突出源头治污，整治“低散乱污”企业507家，淘汰关停落后产能项目15个。统筹推进“五水共治”，姚江流域水环境综合治理三年行动启动实施，市域污水主干管网输送复线工程建成投用。开展空气质量提标进位行动，完成挥发性有机物排放治理企业30家、淘汰老旧营运车辆558辆，$PM_{2.5}$浓度降到28微克每立方米。推进一般工业固废收集、转运、处置体系建设，加快创建“无废城市”。开展“六清六净”专项行动，生活垃圾分类工作有力推进，创建成为“基本无违建县（市、区）”。完成废弃矿山整治42个，消化“批而未供、供而未用”土地9816亩，创建成为省级国土资源节约集约模范县市。

（五）民生福祉在补短中持续增进。全市一般公共预算用于民生支出达到100.3亿元，各级民生实事均全面完成，第11次荣登“中国最具幸福感城市”榜单。全市新增城镇就业人员2.6万人，新增创业实体2.7万家，创业带动就业13.4万人，城镇登记失业率为2.16%。积极做好全民参保登记工作，本市户籍人口养老保险、医疗保险参保率分别达到99.37%、99.65%。启动“滴滴”智慧养老平台试点。市级医疗机构实现跨省异地就医直接结算全覆盖。扎实推进教育现代化建设，新（改、扩）建中小学和幼儿园20所，基本完成低小散幼儿园整治，开工建设北师大余姚学校，省义务教育标准化学校建成率达99.1%，与宁职院成功签约合作共建余姚校区。河姆渡国家考古遗址公园规划建设加快，3处遗址入选省十大考古重要发现，井头山遗址入选“考古中国”重大项目。市公共文化中心建设稳步推进，阳明文化周活动成功举办，建成新时代文明实践所（站）320个，农村文化礼堂实现全覆盖，邵家丘村、西街村获评第六届“全国文明村”。加快公共卫生体系建设，市人民医院肿瘤治疗中心投用、感染综合楼开工，医养结合、3岁以下婴幼儿托育服务工作稳步推进。国防征兵、优抚安置等工作得到加强，深化民兵调整改革考评位居全省首位，获得省级“双拥”模范城“四连冠”。提升基层治理能力和水平，开展危化品运输安全等领域专项整治，镇级矛调中心实现全覆盖，村社组织换届圆满完成，“平安余姚”建设有望获得十四连冠。

（六）政府建设在改革中体现高效。高度重视省委巡视工作，认真做好巡视反馈意见整改。推进政府数字化转型，“最多跑一次”改革取得新成效，省定41件个人和企业事项实现“一件事”联办，全省首创“智能画像”办税体检服务，启用电子证明共享核查平台，一般企业投资项目审批“最多80天”、开工前审批“最多50天”、竣工验收“最多30天”全面实现。强化政府工作创新，在宁波大市率先推动集体经营性建设用地入市交易，3项工作获省政府督查激励。主动接受人大、政协和社会各界监督，222件人大代表建议、305件政协委员提案全部办结。基本完成第七次全国人口普查工作。法治政府建设取得新成效，“乡村检察官”工作获省县乡法治政府建设“最佳实践”项目，行政争议发案量和败诉率分别下降15%、55%。

2020年是“十三五”规划的收官之年。过去的五年，我们紧紧围绕“两区三城”打造，开拓创新、锐意进取，推动产业转型提速、城乡环境提质、民生福祉提升，高水平全面建成小康社会即将胜利实现，较好完成了“十三五”规划确定的目标任务，现代化创新型生态城市建设取得明显成效。

五年来，我们优服务、稳增长，综合实力争先进位。聚焦供给侧结构性改革，扎实开展“三服务”等系列活动，全面落实中央减税降费政策，推动经济社会发展行稳致远。全市地区生产总值年均增长7.6%；人才总量超过36.5万人；规模以上工业增加值从269.2亿元增加到465亿元；外贸出口从422亿元增加到660亿元；财政总收入达到185.2亿元，其中一般公共预算收入114.2亿元，年均分别增长6.7%、8.7%；城镇和农村居民人均可支配收入年均分别增长7.8%、8.2%。全国县域经济基本竞争力排名比2015年上升8位，营商环境百强县挺进前五，创建成为全国文明城市、国家卫生城市。

五年来，我们优结构、促转型，发展质量持续提升。持续实施工业强市战略，紧紧抓住实体经济高质量发展不放松，战略新兴、高新技术、装备制造产业增加值连续保持两位数增长。吉利整车制造、舜宇新基地等一批旗舰型重大产业项目落户投产，浙大机器人研究院、浙江工商大学萨塞克斯（宁波）人工智能国际研究院等一批高端科研机构成功入驻，余姚经济开发区获得省级综合考评“十连冠”，中意宁波生态园工业经济总量实现翻番。国家级“单项冠军”示范企业和省级“隐形冠军”培育企业总量位居宁波首位，上市企业达到12家。累计实施国家级重大科技专项4个、智能化改造重点项目超过1000个，研发经费支出占地区生产总值比重由2.72%提高到3.15%，高新技术产业增加值占规模以上工业比重由45.7%提高到68.5%，我市成为省首批制造业高质量发展创建示范县市，位列全国创新百强县第5位。城市经济逐步壮大，中国机器人峰会永久落户，世界姚商大会成功举办，塑料城市场交易额突破千亿大关，数字经济核心产业增加值连年攀升，国家AAA级以上旅游景区达到11个，跻身全国电商百佳县、中国县域旅游综合竞争力百强县市。大力实施乡村振兴战略，农村土地承包经营权确权登记颁证全面完成，中泰生态农业园、横坎头田园综合体等重大农业项目落地建设，培育农业龙头企业109家、规范化农民专业合作社84家、示范性家庭农场99家，建成省级主导产业示范区和特色农业精品园33个，新增国家地理标志农产品及证明商标5件，纳入全国名特优新农产品名录13个，成为省首批农业“机器换人”示范市、部省共建乡村振兴示范省先行创建单位，被授予国家级出口蔬菜质量安全示范区、全国农业机械化示范区等称号，农业现代化发展水平走在全省前列。

五年来，我们优环境、强统筹，城乡面貌实现蝶变。规划引领理念进一步形成，国土空间规划列入省级试点，历史文化名城名镇名村保护规划实现全覆盖，常住人口城镇化率达到72.1%。中心城区“一轴两环三片区”新颜渐展，万达广场、五彩城等商圈基本形成，西南组团、高铁新城等板块更加清晰，“三江六岸”光影艺术工程扮靓全城，完成危改42万平方米、城中村改造109万平方米、老旧小区改造130万平方米。宁波至余姚城际列车一期、慈余高速公路等一批重大交通项目建成，姚江城区段堤防加固工程、500千伏春晖变、城市污水处理厂提标改造等一批重大基础设施投用，基础设施承载能力大幅提升。镇村建设驶入快道，泗门卫星城辐射带动作用不断增强，梁弄镇入选全国特色小镇，累计创建省级美丽乡村示范乡镇8个、特色精品村20个，成为省美丽乡村示范县。打好蓝天、碧水、净土攻坚战，实施重大节能改造项目141个，20个乡镇街道创建成为宁波市级“污水零直排区”，小城镇环境综合整治全面完成，森林覆盖率达到42.18%，$PM_{2.5}$平均浓度比2015年下降42.9%，空气优良率比2015年上升15.4个百分点，四明山区域获“中国天然氧吧”等称号。

五年来，我们优供给、惠民生，群众生活明显改善。一般公共预算用于民生支出累计达到439亿元，年均增长5.9%，青少年成长乐园创设、车窗抛物整治等一批关键小事受到群众点赞。社会保障更加全面，全民参保登记计划精准扩面，居家养老服务全面覆盖，低保标准从每月664元提高至每月891元，9000元以下低收入农户全面消除，机构养老床位增加2680个，城镇登记失业率始终控制在3%以内。教育发展更为优质，梦麟中学等132所学校完成新（改、扩）建，公办幼儿园招生覆盖率从不足20%提升至43.1%，老年教学点实现乡镇街道全覆盖，成为省基本实现教育现代化县（市、区）和国家级农村职业教育与成人教育示范县市。文体事业蓬勃发展，5部文艺作品获全国和省精神文明建设“五个一工程”奖，“道德银行”建设入选中宣部实践案例，累计举办国家级交流赛事20场，四明山百公里挑战赛列入省重点培育赛事名录库，获评“浙江省戏曲之乡”“全国围棋之乡”等称号。“健康余姚”深化推进，市妇幼保健院、新中医医院建成投用，市域医共体建设全省领先，居民健康素养水平较“十二五”期末提高13.4个百分点。对外交流不断加强，新缔结国际友好交流城市2个。山海协作、对口帮扶成效明显，累计实施帮扶项目136个，带动脱贫4.6万人。创新打响基层社会治理“阿拉一起来”品牌，扎实开展扫黑除恶专项斗争，严密防范应对各类风险挑战，刑事治安案件总量较2015年下降22%，安全生产事故起数、死亡人数实现“五连降”，获评省“食品安全市”，成功捧得省“平安金鼎”。

五年来，我们优作风、提效率，政府改革纵深推进。扎实开展“不忘初心、牢记使命”等教育，把全面从严治党贯彻到政府工作全过程。完成新一轮政府机构改革和事业单位清理规范整合，优化乡镇街道机构设置。深化“最多跑一次”改革，企业开办压缩至1个工作日办结，民生事项全部实现“一证通办”，市民云上线运营，土地预告登记转让、纳税人“引导式申报”、“移动微法院”等工作全国首创，“金融超市”、农村“产权超市”、“出生八项一窗通办”等做法全省领跑，成为宁波首个全域无证明城市。开展“六个清零”专项行动，加大闲置资产资源盘活利用，率先推进国资国企改革，创新建立“政银保企”合作模式，银行不良贷款率从最高4.1%下降到0.81%，政府债务规模、财务成本得到有效控制。高标落实中央八项规定精神，“三公”经费逐年下降。着力打造阳光政府，修订完善政府工作规则，创新设立部门职责分工裁决委员会，建立与人大、政协重点工作对接交流制度，自觉接受各界监督，累计办理人大代表建议1076件、政协委员提案1256件，主动公开政务信息19万条。

与此同时，民族宗教、台湾事务、侨务、审计、史志、气象、档案等工作取得新成效；慈善、工会、红十字、残疾人、青少年、妇女儿童等工作有了新发展。

面对复杂多变的宏观形势、叠加多发的风险挑战，“十三五”发展成绩来之不易。这是以习近平同志为核心的党中央统揽全局、坚强领导的结果，是上级党委政府和市委科学决策、正确领导的结果，也是全市上下携手努力、团结拼搏的结果。

在肯定成绩的同时，我们也清醒地看到，发展中还存在不少问题，主要是：受宏观环境和疫情影响，个别指标没有完成预期目标；产业结构仍需优化，投资结构不够合理，科技创新活力有待加强，资源要素配置效率还不够高，推动经济更高质量发展仍需付出更大努力；城市建设、生态环境等方面还有不少欠账，城乡融合、安全生产等领域还有不少短板，教育、医疗、文化等优质资源供给与群众需求还不匹配。与此同时，党员干部对照“五个过硬”“七种能力”要求还有差距。对此，我们一定努力改进工作，切实履行职责，尽心竭力不辜负人民期待。

二、“十四五”发展主要目标和2035年远景目标

根据市委建议，市政府认真研究并广泛征求意见、汇集各方智慧，编制了“十四五”规划和2035年远景目标纲要（草案），提请大会审议。经本次大会批准后，市政府将认真组织实施。

综合考虑未来发展趋势和条件，到2035年，我市将基本实现高水平社会主义现代化，成为浙江建设新时代全面展示中国特色社会主义制度优越性重要窗口模范生的排头兵。到2025年，地区生产总值、人均地区生产总值分别突破1700亿元、13万元，高质量发展、现代化建设走在全省全市前列，综合实力在国内同等城市中实现争先进位，“三区三城”建设取得重大进展，现代化创新型生态城市进入新的发展阶段，力争创建成为社会主义现代化先行市。

为实现“十四五”规划目标，我们将围绕省委忠实践行“八八战略”、奋力打造“重要窗口”和宁波市委“当好模范生”的要求，扎实推进“五个率先”，坚决扛起“排头兵”担当，努力在全国全省现代化新征程中争当先锋。

（一）激发创新动能，发展质量显著提升。建设高水平创新型城市，努力在创新主体培育、重点平台打造、体制机制改革上实现重大突破，推动中央创新谷、前湾硅谷建设成效初显，研发经费支出占地区生产总值比重提升到3.8%左右，全员劳动生产率达30万元/人以上。积极打造人才生态最优市，各类人才总量达到48.6万，初步建成人才科技创新引领区。

（二）强化数字赋能，智能经济迅猛发展。新型工业化与信息化、先进制造业与现代服务业加快融合，基本形成“35”千百亿产业集群，制造业数字化智能化全面铺开，智慧型服务业、数字农业加速发展，数

字经济核心产业增加值年均增长10%以上，智能经济先行示范区建设取得显著成效。

（三）畅通双循环，新发展格局加快融入。把扩大内需战略同深化供给侧结构性改革有机结合起来，打造高质量产品、大影响品牌，推动本土优势产业和消费市场充分融入国内大循环、国内国际双循环。深度参与长三角一体化，开放型经济更高层次发展，贸易结构更加优化，国内市场、“一带一路”市场和新兴市场全面拓展。体制机制不断创新，基本形成与双循环相适应的一流营商环境。

（四）统筹区域城乡，现代都市品质彰显。城市规模与能级实现同步提升，“一主一副五片”市域空间协调发展，新基建广泛布局，城市面貌呈现宁波现代都市北翼核心区精致形象，常住人口城镇化率达到75.1%。城乡统筹机制更加优化，美丽乡村建设取得优异成果，基本建成全国乡村振兴示范区。美丽余姚建设深化推进，绿色成为发展最动人的色彩。

（五）坚持守根铸魂，文化名城更具魅力。社会主义核心价值观深入人心，公共文化服务体系更加健全。“文化+”战略深化实施，文化产业增加值占地区生产总值比重达到8%以上。河姆渡文化、阳明文化、红色文化等一批具有鲜明地域标识度的文化品牌得到深度挖掘打造，历史文化名城的知名度和美誉度进一步提升。

（六）健全智治体系，民生福祉全面增进。整体智治水平全面提高，形成“县乡一体、条抓块统”高效协同治理格局，市域治理现代化典范城市取得重大进展。积极应对人口老龄化，推动人口长期均衡发展。基本公共服务更趋均衡，幼有善育、学有优教、病有良医、老有颐养、住有宜居、弱有所扶取得新进展，幸福品质之城魅力进一步彰显。

实现未来五年和2035年的奋斗目标，任务艰巨，责任重大，使命光荣。我们相信，在市委的坚强领导下，经过全市人民的共同努力，“十四五”规划和2035年远景目标的宏伟蓝图一定能变成美好现实。

三、2021年主要工作安排

2021年是建党100周年，也是“十四五”开局之年，还是争创社会主义现代化先行市启动实施之年。做好2021年的政府工作，要把握大势，面对大变局准确识变、科学应变、主动求变，在抗击大风险中创造大机遇；要凸显优势，立足大战略主动融入、谋求融合、强化融通，在打开新空间中构筑新格局；要蓄力起势，锚定大愿景一张蓝图、一以贯之、一抓到底，在守正创新中实现“十四五”良好开局，为高水平建设现代化创新型生态城市奠定坚实基础。

根据市委十五届十次全会精神，2021年政府工作的总体要求是：以习近平新时代中国特色社会主义思想为指导，全面贯彻党的十九大及十九届二中、三中、四中、五中全会精神，坚持稳中求进工作总基调，立足新发展阶段，贯彻新发展理念，构建新发展格局，聚焦打造“三区三城”，坚持系统观念，巩固拓展疫情防控和经济社会发展成果，更好统筹发展和安全，深化做好“六稳”工作、落实“六保”任务，深入推进“六争攻坚”，扎实开展“两强三提升”行动，持续发力科技创新引领、重大战略融入、智造高地打造、城乡品质提档、民生福祉改善和整体治理强化，奋力开启高水平现代化创新型生态城市建设新征程，以优异成绩庆祝建党100周年。

综合分析各方面因素，建议今年经济社会发展的主要预期目标为：地区生产总值增长7%左右，一般公共预算收入增长6.5%左右，规模以上工业增加值增长8.5%左右，研发经费支出占地区生产总值比重达到3.2%，城乡居民收入与经济增长保持同步，城镇登记失业率控制在3.5%以内，节能减排完成上级下达任务。

实现上述目标，重点是抓好以下七方面工作：

（一）致力战略融入，开拓开放发展新局面。加快全市域、全方位、全要素融入长三角一体化发展等重大战略，推进接沪融甬联杭，借势借力打开区域发展新空间。

推动基础设施充分对接。坚持“交通先行”，实施高水平建设交通强市三年行动，基本建成余梁公路北延、胜陆公路等项目，开建通环西路、杭甬复线二期等工程，谋深宁波至余姚城际二期、城际快速及G228（庵东至梨洲段）等前期工作，推动中意宁波生态园与杭州湾新区路网快速联通，争取宁波西内陆港（东港区）列入上位规划，着力打造宁波西门户综合交通枢纽。谋划与沪杭甬的区域同城化，加强在能源、生态、新基建等方面建设合作力度，探索建立毗邻地区互联互通保障机制。

推动产业发展链式聚合。全面参与宁波前湾沪浙合作发展区建设，加强项目对接、品牌输入、资本合作。推动上海漕河泾新兴技术开发区余姚分区、中意复旦（张江）科创中心、上海姚江科技园等深化运作，建成长三角大仪共享平台余姚专区，谋划筹建宁波产业转移承接园（姚东片区）。加强与上海交大、之江实验室、临港集团等优势资源对接，深化高端装备、新材料等产业跨区域合作，努力打造知名度高、带动力强的产业创新公共服务平台。加快姚东片区融入宁波城区，推进姚北、姚西北与前湾新区联动发展。

推动公共服务有效融通。加快实施教育协同计划，积极推动与长三角名校合作，探索跨区域集团化办学、共建研究机构等模式。推动市人民医院等与长三角名院名医交流合作，加大医学重点学科建设，推动异地就医医保直接结算医院扩面。主动对接长三角周边旅游资源，丰富全域旅游产品供给，联合打造区域精品游线，提升余姚长三角旅游目的地知名度。加强文体、养老、政务等服务合作，引进举办高端品牌赛事、演出活动，更高水平扩大同城效应。

推动内外市场深度拓展。立足长三角加快全方位开放，高起点提升城乡区域经济循环，高质量服务国内大循环，高水平融入国际大循环。强化进口替代，推动个性化、柔性化生产，提升供应体系适配性。加快二、三产分离，加强塑博会、农博会与知名品牌展会的协调联动，实施“姚货行天下”工程，促进余姚制造、余姚名品等打入长三角居民生活圈。开展外贸双翻番行动，深化跨境电商发展，深度参与浙江自贸区宁波片区等建设，建强中东欧国际产业合作园，打造余姚企业出海联盟，培育外贸综合服务平台1家以上，建设海外仓3个以上。

（二）致力产业升级，提高区域经济竞争力。坚持工业强市不动摇，深化制造业全域产业治理，推动“二产增效”，着力打造先进制造业高质量发展高地。

实施创新引领工程。坚持人才强市、创新强市首位战略，加快完善全域创新体系。谋划启动省级“人才管理改革试验区”创建，实施“姚江英才”“阳明蓝领”等系列人才“引育用留”计划，设立“姚创贷”，引进天使基金，建设青年公寓，着力打造人才集聚高地。探索与高校院所共建高水平产业技术研究院、重点实验室和创新联合体，新增市级以上孵化器2家。实施高新企业“育苗造林”计划，新增高新技术企业60家，确保高新技术产业增加值增幅高于规模以上工业2个百分点。深化全社会研发投入专项行动，建立研发后补助机制，力争高新技术企业实现市级以上企业工程（技术）中心全覆盖，净增有效发明专利120件以上。建立关键核心技术动态清单，开展“揭榜挂帅”技术攻关，高效运营科技大市场（科技人才超市），实现技术交易额突破20亿元。

实施强链补链工程。深入推进提升产业链供应链稳定性和竞争力三年行动计划，全力打造新材料、光电信息、新能源汽车及关键零部件、机器人及智能装备等四大产业链，统筹实施传统制造业改造提升2.0版建设，加快营建“35”千百亿产业集群，力争战略新兴、装备制造、“246”产业增加值分别增长10%、8%、9%。推进开发园区整合提升，统筹建强中意宁波生态园、余姚经济开发区、余姚工业园区，全力争创省级高新技术园区。实体化推进甬西智能科创走廊建设，启动核心区项目。加快智能光电信息产业园建设，力争智能光电小镇创建成为省级特色小镇，机器人智谷小镇新落地项目45个以上。实施企业“出城、离村、入园”行动，新开工小微园区2个、建成2个。

实施数字赋能工程。发挥数字化引领、撬动、赋能作用，深化数字余姚建设三年行动计划，力争数字经济核心产业增加值增长10%以上。加快推进企业数字化智能化绿色化，实施智能化改造重点专项150个以上，力争三年实现数字车间（智能工厂）倍增。规划建设工业数字大脑，开展橡塑、模具等行业工业互联网建设。持续深耕育强智能光电、芯片封测等优势产业，加快布局第三代半导体、前沿新材料等未来产业。

实施主体育强工程。围绕“抓大、壮小、扶微、助创”要求，打好“单项冠军”、“350”企业培育和“凤凰行动”计划等系列组合拳，鼓励本地企业增资扩产、升级改造，力争新增“个转企”250家、“小升规”80家、上市企业3家，培育宁波级以上单项冠军企业10家。深化“质优余姚”建设，新增“品字标浙江制造”企业7家。支持民营企业发展，关心关爱海内外姚商和新生代企业家成长。突出精准化专业化，加强产业链、基金链招商和以企引企，大力引进头部企业和高精尖、引领型项目，力争实到内资80亿元、外资2.5亿美元以上。

（三）致力品质提升，增强现代城市魅力值。坚持“人民城市人民建、人民城市为人民”，开展城市品质提升三年行动，发力“三改四融五突破”，高标准建设现代城市。

加快城市有机更新。树牢城市百年规划理念，完成市级和中心城区国土空间规划编制，抓好“五线”管控，促进“四态”融合。推行片区一体化开发模式，精心打造“阳明古镇”，加快南雷南路两侧、剑江区块等片区开发，深化推进中国云城和中国塑料城联动发展，科学规划庙弄农批市场等区块建设。统筹实施城中村改造五年规划、老旧小区改造三年行动，探索建设“未来社区”。实施“建干路、修支路、通断头、疏卡口、破瓶颈”行动，推动城区交通“近期缓解、远期畅通”。开展城市增绿行动，强化微治理、微改造，打造更多高品质城市家具，加快建设公园城市。

提升城市管理水平。深化打造“城市大脑”，打通数据壁垒，建设“掌上治理之市”。巩固全国文明城市创建常态化机制，确保国家卫生城市通过复审。实施城市景观提升工程，开展道路“补丁”减量、综合治超等专项整治，强化文明施工、“门前三包”等精细管理，推动实现“一把扫帚扫城乡、一个网络管全市”，打造一批“席地而坐”城市客厅示范区域。强化“互联网+执法”、城管进社区、街（路）长等制度，提高路面见警率、见勤率。

优化城市功能配套。实施“三产扩容”行动，大力发展法律咨询、金融证券、智慧物流等现代服务业。开展城市业态改造，推动城市综合体和大型商超品牌升级、错位经营，提升城市商圈活力。大力培育数字消费、服务消费等新增长点，精心举办各类文旅商农消费活动，打造高品质消费领先市。力争全年社会消费品零售总额增长8%。系统推进水环绿环构建、历史街区保护开发，多元植入文化体验、休闲体育等业态，着力打造府前路等一批网红打卡点。优化基础商业网点，推进智慧农贸市场建设，构建“5+10+15”社区生活服务圈。综合谋划海绵城市、地下管廊建设，加快推进姚江上游余姚西分、陶家路江三期整治等工程。提标改造供水供电供气设施，增加停车位供给，推行机关事业单位、住宅小区错时开放停车，不断完善优质共享的城市生态系统。

（四）致力乡村振兴，加快农业农村现代化。聚焦打造全国乡村振兴示范区，强化以工补农、以城带乡，促进农业高质高效、乡村宜居宜业、农民富裕富足。

做强特色产业。推动农业"接二连三"融合发展，高质量实施"2966"乡村产业振兴行动，积极发展运动康养、休闲旅游、民俗民宿等新业态新模式，促进"一产提质"。坚持农业全链条培育，加快中泰生态农业园、横坎头田园综合体等项目建设，打造特色农业品牌，建好"四明臻货"展示展销中心，推动果酒等精深加工。谋划建设农业现代化创新创业基地，培育多层次乡土人才。推进"互联网+"农产品出村进城试点，推广3个以上种养殖区块链溯源平台建设。抓好粮食、生猪等增产保供，加强高标准农田建设，切实保障"米袋子""菜篮子"安全。完善四明山区统筹发展机制，加快毛竹、茶叶等传统产业及林下经济转型发展，进一步打通"绿水青山"向"金山银山"的转换通道。

建优美丽镇村。纵深推进"千万工程"、美丽城镇三年行动，高水平编制乡镇国土空间规划，注重保护传统村落和乡村特色风貌，加快构建"一户一处景、一村一幅画、一镇一天地"的大美格局。力争创建省级新时代美丽乡村达标村66个，新增宁波市级美丽乡村示范乡镇3个、乡村振兴示范带1条、A级以上景区村30个、美丽庭院3000户。持续推动乡镇功能提档，加快把集镇打造成为服务农民的区域中心。深化泗门卫星城、中心镇改革发展，着力打造示范样板。统筹推进"三改一拆"、"六清六净"、农村乱占耕地建房等专项行动，不断改善城乡人居环境。

提效农村改革。健全城乡融合发展机制，推动城乡要素平等交换、双向流动。深化农村宅基地"三权分置"改革，加大农房确权登记发证工作力度。健全"两进两回"长效机制，推动工商资本、青年农创客"上山下乡"，培育更多新型农业经营主体。优化科技助农机制，实施科技特派员计划，新增"星创天地"2家。高效运作农村"产权超市"，持续推进农村集体经营性建设用地入市交易试点工作，统筹利用农村闲置土地、农房，拓展强村富民渠道，力争所有行政村集体经济经营性收入达到15万元以上。继续认真做好东西部扶贫协作、山海协作和对口支援，推进合作共赢。

（五）致力生态建设，绘浓青山绿水主色调。坚定不移践行"绿水青山就是金山银山"理念，促进经济社会发展全面绿色转型，加快创建国家生态文明建设示范市。

倡导绿色低碳发展。统筹山水林田湖草系统保护，实施"三线一单"生态环境分区管控。深化"森林余姚"建设，新增国土绿化3680亩，森林覆盖率达到42.3%。抓好能源"双控"，严格项目用能审查，实施重大节能改造项目30个。大力推进清洁生产，整治提升"低散乱污"企业350家，淘汰关停落后产能项目15个。倡导绿色健康、低碳环保的生活方式，推广使用新能源，推动形成全民生态自觉。

强化污染综合防治。高标高质落实上级环保督察问题整改，完成"千吨万人"饮用水源地整治任务。强化大气污染精准治理，建设高空瞭望系统，统筹工业废气、道路扬尘、机动车尾气、垃圾秸秆焚烧等治理。深化推进"五水共治"，提档升级河湖长制，加快尾水排海延伸、城区污水收集系统五期等工程，抓好姚江流域水环境综合治理、杭州湾污染综合治理等系列攻坚行动。推进"无废城市"建设，实施"药肥两制"试点，完善小微企业危险废物收集中转体系，基本实现一般工业固废处置全覆盖。推进远程监测、非接触式智慧化监管和网格化管理，强化"环境信用+双随机"抽查，构筑生态环境长效监管机制。

推动资源高效利用。健全资源有偿使用机制，规范排污权、用能权、用水权交易，创新产业用地供地模式，完善"标准地"出让、"土地超市"等制度。持续推进全域土地综合整治，启动新一轮废弃矿山整治三年行动计划，盘活城乡低效用地、存量建设用地各1500亩，消化"批而未供、供而未用"

土地5000亩。深化“亩均论英雄”改革，稳步推进评价结果运用和差别化要素政策实施，力争亩均增加值增长8%。深化垃圾分类工作，加快推进厨余垃圾处置等末端工程，启动再生资源回收市场建设，最大程度实现垃圾减量化、资源化。

（六）致力民生改善，提升人民群众幸福感。坚持以人民为中心，慎终如始抓好常态化疫情防控，加快全生命周期民生服务体系构建，让发展成果更多更好惠及群众。

健全社会保障体系。推进高质量就业社区（村）建设，做好重点群体就业扶持和企业用工服务保障，力争新增就业2.25万人。深化全民参保登记计划，促进应保尽保。推进医保支付方式改革，加快智慧医保建设，实现定点医药机构医保电子凭证全覆盖。发展慈善事业，完善残疾人等特殊群体救助机制，兜底民生保障。推动新型退役军人全生命周期服务管理试点，争创省级双拥模范城“五连冠”。推进医养护一体化体系建设，提升养老服务水平。

优化公共服务供给。持续推进教育现代化，推动学前教育深化改革规范发展，公办幼儿园招生覆盖率达到50%以上；深化义务教育共同体建设，加快北师大余姚学校、古路头小学（暂名）等建设，争创全国义务教育优质均衡发展市；优化职业教育布局，启动宁职院余姚校区项目，实现余姚技师学院（筹）“摘筹”；坚持“五育并举”，深化教育评价制度改革，关注学生心理健康，实现学生全面发展。强化健康余姚建设，深化医药卫生体制改革，完成市第三人民医院（市精神卫生中心）迁建，投用市人民医院感染综合楼，推进医共体基础设施扩面提升，加快中医药传承创新，促进优质医疗资源均衡扩容。建强公共卫生应急体系，深化“源头查控＋硬核隔离＋精密智控”工作机制，坚决守牢疫情防控底线。扎实开展爱国卫生运动，提升全民健康素质。推进体教体医融合，完善全民健身服务体系，办好第十六届全民运动会。加强房地产市场调控和房产交易监管，大力发展住房租赁市场，促进房地产市场健康稳定。

打响文化余姚品牌。抓好国家历史文化名城、河姆渡国家考古遗址公园申报工作，启动井头山遗址二期考古发掘，谋划四明山千里登山步道，加快四明山省级旅游度假区、牟山湖等开发建设，打造大运河文化诗路、浙东唐诗之路余姚段，提升文旅融合发展水平。实施文化赋能工程，力争建成市公共文化中心，办好阳明文化周、红色文化宣传等系列活动，深化“一人一艺”工程，加强非遗保护开发和文艺精品创作，规划建设特色文化夜市，提升文化产业发展层级。推进“书香余姚”建设，深化“做文明崇德余姚人”活动，高效运营新时代文明实践中心和所（站），打造“道德银行”升级版。

推进社会整体治理。迭代升级基层治理“一中心四平台一网格”，深化“阿拉一起来＋马上办”机制，提升网络社会综合治理水平，加快形成县乡一体的整体治理格局。推进“无信访积案市”创建，探索“诉调对接”，形成矛盾化解闭环。推进“云上公安、智慧警务”应用，完善社会治安防控体系。强化安全生产、防灾减灾等工作，开展出租房、危化品等重点领域整治，严格食品药品安全监管，严防“两链”风险、金融风险，确保高分夺取“一星金鼎”。完善流动人口服务管理。强化社会组织培育，提升外事侨务、民族宗教等事务管理水平，支持工青妇等事业发展。

（七）致力效能增强，营造唯实惟先好氛围。坚持政治引领，提高行政质量、效率和政府公信力，努力建设人民满意的服务型政府。

始终坚持忠诚为政。学懂弄通做实习近平新时代中国特色社会主义思想，树牢“四个意识”、坚定“四个自信”、做到“两个维护”，提高政治判断力、政治领悟力和政治执行力，确保上级和市委决策部署不折不扣落地见效。发扬斗争精神、抗疫精神，着力锻造“五个过硬”、提升“七种能力”，全面提高政府治理现代化水平。压紧压实责任，高标准抓好省委巡视反馈意见整改。强化阵地意识，认真落实意识形态工作责任制。

始终坚持实干兴政。大力倡导“说了就办、办就办好”，建立完善“闭环+清单”管理模式。深化开展“三服务”活动，及时回应企业和群众关切，构建亲清新型政商关系。加强法治余姚建设，深化综合行政执法改革，强化行政争议预防和化解，提升依法行政水平。自觉接受人大法律监督、工作监督和政协民主监督，高度重视社会和舆论监督，高质量办理人大代表建议和政协委员提案。

始终坚持争先优政。扎实开展“两强三提升”行动，引导激励干部勇攻坚、敢突破、出亮点，积极营造奋勇争先、担当作为的良好氛围。深化“一件事”集成改革，创新重点工业投资项目“拿地即开工”等新模式，推进优化营商环境“10+N”行动2.0版，努力打造营商环境最优市。坚持“项目为王”导向，强化重大项目谋划、争取、储备和建设，完善项目全周期管理体系。深化“互联网+政务服务”，加快政府数字化转型。

始终坚持廉洁从政。严格落实中央八项规定精神，持续纠治“四风”，切实为基层松绑减负。树牢“过紧日子”思想，从严控制压减非急需、非刚性支出，强化预算管理和审计监督，梳理盘活国有资产，提高资金使用绩效。加强重点领域关键岗位监管，坚决杜绝权力寻租。严格履行全面从严治党主体责任和“一岗双责”，深化落实“四项报告”、“三交底”廉政谈话等各项制度，不断把“清廉余姚”建设推向纵深。

新时代的蓝图已经绘就，新征程的号角已经吹响，唯有实干才能走在前列，唯有争先才能不辱使命。让我们更加紧密地团结在以习近平同志为核心的党中央周围，在中共余姚市委的正确领导下，唯实惟先、知行合一、砥砺奋进，为全面建设高水平现代化创新型生态城市，为争创社会主义现代化先行市而努力奋斗！

抗击新型冠状病毒肺炎疫情

2020年初，新型冠状病毒肺炎疫情突如其来。在这场“遭遇战”中，在市委、市政府的坚强领导下，余姚市切实保障广大人民群众的身体健康和生命安全，筑起一道健康防线。市委、市政府高度重视，坚持把疫情防控作为压倒一切的重大政治任务，把人民群众生命安全和身体健康放在第一位，深入贯彻落实习近平总书记重要讲话和重要批示指示精神，科学落实上级党委政府决策部署和各项指令，部署早、行动快，全市多部门共同携手、直面挑战，为统筹推进疫情防控和经济社会发展各项工作、全面实现“两战赢”提供了坚强保障。

全市从1月22日确认第一例输入性新冠肺炎确诊病例，到2月14日累计确诊11例。2月29日，全市累计确诊的11例新冠肺炎病例全部治愈出院，其中1月31日余姚首例治愈出院的确诊病例也是宁波首例，全市无扩散性病例发生，实现了患者“零死亡”、医护人员“零感染”。3月10日起，率先基本恢复生产生活秩序。

一、全力打好阻击硬仗

疫情发生后，市委书记奚明迅速作出批示，要求“压实属地防控责任，完善各项防控方案，落实各项防控措施，全力以赴做好防控工作”。第一时间建强指挥体系和工作机制。迅速成立市疫情联防联控工作领导小组，由市委书记奚明，市委副书记、市长潘银浩分别担任第一组长和组长。坚持“外防输入、内防扩散”和“硬核隔离+精密智控”，出台村（社区）“十个严禁、十个一律”“暖心十二条”等举措，用好大数据追踪溯源、核酸检测等手段，创新落实“全域一码通”动态管控、发热门诊全周期管理、重点人员小周期滚动排查等机制，及时有效引导社会舆论，推动全员参与、全线压上，构筑起坚固防线。组织派出3批次12名医务工作者驰援武汉，全面完成防疫物资生产供应和调拨任务。

二、高效推动复工复产

精准把握疫情变化趋势，

科学有序推进复工复产。在宁波率先成立“三复”工作专班，先后出台帮扶企业20条等政策，创新“规模+小微”全产业链复工模式。强化劳务协作，推行“共享员工”模式。1500余名“复工管家”主动上门服务。3月10日起，企业日均用电量基本恢复到上年同期水平，其间没有因企业复工复产导致新增确诊病例。

选派1899名机关党员干部任“驻企管家”，帮助企业加快恢复生机活力，“四送一增强”服务企业专项行动入选省争先创优最佳实践案例。严格执行降本减负、减税降费各项政策，创先推出风险补偿、贷款贴息、取消反担保等金融服务保障措施，累计减免税费28.6亿元、拨付“两直”资金9.17亿元，全力帮助企业渡过难关。全市经济加快恢复、实现“V”型反转，地区生产总值增速位居宁波第一。

三、常态抓好疫情防控

严格贯彻“外防输入、内防反弹”的总体防控策略，及时制定常态化防控办法。落实人防物防并重措施，强化高中风险地区人员和境外来姚人员的动态健康管理，抓实学校、医院、农贸市场等重点场所管控，推进重点人群核酸检测“应检尽检”。精准落实秋冬季疫情防控任务，坚决防止一切可能出现的意外。

（市新型冠状病毒肺炎疫情联防联控工作领导小组办公室）

对口帮扶和山海协作

一、帮扶望谟县进展情况与成效

组织领导方面 2020年，先后召开市委常委会、市长办公会议、全市对口支援和区域合作工作领导小组会议等5次专题研究对口工作；市对口办针对东西部扶贫协作工作实施方案、消费帮扶、国家扶贫日活动及迎考等工作先后多次召开意见征求会和工作推进会。全年共开展高层党委政府负责人调研对接4次，其中余姚市委书记、市长分别率队调研对接1次，召开两地高层联席会议5次。调整完善对口工作领导小组成员单位，并制定出台《2020年余姚市东西部扶贫协作、对口支援和山海协作工作要点及任务分解》《余姚市助推望谟县开展挂牌督战贫困村摘帽脱贫工作实施方案》《余姚市2020年深入开展消费扶贫助力对口地区脱贫攻坚加快区域协调发展实施方案》等政策文件。

人才支援方面 2020年，余姚向望谟选派党政干部和专业技术人员71人（其中新增58人）；望谟向余姚选派党政干部和专业技术人才124人（其中党政干部8人、专业技术人才116人）；开展党政干部培训10期、1223人次；专业技术人才培训52期、4542人次（含教师、医生）。同时，积极帮助望谟引进先进技术，引进宁波余姚先进医疗技术7项。

资金支持方面 2020年，余姚对望谟县的帮扶资金是6900万元，同比（与上年同期比较，下同）增长27.78%。安排实施项目18个，其中产业类项目6个、易地扶贫搬迁安置点教育医疗设施建设项目6个、消费扶贫项目1个、智力支持项目1个、就业类项目4个。用于产业和就业扶贫资金4280万元，占总资金比例的62.03%，覆盖带动贫困人口15469人，用于支持易地扶贫搬迁安置点教育医疗配套设施建设资金2560万元，占比37.1%。截至

2020年底，使用资金6846.11万元，资金使用率99.22%。全市社会力量帮扶望谟县的社会帮扶募集资金或物品折价共计1161.04万元。投入198万元用于开发残疾人公益性岗位，带动贫困残疾人104人。

产业合作方面 2020年，引导8家企业在望谟县投产或开展项目合作（其中新增4家），实际到位资金3.62亿元，同比增长15.1%，项目受益贫困人口数5017人，同比增长351.17%。制定出台《余姚市2020年深入开展消费扶贫助力对口地区脱贫攻坚加快区域协调发展实施方案》，认定15家企业为消费扶贫定点企业，积极开展消费扶贫月活动，利用“美丽四明山”“邮掌柜”等本地平台，借助阿里、京东、拼多多等大平台，通过视频直播、纪检干部带货等形式，助力“黔货出山”。帮助望谟县建立东部地区“黔货出山”直供基地1处，协助开展农特产品推介活动3次，累计采购、销售农特产品9000.48万元，同比增长177.89%，带动贫困人口脱贫9135人，其中销售认定扶贫产品4702.47万元，带动贫困人口脱贫5916人。共建扶贫车间9家，吸纳贫困人口就业181人，同比增长39.23%。

劳务协作方面 2020年，针对疫情防控期间企业招工难，务工人员找工作难、出行难等实际困难，余姚通过建立用工企业与贫困劳动力“一对一、点对点”的人岗适配机制，采取“返岗直通车”“定制专列”“自驾返岗”等方式进行安全有序组织劳务输出。制定出台《关于强化党建引领助推东西部扶贫劳务协作的通知》，通过组织联建、队伍联管、结对联帮“三联”模式做实做细党建引领就业扶贫工作。2020年帮助望谟县到余姚就业775人（其中新增707人，稳岗3个月以上的就业772人），同比增长191.35%；到省内就近就业1627人（其中新增1027人），同比增长9.19%；到其他地区就业834人（其中新增761人），同比增长26.17%。开展贫困劳动力就业培训48期，累计培训2027人次；组织贫困学生53人到余姚就读职业学校（其中新增15人）。

携手奔小康 余姚市委书记、市长分别在5月和9月率团赴望谟县考察调研。望谟县委书记、县长分别在4月和9月率团到余姚考察、调研并召开两地高层联席会议。加强医疗、教育合作。全市17家医院、34家中小学校分别与望谟县17家医院、32家中小学校结对，实现教育、医疗结对全覆盖。深化镇镇、村村、村企和社会组织结对。继续做好7个镇镇结对工作，每个镇均募集25万～35万元社会资金用于帮扶项目，共计到位帮扶资金205万元。落实11个行政村与望谟12个行政村进行结对，落实50家企业与望谟县43个贫困村（42个深度贫困村）开展村企结对，每个村落实帮扶资金10万元，共计430万元，另有9个社会组织与望谟县8个村结对。开展贫困村创业致富带头人培训。帮助望谟县64名贫困村致富带头人参与专业技能培训，其中39人创业成功，创业成功率达60.9%。

二、对口协作兴义市进展情况与成效

组织领导方面 2020年，先后召开市委常委会会议、市长办公会议、全市对口支援和区域合作工作领导小组会议等5次，专题研究对口工作；市对口办针对东西部扶贫协作工作实施方案、消费帮扶、国家扶贫日活动及迎考等工作先后多次召开意见征求会和工作推进会。开展调研对接情况。2020年共开展高层党委、政府负责人调研对接4次，其中余姚市委书记、市长分别率队调研对接1次，召开两地高层联席会议4次。调整完善对口工作领导小组成员单位，并制定出台《2020年余姚市东西部扶贫协作、对口支援和山海协作工作要点及任务分解》《余姚市2020年深入开展消费扶贫助力对口地区脱贫攻坚加快区域协调发展实施方案》等政策文件。

人才支援方面 全年共安排38名专业人才到兴义市挂职工作，其中新选派党政干部1人、专业技术人才32人；兴义市新增选派84名党政干部，教育、医疗人才及10名村常务干部赴余姚学习，累计129名在岗党政干部和专业技术人才在余姚学习。开展党政干部培训6期，共4756人次；专业技术人才培训67期，共17712人次（含教师、医生）。同时，积极帮助兴义引进先进技术，引进余姚良种2项，新品种水稻试种工作成功，完成移栽工作。余姚榨菜落地兴义市鲁布格发玉坝区试种成功，扩大种植面积13.33公顷。

资金支持方面 全年对兴义市安排协作帮扶资金2050万元，同比增长36.67%，结合当地发展需求实际，协助兴义市筛选出9个扶贫项目，其中产业类项目3个、易地扶贫搬迁安置点项目1个、贫困劳动力培训及就业服务2个、助残项目1个、农特产品销售扶持项目1个、干部（人才）及致富带头人培训1个，带动贫困户6137人，其中残疾人60人，帮扶资金实际使用率达100%。同时积极发动社会各界向兴义市开展帮扶活动，共向兴义市捐赠社会募集资金或物品折价共计368.84万元。

产业合作方面 2020年，引导6家企业（其中新增5家）在兴义市开展项目合作，年度资金到位4.47亿元，同比增长77.5%，项目带动贫困人口251人次。积极开展消费扶贫，制定出台《余姚市2020年深入开展消费扶贫助力对口地区脱贫攻坚加快区域协调发展实施方案》，认定15家企业为消费扶贫定点企业，积极开展消费扶贫月活动，利用“美丽四明山”“邮掌柜”等本地平台，借助阿里、京东、拼多多等大平台，通过视频直播、纪检干部带货等形式，助力“黔货出山”。帮助兴义市线上线下农特产品销售额1.82亿元，同比增长175.91%，带动贫困人口6496人，其中经认定扶贫产品销售0.91亿元，带动贫困人口脱贫6434人。推动东西部协作扶贫车间全面复工复产，新增5个扶贫车间，累计建设16个扶贫车间，吸纳贫困劳动力275人。

劳务协作方面 余姚通过建立用工企业与贫困劳动力“一对一、点对点”的人岗适配机制，采取“定制包机”“返岗直通车”“定制专列”“自驾返岗”等方式安全有序组织劳务输出。同时，制定出台《关于强化党建引领助推东西部扶贫劳务协作的通知》，通过组织联建、队伍联管、结对联帮“三联”模式做实做细党建引领就业扶贫工作。2020年，帮助兴义市贫困人口到余姚就业116人（其中新增99人，稳岗三个月以上有107人），同比增长18.37%；到省内就近就业1396人（新增875人）；到其他地区就业484人（新增445人）。开展贫困劳动力就业培训16期，累计培训528人次；组织30名贫困学生到余姚就读职业学校。

携手奔小康 余姚市委书记、市长分别在5月和9月率团赴兴义市考察调研，兴义市委书记、市长分别在7月和10月率团到余姚考察、调研并召开高层联席会议。加强医疗、教育合作。余姚33所学校和兴义36所学校结对；余姚16家医院和兴义28家医院结对，积极开展教育、医疗组团式帮扶活动。深化镇镇结对。进一步深化余姚5个镇与兴义市5个乡镇结对工作，均募集25万～35万元社会资金用于帮扶项目，共计135万元。积极开展贫困村创业致富带头人培训。开展兴义市致富带头人培训班4期、51人次，致富带头人创业成功数31人，成功率60.78%，带动贫困人口1483人。

三、山海协作工作

组织领导方面 2020年，全市召开专题会议研究部署山海协作工作4次，其中市委常委会议3次、市长办公会议1次。山海协作工作列入政府目标考核，制定出台《2020年市直部门目标管理考核实施办法》和《2020年度乡镇、街道目标管理考核实施办法》。联合市委考核办根据两个实施办法对山海协作工作考核进行细化，出台《2020年余姚市对口支援和区域合作工作目标管理考核细则》。4月22日，余姚市召开由各领导小组成员单位主要负责人参加的全市对口支援和区域合作工作会议暨领导小组会议。

主要领导互访 11月11—12日，市委副书记、代市长徐云率团赴松阳开展山海协作调研对接工作，并召开两地高层联席会议。8月28日，松阳县委书记、县长李汉勤率团到余姚调研，召开两地高层联席会议并签订2020年余姚—松阳山海协作工程合作协议。

产业合作方面 余姚完成产业合作项目实际到位资金2.27亿元，其中由浙江大丰实业有限公司和松阳县的产业合作续建项目松阳县全民健身中心工程PPP项目，实际到位资金13.06亿元，由余姚挂职干部2018年招引的松阳县茶产业综合体一期项目2020年实际到位资金9679万元。组织余姚企业赴结对地区开展项目签约。组织余姚市屹立茶厂、宁波泰美汽车饰件有限公司等余姚企业赴松阳县考察对接2批次，落实宁波泰美汽车饰件有限公司与丽水生态产业集聚区松阳分区管理委员会签订汽车饰件项目投资框架协议1个。“消薄飞地”园区招商进展顺利，2家企业签约租赁合同，园区实现满租。制定出台《余姚市2020年深入开展消费扶贫助力对口地区脱贫攻坚加快区域协调发展实施方案》，年初安排展厅邀请松阳参加余姚农博会。认定15家企业为消费扶贫定点企业，积极开展消费扶贫月活动，利用“美丽四明山”“邮掌柜”等余姚平台，借助阿里、京东、拼多多等大平台，通过视频直播、纪检干部带货等形式，进一步推动消费帮扶工作。共帮助销售农产品1752.44万元。

教科文卫领域合作 深化在教育、卫生、科技、文化等领域的合作，并签订合作协议。积极推进“校际结对帮扶”活动，余姚市教育局落实帮扶资金100万元用于松阳县部分学校多媒体改造工作，选派教师赴松阳任教；11月，余姚市文化团队赴松阳开展文化走亲活动；两地卫健局加强人才交流，余姚选派医生赴松阳县人民医院挂职；余姚市科技局组织科技管理干部赴松阳学习交流，围绕重点产业、项目开展技术交流。

资金支持方面 松阳、余姚两地联合制定出台《关于建立山海协作援建项目（资金）筛选工作试行办法》文件，做好援助资金储备项目的筛选工作。共同修订《松阳县山海协作工程援建项目（资金）管理办法》，制定出台《松阳县山海协作工程援建项目（资金）管理办法》。全市安排山海协作松阳援建资金221万元，全部落实到位，安排援建项目5个。完成社会帮扶资金66万元，其中村企结对帮扶资金50万元，额温枪1000把，价值16万元。

（市对口支援和区域合作工作领导小组办公室）

井头山遗址考古发掘

井头山遗址位于浙江宁波余姚市三七市镇，临近河姆渡遗址和田螺山遗址。

2013年10月，因厂房建设打桩发现井头山遗址，遗址埋藏在地表之下8米左右。2014年上半年，浙江省文物考古研究所针对该遗址文化堆积特殊的深度和海相淤泥覆盖的情况，实施机钻考古勘探。经碳-14测年，井头山遗址的年代距今7800～8300年，早于河姆渡文化1000年左右，这是宁绍平原史前考古年代学上的一个重大突破。

2019年9月始，经国家文物局批准立项、浙江省文物局统筹组织，由浙江省文物考古研究所联合宁波市文物考古研究所、余姚河姆渡遗址博物馆等进行考古发掘。2019年9月至2020年8月，出土大量陶器、石器、木器、骨器、贝壳器等人工遗物和早期稻作遗存，以及极为丰富的水生、陆生动植物遗存，考古工作取得突破性收获。

经考古发掘，发现村落居住区外侧活动台地、废弃物倾倒区、食物和工具加工区以及滩涂区等聚落要素，并发现露天烧火坑、近海岸的食物储藏坑、生活器具加工制作区等遗迹。

遗址出土大量遗物，分为人工制品和动植物、矿物遗存两大类。人工制品有陶器、石器、骨器、贝器、木器、编织物等，达300多件。动物遗存包括海生贝壳和渔猎动物骨骸；植物遗存中最多的是废木材和储藏坑中的麻栎果、橡子等；矿物遗存以胶结牡蛎壳的大量碎块礁石为主。

出土遗物与河姆渡文化器物有一定相似性，又有明显差异，在纹饰、制作工艺及生业方式等方面均具有鲜明个性。

2020年5月30日，浙江省文物局、宁波市文化广电旅游局、余姚市人民政府联合在余姚举行井头山遗址考古成果新闻发布会。在余姚期间，与会专家参观发掘现场，观摩出土文物，并召开井头山遗址考古成果专家论证会及河姆渡遗址的保护利用与可持续发展研讨会。

井头山遗址是浙江境内首次发现的一处史前贝丘遗址，也是中国沿海地区年代最早、埋藏最深的一处史前贝丘遗址。该遗址的发现将宁波地区的人类活动史和文明发展史前推到距今约8000年前，早于河姆渡文化1000年左右，对研究中国海洋文化发源具有重大学术价值。

井头山遗址的发掘是中国史前考古的重大突破，对研究中国海洋文化起源、海洋环境变迁具有重大价值。同时，井头山遗址考古基于深埋文化堆积的野外发掘，在工作模式和技术路线方面进行积极和卓有成效的探索，是开展特殊埋藏环境条件考古发掘的一次成功尝试，对于中国沿海地区海相沉积环境下的史前遗址考古工作具有重要的借鉴和启示意义。

（市委党史研究室）

大事记

1月

1月7日 宁波江丰电子材料股份有限公司董事长兼首席技术官姚力军被评为2019年度“最美浙江人·浙江骄傲”十大年度人物。

1月10—14日 第十一届中国余姚·河姆渡农业博览会在中塑国际会展中心举办，第七届中国甲鱼节同时举行。

1月21日 全市召开应对新型冠状病毒感染的肺炎疫情防控紧急会议。市委书记奚明作出重要批示，市委副书记、市长潘银浩出席并讲话。

1月22日 市委召开常委会专题研究部署全市新型冠状病毒感染的肺炎疫情防控工作。

1月22—23日 市委副书记、市长潘银浩带领相关部门负责人实地检查全市新型冠状病毒感染的肺炎疫情防控工作开展情况。

1月27日 市委召开常委扩大会议。市委书记奚明在会上强调，要坚定信心、科学施策，坚决打新型冠状病毒感染的肺炎疫情防控这场硬仗。市委副书记、市长潘银浩对下阶段全市防控工作重点作再部署。

1月28日 市领导奚明、潘银浩、诸晓蓓、陈长锋、叶枝利等分组到各乡镇街道检查指导新型冠状病毒感染的肺炎疫情防控工作。

同日 市委副书记、市长潘银浩主持召开新型冠状病毒感染的肺炎疫情防控工作视频会议，对下一步疫情防控工作作出再部署。

1月29日 全市召开疫情防控志愿者动员培训会。市委常委、市委组织部部长林伟作动员讲话。

1月31日 市委副书记、市长、市新型冠状病毒感染的肺炎疫情联防联控领导小组组长潘银浩，副市长、市新型冠状病毒感染的肺炎疫情联防联控领导小组副组长王安静看望慰问一线医护人员。

是月 余姚经济开发区入选省美丽园区示范园区。

是月 梁弄镇横坎头村入围全国乡村治理示范村。

是月 泗门镇被评为“省小城镇环境综合整治行动突出贡献集体”，成为全市唯一获此称号的乡镇街道。

是月 牟山镇获评2019年度浙江省美丽乡村示范乡镇，大隐镇芝林村、鹿亭乡中村村、马渚镇开元村、小曹娥镇南新庵村获评2019年度浙江省美丽乡村特色精品村，牟山镇新东吴村、小曹娥镇曹娥村获评2019年度浙江省高标准农村生活垃圾分类示范村，梁弄镇横坎头村获评2019年度浙江省历史文化（传统）村落保护利用示范村。

是月 宁波市富金园艺灌溉设备有限公司自主研发的“基于移动互联的规模化远程智能灌溉系统”项目成功入选全国“农村创新创业实用技术”项目。

是月 国家林业和草原局公布两批国家森林乡村名单，余姚市有5个村上榜，第一批包括鹿亭乡中村村、梨洲街道金冠村、梁弄镇横坎头村，第二批包括陆埠镇兰山村、大岚镇柿林村。

2月

2月2日 全市疫情防控工作专题视频会议召开。

同日 全市召开市新型冠状病毒感染的肺炎疫情联防联控领导小组（扩大）会议和疫情防控工作专题视频会议。

2月4日 市委书记奚明专题听取全市21个乡镇街道防控工作帮扶指导组工作汇报。市领导叶枝利、林伟、郑传统等参加。

2月5日 市委书记奚明暗访城乡基层疫情防控工作，并看望慰问坚守在防疫一线的干部职工。

2月7日 市委书记、市新型冠状病毒感染的肺炎疫情联防联控工作领导小组第一组长奚明到市人民医院检查指导疫情防控工作并慰问医务工作者。

2月9日 市委书记、市新型冠状病毒肺炎疫情联防联控工作领导小组第一组长奚明赴企业检查指导复工工作。

同日 市委副书记、市长、市新型冠状病毒肺炎疫情联防联控工作领导小组组长潘银浩带领相关部门负责人就网络教育工作开展实地调研。

2月17日 市委书记、市新型冠状病毒肺炎疫情联防联控工作领导小组第一组长奚明下基层检查指导企业复工复产和重点工程建设情况。

2月19日 宁波市委副书记、市长裘东耀到余姚检查指导企业复工复产及重点项目开工工作。

2月24日 全市新冠肺炎疫情防控应急处置演练在全民健身中心操场举行。

2月25日 市委召开全市统筹推进新冠肺炎疫情防控和经济社会发展工作部署视频会议。

2月27日 省委副书记、宁波市委书记郑栅洁到余姚指导检查春季农业生产。

是月 市领导诸晓蓓、陈长锋、叶枝利等分别深入基层检查指导一线疫情防控工作。

是月 市领导叶枝利、林伟带领相关部门负责人走访慰问市支援湖北医疗队队员家属。

是月 市领导奚明、潘银浩、诸晓蓓、陈长锋、叶枝利等在所在支部为支持新冠肺炎疫情防控工作捐款。

3月

3月9日 市委审计委员会第二次会议召开。

同日 宁波重点项目网上签约会举行。余姚市11个项目网上签约。

3月11日 全市扩大有效投资重大项目集中开工仪式在易津新能源汽车智能制造产业园一期项目现场举行。

3月13日 市委财经委员会召开第二次会议。

同日 全市召开“六个清零”“五难五多”工作动员部署会。

3月18日 全市安委会（扩大）会议暨安全生产（消防安全）整治百日大会战“回头看”工作会议召开。

3月20日 全市高质量发展推进会召开。

同日 余姚一望谟脱贫攻坚“云端会商”暨挂牌督战誓师会召开。市委书记奚明和贵州省黔西南州政协副主席、望谟县委书记李建勋视频连线。

3月26日 全市政法信访工作会议召开。

同日 全市宣传思想工作会议召开。

同日 2020年度全省农合联春耕支农服务活动在余姚启动。

3月31日 市第十五届纪律检查委员会第六次全体会议举行。

是月 余姚市获评2019年

度全省实施乡村振兴战略优秀单位。

是月 余姚市入选省制造业高质量发展示范县创建名单。

是月 余姚市获评2019年度省美丽乡村示范县。

4月

4月1日 全市召开统战工作会议。

4月3日 市委召开常委会（扩大）会议，专题传达学习习近平总书记考察浙江重要讲话精神。

同日 市领导奚明等第一时间迎接首位援鄂英雄王晓群凯旋。

4月6日 市领导潘银浩等第一时间迎接援鄂英雄魏鲜凯旋。

4月8日 全市召开机关党的建设工作座谈会。

同日 市委书记奚明带领相关部门负责人调研检查中小学开学复课与疫情防控工作。

同日 全市召开精神文明建设委员会全体（扩大）会议。

4月8—9日 由贵州省黔西南州政协副主席、望谟县委书记李建勋率领的望谟县党政考察团到余姚考察。

4月10日 全市召开组织工作会议。

4月14日 市委理论学习中心组举行专题学习会，深入学习贯彻习近平总书记考察浙江重要讲话精神。

同日 余姚市被命名为2019年度平安县（市、区），实现平安建设“十三连冠”。

4月15日 市领导奚明、诸晓蓓、陈长锋等第一时间迎接第三批援鄂医疗队队员返回余姚。

4月17日 市委人才工作领导小组扩大会议召开。

同日 市政协举行委员+乡贤“包片联镇带村”助推市域治理现代化活动动员大会。

4月18日 第15届四明山红枫樱花节开幕并进行“云上”直播。

4月22日 全市对口支援和区域合作工作领导小组会议召开。

4月23日 “春归大地·乡约宁波”乡村旅游季活动启动。

4月24日 全市召开劳模代表座谈会。

同日 余姚籍海外知名高校留学生座谈会举行。

同日 市委常委、常务副市长郑传统带领考察团到贵州省黔西南州望谟县进行考察交流。

同日 2020余姚“四明山中国红”旅游节开幕。

同日 全市残疾人工作会议召开。

4月27日 全市举行“青春聚力共战疫 团心向党话担当”庆祝“五四”青年节优秀青年代表故事分享会。

4月28日 全市举行居住小区生活垃圾“分类质量提升”百日攻坚行动动员会。

同日 台商台企考察团到余姚参观考察。

同日 余姚外贸“优品”内销活动启动，“姚品会”展示中心开馆。

5月

5月8—9日 市政协十三届四次会议召开。

5月9—10日 市十七届人大四次会议召开。

5月13日 市委书记奚明率余姚市党政代表团在贵州省黔西南州望谟县开展对口帮扶协作工作。

5月14日 市委书记奚明率余姚市党政代表团在贵州省黔西南州兴义市开展对口协作工作。

5月19日 市委全面深化改革委员会第三次全体（扩大）会议召开。

同日 市委书记、市委全面依法治市委员会主任奚明主持召开市委全面依法治市委员会第二次（扩大）会议。

5月20日 “重信守诺”文明好习惯养成工程暨四明西路“诚信商圈联盟”启动仪式举行。

5月27日 市委召开市级领导干部会议，提名徐云为余姚市市长候选人。

5月30日 市委召开全市领导干部会议。市委书记奚明主持并讲话，市委副书记、市长候选人徐云传达全国两会精神。

6月

6月2日 市十七届人大常委会举行第二十四次会议，决定任命徐云为余姚市人民政府副市长、代理市长。

6月4日 全市智能经济先行示范区创建工作动员大会召开。

同日 全市基层党建专项巡查专员聘任仪式举行。

6月8日 全市“企业码”推广建设工作会议举行。

6月9日 全市举行深入学习习近平总书记考察浙江重要讲话精神专题宣讲会。

6月10日 中东欧国际产业合作园揭牌暨首批入园项目签约活动在余姚举行。

同日 2020浙江侨商走进“侨梦苑”暨浙江宁波“侨梦苑”创业创新基地揭牌仪式在余姚举行。

同日 宁波中东欧创新基地在余姚揭牌，市委书记奚明和波黑驻华大使塔里克·布克维奇共同为基地揭牌。

6月11日 全市党管武装工作暨国防动员委员会全体会议召开。

6月12日 全市召开国家卫生城市省级复查迎检工作会议。

同日 第二届全国县市传媒“十佳”摄影记者、优秀图片编辑颁奖典礼在余姚举行。

6月16日 新京剧国际文化艺术交流中心在中国云城河姆渡创新产业园举行揭牌仪式。

同日 全市举行青年工作联席会议第一次全体会议。

6月30日 2020余姚家电出口东南亚网上展举行。

是月 余姚市中塑国际展览管理有限公司和余姚市中国塑料城展览有限公司入选商务部展览业重点联系企业。

是月 浙江省第六次民族团结进步表彰大会在杭州召开。余姚市委统战部被评为“全省民族团结进步模范集体”。

7月

7月1日 全市举行优秀共产党员座谈会暨“红锋信贷”推进会。

同日 浙江工商大学萨塞克斯（宁波）人工智能国际研究院落户余姚市并举行项目签约仪式。

7月3日 全市召开深化全国文明城市、国家卫生城市创建工作推进会。

7月3—4日 贵州省兴义市委副书记、市长田涛率领兴义市党政代表团到余姚考察。

7月6日 《余姚市超标准洪水防御预案》完成编制，经市防汛防台抗旱指挥部批准并报送上级。

7月7日 “奋战六个月、造地六万亩”推进第一批未利用地垦造耕地部署会召开。

同日 市委举行理论学习中心组学习（扩大）会议，专题学习《中华人民共和国民法典》。

7月15日 中央媒体“走向我们的小康生活”主题采访报道活动走进梁弄镇横坎头村。

7月16日 全市村（社区）组织换届工作领导小组（扩大）会议召开。

7月20日 市委检察工作会议召开。

同日 全市慈善大会召开。

7月21日 余姚市与贵州省黔西南州兴义市和望谟县、浙江省丽水市松阳县、四川省巴中市巴州区举行五地合作座谈会，并签订五地合作框架协议。五地领导郑传统、朱仰钢、周红霞、罗剑光、唐钢等出席。

7月24日 中共余姚市委十五届九次全体（扩大）会议举行。

同日 市委政法委召开全委（扩大）会议。

7月30日 2020年第一、二季度“余姚好人”榜单发布仪式暨道德模范故事汇巡演举行。

同日 中国·余姚高层次人才产业加速中心启动运营。

7月31日 “亚太智慧医疗健康综合体”首期项目动工仪式举行。

8月

8月5日 省委第二巡视组巡视余姚市工作动员会议召开。

同日 中国国民党革命委

员会余姚市总支部正式成立。

8月7日 中铁十九局华东工程有限公司项目签约仪式在余姚举行。

8月10日 全市《习近平谈治国理政》第三卷宣讲微视频开播。

同日 中国农工民主党余姚市第九次党员大会召开。

8月12日 “十四五”规划准备工作座谈会召开。

8月13日 2020年全市防汛防台暨浙江安全码应用应急演练同步举行。

8月14—16日 第十七届长三角科技论坛智能制造分论坛暨第二届余姚市智能科技与网络安全发展大会在余姚举行。

8月18日 2020余姚家电出口全球网上展在慧聪家电城举行。

8月21日 余姚跨境电商出海联盟暨中国（宁波）跨境电商出海联盟余姚联络处成立仪式举行。

8月25日 全市召开固定资产投资暨重大项目建设推进会。

8月28日 松阳县委书记、县长李汉勤率松阳县党政代表团到余姚开展山海协作活动。

同日 活力青春助振兴“浙农青势力”系列主题活动走进余姚。

同日 浙江大学材料科学与工程学院与浙江宇达实业有限公司举行战略合作签约仪式。

是月 余姚市梁弄镇多村全域土地综合整治与生态修复工程上榜全省践行“两山”理念典型案例，成为16个入选案例之一。

9月

9月1日 宁波大叶园林设备股份有限公司正式挂牌交易。

9月2日 2020中国宁波“青茶计划”全国研讨会在余姚开幕。

9月3日 市委书记奚明会见由中国月球探测工程首席科学家、中国科学院院士、第三世界科学院院士、国际宇航科学院院士欧阳自远和中国工程院院士朵英贤率领的国家航天育种成果转化中心成员一行。

9月8日 市委召开常委会会议，听取全市秋冬季疫情防控工作的情况汇报，研究部署全市贯彻落实工作。

9月15日 全市党风廉政建设警示教育大会召开。

同日 第七届余姚市百姓文化节开幕式暨“show余姚”主持人大赛颁奖典礼举行。

9月15—16日 望谟县委副书记、县长徐炼率望谟县党政代表团到余姚考察。

9月18日 浙江省2020年全国科普日主场活动在余姚启动。

9月21日 姚江上游余姚西分项目瑶街弄调控枢纽工程顺利通水。

9月22日 市领导集体会见到余姚创业的高层次人才暨人才项目集中注册落地活动举行。

同日 市委副书记、代市长徐云率余姚市党政代表团赴贵州省黔西南州兴义市开展东西部扶贫协作工作。

9月22—23日 市委副书记、代市长徐云率余姚市党政代表团赴贵州省黔西南州望谟县开展东西部扶贫协作工作。

9月24日 全市关工委干部培训会暨新时代“美德少年”和十佳“小孝星”表彰会举行。

9月25日 市社会科学界联合会第三次代表大会召开。

9月26日 余姚市2020年中国农民丰收节暨第九届“古韵河姆渡”乡土文化节举行。

是月 梁弄镇新四军浙东游击纵队司令部旧址入选第三批国家级抗战纪念设施、遗址名录，是全市首个国家级抗战纪念遗址。

是月 余姚市临山镇邵家丘村党总支书记黄宝康获评“最美浙江人·最美诚信人”。

是月 舜宇集团有限公司以378亿元的营业收入，成为余姚历史上第一家入围中国企业500强的企业，排名第477位。

10月

10月14日 贵州省黔西南州委常委、兴义市委书记、义龙新区党工委书记顾先林率领兴义市党政代表团到余姚考察。

同日 市政协举行“请你来协商•全会提案现场办理”活动。

10月18日 2020中国（余姚）国际裘皮时装博览会暨MCN机构+网红+产业供应链对接大会在中国裘皮产业园会展中心开幕。

10月22日 全市村(社区)组织换届工作专题会议召开。

10月24日 第三届“一带一路”中国四明山百公里山地户外运动挑战赛暨2020 CHINA 100山地越野系列赛开赛。

10月28日 省委第二巡视组向余姚市反馈巡视情况。

10月29日 奚明、徐云等市领导走访慰问参加过抗美援朝出国作战的老战士代表，并颁发中国人民志愿军抗美援朝出国作战70周年纪念章。

10月30日 全市经济形势分析会暨乡镇街道党（工）委书记工作交流会召开。

10月31日 2020宁波（余姚）阳明文化周活动开幕式、阳明文化周礼贤仪典在余姚举行。

同日 市委召开常委会（扩大）会议，传达学习中共十九届五中全会精神。市委书记奚明主持。

是月 姚江上游余姚西分工程瑶街弄调控枢纽工程通过验收委员会通水验收。

11月

11月1日 中天阁论道：“阅读王阳明的一点感受”康震专场活动举行。

同日 先贤遗泽——王阳明、朱舜水、黄梨洲遗墨文献展开展仪式举行。

同日 纪念朱舜水诞辰420周年《朱舜水集》编纂学术研讨会举行。

11月3日 第十六届中国塑料产业发展国际论坛主论坛开幕式在余姚举行。

11月4—7日 第二十届中国塑料博览会在中塑国际会展中心举办。

同日 市人民政府与宁波工投集团合作签约仪式举行。

11月6日 全市举行庆祝第21个记者节暨2020年度新闻培优工程表彰会议。市委常委、市委宣传部部长王娇俐出席并讲话。

11月10日 余姚上榜“复查确认保留荣誉称号的前五届全国文明城市”名单。

11月11日 市委召开中共十九届五中全会精神专题学习会。

同日 市委副书记、代市长徐云率余姚市党政代表团赴丽水市松阳县开展山海协作工作。

11月12日 市委书记奚明率余姚市党政代表团赴慈溪市、平湖市学习考察。

11月13日 余姚上海投资推介会在上海举行，总投资294.3亿元的17个项目签约。

同日 市领导奚明、徐云等赴上海与上海市发改委副主任、长三角区域合作办公室常务副主任阮青，长三角区域合作办公室浙江组组长傅晓就余姚接轨上海合作共建进行座谈交流。

同日 浙江省召开抗击新冠肺炎疫情总结表彰大会。市领导奚明、徐云、叶枝利等在余姚分会场参加会议。

11月14日 2020中国·宁波余姚“河姆智谷”国际人才科技洽谈会开幕。

同日 2020“平安余姚杯”城市半程马拉松赛举行。

同日 中国·河姆渡（余姚）第五届全球智能制造创业创新大赛启动。

11月16日 全市召开冬春季疫情防控工作会议。

11月17日 2020营商环境百强县发布，余姚位列第五名。

11月18日 “2020中国幸福城市论坛”在杭州举行。余姚获评“2020中国最具幸福感城市（县级市)”。

11月19日 宁波市第十一届学术大会余姚智能制造分会举行。

11月24日 中国民主促进会余姚市第九次会员大会召开。

11月25日 九三学社余姚市第八次社员大会召开。

11月26日 市委书记奚明会见华中科技大学机械科学与工程学院副院长王书亭一行，并见证华中科大（余姚）智能制造科技创新中心项目签约。

11月27日 以“忠实践行‘八八战略’、奋力打造‘重要窗口'”为主题的“溯源新思想”高端论坛在余姚举行。

11月30日 市委举行理论学习中心组学习（扩大）会议，深入学习贯彻中共十九届五中全会精神。

是月 市新经济司法保护委员工作室揭牌仪式举行。

是月 由余姚人民广播电台选送的公益广告《信息时代拉上老人的手》获国家级广播类优秀作品三等奖。

是月 余姚市列中国工业百强县（市）榜单第13名、中国创新百强县（市）榜单第5名，均位居全省第2。

是月 余姚上榜2020中国县域旅游综合竞争力百强县市名单。

是月 余姚市蝉联“全国文明城市”。临山镇邵家丘村、阳明街道西街村获评“全国文明村”，国家税务总局余姚市税务局泗门税务所、余姚海关获评“全国文明单位”。

12月

12月1日 第37届国际科技园及创新区域协会（IASP）世界大会中国线下分会场活动在余姚举行。

12月2日 全市举行中共十九届五中全会精神宣讲集体备课会。

12月3日 市深入实施乡村振兴战略工作领导小组（扩大）会议召开。

同日 余姚市人民政府与宁波职业技术学院签订合作办学协议。

12月4日 西藏自治区那曲市委副书记、嘉黎县委书记索朗嘎瓦率那曲市嘉黎县党政代表团到余姚考察。

12月9日 全市召开疫情防控冷链食品物防工作会议和食品安全委员会全体会议。

12月10日 宁波市新时代美丽乡村建设暨乡村产业振兴现场会在余姚召开。

12月10—11日 全省农业水价综合改革工作座谈会在余姚举行。

12月11日 首期余姚市机器人与人工智能高端管理人才研修班在余姚机器人智谷小镇开班。

12月12日 中意宁波生态园政企联谊会在中意宁波生态园实验学校举行。

12月22日 中铁十九局集团华东工程有限公司揭牌仪式举行。

12月23日 市管领导干部学习贯彻中共十九届五中全会精神集中轮训班在浙江省委党校四明山分校开班。

12月24日 中共余姚市委十五届十次全体（扩大）会议举行。

12月26日 第十四届iCAN国际创新创业大赛中国总决赛暨2020年亚太创新学院（APIA）国际创新加速营在余姚开幕。

12月30日 省委书记袁家军到余姚检查指导疫情防控、安全生产和强寒潮防御工作。

同日 全市召开全面推进高水平交通强市建设动员大会。

是月 余姚市浙江舜宇光学有限公司、宁波东大空调设备有限公司的两项发明专利获宁波市高价值专利大赛金奖。

是月 余姚市梁弄镇横坎头村获评“全国法治宣传教育基地”。

是月 全国县域经济与县域综合发展、县域经济基本竞争力百强榜发布。余姚分别位列第8和第10。

是月 余姚市新四军历史研究会成立30周年。市委书记奚明在《市新四军历史研究会成立30周年工作回顾》上作出批示。

是月 2020年度“浙江考古重要发现”揭晓，余姚市3个考古发掘项目入选，分别为井头山遗址、施岙古稻田遗址、花园新村汉六朝遗址。

是月 市领导奚明、徐云、诸晓蓓、陈长锋、叶枝利等开展“走访选民周”活动。

（市档案馆）

市情概览

自然环境

【地域地貌】

余姚市境位于浙江省东部、杭州湾南岸，地处北纬29°39′～30°21′、东经120°52′～121°25′，东西相距58.5千米，南北相距79千米。区域总面积1526.86平方千米，其中陆地面积1336.8平方千米，海域面积190.06平方千米。地势南高北低，呈丘陵、平原、滩涂3级朝杭州湾展开，山地丘陵、平原（含海涂）、水域（含海域）面积比为53∶29∶18，素有“五山二水三分田”之称。

市境南部为中低山丘陵区，包括四明山镇、大岚镇、梁弄镇、鹿亭乡、大隐镇、陆埠镇（不含郭姆、沿江片）、河姆渡镇车厩片、梨洲街道（不含明伟片），占陆地面积的46.4%。区域内四明山脉自西南向东北方向延伸，低山丘陵起伏，地势由南向北逐步倾斜。其中，海拔500～1000米之间的中低山占21.2%，海拔250～500米的山丘占22%，海拔250米以下的丘陵占56.8%。最高峰为四明山镇青虎湾岗，海拔979米。

中部为姚江平原区，包括牟山镇、马渚镇、阳明街道、兰江街道、梨洲街道明伟片、凤山街道、丈亭镇、三七市镇、河姆渡镇（不含车厩片）、陆埠镇（不含兰山、洪山片），占陆地面积的34.8%。

北部为海涂冲积平原区，包括临山镇、黄家埠镇、泗门镇、小曹娥镇、朗霞街道和低塘街道。位于钱塘江、杭州湾以南，大古塘前后，50%的土地由海涂围垦而成，占陆地面积的18.8%。

（市委党史研究室）

【年度气候特点】

2020年，全市气候年景总体正常，气象灾害影响一般。主要气候特点：年平均气温偏高，年降水量、降水日数偏多，但有阶段性干旱，日照时数明显偏少，打破了历史最少纪录。年内主要气象灾害：冬季寒潮过程、低温冰冻、雾、连阴雨，春季和夏季强对流（雷电、大风、短时暴雨、冰雹），夏季高温连续，台风“黑格比”影响严重，秋冬季阶段性干旱。

【主要气象要素】

气温 2020年，年平均气温18.1℃，比常年偏高1.1℃。其中7月、9月平均气温较常年偏低，其他各月平均气温均比常年偏高。具体为：7月偏低1.4℃，9月偏低0.5℃，4月、10月、12月与常年持平，1—3月、5月偏高幅度在2.1～3.0℃；其余各月偏高幅度在1.6～1.9℃。年极端最高气温39.0℃，出现在8月14日；年极端最低气温-5.8℃，出现在12月31日。年内日平均气温5℃以下寒冷日有13天，高温日有37天。

降水 年降水量为1835.2毫米，比常年偏多约39.5%，为历史同期第五多。年降水日数159天，比常年偏多4.5天，其中暴雨日5天，特大暴雨日2天。2月、5月降水与常年持平；4月、10—12月降水量较常年偏少，其中4月、10月、12月比历史平均值偏少5～6成；其余月份降水量均偏多，其中1月偏多1.6倍，历史同期第二多，6月偏多1倍，8月偏多6成，7月偏多4成，其他月份偏多1～3成。

日照 年日照时数为1353.8小时，比常年偏少27.2%，打破了历史最少纪录。除2月、4月、8月偏多外，其他各月均偏少，其中7月偏少7成，1月、6月偏少5成，9月、10月偏少3～4成，其他月份偏少1～2成。

其他 2019—2020年度终霜日为2月19日，结冰终日为2月1日，国家站无降雪。2020—2021年度初霜日为12月21日。

2020年余姚市主要气象要素统计表

表1

时段＼要素	平均气温（℃）		降水量（毫米）		雨日（天）		日照时数（小时）	
	实况	距平	实况	距平	实况	距平	实况	距平
1月	7.4	2.5	210.5	128.1	18	5.2	56.2	-50.6
2月	9.5	3	83.1	2	11	-1.7	116.9	11.5
3月	12.5	2.3	154.8	23.4	19	3.1	102.6	-22.4
4月	16	0.1	42.6	-70	5	-9.9	185	31.1
5月	23.1	2.1	116.8	3.1	16	1.9	125.6	-50.1
6月	26.2	1.6	385.3	194.9	18	2.8	70.8	-87.9
7月	27.4	-1.4	210.3	59.7	19	6.3	64.9	-172.4
8月	30	1.8	303.5	118.5	9	-4.8	223.2	2.5
9月	23.6	-0.5	214.1	53.3	13	-0.3	96.9	-63.9
10月	18.9	0	26.7	-54.2	7	-3.1	103.4	-54.7
11月	15.1	1.9	62.6	-20.4	11	1.5	109.7	-21.3
12月	7.4	0.3	24.9	-35.2	11	1.4	98.6	-35.4
全年	18.1	1.1	1835.2	403.2	157	2.4	1353.8	-510.9

说明：常年资料年代为1981—2010年

【主要气候事件】

冬季偏暖破纪录，同期降水显著增多 2019年12月至2020年2月，全市平均气温8.8℃，比常年偏高2.5℃，位列历史同期第一，是全市有气象记录以来第16个暖冬，也是2000年以来第12个暖冬。低温日数仅1天，比常年偏少19.5天，位列历史同期第一少。全市平均降水量423.7毫米，比常年偏多9成，位列历史同期第四多。

春季频现强对流，"3·21"雷雨大风伴冰雹 3—5月累计发生8次强对流天气，闪电频次明显高于往年。其中，3月21日受高空风切变和低层冷暖气流交汇影响，傍晚前后全市自西向东陆续出现冰雹、强雷电、雷雨大风天气，全市普降大到暴雨，过程面雨量36.4毫米，最大在黄家埠镇五车堰为67.0毫米；有14个站出现8级及以上大风，最大在兰江街道沈湾出现12级大风；多个乡镇街道出现直径0.5～1厘米冰雹，影响范围大，强度强，历史少见。

入梅偏早出梅晚，梅期雨量破纪录 2020年，全市5月29日入梅（常年6月14日），比常年偏早16天，为自1960年有气象记录以来第三早；7月18日出梅（常年7月9日），比常年偏晚9天；梅期50天（常年25天），比常年偏长25天，历史排名第一；梅雨量595.1毫米，比常年偏多近1.5倍（常年240毫米），为有气象记录以来最多；全市经历10余轮集中降雨，强对流天气多发，其中6月18日傍晚至22日早晨出现连续暴雨过程，全市面雨量210.2毫米，有32个站点雨量超过200毫米。

七月“空台”史上罕见，“黑格比”带来大暴雨 2020年，台风影响较常年偏弱，7月出现历史罕见的“空台”现象。第4号台风“黑格比”是近海快速生成发展的台风，从台湾东南洋面生成到浙江乐清登陆仅56小时，其中9小时内经历强度“两连跳”。该台风对余姚市的强降水影响主要集中在登陆后第14到24小时，最大小时雨量为小曹娥镇中意生态园站53.4毫米；8月3日8时到5日8时，全市雨量145.3毫米，最大四明山镇森林公园站243.8毫米，城区220.8毫米，有6个站超过200毫米，38个站超过100毫米。风力普遍6～7级，局部8级，最大四明山镇棠溪站19.7米每秒（8级）。受其影响，姚江干流超保证水位，城区部分道路和下穿立交积水明显，山区局部地区出现山体滑坡，部分农田积水严重。

高温橙色预警连发，年内高温出现偏晚 6—8月，共有37个高温日，其中8月有21天高温日（历史同期第二多），8月9—22日连续14天出现高温热浪天气，余姚市气象台13—17日连续5天发布高温橙色预警信号。年内日极端最高气温39.0℃，出现在8月14日，年极端最高气温出现在8月中旬为历史罕见。

秋季降水偏少，气象干旱显现 10—11月，全市降水持续偏少：全市累计降水量89.3毫米，较常年偏少近5成。全市出现不同程度气象干旱。10月19日至月底晴多雨少，其间累计雨量仅2.9毫米，比常年偏少九成（26.0毫米）。姚西北和姚东大部分地区出现轻度干旱，姚西北局部地区最重达重度气象干旱。余姚市人工影响天气领导小组办公室抓住为数不多的有利降水天气形势，积极开展人工增雨作业3次，发射火箭弹20枚，实现增雨抗旱、水库蓄水和降低森林火险气象等级。

气温降水明显高，日照时数破极值 2020年平均气温18.1℃，比常年偏高1.1℃，仅次于2007年（18.4℃）、2013年（18.3℃）、2006年（18.2℃）；年降水量1835.2毫米，历史同期第五多；日照1353.8小时，比常年偏少近3成，为历史同期最少。

春夏提早到，入冬进程缓 全市3月7日入春，比常年偏早3天；5月12日入夏，比常年偏早9天，5月3日即出现35℃以上的高温，出现时间偏早；12月14日入冬，比常年偏晚15天。

严寒天气再现，年尾寒潮席卷 12月29—31日，受全国性寒潮影响，余姚市出现强降温、降雨（雪）和大风天气。过程全市普降小到中雨，山区出现2～5厘米积雪，最大大岚镇5厘米，同时普遍出现7～8级局部9级偏北大风，有11个站达到8级。过程降温幅度达11.9℃，31日凌晨最低气温平原地区-7～-5℃（国家站-5.8℃），山区-13～-9℃（森林公园站-13℃），有严重冰冻；山区道路结冰时间长达60小时以上。

秋冬大雾明显少，空气质量趋向好 11—12月，仅出现3天大雾天气，较常年8.2天明显偏少，2020年姚城蓝天白云常见，空气质量向好，据统计，全年共计出现轻度以上霾日14天，比2019年减少8天，市空气质量优良率为88.3%，比2019年提高7.8个百分点；细颗粒物（$PM_{2.5}$）平均浓度为28微克/米^3，比2019年下降20%；综合指数为3.44，比2019年降低了14.6%，六项指标首次全面达到国家二级标准，且全年无重度及以上污染天气。

（注：本文采用的常年气象资料，年代平均值为1981—2010年数据，极值为1961—2020年数据）

（牛海林）

【自然资源】

森林资源 全市土地总面积150538公顷，其中林地面积67040.2公顷，占44.53%；非林地83497.8公顷，占55.47%。全市林地面积中，乔木林地32557.93公顷，占48.56%；竹林地21201.47公顷，占31.63%；灌木林地9741.2公顷，占14.53%；未成林造林地178.07公顷，占0.27%；苗圃地2535.93公顷，占3.78%；迹地0.4公顷；宜林地825.2公顷，占1.23%。

全市森林覆盖率（指乔木林、竹林、特灌林面积和一般灌木林面积之和与土地面积之比，以下同上）42.18%，林木绿化率42.81%。全市活立木总蓄积量2983013立方米。其中乔木林蓄积2784836立方米，散生木蓄积93988立方米，四旁树蓄积104189立方米。

矿产资源 全市已知有铁、锰、铜、铅锌、金银、多金属、萤石、黏土、高岭土、石英、饰面石材、建筑用石料、砖瓦黏土、泥炭、矿泉水、地热16个矿种，32处矿产地。余姚矿产资源特点是：建筑石料资源丰富，矿泉水资源丰富，萤石资源一般，其他金属、非金属和能源资源贫乏。其中建筑石料、矿泉水、地热已有开发。

建筑石料：资源储量巨大，质量优，分布在丘陵低山区，主要由火山凝灰岩组成，开发利用潜力大。截至2020年底，已设3宗采矿权（黄家埠小香山、凤山莫海尖、马渚四联）。

萤石矿：分布在大隐镇芝林桥（中型矿床）和云溪（小型矿床）等地，已关闭停采，仅留深部矿体，资源储量84.6万吨。大隐镇芝林萤石矿，已开展详查工作。

矿泉水：分布于梁弄镇与大岚镇，日涌水总量470米^3/天，已设置矿泉水采矿权2宗（梁弄白水冲410米^3/天、四明山60米^3/天）。

地热：分布于陆埠镇南雷村一带，控制的可开采量422米^3/天，设计日生产量350米^3/天，井口水温34～36℃，已设置1宗采矿权（南雷阳明温泉）。

（市自然资源和规划局）

历史文化

【历史沿革】

据《禹贡》记载，余姚在夏、商、周三代为“扬州之域”。春秋时，属越国，战国后期“服朝于楚”。秦始皇三十七年（前210），始置余姚县（一说置于汉），属会稽郡。两汉及魏晋南北朝，均隶会稽郡。隋开皇九年（589），撤余姚县，并入句章县，属越州。唐武德四年（621），复置余姚县，并置姚州，属越州。武德七年（624），废姚州。唐长庆元年（821），废上虞县，并入余姚县。次年复置上虞县。五代时，余姚仍属越州，隶吴越国。北宋时属越州，庆历年间（1041—1048）升为望级县。南宋绍兴元年（1131），升越州为绍兴府，余姚县属绍兴府。元朝元贞元年（1295），升余姚县为余姚州，属绍兴路。明洪武二年（1369），废余姚州复余姚县，属绍兴府。民国元年（1912）废府，余姚县为浙江省直辖，次年属会稽道。民国16年（1927）废道，余姚县复为省直辖。民国21年（1932），属浙江省第五特区行政专员公署。民国23年（1934），改属第三行政督察专员公署。民国30年（1941）4月23日，日军侵占余姚县城，县政府向南撤离，后至天台。民国34年（1945）9月，抗日战争胜利后，县政府还治。民国37年（1948），第三行政督察专员公署改称第二行政督察专员公署。1949年5月23日，余姚解放，设余姚市军事管制委员会。次月建立余姚县人民政府，隶属宁波专区（1970年改宁波地区）。1983年7月，宁波地区与宁波市合并称宁波市，余姚县属宁波市。1985年7月，余姚撤县建市（县级市）。

【红色文化】

第一次国内革命战争时期，境内已有共产党人活动。1926年、1927年，中共坎镇支部、马家路支部、余姚支部相继建立，部分共产党员跨党参加国民党，会同外地回余姚同志筹建国民党县党部，发动群众，成立工会、农民协会、妇女联合会等群众团体，组织盐民暴动、茶民请愿，反对北洋军阀，掀起国民革命高潮。1927年，策动姚北水巡队起义，改编为浙东人民自卫军，一度占领县城，给北洋军阀在余姚的统治势力以沉重打击。同年，蒋介石发动“四一二”反革命政变，中共组织被破坏。次年，建立中共余姚县委。

1930年，中共江苏省总行动委员会派遣党员史济勋回乡，协助县委组织武装暴动，建立以费德昭为师长的浙东工农红军第一师，转战姚北一带，后遭失败。1938年3月，余姚县战时政治工作队建立，共产党员参与领导，开展抗日救亡运动。

1941年4月23日，余姚沦陷于日本侵略军，5—9月，共产党领导的浦东抗日部队分批南渡姚北，开展武装抗日斗争。翌年，成立以谭启龙为书记的中共浙东区委员会和以何克希为司令的第三战区三北游击司令部，挺进四明山，建立以姚南梁弄为活动中心的浙东敌后抗日根据地。1943年，公开宣告新四军浙东游击纵队成立。次年，于梁弄召开浙东敌后各界临时代表大会，成立浙东行政委员会。成为抗日战争时期全国19个革命根据地之一。

抗战胜利后，根据地党政军奉命北撤，留下少数人员坚持隐蔽斗争。1947年初，建立中共浙东工委和中共四明工委。5月，于陆埠草茅庵重建革命武装，开展游击战争。1948年，建立浙东人民解放军第三、第五支队，发展成为江南8个革命游击区之一。

抗日战争和解放战争时期，余姚人民为抗日战争和解放战争的胜利作出了重大贡献，一大批优秀儿女为之壮烈牺牲。中华人民共和国成立后，余姚被定为革命老区县（市），全市71个乡镇中，62个定为革命老区乡镇，占87%。

【河姆渡文化】

1973年6月，原丈亭区罗江公社在河姆村（今河姆渡镇芦山寺村）西南姚江渡口建排涝站时，发现大量陶器碎片、鹿角及各种动物骨骸的混合堆积物。1973年11月4日至1974年1月10日，1977年10月8日至1978年1月28日，浙江省考古队进行两次较大规模的科学发掘，确定遗址面积约4万平方米，由4个相互叠压文化堆积层构成，文物遗存丰富，保存完好，属于新石器时代遗存，文物特征与长江流域其他新石器时代遗址出土文物不同，即被命名为河姆渡文化。河姆渡文化的发现与确立，是中国新石器时代考古的重大突破，证明长江流域和黄河流域同为中华民族远古文化的发祥地，从而改写中国文明发展的历史。河姆渡文化遗址是指遗址蕴含、反映河姆渡文化的人类生产生活及人与自然关系的文化遗存，丰富的栽培稻、成熟的干栏式木构建筑、独特的夹炭陶器和精美的象牙雕刻艺术品等是其主要文化内涵。河姆渡文化遗址主要分布于杭州湾南岸的宁（波）绍（兴）地区东部，越海东达舟山群岛，南至台州路桥区，迄今共发现40余处，集中分布于姚江流域，余姚市境内有20余处。

【历史名人】

余姚历代人文荟萃，名贤辈出，素有“文献名邦”之誉，东汉有隐士严光，以高风亮节称世。三国吴虞翻，著名易学家。晋虞喜，为天文学家，最大贡献为发现“岁差”。隋唐时的文学家、书法家虞世南被唐太宗誉为德行、忠直、博学、文辞、书翰“五绝”。南宋高翥为著名诗人，兼长丹青。元代医学家滑寿，于经穴针灸有重大成就，发现以口腔黏膜斑诊断小儿麻疹，早西欧“科氏斑”几个世纪。明清时期，“姚江人物甲天下”，明代，余姚中进士389人，其中状元3人、武进士42人、征辟107人。王守仁，集心学之大成，创立“致良知”学说，提倡“知行合一”，为“姚江学派之鼻祖”。同邑高足有徐爱、钱德洪等传人，代代不绝，蜚声国内外。嘉靖年间东阁大学士谢迁，“见事明敏，善持论”，名著朝野，时称贤相。明末清初朱之瑜，被梁启超誉为清初五大思想家之一，一生拒征不仕，60岁时定居日本，讲学23年，为中日文化交流先驱。同时代的黄宗羲，博学多才，著述弘富，是民主主义启蒙思想家、浙东史学派奠基人。近现代有马克思主义教育理论家杨贤江，文学家、出版家、中共余姚支部第一任书记楼适夷，金融家宋汉章，教育家蒋梦麟，农学家沈宗瀚，病理学家谷镜汧，法学家严景耀，史学家黄云眉、王仲荦，诗人邵洵美，经济学家周伯棣，水利学家娄溥礼等。抗日战争时期，中国共产党开辟以梁弄为中心的浙东抗日根据地，涌现出谭启龙、何克希等一大批抗日志士。当代，有余姚籍中国科学院院士、中国工程院院士多人，专业领域涉及航天飞行力学、航空医学和生物工程、神经生理学、气象学、内科学、计算机研究、计算机软件开发等。

【文物保护单位】

全国重点文物保护单位8处。河姆渡遗址，位于河姆渡镇芦山寺村，1982年2月公布；浙东抗日根据地旧址，位于梁弄镇建成区及横坎头村，2006年5月公布；王守仁故居，位于阳明街道武胜门路，2006年5月公布；黄宗羲墓，位于陆埠镇十五岙村，2006年5月公布；鲻山遗址，位于丈亭镇汇头村，2013年3月公布；田螺山遗址，位于三七市镇相岙村，2013年3月公布；大运河（余姚段），2013年3月公布；余姚通济桥，位于余姚市凤山街道宪卿第社区姚江上，2019年10月公布。

省级文物保护单位11处。五桂楼，位于梁弄镇学堂弄，1989年12月公布；胡公岩摩崖石刻，位于阳明街道胜归山，2005年3月公布；王守仁故居及讲学处，位于阳明街道龙泉山，2005年3月公布；舜江楼，位于凤山街道北滨江路，2011年1月公布；大隐石宕遗址（含山王庙），位于大隐镇大隐村，2011年1月公布；白云桥，位于鹿亭乡中村，2011年1月公布；泗门谢氏始祖祠堂，位于泗门镇后塘河社区，2011年1月公布；马渚横河水利航运设施，2011年1月公布；姚江（余姚）水利航运设施及相关遗址群，2011年1月公布；孙子秀墓，位于梁弄镇贺溪村，2017年1月公布；成之庄，位于泗门镇西大街社区望安路，2017年1月公布。

【方言】

余姚方言处于吴语太湖片临绍小片与甬江小片交汇地，大部分地区属临绍小片，东南部分地区为甬江小片。自秦汉至中华人民共和国成立，建置和境域基本保持稳定，方言也相对单纯。城区及其周围属临绍小片，梁弄一带更接近于上虞方言；利济塘以北的滨海地区因绍兴移民较多，带有绍兴方言。中华人民共和国成立后，界域迭次更改，原余姚东北部划入慈溪，而原慈溪的西南部及奉化、嵊县、上虞的一部分划入余姚，于是两小片方言交汇。余姚方言既保留古代遗韵，又表现出鲜明个性。语音声调简单朴实，声母清浊有致，韵母丰富多彩。词汇形式灵活，结构丰富，语义生动。语法相当简略，又变化多样。

（市委党史研究室）

区划人口

【行政区划】

2020年年底，在余姚市行政区域范围内，设有6个街道、14个镇、1个乡。2020年新成立姚江社区、金川社区，同时，进行部分行政村规模优化调整，将大岚镇丁家畈村、戴麇村合并为和谐村，四明山镇杨湖村、宓家山村合并为南山村，四明山镇悬岩村、溪山村、大山村合并为屏风山村。截至2020年年底，全市共有社区42个、居委会19个、行政村261个。

（市民政局）

【人口】

2020年年末，全市户籍人口总户数328730户，户籍人口834345人，其中城镇人口614372人；户籍人口性别比为97；18周岁以下人口102021人，60周岁以上人口244681人。2020年全市出生4881人，在出生人口中，男性2555人，女性2326人，性别比为110∶100。人口出生率、死亡率分别为5.84‰和7.92‰，自然增长率为-2.07‰，下降1.42个千分点。2020年年末，全市流动人口登记在册人数为650962人，其中男性370211人；未成年流动人口79389人，60周岁以上流动人口16157人。

（市统计局）

名优特产

【杨梅】

余姚是中国杨梅的发源地之一，余姚杨梅有乌种、红种、粉红种、白种四大品种群系，荸荠种、粉红种、水晶种、荔枝种、湖南种、早大种、迟种等20余个品种，品种数量之多位居全国前列。其中，荸荠种杨梅是余姚主要栽培品种，以其果实成熟时呈紫黑色，形似荸荠而得名，主要分布于三七市镇、丈亭镇、大隐镇、陆埠镇、凤山街道等姚东地区，俗称“东山乌杨梅”。姚西马渚镇、牟山镇、临山镇一带主产白种、粉红种杨梅，俗称“西山白杨梅”。水晶种杨梅又名白砂杨梅，为中国品质最优的白杨梅。2019年，余姚杨梅获农产品地理标志登记保护。

【葡萄】

余姚是浙江省葡萄的重点产区之一，已有20余年栽培历史，栽培区域集中分布在姚西北临山、黄家埠两个乡镇，主栽品种已由过去的“金皇后”“巨峰”调整到“藤稔”“美国提子”等优良品种。全市葡萄生产栽培集中，规模大、品种新、质量好，栽培品种均为当前市场最受欢迎的优良品种，如红提、青提、黑提等均具有味甜、色艳、粒大、耐贮的特点。2017年8月，临山镇味香园葡萄专业合作社选送的“黑美人”葡萄获2017浙江精品果蔬展销会金奖。11月，临山镇成为省级特色农业（葡萄特色）强镇创建对象。同月，“余姚葡萄”品牌入选2017中国果品区域公用品牌价值榜，价值升至8.01亿元。2019年7月，临山镇味香园“巨峰”葡萄被评为浙江省知名品牌农产品展会金奖。

【榨菜】

余姚市是中国著名的榨菜生产加工基地，是全国最大的榨菜生产加工基地，1995年被农业部命名为“全国榨菜之乡”。截至2009年，全市有榨菜基地面积8000公顷，年产鲜榨菜头5亿千克以上，全市有榨菜加工企业120余家，加工产值12亿元，全国市场占有率达到60%，并出口10余个国家和地区。姚北榨菜秋种春收，菜色微黄，具有质地嫩、脆的特点，种植地主要集中于姚北濒杭州湾的泗门、临山、小曹娥、黄家埠等乡镇，种植连片集中，榨菜圆头大，特别鲜嫩，口感爽脆。2017年，余姚榨菜上榜“全国果菜产业绿色发展百佳地标品牌”和“全国十佳蔬菜地标品牌”。

【茶叶】

据晋代王浮《神异记》记载，余姚人虞洪入山采茗，在瀑布山遇道士丹丘子赠大茗（瀑布仙茗）。唐代陆羽在《茶经》中3次提及余姚瀑布仙茗，瀑布仙茗也是《茶经》中唯一有名号的茶叶。境内种植有乌牛早、翠峰、迎霜等约十种茶叶品种，形成了以“四明龙尖”和“余姚瀑布仙茗”为主的茶叶品牌。“四明龙尖”则是大岚自创的品牌，浙江省著名商标，其茶外形坚挺似针、色泽翠绿，香气高而持久，汤色嫩绿，清澈明亮，滋味仙醇爽口，回味甘甜，曾多次在国内外名茶评比中获得佳绩。“余姚瀑布仙茗”是浙江省名牌产品，曾多次获得国内外大奖。2002年，大岚镇获评“中国高山云雾茶之乡”，2010年获评“中国名茶之乡”。2018年，“诸水之源”获评中国（上海）国际茶业博览会金奖和义乌国际森林产品博览会金奖；“瑶境茗珠”获评浙江绿茶（银川）博览会金奖和浙江省农业博览会优质奖。

【甲鱼】

余姚甲鱼外形色泽光亮，裙边光滑厚实富有弹性，体内脂肪较少呈自然黄，品质上乘，接近野生甲鱼。余姚甲鱼为国家农产品地理标志保护产品。全市生态甲鱼套养面积超2000公顷，年产值超3亿元。2011年余姚被授予“中国生态甲鱼之乡”称号。2013年，余姚市水产技术推广中心申报的“余姚甲鱼”通过农业部农产品质量安全中心审查和组织专家评审，实施国家农产品地理标志登记保护。2018年2月2—7日，第九届中国余姚·河姆渡农业博览会暨第五届中国甲鱼节在中塑国际会展中心举行。2019年8月，“余姚甲鱼”获评地理标志证明商标。

【蜜梨】

余姚蜜梨具有个大、均匀、汁多、外观漂亮，含糖量高、品质好的优点。“舜水牌”“嫦娥牌”等蜜梨品牌多次在浙江省、宁波市评比中获奖，成为省、宁波市优质农产品，其中“舜水牌”蜜梨夺得2000年浙江省精品水果展示会一等奖。全市拥有宁波市专业特色村——小曹娥镇曹一村，低塘镇果木园等一大批优质、高效梨生产基地和低塘早熟蜜梨种苗基地。2017年，余姚蜜梨上榜“全国名特优新农产品目录”。2019年8月，“余姚蜜梨”获“2019浙江省十佳梨”称号。

【番薯枣子】

俗称番薯瘪。民国时期就多有制作。番薯枣子两头尖，中间大，略扁，呈暗红色，表面有糖分溢出，泛着油光，软硬适中，举在太阳光下看，通体鲜红，吃起来糯而不腻，香甜可口，因味道类似蜜枣，有股清香味，而美其名曰番薯枣子。

番薯枣子的制作首先选用优质的当地种植的高山红薯，洗净去皮后，将番薯用铁锅煮熟后，放在用铁丝编成圆匾内，用白碳或者柴木的炭火烘烤烟熏一天一夜后制作而成。2005年，番薯枣子主产地大岚镇黄家庄村成立余姚市华枫高山甘薯专业合作社，统一品牌、统一质量、统一包装对外销售番薯枣子。

【梁弄大糕】

梁弄大糕是余姚市梁弄镇的传统糕点，以外形美观、香甜柔糯、百尝不厌赢得口碑。梁弄大糕外形方正，雪白的大糕上面有可食用红粉印的“恭喜发财”“吉祥如意”“福禄寿喜”等不同字样。制作大糕的手工技艺，是梁弄古镇的独创，其制作技艺已被列入余姚市非物质文化遗产代表性项目名录。余姚梁弄镇有数家梁弄大糕店，并形成“大糕一条街”。

【河姆渡茭白】

余姚河姆渡茭白历经多年选育，具有出苗早、孕茭早、个体大、肉质嫩、品质优、产量高的特点。河姆渡遗址考古发掘材料证实，早在7000年前已有野生茭白生长，在姚东低洼地区历来有种植茭白的习惯。1998年被浙江省农作物品种审定委员会认定为“河姆渡双季茭白”，并获省农博会银质奖，注册为“古址”牌商标。“古址”牌商标注册后，从2002年开始，古址牌茭白连续五年获得农业博览会金奖。2006年、2008年分别获得“中国绿色食品‘2006上海绿色食品博览会’”畅销产品奖、“中国绿色食品‘2008上海绿色食品博览会’”畅销产品奖。2017年，余姚茭白上榜《全国名特优新农产品目录》。2020年，姆渡茭白种质资源圃建立，现保存茭白品种44种，其中双季茭24种，单季茭20种。2020年度茭白复种面积1000公顷，产量28640吨，总产值13273.6万元。

【鹿亭番薯粉丝】

余姚鹿亭番薯粉丝，是四明山区的传统美食，色泽鲜而白，易存储。主要原料是新鲜番薯，具有久煮不烂、清香可口、食法多样、老少皆宜的特点。其制作过程坚持传承传统工艺，严格依照清洗去杂、粉碎磨浆、过滤沉淀、和面成砣、磨丝晾晒、成品包装等6个流程，全程无任何添加物，确保番薯粉丝保留独特风味，煮熟后颜色晶莹剔透，质量、口感最为上乘。近年来，鹿亭乡加快发展番薯粉丝产业，有“鹿亭牌”“白云桥牌”“东岗山牌”番薯粉丝。形成极具鹿亭特色的“粉丝经济”。

（市委党史研究室）

经济和社会发展

【经济总量】

2020年，全市实现地区生产总值1220.72亿元，按可比价计算，增长5.1%，增速位列宁波各县（市、区）第1位，总量前移一位，位列宁波各县（市、区）第4位。其中，第一产业实现增加值50.19亿元，增长0.7%；第二产业实现增加值701.46亿元，增长5.3%；第三产业实现增加值469.07亿元，增长5.2%。三次产业比为4.1∶57.5∶38.4。

【财政收支】

2020年，全市财政总收入185.23亿元，同比增长4.0%。完成一般公共预算收入114.2亿元，增长6.5%，其中税收收入98.19亿元，占一般公共预算收入比重为86%。全市一般公共预算支出128.89亿元，增长5.1%，其中教育、文化体育与传媒、社会保障和就业、医疗卫生、节能环保等民生支出100.27亿元。支持疫情防控和企业复工复产，共落实防疫资金1.34亿元，拨付各级财政扶持企业政策资金10亿元，减免各项税费28.6亿元。

【农业、农村】

2020年，全市实现农林牧渔业总产值78.55亿元，按可比价格计算，增长1.0%。其中，完成农业产值53.35亿元，增长3.9%；林业产值4.81亿元，增长3.5%；牧业产值9.77亿元，下降22.5%；渔业产值7.04亿元，增长4.9%；农林牧渔服务业产值3.57亿元，增长8.5%。全年粮食作物播种面积2.7万公顷，与上年基本持平，粮食总产量17.14万吨，下降1.66%。生猪年末出栏下降36.9%，家禽年末出栏增长13.2%。余姚市获评省级渔业健康养殖示范县，创建省级“机器换人”示范乡镇1个，省级高品质绿色科技示范基区5家、农业绿色发展示范基地3家。全年新增省级特色农业强镇1个、省级农业产业化联合体1个、宁波美丽田园示范基地2个、宁波现代农业园区1个。新增宁波级农业龙头企业2家，累计53家，其中产值上亿元的有10家。

2020年，成功创建省级美丽乡村示范乡镇2个、特色精品村5个、达标村66个，宁波市级美丽乡村示范乡镇1个、示范村5个，33个村完成梳理式改造。开展垃圾分类、污水治理、公厕改造工作，创建省级高标准农村生活垃圾分类示范村1个村，宁波级垃圾分类示范镇1个、示范村3个，创建省级示范性农村公厕4座、星级农村公厕34座。

【工业、建筑业】

2020年，全市规模以上工业企业实现增加值471.51亿元，增长9%，增速位列宁波各县（市、区）首位。分行业看，在32个行业大类中，20个行业增加值同比上升，增加值总量排名前10的行业共实现工业增加值416.22亿元，占规模以上工业增加值的88.3%，对规模以上工业增加值增长的贡献率达101.6%。其中电气机械和器材制造业完成增加值78.52亿元，居各行业之首；汽车制造业增长52.9%，增速居前10位行业之首。全年规模以上工业企业实现销售产值1946.69亿元，增长8.6%。其中出口交货值为513.58亿元，增长6.1%。全年规模以上工业企业实现利税总额246.31亿元、增长25.4%，其中利润总额195.92亿元、增长30.4%。规模以上工业亏损企业144家，占企业总数的11.2%；亏损额4.98亿元，增长20%。

2020年，全市规模以上

工业企业新产品产值率达到49.8%，比上年提高4.2个百分点。全年实现规模以上高新技术产业增加值337.47亿元，规模以上战略性新兴产业增加值228.88亿元，分别增长17.5%和12.6%，占规模以上工业增加值的比重分别达到71.6%和48.5%。“246”重点培育产业、高端装备制造业、17个重点传统制造业增加值分别增长14.2%、17%和10.6%。全年规模以上工业劳动生产率达21.66万元/人、同比增长5.7%，人均创利税11.32万元、同比增长21.7%。

2020年，资质以上建筑业158家，其中二级及以上资质企业55家。全市完成资质以上建筑业产值104.85亿元，其中省内产值98.37亿元，分别增长15.7%和12.7%。房屋建筑施工面积754.02万平方米，增长10.6%。全年建筑业从业人员平均人数28911人，比上年增加782人。

【固定资产投资、城市建设】

2020年，固定资产投资增长6.5%。其中民间投资增长5.4%，工业投资、高新技术产业投资、生态环境和公共设施投资分别下降12.1%、20.3%和3.7%，交通投资增长17.1%。商品房销售面积237.47万平方米，增长35.6%。

2020年，完成长安路（姚州大桥—玉立路）、三江六岸提升一期等道路工程，完成市人民医院二期肿瘤治疗中心、花园小学迁建改造工程等房建项目。加快推进各类停车场（位）建设，累计完成各类停车位建设3866个，其中公共停车位1915个，专用停车位1951个。邮电新村等7个老小区完成改造，老旧小区加装电梯实现破零，完成江南华都等8个小区的二次供水设备改造。

【贸易、旅游】

2020年，全市商品销售总额增长6.0%。其中，批发业销售额增长6.1%，零售业销售额增长5.6%，全年完成社会消费品零售总额397.42亿元、下降2.4%。限额以上社零按商品类别分，金银珠宝类、中西医药类和粮油食品类商品增速较快，分别增长12.9%、4.1%和4.1%；服装类和汽车类下降12.1%和9.7%。年末，全市限额以上贸易企业达302家。全年实现营业收入552.11亿元，实现利润总额4.89亿元。

2020年，余姚市成功创建省全域旅游示范市，阳明古镇、姚江水岸诗路文化交流中心等项目进展顺利。智能光电小镇、鹿亭中村、机器人小镇成功创建国家AAA级旅游景区。申报或提档69个景区村庄，新建、改（扩）建旅游厕所18座。出台《提振信心　促进疫后文旅体行业消费的实施方案》，促进行业振兴。全年，全市共接待国内外游客1821.7万人次，实现旅游总收入167.7亿元。

【对外经济】

2020年，全市实现外贸进出口总额972.99亿元，增长3.2%，其中出口665.06亿元，增长11.1%；进口307.94亿元，下降10.5%。三资企业和贸易流通企业分别完成出口172.32亿元和93.19亿元，分别增长-0.4%和17.8%，自营生产企业完成出口399.55亿元，增长15.3%。机电产品出口497.05亿元，增长13.5%，占全部出口比重为74.7%；高新技术产品出口83.15亿元，增长16.2%。欧美市场出口额占出口总额的61.2%，其中对美国、俄罗斯的出口额实现25.5%和4.5%的增幅；非洲、亚洲、大洋洲出口额分别增长1.1%、5.4%和105.5%。全年新增对外贸易经营备案登记企业752家，累计达6936家。自营出口实绩企业2865家，比上年净增212家，其中超亿元企业112家。

全年商务部口径实到外资10262万美元，同比下降67.0%，宁波市外实到内资105.9亿元、余姚市外实到内资108.6亿元、浙商创业创新实到资金73.8亿元，同比分别增长5.6%、6.9%、5.2%。2020年，全市签约招商引资重点项目96个，总投资371.4亿元。包括总投资超100亿元的项目1个，10亿元以上的项目9个，1亿元及以上项目47个。

【交通、邮电】

2020年，全年完成公路客运量128万人次，公路客运周转量12438万人千米；公路货运量1192万吨，公路货运周转量176230万吨千米。完成新建农村公路52.7千米，大中修119.3千米，安防工程31.7千米。完成省美丽经济交通走廊建设158.7千米，公路服务站新建3个、改造提升3个。完成新增公交专线4条，优化调整5条，新增县际旅游包车运力30辆，完成丈亭、郭相桥客运综合服务站建设，新（改）建农村港湾式停靠站5个，设置农村物流服务点107个，完成老旧营运车辆提前淘汰558辆。年末出租汽车拥有量352辆；城区公交线路24条，投放运营车辆306辆；城乡公交线路95条，投放运营车辆392辆。年末小型汽车保有量362551辆，其中私人小汽车306662辆。

2020年年末，全市共有固定电话用户数24.7万户，移动电话用户数172.6万户，互联网宽带接入用户数59.2万户；完成电信业务收入14.26亿元。完成邮政业务收入2.3亿元，下降6.3%。

【银行、证券、保险】

2020年年末，全市金融机构本外币存款余额2133.24亿元，增长18.3%；金融机构本外币贷款余额1612.35亿元，增长17.7%。年末银行不良贷款率为0.97%，同比下降0.06个百分点。年末全市银行业金融机构达32家，其中政策性银行1家，大型银行4家，股份制商业银行12家，城市商业银行12家，邮储银行1家，农村合作金融机构1家，新型农村金融机构1家。

2020年年末，全市共有证券营业部14家，期货营业部5家。全市股票账户数18.66万户，全年股票交易额4070.72亿元；期货投资者开户数4806户，全年期货交易金额3472.46亿元。全年新增上市公司2家，累计11家上市公司；累计新三板挂牌企业10家，甬股交挂牌企业210家。

2020年，累计实现原保险保费收入32.27亿元，同比减少0.7%。财产险实现保费收入14.89亿元，同比增长4.6%；赔付支出8.37亿元，同比减少6.2%。人身险实现保费收入17.39亿元，同比减少4.9%；赔付支出2.62亿元，同比减少5.7%。

【科技、教育、人才】

2020年，完成规模以上工业企业研发费投入62.49亿元，同比增长20.4%；完成技术交易额18.1亿元，同比增长28%。新认定国家级企业技术中心1家、省级高新技术企业研发中心12家、省级企业研究院3家。全市累计拥有各级研发中心465家，其中国家级3家、省级64家、宁波级155家、余姚级243家；拥有省级重点企业研究院5家、省级企业研究院7家、宁波市级企业研究院25家；共发放科技创新券906万元，发放科技贷2.27亿元，惠及科技型企业92家。2020年新增专利申请11350件，授权9014件，分别增长14.6%和33.2%。其中，新增发明专利申请2227件，授权502件，占专利总量的比例分别为19.6%和5.5%。

2020年年末，全市共有各级各类学校及幼儿园288所，在校学生及在园幼儿总数16.26万人，15年教育普及率为99.68%。其中，普通高中9所，在校学生1.1万人；中职学校5所，在校学生0.9万人；初中27所，在校学生2.85万人；小学81所，在校学生7.17万人；幼儿园164所，在园学生4.15万人；特教中心1所，在校学生159人。全年新（改、扩）建中小学和幼儿园20所，新增学位5100个。公办幼儿园招生覆盖率提升至43.1%，提高9.9个百分点。与宁职院合作共建余姚校区顺利签约。市职技校姚江模具人才培养校企合作共同体入选省中职教育质量提升行动计划。全年共实施教育基建项目31个，投入资金6.35亿元。

2020年，全市新增各类人才2.72万人，年末全市人才总量达36.35万人，增长8.1%。新引育硕士及以上高层次人才795人，其中博士、博士后72

人，总量突破7000人；新入选省级重点人才计划4人，宁波市“3315系列计划”12个。引进国外人才6人，长期在余姚外籍专家达139人。新建省级院士工作站1家，累计建成各级院士工作站14家；新建技能大师工作室5家，累计16家；新增高技能人才6105人，总量突破3.5万人。新引进人力资源服务机构12家。

【文化、卫生、体育】

2020年，围绕“以艺战疫”开展各类创作，文化馆创作传播正能量的优秀作品103件，姚保中心推出姚剧表演唱等多种形式的8首抗疫文艺作品广为传播。余姚入选“浙江省戏曲之乡”，姚剧《浪漫村庄》入选全国脱贫攻坚题材舞台艺术优秀剧目展演。“一人一艺”全民艺术普及工程通过“微”展厅、抖音、“周末课堂”线上教学等形式普及群众艺术，开展公共文化配送演出385场。井头山遗址被公布为“十三五”期间国家文物局重大研究工程“考古中国”项目五项考古工作重要成果之一、入选中国社科院2020年中国六大考古新发现。井头山遗址、施岙古稻田遗址和花园新村汉六朝遗址入选十大“2020年度浙江考古重要发现”项目。余姚市进入中央宣传部、财政部、文化和旅游部、国家文物局公布的《革命文物保护利用片区分县名单（第二批）》。新四军浙东游击纵队司令部旧址被列入国务院《第三批国家级抗战纪念设施、遗址名录》。余姚市文物保护管理所被文化和旅游部公布为第六批全国古籍重点保护单位。“梨洲文献馆”古籍文献掌上阅读系统上线。全年修缮文保建筑项目17个。图书馆全年接待读者38.98万人次，借阅图书75.07万册次。余姚博物馆、河姆渡遗址博物馆、王守仁故居等教育基地共接待观众约58万人次。

2020年年末，全市实有病床3508张，卫生技术人员8142人，其中执业医师（含助理）3419人、注册护士3480人。基层就诊率达到66.64%，县域就诊率达到82.96%。全市适龄儿童“七苗”覆盖率96.54%，实现孕产妇零死亡，全年户籍人口婴儿死亡率1.40‰，户籍人口5岁以下儿童死亡率1.64‰，均稳定在较低水平。余姚市居民健康素养水平为31.29%，人均期望寿命为82.2岁。全年，全市无偿献血10981人次，献血总量338万毫升，用血4106人次，用血总量270.5万毫升，无输血安全事故发生。

2020年，全市大联动开展全国第12个“全民健身日”活动，举办第三届“一带一路”中国四明山百公里山地户外运动挑战赛、第四届环四明山自行车骑游大会等品牌体育赛事。全年完成省体育民生实事工程34个，其中百姓健身房21个、小康村体育提升工程10个、社区多功能运动场3个。新增体育场地设施76个，人均体育用地面积达到2.5平方米以上。新增390名社会体育指导员、1个体育协会、3家AAA级协会。注册浙江省运动员437人，向上输送优秀体育苗子25人。全年体彩销售达1.79亿元，筹集公益金约700万元。

【居民收支、社会保障、慈善事业】

2020年，全市全体居民人均可支配收入57539元，比上年增长5.6%。按常住地分，城镇居民人均可支配收入65212元，增长5.2%，农村居民人均可支配收入39339元，增长6.9%。城乡居民收入比进一步缩小到1.66∶1，比上年缩小0.02。全年全体居民人均生活消费支出33064元，增长0.9%，其中城镇居民人均生活消费支出37676元，增长0.1%；农村居民人均生活消费支出24771元，增长2.8%。

社保覆盖面不断扩大，2020年年末全市职工基本养老保险、职工医疗保险、失业保险、工伤保险参保人数分别达58.6万人、52.7万人、34.7万人、41.9万人，其中职工基本养老保险比上年末净增2.6万人。全市城乡居民社会养老保险、被征地人员养老保障参保人数分别为20.7万人和4.4万人，全市户籍人口养老保险参保率达 99.37%。2020 年全市拥有各类社会福利机构 38 处，床位 9258 个。社区服务设施 3385 处。全市共有低保对象 6570 户、8343 人。每月支出低保资金 650.5 万元。

2020 年，全市慈善总会募集善款 7310 万元，增长 9.6%；全年救助支出 7097 万元，增长 16.1%。至 2020 年年底，全市慈善总会累计募集达 99205 万元，累计救助支出 85569 万元，受助 62.9 万人次。2020 年年末，全市共有网站注册志愿者 5.38 万余人，全年共开展各种市级志愿服务活动 15 场。

【生态建设、社会安全】

2020 年，全市空气质量优良天数 323 天，比率为 88.3%，比上年提高 7.8 个百分点。$PM_{2.5}$ 浓度为 28 微克 / 米^3，下降 20%；饮用水源地达标率继续保持 100%；地表水宁波市控以上断面达标率为 100%。制定实施《姚江流域水环境综合治理三年行动方案》，推进 32 个工业园区“污水零直排区”建设，强化浦口闸、青江渡等国控考核断面的监测和治理。完成一般工业固废分拣中心建设 2 个，签约企业 2644 家，处理一般工业固废近 1000 吨。

2020 年，全市共发生各类生产安全事故 16 起、死亡 12 人、受伤 4 人，按可比口径，事故起数、死亡人数、受伤人数分别下降 36%、7.7%、69.2%。全年共立案查处食品安全各类违法案件 261 件，主要食品安全抽检合格率为 99.2%，其中大要案 2 件，罚没款 287 万元。主要药品安全抽检合格率为 100%。全年共受理刑事案件 1168 件，审结 1165 件，同比分别下降 13.4% 和 15.4%，判处罪犯 1738 人；受理各类民商事案件 11974 件，审结 12276 件，同比分别下降 4.3% 和 3.3%；受理行政诉讼案件 66 件，审结 64 件，同比分别下降 18.5% 和 25.6%。加大对社会高度关注的犯罪活动的打击力度，醉驾、涉黄赌毒等犯罪案件共 438 件。坚决惩治腐败、不作为、滥作为，审结受贿、滥用职权等犯罪案件 9 件。

（市统计局）

中共余姚市委员会

综　述

2020年，中共余姚市委面对严峻复杂的国际形势，特别是新冠肺炎疫情的严重冲击，坚持以习近平新时代中国特色社会主义思想为指引，深入践行习近平总书记考察浙江重要讲话精神、对余姚的重要回信精神，巩固扩展“不忘初心、牢记使命”主题教育成果。及时吃透中共十九届五中全会精神和省委、宁波市委全会精神。

市委理论学习中心组全年开展集体学习41次，指导督促基层党委（党组）中心组开展学习宣传活动1800余场次、各级宣讲团宣讲1800余场次，对21个乡镇街道和25个重点市直部门党（工）委（党组）理论学习中心组开展巡听。扎实做好2019年民主生活会、组织生活会后的问题整改工作，高质量开好巡视整改专题民主生活会。严格执行市委书记专题会、市委专题会、市委常委会、市委全会等议事决策规则，对“三重一大”等事项均由集体研究决定。

坚持复工复产因时而动，先后出台帮扶企业20条等政策，选派1899名机关党员干部任“驻企管家”，组建100个服务专班，累计为企业解决问题8201个、企业满意率100%，减税降费27.6亿元。同时，常态化抓好疫情防控，严格贯彻“外防输入、内防反弹”的总体防控策略，慎终如始织密公共卫生防护网，强化入境人员闭环管控、进口冷链食品检验检疫，精准落实冬春季疫情防控任务，压实压紧“四方”责任。

召开市委十五届九次、十次全会，分别对贯彻落实习近平总书记考察浙江重要讲话精神，以及中共十九届五中全会精神进行全面部署，奋力推动高质量发展走在前列。深度融入“一带一路”建设、长三角一体化发展、省“四大”建设、“前湾新区”建设等，积极打造甬西智能科创走廊，中东欧国际产业合作园挂牌成立。余姚经济开发区实现省综合考评十连冠。紧盯“246”产业等上级“栽树工程”，启动创建智能经济先行示范区，实施提升产业链供应链稳定性和竞争力三年行动计划，组织开展外贸“双翻番”“外贸转内销”等行动。余姚市创建成为家用电器国家级外贸转型升级基地，入围省级数字经济创新发展试验区创建单位，居中国创新百强县第5位。“四送一增强”服务企业专项行动入选省争先创优最佳实践案例。加快打造全国乡村振兴示范区，开展“六清六净”提升农村人居环境专项行动，新增一批美丽城镇样板镇、美丽乡村等。余姚市被评为省农合联第一批持续深化“三位一体”改革示范建设单位，宁波市新时代美丽乡村建设暨乡村产业振兴现场会在余姚召开。

狠抓重大巡视问题等“七张问题清单”整改落实。狠抓生态环境保护，高度重视中央生态环保督察反馈问题和长江经济带环境问题整治，实现城乡生活垃圾分类全覆盖，县级以上集中式饮用水源地达标率保持100%，空气质量六项指标首次全面达到国家二级标准。狠抓“平安余姚”建设，县级矛调中心建设专项考核、上级交办历史信访积案化解率均居宁波第一，“阿拉一起来”列入宁波创建首批全国市域社会治理现代化试点市重点项目。

坚持以数字化改革为总抓手，深化抓好要素市场化配置、“亩均论英雄”等改革，全力打造营商环境最优市，创建成为省级国土资源节约集约模范县市，余姚市居2020中国营商环境百强县第5位。成功举办阳明文化周，井头山遗址入选“考古中国”5项重大项目成果，医共体建设获省激励表扬，“道德银行”建设经验入选中宣部2020年新时代公民道德建设实践案例，蝉联全国文明城市，第11次登上中国最具幸福感城市榜单，助力对口帮扶的望谟脱贫摘帽。

将意识形态工作责任制的落实情况全面纳入市委巡察工作，对8个单位开展专项巡察，对全市21个乡镇街道、85个市直部门开展专项检查。14名干部和2个团队入选宁波“六争攻坚”好干部、先锋榜。全面完成村社组织换届，积极推行党员联户“联六包六”工作法，创新实施“红锋信贷”，“银辉”“红芯”等党建品牌力不断提升，党建联建促脱贫攻坚的做法得到国务院扶贫办主要领导批示肯定，梁弄新时代党建样板镇建设推荐上报全国基层党建优秀案例。“乡村检察官”获评省县乡法治政府建设最佳实践项目，“七五”普法通过验收，新创建省级民主法治村11个。市委统战部获评“全省民族团结进步模范集体”，余姚市党管武装考核名列宁波市第一名，农工党余姚市基层委员会获评全国先进。

（张望望）

重要会议

【市委十五届八次全体（扩大）会议】

1月6日，中共余姚市委十五届八次全体（扩大）会议召开。全会的主要任务是：以习近平新时代中国特色社会主义思想为指导，全面贯彻中共十九大和十九届二中、三中、四中全会精神，以及中央经济工作会议精神，省委、宁波市委全会和经济工作会议精神，认真总结2019年工作，研究部署2020年工作，动员全市上下担当有为、奋发进取，确保高水平全面建成小康社会，稳中求进奋力走好市域治理现代化新征程。市委书记奚明代表市委常委会向全会作报告，就《中共余姚市委关于高水平推进市域治理现代化的决定（审议稿）》向全会作了说明，并在全会结束时讲话。市人大常委会主任诸晓蓓、市政协主席陈长锋、市委副书记叶枝利等出席会议。

【市委十五届九次全体（扩大）会议】

7月24日，市委十五届九次全体（扩大）会议召开。全会的主要任务是：高举习近平新时代中国特色社会主义思想伟大旗帜，全面贯彻中共十九大和十九届二中、三中、四中全会精神，按照省委十四届七次全会、宁波市委十三届八次全会的部署要求，系统谋划贯彻落实习近平总书记考察浙江重要讲话精神的重大举措，动员全市党员干部干在实处、走在前列、勇立潮头，为余姚争当浙江建设新时代全面展示中国特色社会主义制度优越性的重要窗口模范生的排头兵而努力奋斗。市委书记奚明代表市委常委会向全会作报告，就《中共余姚市委关于深入实施人才强市创新强市战略加快建设高水平创新型城市的决定（审议稿）》向全会作了说明，并在全会结束时讲话。市委副书记、代市长徐云，市人大常委会主任诸晓蓓，市政协主席陈长锋，市委副书记叶枝利等出席会议。

【市委十五届十次全体（扩大）会议】

12月24日，市委十五届十次全体（扩大）会议召开。全会的主要任务是：高举习近平新时代中国特色社会主义思想伟大旗帜，全面贯彻中共十九大和十九届二中、三中、四中、五中全会精神，以及中央经济工作会议精神，深入贯彻习近平总书记考察浙江重要讲话精神，按照省委十四届八次全会、宁波市委十三届九次全会的部署要求，听取市委常委会工作报告，审议通过《中共余姚市委关于制定余姚市国民经济和社会发展第十四个五年规划和二〇三五年远景目标的建议》，动员全市上下坚决扛起“重要窗口”模范生的排头兵的责任使命，勇于担当、勇开新局，奋力争创社会主义现代化先行市。市委书记奚明代表市委常委会向全会作报告，就《中共余姚市委关于制定余姚市国民经济和社会发展第十四个五年规划和二〇三五年远景目标的建议（讨论稿）》向全会作了说明，并在全会结束时讲话。市委副书记、代市长徐云，市人大常委会主任诸晓蓓，市政协主席陈长锋，市委副书记叶枝利等出席会议。

（张望望）

政策研究

【概况】

2020年，市委政研室深入贯彻落实习近平总书记考察浙江重要讲话精神，紧紧围绕市委争当浙江建设“重要窗口”模范生的排头兵的决策部署，面对复杂严峻疫情防控形势，主动作为，求实创新，不断提高定政策、谋改革的能力，为余姚市疫情防控、复工复产、高质量发展献智出力。

【政策调研】

2020年，紧扣国际、国内形势加强分析研判，紧盯市委、市政府中心工作狠抓调查研究，着力从精、准、深、实上下功夫，高质量完成一批调研课题，形成一批高质量文稿，以文辅政能力有效提升。为统筹推进疫情防控和经济社会发展工作，组织起草《余姚市坚决打赢疫情防控阻击战帮扶中小企业共渡难关二十条意见》《关于坚决打赢新冠肺炎疫情防控阻击战全力稳企业稳经济稳发展的实施细则》《“四送一增强”服务企业专项行动实施方案》等政策文件。为推动全市高质量发展，在长三角一体化发展中抢得先机，牵头制定《关于创建余姚智能经济先行示范区的实施方案》《关于高水平推进市域治理现代化的决定》《关于深入实施人才强市创新强市战略　加快建设高水平创新型城市的决定》等政策文件。为全市长远发展，在严格遵循中央“十四五”经济社会发展的指导思想和原则基础上，坚持开门问策、集思广益，组织起草市委“十四五”规划和二〇三五年远景目标的建议，并在市委十五届十次大会上审议通过。同时做好全市经济社会发展亮点工作的宣传工作，《余姚市“三链融合”提升关键产业链供应链稳定性和竞争力》《余姚市税务局首创“智能画像”办税体检　助力“非接触式”服务提档升级》《加快打造全域旅游发展新格局》等调研成果在省委《政策瞭望》刊发。

【全面深化改革】

紧紧围绕中央、省委、宁波市委的改革决策部署，按照市委全面深化改革委员会2020年工作要点，狠抓机制建设、典型挖掘和经验总结，全面深化改革工作呈现多点突破良好局面。扎实推进省定“一件事”改革，24件公民个人“一件事”和17件企业“一件事”均实现联办要求。加快“互联网+政务服务”，网上可办率100%，即办率81%，跑零次率95%，掌上可办率95.63%，线上受理率达到82.34%。营商环境持续优化，一般企业投资项目实现审批“最多80天”、开工前审批“最多50天”、竣工验收“最多30天”，实现率皆达到100%。深入挖掘改革典型，“乡村检察官”相关做法入选省政府县乡法治政府建设最佳实践项目，“助残一件事”改革入选省委改革办“竞跑者”宣传平台，“四送一增强”精准服务企业闭环管理机制得到省委副书记、宁波市委书记郑栅洁批示肯定，由宁波市委改革办发文推广，“智能画像”办税体检在宁波大市推广，“互联网+”农产品出村进城工程、工会劳动关系调解标准化等项目列入国家部委试点。

（钟坚辉）

市委办公室工作

【概况】

2020年，市委办公室高举习近平新时代中国特色社会主义思想伟大旗帜，深入学习贯彻习近平总书记对浙江、宁波工作的重要指示精神、中共十九届五中全会和省委、宁波市委、市委全会精神，聚焦聚力省委“八八战略”再深化，改革开放再出发和宁波市委“六争攻坚，三年攀高”工作要求，对标“重要窗口”模范生的排头兵的使命担当，统筹推进“两战”“六稳”“六保”等行动。

【办文办事办会】

会务接待发文　全年共组织各类会议140余次，承办上级领导到余姚检查指导和其他县（市、区）到余姚学习考察70余批次，完成中央巡视组和中央环保督察组到余姚督察、省部级领导到余姚调研防疫和复工复产等接待任务，全周期做好省委巡视组在余姚巡视的服务保障，确保第二十二届中国塑料博览会、中东欧国际产业合作园揭牌暨首批入园项目签约活动、宁波（余姚）阳明文化周活动等大型会议和重要活动的顺利举行。全年共下发市委文件52份、市委办文件93份、会议通知21份。

保密工作　全年共办理各类电报1900余份，全年保障视频会议75场，保障省委主要领导到余姚的应急通信服务1次。召开各类保密培训9次，推送保密微信公众号46次，组织开展“五个一”宣传活动。对全市拉网式检查共完成电脑自查5000余台，下达38份检查意见书。做好保密台账规范化管理，统一制作下发7本保密业务类管理手册。做好涉密载体销毁工作。

法规法治工作　凡以市委、市委办名义下发的规范性文件，均在规定期限内报宁波市委备案，全年共上报规范性文件18件，共审查下备文件117件，共指出各类问题20余个。

【决策协调沟通】

文稿起草服务　完成各类领导讲话稿件、调研文章、汇报材料、经验介绍等文字材料350余篇，内容涉及上级领导专题调研、经济转型升级、乡村振兴、人才科技服务、生态文明建设等各个方面。面对年初突如其来的新冠肺炎疫情，从正月初二开始就全员到位，第一时间撰写疫情防控和复工复产方面材料50余篇，以及《给全市人民的一封信》《给援鄂医疗队的一封信》，确保各项工作及时部署、及时落实，2人次获评宁波市抗击新冠肺炎疫情先进个人和余姚市抗疫先锋。坚持以一流标准做好急重任务，全年完成中央环保督察反馈问题整改、长江经济带生态环境突出问题整改、姚江污染被曝光问题整改，以及省委巡视反馈问题整改等重大任务相关文稿起草工作，累计撰写各类报告、汇报材料20余篇。认真做好新闻稿件审核工作，全年共审核市委及主要领导新闻稿260余篇。

信息纽带辅政　全年累计编发《每日信息》226期、《信息专报》47期，录用各地各部门上报信息1000余条。上报信息被中办刊物采用11条，被省委办刊物采用35条，被宁波市委办刊物采用78条。其中，《余姚市深入学习贯彻习近平总书记重要回信精神两年来全力打造全国乡村振兴示范区显成效》《余姚市应时而动危中抢机坚决打赢发展总体战》《余姚市深入贯彻车俊书记指示精神着力提升关键产业链供应链稳定性和竞争力》等信息被宁波市委主要领导批示肯定。年初疫情防控期间，预警信息《基层反映援企稳岗政策致失业保险基金快速消耗》《基层反映房地产项目逾期不能交付风险逐步凸显》被宁波市委、市政府主要领导批示，为防范化解社会稳定风险起到积极作用。

专项协调沟通 在“六争攻坚、三年攀高”抓落实专项行动中，第一时间梳理排定七大类56项任务，落实27个牵头单位和69个配合单位，明确目标要求、抓手载体，推动市领导领衔破难。在“三服务”活动中，组建21个“三服务”小分队，负责主动与乡镇街道对接联动，确保“三服务”活动开展谋深落实。积极开展“四送一增强”服务企业专项行动，形成精准服务企业发展的“闭环模式”，得到宁波市委主要领导的批示肯定。全年共帮助企业解决问题诉求8201件，企业满意率达100%。

【督查考核】

深化提效督查。确定22项督查检查事项。清理乡镇街道领导小组，整治“指尖上的形式主义”，及时消除部分上级部门要求基层网格员配备专用手机、每日在线打卡、记录行走轨迹等问题。按照“马上办”的要求，完成上级和余姚市委领导批示指示件150件和152件。切实做好《今日聚焦》《第一聚焦》等上级媒体曝光问题的整改督办和反馈，同时结合省委巡视，及时对2015年以来“两个聚焦”曝光的64个问题进行梳理，并会同纪委、组织等部门对相关问题整改情况逐一进行“回头看”，确保整改不反弹、不回潮。

优化考核机制 持续贯彻落实中央和省市关于解决形式主义突出问题为基层减负的有关规定，对考核内容进行深度清理和进一步规范，对考核细则中的内容数量加以控制，消除考核体系“隐形膨胀”。对阶段性、重点性的专项重点考核事项予以完善，共计审核考核细则近70个，出台对乡镇街道、市直部门和中意宁波生态园的考核实施办法；同时，协助市领导做好宁波对各区（县、市）考核统筹对接工作，助推余姚各项考核指标和工作争先进位。

【干部队伍建设】

用好“牢记初心使命、勇于奉献担当”专题教育实践活动、“周二”夜学、“三会一课”、主题党日、党办“三服务”论坛等载体，深入学习贯彻习近平新时代中国特色社会主义思想、习近平总书记历次重要讲话精神、习近平总书记对浙江和宁波工作的重要指示精神、习近平总书记重要回信精神、习近平总书记关于党办工作重要指示以及中共十九届五中全会和省委、宁波市委、余姚市委全会精神。持续抓好作风建设，进一步加强对党员领导干部的监督管理。开展各科室（办）岗位风险排摸，重要节点廉政风险提醒等相关工作，确保每位干部严格遵守政治纪律、国家法律和各项工作纪律。为积极推进复工复产，派出4名干部赴泗门镇帮扶和指导复工复产，进行政策宣传、信息摸底和配合镇、村两级措施。积极响应宁波帮扶办和宁波市农业农村局号召，开展贫困农户结对工作，全办37位党员干部与泗门镇73户低收入农户帮扶结对，每月常态化开展帮扶。积极响应宁波市委办公厅号召，组织派选3名干部组队参加宁波区县市党办系统“业务大学习、能力大提升”知识竞赛，获优秀组织奖。

（张望望）

组织工作

【概况】

2020年，全市组织系统在市委领导下，在宁波市委组织部的关心支持下，深入学习贯彻习近平新时代中国特色社会主义思想，全面落实新时代党的建设总要求和新时代党的组织路线，大力推进组织工作高质量发展，高标锻造过硬铁军、全域建强基层党建、聚力打造人才高地、持续加强自身建设，全力服务保障“重要窗口”模范生的排头兵建设。

以“两个维护”为统领抓实政治建设。高质量做好省委巡视和省委组织部选人用人专项检查工作，全覆盖开展中共十九届五中全会精神集中轮训，全域推行“周二夜学”，制定落实市级党员领导干部和市管党员领导干部带头严格执行党的组织生活等制度，创建初心学堂36个，依托市委党校、四明山干部学院开办主体班次等培训班121个班次，1门课程入选全国党性教育精品网络课程。

以助力“两战”为使命强化服务保障。出台关爱激励十二条举措，开展“党员在疫情防控一线”等行动，发动3953名市直单位干部、4.1万余名村社党员下沉一线，选派1899名机关干部任“驻企管家”，“四送一增强”打造企业服务“闭环模式”被评为宁波市机关争当“重要窗口”模范生“十佳实践范例”，7人、2家单位分别获评省优秀共产党员，抗疫先进个人、集体等荣誉，战“疫”记系列短视频获省三等奖、宁波市一等奖。

以实干担当为导向建强铁军队伍。全年提拔或进一步使用实绩突出干部65人，新调整配备党政“一把手”20人。大力培育年轻干部，公开选拔市管干部和市属国企领导人员培养人选，组织开展乡镇街道团（工）委书记和团市委中层干部公开比选，建立推行优秀年轻干部到巡察岗位历练、干部制度性交流等机制，举办年轻干部培训班。常态化开展干部风采展示活动，14名个人、2个团队获评宁波市“六争攻坚”好干部、先锋榜铁军榜等荣誉。深化大监督工作机制运用，充实完善干部负面信息库，出台不实信访举报澄清操作办法和市委巡察选人用人专项检查人才库建设管理办法，建立中层及以下干部因私出国（境）情况“凡提必查”制度。深化推进公务员职业生涯全周期“一件事”改革。加强对编制、老干部工作的归口管理，指导市委编办完成市属事业单位清理规范整合。

以“四明红锋”为牵引夯实基层基础。高标高质完成村社组织宁波市级试点，并率先完成面上换届，书记中致富带头人占比近90%，班子年龄、学历等方面结构优化提升成效和主要换届数据指标位居宁波前列，梁弄镇横坎头村、泗门镇谢家路村“开门一件事”等做法入选省、宁波市最佳实践案例展评，“两包两联”“一村一策一专班”“暖心关爱十条”等做法得到省、宁波市督导组充分肯定。深化提升新时代党建样板镇建设，纵深推进“锋领红村创样板”三年行动计划，新时代美丽乡村党建示范带建设成果在宁波市新时代美丽乡村建设现场会得到展示。强化党建引领基层治理，积极推广“联六包六”“民情诊所”“锋领前哨”百姓微信群，有关做法被推荐上报中组部党建研究所。全域打造党建联盟集群，成立互联网行业党委，打响高层次人才企业“红芯党建”品牌。创新实施“红锋信贷”，为459家企业授信68.72亿元，精准帮扶企业破解融资难题。党建联建促脱贫攻坚相关做法经验得到国务院扶贫办主要领导批示肯定，市委组织部获评宁波市“扶贫攻坚　携手小康”组织工作奖。

以最优生态为保障构筑人才高地。出台“姚江英才资本引才计划”，启动运营科技人才超市和余姚高层次人才产业加速中心，促成哈尔滨工业大学材料科学与工程（余姚）研究中心、浙江工商大学萨塞克斯（宁波）人工智能国际研究院、宁波职业技术学院余姚校区等重大平台项目落户，推行“高层次人才高标准服务十二条”，推出“姚江惠才卡”“海高贷”“人才贷”等服务举措，在“河姆智谷”国际人才科技洽谈会、两院院士与企业对接座谈会等人才活动中设置揭榜挂帅专区，全年新引育特优以上人才28人，新入选国家级重点人才计划2人、省级5人、宁波“3315系列计划”12个，新引进高层次人才项目45个，23个高层次人才项目获得“4个500万”政策支持。

以“两个绝对”为标准建设模范部门。打造“姚组”系列学习品牌，深化推进“知行课堂”“科长上讲台”“下乡走村访户进企联人才”等活动，出台进一步加强作风建设切实为基层减负具体措施，健全规范机关内部运行制度，扎实做好调查研究、信息宣传、信访督查等各项工作，获宁波市委组织部“组织工作好新闻”一等奖。

【村社换届工作完成】

7月16日，全市村（社区）组织换届工作领导小组（扩大）会议召开。会议审议了村（社区）组织换届工作有关方案。梁弄镇作为宁波市试点单位，于9月上旬完成村社组织换届工作。10月10日起，全市村社组织换届工作面上铺开。截至12月31日，全市所有村（社区）全部完成村社组织换届工作，选举产生新一届村社党组织、村（居）民委员会、村（居）务监督委员会和村经济合作社班子成员。村社党组织换届选举普遍采用“两推一选”方式，村（居）委会换届选举分别采用自荐直选和有候选人的差额选举方式，全市共选举产生新一届村社党组织成员1302人、村（居）委会成员1198人、村（居）监会成员1139人、经济合作社社管会成员908人，除1个村因下派干部按上级要求不实行“一肩挑”外，其余301个村社均实现“一肩挑”，达到了“全面推行、应挑尽挑”的预期目标，村“一肩挑”人选党员群众推荐平均得票率、选委员时平均得票率等指标位居宁波前列。村社“两委”班子成员共1868人，其中交叉兼职632人，占总数的33.8%；新进班子551人，占总数的29.5%；村社“两委”班子成员平均年龄分别为41.6岁、35.8岁，比上届分别下降2.2岁、4岁；大专以上的1332人，占比71.3%，比上届提升21.7个百分点，年龄、学历等方面结构明显优化，具体指标位居宁波前列。

7月16日，全市村（社区）组织换届工作领导小组（扩大）会议召开

【“1131”干部心理健康服务体系打造】

2020年，全市构建“1131”干部心理健康服务体系，成立1个综合性服务中心、3个专业化分中心，开发线上开放式评估咨询平台，建立预防—发现—评估—援助的全链式工作机制，引进中科院心理所专家团队，设立专家工作室，开展高层次研讨活动，打造“阳明修心”“中医调心”“文化养心”“情感暖心”等特色品牌，为干部提供专业化、针对性的心理健康服务，更好激励干部担当作为。全年累计搭建线上线下市级服务平台6个，编写宣传、服务手册3本，新推线下专场活动20余次，服务干部1万余人次，其中心理评估2000余人次，咨询服务300余人次，相关经验做法在宁波市干部心理健康服务体系建设现场推进会上作典型发言，并被《浙江日报》等媒体刊发报道。

【市直机关基层党组织书记培训班举办】

10月21—22日，市委组织部（市直机关工委）分两期举办了2020年市直机关基层党组织书记培训班。

此次培训旨在进一步加强机关基层党组织书记队伍建设，提高党务工作能力，促进机关党建规范化水平，推动机关党

12月30日，余姚市干部风采集中展示活动举行

的建设走在前、作表率。组织关系在市直机关工委的市直单位中设机关党委、总支下属的所有党委、总支、支部书记等近300人参加此次培训班。市直机关工委副科（局）级干部吴禄明围绕机关基层党组织建设和党的组织生活两方面内容进行授课。市委组织部机关党建科施烨挺就发展党员工作、机关党建台账的建立和管理与全体学员进行了交流。

【干部风采集中展示活动举行】

12月30日，余姚市干部风采集中展示活动在太平洋会议中心举行。市委常委、市委组织部部长林伟出席并讲话，副市长黄和庆宣布活动开始。活动分“抗疫践初心”“助企履使命”“攻坚显担当”三个篇章，选取全市各市直部门、乡镇街道干部中，近年来在投身疫情防控、助力企业复工复产和参与“六争攻坚”中涌现出来的成绩骄人、事迹感人的9组工作团队共35人，围绕“牢记重要嘱托再出发，争当‘重要窗口’模范生的排头兵”这一主题，通过视频展示、现场访谈、团队亮相、事迹陈述等多种形式，生动展示先进个人、团队的闪光事迹、攻坚风采。

（苏一星）

宣传思想工作和精神文明建设

【概况】

2020年，市委宣传部持续推动党的创新理论入脑入心。完善基层党（工）委、党组理论学习中心组巡听等机制，市委理论学习中心组开展习近平新时代中国特色社会主义思想等专题学习、报告会41场次，全市各基层党（工）委、党组理论学习中心组累计开展各类理论学习1800余场次，对21个乡镇街道和25个市直部门开展巡听。强化基层宣讲队伍培育，组建成立“舜江青语”理论宣讲联盟，精心打造“舜江快播”理论宣讲品牌，累计点击量逾500万人次，“名师带青年”传播党的创新理论工作经验获得省委宣传部领导肯定。组织开展全市第十三届微型党课大赛、“我最喜爱的习总书记的一句话”主题宣讲比赛，累计有37万人次收看微信直播。在省、宁波“老乡话小康”农民故事大赛中，余姚选手获宁波市一等奖、省二等奖。“学习强国”学习平台应用工作有序推进，扩面任务完成，供稿工作走在宁波前列，余姚选手夺得全省“学习达人”挑战赛冠军。同时，成功承办浙江省“溯源新思想”高端论坛，取得丰硕理论成果。

统筹疫情防控和经济社会发展。紧盯疫情防控态势变化，统筹做好舆情导控、新闻报道、文艺宣传、志愿服务等工作。中央电视台《新闻联播》《焦点访谈》《新闻直播间》等重要栏目先后54次报道余姚市抓好疫情防控和企业复工复产等工作。全市文艺工作者创作1000余件抗疫主题文艺作品，累计发动5万余名志愿者，累计出动50万余人次。

发展壮大主流舆论。坚持和完善“年规划、季商议、月例会、周策划”的新闻宣传策划机制，强化与上级主流媒体的选题对接，在《人民日报》、新华社、中央电视台等主流媒体推送相关报道5700余篇(条)。加快推进媒体融合发展，市融媒体中心实现合署办公，体制机制改革走在宁波前列。放大网络传播正能量，打造“show余姚”城市网络宣传品牌，抖音平台“show余姚”话题播放量超过8700万次。深化县域网络综合治理体系建设，不断完善网络安全机制。扎实推进建设性舆论监督，着力打造好《四明聚焦》和《部门问政面对面》两档媒体监督类栏目，围绕文明城市创建、三改一拆、五水共治、垃圾分类等群众关注热议的问题开展各类舆论监督39次，推动了一批制约城市发展、群众反映强烈问题的破解。

践行社会主义核心价值观。坚持高标准常态化、全域全民的要求，举全战线之力实施深化文明城市创建十大专项整治行动，推进“创意点亮城市角落”等活动，余姚成功蝉联全国文明城市。积极打造“道德银行”3.0版，研发移动服务平台，相关工作做法入选中宣部《2020年新时代公民道德建设实践案例》，“道德银行”纪录片《德润民心》在中央电视台播出。截至2020年底，“道德银行”累计发放道德信贷3.26万户、34.82亿元，发放道德绿卡2016张。加快推进市新时代文明实践中心建设，深化开展文明实践活动，建成1个市新时代文明实践中心、2个分中心、21个新时代文明实践所、303个新时代文明实践站以及1000余个实践基地和实践点。道德模范培育成果丰硕，2人入选“中国好人”，1户家庭当选全国最美家庭，1人获评“宁波市道德模范”并入选“最美浙江人·最美诚信人”。

推进文化繁荣兴盛。成功举办2020宁波（余姚）阳明文化周活动，规格为历届之最。精心策划第七届余姚市百姓文化节，打造“艺路同心”公益文化品牌。文化产业发展取得新成效，全市文创产业增加值和文特产业增加值增速位居宁波大市前列，大丰实业一项目入选2020文化和旅游部“一带一路”文化产业和旅游产业国际合作重点项目。文旅融合迈出新步伐，启动国家考古遗址公园建设和AAAA级景区创建，有序推进阳明古镇项目建设。在2020年中国（宁波）“海丝之路”文化和旅游博览会上，余姚馆获得“最佳展品奖”。完成农村文化礼堂全覆盖的目标任务，积极打造“一村一品”文化品牌，余姚市三首村歌入选全国百佳（占宁波大市的一半）。深化“扫黄打非”工作，5月成功侦破宁波首例全链条传播淫秽物品牟利案，市“扫黄打非”办获2020年度省“扫黄打非”工作先进集体。

【第二届“艺路同心”公益文化活动启动】

6月24日，“我们的节日”——端午“非遗”主题活动暨余姚市第二届“艺路同心”公益文化活动启动仪式举行。“艺路同心”公益文化活动秉持“艺路携手，同守初心”的品牌理念，围绕品牌公益、合作普及、辐射纵深和赛事活动四大板块，不断扩大“艺路同心”公益成效，让更多人通过“艺路同心”公益文化品牌享受到公共文化服务的优质与便利。

活动现场，对第六批余姚市非物质文化遗产代表性项目进行了授牌，涉及传统医药、曲艺、传统技艺3个门类7个项目。与此同时，现场还举行了市文化馆艺心曲艺社授牌仪式以及余姚市“书循环”阅读驿站捐赠仪式。

【纪录片《德润民心》播出】

9月8日，中央电视台社会与法频道《夜线》栏目播出《中国之治》第二集《德润民心》，聚焦了余姚推出的“道德银行”，弘扬好人好报、德者有得时代新风，是中国基层社会治理的一大创新实践。《德润民心》以平民化视角，通过黄宝康、陈明桥、杭顺峰、陈彩文等几个普通人的故事，讲述“道德银行”实施以来，给余姚百姓的精神面貌和社会治理带来翻天覆地的变化。余姚推出的“道德银行”，推动“道德”与“信贷”联姻，以道德担保信贷，既帮助农民实现物质富裕，又倡导精神富有，弘扬积极向善的力量，有效地提升了基层治理水平。

【网络安全宣传周系列活动举办】

9月14—20日，余姚举办2020年网络安全宣传周活动。活动以“网络安全为人民，网络安全靠人民”为主题。主办方通过在全市新媒体矩阵开展网络安全知识线上有奖竞答、开设网络安全知识云课堂、推出网络安全宣传周专栏，覆盖网民超10万人次。在机关夜学和行业协会举行网络安全专题讲座。线下分发网络安全和防网络诈骗知识手册、张贴宣传海报1万余份，推动网络安全宣传周活动进机关、进企业、进社区、进学校、进农村。在“网民看看看”、“show余姚”主持人大赛等活动上进行网络安全倡导行动。

【第七届余姚市百姓文化节开幕】

9月15日，由市委宣传部、市融媒体中心主办的第七届余姚市百姓文化节开幕式暨“show余姚”主持人大赛颁奖典礼在龙山剧院举行。市委副书记叶枝利致辞并宣布开幕。市委常委、市委宣传部部长王娇俐，市人大常委会副主任姚桂珍，副市长黄和庆，市政协副主席朱卫东出席活动。开幕式后，“show余姚”主持人大赛颁奖典礼举行。

此次百姓文化节持续两个多月时间，从市、镇两个层面安排了“才艺展示”“艺术鉴赏”“艺术培训”“文化消费”“弘扬优秀传统文化”等五大板块共58项活动。

【2020宁波（余姚）阳明文化周活动举办】

10月30日至11月5日，以“阳明故里　良知善治”为主题的2020宁波（余姚）阳明文化周活动在余姚举办。活动包括礼贤仪典，中天阁论道:“阳明心学与良知善治”主题峰会，宁波阳明心学研究重大招标课题成果研讨会，“王阳明祖居地”纪念馆开馆仪式，“此心光明”阳明文化笔会，“阳明文化丝路行”活动，阳明古镇历史文化街开街仪式，“实学家故里行”全国融媒体采风行动暨“阳明故里杯”中国微广播剧大赛等十多项活动。开幕式上，主办方公布纪录片《王阳明》和“姚江书院”重建方案。“阳明故里‘姚’文明”短视频大赛也同期开赛。

（方旭锋）

统一战线工作

【概况】

2020年，余姚市统一战线全面贯彻落实习近平总书记关于加强和改进统一战线工作的重要思想，紧紧围绕新冠肺炎疫情下统战工作面临的新形势、新情况、新任务，紧扣市委、市政府中心工作，以“制度落实年、组织建设年、品牌创建年、队伍提升年”四年活动为工作主线，扎实推进统一战线各领域工作，取得了积极成效。年内，市委统战部被省政府授予“全省民族团结进步模范集体”称号，农工党余姚基层委被评为农工党中央参政议政工作先进集体，民革、民进、农工党、九三学社被评为省级民主党派基层组织先进，市工商联“警企服务”工作入选“创新中国”20项县级工商联工作最佳案例，“阳明文化进侨界”工作入围全省统战工作创新奖。

全年召开理论学习中心组学习会22次，分类分领域召开专题学习会、报告会、座谈会15次，安排统一战线各领域主体培训班6期，实现市社会主义学院乡镇街道分院全覆盖，社院分院建设在宁波市社会主义学院工作会议上作典型发言。创设“同心讲堂”，在民主党派、无党派人士中开展“四比四强”活动。

深化少数民族农户与“邮

掌柜”电商平台融合发展，做好温州文成县“一乡一村”民族“双百村”结对帮扶工作，陆埠二小创建成为省级民族团结进步示范基地。完成省委巡视和宁波市委宗教工作专项督查，召开全市宗教和民间信仰活动场所规范管理现场会，发挥“五人驻宗教和民间信仰活动场所”制度实效，推进“一庙一故事”“一庙一场景”工作，实施“六进”场所和财务上线规范化运行，深化宗教领域“四治”，积极破解宗教领域的难点和历史遗留问题，民间信仰事务管理工作在宁波市民间信仰事务管理工作推进会上作典型发言。

广泛开展联络联谊。分类分级建立健全领导干部联系党外代表人士机制，深入开展联心交友走访活动。探索疫情防控新形势下港澳台及海外联络联谊工作新思路，举办余姚籍海外知名高校留学生考察座谈等活动，设立省级对台交流基地“阳明文化交流中心”。推进网络人士统战工作，阳明生活网红工作室被评为宁波市新的社会阶层人士统战工作实践创新基地。

年内，紧紧围绕统筹疫情防控和经济社会发展中心大局，切实履行职责。筑牢统一战线疫情防控网。在宗教场所防控方面，通过发布紧急暂停通知、召开专项部署会议、开展常态化指导检查等，严格执行“双暂停”要求，并切实做好场所的有序开放工作。在境外疫情防控方面，扎实做好港澳台及海外人士的多轮信息排摸、健康预申报、安侨暖侨、赴台陆生服务等工作，为全市境外疫情防控提供信息支撑。积极组织发动港澳台及海外、在外乡贤、工商界、宗教界、新的社会阶层等各界人士，全力做好防疫物资筹集和爱心资金捐赠工作，累计接收各类防疫物资价值2600余万元，爱心资金超过2000万元。

服务民营经济发展，积极参与“三服务”“四送一增强”“五个一百”等专项行动，组织召开全省台资企业创业创新推进会、“重振信心、共克时艰”政企座谈会等，落实各项惠企惠台政策，全面助力企业复工复产。深化政企、税企、银企、法企等服务平台建设，探索开展警企服务工作，联合市公安局成立余姚市工商联（总商会）、乡镇街道（直属）商会“警企服务工作站（室）”，实现经侦民警驻商会全覆盖。“余姚市工商联打造高效服务联盟，打通政企‘最后一公里’”被评为全省服务“两个健康”优秀案例。同时，组织企业家赴贵州省兴义市和望谟县开展结对帮扶，落实帮扶资金470万元。

激发各类项目人才回归。出台新乡贤工作指导性文件、召开新乡贤工作推进会和新乡贤精神主题研讨会等，建立3100人左右的各级重点新乡贤信息库，14个镇级新乡贤联谊组织，40余个各级乡贤基金，打造了凤山街道“乡贤名医服务基地”等一批工作阵地，小曹娥镇被评为宁波市新乡贤工作示范基地，阳明街道《以阳明文化为纽带　推进新乡贤联谊组织建设》入选《全省新乡贤工作30例》。发挥“侨梦苑”国字号平台作用，建成侨梦苑展厅，举办浙江侨商走进“侨梦苑”暨浙江宁波“侨梦苑”创业创新基地揭牌仪式、浙江宁波“侨梦苑”建设合作联盟成立大会暨海外项目路演等活动，甬商回归工作位居宁波前列。

按照统战工作“全域化推进、品牌化打造、项目化实施”的要求，在全市统一战线中开展品牌创建活动，通过举行品牌“评标立项”活动、召开品牌工作交流会、单独纳入统战工作考核等，打造全市统战工作特色亮点，形成84个品牌创建项目，其中重点品牌项目11个。

打造“经验做法型”品牌。主动创新探索，形成一整套可复制推广的经验做法。如创新推进无党派人士队伍结构化建设，举办全市首次无党派人士培训班，建成无党派人士联络中心，无党派人士工作取得新突破；又如打造“姚·融一家亲”民族工作品牌，促进全市各民族交流交融。打造“示范阵地型”品牌。积极打造有场地、有展示、有活动的统一战线实体化工作阵地。如在原有的基础上，9月举行宁波、余姚统一战线“鹿亭同心服务基地”结对签约仪式,与12个村进行“一对一”结对帮扶，落实帮扶资金113.4万元。此外，建成统战工作展厅、亲清家园等阵地。打造“特色活动型”品牌。通过举办具有全市性影响的统一战线重大活动，统战元素浓郁、自身特色鲜明的地方性或团体性活动，不断提升统战工作影响力。如创新开展了“阳明文化进侨界”活动，安排了海外夏令营讲王阳明故事、《此心光明》中英文连环画走进中东欧、成立致良知公益服务队等十余项活动。该项工作在国务院侨办《侨务工作研究》刊登，入围全省统战工作实践创新案例。

【全市统一战线“同心讲堂”开讲】

4月14日，全市统一战线“同心讲堂”启动仪式暨首场专题讲座活动举行。活动邀请浙江省基层宣讲名师、省十大优秀宣讲员赵永焕作专题讲座。市委常委、市委统战部部长蒋士勇出席活动并讲话。市委统战部、市工商联全体机关干部，各民主党派、无党派人士等90余人参加“同心讲堂”活动。

启动仪式后，赵永焕为全体与会人员作了题为《画好最大最美同心圆——学习习近平总书记考察浙江重要讲话》的第一期专题讲座。

【统战品牌“评标立项”活动举行】

5月14日，全市统战品牌“评标立项”活动举行。市委常委、市委统战部部长蒋士勇出席活动。宁波市统战系统相关单位处室6位负责人参加活动并担任评标嘉宾，全市各乡镇街道统战委员、统战干事，统战系统各单位全体机关干部，各民主党派、无党派人士代表90余人参加活动。

此次统战品牌“评标立项”活动精选了《推动社院乡镇街道分院规范化建设，拓展基层统战教学主阵地》等11个统战品牌项目进行讲演，内容涵盖统一战线各领域。

【首期无党派人士培训班举办】

7月2日，余姚市委年度干部教育培训主体班次、首期无党派人士培训班开班式暨无党派人士告知书颁发仪式在市社会主义学院举行。市委常委、市委统战部部长蒋士勇出席开班仪式并讲话。市政协副主席、市应急管理局局长、市无党派人士总召集人姚俊杰出席，全市60余名无党派人士参加此次培训。会上举行了余姚市2018—2019年度认定的无党派人士告知书发放仪式。

在为期两天的学习中，省、宁波、余姚三级社院的老师和无党派人士代表向全体学员作中共十九届四中全会精神解读、当前经济形势分析与展望、哲学理论和中医养生等方面的授课。

【《此心光明》走进中东欧国家版权授权仪式举行】

7月14日，《此心光明》走进中东欧国家版权授权仪式在余姚中学举行。活动中，宁波市委统战部副部长、宁波市侨办主任顾正为代表宁波市委统战部向塞尔维亚中塞文化交流协会赠送1000本《此心光明》。书籍主要编著者——浙江省“春蚕奖”获得者、宁波市名师周安民与塞尔维亚中塞文化交流协会执行会长、宁波华网文化传媒有限公司总经理张镱迈签署了版权授权书。授权书签订后，《此心光明》一书可走进塞尔维亚、阿尔巴尼亚、保加利亚等中东欧17个国家，传播阳明文化。《此心光明》是一本介绍余姚先贤王阳明的中英文双语连环画，于2019年正式出版。

【“鹿亭同心服务基地”结对签约仪式暨同心服务活动举行】

9月4日，宁波、余姚统一战线“鹿亭同心服务基地”结对签约仪式在鹿亭乡举行。宁波市委统战部副部长戴凌云出席活动并讲话，宁波市委统战部部务会议成员、二级巡视员黄国海，民建宁波市委会专职副主委张雨，农工党宁波市委会专职副主委吴道涛，宁波市知联会副会长赵建平，余姚市委常委、市委统战部部长蒋士勇，余姚市政协副主席赵银海、缪正刚、姚俊杰等出席。

结对仪式上，宁波市知联会向鹿亭籍学生发放了“同心·圆梦”基金的奖金，民建宁波市委会向鹿亭乡中心小学全体学生发放了“微心愿”礼物，余姚市统战系统有关单位、民主党派、统战社团与鹿亭乡12个行政村签订结对共建协议，上庄村统战文化公园建设项目、鹿亭乡卫生院DR设备改造项目、李家塔村居家养老中心改造项目、白鹿村便民服务中心改造项目等4个帮扶项目进行了签约，还举行了鹿亭乡新乡贤联谊会爱心基金捐赠仪式。

同时，与会人员还参观了“美丽乡村·鹿亭同心实践基地”建设成果展。宁波、余姚两级统一战线于2012年8月设立“美丽乡村·鹿亭同心实践基地”，基地累计实施帮扶项目116个，产业投资7400余万元，帮扶资金超过1500万元。

【浙江宁波“侨梦苑”建设合作联盟成立大会举行】

9月25日，浙江宁波“侨梦苑”建设合作联盟在余姚成立，并举行了以“智享侨梦苑，创业在宁波”为主题的成立大会暨2020海外项目路演。浙江省委统战部二级巡视员李义海，宁波市委统战部副部长、市侨办主任顾正为，余姚市委常委、市委统战部部长蒋士勇共同为浙江宁波“侨梦苑”海曙、镇海、北仑、鄞州、奉化、慈溪、象山7个分区中心授牌，宁波“侨梦苑”实现全域覆盖。

在项目路演环节，“Oxitone可穿戴医疗设备”“Intervyo自动面试系统”“蛋白质芯片”等9个创新创业项目逐一进行演示，为广大参会者带来全新的视觉体验。

（方锦鑫）

9月25日，“智享侨梦苑，创业在宁波”——浙江宁波“侨梦苑”建设合作联盟成立大会暨2020海外项目路演举行

侨务工作

【概况】

2020年，市侨联充分发挥侨务部门联系海内外侨界的桥梁纽带作用，广泛开展爱国主义和时事形势教育，及时传达党的方针政策，把“红色基因”和“根、魂、梦”根植于侨界各项活动中，不断提高侨界群众思想政治觉悟，同时坚持“以侨为本，为侨服务”的宗旨，有序推进各项工作。

2020年突如其来的新冠疫情后，市侨联第一时间发出倡议书，号召余姚籍海内外侨胞共同为抗击疫情贡献力量。全市各级侨联组织、侨（留）资企业和“海创会”“留联会”等侨界组织，以及海外侨团侨胞，以各种形式为家乡乃至全国抗击疫情贡献力量。疫情防控期间，余姚侨联共收到来自海内外侨界的爱心善款、物资合计价值385.32万元，其中捐款69.72万元，捐赠防疫物资39个批次，价值315.62万元；通过海外华人华侨帮助政府采购紧缺高等级防护服等防疫物资合计4个批次，价值454.6万元。抽调侨联干部进入市疫情防控专班工作，负责做好境外人士信息排摸、入境人员健康预申报等工作，一线参与省精密智控考评。有效运用网络优势建立“域外守望者”平台，按全市留学生主要留学国别建立留学生家长分群，并邀请余姚籍海外医学专家、侨领、旅居国外多年的侨胞等分头进入各国留学生家长群里帮忙解惑答疑，让家长们能第一时间了解到国外真实信息，让留学生们第一时间得到当地侨社侨胞的帮助。形成自上而下的联络矩群架构，新建各类群组50多个，涵盖涉侨人员近5000人，积极开展稳侨安侨暖侨工作。3月，市委统战部（侨联）机关党总支获余姚市第二批战“疫”先锋团队表彰。

主动适应经济发展新常态，把招商引才工作作为发挥侨务优势、服务中心工作的重要内容来抓。以宁波侨界招商引才服务联盟成立为契机，加强与市委人才办、市招商中心、市人才创新园、中意宁波生态园等联盟成员的互动对接，推荐中意启迪科技园申报挂牌宁波“侨界双创基地”，探索建立招商引才项目资源共推共享机制。组织举办2020浙江侨商走进“侨梦苑”暨浙江宁波“侨梦苑”创业创新基地授牌仪式、浙江宁波“侨梦苑”建设合作联盟成立大会暨2020海外项目路演等活动。组织回余姚海外知名高校留学生开展“与市委书记面对面”“走进古韵梅乡”“姚江学子家乡行暨名校人才直通车”“海外高层次人才游园”等活动，承接2020宁波“海燕集结”活动交流团到余姚参访。积极参与宁波市第九届侨界英才创新创业峰会、2020中国宁波余姚“河姆智谷”国际人才科技洽谈会等，协助丹麦技术大学副教授欧海燕、瑞典沃尔沃集团电器硬件专家赵欢成功申报宁波市“3315计划”，推动微动力无人机项目、浙江交通技师学院余姚分校项目等5批次团队到余姚考察，成功促成铭时生物体外诊断试剂生产基地项目、高精密复杂汽车部件模具开发制造项目等4个项目落地。

更新完善困难侨眷数据库，连续第17年开展“暖侨惠民”活动，进一步维护侨益。在传承发展好魏绍相奖学金、董伟助学金、叶老师侨爱公益课堂、松原侨爱奖学奖教基金等公益品牌的基础上，大力引导海内外华侨助力乡村振兴、精准扶贫、社会建设等。如加拿大华侨黄建华捐赠20万元参与捐建华侨冬奥冰雪博物馆；泗门镇侨联主席姚国祥从2011年起每年捐资50万元给贵州雷山县教育事业，累计捐资额超600万元；香港余姚联谊会捐赠12万元助力鹿亭乡卫生院DR设备改造项目；动员全市侨界参与贵州省望谟县福临社区图书室捐建项目，捐资合计达15万元。以《中华人民共和国归侨侨眷权益保护法》颁布30周年为契机，通过侨法展板巡回展出、组织参与“侨商杯”法律知识竞赛、设立社区“侨法宣传角”等，积极普及宣传侨法，相关工作得到市人大侨法贯彻情况专项检查组的肯定。

打造“阳明文化进侨界”品牌，积极挖掘“阳明文化”侨务内涵，推广阳明文化海外传播。承接中国侨联主办的“亲情中华·为你讲故事”网上夏令营活动，主动对接联系澳大利亚宁波同乡会、新金山中文学校，吸引577位华裔青少年报名参加。通过塞尔维亚侨领实现王阳明中英文连环画《此心光明》在中东欧国家发行，覆盖中东欧“一带一路”沿线16个国家。组织海外学生参加宁波“茶花杯”国际华裔学生书法比赛，分获一、二、三等奖。接待由荷兰侨领牵线的阳明文化研究专家团队一行，共同探寻阳明故里的历史底蕴。举办“真三不朽王阳明”中秋茶会讲座，在江丰电子设立“知行合一”阳明文化实践教育点，以宁波“侨梦苑”创业创新基地等平台为指引，使阳明文化成为华人华侨和海外高层次人才到余姚创业创新的磁石。

【“域外守望行动”携手海外侨胞共同防疫】

新冠肺炎疫情暴发后，市侨联广泛联络海外侨胞，主动开展“域外守望行动”，帮助他们做好防疫工作，切实解决实际困难。市侨联在世界余姚人总会、各侨团、朋友圈中动员域外守望海外志愿者积极参与“域外守望”行动。市侨联共建立群组45个，涉及人员3000余人，基本覆盖全市各级侨联干部和绝大多数侨属、海外侨胞。在矩群架构之下，每个微信联络群由同级侨联干部作为管理员加强联络服务，24小时在线回应侨胞问题，及时发布国内境外输入防控政策和规定，随时收集上报侨胞返乡人员信息。市侨联还开通24小时为侨服务热线，安排专人在线随时回应侨胞关切，接受侨界人士咨询。3月19日，市侨联将口罩、手套等首批援助海外侨胞防疫物资通过EMS发往加拿大和澳大利亚等国。

【2020浙江侨商走进“侨梦苑”暨浙江宁波“侨梦苑”创业创新基地揭牌仪式举行】

6月10日，2020浙江侨商走进“侨梦苑”暨浙江宁波“侨梦苑”创业创新基地揭牌仪式举行。省委统战部副部长、省侨办主任陈安，宁波市委统战部副部长、宁波市侨办主任顾正为，余姚市领导奚明、韩柏顺、蒋士勇等参加活动。

在余姚期间，浙江省侨商会、杭州市侨商会、宁波市侨商会的30余位浙江侨商走进“侨梦苑”，参观考察中意宁波生态园展厅、中意启迪科技城侨梦苑展厅、余姚领克汽车部件有限公司以及余姚人才创业园的宁波中科莱恩机器人有限公司、浙江超晶晟锐光电有限公司、浙江云联智能制造研究院有限公司，实地了解余姚创业创新企业并开展推介座谈。

6月10日，2020浙江侨商走进“侨梦苑”暨浙江宁波“侨梦苑”创业创新基地揭牌仪式举行

【海外学子走进古韵梅乡活动举行】

6月20日，由市侨联、留联会、海创会和丈亭镇人民政府联合举办的“感受美丽余姚”——海外学子走进古韵梅乡活动在杨梅之乡丈亭镇举行。宁波市侨联副主席鲁爱丽，余姚市委统战部副部长、市侨联主席周姚平等参加活动，丈亭镇党委副书记干闻宇、镇统战委员陈红国陪同。在梅园游览后，留学生们到浙江五谷铜业股份有限公司，与市海创会企业家开展了座谈交流活动。

【2020“海燕集结”活动交流团到余姚访问】

7月20日，2020“海燕集结”活动交流团到余姚参观访问，共有来自美国、英国、瑞士、加拿大、澳大利亚、意大利、韩国、日本等15个国家及港澳台地区的知名高校留学生参加。市侨联副主席、市留联会会长沈建芬陪同参观。“海燕集结”活动交流团的留学生们参观了中共浙东区委旧址、横坎头村新时代文明实践站、梁弄百果园等地。

【宁波首个区域侨联在余姚成立】

8月24日，四明山区域第一次归侨侨眷代表大会召开，来自余姚市梁弄镇、大岚镇、四明山镇、大隐镇等山区乡镇的侨眷、留学生家属代表参加会议。宁波市侨联党组成员、二级巡视员王东海，余姚市委统战部副部长、市侨联主席周姚平，梁弄镇党委书记蔡亚红等出席会议。

会议听取四明山区域第一次归侨侨眷代表大会筹备工作

报告，审议并通过四明山区域侨联工作细则，选举产生四明山区域侨联第一届委员会委员。宁波市博维照明科技有限公司总经理陈丰当选为四明山区域第一届侨联主席并作表态发言。

此次余姚市四明山区域侨联的成立，在宁波市首次探索了山区侨务工作创新机制，并同时成立了梁弄、大岚、四明山、大隐四镇的侨胞之家，旨在探索山区四镇的一体化文旅模式。

10 月 30—31 日，阳明文化进侨企暨 2020 海外华文媒体走进浙江余姚“侨梦苑”活动开展

【侨界代表人士培训班举办】

8 月 26—27 日，全市举办为期两天的 2020 年余姚市侨界代表人士培训班。全市侨界代表人士、各乡镇街道统战干事、侨务工作者和市侨联全体机关干部等 60 余人参加培训。市委统战部副部长、市侨联主席周姚平出席开班仪式并做开班动员。培训班邀请宁波市侨联领导以及宁波市委党校、省社会主义学院四明山分院的系统名师专题讲解侨务相关知识、当前国际国内形势、阳明文化等，涵盖政治理论、统战知识、侨联工作、经济文化等方面内容。同时，还下发了《涉侨政务服务指南》。

培训期间，全体学员还前往宁波海曙区西门街道智慧谷海创之家、望春街道清风社区侨之家和全省首家企业侨联——江丰电子进行了实地参观考察。

【阳明文化进侨企暨 2020 海外华文媒体走进浙江余姚“侨梦苑”活动开展】

10 月 30—31 日，在 2020 年宁波（余姚）阳明文化周期间，浙江中华文化学院和海外华文媒体负责人 110 人走进余姚“侨梦苑”开展参访活动，并参加阳明文化周相关活动。参访期间，考察团走进“侨梦苑”核心区——中意宁波生态园，参观了中意宁波生态园、启迪科技城侨梦苑展厅、吉利领克汽车工厂等地。并前往宁波首家企业侨联所在的“侨梦苑”标杆企业——江丰电子材料股份有限公司，实地走访并听取了公司在科技报国、引进海外高层次人才等方面的介绍。

考察期间，来自中国报道、凤凰网、美国华盛顿中文邮报社、美国华府网、北美新闻网、俄罗斯联盟通讯、英国卫报新闻社等 20 多家海内外华文媒体负责人，与余姚相关部门负责人进行现场对话，了解余姚海外华人华侨创新创业基地建设、招商引智政策、企业自主知识产权等方面的情况，并第一时间发出报道。

【余姚市第五次留学人员和家属代表大会召开】

11 月 27 日，余姚市第五次留学人员和家属代表大会召开，全市 110 余名留学人员和家属代表及嘉宾参加会议。市政协副主席赵银海、宁波市侨联副主席石雅洁到会祝贺并讲话，余姚市海创会会长孙斌代表兄弟社团致辞。市委统战部副部长、市侨联主席周姚平，市侨联副主席、市留联会第四届理事会会长沈建芬等出席会议。

会议听取并审议余姚市留联会第四届理事会工作报告，审议并通过《余姚市留学人员和家属联谊会章程（修正案）》；选举并产生余姚市留联会新一届理事会，沈建芬当选为市第五届留联会会长。

（李佳敏）

民族宗教事务

【概况】

2020年，余姚市民族宗教工作立足实际，不断深化认识、强化领导、创新举措，民族、宗教、民间信仰事务管理工作实现了新进展、取得了新成效。

民族工作 以创建季卫桥社区全国民族团结进步示范单位为契机，深化民族工作“六进”活动，重点打造“姚·融一家亲”城市民族工作新品牌，促进民族工作线上线下全覆盖。进一步细化深化民族工作“一企一校”品牌化建设，切实加强对陆埠二小和国盛电器的创建指导。

在年初突如其来的新冠疫情后，市民宗局与市邮政公司就特殊时期少数民族农产品供应问题及时对接，确保“邮掌柜”平台的少数民族农户能积极投入生产，平台实施无接触配送，有效助力了余姚少数民族农户在特殊时期的增产增收。5月，争取到宁波市邮管局帮助销售，以梁弄镇少数民族张碧珍樱桃园为基地，在基地周围集聚樱桃供应，以点带面，进一步帮助少数民族农户增收致富。此外，做好宁波市2020年少数民族发展专项资金的发放跟踪工作。9月，赴温州文成周山畲族乡开展民族乡结对帮扶工作，助力脱贫攻坚。

严格遵守疫情相关规定，做好特殊时期流动伊斯兰教斋月和开斋节期间的安全维稳工作。妥善处理朗霞街道百隆纺织企业民族员工安置问题；认真做好来电来访民族政策解读相关工作，个性化解答协调民族企业员工工伤、子女就学、民族成分变更、民族学生加分等咨询，切实维护少数民族合法权益。同时按照“最多跑一次”和疫情防控要求，实行少数民族考生加分线上审核，共计为414名中考生办理了少数民族加分审核手续。

召开2020年全市民族宗教信息工作培训会，对全市乡镇街道民宗专管员、重点村（社区）信息员和市民宗局全体机关工作人员进行信息培训。组织2020年度民族骨干人士培训班，对民促会常务理事和乡镇街道少数民族工作业务骨干进行培训。深入加强民促会班子建设，形成动态管理班子队伍的机制，对不履行职责和义务者，按照程序和有关规定报请市委统战部后予以劝退。

宗教工作 积极做好宁波市委、市政府对余姚宗教工作专项督查“迎检”工作，召开会议进行专题部署，逐项进行自查。就督查反馈意见，及时制定反馈意见、整改方案，明确整改目标、内容和措施，扎实做好反馈意见的整改落实。

突如其来的新冠疫情后，及时召开专题会议进行研究，下发《关于做好新型冠状病毒感染的肺炎疫情防控工作的有关通知》。疫情稳定后，做好场所恢复开放工作，制定并下发《余姚市宗教场所有序开放工作指南》，召开全市场所有序开放工作部署会议。引导宗教界积极为抗击疫情助力，倡议全市场所踊跃捐款，共捐款捐物180余万元。

年初，会同乡镇街道与各宗教场所签订2020年安全责任书，落实安全管理责任。举办全市宗教场所负责人政策法规培训班，组织全市网格员开展宗教工作业务知识培训，编印《宗教工作应知应会》学习读本。召开全市宗教和民间信仰场所安全工作现场会。开展宗教场所建筑安全大排查工作。龙泉寺创建成为省级平安宗教活动场所，对创建省级宗教普法示范点——天福庵进行指导。做好夏季、汛期和重要时间节点宗教活动场所的安全稳定工作。

组织召开全市民族宗教工作协调小组会议，出台《余姚市防范化解宗教领域风险隐患实施方案》和《余姚市委统战部（民宗局）防范和处置宗教领域渗透工作方案》。完善宗教团体的保障机制，进一步协调佛教协会办公场所问题。学习《浙江省宗教事务条例》《宗教团体管理办法》等法律法规。指导1家场所筹备设立相关事宜。妥善处理各类信访工作。

加强与宗教界人士联络联谊，组织开展佛教讲经交流、基督教神学思想大讨论等活动。创建“5+1+1”品牌，即实施“五进”场所工程，讲好“一庙一故事”、建好“一庙一场景”，打造民间信仰事务工作亮点特色，提高民间信仰事务品牌化工作水平。4月，推出民间信仰事务品牌化工作的三块子内容，完成品牌建设计划书。全市7个乡镇街道申报民间信仰事务工作品牌。其中，朗霞街道《朱九朗传说》一文在省民宗委公众号发布，临山镇“五进”场所实现覆盖，鹿亭乡仙圣庙的“一庙一场景”进入实施阶段。

针对登记编号工作开展后部分场所的负责人和场所名字已经变动的实际，对全市301处民间信仰活动场所进行再核查。按照程序共更改场所名字3处，补办登记编号证书12份，更换场所负责人7人。加强财务规范管理，全市共30处场所开通对公账户。以场所制度、组织、活动、管理、服务社会为创建内容，实施规范管理示范点创建工程。出台余姚市宗教和民间信仰活动场所房屋安全隐患排查整治工作方案，对全市已登记编号场所的房屋进行建档。组织力量，安排各乡镇街道补充完善宁波市城镇房屋安全管理信息系统内容，对存在重大安全隐患场所（梨洲街道白山庙等）做好排危工作。

【市佛教协会场所负责人会议召开】

8月4日，市佛教协会召开全市佛教场所负责人会议，总结交流工作开展情况和下一阶段工作安排。市委统战部副部长、市民宗局局长翁贤权应邀出席会议并讲话，市委统战部部务会议成员、副局级干部陈狄君，市佛教协会、全市佛教场所负责人共35人参加会议。

【民宗信息工作培训暨宗教业务培训班举办】

9月4日，市委统战部（民宗局）举办民宗信息工作培训暨宗教政策法规培训班，邀请宁波市民宗局办公室主任翁凌展、宗教一处副处长严健到余姚讲课。全市各乡镇街道民宗专管员和全市民宗工作重点村（社区）信息员共50余人参加培训。

【民族团结骨干培训班举办】

10月9—11日，市委统战部（市民宗局）举办了2020年民族团结骨干培训班。市民族团结进步促进会常务理事以上人员、部分乡镇街道民族工作业务骨干参加培训。参训人员共同学习了《深入开展民族团结进步创建活动，推进民族工作向多领域深层次发展》《浙东根据地的统战工作》《辉煌七十年》等课程；实地考察余姚横坎头村新时代文明实践站、浙东抗日根据地旧址群、四明山第一党支部纪念馆和旧址；开展了《四明山第一支部创建史》和《重走革命路，感受信仰的力量》等现场教学。

【宗教和民间信仰活动场所规范管理现场会召开】

11月18日，全市宗教和民间信仰活动场所规范管理现场会召开。市委常委、市委统战部部长蒋士勇，宁波市民宗局副局长周悦德出席会议并讲话，市委统战部副部长、市民宗局局长翁贤权主持会议。座谈会上，阳明街道、丈亭镇、基督教新新堂、白山庙、天福庵、基督教余姚城堂、龙泉寺、上岳殿分别围绕场所规范化管理、建筑安全、消防安全、“六进”活动等内容进行了交流发言。

会前，与会人员还赴基督教新新堂，通过观摩展板、走访参观等方式，现场学习该场所建筑安全、“六进”活动工作开展情况，并在天福庵观摩了消防应急演练。

（市民宗局）

机构编制工作

【概况】

2020年，市委编办服务地方经济发展，在事业单位清理规范整合、“条抓块统、县乡统筹”改革、行政执法体制改革等市委、市编委重点改革工作中，落实机构编制部门各项工作任务。

8月，制定出台《中共余姚市委机构编制委员会工作规则》和《中共余姚市委机构编制委员会办公室工作细则》两项规定。规则对市委编办的组织机构、主要职责、审议范围、上报事项、工作制度以及市委编办的主要职责等作了详细规定，细则对市委编办的会议制度、组织原则和纪律作风、工作计划和督查落实等日常工作运转作了细化规定。

开展机构改革完成后相关配套改革工作。参与城西开发建设管理、县级矛调中心建设、基层应急管理体系建设、地方金融监管以及森林公安等专项体制机制改革调研，谋划改革方案，落实改革措施。加强职责分工争议协调，理顺政府采购活动监管、农村宅基地管理、集中供热工业企业、军民融合等方面的职责分工。协助信访部门和矛调中心落实疑难信访件处置责任，尽力消除信访件交办过程中的部门间职责不清、互相推诿等问题。截至2020年底，累计介入协调擅自挖建地下室、酒吧噪声扰民、汽车质量纠纷等方面的信访件调处职责分工不清案件十余件。

5月，根据宁波市委编办《机构编制实名制数据质量提升工作实施方案》的要求，开展机构编制实名制系统数据查漏补缺工作，分单位拉取指标项信息并标注发放给各单位，督促各单位及时改正，确保社保系统和实名制系统比对零差错。按照事业单位分类改革后各单位的“三定”规定，做好实名制系统机构的设置，单位职责、编制数、领导职数的调整，上传台账文件，并按照人员转隶文件，划转相关人员至确定单位。

疫情防控期间，制定并下发《关于疫情防控期间事业单位登记管理有关事项的通知》，调整2019年度事业单位法人年度报告报送方式，并对系统操作确有困难的部分单位提供了代办服务，全市完成年度报告公示347家，报送率100%。2020年共办理事业单位法人设立登记3家，变更登记227家次，注销登记25家。11月，组织38名未参加过初任培训的事业单位法定代表人参加了宁波市第24期事业单位法定代表人培训班培训，取得了法定代表人培训合格证书。

【事业单位分类改革完成】

2020年上半年，重新制定并印发所有市属事业单位“三定”规定，人员转隶全部完成。此次改革，共撤并业务萎缩并已歇业、规模较小、设置过于分散、职能弱化或职能整体并入其他事业单位的相关市属事业单位21家；以水利、自然资源和规划、民政、住建等所属事业单位数量较多的系统为重点，将原38家市属事业单位整合设立为17家；将18家乡镇街道广电站整合设为10家市融媒体中心的分中心。此次改革，共收回事业编制110名，并对部分职能弱化或需要剥离经营性职能的事业单位实行机构编制萎缩性管理。截至6月中旬，21家事业单位完成职责接转，572名事业人员完成转隶。

【行政执法体制改革推进】

年内，会同组织、人力社保等部门，完成市场监管、文化市场、农业及交通运输4支行政执法队的人员转隶工作。据统计，共转隶执法人员231人，其中参公事业人员116人，事业人员115人。组建自然资源行政执法队，完善基层自然资源和规划所设置，优化自然资源和规划系统事业机构编制资源配备，将10个基层自然资源和规划所增设至17个，收回市自然资源和规划局所属事业单位事业编制6名，撤销市国土监察大队和基层规划所。

【“条抓块统、县乡统筹”改革推进】

年内，按照省、宁波市统一部署，推进全市乡镇街道权力清单调整规范工作，框定乡镇街道“属地管理”事项范围。截至年底，共分发各类权力事项105项，共初步梳理首批乡镇(街道)“属地管理”事项80项。

（沈　洁）

信访工作

【概况】

2020年，全市共受理群众来信、来访和网上信访9149件次，同比下降3.03%；信访事项按期受理率和按期办结率均达到100%，回访核实率99.9%；初次来信、来访、网上信访调解率分别达到94.59%、98.42%、97.79%，全年未产生新的信访突出问题和信访积案。年内，国家级积案16件化解13件，化解率81.25%；省级积案2件全部化解；历史积案64件化解61件，化解率95.3%；省级重点人员3人化解2人；新增积案率0.89%，同比下降64.26%。实现“无信访积案市”目标。

年内，进一步完善提升市社会矛盾纠纷调处化解中心（线下平台），吸收行政争议调解中心、“12309”检察服务中心、公安信访室等集中办公。中心接访大厅共有8个常驻单位、10个轮驻单位、17个接待窗口，实现了矛盾纠纷“只进一扇门”。全年，共接待群众13376批19233人次，化解率达96.3%。8月9日，宁波市矛调中心信访矛盾纠纷调处化解平台现场会在余姚召开，相关做法被宁波电视台、《宁波日报》等媒体宣传报道。

【实行市领导下沉接访制】

3月起，在宁波市内率先将每月16日设为“市领导下沉接访日”，变领导“坐诊”为“出诊”，由市领导分赴21个乡镇街道开展接访，并依托微信小程序“解纷直通车”组建12个部门60余人的线上陪访团队，实现信访问题随接随解。全年，市领导共下沉接待群众449批822人次，现场答复244件，批示交办205件，并纳入闭环管理。

【保障省委巡视】

8月4日省委巡视组进驻余姚前，快速选定信访接待点，设置专门电话、专门邮箱，完成场地改造与安保落实，并选派综合素质高、业务能力强的专业干部协助接访。巡视接访期间，信访服务组共收到省委巡视组交办的480件信访件，其中重复件56件，实际交办424件。

【办好生态环境信访件】

第二轮中央生态环境保护督察期间，成立工作专班对环保信访件开展100%回访，处置不到位的督促事权单位进行“二次调处”，确保群众反映的合理合法诉求得到及时妥善解决。督察期间，中央生态环保督察组共交办信访件32批次95件，总量较上一轮下降38%；全市通过“浙里访”平台受理环保信访件398件，平均办理时长2.47天，群众满意率达98%以上。

（张锡波）

老干部工作

【概况】

截至2020年年末，全市共有离休干部116人，副市级及以上老领导44人（其中离休干部2人、退休干部42人）。全

12月16日，市委书记奚明在泗门镇社会矛盾纠纷调处化解中心接待群众

市建有离退休干部党支部143个（其中离退休干部党支部111个，“银辉”党支部32个）。

年内，在全市离退休干部党支部（“银辉”党支部）和离退休干部中开展“颂歌献小康，建言现代化”、“一读三谈”主题党日活动、“一支部一亮点”、“一党员一旗帜”等活动。出台《余姚市离退休干部党组织积分制管理办法》《关于进一步规范干部退休有关工作的通知》，进一步加强对退休干部的关爱，支部规范化、标准化水平得到全面提升。举行全市离退休干部迎春团拜会1次，参加老干部500余人；举办市级老领导读书活动1期，26位老领导参加；组织“走基层、看变化、促发展”活动2次；召开离退休干部党支部（“银辉”党支部）书记培训会2次，参加老干部200余人次。更新局工作网站信息、图片229条，向上级老干部工作部门等报送信息174篇，被各级刊物、网站等录用88篇。在“余姚老干部”微信公众号发布信息66篇，被各级老干部微信公众号录用34篇。

全市“银辉”党建和正能量工作成效显著。市、镇、社区三级“银辉”志愿服务网络架构完善，新成立老科协分会，累计建立“银辉”志愿者联合会分会12个。全市有“银辉”志愿服务团队283个、“银辉”志愿者2686人。鹿亭乡、泗门镇成立首批“银辉”科技服务基地。全年开展主题党日及志愿服务400余次，服务群众3万余人次。突如其来的新冠疫情后，广大“银辉”志愿者积极参与防控排摸、值勤巡逻等，并创作抗疫作品130余件，捐款50余万元，有力助推了“两战”工作。组织开展“银耀四明·文明有我”主题志愿服务活动，评比、表彰百名“最美抗疫银辉志愿者”。编印《银耀四明、霞映姚城——余姚市“银辉”党建工作五年纪实》《余姚市“银辉”党建地图》。5个离退休干部党支部（“银辉”党支部）被评为宁波市最美“银辉”党支部，4个工作室（团队）被评为宁波市最美“银辉”志愿服务团队，3个驿站（基地）被评为宁波市最美“银辉”基地，7名老干部被评为浙江省最美银耀老干部抗疫志愿者，10名老干部被评为宁波市最美“银辉”志愿者。

老干部保健室和“就医绿色通道”接待服务老干部1158人次。开展健康体检及体检反馈工作，做到“一对一”反馈、“面对面”解释。为老干部联系落实保姆或钟点工68人户，提供家政、足浴、理发服务384人次，通过“一键通”接受老干部求助求救服务615人次。制定出台《关于走访慰问老干部工作的操作办法》，完善老干部生病住院探望、生日上门祝寿等制度，做好重大节庆日走访慰问老干部工作，重点开展纪念抗战胜利75周年和抗美援朝70周年走访慰问老干部等活动。完善机关干部结对联系老干部责任制度，开展“夏季送清凉、冬季送温暖、节日送祝福”“服务百分百、满意争一百”和每月上门祝寿等活动。局机关干部全年上门走访老干部1388人次，电话联系老干部2654人次，收集意见建议3条，解决困难问题27个。

全新打造老干部学习活动阵地，活动中心投入使用，老年大学部分投入使用，积极打造老干部党建服务、正能量汇聚、文化娱乐、健康关爱、志愿者培训“五大中心”。推进老干部兴趣活动小组建设，继续开展好“夕阳余晖促和谐”帮困助学结对活动，在舜辰老年公寓活动点定期开展主题党日学习、趣味运动会、门球赛等，做到送学送娱乐上门。疫情防控期间，市老年大学通过开设“云”课堂，借助“阳明网校”开设“老年教育”专栏，定期推送微信公众课等，做到停课不停学。积极探索老年教育普惠及文化养老服务新模式，加快“家门口”老年大学建设。

【市级老领导读书会举办】

9月16—18日，市委老干部局在梁弄举办为期三天的市级老领导读书会。26位副市级以上离退休干部参加。

读书会采取集中授课的形式，设置分析后疫情时代的宏观经济趋势、讲解冠心病早期筛查与血脂异常目标人群管理、解读《习近平谈治国理政》（第三卷）等课程。读书会期间，市委书记奚明，市委常委、市委组织部部长林伟专程到梁弄看望与会老领导。

【“银耀四明·文明有我”主题志愿服务活动举办】

9月26日，“银耀四明·文明有我”主题志愿服务活动在玉皇山公园举办。活动由“最美抗疫银辉志愿者”表彰大会与现场志愿服务活动两部分组成。宁波市委组织部副部长、宁波市委老干部局局长俞小勋出席活动，余姚市委常委、市委组织部部长林伟出席活动并致辞，市委组织部副部长、市委老干部局局长唐飞琴主持。活动现场，180余名“银辉”志愿者服务群众2100余人次。

10月29日，市委书记奚明看望抗美援朝志愿军老战士祝玉清并为其颁发纪念章

【市领导为老战士佩戴纪念章】

10月29日，奚明、徐云等市领导带领相关部门负责人走访慰问参加过抗美援朝出国作战的在余姚老战士代表，并为他们佩戴中国人民志愿军抗美援朝出国作战70周年纪念章。市领导们感谢志愿军将士当年的艰苦努力和巨大牺牲，认为他们的革命精神、高尚品质和优良作风，是宝贵的精神财富，表示要深入学习宣传老战士的英雄事迹，传承伟大的抗美援朝精神，强化使命担当，继续艰苦奋斗、苦干实干，为争当浙江建设“重要窗口”模范生的排头兵作出更大贡献。

（陈莉敏）

9月26日，“银耀四明·文明有我”主题志愿服务活动在玉皇山公园举办

党校工作

【概况】

2020年，市委党校（省委党校四明山分校、浙江四明山干部学院）按计划共举办主体班次33个、姚江讲坛7期，培

训学员7100余人次，挂牌成立全市干部心理素质提升中心。获省委党校系统精品课精品奖1门，实现精品奖零的突破，获宁波市委党校精品课1门，入选浙江领导干部网络学院课程1门，共开发习近平总书记考察浙江精神解读、全国两会精神解读、中国防疫的制度优势解读等新课程12门。围绕习近平总书记考察浙江重要讲话、全国两会精神、四史教育、中共十九届五中全会精神等开发系列宣讲课程，发布2020年度院校对外宣讲供课清单，全年共开展对外宣讲170余场次，受众1.5万余人次。

疫情防控期间，院校作为全市第二个市级集中医学观察点，负责接收全市确诊和疑似病例、无症状感染者的密切接触者，确诊病例、无症状感染者恢复期管理人员和其他需集中隔离的人员，按医学集中观察点设置要求完成隔离观察楼栋的布置和交付，院校领导、干部坚持值班、抓好服务保障，确保后勤保障24小时有人值守，为医学观察对象和工作人员提供一日三餐和客房清洁卫生等服务，完成历时113天、共170余名集中医学观察者的观察隔离工作。

受疫情影响，全年累计接待各类对外培训班次151个，培训学员9894人次。重点完善大岚镇、明伟村、邵家丘村、河姆渡遗址等现场教学基地的课程设置，新增余姚市税务局泗门分局、市人民法院现场教学基地2处，新增教师主持、学员互动和现场点评等环节。选派1名优秀现场教员作为宣讲团成员参加余姚市深入学习“习近平总书记考察浙江重要讲话精神”专题宣讲会。

全年共组织调研活动5次、科研专题辅导3次，参与省市课题活动4次，完成省市课题结题9项、获优秀课题2项、新立项16项（省级7项，市级9项）；省市级理论研讨会提交40篇（省级20篇，市级20篇），获省市级三等奖以上8篇、省级刊物及其他公开出版物上发表5篇，《“余兴共培、姚望共育”》入选《浙江省东西部扶贫协作案例精选100例》。首次组织教师参加国家级课题申报、党报文章撰写等科研类学习培训活动。围绕疫情防控、“阿拉一起来”、村级换届选举、乡村振兴等市委、市政府中心工作，组织基层一线实地调研，累计8次组织针对咨政报告撰写和修改的“学术沙龙”活动，共撰写咨政报告6篇，其中获得余姚市级领导批示共4篇。

制定出台新一轮教师外出培训计划，提供中国人民大学、中央党校、省社科院网上学习平台，安排骨干教师到井冈山、都江堰、省委党校等地参加专题研修班，大力引进优秀人才，新招聘紧缺岗位教师4人，制定出台事业人员职称评聘和晋升方案，完成新方案下的第一轮职称评聘晋升，新增高级讲师2人。积极推进干部学院改扩建工程一期项目建设，8号楼改造、C餐厅和煤气站新建完成并投入使用，7号楼整体装修翻新，党校校史馆、余姚师范校史馆全面打造，相关配套建设稳步推进。“智慧校园”系统全面投入运行，学员管理、教学管理、后勤服务管理进入“掌上时代”，效率大大提高。

【与中科院心理研究所签约合作协议】

8月26日，市委党校与中国科学院心理研究所签署干部心理健康关爱工作合作协议，合作内容包括为全市干部编制心理健康服务手册，进行线上心理健康评估和咨询服务，开设心理健康讲座，开展现场心理咨询、心理教练对话、团辅等活动，以及心理健康服务人才培养、课程开发等内容。

【与市人民法院互设教育基地签约揭牌仪式举行】

10月13日，市委党校、市人民法院互设教学基地签约揭牌仪式在院校新闻发布厅举行。市委党校常务副校长阮坚定与市人民法院副院长余国英签订《市委党校与市人民法院互设教学基地合作备忘录》，市委党校在市人民法院挂牌“法治现场教学基地”，市人民法院在市委党校挂牌“干部教育培训现场教学基地”。市委常委、市委组织部部

10 月 13 日，市委党校、市人民法院互设教学基地签约揭牌仪式举行

长林伟，市人民法院院长王家星分别为“干部教育培训现场教学基地”和“法治现场教学基地”揭牌。

【浙江中华文化海外传播促进会会员暨海外华文媒体负责人培训班举办】

10 月 29 日，浙江中华文化海外传播促进会会员暨海外华文媒体负责人培训班在浙江中华文化学院阳明分院（中共余姚市委党校)开班。培训班通过国情(省情）辅导、文化引领、现场参访、互动交流等形式的研修活动，增进学员对习近平新时代中国特色社会主义思想、“十四五”规划、当前国际和两岸形势、中华优秀传统文化、浙江区域特色文化等内容的了解。

【全市纪检监察干部“点题”培训派驻监督专题培训班举办】

11 月 4 日，全市纪检监察干部“点题”培训派驻监督专题培训班在院校举办。宁波市纪委第三纪检监察室主任周冉，余姚市委常委、市纪委书记、市监察委员会主任汪志等出席开班仪式，全市 158 名纪检监察干部参加培训。培训围绕纪检监察职能和工作需要，更有针对性、实用性地安排课程，以切实提高参训人员的业务能力水平。

【全市第二期年轻干部培训班举办】

11 月 9 日至 12 月 18 日，全市第二期年轻干部培训班在院校举办。培训班有包括部分“87 后”中层干部和“90 后”优秀干部共 40 位学员参加，围绕习近平总书记考察浙江重要讲话精神、中共十九届五中全会精神和市委、市政府中心工作，通过党性分析、市情调研、结构化研讨、视频教学、现场教学、心理实训、专题讲座等形式开展深入学习。

【市管领导干部学习贯彻中共十九届五中全会精神集中轮训班举办】

12 月 23—24 日，全市市管领导干部学习贯彻中共十九届五中全会精神集中轮训班（第一期）在院校举办。市委书记奚明作开班动员和主题报告，市委常委、市委组织部部长林

12 月 23—24 日，全市市管领导干部学习贯彻中共十九届五中全会精神集中轮训班（第一期）举办

伟主持开班式。集中轮训包括专题报告、研讨交流、网络学习等教学环节。

（史桃桃）

党史地方志工作

【概况】

2020年，市委党史研究室党史研究成果显著。深入开展以余姚党史三卷编写为重点的党史基本研究工作，《中国共产党余姚历史第三卷（1978—2002）》完成审议稿的修改增补编写工作。深入研究余姚革命老区发展历史、发展成就和发展目标，编写出版史学专著《余姚市革命老区发展史》。组织开展红色电视纪录片《四明忠魂归故里》首映式。加强革命遗址保护利用工作。年内，梨洲街道革命历史纪念馆建成开馆，新四军浙东游击纵队政治部旧址进入室内布展阶段，陆埠镇杜徐岙村浙东鲁迅学院创办地旧址、孔岙村中共浙东临工委成立地旧址等进行原址维修重建。协助市新四军历史研究会做好各项管理服务工作，搞好老同志口述史抢救工作，积极开展服务市内外、省内外有关人员寻根查史、史志来信来访等工作。先后接待谭启龙、何克希、周曼天等革命先辈后代到余姚参观考察。

稳步推进基层志书编修。年内，《梁弄镇志》出版，《牟山镇志》进入出版阶段，朗霞街道、大隐镇、大岚镇、鹿亭乡4个乡镇街道完成初稿，进入内部审校阶段。村志方面，胜一村、建民村、中村3个行政村启动村志编写。高效推进综合年鉴编写。按照“一年一鉴、公开出版”的要求，编纂出版《余姚年鉴（2020）》。深入挖掘地方历史文化内涵。紧密结合市委、市政府中心工作，积极参与全国文明城市复评、宁波市新时代美丽乡村暨产业振兴现场会、家风家训整理挖掘、农村文化礼堂建设等中心工作。特别注重做好阳明文化的挖掘、弘扬、开发、利用工作，积极参与宁波（余姚）阳明文化活动周的各项活动，出版《诗话阳明》《王阳明年谱通译》《余姚梨园史话》等著作。

开展红色文化宣传工作，继续推进“史志文化进基层”活动，通过开展史志书籍进基层、史志理论进基层、史志图片进基层等活动，全年累计向各村（社区）、学校等赠送余姚地方党史、革命史和地方历史文化书籍1000余册，开展基层宣讲4次，受众超过1000人。“岁月余姚”宣讲团获评余姚市优秀理论宣讲团队称号。全力做好疫情防控下的资政研究。在“岁月余姚”微信公众号上相继推出《我们是怎样预防上世纪80年代甲流疫情》《余姚抗击非典历程》《1943年姚北霍乱防控》《余姚抗击H7N9禽流感》等多篇资政文章，在社会上引起较好的反响。

年内，顺利完成事业单位改革任务，重新组建市委党史研究室（市人民政府地方志编纂室、市委文献研究室），进一步理顺体制机制，明确职责分工。

【梨洲街道革命历史纪念馆开馆】

6月5日，梨洲街道革命历史纪念馆开馆暨梨洲红色讲坛

6月5日，余姚市梨洲街道革命历史纪念馆开馆暨梨洲红色讲坛成立仪式在梁辉小学举行

成立仪式在梁辉小学举行。纪念馆占地面积近600平方米，展厅建筑面积约200平方米，馆内设置革命历史大事记、重要战役等8个展示单元，展出各类展板50余幅，收藏珍贵革命历史图片近百张。

【余姚党史三卷复审稿通过评审】

11月26—27日，《中国共产党余姚历史第三卷（1978—2002）》复审稿评审会举行。此次评审会由省委党史和文献研究室组织召开，省委党史和文献研究室副主任、一级巡视员王祖强，市委常委、市纪委书记、市监委主任汪志出席会议。评审会上，市委党史研究室主任邹钧孟代表编写组介绍余姚党史三卷复审稿编写的基本情况，各评审专家依次作评审发言。专家们在肯定余姚党史三卷复审稿编写质量的基础上，从不同视角对文稿进行问诊把脉，提出具体的修改建议，并给出了评审意见。

11月26—27日，《中国共产党余姚历史第三卷（1978—2002）》复审稿评审会举行

【《姚江方志研究》出版】

12月，作为《姚江文化丛书》之一的《姚江方志研究》正式出版。《姚江方志研究》由余姚市人民政府地方志编纂室和余姚市历史文化名城研究会共同编纂，全书共收录余姚方志研究相关文章27篇，按照旧志编纂、方志事物、方志人物、方志理论4个门类进行收录。

【《梁弄镇志》出版】

12月29日，《梁弄镇志》首发式在梁弄镇政府举行。《梁弄镇志》编纂工作于2016年启动，2020年5月定稿，全书分26编，共131万字，囊括梁弄镇的政治、经济、文化、社会、自然等各方面内容，系统记载梁弄镇有史以来的发展变化，充分展示了梁弄历史文化、自然风光、资源矿藏和风土人情，集中反映了全镇人民艰苦创业、奋发图强、锐意进取、开拓创新的历程。

首发式上还进行了《梁弄镇志》编纂工作先进个人的表彰仪式，并举行赠书仪式。

（卢　杰）

余姚市新四军历史研究会

【概况】

2020年是市新四军历史研究会成立30周年，研究会回顾总结了30年间的基本工作情况，并向市委作专题汇报。市委书记奚明在汇报材料上作批示，充分肯定研究会30年间的工作成绩和重要贡献，鼓励全体会员再接再厉，为全市争当建设“重要窗口”模范生的排头兵贡献更大力量。年内，组织编印《余姚市新四军历史研究会成立30周年纪念册》，集中收集研究会30年间的主要工作成果。召开余姚市新四军历史研究会八届二次会员代表会议暨成立30周年纪念会。年末，研究会共有会员180余人，其中梁弄分会30人、泗门分会35人、陆埠分会28人，同时又吸收了一批有志于党史、军史研究的年龄相对较轻的会员。

做好党史、军史宣传工作。

编印《忠魂归四明——记四明山革命先辈纪念林》一书。梁弄分会张国源、黄承漳、黄志昌等还撰写了《红色小交通员陈坤祥》《白皮红心叶志康》《追忆浙东红色歌谣》《以印章看浙东根据地的财经工作》《印章背后余姚政工队的故事》《军民共筑碉堡遇顽敌》《童小姐的战场观后感》等红色小故事和文章，多数先后在《铁军》《东南烽火》《余姚日报》《余姚史志》《阳明史脉》等报刊上发表。重新成立党史、军史宣讲团，并提出宣讲团的主要任务、宣讲内容要求和宣传纪律。会员杨雪涛、杨鹏飞、黄承漳等先后开展党史、军史宣讲活动10场次。

举行学术研讨活动。11月6日，宁波大学科技学院教师4人到余姚与研究会进行座谈、研讨，共同探讨浙东抗日根据地创建、巩固、发展的历史过程。先后接待上海市浦东新区区委组织部、区委老干部局组织的访问团20人，苏州市新四军历史研究会30人以及江西省新四军历史研究会“重走铁军之路”参观学习团20人等，分别向他们介绍浙东抗日根据地及老区发展的基本情况，并进行交流。浙江电视台、上海电视台等媒体先后于9月、11月到余姚拍摄有关浙东抗日根据地题材纪录片，会长宋建勋及其他会员参与座谈交流，协助组织采访。

重视革命遗迹的修复和重建。挖掘和创建红色景点，帮助修缮陆埠镇余鲍陈村草茅庵重建四明主力武装旧址、杜徐岙村浙东鲁迅学院创办地旧址、孔岙村中共浙东临工委成立地旧址，开展旧址的资料整理、收集、布展工作。

【市新四军历史研究会陆埠分会成立】

9月11日，市新四军历史研究会陆埠分会成立大会在陆埠镇举行。会上，市新四军历史研究会陆埠镇联络组组长赵直英代表筹备工作小组作筹备工作报告，陆埠镇党委副书记沈学键宣读陆埠镇党委《关于建立市新四军历史研究会陆埠分会》的通知。陆埠镇党委书记褚立军和市新四军历史研究会会长宋建勋先后讲话。至此，研究会分别在梁弄、泗门、陆埠成立了3个分会。

【市新四军历史研究会成立30周年纪念会召开】

12月18日，余姚市新四军历史研究会八届二次会员代表会议暨成立30周年纪念会在市政府会议楼召开，50余名会员代表参加会议。大会审议并通过了研究会2020年工作报告和财务工作报告。研究会副会长兼秘书长张杰总结了市新四军历史研究会成立30年来的工作成果，并对2021年的主要工作进行了梳理。

会上，研究会会长宋建勋宣读了市委书记奚明对市新四军历史研究会成立30周年成果汇报的批示和省新四军历史研究会、宁波市新四军历史研究会的贺信。

【《忠魂归四明》出版】

12月，由梁弄镇党委、市委党史研究室、市新四军历史研究会共同主编的《忠魂归四明——记四明山革命先辈纪念林》出版发行。全书共收录长眠于四明山的革命先辈的生平和纪念文章70余篇，约13万字，130张照片。

《忠魂归四明——记四明山革命先辈纪念林》

（市新四军历史研究会）

档案工作

【概况】

2020年，市档案馆在疫情防控为首要任务的特殊情况下，继续深化“异地查档、跨馆服务”工作，同步推进数字档案馆建设和新馆建设工程。提高档案公共服务水平和开发利用能力，全年接待档案查阅利用2020人次，有效利用2416卷次，打印6568页，复印931页，出证明192次，摘抄106卷。完成宁波地区跨馆出证1件，浙江档案服务网查档185件，咨询答复10件，宁波跨馆查档1件，长三角地区异地查档1件，省外函电查询3件。完成档案数字化扫描210826卷、29632件，馆藏档案数字化率达到91%。同步开展已扫描案卷的质量检测及修改工作，馆藏音视频档案数字化工作基本完成。编辑出版《阳明先生诗歌集（修订版）》，共收录了各体阳明诗歌作品852首，并在阳明街道新城市社区举办了《阳明先生诗歌集（修订版）》首发式。全年征集档案及图书资料共208件（册、张）。

开展基层档案室档案基层业务指导工作。指导各级党政机关、企事业单位、社会组织及时制定或修订各类文件材料的归档范围和保管期限表，完成86家，占总量的91.5%。完成市直部门和国有企事业单位综合档案室创建工作，村（社区）设立档案室196家，占总量的66%，其中9个乡镇街道的村（社区）全部设立档案室。全年面向基层档案室组织开展档案业务培训，参训人数近200人。

开展档案工作服务农村基层社会治理试点工作。选取泗门镇为试点乡镇，通过走访调研，确定谢家路村和后塘河社区作为试点工作切入点。制定《余姚市开展档案工作服务农村基层社会治理试点的工作方案》，同时指导完善谢家路村和后塘河社区的档案基础数据工作，为后续档案服务农村基层社会治理工作做精做实形成工作模板。10月，向全市乡镇街道发放《乡镇档案工作服务手册》。

深入开展依法治档工作。积极推动“最多跑一次”电子文件归档工作，持续开展国家“互联网+监管”系统监管事项清单认领工作、实施清单编制录入和监察事项录入工作。开展使用浙江省行政执法监管平台，运用掌上系统开展日常检查和年度检查等工作，实现掌上执法应用率100%。12月，联合市市场监管局开展跨部门双随机档案执法检查工作。

继续开展档案登记备份、重要档案数据馆际异地备份工作和档案接收工作。完成市内28家单位基层档案室数据备份，数据量为5019.3GB。推进档案登记备份规范化、常态化，将重要档案备份后交宁波市档案局，由宁波市档案局统一送吉林长春实行异地保管；与结对单位宜兴档案馆进行异地备份。在老馆库房有限的情况下，优化库房结构，依法接收进馆单位档案。全年共接收包含原市计划生育管理局档案3754卷、2174件。同时加大力度接收民生类档案，加快完成对馆藏民生类档案的整理、鉴定和开放工作，完成民生档案查阅指南编制工作。

加快档案信息化工作进程。9月，市档案馆通过省级数字档案馆测评。年底，为创建国家级规范化数字档案馆作最后冲刺准备。建成全市市直以上机关和国有企事业单位数字档案室90家，占总量的95.7%，其中规范化数字档案室37家，示范数字档案室12家。全年申请数字档案馆（二期）建设专项资金350万元，启动数字档案馆硬件采购和软件开发两个项目，全力开发完善数字档案馆系统，数字档案馆（二期）项目进入试运行阶段。

【档案工作服务农村基层社会治理试点工作开展】

6月，市档案馆到泗门镇，对谢家路村、后塘河社区进行档案工作服务农村基层试点工作调研、指导。市委办副主任、市档案局局长周斌一行首先听取了工作介绍，实地察看了村级档案室，并召开镇村两级座谈会。随后又到泗门镇便民服务中心了解档案工作开展情况。

【通过省级数字档案馆测评】

9月，省数字档案馆评估组对余姚市数字档案馆创建工作开展省级评估工作。通过听取工作汇报，审阅相关文档，观看系统演示，实地测试检验，对余姚市数字档案馆的基础设施、系统功能、档案资源、保障体系、服务绩效五大方面的99项指标进行了全面测试，以84.6的高分，一致同意余姚市数字档案馆系统通过“省级数字档案馆系统”评估。

【通过业务建设评价】

11月，宁波市档案馆业务建设评价专家组对余姚市档案馆进行业务建设评价。通过听取工作汇报、实地查看、分组询问情况等流程，对照评分标准逐条、逐项检查印证材料，一致同意余姚市档案馆通过市县级规范化国家综合档案馆业务建设评价。

【新修订《中华人民共和国档案法》专题讲座举办】

12月22日下午，市档案局、市档案馆举办2020年档案从业人员继续教育培训暨新修订《中华人民共和国档案法》专题讲座，邀请宁波市委办公厅（市档案局）档案监督管理处副处长屠曼妮授课。全市各乡镇街道、市直各部门以及企事业单位的档案从业人员200余人参加讲座。

【“我爱我家”家庭档案征集活动结束】

自2019年10月市档案馆组织开展“我爱我家”家庭档案征集活动以来，共征集到有关河姆渡遗址报纸选文、工作手记、荣誉奖章等档案，王水铨家庭收藏类、照片档案类、荣誉证书类、书信收藏类等档案百余册（张、件）。这些家庭档案类别丰富，特色鲜明，具有深刻的教育意义。

【市档案馆新馆大楼竣工验收】

12月，市档案馆新馆大楼通过竣工验收。市档案馆新馆建设工程是市十方面民生实事工程之一，项目总投资约2.28亿元，总建筑面积约23000平方米，按政府和社会资本合作模式（PPP）组织实施。新馆按照县级一类综合档案馆设计，是宁波领先、省内一流的标志性文化设施和民生工程。

（徐冰青）

综合指挥

【概况】

2020年，社会治理“一张网”、“12345”政务热线、智慧城管3个系统共上报、派发、处置社会治理事件437183件。疫情防控期间，全市1120名网格长主动作为，参与开展“清楼行动”、小周期滚动排查、“守小门”、巡查走访等常态化疫情管控工作。政务热线坚持急情即接即办、咨询即接即答、投诉即接即转，在业务量比上年同期增加81%的情况下，前台

12月22日，市档案局、市档案馆举办2020年档案从业人员继续教育培训暨新修订《中华人民共和国档案法》专题讲座

市档案馆新馆大楼

直接答复率快速提升，后台分流时限明显缩短，被评为市第二批战“疫”先锋团队。市矛调中心通过现场会商、牵头搭台等形式主动介入复杂事件处置，成功化解如金盛玉苑小区增设西门改造、阳明街道鸳鸯北路通信线缆整治等复杂问题180余件。

市矛调中心落实市委、市政府“1+9+X”文件要求，保障乡镇街道充分履行指挥协调权、考核奖惩权、人事建议权、一票否决权。6个派驻部门477名人员和市公安局派出所、交警中队的427名干警以“镇管镇用”或“市管镇用”方式沉入乡镇街道。各地共开展联合执法360余次，及时处置违规集聚、哄抬物价和环境监管、市容秩序、违章违建等。全市21个乡镇街道2809名干部下沉至1120个网格，在村（社区）层面打造专业网格+基础网格+社会力量的“全科网格团队”，推动信息联通、治安联防、纠纷联调、执法联动，实现矛盾纠纷化早化小。以“双下沉、大联动、一起来”为主题的改革成果和“综合执法+专业执法+联合执法”的实效型执法管理模式获得省、宁波市肯定。中央编办、省委政法委和宁波市委领导先后实地考察调研，经验材料获宁波市政法系统优秀调研成果一等奖。

中心通过各平台信息汇聚、比对和抓取，提炼共性、高发问题，做好信息上报。开发投用城市管理视频智慧发现、重点区域规范化管理指数、城市管理信息化综合指挥和分析研判等系统，挖掘数据价值，推进数字化政府治理。完善“阿拉一起来”小程序，持续增加“我发现、我需要、我参与”的公众互动功能，鼓励群众随手拍直接参与社会难题治理。两代表一委员互动功能，实现意见、建议从“开大会”到“直接提”的流程重造。拓展“双下沉、大联动”线上管理功能，对派驻人员的派驻、调动、考核、评价等进行条与块的线上实时互动，形成信息化的刚性管理。《数字赋能基层社会治理的余姚探索》在省委政法委举办的全省数字赋能基层社会治理研讨会上交流。

“阿拉一起来”微信小程序页面

注重网格队伍建设。市镇两级制定年度培训计划。市级层面，每月组织召开指挥室工作例会，每两月组织不少于1次的网格长培训，邀请各职能部门业务能手形成讲师团，开展“防疫抗疫小周期滚动排查”“沿街店铺、合用场所、出租房等场所消防安全隐患排查要点”“气象防灾减灾相关知识”等方面的业务培训，乡镇街道层面利用集中强化、分组消化、个别辅导等形式因地制宜组织培训。结合市委、市政府工作要求，充分发挥网格“底数清、动态明”优势，开展“小周期滚动排查”“小门管控”“疫情隐患”“六清六净”“平安三率”等主题的专项排查拉练，共上报拉练信息1万余条。

【全市首问负责即问即办工作业务培训会举办】

6月19日，全市首问负责即问即办工作业务培训会议召开。会议以“主会场+分会场”形式召开，市直有关部门相关科室负责人，各乡镇街道分管信访工作班子成员，各乡镇街道党政办、综治办（信访）、综合指挥室等负责人，履行公共管理和服务职能的企事业单位相关科室负责人及省统一政务咨询投诉平台系统操作人员等参加会议。会上，市政府办公室副主任周烈钢作培训动员讲话，宁波市信访局办信处处长张利平到会进行业务授课，市综合指挥中心业务科负责人就“12345”政务服务热线首问负责即问即办工作中的一些注意事项作说明。

【张雅林调研基层社会治理情况】

10月6日，中央编办三局局长张雅林一行到市矛调中心就基层社会治理及综合行政执法改革等工作进行调研。市委副书记叶枝利，市委编办、市司法局、市综合行政执法局等部门负责人陪同。张雅林等一行首先参观中心二楼多功能展厅，听取中心主任钱瑛对全市“双下沉、大联动、一起来”工作情况的介绍。随后召开座谈会，叶枝利作工作汇报。张雅林详细了解余姚市社会治理中的经验做法及综合执法下沉改革工作中的特色亮点，给予充分肯定，并希望余姚市继续大胆探索，积极实践，为综合行政执法改革探索经验。

（叶娜群）

涉台工作

【概况】

2020年，市台办深入学习贯彻习近平总书记关于对台工作的重要论述，围绕对台工作中心任务，在上级台办精心指导和市委、市政府的正确领导下，发挥自身优势，拓展工作领域，丰富工作内涵，取得对台工作的新成效。

加强对台工作组织领导，增强组织保障。市委、市政府高度重视对台工作开展，市委主要领导参加省、宁波对台工作会议，并召开了市委对台工作领导小组（扩大）会议暨全市对台工作会议，市委书记奚明进行讲话，传达上级工作会议精神，指导部署全市对台工作开展。市委主要领导、分管的领导及上级台办领导多次走访重点台企，了解企业复工复产和经营发展情况，为企业送服务、破难题、促发展。

认真落实疫情防控工作，服务台企发展。做好境外台胞返姚情况的管控掌握，每周上报入境到余姚台胞数据，累计上报近300人。做好台企复工复产和服务台企发展，4月实现全市100%的复工复产率，产能均恢复到90%以上。协调解决疫情防控期间复工复产困难、台企线上展会补贴、台胞子女求学、台企民企产权纠纷等台商求助案件20余件。做好赴台学生管理服务工作，排摸掌握全市所有赴台读书学生在读、再深造、毕业、就业等各方面情况。

举办涉台重大活动，推进多领域交流合作。承办好全省台资企业创业创新推进会暨推进台企高质量复工复产座谈交流会和第三届海峡两岸乡村振兴论坛“文化共建”余姚专场活动。策划开展“台青台干看宁波”余姚行活动，学习优秀民企经营发展的先进经验，了解余姚投资发展的环境，并与余姚青年企业家面对面交流转型升级、开拓内需市场、提升风险应对等议题。开展走访台企送政策、“三八”妇女节关爱送温暖、年终走访慰问、台胞台属中秋联谊活动，增加在余姚台商台企、台胞台属之间的联谊互动。

加强涉台组织管理，深化家门口联络联谊。在阳明古镇成立省级对台交流基地“阳明文化交流中心”，作为基地建设的特色之一，整合姚台文化交流资源，打造展示先贤思想、文化魅力和地方特色的品牌窗口，为两岸阳明文化交流搭建新的平台载体。完善基层交流示范点“台联之家”建设，在鹿亭乡东岗村建立了首个村级台联之家，整合四明山片区涉台资源。

【全省台资企业创业创新推进会召开】

4月22日，全省台资企业创业创新推进会暨推进台企高质量复工复产座谈交流会在四明山慕溪谷举行。全省台企代表、省市相关部门等近百人参加活动，副省长朱从玖参加并致辞。桦桐家私、台晶电子、安拓实业、晋亿实业、三荣塑胶等省重点台企就应对疫情、复工复产和高质量发展交流了各自的经验做法。省台办、省发改委共同发布浙江省贯彻惠台“26 条措施”实施指南，省经信厅介绍引领制造业高质量发展意见，省商务厅介绍了稳外贸、稳外资相关政策举措，省农行、财通证券介绍支持台企复工复产的金融服务政策举措。

10 月 28—30 日，第三届海峡两岸乡村振兴论坛“文化共建”余姚专场活动举行

【“台青台干看宁波”走进余姚】

9 月 23 日，参加“台青台干看宁波”活动的 14 名台青台干代表在余姚先后参观宁波江丰电子材料股份有限公司和余姚经济开发区，开展姚台青年企业家座谈交流，进一步加强两岸相互联系和沟通，凝聚情感与共识。

【海峡两岸乡村振兴论坛“文化共建”余姚专场活动举行】

10 月 28—30 日，第三届海峡两岸乡村振兴论坛“文化共建”余姚专场活动举行。此次活动作为宁波主场活动的分论坛之一，由市台办策划主办，两岸关系杂志社和阳明古镇协办，邀请了两岸专家学者和乡村振兴产业者 50 余人，以余姚阳明古镇项目打造为契机，通过“茶与心学——两岸茶文化探究”主题沙龙、“阳明茶”首发仪式、茶与器文化展等活动，将传统文化弘扬和乡村产业发展相融合，寻求乡村振兴领域“文化共建”的契合，被新华社、海峡卫视等多家媒体宣传报道。

（王　洁）

余姚市人民代表大会

综　述

2020年，市人大常委会全年共召开常委会会议7次，主任会议20次，听取和审议专项工作报告31项，作出决议决定14项，任免国家机关工作人员45人次，开展视察调研、专题询问21次。至2020年年末，市十七届人民代表大会实有代表314人，市十七届人大常委会实有组成人员37人，其中主任1人、副主任5人、委员31人。

紧扣中心大局，力促重大决策部署贯彻落实。审查批准新增抗疫专项国债和政府预算调整方案，推动政府减负降费、税收优惠政策落细落地，全年累计减税降费24.96亿元，助力企业纾困发展。综合运用专题视察和常委会审议“组合拳”，助推小微企业园建设工作，推动政府强化政策扶持、要素保障、运营管理。深入开展“大湾区建设”背景下城市发展策略研究，调研国土空间规划、重点专项规划编制工作情况，专题视察中意宁波生态园、余梁线北延等重大平台和项目，推动产城融合协同发展，基础设施互联互通。开展《宁波生活垃圾分类管理条例》执法检查，推动政府及部门持续强化宣传教育和桶边督导，生活垃圾源头分类质量明显提升。听取和审议美丽乡村、全域旅游建设情况报告，组织视察大运河余姚段，推动美丽乡村、全域旅游融合发展，加快美丽大花园建设。积极助推高效能社会治理，推行基层治理“代表一起来”工作，全市1168名各级代表使用微信小程序，即时上报身边热点难点事项338件，促进解决315件。

坚持依法监督，保障社会公平正义和人民权益。听取和审议预算执行、预算调整、决算情况等报告，对市发展和改革局、市统计局、宁波市生态环境局余姚分局等3家单位开展预算重点审查，将街道预算草案纳入人代会审议，进一步拓展预算监督的深度和广度。对农村宅基地及住房确权登记发证等5个项目开展重点绩效评价，提升财政资金使用绩效。专题调研城区污水治理工作情况，就加快治污管网设施建设、提速源头截污纳管步伐等方面提出意见建议，助推姚江流域水环境综合整治三年行动顺利实施。持续开展行政机关负责人出庭应诉工作专项监督，推动行政争议发案量和败诉率“双下降”，行政机关负责人出庭应诉率从2017年的33%提高到2020年的85%。深化规范性文件备案审查和司法机关重大事项备案工作，全年共审查文件

13件，备案重大事项21项。

发挥主体作用，支持代表依法行权履职。建立常委会领导与列席常委会会议代表座谈制度，首次召开列席代表座谈会，面对面听取代表意见建议。推动人大代表和国家机关工作人员进站听意见、办建议，全市46个代表联络站共开展活动183次，代表1869人次、国家机关工作人员732人次走进联络站收集意见建议1673条，协调解决各类矛盾问题1215件。坚持实行“一府两院”负责人领办、常委会领导督办重点建议制度，持续开展部门建议办理工作绩效评估，对此届以来36件绩效评估建议进行“回头看”，推动代表建议办理工作从“答复型”向“落实型”转变。市十七届人大四次会议以来代表提出的222件建议全部办结，满意率达99.5%，其中促成问题解决和部分解决的144件。

坚持与时俱进，努力推动人大工作创新发展。深入贯彻落实《浙江省街道人大工作条例》，出台加强街道人大工作和建设的实施意见，率先在宁波大市全面建立居民议事会制度，首次听取和审议人大街道工委工作报告，以作出决议形式交办工作。推行常委会会议审议意见清单式交办、销号制落实，常态化组织民生实事项目、重大项目“回头看”，实现完整闭环监督。综合运用“视察+审议”“专题监督+建议督办”“交办问题清单+满意度测评”等方式，切实提升监督实效。召开“人大制度、人大工作与市域治理现代化”专题研讨会，形成一批高质量的研究成果。

（张　超）

重要会议

【市十七届人民代表大会第四次会议】

5月9日，余姚市第十七届人民代表大会第四次会议在余姚影城召开。会议听取和审查市人民政府市长潘银浩所作的政府工作报告；审查和批准关于余姚市2019年国民经济和社会发展计划执行情况及2020年国民经济和社会发展计划（草案）的报告，批准余姚市2020年国民经济和社会发展计划；审查和批准关于余姚市2019年预算执行情况和2020年预算草案的报告，批准余姚市2020年预算；听取和审查市人大常委会主任诸晓蓓所作的余姚市人大常委会工作报告；听取和审查市人民法院代院长王家星所作的余姚市人民法院工作报告；听取和审查市人民检察院代检察长陈莹所作的余姚市人民检察院工作报告。

会议审议余姚市2019年政府民生实事项目完成情况，并进行满意度测评；会议通过表决，确定余姚市2020年政府民生实事项目共10项，分别为继续实施农村饮用水达标提标工程；实施医疗惠民工程建设；加大公办幼儿园建设力度，扩大公办幼儿园招生比例；实施农贸市场改造提升工程；开展背街小巷环境整治提升工程；启动住宅小区电梯安全综合保险工程；推进农村文化礼堂新建工程；新增10家村级服务社工程；完成榨菜皮废弃物收集处理中心项目；实施职工综合素质提升工程。

会议依法选举卢建国、熊培军为余姚市第十七届人民代表大会常务委员会副主任。会议依法选举汪志为余姚市监察委员会主任。会议依法选举王家星为余姚市人民法院院长。会议依法选举陈莹为余姚市人民检察院检察长。会议依法选举干亚群、姚滨彬为余姚市第十七届人民代表大会常务委员会委员。

【市十七届人大常务委员会会议】

2020年，共举行市人大常委会会议7次。会议具体情况如下：

1月17日，召开市十七届人大常委会第二十二次会议。会议听取和初审市政府关于2019年国民经济和社会发展计划执行情况及2020年国民经济和社会发展计划（草案）的报告；听取和初审市政府关于2019年预算执行情况和2020年预算（草案）的报告；听取和初审市政府关于2019年度民生实事项目完成情况和2020年民生实事候选项目形成情况的报告；听取和审议市政府关于2019年市2000万元及以上政府投资项目和重点工程计划安排完成情况、2020年市2000万元及以上政府投资项目和重点工程计划安排情况的报告；听取和审议市人大常委会主任会议关于召开市十七届人大四次会议的说明，并作出相关决定；听取和审议市人大常委会主任会议关于提请审议市十七届人大四次会议议程和各项名单草案的议案；审议市人大常委会工作报告稿；听取和审议市人大常委会代表资格审查委员会关于代表变动情况和补选代表的代表资格审查报告；审议决定有关人事任免和辞职事项；补选宁波市人大代表；初审市政府关于2020年市级部门预算安排情况，市发展和改革局、市统计局、宁波市生态环境局余姚分局3个部门2020年预算编制情况，6个街道和中意宁波生态园、经济开发区2019年财政预算执行情况及2020年财政预算安排情况的报告，市人大财经委员会关于计划、预算报告（草案）的审查报告；审议市政府关于“生态品质之城”建设工作专题询问审议意见研究处理情况的报告。

3月27日，召开市十七届人大常委会第二十三次会议。会议听取和审议市政府关于2019年度环境状况和环境保护目标完成情况的报告；审议市人大常委会2020年工作要点（草案）；审议市政府关于2019年法治政府建设工作情况的报告。

6月2日，召开市十七届人大常委会第二十四次会议。会议听取和审议市检察院关于开展公益诉讼检察工作情况的报告；听取和审议市政府关于全市居家养老服务工作情况的报告；审议和通过《余姚市人大常委会关于建立街道居民议事会制度的暂行办法（草案）》；听取宁波市人大代表履职情况的报告；审议各人大街道工委关于2019年度工作情况和2020年度工作计划的报告，并作出相关决议；审议市政府关于依法防控新冠肺炎疫情和经济社会稳定发展运行工作情况的报告；审议决定有关人事任命和辞职事项。

7月27日，召开市十七届人大常委会第二十五次会议。会议听取和审议市政府关于2019年余姚市财政决算草案的报告，并作出相关决定；听取和审议市政府关于2019年度余姚市本级预算执行和其他财政收支的审计工作报告，并进行满意度测评；听取和审议市政府关于余姚市2020年上半年国民经济和社会发展计划执行情况的报告；听取和审议市政府关于2020年上半年预算执行情况的报告；听取和审议市政府关于2020年上半年市2000万元及以上政府投资项目计划完成和申请调整情况的报告；听取和审议市政府关于2019年度市级行政事业单位国有资产管理情况的报告，审议关于2019年度国有资产管理情况的报告；听取和审议市政府关于余姚市府前路历史文化街区保护规划、横坎头历史文化名村保护规划局部调整情况的报告；宁波市人大代表报告履职情况；审议市市场监管局、市残联关于2019年部门预算执行情况的报告；审议市人大财经委员会关于2019年余姚市财政决算草案的审查报告；审议决定有关人事任免和辞职事项。

9月27日，召开市十七届人大常委会第二十六次会议。会议对市政府公安工作、市场监管工作和综合行政执法工作进行专项评议和满意度测评；听取和审议市政府关于小微企业园建设工作的报告；听取和审议市政府关于全域旅游建设发展情况的报告；听取和审议市政府关于新增2020年市2000万元及以上政府投资项目情况的报告；审议市检察院关于开展公益诉讼检察工作情况审议意见研究处理情况的报告；审议决定有关人事任免事项。

11月27日，召开市十七届人大常委会第二十七次会议。会议听取和审议市政府关于2020年财政预算调整情况的报告，审议市人大财经委员会关于2020年预算调整方案的审查报告，并作出相关决议；听取和审议市政府关于市十七届人大四次会议代表建议办理情况的报告；听取和审议市政府关于美丽乡村建设情况的报告；听取和审议市政府关于全市居家养老服务工作情况审议意见研究处理情况的报告，并进行满意度测评；宁波市人大代表报告履职情况；审议余姚市人大常委会关于调整余姚市第十七届人大常委会代表资格审查委员会组成人员名单的决定（草案）；审议市政府关于公安、市场监管和综合行政执法工作评议意见整改落实情况的报告，关于全域旅游建设发展情况审议意见研究处理情况的报告；审议决定有关人事任免和辞职事项。

12月29日，召开市十七届人大常委会第二十八次会议。会议听取和初审市政府关于2020年国民经济和社会发展计划执行情况及2021年国民经济和社会发展计划(草案)的报告；听取和初审市政府关于2020年预算执行情况与2021年预算(草案）的报告；听取和初审市政府关于2020年度民生实事项目完成情况和2021年民生实事候选项目形成情况的报告；听取和初审市政府关于余姚市国民经济和社会发展“十三五”规划纲要执行情况及“十四五”规划和二〇三五年远景目标纲要草案（送审稿)；听取和审议市政府关于2020年市2000万元及以上政府投资项目和重点工程计划安排完成情况、2021年市2000万元及以上政府投资项目和重点工程计划安排情况的报告；听取和审议市政府关于泗门历史文化名镇保护规划编制情况的报告；听取和审议市人大常委会主任会议关于召开市十七届人大五次会议的说明，并作出相关决定；听取和审议市人大常委会主任会议关于提请审议市十七届人大五次会议议程和各项名单草案的议案；审议市人大常委会工作报告稿；听取和审议市人大常委会代表资格审查委员会关于代表变动情况和补选代表的代表资格审查报告；初审市政府关于2021年市级部门预算安排情况，市经信局、市民政局2个部门2021年预算编制情况，6个街道和中意宁波生态园、经济开发区2020年财政预算执行情况及2021年财政预算安排情况的报告，市人大财经委员会关于计划、预算报告（草案）的审查报告。

（张　超）

视察活动

【中意宁波生态园发展情况视察】

6月19日，市人大常委会开展视察活动，专题视察中意宁波生态园发展情况。市人大常委会主任诸晓蓓，副主任卢建国、姚桂珍、严忠苗、余烽参加视察。市委常委、中意宁波生态园管委会副书记、副主任韩柏顺，市委常委毛丕显陪同视察。宁波前湾新区指挥部副总指挥李森苗应邀参加视察座谈会。常委会组成人员和财经委员会成员先后来到甬矽电子（宁波）股份有限公司和吉利领克余姚工厂，实地了解园区建设情况。在随后召开的座谈会上，听取中意宁波生态园管委会工作情况汇报和宁波前湾新区规划建设情况介绍，与会人员从规划编制、污水治理、交通优化等方面提出了意见和建议。

【“六清六净”提升农村人居环境专项行动开展情况视察】

8月19日，宁波市人大代表余姚中心组开展视察活动，专题视察全市“六清六净”提升农村人居环境专项行动开展情况。市人大常委会主任诸晓蓓、副主任卢建国参加视察。副市长楼鼎鼎陪同视察。人大代表先后到牟山镇牟山村、牟山虻宝农场和临山镇邵家邱村，详细了解两地“六清六净”专项行动开展成果。随后，代表们听取市政府关于全市“六清六净”专项行动开展情况汇报，并就进一步完善基础设施建设、强化垃圾终端处理、加大资金支持等内容提出了意见和建议。

【小微企业园建设情况视察】

9月21日，市人大常委会组织常委会组成人员和财经委员会成员对全市小微企业园建设情况进行专题视察。市人大常委会主任诸晓蓓，市领导毛丕显、卢建国、姚桂珍、严忠苗、郑利刚、余烽参加或陪同视察。

视察组一行先后实地视察了马渚小微企业园和阳明智慧小微园。在随后召开的座谈会上，视察组听取马渚镇、阳明街道小微企业园建设情况汇报以及市经信局关于全市小微企业园建设情况汇报，并从优化规划布局、规范入园机制、完善功能配套、强化运营服务等方面提出了意见和建议。

【农贸市场建设管理工作视察】

11月9日，宁波市人大代表余姚中心组开展视察活动，专题视察全市农贸市场建设管理工作。市人大常委会主任诸晓蓓，副主任卢建国参加视察。副市长、市公安局局长钱秉湧陪同视察。人大代表先后到海吉星城农副产品批发市场、兰江街道四明菜市场，实地视察两家市场的建设管理情况。在随后召开的座谈会上，代表们听取市政府关于全市农贸市场建设管理工作的情况汇报，并围绕更好地推进农贸市场建设管理，从进一步科学谋划市场布局、加强农村农贸市场政策支持、完善市场基础设施、提升市场管理水平等方面提出了意见和建议。

【重点工程和民生实事项目视察】

11月24日，市人大常委会视察组视察全市重点工程和民生实事项目。市委副书记、代市长徐云陪同视察。市人大常委会主任诸晓蓓，市领导卢建国、姚桂珍、严忠苗、郑利刚、余烽、熊培军参加视察。视察组一行先后实地视察了姚江上游余姚西分工程、余梁公路北延工程、万达幼儿园项目等进展情况。在随后组织召开的座谈会上，视察组听取市发展和改革局、市水利局关于2020年民生实事项目、水利重点工程建设情况的汇报，并就进一步加快工程进度、加大宣传力度、加强民生关注等相关工作提出了意见和建议。

（张　超）

建议办理

【概况】

全年共受理市人大代表提出的建议222件，其中人代会期间219件、闭会期间3件，全部办结，促成问题解决或部分解决的142件，占64.5%。其中，承办单位承诺解决（A类）和部分解决（B类）的建议占95.9%，办理结果满意及基本满意的建议占100%。2020年度代表建议办理工作先进单位：市住建局、市公安局、市卫健局、宁波舜通集团、市综合行政执法局、市水利局。

经市人大常委会主任会议研究，确定市十七届人大四次会议重点建议为6件：1. 关于加快实施新生代企业家培育计划的建议；2. 关于加快实施余姚市人民医院负压病房、传染楼提升改造工程的建议；3. 关于加快推进下姚江堤防整治工程进度的建议；4. 关于谋划建立小微工业园区的建议；5. 关于整顿保健养生场所的建议；6. 关于推进城区污水治理工作的建议。代表对办理情况反馈均为满意。

（张　超）

余姚市人民政府

重要会议

【市政府全体（扩大）会议暨廉政工作会议】

5月15日召开。市政府市长、副市长，市政府工作部门主要负责人，各乡镇长、街道办事处主任，市直有关部门主要负责人，市府办副主任参加会议，邀请有关部门负责人列席会议。市委常委、常务副市长郑传统主持会议。会上，市府办主任胡建立对2020年《政府工作报告》任务分解作有关说明，市委副书记、市长潘银浩讲话。

【市政府全体（扩大）会议（争先创优部署会）】

8月6日召开。市政府市长、副市长，市政府工作部门主要负责人，各乡镇长、街道办事处主任，市直有关部门主要负责人，市府办副主任参加会议，邀请有关部门负责人列席会议。市委常委、常务副市长郑传统主持会议。会上，郑传统传达国务院、省、宁波市安全生产工作会议精神并部署余姚市安全生产重点工作。副市长王安静传达国务院、省、宁波市严防聚集性疫情做好秋冬季防控工作会议精神并部署全市疫情防控重点工作。市发改局围绕争先创优和固定资产投资完成情况等方面发言。阳明街道、马渚镇围绕经济运行情况、特色亮点做法等方面发言。中意宁波生态园管委会围绕招商、投资等方面发言。市委副书记、代市长徐云讲话。

【市政府常务会议】

2020年，市政府召开常务会议11次。会议具体情况如下：

1月2日，召开市政府第27次常务会议。会议听取并审议了市发展和改革局局长高权关于《余姚市2019年国民经济和社会发展计划执行情况及2020年国民经济和社会发展计划（草案）的报告（送审稿）》《余姚市2019年经济社会发展主要指标完成情况预测及2020年初步安排（送审稿）》《2019年政府民生实事项目完成情况与2020年政府民生实事候选项目形成情况（送审稿）》《2019年余姚市2000万元及以上政府投资项目和重点工程计划完成情况、2020年余姚市50万元及以上政府投资项目和重点工程计划安排情况（送审稿）》的汇报，听取并审议了市大数据发展管理局局长洪波关于《加快推进5G网络建设及应用促进和产业发展的实施意见（送审稿）》的汇报，听取并审议了市政府发展研究中心主任马江领关于《政府工作报告（送审稿）》的汇报，听取并审议了市财政局局长王文辉关于余姚市2019年财政决算执行情况和2020年预算草案的汇报。会议书面审议市动迁办提交的《余姚市中心城区城中村改造专项规划（送审稿）》，市住房和城乡建设局提交的《余姚市绿色建筑专项规划（2019—2025年）（送审稿）》和《余姚市域农村生活污水治理专项规划（送审稿）》，市民政局提交的《余姚市公共墓地布局规划修编（2019—2035）（送审稿）》，市大数据发展管理局提交的《余姚市5G通信基础设施专项规划（2019—2023）（送审稿）》，宁波市生态环境局余姚分局提交的《余姚市生态环境保护工作责任规定（送审稿）》，市商务局提交的《余姚市外贸“双翻番”行动实施方案（送审稿）》，市府办提交的《第十七届人大四次会议参阅件（送审稿）》。

3月11日，召开市政府第28次常务会议。会议听取并审议市政府办公室主任胡建立关于坚持“两手硬”实现“两战赢”确保完成2020年目标任务的汇报，听取并审议市经济和信息化局局长王文权关于《余姚市重点工业投资项目用地资格评价实施意见（试行）（送审稿）》的汇报，听取并审议住房和城乡建设局局长谢高关于《高水平推进美丽城镇建设的实施意见（送审稿）》和《余姚市美丽城镇建设行动方案（送审稿）》的汇报。会议书面审议市招商中心提交的《关于进一步强化招商引资“一号工程”的若干政策意见（送审稿）》，市住房和城乡建设局提交的《余姚市城区社会公共停车场（库）布局专项规划（送审稿）》，市司法局提交的《2019年度余姚市法治政府建设工作报告（送审稿）》。

4月29日，召开市政府第29次常务会议。会议听取并审议政府工作报告起草小组副组长马江领关于2020年政府工作报告修改情况的汇报，听取并审议市“四送一增强”服务企业专项办成员王海强关于“四送一增强”服务企业专项行动进展情况的汇报，听取并审议市自然资源和规划局局长项立秋关于余姚市生态保护红线评估调整工作有关情况和《余姚市集体经营性建设用地入市实施办法（试行）（送审稿）》的汇报。会议书面审议市商务局提交的《关于推动全市外贸产品转型稳产扩能的实施方案（送审稿）》，市审计局提交的《余姚市公共投资项目审计监督办法（送审稿）》，宁波生态环境局余姚分局提交的《余姚市“千吨万人”以上饮用水水源保护区整治工作方案（送审稿）》，市文化和广电旅游体育局提交的《提振信心促进疫后文旅体行业消费的实施方案（送审稿）》，市住房和城乡建设局提交的《余姚市城市供水供气事故应急预案（送审稿）》，市委人才办提交的《余姚市市场化社会化引才奖励办法（试行）（送审稿）》和《姚籍人才智力回归工程实施方案（送审稿）》。

5月13日，召开市政府第30次常务会议。会议听取并审议市大数据发展管理局局长洪波关于《2020年余姚市深化“最多跑一次”改革推进政府数字化转型工作要点（送审稿）》的汇报，听取并审议市民政局局长茅建刚《关于全市行政村规模优化调整工作的实施意见（送审稿）》的汇报，听取并审议市府办副主任冯彦增关于2020年人大代表建议政协提案工作情况的汇报。

7月10日，召开市政府第31次常务会议。会议听取并审议市国有资产管理办公室主任周益忠关于《余姚市企业国有资产管理办法（送审稿）》的汇报，听取并审议市公安局副局长周海江关于《余姚市养犬重点管理区、一般管理区通告》的汇报，听取并审议市自然资源和规划局局长项立秋关于余姚市征地区片综合地价调整情况的汇报，听取并审议公共资源交易管理办公室主任陈建华关于《余姚市国有产权交易管理办法（送审稿）》的汇报，听取并审议市安委办主任姚俊杰关于全市半年度安全生产情况及下半年工作打算的汇报。会议书面审议市自然资源和规划局提交的《余姚市国土绿化五年行动计划（2020—2024年）（送审稿）》，市审计局提交的《2019年度余姚市本级预算执行和其他财政收支审计工作的报告（送审稿）》和《余姚市公共投资项目结（决）算审核中介机构管理暂行办法（送审稿）》，市府办提交的《2020年市领导领办重点建议和重点提案方案（送审稿）》，市民政局提交的《关于加快推进新时代民政事业高质量发展的实施意见（送审稿）》。

7月22日，召开市政府第32次常务会议。会议听取并审议宁波市生态环境局余姚分局局长鲁海滨关于《余姚市2020年打赢蓝天保卫战空气质量提标进位行动方案（送审稿）》及相关细化方案的汇报，听取并审议市发展和改革局局长高权关于《余姚市2020年上半年国民经济和社会发展计划执行情况的报告（送审稿）》和《2020年上半年市2000万元及以上政府投资计划完成和申请调整情况的报告（送审稿）》的汇报，听取并审议市财政局局长王文辉关于“两直”资金、2019年余姚市财政决算草案和2020年上半年预算执行情况的汇报。会议书面审议市自然资源和规划局提交的《胜归山、塑料城北编制单元控制性详细规划（送审稿）》，市财政局提交的《2019年度市级行政事业单位国有资产专项报告（送审稿）》《2019年度国有资产管理情况的综合报告（送审稿）》《2019年市市场监督管理局预算执行情况（送审稿）》和《2019年市残疾人联合会预算执行情况（送审稿）》，市科技局提交的《余姚市产业创新服务综合体建设实施方案（送审稿）》，市应急管理局提交的《余姚市第二轮安全生产综合治理三年行动计划（送审稿）》，市水利局提交的《余姚市姚江沿线排涝泵站管控方案（试行）（送审稿）》。

9月14日，召开市政府第33次常务会议。会议听取并审议宁波市生态环境局余姚分局局长鲁海滨关于第二轮中央生态环境保护督察有关情况的汇报，听取并审议市自然资源和规划局局长陈国军《关于开展废弃矿山生态修复“百日攻坚战”实施方案（送审稿）》的汇报，听取并审议市“五水共治”工作领导小组办公室常务副主任毛柏生关于《姚江流域水环境综合整治三年行动方案（送审稿）》的汇报，听取并审议市住房和城乡建设局局长谢高关于水环（慢行系统）建设方案的汇报，听取并审议市交通运输局局长梅百烽关于规划S309荷梁线改建工程一期（余姚晓云村至斤岭下村段）的情况汇报，听取并审议市国有资产管理办公室主任周益忠关于《余姚市国有企业退休人员社会化管理工作实施方案（送审稿）》的汇报，听取并审议市医疗保障局局长胡建波关于要求提高城乡居民基本医疗保险门诊保险最高限额的情况汇报。会议书面审议市农业农村局提交的《关于统筹“三农”领域重点工作高水平全面建成小康社会的实施意见（送审稿）》，宁波市生态环境局余姚分局提交的《余姚市“三线一单”生态环境分区管控方案（送审稿）》，市司法局提交的《2020年余姚市法治政府建设工作要点（送审稿）》，市住房和城乡建设局提交的《余姚市管道燃气特许经营评估工作实施方案（送审稿）》，市发展和改革局提交的《甬西智能科创走廊概念规划（送审稿）》，市委宣传部提交的《纪录片〈王阳明〉合作拍摄协议（送审稿）》。

9月30日，召开市政府第34次常务会议。会议听取并审议市自然资源和规划局局长陈国军关于农村乱占耕地建房问题专项整治行动有关情况的汇报，听取并审议市综合行政执法局局长陈冠民关于《余姚市高标准推进生活垃圾治理攻坚行动方案（送审稿）》的汇报，听取并审议市卫生健康局局长李斌《关于促进3岁以下婴幼儿照护服务发展的实施意见（送审稿）》和《关于改革完善医疗卫生行业综合监管制度的实施意见（送审稿）》的汇报，听取并审议市公安局副局长王胜甬关于对黄昇富见义勇为行为记功和抚恤有关情况的汇报。会议书面审议市房屋征收管理中心提交的《征收集体所有土地上青苗及地上附着物的补偿标准（送审稿）》，市市场监督管理局关于余姚市2020年食品安全工作开展情况的汇报，市民政局提交的《余姚市最低生活保障实施办法（送审稿）》，市农业农村局提交的《余姚市高质量实施“2966”乡村振兴行动方案（送审稿）》。

11月2日，召开市政府第35次常务会议。会议听取并审议中央生态环境保护督察余姚市整改工作协调小组副组长鲁海滨关于《贯彻落实陈奕君副省长听取余姚汇报中央环保督察整改工作后讲话精神的责任分工（送审稿）》的汇报，听取并审议市经济和信息化局局长王文权关于《疫情防控常态化下重要医疗物资保供工作方案（送审稿）》的汇报，听取并审议市教育局局长王胜战关于宁波职业技术学院余姚校区建设框架协议有关情况的汇报。会议书面审议市安全生产委员会办公室提交的关于余姚市2020年前三季度安全生产情况的汇报、市四明山旅游度假区管委会提交的《关于统筹推进四明山区域旅游发展的实施意见（送审稿）》、市房屋征收管理中心提交的《关于要求作出花园新村巍星路西侧一期地块项目和花园新村巍星路西侧地块二期（原党校北侧地块）项目房屋征收决定的情况汇报（送审稿）》。

11月20日，召开市政府第36次常务会议。会议听取并审议市公安局副局长王胜甬关于《余姚市户口迁移实施细则（送审稿）》的汇报，听取并审议市农业农村局局长金浩明《关于我市美丽乡村建设情况的报告（送审稿）》的汇报，听取并审议市人力资源和社会保障局局长陈为梁关于《进一步加强稳就业工作的实施意见（送审稿）》的汇报，听取并审议市财政局局长王文辉关于2020年预算调整方案的汇报。会议书面审议市民政局关于长期滞留流浪乞讨人员落户安置工作情况的汇报，市医疗保障局关于要求调整基本医疗保险市级统筹有关情况的汇报，泗门镇提交的《余姚市泗门镇小城市培育试点三年（2020—2022）行动计划（送审稿）》，市住房与城乡建设局提交的《余姚市农房建设工作实施方案（送审稿）》和《余姚市既有房屋使用安全应急预案（送审稿）》，市消防救援大队提交的《余姚市火灾事故应急预案（送审稿）》，市水利局关于余姚市2020年河道划界及农村饮用水水源地保护范围划定情况的汇报。

12月26日，召开市政府第37次常务会议。会议听取并审议市发展和改革局局长高权《关于2020年政府民生实事项目完成情况和2021年政府民生实事候选项目形成情况（送审稿）》《关于2020年余姚市2000万元及以上政府投资项目和重点工程计划完成情况、2021年余姚市50万元及以上政府投资项目和重点工程计划安排情况（送审稿）》《关于余姚市2020年国民经济和社会发展计划执行情况及2021年国民经济和社会发展计划（草案）的报告（送审稿）》《余姚市国民经济和社会发展第十四个五年规划和二〇三五年远景目标纲要（草案）（送审稿）》的汇报，听取并审议市财政局局长王文辉关于余姚市2020年预算执行情况和2021年预算草案有关情况的汇报。会议书面审议市自然资源和规划局提交的《高风编制单元控制性详细规划（修编）（送审稿）》《高铁新城东片编制单元控制性详细规划（送审稿）》《梁辉编制单元控制性详细规划（送审稿）》，市文联提交的关于《余姚市优秀文艺作品“杜鹃花奖”评选办法（送审稿）》，市文化和广电旅游体育局提交的《余姚市第十六届运动会方案（送审稿）》，市应急管理局提交的《余姚市生产安全事故应急预案（送审稿）》《余姚市危险化学品事故应急救援预案（送审稿）》《余姚市矿山生产安全事故应急预案（送审稿）》，市四明山旅游度假区管理委员会提交的《余姚四明山省级旅游度假区总体规划（送审稿）》，市发展和改革局提交的《余姚市开发区（园区）整合提升方案（送审稿）》《余姚市2020年经济社会发展主要指标预测及2021年主要指标初步安排（送审稿）》，市交通运输局提交的《关于建设高水平交通强市的实施意见（送审稿）》《余姚市推进高水平交通强市基础设施建设三年行动计划（2021—2023年）（送审稿）》，市政府办公室提交的《关于公布行政规范性文件清理结果的通知（送审稿）》。

【市长办公会议】

2020年，市政府召开市长办公会议15次。会议具体情况如下：

1月2日，研究关于2019年全市安全生产工作情况及2020年重点工作、余姚市迎接国家卫生城市复审工作实施方案、余姚市公立医院书记院长年薪制管理办法（试行）等具体事项。

2月5日，研究关于打赢疫情防控阻击战帮扶中小企业共渡难关的二十条意见等具体事项。

2月24日，研究关于统筹农业农村疫情防控、抓好农产品生产保供和春耕备耕工作的若干意见、定点采购一次性平面口罩有关情况、对浙江家家福超市有限公司保供稳供工作给予资金支持等具体事项。

3月11日，研究关于2020年度全市房屋拆迁征收与安置房建设计划有关情况、着力破解民生领域“五难五多”问题总体方案（2020）、余姚市当前存在的突出生态环境问题有关情况、余梁公路北延工程合同调价方案等具体事项。

4月7日，研究关于余姚市经济社会运行情况、“四送一增强”服务企业专项行动实施方案、加强金融服务保障工作（2020年4—6月）、余姚市餐厨（厨余）垃圾处理工作调整方案、余姚市第七次全国人口普查工作有关情况等具体事项。

5月13日，研究关于余姚市全社会研发投入提升专项行动计划（2020—2022）、余姚市2020年美丽乡村风景线建设方案、建设正大10万头标杆猪场有关情况等具体事项。

6月19日，研究关于第二十二届中国塑料博览会总体方案、余姚市中国塑料城管理委员会与量子国新（杭州）文化科技有限公司项目合作方案、余慈边界区域基本情况和开发造地情况、余姚市（小曹娥）城市污水处理厂清洁排放提标改造有关情况、杭甬高速复线二期资金有关情况、2020年第一批“姚江英才计划”项目有关情况、余姚市新冠肺炎疫情防控工作有关情况等具体事项。

7月9日，研究关于省级国土资源节约集约模范县（市）创建有关情况，余姚市“无废城市”建设实施方案，余姚市一般工业固废分类管理工作实施方案，全市道路交通安全“大排查、大整治”百日攻坚战工作方案等具体事项。

8月14日，研究关于四明山区域2020年生态发展项目安排、围涂一期相公坛河西侧地块出租有关情况、井头山遗址保护建设有关情况、余姚市支持交通运输企业复工实施意见、进一步强化招商引资“一号工程”的工作意见等具体事项。

9月14日，研究关于进一步加强餐饮业油烟污染治理工作实施方案、余姚市2020年土地例行督察迎检工作方案、余姚市人工繁育野生动物补偿处置工作方案等具体事项。

9月30日，研究关于余姚市单项冠军培育三年行动计划（2020—2022）、2020年第二批“姚江英才计划”项目、投资电控变色智能玻璃项目、出资认购江丰电子定向增发股份以及余姚市姚江科技开发投资有限公司与宁波达新半导体有限公司合资设立公司等有关情况、余姚市新时代美丽乡村示范线建设方案、进一步强化全市综合治超工作等具体事项。

11月2日，研究关于余慈中心连接线与G228合建项目建设方案、甘中学个人离职经济损失补偿问题、舜宇集团“一企一策”有关情况、余姚市垃圾分类低价值可回收物补助办法等具体事项。

11月20日，研究关于原市工业系统托管和“协议解缴”人员社会保险缴费问题有关情况、要求落实事改企前退休人员其他待遇有关情况、“宁波市普惠金融改革试验区”余姚实施方案、宁波市智能制造产业研究院变更开办人有关情况等具体事项。

12月18日，研究关于要求落实疫情防控一线城乡社区工作者补助政策、余姚市做好被征地农民参加基本养老保险工作实施方案、进一步做好被征地农民参加基本养老保险有关工作、拟上市企业募投项目建设用地协调会议相关情况、余姚市配建商品房无偿移交政府用房处置办法、余姚市牟山湖片区开发项目合作方案、建设高水平交通强市的实施意见、余姚市关于建立综合交通立体网推进区域交通一体化发展实施方案、余姚市推进高水平强市基础设施建设三年行动计划（2021—2023）等具体事项。

12月26日，研究关于《政府工作报告》起草情况等具体事项。

（张　劼）

2020年政府民生实事项目

【民生实事项目完成情况】

1. **继续实施农村饮用水达标提标工程**。到10月底，全面完成鹿亭乡和梨洲街道的农村饮用水达标提标工程年度任务，共改造了49座村级供水站，完成投资2480万元，受益人口3.87万人。

2. **实施医疗惠民工程建设**。4个子项目完成年度工作任务。一是在梁弄、陆埠、临山等3个乡镇卫生院开展医养结合服务能力试点工作，9月底3个项目点均完成老年护理病区建设并投入使用；二是在全市21家基层医疗机构启动“共享药房”，6月底全部乡镇卫生院和街道社区卫生服务中心完成了“共享药房”技术改造，“共享药房”累计服务5542人次；三是完成临山急救点建设，9月22日市急救站临山急救点正式启用；四是启动大岚镇、四明山镇、鹿亭乡等辖区行政村村级医疗服务能力提升工程，实现上述三个山区乡镇12个无乡村医生的行政村医疗服务全覆盖，开展的“山区流动医疗服务”共接诊2263人次。

3. **加大公办幼儿园建设力度，扩大公办幼儿园招生比例**。两个子项目完成年度工作任务。一是扩大公办幼儿园招生比例，低小散幼儿园整治及公办园扩招工作完成，全市农村公办幼儿园招生比例达到50%；二是完成凤山梦麟、兰墅桥、万达3个公办幼儿园主体工程建设项目，3个幼儿园主体工程完工，进行室内装修、室外附属工程施工及设施设备采购。

4. **实施农贸市场改造提升工程**。完成大隐菜市场、牟山菜市场、低塘街道历山菜市场、朗霞街道西宅菜市场4家一星级市场；凤山街道永丰农贸市场、兰江街道石婆桥菜市场2家二星级市场；兰江街道江南新城市场、低塘街道低塘菜市场、临山镇临山市场、陆埠镇江南市场、马渚镇斗门菜市场、小曹娥镇南新庵村农贸市场6家三星级市场改造提升。完成年度任务的100%。

5. **开展背街小巷环境整治提升工程**。阳明街道逊埭路、地浦弯路；凤山街道合宝弄、秘图山路；梨洲街道杜义弄、东朝街（巍星路—东旱门路）；兰江街道保庆路、仓前路等周边道路8条背街小巷综合整治和提升工程完成。完成年度任务的100%。

6. **启动住宅小区电梯安全综合保险工程**。完成全市1006台住宅小区电梯推行电梯运维安全综合保险工程，完成年度任务的100.6%。

7. **推进农村文化礼堂新建工程**。新建农村文化礼堂53家，完成年度任务的132.5%。累计建成农村文化礼堂262家，实现全覆盖。

8. **新增10家村级服务社**。新增鹿亭乡东岗村、沿夹岙村、高山村、高岩村、龙溪村；大岚镇黄家庄村；陆埠镇裘岙村；河姆渡镇车厩村；四明山镇梨洲村和大山村10家村级服务社，大岚镇柿林村、陆埠镇袁马村为计划外新增，完成年度任务的120%。

9. **完成榨菜皮废弃物收集处理中心项目**。完成处理中心工程建设、运维公司招投标，安装处理作业设备组线2条，并投入试运行（试运行期为1年），年处理榨菜皮废弃物能力达3万吨以上。完成年度投资825万元。

10. **实施职工综合素质提升工程**。包括五方面工作：一是实施技能提升行动，开展职业技能培训31374人，完成率196%；其中高技能人才培训6100人，完成率110.9%；二是技能人才工作，申报金龙机械、领克汽车2家技能人才自主评价企业，完成新型学徒制培训262人，完成率131%；三是技能大师工作室建设工作，开展余姚市级技能大师工作申报，共评定4家大师工作室，完成率133.3%；四是安全生产及危险化学品使用企业和“两小”企业员工培训，对企业主要负责人、安全管理员开展安全生产培训13217人，完成率440.57%；培训危险化学品使用企业和“两小”企业员工56078人，完成率为373.9%；五是“姚工学堂”才艺培训、职工劳动技能培训，“姚工学堂”云课堂网络培训3000余人次，线下培训1360人次，完成年度任务；企业职工技能培训860人，完成年度任务的172%。

（市府办）

市政府办公室工作

【概况】

2020年，市政府办公室在市委、市政府的正确领导下，紧紧围绕全市中心工作，各项工作取得了新成效。年内，始终在学习上强化自觉。巩固深化“不忘初心、牢记使命”主题教育成果，深入开展“周二夜学”、专题党课等学习活动，及时学习领会习近平总书记考察浙江重要讲话精神和总书记系列重要讲话、重要批示指示精神，以及上级重要会议精神，不断推动在学懂弄通做实上取得新进展。全年开展党组理论中心组专题学习会12次，参与市政府党组理论学习10次。3项工作获省政府督查激励，总数位居前列，“四送一增强”做法入选省争先创优最佳实践案例。

在应对疫情工作中，坚决落实习近平总书记关于疫情防控的重要讲话精神，以及上级和市委、市政府各项指令，统筹高效落实专班运行，扎实做好政策制定、物资调配、监督检查等工作，创新推出“两证出行”等做法，全面推动落实“铁桶”战术，严密落实“源头查控+硬核隔离+精密智控”工作机制，实现23天全市确诊病例“零新增”、39天病例“全治愈”，做到患者“零死亡”、医护“零感染”。疫情稳定后，一方面保持慎终如始定力，强化各类“小门”管控督导，及时落实秋冬春季疫情防控等各项工作，做好政策制定、指令传达，不断巩固疫情防控稳定向好势头；另一方面以最快速度推动复工复产，及时制定落实“两手硬、两战赢”，精准实施帮扶企业20条、金融保障服务等政策措施，谋划推出“复工专列”“复工管家”，全力向上争取政府专项债、抗疫特别国债等政策支持，有力推动了全市经济加快恢复、“V”型反转。

全面落实“六稳”“六保”，全力推动“六争攻坚”和“改革创新年、执行落实年”活动，高质量做好市委、市政府部署的各项任务。全力助推经济发展高质量。围绕“一产提质、二产增效、三产扩容”，开发园区整合提升、甬西智能科创走廊谋划建设等一批重点工作有力推进，甬矽电子二期等一批重大项目扎实推进，科技大市场等创新平台建成投用，制定实施“提升产业链供应链稳定性和竞争力三年行动计划”，得到省委副书记、省长郑栅洁批示肯定。2020年规模以上工业、高新技术、装备制造、“246”产业增加值等质量型指标增速均位居宁波第一，外贸出口占宁波的份额同比提高0.27个百分点，“互联网+”农产品出村进城工程列入国家部委试点；全年实现地区生产总值1220.7亿元，增长5.1%，位居宁波第一。

聚焦城市品质提升领域的重点项目、重点专项，加强协调推进，注重难题破解，积极推动南雷南路两侧、高铁新城等重点区块开发，“阳明古镇”府前路历史文化街区一期实现开街，荷梁线改建一期等项目实现开工，姚江上游余姚西分调控枢纽通水通航。尤其是围绕环境卫生中的短板，统筹推动“五水共治”“六清六净”等专项行动，落实开展“无人机巡查”等模式，点对点跟进督查，有力推进了全国文明城市创建的成功蝉联，国家卫生城市通过省级复查。

全力助推民生福祉高品质。加强要素供给、政策倾斜，推动补齐民生领域短板，特别是突出抓好稳岗就业工作，推进“五难五多”问题破解，抓好教育、卫生、文化等社会事业发展提升。全年实现城镇登记失业率2.16%，省义务教育标准化学校建成率达99.1%，井头山遗址入选“考古中国”重大项目，各级民生实事均全面完成。全年城镇和农村居民人均可支配收入达到65212元和39339元，分别增长5.2%和6.9%，余姚市第11次登上“中国最具幸福感城市”榜单。

始终坚持质量与效率并重，不断提高办公室运转效能。全年共起草政府工作报告、领导讲话、汇报材料等各类综合文稿330余篇，记录并形成各类会议纪要97期。6条政务信息被省、宁波市领导批示，全宁波信息考核排名第5位；编发《余姚政务》公报12期，政策指导宣传持续加强，同时高质量完成6个重点选题研究。

办文办会严谨细致。认真谋划筹备市政府常务会议、市长办公会议等重要会议，切实做好上级各类视频会议服务工作。全年共接收处理各类文件8800余件；严格落实基层减负各项规定，全年精简压缩各类公文14.7%。

督查督办精准高效。全年共办理上级领导批示和上级督查件79件、市政府领导批示303件、人民来信批示70件；开展网上督查40次、联合督查11次，共编辑各类督查专报、通报等45期，促进工作闭环管理。

归口工作积极有为。外事方面，抓好境外物资采购、防疫情境外输入等各项工作，建立涉外突发事件应急预案，全年处置突发涉外事件3起。流动人口方面，深度推动新老余姚人融合发展，尤其是疫情防控期间共开通专列4列，包车478辆，帮助近1.4万名务工人员返回余姚复工。法治方面，全力助推法治政府建设，全年共出具合法性审查意见书15份，审核重大行政执法决定71项。政务公开方面，建立“六稳”“六保”等专栏，完成基层政务公开规范化标准化目录和专栏建设，全年公开政府信息7万余条，其中新媒体2.7万条。

（张　劼）

决策咨询

【概况】

2020年，市决咨委在市委、市政府的正确领导和省、宁波市咨询委的精心指导下，紧紧围绕全市工作大局，努力发挥委员的集体智慧，积极探索决策咨询工作的新机制、新方法，不断拓宽咨询领域，扎实开展调查研究，精心撰写报告建议，形成了一批具有前瞻性、针对性、可操作性的课题成果。全年共召开决咨委主任办公会议6次，组织赴江苏和浙江省内等地市外调研考察活动10次，开展市内调研活动4次，召开专题座谈会3次，共140余人次参加课题调研活动。接待上级领导、其他县（市、区）领导到余姚考察调研3次。全年共完成重点课题报告7篇，编辑刊发《决策参考》56期，获市政府领导批示18件。

【重大课题】

年初，市决咨委开始酝酿研究课题。按照市委、市政府主要领导的指示精神，在征求市直有关部门意见的基础上，各部初拟了年度课题计划，经过决咨委主任办公会议多次研究，最终确定《疫情防控常态化情况下余姚制造业发展的对策建议》《关于高质量建设甬西智能科创走廊的对策思考》《中心城区城中村（老旧小区）改造提升有关建议》《以“一山一湖一镇”为引领　发展运动休闲特色产业》《发挥四明山名山优势加快文化旅游资源整合与开发的建议》《关于提升我市职业教育发展水平的对策建议》6个重点课题。其中，在疫情形势仍处于非常严峻的状态，在全省疫情防控和复工复产两手抓的总体部署前夕，决咨委紧急立项研究“疫情”相关课题，采取由经济发展部具体撰写、各部分工协作、集体讨论定稿的方法，以超常规举措迅速开展了“疫情”课题研究。该课题从3月底酝酿，4月中旬完成初稿，以最快速度定稿报送市委、市政府参考，在市委、市政府部署两手抓的工作中，报告建议极大部分被采纳应用。其他5个课题明确各部分工后，陆续组织撰写课题报告。课题初稿形成后，又相继召开多次办公室主任会议，讨论修改完善意见，最终以较高的质量形成课题报告，送市委、市政府主要领导和其他相关领导后，受到了市委、市政府领导的批示肯定。

【建言献策】

2020年，根据市委决策部署和《政府工作报告》主要精神，紧密结合全市各个阶段推进的工作实际，要求各位部长、特约咨询员和工作人员结合本职工作和日常所见所闻，有针对性地撰写决策建议，编辑后以《决策参考》形式报送市委、市政府。全年共刊发《决策参考》56期，其中《各地人社部门密集出台政策“硬核”举措助企业共渡难关》《企业复工复产下城市公交问题破解的相关做法》《疫情防控期间相关复工鼓励政策措施选编》等9篇决策建议得到市委、市政府主要领导批示。不少建议意见被有关部门吸纳并在实际工作中加以应用，收到了良好的效果。

【合作交流】

年内，围绕市委、市政府中心工作，结合课题需要，适时组织赴外地学习考察，加强与其他县（市、区）决咨委的合作交流，拓宽研究视野，提高课题质量。加强与宁波市决咨委的对接联系，积极参与宁波市决咨委组织的各类活动，通过与宁波市决咨委课题合作等方式，进一步提高决策咨询工作水平，为缓解余姚发展的瓶颈提供参考意见。

（岑专专）

应急管理

【概况】

2020年，市应急管理局紧紧围绕“平安余姚”建设总体目标，以保障人民群众生命财产安全为出发点，以推进依法治安为主线，强化和落实安全生产责任，加强基层基础能力建设，强化安全生产监管执法能力，夯实企业安全生产基础，统筹推进安全生产治理体系和治理能力建设。

年内，全面推进乡镇街道应急管理力量建设，设立应急管理领导小组及办公室（办公室设在党政综合办），21个乡镇街道均配置3～5名安全生产监管人员、2名以上具有执法资格的人员。乡镇街道均设立消防工作站，其中16个乡镇街道配足3～5名消防工作人员。20个乡镇街道设置基层消防队，其中17个乡镇街道基层消防队配备配足10～15名消防队员。制定《余姚市推进基层应急管理体系和能力建设工作试点实施方案》，在阳明街道和梁弄镇启动了以“六个有”为主要内容，以提高基层应急管理规范化、专业化、智能化和社会化水平为目标的基层应急管理体系和能力建设试点，进一步完善基层监管体制机制建设。

市府办印发《余姚市培育支持社会救援力量发展的指导意见》，明确社会救援力量培育发展目标、基本原则、落实措施和工作要求，进一步健全市应急救援力量体系。市应急管理局、市财政局联合印发《余姚市社会救援力量参与应急救援实施方案（暂行）》《关于组织社会救援力量进社区（村、企业）培训授课管理办法（暂行）》，规范社会救援力量参与应急救援工作的程序，并积极动员社会救援力量深入基层，开展培训服务。对社会救援力量开展了人身意外保险补助。共有5支社会救援队伍在市应急管理局备案，核心队员163人，志愿者600人左右。选报战狼救援队成为宁波市级应急救援队伍，推动众益、极速两支队完成2020年度县级社会救援力量培育。

推进可视化指挥调度系统建设，归集重点企业、应急装备、队伍等信息，推动信息互通、整合，推动突发事件可视化、扁平化、高效化应急处置。建立短信精准发送平台，打造以风险的预报预警和科普知识宣传为主面向公众的、权威的信息发布平台。推进 VPN3 专线设备改造、升级建设，进一步完善应急管理数字化建设。

修订完善《余姚市应急管理局值班须知（试行）》《值班人员职责和工作要求》《值班人员事故信息报告和应急处置工作流程》等值班值守系列规定，制定值班辅助人员工作规程，对全局应急值守人员就系统操作、信息接报、值班处置等业务内容开展系统化培训，着力打造反应迅速、科学规范的应急处置队伍。

建立余姚市应急救援队伍会商工作制度，建立定期会商、临时会商工作机制。每季度召集人武、公安、资规、住建、交通、消防等 14 个重点部门研判突发事件风险特点和发展趋势。针对台风、汛情等突发事件，组织开展临时会商，分析突发事件情况和发展趋势，研究对策和工作措施。与市人武部、浙江陆军预备役步兵师炮兵团火箭炮营三方协商，建立人武部、预备役火箭炮营联动机制，建立常态协调联系、预案衔接和联合训练、应急突发情况联络沟通等工作机制。全市共储备冲锋舟 21 艘，编织（麻）袋 227230 只，汽（柴）油应急发电机 356 台，水泵 2092 台，雨衣、雨鞋 8065 套，应急照明设备（设施）5178 套。推动全市专项应急预案修订、专项演练有序实施，组织矿山专项演练、防汛二维码应急演练、舜建集团应急演练等十余次应急演练。

【防灾减灾】

年内，积极主动参与疫情防控志愿者活动，统筹抓好安全防范工作，赴各乡镇街道做好工贸企业复工复产安全生产指导服务。会同市粮食与物资储备管理局从市级救灾物资仓库向 18 个乡镇街道（开发园区）调拨 109 顶 12 平方米的救灾帐篷，用于卡口监测点、临时隔离点等工作，协助有关部门调拨盐酸、酒精发至市内各医院、新昌、义乌等地。2020 年汛期共有 3 个台风（第 4 号台风“黑格比”、第 8 号台风“巴威”和第 9 号台风“美莎克”）影响余姚。汛期总受灾人口 1635 人次，农作物受灾面积 940.4 公顷，成灾面积 264.7 公顷，绝收面积 28 公顷，直接经济损失 1099.3 万元，其中，农业损失 1099 万元、家庭财产损失 0.3 万元。

年内，市防汛防台抗旱指挥部组织召开防汛防台相关工作会议 9 次；在坚持汛期周会商制的基础上，遇天气突变、灾害风险变化等情况，随时组织相关部门进行会商，共计会商 31 次。通过各部门协同合作，高效开展水利工程的科学调度、响应信息的及时发布，最大程度减轻小流域山洪灾害、地质灾害和城市易积水点等危害，确保安全度汛。

建立气象、自然资源规划、应急管理、民政、文广旅游等部门森林火情会商机制，明确部门职责分工，在春节、清明等重点时段森林火灾气象预警会商 18 次，及时发布预警信息 19 次，狠抓森林火灾源头防控。制定《余姚市森林防灭火物资仓库管理使用规定》《余姚市森林防灭火补助资金管理办法》《余姚市森林防灭火三色警示和约谈办法》，进一步完善全市森林防灭火工作。

市防汛防台抗旱指挥部多次组织开展防汛防台检查和隐患大排查等工作，共发出意见反馈书 21 份，提出整改隐患问题 63 项，所有隐患均在 5 月底前完成整改。全年完成 48 个避灾安置场所的规范化建设、2 家综合减灾示范社区（含 1 家国家级和 1 家省级）推荐工作和 93 个规范化避灾安置场所的可视化建设。

【森林防灭火工作开展】

3 月 10 日，市森林防灭火指挥部召开全市森林防灭火工作视频会议，贯彻落实国家、省、宁波关于森林草原防灭火工作电视电话会议要求，对下一步做好全市森林防灭火工作进行再动员、再部署。11 月 18 日，余姚市森林防灭火指挥部在宁波市森林防灭火指挥部组织的全市较大森林火灾跨区域应急拉动演练中取得二等奖。12月23日，市森林防灭火指挥部举办余姚市2020年森林防灭火应急演练暨技能比武大赛，进一步强化市森林防灭火指挥部的应急指挥体系建设，实现统筹调度能力升级。

【防灾减灾日宣传活动举办】 5月12日，市减灾委员会办公室组织市应急管理局、市气象局、市水利局、市资规局、市住建局、市农业农村局、市科协、团市委、市红十字会、市供电公司、市消防救援大队、人保余姚支公司、市天然气公司等单位在市新建广场举办第12个全国防灾减灾日宣教活动，宣传普及防灾减灾知识和灾害事故防范应对技能。

（张若愚）

流动人口管理服务中心

【概况】 截至2020年年末，全市共有登记做证的流动人口65.1万人，其中男性37.02万人，女性28.08万人，比上年同期增加0.8万人，累计发放浙江省居住证16.98万张。登记出租房屋11.55万户，48.19万间。少数民族流动人口11.93万人，占总数的18.33%。

新冠疫情发生后，市流动人口管理服务中心利用“互联网+政务服务”，完成余姚新市民微信公众号的开发和推广，共吸粉4万余人，平台累计发布文章320篇，后台回复留言506条，信息送达人数约315万人次。综合运用先进技术手段，创新“警网一体化”治安管控机制，扎实做好流动人口的居住登记、出租房屋登记等基础工作，流动人口居住登记率、登记信息准确率、居住出租房屋登记率分别达到98%、98%和100%。通过互联网渠道申报居住登记126.8万人次。全年共受理流动人口申请量化积分申请0.95万人，协调各乡镇街道、市直有关部门审核积分事项5.6万项，审核通过4.5万项，积分冻结89人。为7000余名外来流动人口子女入学提供量化积分；为2000余人提供住房租赁补贴积分，有300人享受了住房租赁补贴。

【优化公共服务】 全市有流动人口子女义务段教育学生53551人，符合条件的流动人口子女公办学校接纳率100%。小学一年级新招生流动人口子女6689人，初中一年级新招生流动人口子女5091人。全年城镇新增就业25663人，就业登记55.03万人，失业人员实现再就业6700人，就业困难人员实现就业4160人，登记失业率为2.01%。全年共举办交流洽谈会141次，进场单位2122个，提供岗位60792个，进场交流23272人次，有4577人与用人单位初步达成求职意向。

全年受理各类举报投诉1902件，办结率100%，受理劳动争议案件1208件，涉及劳动者1341人。规范和加强流动儿童免疫管理，全市在册管理的7岁及以下流动儿童达57923人，远远超出本地儿童数。其中刚满周岁流动儿童6523人，“五苗”覆盖6402人，覆盖率98.15%，“七苗”覆盖5926人，覆盖率90.85%。全年累计报告流动人口各类传染病1099例，均按要求进行规范的流行病学调查和处置。

【促进融合】 年内，以流动党员驿站、“新小公民欢乐节”“关爱小候鸟”等活动为载体，利用各村（社区）“新老余姚人和谐联谊会”“新余姚人调委会”等社会融合组织和志愿者服务平台，让流动人口更好地参与全市公益志愿服务、社会综合治理、美丽家园建设。同时，做好流动人口子女关爱工作。2020年，建工会的外来务工人员集中企业工资集体协商率动态保持100%，和谐企业创建率达95%。外来务工人员工会会员入会率和组建率动态保持在96%以上。

（石国栋）

机关事务管理

【概况】

2020年，市机关事务管理局以提高资产管理效益、提高资金使用效益、提高服务对象满意度、提高干部职工获得感“四提高”为工作目标，不断推进党建引航工程、凝心聚力工程、能力提升工程、品质服务工程、智慧后勤工程“五个工程”建设。

推进智慧后勤建设。安装智慧道闸系统、人脸识别系统、“一卡通”管理系统，推广“机关事务通App”安装，上线面点预定、设备报修、人员及车辆进出等服务模块，完成相关单位共3600多名干部职工信息数据采集、录入等工作，制作“一卡通”银行卡1000余张，每月线上面点预定900多人次，实现后勤服务的便捷、精准、规范。重点推进机关后勤服务保障、公务用车管理等方面“最多跑一次”改革，上线办公用房管理、车辆更新申请、会议室预约等13项内跑事项，审批内跑事项申请3000余件。

做好疫情防控工作。成立疫情联防联控工作领导小组和工作专班，定岗定责，实行A、B岗工作模式。认真管好“小门”，做好测温、查验“健康码”等工作。组织党员干部到村（社区）、企业、店铺开展疫情防控、政策宣传、复工复产帮扶等活动，20余名党员和干部职工下沉防疫第一线，当好基层服务员。

推进办公用房集中统一管理。依据《宁波市党政机关办公用房管理实施办法》分期分批推进办公用房权属转移登记，完善局管房产一房一档工作，深化市级行政事业单位房产处置和统筹盘活工作，多渠道、多方式盘活各类资产，进一步提高资产使用效益。继续深化党政机关、行政事业单位办公用房清理整改工作，指导监督各单位严格执行办公用房使用标准。

加强公务用车管理。严格核定编制内车辆的更新，按照配备标准和程序做好车辆的更新购置工作。全市应急公务用车和业务用车全部纳入政采云车辆控购系统。及时收集相关单位对公务用车的使用需求，做到件件有回复。严格审核车改单位新增、转任、调动人员的参改申请。落实“三定四统”制度，即定点保险、定点维修、定点加油、统一编制、统一标准、统一购置经费、统一采购配备。

开展全市党政机关事业单位生活垃圾分类工作情况检查，将检查情况按红绿灯排位公示，对存在突出问题的单位开出整改单。限制使用一次性办公用品，停止使用不可降解一次性塑料制品。完成全市78家市本级部门和本级部门30%的所属下属单位宁波市生活垃圾分类示范单位的创建工作。组建“we余姚市公共机构节能志愿者服务队”。积极开展全市公共机构节能宣传月“绿水青山　节能增效”主题活动。印发《余姚市节约型机关创建行动实施方案（2020—2022）》，创建余姚市节约型机关18家，完成市行政中心“绿色数据机房”的认证工作。

开展市政府大院环境整治，组织开展蚊蝇灭杀、除四害、消除卫生死角等环境清洁行动。扎实做好国家卫生城市复审和全国文明城市复评工作。

【抗击新型冠状病毒肺炎疫情】

疫情防控期间，在门岗和机关食堂设立卫生检测点，对保安保洁人员、食堂服务人员等全部进行体温测量。保安保洁人员、食堂服务人员全部戴口罩上岗。做好快递员、外来办事人员等非大院单位工作人员防控工作。加强食材配送管理，指定专人负责对食堂食材运送情况进行检查。

做好环境卫生清理，开展爱国卫生运动；对市政府大院出入口、大厅、楼道、电梯等公共场所进行定时消毒，开窗通风；在办公大楼每个楼层、食堂、会议楼等处设置废弃口罩投放桶和口罩密闭小袋子，指导全市机关事业单位做好疫情防控期间的垃圾分类工作，引导广大干部职工规范分类投放；对食堂餐具和会议楼水杯落实更高标准的消毒措施。

认真做好物品储备，多渠道采购储备测温计、口罩、消毒药水、洗手液等相关物品，做好疫情防控期间会务、食堂等服务保障工作，全力保障疫情防控期间市政府大院后勤保障工作正常运转。

【制止餐饮浪费行为】

联合市文明办向全市党政机关发出《坚决制止餐饮浪费行为倡议书》，号召机关干部职工弘扬勤俭节约美德，倡导健康文明的生活方式。向全市党政机关印发《深入贯彻落实习近平总书记重要指示精神坚决制止餐饮浪费行为实施方案（试行）》，从注重源头管理、提升服务效能、强化宣传教育、健全规范制度4个方面，制定12项具体举措，全面推进反对餐饮浪费工作。通过钉钉、微信、余姚电视台、《余姚日报》等媒介，广泛学习习近平总书记关于制止餐饮浪费行为的重要指示精神。组建市政府大院“光盘行动督导员”志愿者队伍，定期、定时开展督导检查。加强机关食堂精细化管理，以打造标准化样板为目标，采取控制食材采购总量，落实食材加工标准化，优化食材供应模式等方法，从源头上减少食材浪费。

（胡　景）

行政审批

【概况】

2020年，市行政服务中心及各分中心共受理各类政务服务事项963087件，其中各分中心99043件；办结958505件，其中各分中心99043件；收取各类税费167亿元，其中各分中心0.04亿元；行政服务大厅现场“好差评”评价11587条，满意率99.99%。

2020年初，面对新冠肺炎疫情，全面贯彻上级重要指示，从1月22日起，及时部署相关疫情防控准备工作，紧急配置防控物资，出台《余姚市政务服务办公室关于成立余姚市行政服务中心新冠肺炎疫情防控工作领导小组的通知》《余姚市行政服务中心新冠肺炎疫情防控指南》《余姚市行政服务中心新冠肺炎疫情防控应急预案》《余姚市行政服务中心关于疫情防控期间对外办公有关事项的公告》等疫情防控相关制度，明确告知市民余姚市行政服务中心春节假期延长至2月2日。2月9日前，市行政服务中心窗口不提供现场办理服务，只受理网上申报、预约和咨询，倡议广大市民，非紧急事项延后办理。

第一时间推出网上办、掌上办、自助办、代理办、咨询办、邮寄办、预约办等一系列“不见面办”的服务举措。同时组织开展每日清洁消毒工作，坚持守好“小门”，落实外来人员尤其是高风险地区返回人员的登记报告与管控，对进入人员实行“扫码、亮码、测温、戴口罩”等管控措施，对未出示有效健康信息的群众做好沟通解释工作，引入口罩自动售卖机1台，满足群众购买需求。积极组建由4位班子成员参加的9人党员干部服务分队，下沉到泗门镇，协助乡镇做好疫情防控与复工复产检查。同时组织人员赴高铁站开展测温、登记等防疫工作。3月23日，余姚市行政服务中心全面恢复对外服务。

深化“一件事”改革，对省定的41个“一件事”及余姚自行梳理的22个“一件事”进行规范化梳理，同时完成浙江省2020年新下发的新增或迭代升级的21个“一件事”办理指南梳理工作。“好差评”工作落实，按照省“最多跑一次”改革获得感评估要求，组建市级好差评处理员队伍，建立完善全市“好差评”工作联络机制和处理协调制度，持续优化好差评处理流程，布置落实好差评工作相关的差评样本框，共上报全市差评数据139条，并对全部数据进行逐条回访落实，确保好差评样本框数据满意度。全年完成差评申诉整改件187件，实现主动评价率39.11%，居宁波市第二位。

"考级制"落实，根据"受理与办理分离"的"一窗受理、集成服务"改革要求，市政务办按照《余姚市人民政府关于印发余姚市行政服务中心工作人员"考级制"实施方案（试行）的通知》要求，组织市政务办及市行政服务全体常驻工作人员（包括窗口前台、后台所有人员）分批次按个人综合素质、业务知识水平、实务操作能力等方面开展"考级制"等级评定测试，共有399人次完成等级评定测试。

政务服务事项"跨区域通办"，在社会事务服务区设置"长三角通办""甬绍通办"专窗，指定专人受理通办事项，将47个事项纳入长三角政务服务"一网通办"专窗办理。做好"甬易办"平台建设，完成"甬易办"办事平台上线、线下专窗开设、资金账户开设等工作，打造"端到端"一键通、一站式在线互动服务系统。累计发放资金1948万元。推进"无证明"城市建设，依托"无证件共享核查平台"，在行政服务中心各服务区内配备扫码设备等硬件，在市行政服务中心配置8个无证明共享核查平台点，实现"无证件办事"全覆盖。

【企业投资项目审批代办帮办服务开展】

2020年，市政务办以"三服务"和"四送一增强"专项行动为抓手，一方面协助企业抓复工复产，开设"复工复产服务专窗"，为企业和群众提供惠企惠民政策咨询服务，指导企业完成一般企业投资项目"最多80天"申报工作。全年共为智能光电小镇舜宇新基地、水泥厂搬迁项目、综合供能站等项目解决各类问题56个。另一方面为企业提供投资项目审批代办帮办服务，全年共为38个企业投资项目提供审批代办帮办服务，涉及总投资73.2亿元，为205个项目提供零星帮办服务，涉及总投资77.1亿元。

【急难事项"绿色直通车"服务推出】

年内，实施急难事项"绿色直通车"服务，为服务对象提供上门服务、延时服务、续办服务、快递免费送达、"午间岗"等便民利民举措，此举得到省委副书记、宁波市委书记郑栅洁批示肯定。2020年，各窗口开展上门、延时服务771次，发放"续办服务卡"300余张，为企业群众提供免费快递服务15647件次。

【政务服务2.0建设】

10月，市行政服务中心全面启动政务服务2.0改造，统一设置智能导服区、自助服务区、收件区、审批区、出件区，系统性配置高拍仪、平板电脑、触屏式一体机等电子设备，增设"宁波办事"综合自助服务终端10台。截至年末，自助服务终端共上线服务事项295个。同时，对已纳入2.0平台的900余项政务事项进行初始化配置，共配置事项919项；完成对部门应用2.0平台进行授权，其中授权部门管理员26个，收件人

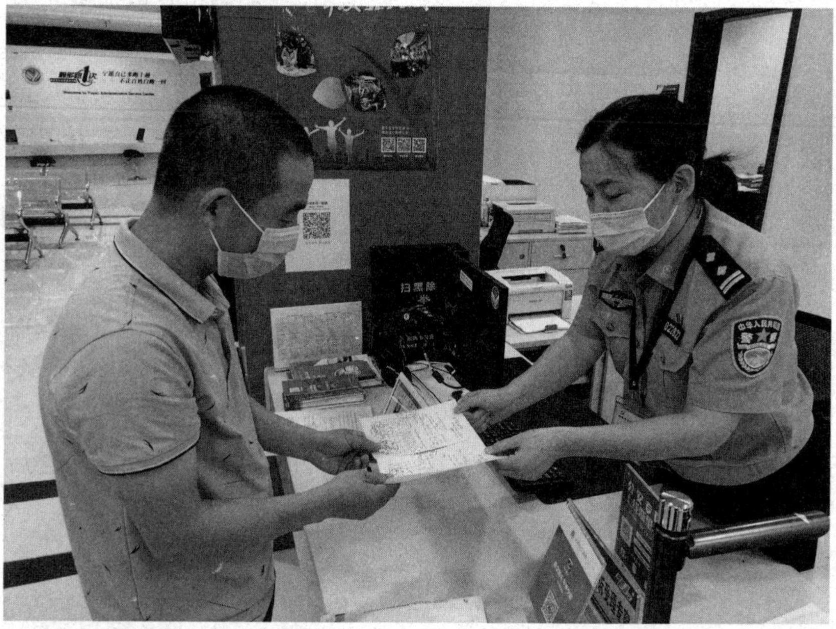

5月27日，工作人员为群众办理急难事项"绿色直通车"服务

5 月 21 日，工作人员为群众办理复工复产服务

员 183 个，完成硬件设备测试；对部门应用 2.0 平台发现的问题及时提交工单反馈，共反馈问题 15 个。对涉及 24 个市级部门的 725 项行政许可事项办事指南进行规范化检查，共检查发现问题事项 345 个，并逐一整改。

【“最多跑一次”向基层延伸】

全面完成镇级便民服务中心标准化建设，全市乡镇街道共建成 17 个示范型、4 个标准型镇级便民服务中心（四明山镇、鹿亭乡、大岚镇、大隐镇）；截至年末，凤山街道、阳明街道、朗霞街道便民服务中心入驻公安、市场监管、社保、医保、民政、外口、计生、残联等 254 项民生事项，月办件量近 2 万件，日接待 400 多人次，基本实现群众办事“不出镇”。同时，以泗门镇为试点，在全市 24 个行政村开展村级便民服务中心规范化试点推广工作，以镇级为中心、村级为支撑的基层便民服务体系逐步形成。积极加强与商业银行网点合作，扩大政银合作覆盖面，实现全市 90 余个银行网点可代办企业注册登记、不动产抵押登记等 86 项政务服务事项，同时指导分中心做好机动车便民服务领域改革，在全市 11 家 4S 店设立机动车登记服务站办理新车注册登记，在城区子陵路邮政支局和泗门邮政支局设立 2 个“警医邮”服务点。

（市政务服务办公室）

外事工作

【概况】

2020 年，由于新冠肺炎疫情影响，全市因公出国（境）暂停。10 月 20 日，市委外事工作委员会第二次会议召开。

1 月 9 日，爱尔兰科技商务代表团一行参观舜宇集团、奇点机器人体验馆，并在宁波市智能制造产业研究院进行座谈，副市长薛晓伟出席。

6 月 10 日，宁波中东欧创新基地在余姚揭牌，余姚市委书记奚明和波黑驻华大使塔里克·布克维奇共同为基地揭牌。余姚市领导韩柏顺、薛晓伟、陈亚南、曾一胜，中东欧国家驻华官员、宁波中东欧创新基地代表、启迪科技城代表等出席揭牌仪式。10 日下午，中东欧国际产业合作园揭牌暨首批入园项目签约活动在余姚举行。十二届全国人大外事委员会副主任委员、中国社会科学院“一带一路”国际智库专家委员会主席、蓝迪国际智库专家委员会主席赵白鸽，省委副书记、宁波市委书记郑栅洁等为合作园揭牌。中东欧驻华官员参观了王守仁故居、余姚博物馆。

7 月 31 日，中国云城·亚太智慧医疗健康综合体首期项目在余姚开工。省委副书记、宁波市委书记郑栅洁，宁波市人大常委会主任余红艺，宁波市委常委、市委秘书长施惠芳，宁波市副市长李关定，余姚市副市长王安静、薛晓伟，华晟基金管理（深圳）有限公司董事长兼首席执行官林竹，赫利奥斯医院管理有限公司技术总监克莱门斯·曼弗雷德斯等出席。余姚市委书记奚明主持动工仪式。

【友好交流】

1 月下旬，在全市抗疫物资紧缺的情况下，波兰友好城市凯尔采市协助余姚成功采购到6500支额温枪并尽快运至国内。

1月30日，日本友好城市常陆太田市向余姚市捐赠一批防疫物资，共有口罩2万个、防护服150件、手套500副。

4月22日，一批外包装上贴有“山川异域　舜水同源”字样的防疫物资（口罩4万个，护目镜100个，手套1000副）从余姚启运，发往日本常陆太田市，助力友好城市的防疫工作。

1月30日，日本友好城市常陆太田市向余姚市捐赠一批防疫物资

4月22日，一批防疫物资从余姚市启运，发往日本常陆太田市

【境外疫情防控】

2月29日，为防范境外疫情输入，市联防联控工作领导小组在社会管控组下增设市境外来姚人员服务工作组，组长由市府办（市政府外事办公室）主任胡建立担任，工作专班设在市公安局出入境大队，市外事办派专人常驻工作。

3月9日，为加强境外新冠肺炎疫情输入防控工作，根据上级部署要求，市里决定增设境外疫情输入防控工作组，市外事办为成员单位。工作组下设工作专班设在公安局，市外事办派员常驻办公。

12月27日，市外事办协助做好第十一架次国际航班（韩国—宁波）入境人员的集中隔离有关工作。

【涉外管理】

2020年，市外事办按照“统一领导、归口管理、分级负责、协调配合”的原则，协同市有关部门及乡镇街道，稳妥处置涉外案（事）件，维护全市良好的对外形象。

（孙雪丹　朱　琼）

政协余姚市委员会

综　述

2020年，市政协共召开常委会议6次、主席会议11次、常委会会议专题协商1次、主席会议视察3次、专题视察1次。

助力疫情防控，积极参与“四送一增强”专项行动，组织开展主席会议成员视察生产生活秩序恢复情况、对口协商工业及外贸企业应对疫情影响、网络协商外贸企业转型升级、深入调研重大突发公共事件中产业链断点打通等各类履职活动28次，多维度建言600余条，报送的信息《建议疫情期间加强农村供水保障》得到宁波市委主要领导批示。

开展协商议政。召开常委会议专题协商“生活垃圾分类处理”“加强常委会自身建设若干问题”，专题听取人力资源和社会保障工作、国土空间规划编制工作、重点提案办理工作等情况，就疫情影响下应届毕业生就业创业形势分析、全市青少年成长乐园开展情况等内容组织双月恳谈协商。

加强民主监督。围绕城乡生活垃圾分类处理，持续开展专项集体民主监督活动，实地查看点位500余个，提出意见、建议82条；围绕农村人居环境“六清六净”专项行动开展民主监督，全年在5个乡镇开展督查工作12次；就高品质新农村建设、产业研究院建设工作等开展主席会议视察；就社会治理综合服务中心建设工作等开展专题视察。

完善协商平台。高效开展“请你来协商”“6+X”活动，开辟“小微协商”新模式，全年举行“请你来协商”活动78次，其中举行“请你来协商·全会提案现场办理”活动1次，专题协商会8次、恳谈协商会4次、对口协商会12次，小微协商53次。

积极建言献策。围绕美丽城镇建设、重大突发公共事件下的城市空间治理、产业工人队伍建设、机器人及智能装备产业发展、推进体育产业高质量发展等议题开展调研。全年共收到社情民意信息300余条，编报信息29期，获评宁波市政协反映社情民意信息工作先进集体。市政协十三届四次会议以来的329件提案得到有效办复。

推进团结民主。创新开展委员+乡贤“联片进镇帮村”活动，组织“联片进镇帮村”活动72次，参加委员和乡贤1200余人次，助力解决基层“关键小事”125件。召开民主党派、工商联负责人和无党派人士座谈会3次。编辑出版《凝心聚力抗击新冠肺炎疫情——余姚市政协委员的前线与后方》《浙东唐诗之路重要节点——四明山诗路》《余姚科举研究》《陈梓全集》等书籍。

强化自身建设。成立党建工作领导小组和委员党委，设立6个功能型党支部。增设农业农村委，设立理论工作研究室。制定修订“请你来协商”平台建设、提案工作规则、乡镇街道联络委工作规则等7项制度，市政协机关制定修订18项办文、办会、办事规定办法。配合做好省委巡视、市委巡察工作，研究制定14项整改措施，切实抓好反馈意见的整改落实。

（市政协）

重要会议

【市政协十三届四次会议】

5月8—9日召开。会议听取和审议政协第十三届余姚市委员会常务委员会工作报告；听取和审议政协第十三届余姚市委员会常务委员会提案工作报告；列席市第十七届人民代表大会第四次会议，听取并讨论政府工作报告；组织委员大会发言，建言献策；补选政协第十三届余姚市委员会副主席、常务委员；审议通过政协第十三届余姚市委员会第四次会议全体会议提案；审议通过政协第十三届余姚市委员会第四次会议全体会议决议等。

市政协十三届四次会议专题发言一览表

表2

序号	专题发言题目	发言人
1	关于加快我市数字经济核心产业发展的建议	陈海燕
2	关于加快实施浙东唐诗之路活化工程的建议	符利群
3	推进基层社会治理　深化“一起来”改革	宋　瑜
4	关于加快制造业产业集群发展的建议	邓　云
5	关于余姚智能光电小镇建设的建议	邵建洪
6	关注妇女儿童健康　提高全民健康水平	沈李利
7	关于做好民营企业法律风险防控的建议	鲍金权
8	关于缓解城区停车难问题的建议	戴天瑛
9	关于完善我市公共卫生体系建设的建议	陈利群
10	发挥新乡贤作用　助推乡村振兴	黄国锋

【市政协常委会议】

2020年，市政协召开常委会议6次。会议具体情况如下：

1月17日，市政协十三届常委会第十七次会议召开。会议审议通过《政协余姚市委员会关于设立全体会议提案的暂行办法》；审议通过关于召开政协第十三届余姚市委员会第四次会议的决定；审议政协第十三届余姚市委员会第四次会议议程（草案）；审议通过政协第十三届余姚市委员会第四次会议日程；讨论并审议市政协常委会工作报告、提案工作报告、全体会议提案初审案；审议关于推定市政协常委会工作报告和提案工作报告报告人名单；审议有关人事事项；审议通过政协第十三届余姚市委员会第四次会议列席人员范围；审议通过政协第十三届余姚市委员会第四次会议委员分组及召集人列席人员名单；审议市政协十三届四次会议会风会纪监督组名单（草案）等。

5月7日，市政协十三届常委会第十八次会议召开。会议审议通过市政协十三届四次会议各次全体会议执行主席和会议主持人名单，讨论市政协十三届四次会议选举办法（草案），协商提出市政协十三届四次会议总监票人、监票人名单（草案）；审议通过关于补选政协第十三届余姚市委员会副主席、常务委员候选人建议名单等事项。

5月8日，市政协十三届常委会第十九次会议召开。会议听取政协第十三届余姚市委员会副主席、常务委员候选人建议名单，选举办法（草案）和总监票人、监票人名单（草案）的讨论情况汇报；审议通过选举办法（草案）；审议通过总监票人、监票人名单（草案）；审议通过政协第十三届余姚市委员会副主席、常务委员候选人名单（草案）。会议还审议通过政协第十三届余姚市委员会第四次会议决议（草案）。

9月17日，市政协十三届常委会第二十次会议召开。专题协商讨论“加强常委会自身建设若干问题”。6名常委围绕懂政协、会协商、善议政、守纪律、讲规矩、重品行6个方面作交流发言。会议审议通过政协有关规定；审议通过有关人事事项，同意郑利刚辞去政协第十三届余姚市委员会副主席、委员职务，同意部分人员辞去常委、委员职务，增补华红、祁鹏、许珂、杨丰、张锡江、周林杰6人为市十三届政协委员，决定任命周林杰为政协第十三届余姚市委员会社会法制和港澳台侨委员会主任。

10月21日，市政协十三届常委会第二十一次会议召开。专题协商“城乡生活垃圾分类处理工作情况”。市综合行政执法局负责人介绍全市城乡生活垃圾分类处理工作情况及下步打算；开展专题协商，常委、委员建言献策；副市长黄和庆应邀出席会议；市政协主席陈长锋讲话。

12月29日，市政协十三届常委会第二十二次会议召开。审议通过关于召开政协第十三届余姚市委员会第五次会议的决定；审议政协第十三届余姚市委员会第五次会议议程（草案）；审议通过政协第十三届余姚市委员会第五次会议日程；审议市政协常委会工作报告和提案工作报告；审议关于推定市政协常委会工作报告和提案工作报告报告人名单；审议有关人事事项；审议通过政协第十三届余姚市委员会第五次会议列席人员范围；审议通过政协第十三届余姚市委员会第五次会议委员分组及召集人列席人员名单。

（市政协）

提案工作

【概况】

市政协十三届四次会议以来，共提出意见、建议329件，经审查，立案305件，其中集体提案38件、委员个人提案267件。提案分别送交83家承办单位办理，全部办复。其中，采纳200件，占65.6%；部分采纳或列入计划采纳93件，占30.5%；因条件、能力所限近期尚不能落实的12件，占3.9%。提案者对办理情况给予了反馈，对办理工作和办理结果满意与基本满意率均达到100%。

市政协十三届四次会议重点提案一览表

表3

序号	提案者	案由	主办单位	协办单位	督办领导	政协联系单位
1	民革余姚支部	加快我市数字经济核心产业发展的建议	市大数据发展管理局	市经济和信息化局	徐栋芳	委员工作委
2	经济界二组	关于进一步做好小微企业续贷业务的建议	市金融办	市自然资源和规划局、市财政局、市司法局、市大数据发展管理局、人行余姚支行	郑利刚	经济和城建资源环境委
3	胡素音	关于深度融合打造“阳明古镇”历史文化步行街区的建议	市品质办	—	郑利刚	经济和城建资源环境委

续表 3

序号	提案者	案由	主办单位	协办单位	督办领导	政协联系单位
4	李向国	关于实施积极人口落户政策的建议	市公安局	市人力资源和社会保障局	赵银海	社会法制和港澳台侨委
5	姚国祥	关于壮大民营创新主体推进协同创新体建设的建议	市科学技术局	—	朱卫东	科教卫体文化文史和学习委
6	王伟	关于完善重大突发公共卫生事件分级救治体系建设的建议	市卫生健康局	市委编办、市财政局、市应急管理局	朱卫东	科教卫体文化文史和学习委
7	农业界组	关于加强我市农产品品牌建设　推动农业经济高质量发展的建议	市农业农村局	—	缪正刚	农业农村委
8	黄国锋	关于加强房地产商销售监管的建议	市住房和城乡建设局	市发展和改革局、市自然资源和规划局、市市场监督管理局	缪正刚	提案委

（市政协）

重要活动

【“城乡生活垃圾分类处理”专项集体民主监督】

2020 年，市政协与省政协、宁波市政协联动做好“城乡生活垃圾分类处理”民主监督工作，采用蹲点调研、小分队督察等方式，实地查看点位 500 余个；召开常委会议进行专题协商，提出意见建议 82 条，相关建议在《余姚市高标准推进生活垃圾治理攻坚行动方案》中得到体现。

【生产生活秩序恢复情况视察】

5 月 28 日，市政协主席会议成员对全市生产生活秩序恢复情况进行视察。视察组一行先后实地视察宁波比依电器有限公司、余姚华润五彩城等地。在随后召开的座谈会上，市经信局、市教育局、市商务局主要负责人汇报了全市生产生活秩序恢复情况，市发改局、市农业农村局、市文化和广电旅游体育局做书面汇报。市政协主席会议成员就加快推进全市生产生活秩序、确保“两手硬、两战赢”等提出了意见、建议。

【社会治理综合服务工作视察】

8 月 26 日，市政协组织部分政协委员对全市社会治理综合服务工作进行视察。视察组一行先后实地视察凤山街道社会治理综合服务中心（社会矛盾纠纷调处化解中心）和市社会治理综合服务中心（市社会矛盾纠纷调处化解中心）等地，

10 月 14 日，市政协“请你来协商·全会提案现场办理”活动举行

10 月 29 日，市政协主席会议成员视察美丽乡村建设工作

实地了解全市社会治理综合服务工作。在随后召开的“请你来协商·市政协委员专题视察座谈会”上，市委政法委有关负责人通报了全市社会治理综合服务工作情况，8 名政协委员建言献策。

【“请你来协商·全会提案现场办理”活动举行】

10 月 14 日，市政协举行“请你来协商·全会提案现场办理”活动，围绕《关于加快推进先进制造业高质量发展的若干建议》的全会提案，组织市长与委员面对面，开展全会提案现场办理。活动中，徐云等市领导和职能部门负责人与政协委员、界别群众代表面对面协商、零距离沟通。

【美丽乡村建设工作视察】

10 月 29 日，市政协主席会议成员视察美丽乡村建设工作。视察组一行先后实地视察了隐溪河姚江口周边环境治理情况、学士桥村“六清六净”工作开展情况以及双溪口水库。在随后召开的座谈会上，大隐镇、市农业农村局有关负责人汇报了美丽乡村建设相关情况，市政协主席会议成员和政协委员围绕大隐镇文旅产业发展和全市美丽乡村建设提升工作建言献策。

【产业研究院建设工作视察】

11 月 26 日，市政协主席会议成员视察余姚产业研究院建设工作。视察组一行先后实地走访阳明工业技术研究院、浙大机器人研究院、塑料研究院和科技大市场。在随后召开的座谈会上，市科技局相关负责人汇报余姚产业研究院建设的相关情况，市委人才办、余姚经济开发区和中国塑料城管委会分别作书面汇报。余姚市政协主席会议成员围绕产业研究院建设工作中的“卡脖子”问题以及如何更好发挥产业研究院作用等内容建言献策。

（市政协）

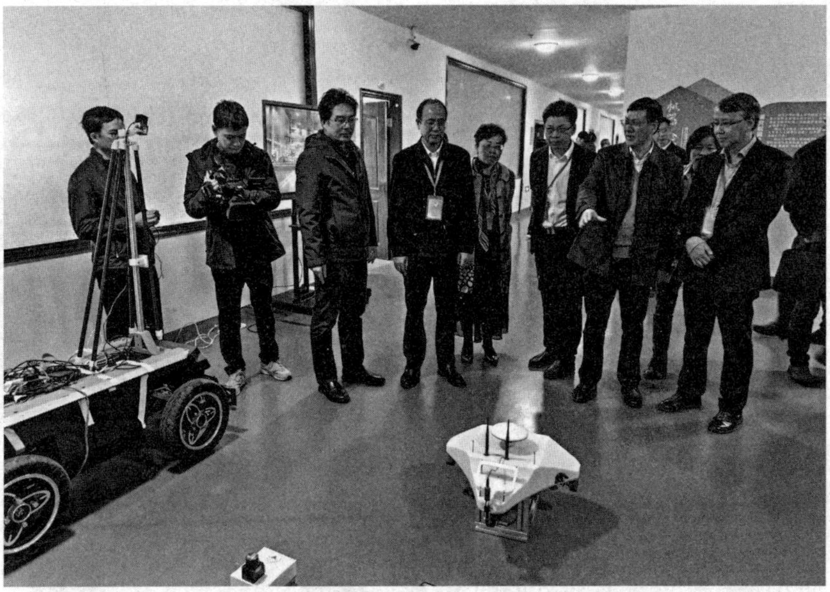

11 月 26 日，市政协主席会议成员视察余姚产业研究院建设工作

中共余姚市纪律检查委员会·余姚市监察委员会

综　述

2020年，市纪委、市监委聚焦“两个维护”，紧扣党委政府中心工作，持续强化政治监督，确保政令畅通。主动融入全市抗疫大局，构建战时“大监督”工作体系，保障疫情防控令行禁止。扎实推进对口扶贫、山海协作专项监督，保障脱贫攻坚胜利收官。紧盯重点领域、重要群体、关键环节，始终保持惩治腐败高压态势，推动落实职务犯罪案件查办“三个效果”有机统一。刚性执行中央八项规定精神，持续发力纠治“四风”问题。深化“清廉村居”建设，推进村务监督委员会改革，严明村级组织换届纪律。全力配合中央和省委巡视，全面推进巡察监督，高质量完成本届市委对农村基层巡察全覆盖。推动构建“四责协同”机制，持续深化纪检监察体制改革，加快推进监督信息化建设。深化运用监督执纪“四种形态”，精准有效实施问责，一体推进不敢腐、不能腐、不想腐体制机制，切实抓好以案示警、以案促改，推动政治生态持续向好。

（朱文杰）

重要会议

【市纪委十五届六次全会】 3月31日，市第十五届纪律检查委员会第六次全体会议召开。会议传达习近平总书记在十九届中央纪委四次全会上的重要讲话、中央纪委常委会

3月31日，中共余姚市第十五届纪律检查委员会第六次全体会议召开

工作报告、省纪委十四届五次全会精神、宁波市纪委十三届五次全会精神，回顾总结2019年纪检监察工作，研究部署2020年任务。会议审议通过《中国共产党余姚市第十五届纪律检查委员会第六次全体会议决议》。市委书记奚明讲话，市委常委、市纪委书记、市监委主任汪志代表市纪委常委会作工作报告。

（朱文杰）

重要活动

【概况】

2020年，市纪委、市监委积极协助市委构建“四责协同”机制，把党委主体责任、纪委监督责任、党委书记第一责任和班子成员“一岗双责”的横向协同协作与纵向压力传导结合起来，协助制定下发《2020年党风廉政建设和反腐败工作组织领导与责任分工》，细化明确市委、市政府各领导班子成员党风廉政建设和反腐败工作责任事项。严格落实“四项报告”和廉情谈话制度，16名“一把手”分别向市纪委全会或市纪委书记当面报告主体责任履行情况；市纪委主要领导对15名新任党政主要负责人开展“三交底”廉政谈话。

【“廉情专报”制度全面实施】

在市、镇两级全面推行“廉情专报”制度，以廉情分析为抓手，通过“一份报表、一份报告”的形式，每季度向同级党委精准描绘该地阶段性政治生态状况，助力党委主要领导更好掌握该地党风廉政建设和反腐败工作情况，推动全面从严治党主体责任与监督责任贯通协同、形成合力。在市级层面，2020年连续四季度向市委常委会专题汇报“廉情专报”，累计建议整改问题13个，并加强问题整改督办力度，助推“两个责任”精准衔接。

【乡镇街道纪检监察机构规范化建设】

2020年，在深化完善乡镇街道“廉情工作室”、行政村（社区）“廉情前哨站”工作机制的基础上，以此为依托，在镇、村两级高质量推进监察办公室和村级监察工作联络站建设，各地共设置监察工作联络站308个，配备站长308人、监察联络员845人、基层监察信息员392人，并同步开展业务培训、推动履职尽责。强化制度建设，制定出台乡镇街道纪检监察组织履职清单、履职办法，编印工作流程图和制度汇编，规范履职流程，完善工作机制。督促推动各乡镇街道纪检监察机构加大自办案件查办力度，各乡镇街道纪检监察机构共办结自办案32件，实现全面破零。

【基层组织换届纪律保障】

在全市各行政村创新开展村级政治生态评估工作，各乡镇街道通过实施问卷调查、谈话评价、走访了解、量化评分等方式，对村级党组织进行全面体检和精准“画像”，对发现的问题及时整改落实，形成“一村一清单、一镇一报告”，为村级组织换届提供决策依据，相关工作信息被浙江纪检监察信息录用。严肃选风选纪，严格把好候选人资格审核关，广泛开展换届普法教育和纪律教育，换届期间同步设立村级选风选纪监督员，全覆盖签订候选人纪律承诺书。督促各乡镇街道纪（工）委加大对换届选举工作的监督执纪力度，及时调处涉及换届信访问题，保障换届选举顺利完成。

【村务监督委员会改革推进】

结合村级组织换届，深入推进村务监督委员会改革。落实上提一级的体制安排，明确村监会的干部管理、问题线索办理和业绩考核均以乡镇街道纪（工）委为主。落实能力过硬的干部安排，选优配强村监会成员，换届后全市261名村监会主任平均年龄44.2岁，比上一届年轻4.1岁；大专及以上学历184人，占比70.5%，比上一届增加19.6个百分点。并对全市村监会主任开展为期两天的“过关式”培训。落实实效导向的制度安排，完善实施月度例会、监督流程等一系列工作制度，在市级层面出台村监会工作考核实施意见，强化考核激励；编印《村务监督委员会实务手册》，助力规范履职、精准监督。

（朱文杰）

党风政风监督

【概况】

2020年，全市各级纪检监察组织围绕一体贯彻落实习近平总书记考察浙江重要讲话精神和中共十八大以来习近平总书记一系列重要指示批示精神，聚焦三大攻坚战、“六稳”“六保”、中央环保督察和省委巡视反馈问题整改等中心工作，常态化、精准化开展政治监督，严肃查处违反政治纪律政治规矩问题3件3人，确保上级重大决策部署落到实处。严格落实中央八项规定精神，查处不担当、不作为、乱作为等形式主义、官僚主义问题39起53人，党纪政务处分24人。查处享乐主义、奢靡之风问题38起48人，党纪政务处分30人。累计下发通报4期，点名道姓通报典型案例14起23人。常态化开展正风肃纪，累计发现问题1174个，处理771人次。深入开展监督检查，推进公共资源中私人会所“回头看”、餐饮浪费问题、“烟票”背后“四风”问题、领导干部违规参与民间借贷、人防系统腐败问题等专项监督整治行动，累计处理党员干部8人，其中市管领导干部2人。持续规范农村基层“小微权力”，严肃查处侵害群众利益的不正之风和腐败问题68起85人，基层群众基础进一步夯实筑牢。

【疫情防控监督】

新冠肺炎疫情防控期间，主动融入全市疫情防控大局，在战时状态下积极构建集力量统筹、一线督战、指导帮扶、即时响应等各项职能于一体的“大监督”工作体系，牵头成立21个帮扶指导组、抽调105名党员干部，深入村社一线开展督查指导和帮扶协调，发现并督促整改问题587个，综合运用监督执纪“四种形态”，共问责干部57人，其中警告处分6人，诫勉谈话11人。在疫情趋于平稳的形势下，聚焦企业复工复产现实问题，共走访企业643家，帮助企业协调解决实际困难68个，坚决保障统筹疫情防控和经济社会发展“两手抓”“两战赢”，相关工作经验得到上级纪委主要领导批示肯定。

【扶贫领域监督】

积极开展重点问题线索排查清零，查处扶贫及帮扶领域腐败和作风问题5起5人。部署运用省扶贫数字化管理系统，实施扶贫“四级动态监测”，全覆盖走访低收入农户10186户。扎实推进对口扶贫、山海协作专项监督，累计5次到结对的贵州省望谟县和丽水市松阳县，实地踏勘帮扶项目15个，发现并建议整改问题12个。其中，联合望谟县纪委建立13项协同监督机制，助力该县如期脱贫摘帽的工作经验，受到中央媒体和上级领导充分肯定。

（朱文杰）

纪律审查

【概况】

2020年，全市各级纪检监察组织共受理信访举报431件次，在上年度下降42.6%的基础上，同比又下降10.6%；共处置问题线索878件，立案240件，结案232件，给予党纪政务处分228人，其中查处市管领导干部12人；实施监察留置3人，移送司法机关处理8人。依托反腐败协调小组，联合市检察院、市法院、市司法局共建办理职务犯罪案件联席会议制度，强化沟通协作，有效推动职务犯罪案件当事人全部认罪认罚、零上访、零上诉，实现政治效果、纪法效果和社会效果有机统一。运用监督执纪“四种形态”处理1152人次，同比增长15.8%。全年下发纪检建议书6份、监察建议书19份，有效推动以案促改、源头治理。全力推进“打伞破网”，同步介入涉黑及涉恶犯罪集团案件2起，查处涉黑涉恶腐败问题7人。

（朱文杰）

巡察工作

【概况】

2020年，全年共开展3轮常规巡察、1轮专项巡察“回头看”，并接受宁波市委对市文广局党委提级巡察，累计覆盖32家党组织，共移送问题线索21件，党纪政务处分11人，移送司法机关处理5人。至2020年，对乡镇街道和市直部门党组织巡察覆盖率达87.4%，并提前一年完成本届市委对村（社区）党组织巡察全覆盖。扎实做好巡察“后半篇文章”，制定实施《中共余姚市委巡察整改质效监督实施办法（试行）》和巡察整改市领导约谈机制，17家被巡察党组织规范召开巡察整改专题民主生活会，3名被巡察党组织主要负责人由市委领导开展约谈。针对村级“三资”、乡镇农贸市场、老年服务中心等问题多发领域，召集职能部门定向交办，实现“点”上问题“面”上整改。推动市委出台优秀年轻干部到巡察岗位历练制度，抽调“85后”市管干部、年轻后备干部共6人参加市委巡察工作；在市委巡察办设置内设科室，增加人员编制及中层职数，巡察工作力量得到进一步强化。

【农村基层巡察】

专题召开市委农村基层巡察情况通报会，点名通报发现问题，部署整改工作要求，有效压实责任。打造“三个书记一起抓，三个会议必须开”的农村基层巡察工作格局，以乡镇街道党（工）委副书记主抓巡察工作、党（工）委书记主抓巡察整改、纪（工）委书记主抓巡察监督的责任落实机制推进农村基层巡察工作，整改落实情况必须经村党组织会议、党员大会、村民代表大会讨论通过，确保整改见底见效。因村制宜细化巡察方案，2020年分类开展3轮对218个村党组织的基层巡察，累计移送问题线索38件，党纪处分7人。

（朱文杰）

宣传教育

【概况】

2020年，常态化开展警示教育活动，集中选取近5年中76起党员干部违纪通报案例和职务犯罪违纪违法典型案例，编印下发《违纪通报案例和违纪违法典型案例警示录》。组织“清风讲师团”开展党风廉政警示教育宣讲64场，组织“不忘初心　警钟长鸣”警示教育展。协助市委召开全市党风廉政警示教育大会，集中通报近期查办的重点案件，促使党员领导干部从身边案例中汲取教训、反躬自省。做强本土廉政文化品牌，拓展廉政教育阵地，基本建成位于横坎头村的“红廉馆”廉政教育基地，实现红色资源与廉政文化有机结合。

【“不忘初心　警钟长鸣”警示教育展开展】

9月，由市纪委市监委主办的“不忘初心　警钟长鸣”机关党员干部警示教育展在余姚博物馆开展。展览主要通过图文、视频等形式集中展示2015年以来余姚市19个职务犯罪违纪违法典型案例。典型案例共涉及25名公职人员，大部分忏悔材料为首次公开。展览期间，全市1万余名机关干部通过观展接受警示教育。同时，各部门各单位主动创新警示教育“自选动作”，因地制宜开展各类主题教育。

（朱文杰）

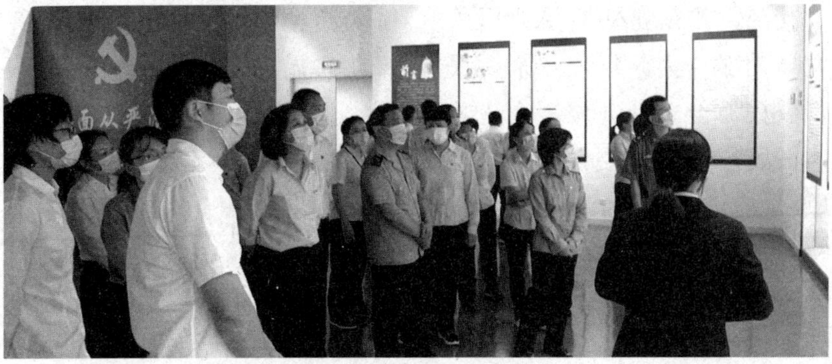

9月，余姚市党员干部观看警示教育展

民主党派

中国国民党革命委员会余姚市总支部委员会

【概况】

2020年，余姚民革坚持认真落实上级民革会议、市委全会决议，围绕中心，服务大局，真情履职，各项工作取得新进展、新成效。8月5日，民革余姚综合支部顺利升格为民革余姚市总支部，下设3个支部，分别为民革余姚市一支部、民革余姚市二支部、民革余姚市三支部。共有党员41人，吸收发展对象4人。年内，余姚民革获民革全省社会服务先进集体、民革宁波市委会评选的战“疫”先进集体、余姚市政协反映社情民意信息工作先进单位等多项荣誉。此外，党员之家还被评为2020年度省“示范五好”民革党员之家。段丹群被评为2020年民革全省组织工作先进个人，陈刚被评为2020年民革浙江省宣传思想工作先进个人，钱荣麓入选宁波市民法典律师宣讲团，钱荣麓、蹇莉入选余姚市民法典律师宣讲团，柳仁良被评为民革宁波市委会“十大公益楷模”。

新冠肺炎疫情防控期间，党员积极参与疫情防控工作，自发捐资捐物，金额累计5万余元，支部被民革宁波市委会评为战“疫”先进集体，劳士权、吕铖、邵锐锋被评为战“疫”先进个人，陈刚、姚建林被评为全省新冠肺炎疫情防控志愿者，褚晓鲁牵头实施的一则案例被省司法厅、省工商联选入疫情防控和复工复产法律服务十大典型案例。劳士权获余姚市委人才工作领导小组、市委组织部认定的有突出贡献专家奖。

支部先后举行报告会、培训会、学习会等6次，积极选派党员参加由宁波市委统战部组织宁波市各民主党派“四比四强”风采展示活动，获二等奖。开展“不忘合作初心、继续携手前进”主题教育、“四比四强”专题活动，赴浙东（四明山）抗日根据地旧址群开展革命传统教育和红色教育。组织党员撰写学习心得，编印党员作品文集《梦，并不遥远》。发挥民革促进祖国和平统一工作特色，加强与市台办、在余姚台胞联络联谊。

积极组织党员参加市委会、市委统战部组织的各类培训。开展组织生活，举行迎新春联欢活动、“三八”妇女节为女党员送鲜花活动、重阳节走访慰问老党员活动等。加强与市内其他4个民主党派的学习交流，与鄞州一支部、鄞州七支部、江北一支部、李惠利医院支部、李惠利东部医院支部、杭州湾五支部、镇海一支部、民革江西省委会调研组、广东佛山市委会调研组、嘉兴市委会直属第四支部、民革杭州市委会等省内外民革组织开展交流，促进互学互鉴。同时，做好对外宣传工作，宣传报道被各大平台录用20余条。

【参政议政、民主监督】

注重发挥民革优势，成立余姚民革调研课题组，广泛深入开展调查研究，切实履行参政议政、民主监督、参加中国共产党领导的政治协商的基本职能。在市政协大会上，围绕推进加快全市数字经济核心产业发展作大会发言。共向各级民革、人大、政协、统战部门等提交建议、提案、社情民意信息近60件，其中1件提案（《加快我市数字经济核心产业发展建议》）被市政协列入重点提案和评为优秀提案。2件社情民意被全国政协录用，1件被民革中央录用，4件被民革省委会录用，11件被民革宁波市委会录用，13件被市政协录用。先后就加强余姚民营制造业发展、强化统战工作、推动“一带一路”倡议在宁波的实践发展、基层社会治理、如何进一步发挥政协委员主体作用、如何做好人民政协为人民等方面开展深入调查研究，承担民革宁波市委会、余姚市政协等调研课题5篇。积极参与民主监督。与民政、司法等部门开展对口联系活动，参加政情通报会、“请你来协商”，并就高质量发展、姚江流域治理、机构养老等方面开展民主监督，拓宽知政明情渠道。

【社会服务】

发挥党员优势，广泛整合资源，在企事业单位、行政村、学生、困难群众中，常年开展社会服务活动。开展“知行同心”行动。在同心村开展帮助完成村文化礼堂图纸设计、建成一条民革同心路、创建民革书画创作基地、开展送医送文化进村进社区和捐助贫困学子等活动。联合李惠利医院支部、鄞州一支部分别对大岚镇、梁弄镇开展送医下乡活动。在市委统战部的牵线下，与鹿亭乡龙溪村签约，达成开展长期结对帮扶意向。打造“仁良书香”品牌。2020年，开展捐书助学活动3次、累计金额2.22万元，60余名学生得到奖学金或助学金。推进“博爱讲坛”建设。开展“博爱讲坛”活动10次，新增“居民收支与生活状况调查”、“重塑你的理财观”、《中华人民共和国民法典》解读等系列课程。

【民革余姚市总支部成立】

8月5日，中国国民党革命委员会余姚市总支部正式成立。宁波市人大常委会副主任、民革宁波市委会主委王建康，余姚市委常委、市委统战部部长蒋士勇，市政协副主席、九三学社余姚基层委主委赵银海，市政协副主席、农工党余姚基层委主委缪正刚出席成立大会。宁波市委统战部党派处处长郑杰、市委统战部常务副部长周松庆、民进余姚基层委主委朱初雷、民盟余姚支部负责人于建斐等参加会议。市司法局、市民政局、市人社局、市水利局等各对口联系单位相关负责人，余姚民革同心企业、同心村、同心银行、同心学校等同心结对单位相关负责人，全体民革党员参加会议。

（民革余姚支部）

8月5日，中国国民党革命委员会余姚市总支部成立大会召开

中国民主促进会余姚市基层委员会

【概况】

2020年，民进余姚市基层委员会围绕中共余姚市委中心工作，认真履行职能，各项工作取得新进展、新成效。年内，共发展年轻会员7人，会员总数达到94人。年内，民进余姚市基层委员会获得省级优秀基层组织，承办民进省委会组织的全省骨干信息员研讨会。会员程载国获得省“春蚕奖”，吕亮当选为浙江省书法家协会第八届理事会理事，胡素音获市三八红旗手称号，沈琳旦被评为余姚市劳动模范等。先后接待民进省委会、民进象山县支部等到余姚的调研。

新冠肺炎疫情发生后，基层委发动会员各尽所能、共同抗疫。会员黄戬驰援武汉。其他民进会员以捐款捐物、创作文学作品、开展网课教育、参与各类志愿服务、撰写社情民意信息等方式助力抗疫。会员们通过各类渠道累计捐款4万余元，捐献口罩85万个，捐赠价值近万元的移动紫外线消毒设备、消毒酒精等物资。

【参政议政】

基层委围绕市委、市政府中心工作，组织会员积极参加市委、市人大、市政府、市政协及有关部门举行的各类协商会、座谈会、情况通报会、意见征求会等，就全市经济建设和社会发展中的一些重大问题提出积极中肯的意见和建议，部分意见和建议被采纳和实施。全年共提交政协提案21件，人大建议3件。

积极参与上级组织开展的各类课题招标等活动。主动承办民进省委会骨干信息员研讨会，认真学习先进经验和做法。开展开明沙龙活动。2020年开始，由基层委牵头，开展每月一次的“开明沙龙”活动，旨在通过活动，提高会员参政议政水平和撰写社情民意信息能力，促进会员间交流，增强组织归属感。通过沙龙活动切实增强履职能力建设，推动基层委自身建设再上新台阶。

【民主监督】

充分发挥人大代表、政协委员和骨干会员的作用，就“最多跑一次”改革、垃圾分类处理、“河长制”落实等开展专题民主监督活动。积极反映社情民意，3条社情民意信息被民进中央录用。扎实开展与市教育局、市文广局、市环保局、市交通运输局、市综合行政执法局等对口联系，建立健全长效工作机制。多名会员担任有关部门的行风监督员，进行行风评议和民主监督，提出意见、建议。

【社会服务】

加强会史教育和宣传，积极推动严景耀、雷洁琼资料陈列馆在低塘严景耀故里的修建工程。指导下属支部广泛开展“五个一”活动，并给予保障。3个支部根据自身特色，建立不同形式的“民进之家”。组织开展送教下乡、送文化下乡，送春联进社区等社会服务活动，为广大会员搭建服务社会、展示自我、发挥作用的平台。定期开展教育帮扶活动。退休会员继续发光发热，开设越调吟诵培训班、出版系列书籍等。

4月，促成中共余姚中学党委与教育一支部签订结对共建协议，发挥优质教师资源赋能社会的作用。8月，与中共余姚中学党委共同开展高考志愿填报公益咨询服务。10月，由余姚中学提供场地，共同建设的多党合作示范基地——“民进之家”投入使用。1月，民进余姚基层委员会为结对帮扶学校——大隐中心学校争取到来自民进浙江省直出版支部提供的价值10万余元的赠书。

【民进余姚市基层委员会第一次开明沙龙召开】

4月11日，民进余姚市基层委员会在宁波城铁余姚维保基地“开明嘉苑”召开第一次开明沙龙。此次沙龙采取线上、线下同步的方式进行。部分会员参加线下会议，其他会员通过线上“余姚民进”QQ群参加。

沙龙活动中，与会人员审议并通过《民进余姚市基层委员会开明沙龙活动办法》，推举副主委王建永为沙龙总召集人。在讨论环节，会员们围绕全市社会经济发展热点、难点问题进行讨论。

【暑期读书会暨换届工作动员大会召开】

7月14日，民进余姚基层委召开暑期读书会暨换届工作动员大会，全体会员参加。会议传达学习《蔡达峰在民进学习贯彻两会精神座谈会上的讲话》《民进宁波市委会2020年履职能力建设主题年工作方案》等文件精神，并就《民进余姚市基层委员会及下属各支部2020年换届工作实施方案》进行详细解读。会上，与会会员还就基层委及下属各支部领导班子候选人进行民主推荐。

【“越调吟诵”公益培训班举办】

8月22—23日，由民进余姚市基层委员会、市文化和广电旅游体育局联合举办的“越调吟诵”公益培训在梦麟小学举行。民进余姚市基层委副主委、市人大教科文卫工委主任吴建平，市文广局党委委员严芸等出席开班仪式，全市20余名热爱吟诵的教育文化系统从业人员参加培训。培训中，原民进余姚市支部主委、“越调吟诵”传人张一平为培训人员进行专业讲解。

11月24日，中国民主促进会余姚市第九次会员大会召开

【民进余姚市第九次会员大会召开】

11月24日，中国民主促进会余姚市第九次会员大会召开。市委常委、市委统战部部长蒋士勇，副市长、民进宁波市委会副主委王安静，市政协副主席赵银海、缪正刚出席。大会选举产生新一届民进余姚市基层委员会委员和下属三个支部主委、副主委、委员，朱初雷当选为新一届民进余姚市基层委员会主委。

（民进余姚市基层委员会）

农工党余姚市基层委员会

【概况】

2020年，农工党余姚市基层委员会立足自身特点、发挥自身优势，党派工作取得一定成果。全年新加入党员8人。8月10日，农工党余姚市第九次党员大会召开。换届后，农工党余姚市基层委共有委员10人，其中主委1人、副主委4人，下设4个支部，分别是市人民医院支部、联合一支部、联合二支部和联合三支部。在农工党中央举行的纪念中国农工民主党成立90周年表彰大会上，余姚市基层委员会被评为全国参政议政工作先进集体。党员汪正权、王良娟获宁波市五一劳动奖章；党员汪正权、魏利锋获宁波市抗击新冠肺炎疫情先进个人；党员裘洪立被评为宁波市推进“六争攻坚、三年攀高”行动、加快高质量发展百名创新人才；党员方锦鑫获农工党中央2018—2019年全党反映社情民意信息工作先进个人；党员李象钧被评为第四批宁波市名中医；党员施伟被省人社厅、省民政厅评为“全省民政系统先进工作者”；党员汪正权、苗超获农工党省委会“抗疫一线优秀党员”称号。此外，周慧娜、朱弢等党员先后被中国政协网、《余姚日报》等媒体报道。

新冠肺炎疫情发生后，基层委41名在职医生党员坚守一线，其中党员汪正权于2月9日出发支援武汉，并担任余姚市人民医院援鄂医疗队队长。基层委的其他党员们或下沉基层一线，或参加社区志愿服务，或撰写社情民意，还通过各种渠道捐款9.2万元、口罩1万个，为疫情防控工作贡献力量。

扎实开展“不忘合作初心，继续携手前进”主题教育。先后组织党员赴宁波参加市委会组织的“前进讲堂”活动，纪念农工党成立90周年及各类专题培训活动。9月中旬，派党员参加农工党全省党务工作培训班。11月中旬，基层委、各支部主委参加宁波市委会组织的全市基层委负责人培训班。11月，基层委友好支部农工党桐庐县基层委调研团到余姚开展交流调研活动。

【参政议政】

在两会期间，基层委的代表、委员们共提交提议案10余件，集体提案1件，党员宋瑜代表基层委作题为《关于规范中介服务　助推“最多跑一次”改革的建议》的大会发言，被列为市政协重点提案。全年共向宁波市委会供稿18篇社情民意信息，其中张志杰与其他基层组织党员合稿的《医学继续教育学分管理病灶亟待清除》被全国政协采用，与多人合稿的《关于加快我国医疗卫生应急救援体系建设的建议》被农工党中央采用。

【民主监督】

履行民主党派民主监督职能，开展各类民主监督活动。10月22日，余姚市基层委近10位党员赴余姚市第三人民医院（市精神卫生中心）迁建工程现场开展民主监督活动，实地了解市精神卫生中心迁建工程建设情况。部分党员还先后赴市民政局、市综合行政执法局开展调研，了解相关单位工作开展情况。主动与对口联系部门对接，探索创新对口联系模式。12月14日，与5家对口联系单位联合开展工作交流会议，互相通报全年工作情况，开展座谈交流，商讨2021年对口联系工作开展事项。

【社会服务】

打造品牌活动。9月25日，由基层委发起的国际特殊奥林匹克健康计划筛查活动在市特教中心举行。10月13日，基层委近10名党员赴牟山镇新东吴村开展“送医、送法律、送农技”活动。活动现场共为100余名村民提供义诊、法律咨询等服务。

【农工党余姚市第九次党员大会召开】

8月10日，中国农工民主党余姚市第九次党员大会召开。宁波市政协副主席、农工党宁波市委会主委陈为能出席会议并讲话，宁波市委统战部部务会议成员、二级巡视员黄国海，余姚市委常委、市委统战部部长蒋士勇，农工党宁波市委会专职副主委吴道涛，农工党市委会秘书长吴肖明等领导出席。大会选举产生了新一届农工党

8月10日，中国农工民主党余姚市第九次党员大会召开

余姚基层委领导班子和4个支部委员会，缪正刚当选为农工党余姚基层委主委。会上，市政协副主席、九三学社余姚基层委主委赵银海，农工党宁波杭州湾新区基层委主委黄立明，市卫健局正科（局）级领导王小华分别代表余姚市各民主党派、工商联，农工党宁波市各兄弟基层组织和对口联系单位致贺词。

【2020特奥健康计划筛查活动开展】

9月25日，2020特奥健康计划筛查活动在余姚市特教中心举行。余姚各单位的志愿者们连续第5年为这群“特殊小朋友”进行“大体检”。现场十余名医生志愿者，为近30名小朋友提供了10项免费的健康筛查，包括健康微笑、明亮眼睛和洁净牙齿。现场还有十余名陪护志愿者，多对一为小朋友们提供安抚和引导服务。

（农工党余姚市基层委员会）

九三学社余姚市基层委员会

【概况】

2020年，九三学社余姚市基层委认真履行参政党职能，在参政议政、民主监督、社会服务、自身建设等方面都取得了新成绩。基层委在社省委九三学社成立75周年暨浙江组织成立65周年先进评选中被评为先进基层组织。年内，完成换届工作。全年发展新社员4人，总计社员91人，其中退休社员30人。召开基层委会委员会议5次，全体社员活动1次，社情民意信息、理论学习研讨、退休社员专题座谈会3次。成立信息工作团队，聘任社员庞军担任“首席社情民意信息官”。年内，基层委就养老产业发展赴温岭学习考察并与九三学社温岭支社开展社务工作交流。接待社宁波市委老龄委和青工委到余姚考察、调研。开展录制《我爱九三》小视频活动和诵读九三学社立社宣言活动，以及“甬九践行、尽责建功”为主题的助力宁波当好浙江建设“重要窗口”模范生的行动。

【参政议政】

市两会期间，基层委及担任政协委员和人大代表的社员共提交政协大会发言材料1篇，集体提案2件，委员个人提案20件，人大代表建议6件。社员邓云代表余姚市基层委作题为《关于加快制造业产业集群发展的建议》的政协大会发言。两件集体提案分别为《关于建立地名管理公共服务信息化平台的建议》和《关于加快发展机器人教育培训业助推机器人产业发展的建议》。

【民主监督】

基层委相关社员积极参加中共余姚市委、市人大、市政府、市政协及市委统战部召开的各类民主协商会、意见征求会、政情通报会、座谈会、学习会和视察、调研、监督等活动，提出针对性的建议和意见，较好地履行政治协商和民主监督的职能。社员梁红霞在市政协读书会上作题为《学深悟透践行、做到“懂政协”》的交流发言，孙奇在市政协常委会上作题为《宣传教育持续发力、全民参与久久为功，让垃圾分类内化于心、外化于行》的议政发言。先后与市自然资源和规划局、市科技局、市住房和城乡建设局就国土空间规划编制、产业研究院和技术市场建设、城区老旧住宅小区改造进行对口联系，寓民主监督于建言议政之中。

【社情民意工作】

基层委上报的社情民意信息，被社上级组织、政协系统、统战系统录用的有51件。其中，社员曹建国撰写的《建议疫情期间加强农村供水保障》的建议，得到浙江省委副书记、宁波市委书记郑栅洁的批示。建议批转后，宁波市水利局第一时间采取行动，部署加强疫情防控期间的农村供水保障。社员孙明霞撰写的《关于优化我市机关事业单位职工疗养方式拉动市内餐饮旅宿消费的建议》，得到余姚市委书记奚明批示肯定，余姚市总工会和市财政局采纳该建议，促进消费市场的恢复。

【调查研究】

基层委积极投标和承接社省委和社宁波市委参政议政课题，全年共完成7个调研课题。其中社省委姒建敏主委亲自交办课题1项，即“号称‘长寿药’‘抗衰品’的NMN相关产品亟待加强监管及研究论证”；社省委和社宁波市委委托课题1个，即“关于加强产业链协同创新的对策研究”；社宁波市委委托课题1项，即“关于进一步加快我市产业技术研究院发展的建议”；社宁波市委中标课题4个，分别为“关于推动农村宅基地经营权流转的对策建议”“关于后疫情时期稳定外贸经济的研究”“关于加快宁波国家自主创新示范区建设的建议”“关于推进我市山区中草药产业发展的建议”。此外，还就“十四五”期间供水体制和供水网络优化、职业教育发展、海关电气检测中心、农旅融合等开展调研，储备一批参政议政素材。

【社会服务】

面对新冠疫情，发动全体社员投身到抗击疫情和随后的复工复产工作，基层委被社宁波市委会评为新冠肺炎防控工作先进集体，马丽萍、刘飞锋、孙奇、熊继焕4位社员被九三学社宁波市委会评为新冠肺炎防控工作先进个人。医卫界6位社员坚守工作岗位，全体在职社员积极参与疫情防控工作。社员刘飞锋在企业复工复产的第一时间，编印《企业战“疫”法律指南》，为企业复工提供有力的法律服务保障。基层委积极发动社员捐款捐物，累计捐款1.3万元，捐赠医用外科口罩7200只、防护服500套、医用消毒液25箱等。同时，积极参与扶贫助购，在湖北省民政厅和九三学社湖北省委创建的来凤县消费扶贫电商平台“引凤出山”共计购买金额18212元的农产品。

10月31日，基层委组织开展“同心益行·健康助老”社会服务活动，在舜辰老年公寓进行义诊活动，受益群众140余人。与舜联律师事务所共建法律服务站，共举办法律知识讲座20余场，其中民法典讲座11场，发放普法资料近1000份，受益群众2500余人。优秀传统文化教育传承基地发放学习资料1000余份。基层委与沿夹岙村签订结对共建协议，并共商产业发展和农民增收。

【社情民意信息工作座谈会举行】

7月9日，九三学社余姚基层委举行社情民意信息工作座谈会。会议传达学习九三学社浙江省委员会和宁波市委会信息工作会议精神，重点介绍九三学社宁波市委员会实施信息“导师制”的情况。此外，会议还举行聘任仪式，聘任社员庞军担任基层委“首席社情民意信息官”。接受聘任后，庞军讲解自己对写好社情民意信息的体会。随后，6个信息小组分别派代表交流各自近期思考的社情民意选题方向，其他与会社员也纷纷就社情民意撰写工作开展交流。

【“同心益行·健康助老”社会服务活动开展】

10月31日，九三学社余姚市基层委组织开展“同心益行·健康助老”社会服务活动，邀请九三学社宁波市第一医院基层委的专家医生和余姚市社内专家医生在舜辰老年公寓进行义诊活动，为入住老人赠送常用药品，还为他们送上《中华人民共和国民法典》知识专题讲座和相关普法资料。市政协副主席、九三学社余姚市基层委主委赵银海，社宁波市委会办公室主任王晓、组织部部长熊瑛，在余姚部分社员参加活动。

【九三学社余姚市第八次社员大会召开】

11月25日，九三学社余姚市第八次社员大会召开。宁波市政协副主席、九三学社宁波市委会主委叶正波出席会议并讲话，宁波市委统战部二级巡视员黄国海，余姚市委常委、市委统战部部长蒋士勇，九三学社宁波市委会专职副主委童文俊等应邀出席。

余姚基层委第一届主委赵银海做工作报告。大会选举产生九三学社余姚市基层委员会和3个支社委员会委员，梁红霞当选余姚市基层委第二届委员会主委。会上，市政协副主席、农工党余姚市基层委员会主委缪正刚，九三学社慈溪市基层委员会主委董静波分别代表兄弟民主党派、兄弟基层组织致贺词。

（九三学社余姚市基层委员会）

11月25日，九三学社余姚市第八次社员大会召开

中国民主同盟余姚市支部委员会

【概况】

7月17日，民盟余姚市支部委员会成立。负责人于建斐，有盟员16人，其中宁波市政协委员1人、余姚市政协委员1人。民盟余姚市学习小组成立于2019年5月13日，民盟重点分工领域主要是文化教育以及相关的科学技术领域高、中级知识分子。

（民盟余姚市支部委员会）

7月17日，民盟余姚市支部委员会成立

余姚市总工会

【概况】

2020年，全市单独建会企业2090家，工会联合会23家，联合工会254家，会员人数38万余人。全市有五星级工会267家（其中宁波级示范工会30家、五星级工会186家），四星级工会170家，三星级工会286家，占全市工会的20%。

统筹推进建强工会阵地。通过健全达标晋级、评级复查等机制，“活力基层工会”星级创建活动持续深化。全年新创建宁波市五星级示范工会30家。强化对四明商圈和市供电局“党建带工建”示范点规范化建设指导，万达商圈工会创建成为宁波市五星级示范区域性行业性工会联合会。全市五星级示范工会建制率达100%。

年内，召开全市工会组建工作会，重点指导舜工、舜农、市国资办建立工会，全年新组建工会16家。宁波市首个家庭服务行业工会联合会在余姚成立，吸纳全市127家会员单位1万余名劳动者加入工会组织。全市工会组织开展推优入党工作，向同级党组织推荐入党对象120人，其中一线产业工人113人，占94.2%。

开展“百场竞赛比技能”。推出劳动竞赛、技能比武150余场次，直接参赛职工近万人次。新涌现“姚城工匠”2人、“首席工人”5人、“技术能手”10人。开展第十六届合理化建议竞赛，评出“金点子”合理化建议34项、优秀合理化建议奖81项，为企业创造经济效益3.97亿元。表彰“随手拍”合理化建议15个。打好“百场培训提素质”“百名工匠传帮带”等人才培养特色牌，助力全市38.5万名一线职工成长成才。成立技师联盟，广泛开展“名师带徒”活动。截至年底，千余名职工获得中高级职业资格证书。

出台劳模工匠创新工作室管理办法，推进劳模创新工作室职工技能培训和岗位练兵，新增宁波劳模工匠创新工作室2家，复评余姚市劳模工匠创新工作室23家和示范性劳模工匠创新工作室5家，新命名第六批余姚市劳模工匠创新工作室6家。组织劳模开展“重走红色路·再学回信精神”活动，协助市委举办劳模代表座谈会，选树全国劳模和先进工作者1人，宁波市五一劳动奖状3个、五一劳动奖章11人。

全年依托工会官方网站、姚界App“工会”栏目等宣传阵地加大阐释力度，在《余姚日报》开设《工人阶级一起来》专栏。实施“百场文艺进基层”、“姚工学堂”职工才艺和技能培训班、网络“云课堂”等线上线下“文化养心”工程。相继举办“读书明智促发展”职工读书征文比赛、“增强职工体质•助推复工复产”职工网络健身操、企业职工食堂暨农家乐厨艺大赛等系列活动，累计参与职工2万余人次。

印发《余姚市加强劳动争议调诉裁对接工作机制实施方案》，建立健全劳动争议“调诉裁”三方联动机制，形成协调劳动关系三方“信息互通、工作互动、政策互达”协力共促的格局。下发《关于开展2020年集体协商工作的指导意见》，分类分级开展集体协商，推动协商内容从工资报酬向休息休假、劳动安全卫生、保险福利等方面拓展。全市集体协商培训班获得宁波市第二届集体协商模拟比赛团队二等奖。搭建线上线下维权信访服务综合平台。全年共受理案件202件，接待来访职工213人，调解成功率达96%，挽回经济损失150余万元。为职工提供法律援助案件7起，代书1件。

开展2020金秋助学行动，出资8.4万元资助品学兼优、家庭困难的40名学子继续完成学业，并首次将建档困难职工子女中的初中生和小学生列入助学对象。加强扶贫地区疗休养活动，通过集中购买对口帮扶地区农产品的方式完成消费扶贫1520万元。医疗互助网上参保人数达11.56万人次，参保总金额363.3万元，减轻职工医疗负担253万余元。拓展普惠服务体系。

依托“甬工惠”和“5•1服务卡”两大平台，持续开展6折乘公交、超市购物立减、“甬工惠”免费送等活动。全年共投入资金155万元，开展普惠活动20项，受惠职工45万人次。补贴3379名职工参与“惠千名职工享免费体检”活动，全市各级工会两节送温暖、高温慰问活动累计走访慰问职工14.55万人次，发放慰问款、慰问品价值323.54万元。

全年4万余名工会干部、工会志愿者参与疫情防控。设立疫情防控专项资金300万元，精心组织一线医务工作者、疫情防控优秀一线工作人员开展疗休养，累计慰问疫情防控人员1.7万人次，款物价值220万元。表彰抗击新冠疫情专项“工人先锋号”20家，举办“百场健康讲座进企业”活动，为因疫情身心受到创伤的农民工免费提供心理咨询100余次。组织“深入百家企业•助力复工复产”专项行动，组建5个工会服务小组，累计走访企业1455家，协助开展“云招工”25场，提供技术服务45次。

【“新余姚人”迎春团拜会举行】

1月13日，以“奋斗新时代•祝福劳动者”为主题的2020“新余姚人”迎春团拜会暨余姚市职工合唱团成立一周年汇报演出举行。市委副书记叶枝利代表市委、市人大、市政府、市政协，向参加活动的“新余姚人”致以新春佳节的美好祝福，并通过他们向全市所有“新余姚人”和广大职工，致以节日的问候。活动中，舜韵集团有限公司吴信宝、富诚汽车零部件有限公司季菊红代

1月13日，以“奋斗新时代•祝福劳动者”为主题的2020“新余姚人”迎春团拜会暨余姚市职工合唱团成立一周年汇报演出举行

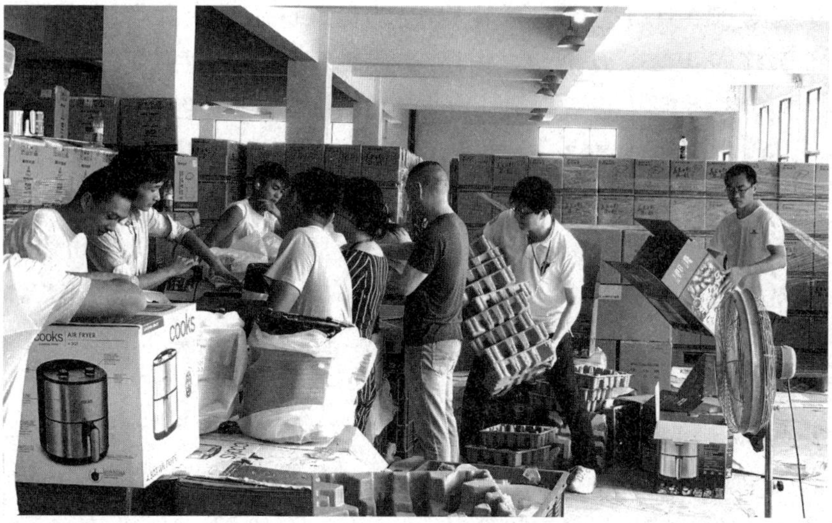

6 月 15 日，“当一周工人，体工会初心”活动开展

表全体优秀“新余姚人”作发言，市职工合唱团进行了汇报演出。

【“当一周工人，体工会初心”活动开展】

6 月 15 日，市总工会机关干部分成两组，分别前往浙江比依电器有限公司和宁波邦首电器有限公司开展当一周工人活动。全体机关干部分别在拆箱、贴标、清洁、组装、封箱等岗位上与职工一同劳动。

【弘扬劳模精神专题学习会召开】

11 月 26 日，市总工会组织召开弘扬劳模精神专题学习会，全市各级劳模代表、市总工会全体机关干部参加学习。会议指出，全市广大职工要以全国劳模、全国先进工作者为榜样，进一步弘扬劳模精神、劳动精神、工匠精神，奋发进取，为推进余姚高质量发展走在前列，争当浙江建设“重要窗口”模范生的排头兵贡献更大力量。

【余姚工会劳动关系调解国家级标准化试点工作动员暨培训会召开】

12 月 10 日，余姚工会劳动关系调解国家级标准化试点工作动员暨培训会召开。会上，相关负责人介绍余姚工会劳动关系调解国家级标准化试点实施方案，并签署试点承诺书。会议指出，要主动参与社会综合治理的创新实践，全面推进劳动关系预防、预警、调解工作机制的建立、完善和普及，为全面建设社会主义现代化国家贡献工会力量。要积极履行维权法定职责，提炼可复制、可推广的标准化工作模式，全心全意做好职工“娘家人”，促进劳动关系和谐与经济社会稳定。要稳扎稳打，通过推进标准化试点工作，提升“标准化 +”服务，把余姚的做法变为可以在全省乃至全国交流推广的经验。

【疫情防控优秀一线工作人员疗休养活动开展】

5—6 月，由市委组织部和市总工会联合，组织开展疫情防控优秀一线工作人员疗休养活动。活动分三批次，共安排 330 名抗疫先锋参加丽水松阳和宁波市内疗休养活动，投入资金 63 万元。

（沈琼卓）

12 月 10 日，余姚工会劳动关系调解国家级标准化试点工作动员暨培训会召开

共青团余姚市委员会

【概况】

2020年，共青团余姚市委坚持青少年思想引领，不断夯实共青团工作根基，深入贯彻落实市委、市政府各项任务，以“两手硬，两战赢”为目标，统筹资源、全线动员、挂图作战，确保共青团各项工作顺利进行。

全面打响疫情防控阻击战。从正月初二开始发布招募令，组建2021人的志愿者储备库，累计派出志愿者4025人次赴余姚火车站、高铁站等重要站点参与抗疫，服务4500余班次，服务时长24万余小时，测温总量达64.6万人次。做好志愿者常态化慰问，落实点位带班医生、机关干部、属地团干部三级慰问机制，带动各界关爱一线志愿者，累计筹措发放口罩4.5万个、医用手套4000双、雨具800套、牛奶130箱、电暖炉30台等，切实做好后勤服务，为志愿者安全上岗保驾护航。发起“关爱医护人员·我们在一起”行动，向余姚籍援鄂医疗队员支援物资。组建一对一“帮帮团”，提供援鄂医护家属的代买代办代送、亲情陪护等志愿服务。

助力企业复工复产。调研市青企协会会员单位疫情防控和复工复产情况，帮助破解口罩匮乏等6个难题；做好火车站、城际站、高铁站防疫志愿者管理工作，1月30日起持续至11月8日，连续284天从未间断。同时，动员直属单位团员青年，构建起“团组织+青年文明号+先锋团员”工作机制，当好政策速递员和青春助跑员，并广泛发动社会公益组织开展卫生消杀、体温监测、秩序维护和爱心助农等服务。

广泛宣传推介优秀战疫个人，举行“青春聚力共战疫·团心向党话担当”青春故事分享会，8名青年代表讲述各自战疫故事。7名青年获得宁波、余姚战“疫”先进个人。29篇战疫新闻报道被媒体录用，多篇文章在“学习强国”学习平台、《青年时报》、《宁波日报》等媒体发表。市委书记奚明对余姚团市委抗疫工作作出批示，对组织动员广大青年参与疫情防控的做法和经验表示肯定。

助力青少年成长成才。发动各领域团员青年深入参与“青年大学习”活动，全年每期平均线上学习人数超过2.7万，绝对数排名宁波第一。组织“致敬先锋·童心防疫”浙江省少先队网上微队课学习活动，探索居家学习期间少先队活动课线上教育新模式。开展“疫情防控·青春同行”书画作品征集、“护眼小天使”公益活动等，丰富少年儿童居家生活，共收到书画作品1300余幅、视频影音作品600余个。联合市委宣传部成立“舜江青语”理论宣讲联盟，在学校、企业、工厂车间开展“微团课”宣讲，用“青言青语”传播党的理论。发起“斜杠青年计划”系列活动，吸引成员300人。组织余姚籍人才智力回归工程系列活动，召开“阳明故里·YAO你回家”大学生座谈、“姚燕归巢”培训班、河姆智谷“姚江学子家乡行暨名校人才直通车”人才交流会等。梳理重点青少年100人，做到数据的登记入库和动态数据的不定期跟踪。截至9月，帮扶333人次。挖掘培养青少年优秀典型并积极推荐上报，形成榜样带动效应，2019—2020年度获评浙江省优秀少先队员2人、浙江省优秀少先队辅导员2人、浙江省优秀少先队集体1家、宁波市新时代好少年2人、余姚市“争做新时代向上向善好青年”25人、余姚市“新时代好少年”30人。

助力扶贫攻坚战。开展“姚望相助”系列活动，发起“大咖云课堂”分享活动，推出“主持礼仪入门”“有趣的水粉画”等9门网课，用网络形式教学，惠及2000余名学生；开展“余爱筑梦　携手黔行”公益冬令营、夏令营等活动，60多名黔西南青少年走进余姚，了解风土人情，开阔眼界。投身乡村振兴系列行动。不断将余姚青创农场推荐到高层次平台评选展示，开启“青春助农”行动，为戚海庄园等5家青创农场拍摄助农宣传片，帮助滞销果农扩展销售渠道。紧跟主播带货风尚，进行10场线上助农直播，销售额突破28.5万元。营造志愿服务浓厚氛围。发起阳明文化周、美丽乡村、垃圾分类、平安宣传、节约粮食等主题志愿服务活动40余场，参与青年志愿者2000余人。

把好入团发展，按照2020年入团编号精准下发入团名额，有效控制团青比、团学比，全市初高中毕业班团学比较上年继续下降。把好团员教育，全面实施团员“三亮三比”制度，开展党团知识竞赛等党史、团史学习活动，不断提升团员教育管理质量，余姚代表队获2020年度宁波市党团知识竞赛二等奖。把好团员出口，探索党、团、队衔接机制，落实推优入党制度安排，填补青少年成长发展组织覆盖空白区域。

夯实组织建设。制定《共青团余姚市委基层团组织改革专项试点方案》，在团的“三会两制一课”方面创新内容和形式，推广“青亲凳”工作载体，形成“团员专题活动日”组织制度。推出《余姚团情》共青团工作半月刊。开展“一专一站两联”建设工作，设置4个专门委员会作为团市委委员、候补委员履行职责的重要渠道，开展集体学习10次，接待团员青年来访69人，收集团员青年建议3条，处理各类咨询问题70余个。健全团干队伍。开办乡镇街道新任团委书记培训班。发起青年大讲堂，团市委本级带头开讲，分享团课，青年代表等陆续助阵开讲。与全市团干部签订“从严治团责任书”，加强团干部廉政建设，筑牢拒腐防变的精神堤坝。

4月19日，“阳明故里·YAO你回家”大学生座谈会举办

【“阳明故里·YAO你回家”大学生座谈会举办】

4月19日，市委人才办、团市委联合举办余姚籍人才智力回归工程“阳明故里·YAO你回家”大学生座谈会。座谈会上，北京大学、浙江大学、宁波大学阳明学院等高校20余名余姚籍大学生齐聚一堂，青年学生代表围绕青年助力革命老区全面奔小康与乡村振兴、我为家乡发展献计献策、提升家乡市域治理现代化水平等方面，结合各自经历及家乡发展变化，积极建言献策。活动现场，主办方还对余姚籍大学生就业创业政策进行解读，返姚创业就业代表进行经验分享。

【“姚燕归巢”暨姚籍大学生智力回归工程培训班举办】

8月3日，由市委组织部（市委人才办）、市教育局、市

8月3日，余姚市“姚燕归巢”暨姚籍大学生智力回归工程培训班在梁弄开班

人社局、团市委联合主办的“姚燕归巢”暨姚籍大学生智力回归工程培训班在健峰管理培训学校开班。24名“姚籍大学生返乡就业创业联盟”成员、全国范围内余姚籍在读高校学生和余姚籍在读海外高校留学生参加培训。培训分为两个阶段，为期两周，第一阶段为线下集中培训，第二阶段为社会实践调研。培训班通过头脑风暴、公益创意、素质拓展、职业生涯规划、青春故事分享、实践调研等环节，为余姚籍优秀高校青年学生搭建学习交流平台。

【“建设重要窗口，凝聚奋斗力量”党团知识竞赛举行】

9月2日，由团市委组织的“建设重要窗口　凝聚奋斗力量”党团知识竞赛举行决赛。竞赛采取自下而上、分轮竞赛的方法开展。经过8月的初赛和复赛，8支队伍晋级决赛。决赛分为个性化现场风采展、智在必答、争分夺秒、斗转星移4个环节。最终，舜宇集团代表队获得冠军。

【“舜江青语”理论宣讲联盟成立】

9月28日，2020年“我最喜爱的习总书记的一句话”余姚市团员青年微团课决赛暨“舜江青语”理论宣讲联盟成立仪式在市融媒体中心演播大厅举行。“我最喜爱的习总书记的一句话”余姚市团员青年微团课大赛从7月启动，14名选手进入决赛环节。最终2名选手获得一等奖，4名选手获二等奖，8名选手获三等奖。

活动现场，由市教育局初心讲师团、市公安局胡建江青警宣讲队、市司法局红盾公益宣讲队等10支青年宣讲团联合成立的“舜江青语”理论宣讲联盟成立仪式举行，并为理论宣讲联盟导师发放聘书。

9月28日，“我最喜爱的习总书记的一句话”余姚市团员青年微团课决赛暨“舜江青语”理论宣讲联盟成立仪式举行

【“姚江学子家乡行暨名校人才直通车”活动举行】

11月14日,余姚市举办“姚江学子家乡行暨名校人才直通车”活动，来自北京大学、清华大学、悉尼大学等国内外知名高校的39名余姚籍学子参加活动。余姚籍学子到三七市机器人小镇，先后参观勃肯特机器人技术有限公司、浙江云联智能制造研究院有限公司、宁波博创尔必地机器人有限公司等，并与企业专家面对面交流，切身感受家乡近年来经济社会的发展变化。在随后召开的座谈会上，余姚籍学子围绕大学生回余姚就业发展、余姚未来发展前景与空间、大学生回国就业面临的机会与挑战等主题纷纷发言，建言献策。

（团市委）

余姚市妇女联合会

【概况】

2020年，余姚市各级妇联围绕市委、市政府中心工作，深度参与全国文明城市创建、国家卫生城市创建，以及健康余姚建设、“平安余姚”建设等。市委、市政府发出打赢疫情防控阻击战号令后，市妇联工作人员主动下沉至村（社区），配合开展防疫工作，组织志愿者到企业帮助生产防护用品。开展精准关爱，针对援鄂医护人员家庭推出家书传情、家教指导、家政服务、家人关爱服务。同时提供“12338”妇女维权热线24小时全天候服务。做好爱心助农工作，推出女能手直播带货活动，开设姚江农嫂云带货，推出巾帼助农好产品。重启三八红旗手和三八红旗集体评选，选树了一批优秀女性和集体典型。开展“万朵鲜花送巾帼”活动，致敬最美巾帼逆行者。市委书记奚明对《市妇联多措并举唱响战疫“她”声音》作出批示表示肯定。

年内，举办“文明城，幸福家”余姚市第五届家庭文化节，开展晒传家宝、秀幸福时刻、展家庭活力、倡“筷”乐生活、护清美家园五大主题活动。评选文明家庭92户、最美家庭25户、书香家庭30户，奕永庆家庭被认定为2020年全国最美家庭，金毅家庭、丁金琴家庭被认定为省级季度最美家庭。临山镇邵家丘村入选第三届宁波市好家风好家训名村落。向全市家庭发出“公筷公勺”倡议书1000余份。宣传落实《浙江省家庭教育促进条例》。开设家庭教育分层课堂，开设课程43堂，参与家长2万余人。开展“阅读的你，最美”世界读书日系列活动，通过“为你读诗”“晒晒我家的书房”“我爱我的祖国”全市中小学生手抄报创作大赛等活动，引领广大家庭参与书香家庭建设。开展暑期安全教育，依托各村（社区）家长学校开展暑期防溺水专题宣讲活动，开展“与法同行　守望幸福童年”青少年安全自护宣讲，共计开展系列活动20余场。组建以“四明女儿　窗口担当”为主题的“四明女儿大宣讲”队伍，全年累计开展宣讲62场次，受众超8600人次。

姚江农嫂巾帼云带货

助推创业创新。联合余姚农商行深化“巾帼创业贷”活动。为全市158名创业女性授信3625万元，提供725万元的低息贷款，为38名双学双比女能手发放小额贴息贷款556万元。兰江街道战春家庭农场被评为2020年度宁波市巾帼创业创新基地。依托全市各乡镇街道成校，成立余姚市巾帼家服创业孵化中心教学点。黄亚君被评为省最美家政人，应慧慧被评为省百名最美巾帼新农人。开展余姚市“姚江姆妈的味道——寻味古镇厨娘美食秀”活动，做优一批民间美食品牌。指导女能手协会完成换届选举工作，开设女能手抖音培训班。深化巾帼文明岗创建。牟山镇便民服务中心、国网丈亭供电营业厅成功创建省级巾帼文明岗，奕建萍被评为省级巾帼建功标兵，12家单位成功创建余姚级巾帼文明岗。余姚供电阳光岗积极争创全国巾帼文明岗。

强化巾帼志愿服务。助力“六清六净”，开展清美家园行动，实施巾帼助力垃圾分类、庭院美化、家庭文明、绿色生活、志愿服务五大行动。举办余姚市美丽庭院建设培训班，选树美丽庭院户2000户，精品户1000户。联合开展“垃圾分家　美丽我家”余姚市生活垃圾分类知识竞赛。巾帼志愿者协会开展“困境（留守）儿童家庭环境改造”活动，为11户困境（留守）儿童家庭进行房间改造。

助力社会治理。全市各级妇联组织积极助力“阿拉一起来”，争当社会治理巾帼网格员。主动参与平安家庭创建。积极推进家事纠纷警情联动机制的深化和落实，全年各乡镇街道妇联和派出所联动处置家事纠纷案件29件，其中家暴案件10件。做好家庭安全排摸，及时报送高危、重点家庭，并定期跟踪，从源头上预防家暴发生。完善信访接待工作，优化“12338”接听热线，协调对接矛调中心并入工作，确定每月15日为主席接待日。开发余姚市妇女儿童网络维权咨询服务平台手机版“金凤在线”，4名律师志愿者24小时线上答疑解惑。平安家庭建设得到进一步强化，主动参与率、覆盖率较上年有所提高。编印1万册《中华人民共和国民法典》婚姻家庭编宣传手册，开展送法进基层宣讲活动，开展《中华人民共和国民法典》宣传进家庭暨婚姻家庭纠纷调解员培训活动。

帮扶特殊人群。运作好“农商行之心”、树兰基金、康乃馨基金等，共为150余名困难妇女提供40余万元资金援助。开展对口帮扶，制定《2020年市妇联助推望谟县贫困村摘帽脱贫工作方案》，推出四大关爱活动，发送爱心邮包100个，女企业家协会捐资13万元，用于开展望谟县和兴义市的困难妇女慰问及绣娘培训等。12户家庭和2个女性社会组织与望谟县5个贫困村的15户困难儿童结成了帮扶对子。积极参与“宁波资助贵州望谟贫困女童”筹款活动，累计募得款项近40万元。深入实施“甬尚明天”困境（留守）儿童关爱服务活动，组织开展“守护童年　牵手共成长”暑期儿童关爱服务活动。全市各级妇联组织开展“六一”送温暖活动，仅市妇联一级就为孩子们送上5.2万元慰问金和8000个口罩。

加强女性社会组织孵化培育。推进妇女微家建设，认定五星级妇女微家5个，四星级妇女微家6个，三星级妇女微家13个。加强执委工作室建设。市妇联执委诸杏珍在舜宇集团成立的“诸姐工作室”、执委龚海珍的“余凡工作室”、执委黄亚君的“就业帮帮帮工作室”等，在不同领域做好帮助服务工作。

【致敬最美姚江女儿系列活动举行】

2020年，为纪念“三八”国际妇女节110周年，围绕“致敬最美姚江女儿”这一主题，市妇联在推出一系列线上活动，具体包括：用一张或多张参与防疫阻击战图片+一句话+@余姚女性微博用户的形式，在各级妇联组织、余姚女性中形成微博接力，展现余姚女性在防疫阻击战中的精神风貌的“伊心抑‘疫’岗位接力”活动；在不同点位不同时刻用手机录制女性防疫工作的短视频，并在网络上予以展示的“时·刻微视频展播”活动；征集因疫情推迟举办婚礼的恋人，通过网上集体婚礼活动专题，展示他们的爱情故事，凸显小家庭为大社会所作贡献的“‘百年好合’网上集体婚礼”活动；帮助驰援湖北以及余姚一线医护人员的家庭解决生活中的部分实际困难的“千人助力献爱心”活动；节日当天，由送花小分队向部分新评选出的三八红旗手（集体）以及防疫工作中的各界巾帼英雄代表赠送鲜花的“万朵鲜花送巾帼”活动。

【“四明女儿大宣讲”走进横坎头村专场活动举行】

6月16日，“四明女儿大宣讲”走进横坎头村专场活动在梁弄镇横坎头村新时代文明实践站举行。宁波市妇联党组书记、主席顾卫卫出席并讲话。余姚市妇联全体机关干部，梁弄镇各行政村（社区）妇联主席、副主席，妇女代表，横坎头村全体村干部、党员代表、妇女代表，非公有制企业家属联谊会会员等150余人参加活动。活动现场，梁弄镇妇联副主席何银飞、宁波舜通集团有限公司的王阳、余姚市委党校的吴小华3名巾帼宣讲员为大家带来宣讲。

【全市女领导干部培训班开班】

10月23日，全市女领导干

6月16日，“四明女儿　窗口担当”宁波市“四明女儿大宣讲”走进横坎头村专场活动在梁弄镇横坎头村新时代文明实践站举行

部培训班开班。培训班由市委组织部、市妇联和市委党校联合主办。全市百余名副科（局）级及以上女领导干部参加培训。市委副书记叶枝利出席开班仪式并讲话。培训安排了“学习浙东抗战历史　传承红色基因”“老子哲学与幸福人生”“人生的三种路向”等教学内容。

【《中华人民共和国民法典》宣传进家庭暨婚姻家庭纠纷调解员培训活动举行】

8月25日，《中华人民共和国民法典》宣传进家庭暨婚姻家庭纠纷调解员培训活动举行，共计100余名来自基层的婚姻家庭纠纷调解员参加此次培训。培训中，向21名余姚市人民法院特邀调解员发放聘书。宣讲会上，市人民法院法官杨竞男对《中华人民共和国民法典》进行全面系统的阐述和解读。4名调解员作交流发言。

【全市巾帼家服创业孵化中心教学点成立仪式举行】

9月29日，全市巾帼家服创业孵化中心教学点在马渚镇成人学校举行成立仪式。全市21个乡镇街道的妇联主席、成人学校校长参加活动。仪式上，市巾帼家服创业孵化中心主任、搭把手技能培训学校校长黄亚君介绍孵化中心及教学点情况，临山镇成校、马渚镇妇联作为代表进行交流发言。

【全市新老三八红旗手代表座谈会召开】

10月22日，市妇联举办余姚市新老三八红旗手座谈会。来自全市各行各业的全国、省、宁波和市级20余名三八红旗手齐聚一堂，了解市妇联近年来在社会建设领域所做的创新与努力，畅谈女性成才成长之路，积极为妇联工作建言献策。会上，三八红旗手代表分别结合个人经历作生动的分享，交流女性在事业人生道路上的探索追求、经验体会以及思考感悟。

【“姚江姆妈的味道——寻味古镇厨娘美食秀”活动举办】

11月21日，市妇联开展余姚市“姚江姆妈的味道——寻味古镇厨娘美食秀”活动。50余名“姚江姆妈”在现场展示制作技艺，现场随机邀请40名大众评审对厨娘的手艺进行评分。

11月21日，市妇联开展余姚市“姚江姆妈的味道——寻味古镇厨娘美食秀”活动

最终，5 款美食获评最具人气美食奖。

（徐 旦）

余姚市科学技术协会

【概况】

2020 年疫情防控期间，余姚市科协助力疫情防控和复工复产，全力落实防控责任，成立疫情防控工作领导小组，开展应急科普宣传，累计制作、印发、推送疫情防控科普手册、视频、展板、电台节目、文章 10 万余份（条、块、篇），发布《坚决打赢新型冠状病毒感染的肺炎疫情防控战——致余姚市各级科协组织和广大科技工作者的倡议书》。组织 18 名机关干部下沉一线，开展“百名科技专家进百企”活动，助力复工复产。

坚持深化改革。指导成立余姚市杨梅专业技术协会（丈亭镇），新建宁波加瑞信息科技有限公司等 6 家企业科协和 1 家园区科协，建立 16 个市老年科技工作者协会科普志愿服务基地。巩固“三长”试点工作成效，增补 20 余名“三长”加入市级专家科普讲师团、专业服务团等 4 支工作队伍。

坚持服务科技工作者。分批走访慰问冯煜芳等 7 位余姚籍院士和陈亚珠等 4 位建站院士、30 余名优秀和困难科技工作者。在第四个“5·30”全国科技工作者日，由市政协副主席朱卫东带队走访优秀科技工作者代表。评选表彰年度优秀科技工作者 37 人，在各媒体平台上宣传报道科技工作者先进典型 68 人次。举荐宁波长振铜业有限公司科协为省“百佳企业科协”，市人民医院急诊科主任李子龙为“百佳企业科技工作者”，宁波市明凤渔业有限公司科协副主席张明兴为“百佳企业科协工作者”，举荐市四联果树种植有限公司总经理陈钧魁上榜宁波市“十佳科技追梦人”，市姚江源茶叶机械有限公司总经理王岳梁、泗门艇之梦农场负责人汪艇艇入选宁波市“科技追梦人”。

服务创新驱动发展。新建中国电工测试学会余姚服务站、中国水利学会余姚服务站 2 个国家级学会服务站，指导宁波长振铜业有限公司院士工作站升级为省级院士工作站。督促各市级学会（协会）开展服务科技创新项目项目申报，完成“新冠疫情对余姚经济影响”等重点软课题研究项目 2 个，“金桥工程”项目 3 个。先后主办、承办和指导宁波市第十一届学术大会余姚智能制造分会、2020 中国宁波“青茶计划”全国研讨会、第十七届长三角科技论坛智能制造分论坛、现代农业机械装备技术交流会等高端学术交流活动。邀请中国工程院院士李贺军到余姚实地考察宁波博利隆复合材料有限公司，就碳纤维高效提炼做技术对接。

服务公民科学素质。重点推进纲要落实，构建科普共建共享网络，做好四大重点人群科普工作。“中老年人智能手机技能操作普及工程”年度培训 11000 人次。依托全市 323 个科普讲堂开展科普讲座 500 余场次。指导河姆渡遗址博物馆成功申报宁波科普旅游基地。新建余姚茶文化科普馆、凤山小学“药·部落”与蝴蝶探秘实践基地、东风小学新能源科普馆 3 个特色科普馆。评选市级基层科普行动计划优秀项目 11 个。依托农函大辅导站培育新型农民 3000 余人，农民高级技师 2 人。

服务党委、政府科学决策。指导市级学会（协会）举办“饮用水水源地水质提升”“基层单位名录入库研讨”等科技工作者沙龙 5 期，“再生塑料环保应用技术及产业发展论坛”“基于 5G 技术的智能建筑建设研讨会”等重点学术活动 6 项。市老年科技工作者协会《新冠肺炎防控带给我们的反思与建议》《垃圾分类调研报告》2 篇调研报告分别获得代市长徐云和市委副书记叶枝利批示，《关于防疫期公共场所合理使用空调的建议》在全市推广应用。市水利学会积极申报水利科技项目，列入 2020 年宁波市水利科技项目 9 项，其中重点项目 2 项，列入省级 1 项。

【市老科技工作者协会广场科普宣传活动开展】

5月28日，市科协指导市老年科技工作者协会，会同市疾控中心、兰江街道环卫所、兰江街道四明社区科普协会开展广场科普宣传活动。活动通过主题展板展示、科普资料分发、专家现场答疑等方式向群众宣传各类科普知识，内容涵盖疫情防控、垃圾分类、营养保健、常见病预防和最新科技等多方面。

【2020中国宁波“青茶计划”全国研讨会召开】

9月2日,2020中国宁波“青茶计划”全国研讨会在余姚召开。开幕式上，中国茶叶学会余姚服务站作经验交流。中国茶叶学会、宁波科学技术协会、余姚市科学技术协会、余姚市农业机械学会（中国茶叶学会茶叶机械专业委员会余姚服务站）共同签订宁波（余姚）茶叶产业创新服务合作协议。为期3天的研讨会聚焦茶产业发展的新技术、新工艺、新思路，探讨茶树品种栽培、绿色防控、产品加工等最新技术发展方向。

【浙江省全国科普日活动举行】

9月18日，“穿越七千年，与新共生长”浙江省2020年全国科普日活动在梁弄镇横坎头村举行。中国工程院院士李卫、陈勇、李贺军，省科协党组书记、副主席郑金平，宁波市副市长陈炳荣，宁波市科协党组书记丁海滨，省、宁波市相关单位领导，余姚市委书记奚明，市委副书记叶枝利，市委常委、市委组织部部长林伟等出席活动。50名省级主流媒体代表参与现场活动并进行相关报道，网络直播在线人数达625.5万。

9月18日，“穿越七千年，与新共生长”浙江省2020年全国科普日活动启动仪式在梁弄镇横坎头村举行

当天下午，两院院士与余姚市企业对接座谈会召开，7位院士与余姚9家企业负责人座谈。9月19日，院士前往企业进行实地考察。

（谢凯悦）

余姚市工商业联合会（总商会）

【概况】

2020年,市工商联(总商会)在加快企业转型升级，优化营商环境，构建“亲清”政商关系等方面做了大量工作，并取得了一定的成效。

疫情防控期间，宣传引导组织会员企业和所属商会抓细抓实各项防控要求。与市疫情防控领导小组物资组、市卫健局、市红十字会设立捐赠热线。积极引导非公企业家，发动异地商会和民营企业家提供防护用品供应线索，引导民营企业精准捐赠，共筹集救助资金物资3805.49万元。开展“助企抗疫情、联企复生产”专项行动，宣传帮扶企业政策举措，帮助企业复工复产。基层商会联系采购口罩100余万个，耳温枪1万余把。撰写《当前企业正常复工存在的问题及建议》。总商会民营企业调查点被省联评为“抗击新冠肺炎疫情以来调查点工作先进基层工商联”。

推动基层商会“警企之家”全覆盖。9月，联合市公安局共同成立全省首个商会警企服务工作站，同时面向镇街（直属）商会成立“警企服务工作室”，得到省工商联书记陈浩的批示。深化民营企业服务联盟内容。增设“涉外法律工作室”，为全市民营企业提供专业涉外法律咨询和服务。和市司法局、宁波市律师协会余姚分会联合推进市场主体法律顾问服务网格全覆盖工作，将全市范围内的基层（直属）商会纳入服务范围，全市执业律师、基层法律服务工作者全员参与，为各类市场主体提供法律服务。组织法律专业人士采取线上线下相结合模式，开展“点对点”帮扶。加强金融服务，发挥“企业转贷基金”纾困解难作用。探索建立缓解中小微企业融资难的长效机制，推动银政企全方位的对接，开展金融服务企业专题活动。充分发挥企业转贷基金作用，缓解中小企业在融资过程中转贷难、转贷贵等问题。充分发挥民企网上调研平台作用。定期做好企业运行状况调查、营商环境调查等专项调研工作，动态了解企业经营情况和意见诉求。

优化营商环境。推进清廉民企创建工作示范企业、示范商会的典型培育活动，在舜宇、富诚示范培育的基础上，推进全市清廉民营企业创建工作。完善亲清家园建设。在商会大厦建立亲清家园展示厅，展示会员风采、产业分布、杰出姚商、正负面清单，打造成为展示新时代“姚商精神”的重要窗口。设立亲清讲堂为广大企业家提供最新的政策资讯、生产经营的新思路新策略，组织机关干部开展党风廉政教育、理想信念教育。推动品牌项目创建。多角度多方位推动主题为“打造‘三度’亲清家园，构建‘四好’政商环境”的品牌创建项目。推动形成非公经济发展良好的政策、法治、市场、社会环境。同时鼓励和支持基层商会积极创建优秀服务品牌。完成市级和4个基层商会品牌创建。举办“亲清直通车·政企恳谈会”活动。与市发改局以“强信心、保增长”为主题、与市生态环境局以“践行‘两山’理念助力绿色发展”为主题、与市检察院以“服务‘六稳’‘六保’护航民企发展”为主题，先后举办3场“亲清直通车·政企恳谈会”，共40多家企业、10个部门参加。梳理汇总意见建议30条，及时报送至相关部门，并进行跟踪落实，切实把“亲清直通车”的成果落到实处。

做好“万企帮万村”村企结对精准扶贫工作。按期完成村企结对资金430万元，社会帮扶资金40万元，助力对口扶贫协作地区打赢脱贫攻坚战。5月，组织部分企业家赴贵州兴义、望谟开展帮扶对接考察交流活动。开展“履行社会责任，助力疫情防控”爱心企业和“履行社会责任，携手脱贫攻坚”先进企业评选。对71家携手脱贫攻坚企业和72家防疫抗疫爱心企业进行表彰。并对一大批积极履行社会责任，敢于担当、服务社会的典型事例进行宣传报道。

加强示范引领，积极创建省级“五优”县级工商联，指导好泗门镇商会、余姚裘皮商会、中意宁波生态园商会省示范商会创建工作。通过试点工作，形成一批可借鉴、可复制、可推广的工作经验和方法。积极推进《工商联所属商会改革和发展的实施意见》出台。抓好各项改革任务贯彻落实工作。搭建沟通平台、学习平台、爱心平台，深化新生代企业家理想信念教育。以“重振信心、共克时艰”为主题开展政企交流座谈会；开展“上下互通、共同联建”走进宁波市创二代会长企业考察学习活动；与中国塑料城商会青年企业家联谊会共同探讨“后疫情时代”企业的转型升级。举办新生代企业家理事培训班。积极参与全国工商联、中国光彩会组织开展的“携手知名民企助力疫后重振脱贫攻坚湖北行”等活动。

【全国工商联到余姚开展亲清政商关系调研】

9月14日，全国工商联副主席叶青率全国工商联第一联系调研组到余姚开展亲清政商关系调研，并召开亲清政商关系调研座谈会。座谈会上，市

9月14日，全国工商联第一联系调研组到余姚开展亲清政商关系调研

工商联负责人向调研组介绍余姚市构建亲清政商关系开展情况，市企业家代表围绕构建亲清政商关系作交流发言，市涉企部门负责人介绍在推动构建亲清政商关系方面所采取的具体政策、措施。叶青对余姚市构建亲清政商关系的经验做法表示肯定。在余姚期间，调研组一行还先后走访考察泗门镇商会和舜宇集团，实地了解余姚市在推动构建“亲清”政商关系方面所做的工作。

【警企服务工作站成立】

9月，市工商联与市公安局共同发起成立“余姚市工商联（总商会）警企服务工作站”，同时面向镇街（直属）商会成立“警企服务工作室”。警企服务工作室由各商会会长出任主任，派驻民警任副主任，采用“2+X”模式，为企业开展全方位服务。“2”分别为商会会长和经侦民警，“X”为其他警种或部门预设。派驻民警固定联系全市31个乡镇街道商会和直属商会，对所属商会提供“一对一”精准服务。工作站（室）成立后，驻会民警向辖区内企业开展集体授课、企业管理层面对面座谈会、预警讲座22场，防范化解各类内部风险隐患3处。并破获侵犯知识产权、合同诈骗、职务侵占、挪用资金、商业贿赂等各领域案件16起，帮助企业挽回经济损失2500余万元。两篇案例入选省工商联月度优秀案例。

（倪音白）

余姚市文学艺术界联合会

【概况】

2020年，市文联认真履行团结引领、联络协调、服务管理、自律维权职能，切实强化政治引领，继续加大文艺精品创作和文艺人才培养，组织开展重大文艺活动，进一步加强下属协会和基层文联组织建设。

2020年，市文联认真贯彻落实上级部署要求，把疫情防控作为首要任务，全力投入疫情防控工作。积极应对疫情，发挥文艺功能。面对新冠肺炎疫情，市文联第一时间组织动员文艺界积极开展文艺创作宣传，迅速推出大批主题鲜明、内容鲜活的文艺作品。共创作文学、戏剧、美术、音乐等各个门类的文艺作品1000余件，其中有233件次作品被“学习强国”学习平台、浙江省及以上各类平台录用发表。沉淀打磨一批高质量的抗疫文艺精品，编辑余姚市优秀抗疫文艺作品选集《疫·情》。

积极组织协会、引导文艺工作者开展活动。积极参与中国农民丰收节系列活动，组织“庆丰收、奔小康”农民丰收节摄影比赛；配合全市“五水共治”工作，组织“绿水青山水美余姚”摄影大赛，推出姚剧表演唱《五水共治千秋业》，用文艺助力治水工作；响应倡导勤俭节约、反对铺张浪费社会风尚，各文艺家协会、广大文艺家、文艺工作者进行主题作品创作近20件。

抓紧抓实主题文艺创作，实施精准扶持，规划推进庆祝中国共产党成立100周年和迎接中共二十大主题文艺创作重点项目。美术作品《三服务》被列入省委宣传部、省文联“百年追梦”浙江美术创作精品工程（四期）；长篇小说《江南聊斋》《命运的岔路》、散文集《世间的小儿女》、歌曲《巍巍四明山》4部文艺作品被列入宁波市文联重点扶持项目；长篇小说《命运的岔路》《江南聊斋》、散文集《世间的小儿女》、舞蹈《那些故事》、摄影《诗路四明山》被列入2020年余姚市文化精品工程重点项目，长篇小说《纯真年代》、现代诗歌集《声音在不同的事物上激起回响》被列入2020年余姚市文化精品工程重点关注项目。

实施文艺志愿者服务农村文化礼堂活动。深化“三服务、强四力”主题实践，扩大覆盖面，增强实效性，组织发动各文艺家协会和文艺志愿者积极参与新时代文明实践中心建设，支持乡镇街道文联开展活动，努力为基层提供文艺活动和师资。和宁波市文联一起“送欢乐，下基层”，在梁弄镇湖东村举办综艺晚会。积极支持并参与基层文艺活动，如梨洲街道“书香梨洲读书节”、小曹娥镇“曹娥之声”文艺演出、大隐镇“我在大隐过大年”等。围绕春节、元旦等节庆日，持续深入开展送书画下乡、送春联进万家、公益摄影送农民工返乡等活动十余场。广泛开展文艺惠民活动，围绕高水平全面建成小康社会主题，积极实施市第五届“文艺与新时代同行”系列活动，先后开展姚韵越音戏曲票友大赛、彩墨妙华——宁波·敦煌中国画作品邀请展、“诗心·四明”余姚市第二届油画展、“迎中秋、庆国庆”音舞诗画广场音乐会、余姚市第二届书法篆刻大展等11场高水准文艺活动。

按照“十万文艺甬军”三年行动计划要求，全面实施余姚“万名舜军”文艺人才培育工程，不断壮大基层文艺队伍，做到发展会员、资料完善和数据登录“三同步”，截至年底，基层会员人数超过7000人，各级会员总数达到1万余人，文艺舜军建设取得阶段性进展。开展余姚籍在外优秀人才“回归”工程，组织开展余姚籍在外优秀文艺人才调查排摸，加强沟通服务，推动市内外文联融合发展。加强对新文艺组织和新文艺群体的团结引领，鼓励各协会吸收有创作才华、突出贡献和一定社会影响力的新文艺群体和文艺人才进入协会。支持并参与多元集团、多元文化创意产业园主办的第四届“四明云顶”诗歌晚会，加深文创园区、文创企业联系，交流、传播诗歌文化。同时，加强文艺领军人物培养，不断优化文艺人才队伍年龄、知识结构，突出中青年文艺人才培养。年内，郑飞军、方建康、楼明杭、童水波、鲁旭安5人成为国家级会员，全市国家级会员达到56人；陈斌荣入选中宣部青年英才和省“五个一批”人才；吕余龙、周凌红两个工作室成功申报第七批宁波文艺家工作室；翁赟烨入选第四届“宁波市青年文艺之星”等。

做好深化文联改革工作。认真贯彻落实《余姚市文联改革实施方案》精神，完善市文联领导班子成员联系文艺家协会、基层文联、文艺骨干制度。出台《关于进一步加强文艺家协会规范化建设意见》，继续加强对文艺家协会、基层文联工作考评和先进典型推介。继续推行并进一步深化文艺家协会与农村文化礼堂结对制度，完善采风创作和基层社会艺术联盟机构的日常管理帮扶，加强联系和服务。完善文艺评奖机制，组织对《余姚市优秀文艺作品“杜鹃花奖”评选办法》进行修订，以10年实践中发现的问题以及其间发生的新变化为导向对办法进行完善。

【中国农民丰收节摄影比赛举行】

8月初，由市农业农村局、市文联主办的“庆丰收、奔小康”——余姚市庆祝第三届中国农民丰收节摄影比赛开始面向全市摄影家和摄影爱好者征集展示全市农业发展新成果、乡村振兴新面貌、农民生活新风尚的摄影作品。评选结果揭晓后，主办方将评选出的优秀作品进行了展示。

【"姚韵越音"票友戏曲演唱会举行】

8月28日，作为市第五届"文艺与新时代同行"系列活动之一，由市文联主办，市戏剧家协会承办，市姚剧保护传承中心支持的"姚韵越音"票友戏曲演唱会在龙山剧院举行。活动现场，演员们表演了姚剧《陆文龙·归宋》、越剧《送花楼会》、姚剧《杨淑英告状》、姚剧《春蚕到死丝不断》等优秀经典剧目选段。

（沈亚云）

余姚市残疾人联合会

【概况】

2020年，市残联共发放困难残疾人生活补贴3734.8万元，受惠8601人，发放重度残疾人护理补贴3503.7万元，受惠14558人。对因疫情影响不能及时进行残疾评定的对象落实补发两项补贴政策。继续落实持证残疾人参加基本养老保险、基本医疗保险参保和定补工作，为8263名参加基本医疗保险的残疾人发放补助资金235万余元。继续为全市所有持证残疾人实施免费综合医疗保险，参保金额131万元，理赔184万元。每月提供临时救助，救助138人次，发放资金22.3万元。为36名残疾人大学生补助33.16万元，为61名困难残疾学生及困难残疾人家庭子女补助10.7万元。联合市慈善总会，对54名困难残疾人家庭子女发放资金16.2万元。

全面落实残疾儿童抢救性康复和助行、助听、助明、助智等项目的政策，假肢安装17人，助听器验配88人，助视器验配及视功能训练8人，配发盲人智能眼镜5副，免费辅助器具租赁100人，辅助器具网上适配270人，各类机构康复25人。实施残疾儿童少年康复服务与补贴政策，惠及残疾儿童80人次。为20492名残疾人签约契约式家庭医生服务，其中"三类重点人群"签约7988人，签约率100%。出资364.3万元向每位持证精神病人发放服药专项救助卡3643张，实现精神残疾人服药费用"全保障"。实施困难残疾人重大疾病和精神患者住院医疗救助160余人，补助55万元。组织举办首次残疾人就业专场网络招聘会。实施残疾人"一对一"精准就业帮扶服务，组织各类技能培训20余场次，惠及700余人。1名选手入选全国残疾人岗位精英职业技能竞赛。配合税务部门开展残保金抵扣，主动联系企业开展网上报备，使企业实现"零次跑"，共为398家企业办理抵扣备案手续，涉及残疾人1800余人。成立全市首家自闭症康复教育机构。完成省政府民生实事项目"残疾人之家星级提升改造"任务4家，完成残疾人之家复评21家，为300余名残疾人提供工疗服务。

进一步打造"王益楠助残圆梦工作室"服务品牌，组织开展第二届跟着残奥冠军学技能——幸福方向盘公益活动，"余兴携手·筑梦残奥"跟着残奥冠军学游泳公益夏令营活动。联合市人民医院、中国狮子联会等赴望谟县、兴义市开展助残脱贫帮扶系列公益活动，开展"姚望相助——望谟光明行"活动。以"阿拉帮"阳光志愿助残服务团队为基础，在疫情防控期间广泛开展"两问两送"活动，慰问残疾人24615人，建立助残服务指导员制度，对全市41家残疾人服务机构开展上门服务。实施"一卡一管家"模式，因需提供服务11000余人次；组建"个性化帮扶"微信群，创新推动线上帮。狮子会余姚各服务团队、蚂蚁公益服务中心等爱心团队积极认领助残志愿项目。

承办宁波市庆祝第37届国际盲人节活动，举办庆祝第29届国际残疾人日活动、第二届"最美残疾人""最美助残人"颁奖典礼和"学听跟"专项活动征文比赛。谢向杰获评"中国好人"、2020年度中国残疾人事业新闻人物，谢向杰、史丽琴获评宁波市抗疫先锋，王益楠获评余姚市抗疫先锋。举办文化助残"五个一"工程和特殊艺术"六进"活动，惠及1400余名残疾人。开展康复体育进家庭工作，为416名重度残疾人赠送康复体育器材。举办全市残疾人文创作品展评活动，成立全市首家残疾人文创培训基地。四明社区、白云社区、胜山社区成功创建为第二批省无障碍社区。完成省政府民生实事项目“困难残疾人家庭无障碍改造”247户。推进困难残疾人“净居亮居”项目，募集资金近80万元，为25户困难残疾人家庭进行改造。

配齐配强乡镇街道残联理事长、残疾人专职委员。深入开展“三服务”活动、“学听跟”专项行动，组织开展“六问六促”基层大调研。全面建立残联助残服务“一件事”机制，深化助残“一件事”事例入选省“竞跑者”宣传平台。进一步优化残疾人证办理流程。完成全市24883名残疾人基本服务状况、需求信息动态更新和197户残疾人家庭收入调查采集工作。

【助残脱贫帮扶系列活动开展】

5月，市残联联合市人民医院、中国狮子联会浙江代表处十四分区一行，到贵州省黔西南州望谟县开展助残脱贫帮扶系列活动。5月21日，“姚望相助　助残脱贫”捐赠仪式在望谟县乐旺镇人民政府举行，向贫困残疾人代表赠送了爱心棉被，向残疾学生和残疾人家庭就学子女赠送了爱心文具礼包。捐赠仪式后，由市人民医院和望谟县人民医院专家组成的义诊团队为当地近百名群众开展大型义诊活动，还为30余名群众进行白内障筛查活动。当天还举行脱贫帮扶工作座谈会，双方在总结过去的帮扶成果后，还就当前脱贫和预防返贫进行商议和交流。

【残疾人就业专场网络招聘会举行】

5月22日，市残联举办首次残疾人就业专场网络招聘会。招聘会开启用人单位与求职者“一对一”双选端口，求职者与意向单位在招聘会当天进行网上交流。招聘会共吸引30余家企业参与招聘，提供就业岗位40个，300余名残疾人进行网上注册，达成就业意向20人。

【第二届幸福方向盘公益活动启动】

6月17日，市残联组织12名残疾人到市车管所体检点接受体检，报名参加第二届跟着残奥冠军学技能——幸福方向盘公益活动。最终，8人通过体检，取得C5驾驶证报考资格，到宁波鄞州象山港机动车驾驶员培训学校进行驾照考试的现场报名。经市残联协调，该驾校承诺为每位学员减免1000元的培训费用，并在余姚市内教学，为学员提供指导和服务。

【“跟着残奥冠军学游泳”公益夏令营开营】

8月2日，“余兴携手·筑梦残奥”2020年余姚—兴义“跟着残奥冠军学游泳”公益夏令营开营仪式在余姚阳明温泉山庄举行。夏令营由余姚市残联、兴义市残联主办，王益楠助残圆梦工作室、余姚市蚂蚁公益服务中心承办。夏令营活动为期7天，有兴义市9名7～15周岁的残疾青少年报名参加，除了跟着两届残奥会冠军王益楠学习游泳技能以外，课程内容还包含水上安全教育培训、

8月2日，“余兴携手·筑梦残奥”2020年余姚—兴义“跟着残奥冠军学游泳”公益夏令营开营仪式举行

红色文化和传统文化教育、应急救护知识培训、文娱活动和其他综合素质训练，以及公益理念与公益活动体验等课程。

【市残联到望谟县和兴义市开展系列公益活动】

10月，市残联联合相关单位和组织到望谟县和兴义市开展系列公益活动。19—22日，“姚望相助——望谟光明行”公益活动举行，为望谟县55位白内障患者免费开展复明手术。

19—22日，市残联联合市教育局、望谟县教育局、中国狮子联会浙江阳明服务队等单位，分别走访望谟县五中、乐宽小学、乐旺小学、鲁邑小学、打易小学、打易中学，开展“姚望相助 情‘衣’相牵”望谟公益行校服捐赠活动，共捐赠784套校服。

22日，市残联联合共青团兴义市委、中国狮子联会浙江星光服务队等单位，分别走访了兴义市酒金小学、东贡小学等学校，开展“余兴携手 冬衣助学”兴义公益行校服捐赠活动，共捐赠1000套校服。

【第二届“最美残疾人”“最美助残人”颁奖典礼举行】

11月26日，余姚市庆祝第二十九次国际残疾人日暨余姚市第二届“最美残疾人”“最美助残人”颁奖典礼在梦麟中学报告厅举行。活动由余姚市残工委、市残联主办。

11月26日，余姚市庆祝第二十九次国际残疾人日暨余姚市第二届“最美残疾人”“最美助残人”颁奖典礼举行

活动现场，表彰了10名“最美残疾人”和10名“最美助残人”，以及全市残疾人“学听跟”专项活动征文比赛获奖选手和优秀组织单位。颁奖典礼上，还举行了自闭症儿童培训机构——宁波市星宁特殊教育学校（余姚校区）成立授牌仪式。

【谢向杰获评“中国好人”】

9月17日，中央文明办发布2020年2—7月“中国好人榜”。宁波铂丽姿健康科技有限公司总经理、余姚市蚂蚁公益服务中心主任、余姚市乐善公益基金会秘书长谢向杰榜上有名。此前，他还曾获“中国青年志愿者优秀个人”“浙江好人”“宁波市十大杰出青年”“最美宁波人”等荣誉。

【全市优秀残疾人文创作品表彰暨残疾人文创培训基地授牌活动举行】

10月28日，全市优秀残疾人文创作品表彰暨市残疾人文创培训基地授牌活动举行。全市残疾人文创作品展评参赛选手及相关乡镇街道残联、村（社区）残协工作人员等40余人参加活动。活动现场对全市优秀残疾人文创作品进行表彰。同时，市残联为文创培训基地进行授牌，全市首家残疾人文创培训基地正式成立。最后，全体人员还参加金石沙龙（培训）活动。

（叶小芬）

余姚市红十字会

【概况】

2020年，市红十字会以打造“群众身边的红十字会”为目标，新建“三好”红十字基层组织21家，全市累计80家。新增陆埠镇袁马村、黄家埠镇华家村2个博爱家园项目，全市累计5个。四明社区“博爱家园文化展馆”被评为宁波市创新项目。

年内，助力新冠肺炎疫情防控，全年募集爱心款物1914万元，其中疫情捐赠款物

1347.34万元。支出1885万元，救助8898人次。探索网上筹资，“99公益日”发起“留守儿童公益之旅”项目，募集资金2.91万元。开展“红十字博爱送万家”“情暖六一”等慰问，以及白血病、先天性心脏病、自闭症儿童人道救助活动。

联合市减灾委员会、市应急管理局等单位开展第12个全国“5·12”防灾减灾日宣传活动。3支市属救援队驰援江西鄱阳抗洪一线，转移群众500余人，运送物资约9吨。4支救援队开展年度述职报告。红十字战狼救援队全程指导2020余姚社会救援力量救灾帐篷搭建技能大比武。

完成宁波市民生实事工程“公共应急救护服务”项目，新增救护员1864人，普及培训74354人次。新投放AED（自动体外除颤仪）22台，全市累计87台，率先达到每万名户籍人口配备一台AED的目标。受疫情影响，救护培训推行线上自学+线下小班化模式，自5月始，推出每月一期“红‘惠’民生、‘救’在身边”公益讲座并线上直播。举办“关爱生命　严防溺水”青少年水上安全救护培训公益大讲堂并进行线上直播。联合广播电台开设《空中急救课堂》专栏8期。

市属14支专业化志愿队开展专业化服务350余场，服务时间4000余小时。实施红十字志愿服务项目化，通过立项、评审、实施、结题、决算等闭环式管理，规范项目运行。极速救援队的“赛道守护神计划”项目获宁波市红十字会志愿服务项目扶持。

践行“最多跑一次”理念，做好流动人口“两捐”（志愿捐造血干细胞；捐器官、遗体、角膜）登记网上评审工作。全市新增造血干细胞捐献志愿者95人，实现捐献2例。器官捐献登记志愿者570人（其中网络登记557人），实现捐献3例。遗体（角膜）捐献登记志愿者35人，实现遗体捐献2例、角膜捐献4例。

【对口帮扶工作开展】

1月7日，余姚市红十字会联合共青团余姚市委共同开展“姚望相助·情暖校园”爱心校服圆梦行动，为望谟学子送去价值30余万元的校服2768套、单衣500件。“六一”期间，余姚市红十字会通过兴义市、望谟县两级红十字会，将扶贫助学捐赠款9万元全部发放到结对孩子手中，帮助解决40户兴义市、望谟县建档立卡户、特困户孩子安心上学问题。

【“红十字博爱送万家”慰问活动开展】

1月8日，余姚市红十字会2020年“红十字博爱送万家”慰问活动正式启动。实行市、镇、村三级联动，走访慰问造血干细胞捐献者、器官（角膜）、遗体捐献者家庭、红十字优秀会员及红十字志愿者困难家庭。全市发放慰问款物78万余元，惠及困难人数达1000余人次。

【新冠肺炎疫情捐赠工作开展】

1月27日，发布《余姚市

5月12日，市红十字会协同市减灾委员会、市应急管理局等单位在新建公园开展防灾减灾救灾宣传活动

红十字会关于接受抗击新型冠状病毒感染肺炎疫情社会爱心捐赠的公告》，公布24小时服务热线，并开通网银、微信、支付宝等网上捐款专用通道，全力做好社会各界捐款接受及余姚市抗击疫情所需医用耗材、防护用品等捐赠物资接受的调配工作。市红十字会共收到疫情捐赠资金765笔，合计730.4万元，捐赠物资147批次，折价616.94万元，捐赠款物合计1347.34万元。通过门户网站、微信公众号等官方渠道公开捐赠收支信息，公示线上捐款34期，捐赠款物收支情况22期。接受的捐赠款物均转至市防控办或定向接收单位统筹发放。

【“关爱生命　严防溺水”救护培训公益大讲堂举办】

8月10日，余姚市红十字会主办的“关爱生命　严防溺水”青少年水上安全救护培训公益大讲堂开讲并进行直播。活动在宁波太平洋慈善基金会的支持下，由市教育局、余姚阳明温泉山庄实业有限公司协办，红十字海燕水安志愿服务队承办。活动前期，各单位通过微信公众号、微信群等平台，发布直播活动的相关信息。截至活动当日12点，直播平台的浏览量超50万人次。

8月10日，“关爱生命　严防溺水”青少年水上安全救护培训公益大讲堂开讲

【城区“三江六岸”100个救生圈投放活动开展】

9月24日开始，市红十字会联合红十字海燕水安志愿队在城区姚江、最良江、候青门江临水公园两岸投放救生圈，历时1周，100个救生圈投放完毕。同时倡议广大市民珍爱生命，远离危险水域；一旦有人落水，目击者可以第一时间就近取下救生圈参与辅助救援。

【“小善大爱”助餐公益项目设立】

10月21日，市红十字会联合市总商会企业家家属联谊会设立“小善大爱”助餐公益助学项目，专项用于资助松阳县困难家庭20位初中学生的三年餐费合计15万元。当日，家属联谊会理事成员在松阳县教育局举行现场捐赠仪式。

【2人实现造血干细胞捐献】

9月4日，褚华杰在宁波市第一医院（简称宁波一院）完成309毫升造血干细胞混悬液的采集，成为全市第8例、宁波第104例、全省第600例非血缘关系造血干细胞捐献者。

12月8日，陆埠镇五马村劳保协管员裘渭在宁波一院完成造血干细胞捐献，受捐者为一对患地中海贫血的3岁双胞胎姐妹。双胞胎受捐在全省尚属首例。裘渭成为全市第9例、宁波第113例、全省第635例造血干细胞捐献者。

（许燕青）

法治·军事

政法委及综治

【概况】

2020年，政法各单位持续推进平安余姚、法治余姚建设，确保了全市社会大局持续安全稳定。全年共完成杭甬高速复线工程等108项重大事项风险评估，未发生因评估不到位导致的重大矛盾纠纷。共排查发现各类涉稳线索1920余条，全市刑事立案数同比下降21.8%，各类安全生产事故起数、死亡数同比分别下降38.5%、26.2%。顺利实现平安建设“十四连冠”，获得省“平安市”称号，政法委机关获得宁波市政法系统第三届“十佳政法单位”称号。

牵头制定《关于疫情期间实行〈工作通行证〉制度的通知》等防疫制度措施，发放“通行证”近15万份。牵头制定《依法防控新冠肺炎疫情切实保障人民群众生命健康安全和经济社会稳定发展的实施意见》《规范防疫用品经营行为告知书》《疫情防控刑事案件快速反应机制工作规定（试行）》《新冠肺炎疫情下企业经营管理法律风险防范参考手册》等文件制度，向有关部门提交各类法律建议76件。为防范涉疫风险隐患，制定出台《疫中疫后风险隐患防范排查化解工作实施方案》和《疫中疫后风险隐患清单》，由11位市领导牵头，23个部门具体负责，共计53项风险清单，开展涉疫类风险的排查化解工作，及时发现、处置、化解涉及商贸旅游、劳资纠纷、市场搬迁、房地产纠纷、教育等领域的涉疫风险537个。

制定出台《关于进一步落实新形势下加强政法队伍建设的实施方案》，搭建交叉锻炼、跟班轮训、“政法讲坛”等跨条线跨领域综合交流平台。首创政法干警交叉挂职，5月，开展全市政法系统第一批优秀中青年干警交叉锻炼、跟班轮训活动，通过分析研判、人选酝酿、组织推荐等环节，选派干警在政法系统内跨部门进行为期一个月的交流历练。通过邀请纪委领导集中上廉政课、组织参观廉政教育基地等多种形式，加强职业纪律、廉政纪律教育力度。

【“阿拉一起来”品牌建设】

3月，余姚市基层社会治理“阿拉一起来”做法入选宁波县域社会治理试点，《强协同、增力量，纵深推进基层社会治理“阿拉一起来”——关于完善县域社会治理共建共治共享格局的研究》获宁波市政法系统优秀调研成果一等奖。10月，小曹娥镇开展基层治理“人大代表一起来”工作试点，取得良好效果。11月，举办“平安余姚杯”城市半程马拉松赛事，“平安余姚”“阿拉一起来”品牌影响力进一步扩大。

【市、镇两级矛盾调解体系建设】

年内，市级层面成立余姚市社会矛盾纠纷调处化解中心（平台）建设领导小组，并实施专班运作，推进线上、线下工作体系的良好运行，在市矛调中心进驻“致和调解室”，为各类案件提供调解服务。镇级层面，先后出台《余姚市社会矛盾纠纷调处化解中心工作机制》《镇级矛调中心规范化建设指引》等文件，引导乡镇结合自身实际分类建设，实现镇级矛盾调解中心全覆盖。村社层面，推动镇级矛盾调解中心向下延伸，做实源头治理，确保问题发现在早、解决在小。

（龚　易）

法治政府建设

【概况】

2020年，余姚市推进法治政府建设。开展行政争议发案量和行政诉讼败诉率“双下降”专项行动，全市行政争议发案量同比下降15.5%，败诉率同比下降55%。实现乡镇街道合法性审查全覆盖，组建64人的乡镇街道合法性审查队伍，以清单方式明确7类合法性审查事项范围，实现全市乡镇街道合法性审查力量、审查范围、审查机制全覆盖，并将此项工作纳入法治（法治政府）建设目标管理考核。开展法治督察活动，对梁弄镇、小曹娥镇、市公安局、市综合行政执法局进行督察。组织全市乡镇街道、部门法治工作负责人开展法治政府建设培训班，提升“关键少数”的法治素养。

推进依法治市工作。2020年疫情关键时期，成立市疫情防控和恢复生产法治保障工作专班，集中依法行政、社会管理、企业服务3个工作组力量解决涉疫法律问题，出具2份专业法律意见书，提供法律咨询20余件，确保依法防疫。邀请行政执法监督员共同参与，就执法人员对菜市场、超市、药店、餐饮等人员密集场所的执法检查活动进行专项执法监督，规范防疫期间行政执法工作。开展“无证件（证明）办事之城”建设，累计取消各类证明510项。乡村检察官助推“谁执法谁普法”获浙江省县乡法治政府建设“最佳实践”项目。完成重大决策的合法性审查35件，开展风险评估53件。

做好行政执法监督工作。开展行政执法主体资格确认公告（第二批）工作，对全市9家单位通过“行政执法主体确认公告信息系统”予以确认，并通过政府门户网站予以公告。开展2020年度申领浙江省行政执法证工作，申领执法证人员中，分管领导申领执法证人员较2019年增加30%，乡镇街道申领执法证人员占总申领执法证人员的50%。开展“三项制度”及有关制度专项监督，开展行政执法案卷集中评查活动，并下发评查通报评选出优秀案卷。

【市委全面依法治市委员会第二次（扩大）会议召开】

5月19日，市委全面依法治市委员会第二次（扩大）会议召开。市委书记、市委全面依法治市委员会主任奚明主持会议并讲话，市委副书记、市委依法治市办主任叶枝利汇报2019年法治余姚建设工作情况。会议审议通过《2020年法治余姚建设工作要点》，听取市综合行政执法局、市市场监管局、宁波市生态环境局余姚分局、市自然资源和规划局、余姚市社会治理综合指挥中心主要负责人就履行推进法治建设第一责任人职责情况述法报告。

【市委理论学习中心组学习（扩大）会议专题学习《中华人民共和国民法典》】

7月7日，市委举行理论学习中心组学习（扩大）会议，专题学习《中华人民共和国民法典》。市委书记奚明主持会议并讲话。会上，浙江省民法典普法讲师团副团长、浙江大学光华法学院教授陈信勇对《中华人民共和国民法典》作简要解读。会议

7月27日，第三届“明明学法”宪法宣传月暨优秀民主法治村展示活动在马渚镇举行

还结合“周二夜学”，在市直各部门和各乡镇街道设分会场，通过网络直播形式，各地各部门和广大党员干部共同学习。

【第三届“明明学法”宪法宣传月暨优秀民主法治村展示活动举行】

7月27日，第三届“明明学法”宪法宣传月暨优秀民主法治村展示活动在马渚镇举行。此次宪法宣传月活动以“宪法学习一起来”为主题，于7月启动，重点组织开展“崇尚法典精神　共筑美好生活”民法典宣传、余姚市法治文化示范点展示、王阳明法治思想调查研究、党内法规知识网络竞赛等活动。

【余姚市法治建设（行政复议应诉）培训班举行】

9月25日，市委依法治市办、市司法局组织开展法治建设（行政复议应诉）培训班。全市各乡镇街道、市直有关单位法治工作分管领导及科室负责人共计120余人参加培训。培训紧密围绕全面依法治市、加快建设法治政府主题，邀请宁波大学副教授石绍斌和宁波市委党校副教授梁亮分别讲授“深入推进依法行政　提高行政争议风险防范”和“习近平总书记关于法治建设重要论述”。

【“法治公交”专线开通】

11月5日，“法治公交”专线首发启动仪式暨公交公司“余姚市法治文化建设示范点”授牌仪式在兰江客运综合服务站举行。市司法局、市普法办向服务站颁发市法治文化建设示范点铜牌。

【余姚国防法治文化园开园】

11月24日，余姚国防法治文化园开园仪式举行，市司法局向市人武部授“余姚市法治文化示范点”牌。文化园为市司法局、市普法办联合市人武部、市住建局在姚江公园原有的国防教育主题公园基础上，添加注入法治元素。公园占地面积3000平方米。

（孟佳佳）

11月5日，“法治公交”专线首发启动仪式举行

公 安

【概况】

2020年，余姚市公安局共有19个直属机构，下属23个派出所，共有民警902人，民警数占全市户籍人口1.08‰。年内，全市未发生重大群体性事件、重大恶性刑事案件、有影响的涉黄涉赌涉枪治安问题、较大以上交通和火灾事故。全年共受理案件1.89万起，与上年相比下降10.5%；立刑事案件4424起，与上年相比下降30.7%，立盗抢骗侵财型案件9309起（包括治安案件），与上年相比下降8.3%，破获侵财型案件1018起，与上年相比下降15.0%，刑事拘留1738人，移送起诉2215人；立行政案件1.45万起，查处4467起，行政拘留2411人。

年内，市公安局被省公安厅授予“全省公安机关执法质量优秀单位”和“全省公安队伍正规化建设优秀单位”称号，被宁波市委、市政府评为抗击新冠肺炎疫情先进集体，1个集体被评为全省“最美警队”，2名个人分别被评为浙江省、宁波市抗击新冠肺炎疫情先进个人，1名个人获评全省“最美警察”和宁波市五一劳动奖章，1名个人被评为宁波市“六争攻坚”先进个人，1个集体和1名个人被评为余姚市劳动模范。4名个人立二等功，6个集体、24名个人立三等功，165个集体、631名个人受到上级各类表彰奖励。

【惩治违法犯罪】

打击刑事犯罪 市公安局推进扫黑除恶专项斗争，开展打击跨境赌博犯罪活动、扫黄禁赌等专项行动，打击整治枪爆及“盗抢骗”“黄赌毒”“食药环”等违法犯罪。全市共立刑事案件4424起，与上年相比下降30.7%；破获刑事案件1605起，与上年相比下降35.2%，刑事案件破案率32.2%，与上年相比下降4.2%。移送起诉犯罪嫌疑人2215人，与上年相比下降9.4%。

命案侦破 全市共发命案3起，破获3起，破获命案积案2起，配合外地公安机关抓获命案逃犯4人。

扫黑除恶专项斗争 市公安局按照“六清行动”和“三大专项行动”工作要求，做好扫黑除恶收官年各项工作。上级下发线索实现全部清零，侦办涉黑团伙1个，抓获人员170人，破获案件180起，扣押资产2.05亿元。

打击涉黄涉赌犯罪 市公安局推进打击跨境赌博犯罪活动、“利剑”扫黄专项行动，成功侦破全国首起涉黄“打赏”平台案件，全链条打击国督“6·24”跨境赌博专案，获得国家、省、市领导肯定。全年共侦办跨境赌博刑事案件62起，捣毁涉案团伙40个，抓获犯罪嫌疑人292人，冻结扣押资金4980余万元，打处涉黄犯罪嫌疑人85人，全市涉黄涉赌警情同比下降60%，其中赌博游戏机警情同比下降77.45%。

打击通信（网络）新型侵财犯罪 市公安局开展压发案、创无诈、侦查破案3个竞赛评比活动，受理电信网络诈骗案件2170起，同比上升7.52%，损失金额3698.18万元，同比上升3.54%。立案1131起，刑拘电信网络诈骗犯罪嫌疑人380人，同比上升11.18%，移送起诉犯罪嫌疑人211人，移诉案件1630起，摧毁诈骗团伙23个，成功止损230万元，追回赃款554.4万元。

打击毒品犯罪 余姚市打造余姚特色毒品治理体系，获“浙江省禁毒示范县（市、区）”称号。移送起诉涉毒犯罪嫌疑人59人，查处吸毒人员136人，强制隔离戒毒87人（其中入所执行54人），成功破获1起公安部目标案件，抓获涉毒嫌疑人31人，其中刑事拘留12人。

打击经济犯罪 市公安局严厉打击涉众型经济犯罪案件，推进“蓝剑2020”“猎狐”“云端2020”“歼击20”等专项行动，侦破宁波大市内唯一1起洗钱团伙犯罪案件，抓获境外逃犯2人。共受理经济案件85起，立案侦查68起，破案67起，抓获犯罪嫌疑人148人、逃犯12人，移送起诉148人，涉案总

7 月 10 日，宁波全市禁毒“低塘经验”深化推广现场会在余姚召开

金额达 3 亿余元。

打击涉枪涉爆违法犯罪 市公安局推进打击整治枪爆违法犯罪专项行动，打击涉枪嫌疑人 1 人，收缴火药动力枪支 3 支，压缩气体动力枪支 2 把，子弹 100 余发。

打击食药环违法犯罪 市公安局加强与宁波市生态环境局余姚分局、市自然资源和规划局、市市场监督管理局、市卫生健康局等部门的协作配合。共侦破危害食品药品、污染环境、破坏计算机信息系统等案件 48 起，其中省公安厅督办案件 5 起，采取刑事强制措施 92 人，与上年相比上升 2.2%。

监管工作 市公安局抓好监所疫情防控和监所内人员安全工作，拘留所社会矛盾化解工作经验被中央电视台报道。

反恐工作 市公安局检查重点行业单位及场所 918 家，共发现问题和隐患 265 处，下发专项检查通报 3 期，开具问题整改通知书 3 份，约谈责任单位 1 家。

【行政管理】

“最多跑一次”改革 市公安局以政府数字化转型为牵引，推动公民身份信息连锁变更“一件事”改革，深化“无证件（证明）办事之城”改革。公安政务服务事项达到 87.23%，即办率 65.22%，跑零次率 88.17%，网办率 6.73%。

车辆检测“一件事”集成改革 市公安局联合市委改革办、市市场监督管理局、宁波市生态环境局余姚分局、市交通运输局等部门印发《余姚市车辆检测“一件事”集成改革实施意见》。试点检测站完成车辆检测 14538 辆，检测效率提升 30%，群众满意率 99.5% 以上。

智能警务亭建设 市公安局深化智能警务亭 2.0 版本应用建设，落实每日点名及处置指令签收制度，促进屯警街面，提高见警率、管事率。7 月 30 日，宁波全市公安机关智能警务亭应用现场会在余姚召开。

“枫桥式公安派出所”创建 市公安局开展每季度社区警务等级评定活动，制定《2020 年全市公安机关坚持和完善新时代“枫桥经验”扬旗行动推

7 月 30 日，宁波全市公安机关智能警务亭应用现场会在余姚召开

进计划的通知》。梁弄派出所和丈亭派出所被命名为宁波市“枫桥式公安派出所”。总结提炼的“老邱工作室”“全链条联动化解矛盾纠纷”等警务品牌获得上级高度肯定。

“智安小区”建设 市公安局运用互联网、大数据、人工智能、物联网等科技手段建设“智安小区”，建设任务完成率为101.5%。

助企服务 市公安局成立全省首家市工商联（总商会）警企服务工作站和基层（直属）商会警企服务工作室，开展“四送一增强”服务企业专项行动和“助企双引”直通车活动。共走访89家企业，收集问题25条、化解困难需求23件、流转问题12件，“非接触”式办理各类企业证件1310份。

车棚车库违规出租治理 市公安局排摸上报车棚车库违规出租居住房屋2917间，口头劝退1593间，下发整改通知书1005份，行政处罚9起，罚款4.6万元，32个居民小区通过车棚车库整治验收工作。

流动人口登记管理 市公安局研发“新余姚人智慧服务（姚居码）平台”，做好“一标三实”基础信息采集工作。通过“姚居码”报送流动人口信息31万余条，累计发现未登记人员8.5万余人，登记信息过期人员1.2万余人，全市流动人口登记率同比上升10%。

犬类治理 市公安局推动市政府出台《关于公布余姚市城区养犬重点管理区、一般管理区的通告》，遏制违规养犬行为。共开展2次犬类专项整治行动，登记办证2315份，办理违规养犬案件75起。

出入境管理 市公安局批准公民因私出国（境）8281人次，与上年相比下降89.2%，其中批准公民因私出国3405人次，出境4876人次；接待临时到余姚的国（境）外人员5019人次，与上年相比下降80.5%；报备不准出境人员数据4515条。查处涉外、涉港澳台案（事）件8起，其中“三非”案件5起，遣返1人，行政处罚6人、报列不准入境1人。

安保维稳工作 市公安局完成村社组织换届安保、“一带一路”山地越野跑、“平安余姚杯”城市半程马拉松赛、第22届中国塑料城博览会等重大安保活动和警卫任务36批次。

防溺水工作 市公安局采取多种措施防范溺水事件的发生。共开展多部门防溺水联合检查16次，下发宣传资料28万份，排查整改隐患568处；投入资金150余万元，增投救援设备1980个，增加护栏铁网3700余米，累计劝阻野游人员3200人次，溺亡人数同比下降22.2%。

道路交通安全管理 市公安局持续开展“铁拳行动”“一盔一带”等专项整治工作，推进道路交通安全综合治理提升行动和“大排查、大整治”百日攻坚战。共接交通警情10.99万起，受理道路交通事故3.9万起，查处交通违法94.8万起，同比下降15.20%，交通事故全口径死亡人数89人，与上年同比下降13.59%。

信访工作 市公安局推进信访“三无”基层所队创建，信访形势良性好转。受理信访

6月15日，2020年余姚市“守牢塘河 珍爱生命”预防溺水全民大行动启动仪式举行

2381件，化解重要信访积案5起,其中省厅交办信访积案3起，办结3起。开展局领导集中下访、接访活动，接待来访群众45批57人次。

【警务保障】

基础设施建设 市公安局推进基建工程建设，更新基层基础项目建设，实现值班备勤城区一人一床、农村一人一房的目标，全年更新警用车辆21辆。市看守所迁建工程完成所有房屋竣工验收工作，河姆渡、大隐、凤山派出所和交警陆埠中队新楼完成搬迁并投入使用，鹿亭派出所迁建工程竣工验收，马渚、牟山、小曹娥派出所和交警马渚中队迁建工程持续推进。

信息化建设 市公安局创新运用“零接触、零成本”的“云办案”模式，自主研发掌上办案宝App，建设运行社会治安动态视频监控系统二期，实现重点公共区域覆盖率及高清率100%。完成“雪亮工程”二期整体建设，加密高铁、火车站、医院、商场等重点单位前端感知设备和重点社会面视频资源整合。

执法规范化建设 市公安局推进执法机制改革各项任务，建成执法办案管理分中心，建立“双联双促”工作机制，出台执法监督回访机制和民意访评机制，建立案件质量“负面清单”，创新研发执法视音频全流程管理平台。刑事拘留1738人，取保候审791人，监视居住87人，提请批准逮捕878人，逮捕准确率86.22%，移送起诉2215人，存疑不诉3人，相对不诉154人，退回补充侦查522人；共作出行政处罚4910人次，行政拘留2411人，办理行政诉讼2起，行政复议10起。

【防控疫情、护航复工复产工作】

新冠肺炎疫情发生后，市公安局启动战时机制和高等级防控响应，落实通道查控、隔离管控、数据研判、人员排查、小门值守等各项防疫举措，打处涉疫违法犯罪活动，推进“净海”专项行动。在全市16个通道卡口进行入余姚车辆核查，累计出动警力1433人次，检查车辆13.2万余辆、人员55.5万余人。协同乡镇街道、卫健等部门，设立市级集中隔离点3个、乡镇一级集中隔离点36个。制定《关于依法打击新型冠状病毒感染的肺炎疫情防控期间的违法犯罪的通告》等9项规范性文件。围绕企业复工复产、员工返岗等问题，组织2批次24名精干力量参加赴省外工作组，累计组织6000余名务工人员返回余姚复工。

（郑　前）

检　察

【概况】

2020年，市人民检察院全力投入平安余姚建设。严厉打击各类刑事犯罪，全年共受理移送审查逮捕案件660件、976人，受理移送审查起诉案件1463件、2265人。起诉故意杀人、强奸、放火等严重暴力犯罪49人，起诉“黄赌毒”、聚众斗殴、寻衅滋事、敲诈勒索等犯罪541人，起诉非法吸收公众存款、

2月19日，市委副书记、市长潘银浩（右五）慰问疫情防控通道管控工作人员

集资诈骗、组织领导传销活动等涉众型经济犯罪22人，帮助被害人挽回损失1753.6万元，起诉抢劫、抢夺、盗窃等多发性侵财犯罪337人，起诉电信网络诈骗、侵犯公民个人信息、帮助信息网络犯罪活动等新型犯罪185人。

年内，助力打赢疫情防控阻击战。积极向市委报送法律风险研判建议，发布致企业书，推送涉疫法律问题69答，组建法律破难团队，获评全省检察机关助力企业复工复产十大典型案（事）例。检察干警深入一线参与联防联控，1人获记宁波市级三等功，1个集体、2名个人获评余姚市战“疫”先锋团队、先锋个人。

决战决胜扫黑除恶专项斗争。共起诉83人，追加犯罪事实4笔，移送“保护伞”线索9条，依法不认定涉黑涉恶犯罪23人，督促侦查机关查封涉黑恶房产2套，扣押、冻结涉黑恶财产2700万元。检察长、副检察长带头办理“3·20”涉黑专案、刘某某等14人恶势力犯罪集团案。针对办案中发现的海塘管理等社会治理问题发出检察建议，帮助堵塞基层建设、社会治安以及重点行业领域管理漏洞。

持续做优法治化营商环境。依法不批捕8人，不起诉12人，帮助企业“活下来”“留得住”“经营得好”。举办检企主题开放日，积极回应民营企业内部贪腐案件查处难、核心知识产权保护难、生产经营融资难等呼声，起诉职务侵占、非国家工作人员受贿、侵犯知识产权等犯罪59人。通过检察建议、入企讲座等方式，帮助企业建章立制、规范管理。在办理侵犯知识产权案件中，主动告知涉诉权利义务，开展涉企专项监督。

精准服务乡村振兴战略。围绕村（社区）组织换届开展剥夺政治权利刑罚执行专项监督，起诉涉农“微腐败”、阻挠乡村基础设施建设等犯罪15人，起诉破坏乡村生态环境犯罪38人，办理相关公益诉讼案件15件。“12309”检察服务中心下沉至市镇两级矛调中心，依托“村检通”等线上载体，参加村民议事会等线下形式，开展法律监督、矛盾化解、法治宣讲，筛查监督线索896条，提供法律意见432次，化解矛盾纠纷52件。乡村检察官工作被《浙江日报》整版报道，被浙江省政府命名为县乡法治政府建设“最佳实践”项目。

进一步做优刑事检察。强化诉前主导和审前过滤作用，依法不批准逮捕315人、不起诉276人，监督侦查机关立案11人、撤案5人，纠正漏捕漏诉22人，侦查活动违法案件13件，提出抗诉、再审检察建议9件。开展刑事执行检察监督，发出纠正意见42件、检察建议2件。起诉市监委移送职务犯罪13人，会同监委追赃181.9万元。会同政法各家规范落实认罪认罚从宽制度，适用人数1719人，适用率88.6%，量刑建议法院采纳率98.3%。

进一步做强民事检察。办理民事生效裁判监督案件91件，依法提请抗诉13件，提出再审检察建议44件，法院改判23件；对法院判决无误的申诉案件，做好释法说理、释疑解惑，促使当事人息诉服判。办理虚假诉讼案件56件，深入整治“套路贷”团伙为获取非法利益打“假官司”等乱象。开展对法院“终结本次执行”的专项监督，发出类案检察建议3份，建立在民事执行活动中告知当事人有权申请检察监督的工作机制，共同破解“执行难”，被浙江省人民检察院肯定推广。

进一步做实行政检察。办理行政检察案件144件，开展行政非诉执行监督44件，联合法院、环保部门探索强制执行和解机制，督促环境违法行政处罚执行到位381.6万元。着眼于案结事了政和，行政复议环节检察参与争议化解37件，所办案件获评全国、全省行政争议实质性化解典型案例。

进一步做好公益诉讼检察。办理公益诉讼案件63件，发出的诉前检察建议均得到采纳整改。开展国有财产保护专项监督，督促追回国有财产225.5万元。开展“守护美丽河湖”专项监督，创新“司法办案+生态补偿”机制，督促违法行为人诉前履行生态修复责任，缴纳生态损害赔偿金85.7万元。针对网民曹某捏造事实丑化救火英烈形象、发表极端侮辱性网评的行为，办理宁波市首例英烈保护领域民事公益诉讼案。

织密未成年人检察“保护网”。零容忍打击挑战法律和社会伦理底线的侵害未成年人犯罪，起诉27人。秉持“宽容不纵容”原则，根据犯罪情节，相对不起诉36人、附条件不起诉9人，应当依法从严惩戒的，起诉24人。推动团市委、社会帮教组织共建未成年人检察工作社会支持体系，帮助45名涉罪未成年人重新回归社会。会同教育部门建立教职员工入职前查询相关违法记录、未成年人被侵害强制报告制度，所办案件获评全国检察机关典型案例。

强化民生领域检察保障。向28名因案致贫返贫增贫的被害人或其近亲属发放司法救助金15.2万元，帮助33名农民工追回34万元拖欠工资。办理社保及补贴领域公益诉讼案件7件，确保国家惠民政策落到实处。办理老旧小区消防安全、道路应急救援、加油站移动支付安全隐患等公益诉讼案件17件。高度重视人大代表对网络外卖食品安全的关切，检察长领办全省首例网络外卖食品包装安全公益诉讼案，办案经验在全国推广。

优化检察公共产品供给。认真做好“群众来信件件有回复”工作，妥善办理信访事项176件。深化检律法律职业共同体建设，及时解决人大代表反映的疫情防控期间律师会见难问题。探索开展“公开听证+网络直播”监督办案模式，邀请人大代表、政协委员、人民监督员、人民调解员参加检察听证，获最高人民检察院通报表扬。

积极开展司法规范化水平提升年活动，开展“清单式”自查、“交互式”评查、“敞开式”排查等活动，经验做法被浙江省人民检察院、宁波市委政法委肯定。全省首创“人大代表直通检察联络室”，接待代表39人次，解答法律咨询23次，收集意见建议16条，回复率100%。持续深化司法公开，发布案件程序性信息2417条、公开法律文书1087份。市委检察工作会议、政府检察院联席会议在余姚检察史上均属首次。3个案件获评国家级精品、典型案例，25个案件获评省级、宁波市级精品、优秀案例；2个集体、3人次获得全国性荣誉，6个集体、26人次获得省级、宁波市级荣誉。

【人大代表联络室揭牌】

1月16日，市人民检察院举行“余姚市人民检察院人大代表联络室”揭牌仪式。市人大常委会副主任余烽，市检察院党组书记、代检察长陈莹共同为该联络室揭牌。人大代表联络室的设立旨在搭建检察机关与人大代表联络交流平台，线上线下畅通联络渠道，实现检察机关与人大代表面对面式常态化沟通。联络室由专人负责接待，并设有人大代表专用热线电话、人大代表专用互联网电子邮箱，及时听取人大代表的意见和建议。

【检察开放日活动举行】

6月3日，市人民检察院举行以“聚焦重点领域，强化检察督导，助推未成年人保护社会治理现代化”为主题的检察开放日活动。活动邀请市人大代表、政协委员、人民监督员、团市委、市妇联等部门代表、教师代表、媒体代表等20余人，共商未成年人全方位司法保护。代表参观“姚·蓝”工作室，观看未成年人检察“六一”专题法治宣传片，听取未成年人检察工作情况通报，并开展座谈交流互动。市人民检察院党组书记、检察长陈莹总结讲话。

【“乡村检察官云平台”上线】

年内，市人民检察院正式上线“乡村检察官云平台”，并在泗门检察室举办首期实操培训班。来自泗门镇各个村（社区）的乡村检察官联络员40余人参加此次培训。平台的正式上线，使网格联络员、代表委员、基层群众等可以通过该平台与乡村检察官联络互动，实现线上全覆盖。

【市委检察工作会议召开】

7月20日，余姚召开市委检察工作会议。宁波市人民检察院党组书记、检察长叶伟忠出席会议并讲话。市委书记奚明在会上强调，要深入学习贯彻习近平总书记对检察工作的重要指示精神，全面贯彻落实省委《进一步加强检察机关法律监督工作的若干意见》，进一步提高站位，彰显担当，努力为余姚争当建设“重要窗口”模范生的排头兵作出更大贡献。市委副书记、代市长徐云主持会议，市领导诸晓蓓、陈长锋、叶枝利、钱秉湧、陈莹出席会议。

9月4日，市政府与市检察院联席会议召开

【市府检联席会议召开】

9月4日，市政府与市人民检察院联席会议召开。会上，市人民检察院党组书记、检察长陈莹作《关于发挥检察职能助推法治政府建设工作情况的报告》。市委副书记、代市长徐云在会上强调，要加强府检联动，发挥检察职能，助力打造更高水平法治余姚。市委常委、常务副市长郑传统主持会议。

（沈灵超）

法 院

【概况】

2020年，市人民法院共有在编干警188人，其中员额法官72人。全年新收各类案件21135件，结案21669件，同期结案率102.5%，一线员额法官人均结案361件。其中，新收刑事案件1168件，审结1165件，同比分别下降13.4%、15.4%；新收一审民商事案件11974件，审结12276件，同比分别下降4.3%、3.26%；新收行政诉讼案件66件，审结64件，同比分别下降18.52%、25.58%；新收执行案件（含非诉执行案件）7476件，执结7718件，同比分别下降15.53%、16.52%。2020年，市人民法院共有30个集体和个人分别获得宁波市级以上表彰，并获得“全省突出贡献法院”称号。

7月20日，余姚召开市委检察工作会议

市人民法院及时准确打击犯罪，持续助力“平安余姚”建设。高效审结涉黑恶案件8件，判处81人，涉黑恶财产执行到位3426.5万元，及时发送6条司法建议。从严从快审结涉口罩诈骗、非法狩猎等犯罪案件10件，判处13人。全省首家庭审直播聚众赌博案，入选最高人民法院《刑事审判参考》和“浙江法院服务保障疫情防控十大典型案例”。审结故意伤害、强奸等严重暴力犯罪案件80件，判处91人；审结“两抢一盗”等多发侵财犯罪案件426件，判处582人；审结交通肇事、危险驾驶等危害公共安全犯罪案件213件，判处217人。审结“网贷”诈骗、网上赌博等犯罪案件101件，判处149人；审结利用网络侵犯公民个人信息犯罪案件6件，判处26人。审结贪污、贿赂等职务犯罪案件10件，判处11人。对1472名认罪认罚的被告人依法从宽处理，对581名被告人适用缓刑等非监禁刑。通知法律援助中心为474名被告人指派律师辩护。创新预防未成年人犯罪的“云课堂”，达到法理融合、寓教于乐效果，被“学习强国”学习平台推送。

构建“社会调解优先、法院诉讼断后”的递进式分层过滤体系。吸纳“红盾社会服务中心”等7个特邀调解组织及52名特邀调解员；建立类型化纠纷提前介入、集中化解机制，诉前化解和民事可调撤率达86.6%。利用“余姚解纷直通车”微信小程序在疫情防控期间的优势，扩大基层社会治理范围，新加载旅游、消费、职工三大频道，通过在线法律指导促使236起纠纷诉前化解。积极参与“四送一增强”专项行动，深化“企业巡回宣讲团”品牌。强化善意司法理念，“活封活扣”“放水养鱼”。2则案例入选浙江法院“战疫情、保民生、促发展典型案例”，服务“六稳”“六保”工作经验被《人民法院报》专版报道。

深入推进民事诉讼程序繁简分流改革，开展“要素式”“集约式”庭审，细化令状式、表格式裁判文书，实现批案专审、简案快审。相关改革经验入选最高人民法院第九批司法改革案例。将“阳明心学”有机融入家事审判，健全离婚冷静期、心理测评疏导等制度。注重以案释法，做强融媒体，传播正能量，获评“全国司法宣传和通联工作先进单位”。深入推进知识产权“三合一”审判，实行侵权惩罚性赔偿制度。设立“新经济司法保护委员工作室”，画好多元共治的最大同心圆。开展“稳外贸、促发展”专项行动，担任“法治专家”为行业“把脉问诊”，积极探索涉外案件归口办理，审结125件。设立专项援助基金，推行简易审，将48家资不抵债且无力生还的“僵尸企业”高效出清，盘活企业资产8.3亿元，释放土地、房屋面积15.6万平方米。全省创新“拍卖重整投资权”。

全流程、全要素推进无纸化办案，无纸化立案率大幅上升至80.8%。完成29个审判法庭高清升级改造，建成14个远程审判庭，累计在线调解5989件，在线开庭1494件，电子送达16902件。卷宗精简归档率实现100%。严格落实立案登记制，当场登记立案率达99%。积极推进跨域立案诉讼服务改革，为25名当事人解决异地诉讼不便难题。完善执行援助保险制度，8名受害人获理赔款32.7万元；为经济困难的当事人减免缓诉讼费147.8万元，发放司法救助金49.8万元。全年受理信访162件、346人次，同比下降13.3%。

助力市委全面依法治市委员会出台《关于加强综合治理从源头切实解决执行难问题的实施意见》，执行工作纳入法治余姚等综治考核体系。坚决打击抗拒执行、规避执行行为，实施财产查控18497次，限制消费5364人，纳入失信名单4090人，罚款拘留2295人次，以涉嫌拒执罪移送公安侦查33人，违法制裁率42.3%。全省率先与金融机构共建执行“云模式”，实现当事人领取最低保障“一键办理”。积极推进司法拍卖“零次跑”，108套房产全流程线上交付，办理速度提高40%以上。完善正向激励机制，将自动履行纳入余姚“道德银行”体系。完善信用修复机制，帮扶43家有履行意愿的企业脱离“黑名单”，执行到位2295.1万元。

年内，成立“全国法院办案标兵”杜健等领衔的3个工作室，常态开展“名师讲堂”活动。加强精品调研培育，中标并完成4项省级调研课题，数量位居宁波基层法院第1；11个案例获宁波市级、省级荣誉；4个获评全国优秀案例；5篇案例入选最高法院公报，数量位居全国基层法院前列。

【“法治云课堂”开课】

2月15日，余姚法院上线“法治云课堂”第一课，法官诸张琳为全市小朋友上了一堂特殊的法治课，许多小朋友及家长通过“浙江余姚法院”微信公众号、“姚界”App等途径进行了在线观看。

【中意宁波生态园区人民法庭揭牌成立】

9月23日，市人民法院举行中意宁波生态园区人民法庭揭牌启用仪式。宁波市中级人民法院副院长王水维，余姚市委常委、中意宁波生态园党工委副书记、管委会副主任韩柏顺，余姚市人民法院党组书记、院长王家星，余姚市委政法委副书记朱蓉蓉共同为中意宁波生态园区人民法庭揭牌。中意宁波生态园区人民法庭的设立，旨在进一步增强司法服务的精准性、及时性和实效性，助力提升园区的综合竞争力，为余姚打造智能经济先行示范区、推动经济高质量发展走在前列提供有力司法保障。

【“余姚市新经济司法保护委员工作室”授牌】

11月2日，“余姚市新经济司法保护委员工作室”授牌仪式暨首场专题协商活动举行。市政协主席陈长锋，副主席徐栋芳，市人民法院党组书记、院长王家星出席仪式。新经济司法保护委员工作室全体成员与来自省律协、宁波中院、余姚律协的特邀嘉宾参加活动。陈长锋为“余姚市新经济司法保护委员工作室”授牌。王家星、徐栋芳先后致辞。仪式结束后，委员工作室举行首场“构筑新经济企业司法保护新格局”专题协商活动，委员工作室全体成员及特邀嘉宾积极建言献策。活动同时视频连线中意宁波生态园，与园区内的企业代表进行“云互动”。

【新任人民陪审员就职宣誓仪式暨任职培训班举行】

11月3日，余姚法院举行新任人民陪审员就职宣誓仪式暨任职培训班。宣誓仪式上，112名人民陪审员在全国模范法官叶科技的带领下，面向国旗、紧握右拳，庄严宣誓。培训中，宁波中院民一庭副处长陈一龙和市人民法院立案庭员额法官杨竞男先后为陪审员授课。

【红村法官工作室成立】

11月4日，市人民法院党组书记、院长王家星，梁弄镇党委书记蔡亚红共同为红村法官工作室揭牌。市人民法院以红村法官工作室为载体，以横坎头村为前哨，全面提供指导调解、现场调解、司法确认、巡回审判等多元司法服务。直面村民婚姻家庭、邻里关系、债权债务等各类矛盾纠纷，找准问题根源，做好思想疏导，争取其互相谅解、消除纷争。依托“姚法红锋”服务小分队，举办法律讲座、提供法律咨询，开展送法服务。

【“诉查查”微信小程序上线】

12月22日，余姚法院召开“诉查查诉讼信用查询”微信小程序上线新闻发布会。“诉查查”微信小程序通过采集、评价、发布当事人及其他诉讼参与人在审执过程中的失信状况，满足社会公众对诉讼信用的查询需求。运行后，共上传样本量23097件，提交扣分样本194人次，累计查询4635人次，日访问最高达1037人次。

（贺小宁）

司法行政

【概况】

2020年，“七五”普法收官，在省“七五”普法成果展中，余姚市司法局获评优秀组织奖；司法部普法与依法治理局向梨洲街道明伟村征求“八五”普法规划意见。开展《中华人民共和国民法典》宣传教育活动，开通“法治余姚”公交专线。构建“大普法”工作格局，与多部门共建国防法治文化公园、蛇山民法典公园等阵地。梁弄镇横坎头村成功创建为全国法治宣传教育基地，凤山街道东江社区等11个村（社区）成功创建省级民主法治村（社区），泗门镇东浦村等13个村（社区）成功创建为宁波市级民主法治示范村（社区）。

打造智慧司法。“法治微管家”项目入选全国政法智能化建设“智慧司法”十大解决方案，被宁波市司法局评为2020年度创新推进项目，全年共提供包括智能咨询、法治宣传、赔偿计算等线上服务1万余次。在市公证处、市行政服务中心及各乡镇矛调中心等地投放“公证E通”一体机，与公共法律服务人工智能自助机互补互促，衔接线上线下、市区城镇的法律服务。引导群众选择线上云调解平台，如微信小程序“浙里调”、浙江法律服务网、在线矛盾纠纷多元化解平台（ODR）等，在线申请调解，推进“最多跑一次”改革。探索应用“5G+VR”科技信息技术，实现“线上诉调对接”，并在马渚镇、丈亭镇、临山镇三地进行试点运行。

参与平安建设。社区矫正工作持续深化。学习贯彻宣传《中华人民共和国社区矫正法》，通过开通视频彩铃宣传、微信小程序测试，纳入市长学法日和市管领导干部任前考试等方式，自上而下掀起宣传学习热潮。与红盾社会服务中心合作，参与社区矫正对象的教育帮扶、公益活动等项目，并在阳明司法所进行试点。矛盾纠纷化解持续推进。深度融入市矛调中心一体化联动机制，市调委会、医调委、婚调委联合入驻中心办公，设立“致和调解工作室”，共促余姚市矛调中心成为矛盾化解终点站。打造规范化调解组织，全市共有宁波市人民调解委员会规范化建设示范点10家、品牌调解室15家。全市各类调解组织共受理各类矛盾纠纷11986起，调处成功11824起，调处成功率达99%。

助力企业复工复产。实现市场主体法律顾问服务网格化全覆盖，成立23个市场主体法律顾问服务团，覆盖全市各类市场主体12.3万家（其中企业4万余家）。全年共为企业提供法律咨询2039件，推送资料4700余份，法治宣传482次，参与排查化解涉企矛盾纠纷191件，提供法律服务指引729件。运用“余姚普法”微信公众号，推出“明明说法”《浙江省民营企业发展促进条例》系列问答，发布法律服务助力民营企业复工复产、企业经营法律风险、涉企纠纷化解、涉企复议应诉等典型案例74篇次。开展“扬帆行动”，全市新增公职律师27人、宁波市领军型律师人才2人、骨干型人才2人及成长型人才4人。开启公共法律服务“十百千万”提升工程，组建律师、公证员、调解员组成的公共法律服务专家库，编印下发《新冠肺炎疫情下企业经营管理法律风险防范参考手册》3000册。

【执法司法规范化水平提升年活动开展】

年内，研究出台《关于在全市司法行政系统开展执法司法规范化水平提升年活动的实施方案》，明确5方面17项具体任务。4月10日，全市司法行政工作年度大会暨执法司法规范化水平提升年活动动员会召开。随后，建立3个工作专班，印发任务清单，并开展全面大排查。

【“法治微管家”上线运行】

年内，由市委依法治市办、市司法局、宁波律师协会余姚分会联合开发的微信小程序“法治微管家”正式上线运行。该平台集监管、服务于一体，深度整合全市律师、基层法律服务工作者资源，为全市公众提供公共法律“云服务”，并对全市政府法律顾问履职情况开展“云监管”。该项目还入选2020年全国政法智能化建设“智慧司法”十大解决方案。

【全市人民调解员能力提升培训班举行】

9月22—24日，全市人民调解员能力提升培训班举行。各乡镇街道调委会骨干人民调解员及行业性专业性调委会、品牌调解工作室等专职人民调解员80余人参加培训。培训班邀请法官、律师、全国模范人民调解员等授课，针对人民调解工作相关法律、法规、规章和政策知识，基本调解方法和调解技巧，人民调解员职业道德和工作纪律等内容进行讲解和经验分享，并对《中华人民共和国民法典》解读。

【高层次人才“法务专员”聘任仪式举行】

11月14日，在2020中国•宁波余姚“河姆智谷”国际人才科技洽谈会开幕会上，副市长楼鼎鼎为浙江阳明律师事务所主任徐敏、浙江姚城律师事务所主任郑百军、浙江浙耀律师事务所主任沈杰颁发聘书。3人被余姚市委聘请为首批高层次人才“法务专员”。“法务专员”服务对象主要为全市国家级、省级、宁波市级和余姚市级高层次人才，为高层次人才或其创办企业提供专业法律咨询服务，以及办理诉讼、仲裁和其他非诉讼法律事务，提供专业讲座和法律培训，为全市人才工作提供法律意见和建议等。法务专员聘期3年，市委组织部（市委人才办）每年就法务专员工作情况进行绩效评估。

（孟佳佳）

11月14日，高层次人才“法务专员”“财务专员”聘任仪式举行

人民武装

【概况】

2020年，余姚市人民武装部（以下简称市人武部）在省军区、军分区党委机关的正确领导下，坚持以习近平强军思想和新时代军事战略方针为指导，全面贯彻落实上级会议精神，聚焦主责主业，强化履职担当，主动创新作为，奋勇争先创优，以全面过硬标准开创人武部国防动员事业新篇章，全面建设呈现出积极向上的良好发展态势，被省军区评为全面建设先进人武部、战备训练先进单位，被宁波军分区评为应战能力一级单位。

【理论武装】

2020年，市人武部注重提高官兵理论水平，采取“跟着上级上大课、本级集中学原著、分组展开搞讨论”的方式，以《习近平新时代中国特色社会主义思想学习纲要》《习近平强军思想学习纲要》为基本教材，严密组织党委中心组带机关集中理论学习11次，及时传达学习“两会”、中共十九届五中全会精神以及习近平主席在各级会议上的讲话等内容，推动习近平强军思想入心入脑。严格落实各项政治教育制度，全年共落实8类教育14课，为保持官兵思想稳定和提高工作干劲提供了保证。

【主题教育】

2020年，市人武部聚焦“传承红色基因、担当强军重任”主题，不断深化思想政治教育，通过理论学习、授课辅导、观看录像、讨论辨析等形式，扎实组织学习教育，不断增强官兵政治定力。9月24日，军委国防动员部思想政治教育调研组对泗门镇基层武装部开展民兵思想政治教育情况进行调研，给予高度肯定。充分发挥余姚红色资源优势，依托浙东（四明山）抗日根据地旧址群、上王岗革命史迹陈列馆、陆埠钟山红色主题公园等国防教育实践基地，组织干部职工、专武干部和民兵参观学习；结合八一、国庆、烈士纪念日等时机，组织全市专武干部、民兵和人武部全体人员，开展重温入党誓词、升国旗、向烈士敬献花圈等活动。报道武装工作中的典型做法，全年在省军区以上媒体共发表51篇，其中《中国国防报》头版头条1篇、《中国民兵》5篇、《钱塘兵事》45篇。

【基层武装部建设】

2020年，市人武部持续兴起大抓基层武装部热潮，展示“乡镇街道武装部建设学余姚”窗口效应，扎实开展“建强武装一线阵地，争做基层国动标兵”实践活动，全市21个乡镇街道基层武装部“评星挂牌”全部达到“五星”标准。

【抗击疫情】

2020年，市人武部面对新冠肺炎疫情，通过兵民联动，坚定打好抗击疫情人民战争。协助排查人员12820人、车辆2320辆，参与走访摸排住户1032户，发放各类宣传资料9434份、口罩等防护器材878件，开展跑腿代购等群众性服务活动1727次。

【应急战备】

2020年，市人武部严格值班秩序，完善战备预案，按照上级要求编建专项任务分队并组织人装实际拉动点验，确保战备工作抓实托底。严格依据大纲要求，分3批组织完成基干民兵训练任务，突出专项任务演练。5月，分批次组织民兵应急连和两个乡镇民兵应急排集中备勤训练。7月底，参加军分区民兵岗位练兵比武竞赛，取得了2个单项第一、1个单项第三和总分第一的好成绩。

【民兵整组】

2020年，市人武部巩固2019年军委国防动员部深化民兵调整改革检查考评成果，按照专业、应急、特殊三种类型，建立基干民兵队伍，摸清动员潜力底数，改革编兵组织模式，严格整组点验程序。7月6日，高标准迎接省军区检查考核，取得全省县（市、区）检查考评第一名。11月19日，接受军委国防动员部深化民兵调整改革检查考评“回头看”，实现“零扣分”。

【兵役征集】

2020年，市人武部开展征兵宣传，印制“征兵公告”和征兵宣传手册，组织大学生征兵广场宣传和征兵形象大使活动；通过余姚“两台一报”、互联网络等媒体发布征兵信息，先后在市电视台滚动播放征兵宣传片，在《余姚日报》刊载征兵政策版块。认真组织双合格应征青年封闭式役前集中教育，完成新兵征集任务。

【议军会议】

12月23日下午，余姚市委召开专题议军会议。会议传达学习上级有关精神，研究部署余姚市党管武装工作。市委书记、市人武部党委第一书记奚明出席会议。奚明指出，加强党管武装工作，就是要提高政治站位，自觉扛起党管武装责任。要主动适应形势和任务变化，紧而又紧、实而又实抓好军事斗争准备。要强化军地协作，推动形成党管武装

7月27日，余姚市召开迎“八一”军地座谈会

合力。保持省级“双拥模范城”优势，不断谱写军政军民团结新篇章。驻地官兵和民兵预备役人员要树牢宗旨意识，大力支持地方经济社会发展，努力为余姚高质量发展贡献更大力量。

【迎八一军地座谈会】

7月27日，余姚市召开迎八一军地座谈会。市委书记奚明出席会议并讲话，市领导徐云、诸晓蓓、陈长锋、张晓宇、楼鼎鼎等出席。座谈会上，驻姚海军、预备役、武警、海警部队，市人武部、武警三中队、市退役军人事务局等作了交流发言。

（张雪莲）

消防救援

【概况】

2020年，市消防救援大队共接处警1584起，其中火灾119起、抢险救援298起、社会救助354起、其他813起，直接财产损失499.6万元，无人员伤亡。相比上年，火灾数下降44.13%，死亡人数下降100%，直接经济损失下降4.31%。全年共受理安全检查项目229个，下发行政处罚决定书110份，责令“三停”单位27家。

为做好火灾隐患排查整治，消防救援大队提请市政府将消防安全重要内容纳入市政府安全生产和消防安全目标责任书一票否决项。从政府层面成立3个专班，对消防隐患突出的出租房、沿街商铺、工业企业、电镀行业、高层建筑等领域开展排查治理，有效整治了一批突出隐患。联合市安委会在全市领域开展消防安全专项巡查2次，对因消防工作开展不力的10个乡镇街道和2个行业部门行政负责人进行约谈。建立火灾事故延伸调查机制，加大问责力度。推动教育、文广、民政、民宗等部门制定年度消防安全工作方案，组织开展本行业消防安全自查，“9+2”专业安全委员会办公室常态化运作。

【奚明带队开展消防安全专项检查】

9月3日，市委书记奚明带领住建、应急、商务、消防、乡镇街道等相关部门单位深入伊顿国际、南华大厦和宁波海梁危化品物流有限公司等重点单位场所开展消防安全专项检查。奚明通过现场听取相关单位负责人工作汇报及实地查看的方式，重点对单位场所内部的消防安全责任落实、消防监控室、微型消防站、消防安全设施等情况进行了检查。

【法治文化建设示范点挂牌成立】

11月12日，由市司法局、普法办共同打造的法治文化建设示范点在余姚消防救援大队正式挂牌成立。此次法治文化建设示范点的挂牌是对消防法治文化建设新途径的积极探索，是丰富和创新社会法治安全建设的重要载体，为培养社会法治意识和消防安全意识提供了良好的平台。

（毛振仰）

11月12日，余姚消防救援大队联合市司法局共建法治文化建设示范点正式挂牌

人防事业

【概况】

2020 年，市住建局按照“战时防空、平时服务、应急支援”要求，扎实推进各项建设，人民防空工作取得较快发展。在“5·12”防灾减灾日、“9·18”警报试鸣日，余姚市 30 台警报器参与试鸣，鸣响率和统控率均为 100%。

【“人防防护实验室”互动体验课开设】

2020 年暑假期间，市人防办联合余姚城市展览馆，专门开设了社会大课堂之“人防防护实验室”互动体验课，让小朋友们近距离学习人防知识，增强防空防灾意识。在余姚城市展览馆（余姚市人防宣教中心）人防展示厅，授课老师带领孩子们参观人防展示厅，向孩子们讲述发生在近代国内和国际社会的重大空袭事件，以动画形式播放防空防灾警报的识别，讲解人防设施的概念和应急自救的方法，利用三维模型展示灾害来临时如何快速找到人防工程入口和如何正确进入人防工程。课后，发放防空防灾手册。

（刘艳瑞）

农业·农村·水利

农业经济

【概况】

2020年，全市实现农村居民人均可支配收入39339元，较上年增长6.9%。粮食播种面积27080公顷,总产17.14万吨。全年稻麦种植面积为23760公顷，总产量16.35万吨，增加5.6%。其中早稻6493.33公顷，总产量4.18万吨；单季晚稻种植面积8066.67公顷，总产量6.53万吨；连作晚稻种植面积7800公顷，总产量4.57万吨；小麦2266.67公顷，平均亩产312千克，赤霉病发病率低，品质好于上年。

蔬菜收获面积17800公顷，比上年增加600公顷。榨菜病毒病发生较重，导致产量比上年减少4.6万吨。水果面积9666.67公顷，新增面积80.67公顷，主要是樱桃、桃、柑橘等优新品种发展迅速。水果总产量约为9.6万吨，水果总产值4.6亿元，较上年降低11.4%左右。茶叶生产总量为4842吨，总产值达34855万元，与上年相比，产量下降17.0%，产值增加9.5%。其中名优茶产量830吨，产值24820万元，与上年相比分别增加2.3%和22.9%。

年末，全市生猪存栏11.91万头，同比增加44.7%，年出栏13.35万头，较上年同期减少33.4%；家禽存栏89.4万羽，与上年同期相比减少18%，年出栏161万羽，同比增加7.3%；牛存栏4268头,同比增加109.3%(主要原因是新建一大型奶牛场增加奶牛存栏2200头)，年出栏914头，同比下降32.3%；羊存栏1.05万头，同比增长13.7%，年出栏0.8393万头，同比减少34.9%；兔存栏2.62万只，同比增长10.1%，年出栏7.07万只，同比增加12.6%。全年全市肉类总产量约17068吨，同比减少24.2%；禽蛋产量3899吨（含SPF鸡胚527吨），同比减少5.4%；奶牛产量4330吨，同比增加27.4%。

全市有各类农机合作社85家，农机作业服务公司9家，区域农机服务中心8个（其中全国示范合作社5家，省级示范社22家，宁波市级示范社合作社21家）。

新冠肺炎疫情暴发后，市农业农村局坚决贯彻市委、市政府关于疫情防控部署要求，严格落实防控措施。全力防控畜禽疫病，对全市300余家畜禽养殖场、屠宰场、病死动物无害化处理场等重点场所进行消毒灭源，抓好非洲猪瘟和高致病性禽流感等重大动物疫病监测防控。紧急采购消毒剂0.5吨，防护服300件，口罩400个等用于防疫检疫一线。开展农贸市场家禽杀白上市巡查13次，出动检查人员36人次，重点管控活禽交易。服务助力生产。由30余名农技骨干组成的“生产保障组”，利用电话、微信等通信工具进行春耕农技线上服务，指导农户开展春茶生产、蔬菜采收，协调做好蔬菜瓜果销售信息监测及农资需求保障。同时，依托农民信箱直接联系农民群众，每日发布农村防疫要点、农田管理措施、天气预报等资讯信息。动态监管涉农人员。第一时间下发《告广大农业企业书》，告知涉农经营主体做好外来务工人员返工防疫工作。会同乡镇街道重点排摸种养大户、合作社外来务工人员健康信息情况，做到涉农人员“一户一表”、涉农企业“一企一档”，数据实时更新、人员动态监管。

【新技术、新品种推广】

年内，先后在全市范围内推广水稻叠盘暗出苗技术、控温浸种增氧催芽技术、二化螟综合防控技术，蔬菜集约榨菜机播轻简化生产技术、菜稻轮作绿色高效技术，水果精深加工技术、大棚杨梅促成栽培技术、蜜梨“单臂双臂架式”等新技术、新方法，着力促进种植业产业提质增效。

先后引进或培育“浙甜10号”玉米、“甬榨2号”榨菜、“甬雪3号”雪菜、“干氏夏黑”葡萄、“阳光玫瑰”葡萄、“梦露水晶”桃、“太秋甜柿”柿子等众多品种，促进品种结构调整，对促进四明山区域“花木下山、产业上山”的生态修复工程发挥引领作用。

全年共推广应用先进实用新技术23项，先进实用常规技术40余项，起草宁波市地方标准余姚水果白酒生产技术规程技术规范1项，修编余姚市种植业生产技术规程包括雪菜、杨梅、连作晚稻等8项；引进筛选推广种植业新品种30余个，其中初步选育“粉黛樱珠”樱桃、“干氏夏黑”葡萄2个品种；引进推广新产品十余个。指导全市建立新品种试验基地13个，建立新品种生产基地超过70公顷。

【重大动物疫病防控】

全年累计使用禽流感疫苗177.23万毫升、口蹄疫疫苗42.13万毫升、猪瘟疫苗38.69万头份、猪蓝耳病疫苗12.87万头份、新城疫疫苗438.3万羽份，共免疫家禽禽流感351.27万羽次，牲畜口蹄疫35.3万头次，猪瘟33.92万头次，猪蓝耳病12.82万头次，鸡新城疫241.33万羽次，全市规模饲养场免疫密度常年保持100%，散养畜禽春秋等集中免疫行动免疫率100%，常年保持在70%以上。

2020年，全市累计抽检样品10559份次，其中禽流感免疫抗体5841份次，合格率为97.7%；H7N9流感血清学检测1697份次，病原学检测1390份次；口蹄疫检测1883份，合格率为81.4%；猪瘟检测744份，合格率为79%；蓝耳病检测744份，合格率为78.8%；新城疫检测869份，合格率78%。免疫抗体检测合格率均达到上级规定的70%要求。

全年共开展“非洲猪瘟”病原学检测6510份，共排查猪场58家，采集样品4872份；积极推动年存栏5000头以上规模猪场兽医加快检测实验室建设。

【农业“机器换人”】

2020年，创建浙江省农业“机器换人”示范乡镇1个（马渚镇），智慧农机示范基地4个，推广各类农用无人机100架，加快农业装备提档升级。粮食主产区尝试智能化、数字化农业机械，引进北斗自动导航设备4台，在插秧机、拖拉机等农业机械上进行适应性试验，效果较好。山区推广竹笋烘干机4台、枝条粉碎机30余台。姚西北蔬菜主产区推广毛豆收获机2台、蔬菜直播机4台，建设农机库房用于保鲜冷库约2000立方米。

【农用无人机操作技术网上培训班举办】

在疫情防控和春耕备耕时期，市农业农村局推出网上培训备春耕活动。2月27日，由深圳大疆创新科技公司单独为余姚制作的大疆农用无人机作业技术培训课在网上视频播放，全市农用无人机操作人员、有意向购机的农机大户等60人参加培训。培训课上，大疆科技公司华东区域经理利用多媒体技术向学员讲解农用无人机应用前景、操作技能、安全作业、简单维修等知识。会上，授课专家结合飞防实际操作经验，结合余姚市农田面积小、田边树枝多、人员素质杂等特点，详细讲解作业流程、操作要领及注意事项，分析事故产生的原因及处理办法，并与学员线上互动，解答问题。

7月13日，省种子总站在余姚召开全省早稻新品种现场考察观摩会

【海吉星城农副产品批发市场开业】

9月16日，余姚海吉星城农副产品批发市场开业仪式举行，副市长薛晓伟出席活动。海吉星市场位于马渚镇马漕头（肖朗路188号），总投资7亿元，占地15.2公顷，总建筑面积约14万平方米，共计商户1220余户。该市场自6月16日由原市农副产品批发市场（庙弄市场）搬迁后开始试运营，日均总交易量1500吨左右，日交易额达2500万元。

【浙江省早稻新品种现场观摩会举行】

7月13日，省种子总站在余姚召开全省早稻新品种现场考察观摩会，全省各早稻主产市、县（市、区）有关种子管理、科研、生产经营等单位负责人参加会议。上午，与会人员实地考察位于牟山镇青港村的省农作物新品种展示示范基地，观察“中组143”“舜达135”等新品种水稻的田间表现。

【养殖场健康码启用】

7月，余姚市畜牧兽医发展中心组织部分规模化猪场代表、乡镇动物卫生监督分所工作人员召开养殖场管理码操作使用培训会，全市存栏超过50头的生猪规模养殖场全面启用养殖场健康码。养殖场通过每日更新存栏、能繁母猪、当日出栏、当日死亡4类基础数据，叠加生物安全合格率、死亡率、抽检合格率、抗体合格率、生态环境达标排放、畜产品质量安全等核心指标，就能动态对应生成绿码、黄码或者红码，分别提示养殖场低、中、高风险。

（周乃君）

9月16日，余姚海吉星城农副产品批发市场开业仪式举行

农业产业化

【概况】

2020年，余姚市获评省级渔业健康养殖示范县。创建省级高品质绿色科技示范基地5家、农业绿色发展示范基地3家。全年新增梁弄特色水果省级特色农业强镇1个、余姚榨菜省级农业产业化联合体1个、宁波美丽田园示范基地2个、现代农业庄园1个。新增农业龙头企业6家、宁波市级2家、省级1家，累计109家，其中产值上亿元10家。完成宁波田园综合体试点项目横坎头田园综合体建设。全年新申报无公害农产品36个、绿色食品9个，新建主要农产品全程追溯主体10家，建设绿色农产品精品基地2个，“余姚樱桃”申报国家农产品地理标志。

启动农业农村部“互联网+”出村入城县市试点工作，完成种养殖基地数字化改造15个，启动省级数字农业工厂试点示范1个，农副产品电商销售达到13亿元。培育农创客120余名，入驻省网上农博余姚馆50家（个）以上。

推出政策性农业保险险种89项，累计参保农户31528户次，保费5627.9万元，理赔8414户次，赔付金额3467万元。新推出“抗疫保供”蔬菜价格指数保险、露天养殖南美白对虾保险等5个。

【品牌宣传推介】

年内，组织余姚榨菜参加第十八届中国国际农产品交易会特装展示，获评最具影响力品牌、最受欢迎农产品。完成“四明臻货”注册登记，推出20余个伴手礼、礼盒装系列。承办“宁波十大农家特色小吃”现场品鉴会，陆埠豆酥糖入选宁波农家特色小吃，《梁弄大糕农家小吃》标准通过省级论证。

【第十一届中国余姚·河姆渡农业博览会举办】

1月10日，以“乡村振兴、美好生活”为主题的第十一届中国余姚·河姆渡农业博览会在中塑国际会展中心开幕。博览会持续到1月14日，为期5天，第七届中国甲鱼节同时举行。展会共设置展示展销面积约2.8万平方米，设10余个展区，17个特装展示，有参展企业572家，其中余姚市参展240余家，参展产品3800多种。

展会期间，参展人数26.3万余人次，总交易额7520余万元，其中余姚市农产品销售额占总交易额的65%以上，水产（甲鱼）销售额2680余万元。此届农博会首次推出“美丽四明山、地道余姚货”网上农博会和第一届网上甲鱼节。通过优质农产品线上线下对接交易，实现线上线下销售300余万元，有150余家农业龙头企业、农民专业合作社和家庭农场加入淘宝•余姚馆，累计销售2万余单。同时，农博会吸引了华润万家、家家福、上海农工商集团、杭州新农都等国内外大型连锁企业，除现场采购外，大部分连锁企业还与余姚市农业龙头企业、农民专业合作社、家庭农场签订年货及春节后农产品购销协议，总金额5800余万元。

1月10—14日，第十一届中国余姚·河姆渡农业博览会暨第七届中国甲鱼节举办

【成功创建浙江省渔业健康养殖示范县】

11月28日，浙江省渔业健康养殖示范县验收专家组对余姚市浙江省渔业健康养殖示范县创建工作进行验收。验收专家组听取副市长楼鼎鼎对余姚市浙江省渔业健康养殖示范县创建工作开展情况的汇报，实地走访全市2家水产健康养殖示范场（国家级、省级各1家）、1家兽药经营点，查阅示范县创建验收资料，依照创建评分细则对余姚的示范县创建工作进行验收评分。

【2020年“农行杯”余姚樱桃王擂台赛举行】

4月24日，2020年“农行杯”余姚樱桃王擂台赛在城区万达广场举行。活动共有梁弄、大隐、低塘等乡镇街道近30家经工商注册的樱桃生产主体参加评比。擂台赛经来自省、宁波等地专家组对所送样品的果实重量、糖度、观感、口感等多指标的综合评定，最后由余姚市梁弄百果园农场选送的“梁弄红”品种以单果重6.006克夺得“樱桃王”称号；余姚市山路十八湾农场选送的“黑珍珠”品种以果实糖度21.2%夺得“樱桃王后”称号。活动还评选出金果奖5名、银果奖5名，铜果奖若干名。其间，还开展获奖樱桃现场拍卖、群众文艺表演等活动。

【第十届“瀑布仙茗”斗茶大赛举行】

4月24日，第十届“瀑布仙茗”斗茶大赛在河姆渡宾馆举行。专家对全市36家名茶制作企业的42个名茶样品通过色、香、味、形、叶底等综合评比，最后评出“翠韵”“雪韵”两大系列金银铜奖各1个。同时评出参加“中绿杯”全国名茶评比的8个样茶。

【“余姚瀑布仙茗”茶叶专项品质评价会举办】

4月24日，受余姚瀑布仙茗协会的委托，中国茶叶学会在余姚举办“余姚瀑布仙茗”茶叶专项品质评价会，来自中国农科院茶叶研究所、浙江省农技推广中心、浙江农林大学等单位的5位审评专家参加评价。评价会对“余姚瀑布仙茗”金韵、雪韵、翠韵系列的56个茶样进行感官评审，并对其中14个茶样按照《中国茶叶学会茶叶品质评价办法》进行评价，之后出具品质评价报告。

4月24日，中国茶叶学会在余姚举办“余姚瀑布仙茗”茶叶专项品质评价会

【“余姚樱桃”农产品地理标志通过现场核查】

4月30日，宁波绿色食品发展中心专家组深入梁弄镇汪巷、东溪等村对“余姚樱桃”的自然生态环境、生产区域范围、农产品品质特征进行现场核查，并一致同意通过审查。

【政策性南美白对虾养殖气象指数保险首次开办】

5月27日，在市农险协调办组织下，人保财险宁波市余姚中心支公司在泗门镇现代农业服务中心召开政策性南美白对虾养殖保险业务动员暨政策培训会，余姚西北四镇养殖大户30余人参加会议。会后，宁波银雄农业科技有限公司现场投保，投保面积14.67公顷，每亩保额4000元，每亩保费320元，其中宁波、余姚两级财政各补贴25%，农户自交50%。

【2020中国余姚杨梅节开幕】

2020中国余姚杨梅节从6月5日起持续至7月5日，主题是“摘杨梅、品文化、享山水”——余姚杨梅中国红。主要活动包括余姚六大精品旅游线路发布、第五届网络杨梅文化节、白衣天使梅山行、2020年“余姚杨梅王”擂台赛、“余游记”2020余姚论坛旅游日记大赛等。全市8个杨

6月17日，2020年“余姚杨梅王”擂台赛举行

梅主产区乡镇，共设有杨梅采摘观光园（点）178个。根据杨梅品质特点和上市时间差异，推出若干条一日游、二日游精品线路，供游客选择。

（周乃君）

农村经营管理

【概况】

截至2020年，全市累计培育省级美丽乡村示范镇6个（泗门镇、梁弄镇、临山镇、小曹娥镇、大隐镇、牟山镇），特色精品村15个（柿林村、黄清堰村、天华村、小路下村、谢家路村、翁方村、邵家丘村、横路村、横坎头村、十六户村、新东吴村、芝林村、中村村、开元村、南新庵村），AAA级景区村庄18个，新时代美丽乡村66个，宁波级美丽乡村示范镇7个，示范村17个，合格村112个，成功打造风景线6条。推进四明山区域29个生态建设项目。落实村级集体经济发展扶持项目12个，全面消除9000元及以下低收入现象，确保到年底全市90%的行政村集体经济年经营性收入达到15万元以上。

2020年，监测余姚市级规范化合作社44家，新申报3家；监测宁波市级以上示范合作社13家，新申报1家；新申报国家示范合作社1家。培育创建余姚市示范性家庭农场14家、宁波市级8家、省级3家。

农信担保新增担保35笔，累计担保总额达2.83亿元。疫情防控期间，以免收管理费、降低利率、贷款贴息等金融措施直接让利农户5000余万元。

【提升农村人居环境】

2020年，全市农村生活垃圾回收利用率达到57%，资源化利用率达到95%，无害化处理率达到100%，累计建成示范投放点2500余个，一般投放点2.5万余个，配置桶边督导员1500余人，建成农村生活垃圾资源化处理站点10个。

累计回收处置废旧农膜290吨、农药废弃包装90余吨，探索农作物秸秆离田回收利用多元模式，全市秸秆综合利用率达96.5%，培育“肥药两制”改革试点主体54个，建成农田氮磷生态拦截沟渠2条、美丽牧场6家，畜禽粪污综合利用率达98%，病死动物无害化处理率实现100%。

新建规范化农村公厕1453座，打造生态公厕24座，全市规范化农村公厕共计1809座，占现存2304座农村公厕的约80%，规范化运维基本铺开。

全市以百千工程、世行项目、首创PPP合作和乡镇自建项目等工程，持续开展农村生活污水治理。全市共有首创项目村109个，均基本完工。

【农村产权“超市”建设】

10月，全市首宗农村集体经营性建设用地在农村产权“超市”通过网上竞价的方式成功出让。此次出让地块面积0.37公顷，为牟山镇牟山村经济合作社所有集体经营性建设用地，最终由余姚市牟山湖垂钓中心以总价355万元竞得。

在宁波市内率先出台《余姚市农村产权交易管理办法（试行）》《余姚市集体经营性建设用地入市实施办法（试行）》等

文件，明确将集体经营性建设用地列为可交易的十类权种之一，并对入市交易的条件、方式、程序作出规定。

2020年，共有19个乡镇街道的69个村经济合作社申请交易144笔，申请底价4196.3万元，完成交易88笔，累计交易金额3651.4万元，交易溢价588万元，溢价率19.2%。

【“农户小额普惠贷款”启动】

4月10日，市农业农村局联合市农商行在小曹娥镇举行“农户小额普惠贷款”项目启动会，市农商行向小曹娥镇授信10亿元，用于定向支持该镇有关项目。

【全市第一笔承包土地经营权抵押贷款成功办理】

1月，陆埠镇沿江村一位村民成功办理全市首例承包土地经营权抵押贷款，获得市农商行1.5万元贷款授信。农村承包土地经营权抵押贷款是全市农村承包土地“三权分置”改革的重要内容。有贷款意愿的农民凭本人身份证和承包土地经营权证到市农业农村局进行抵押贷款登记并办理农村承包土地经营权他项权证。市农商行将综合农用地等级、土地已付租金、平均预期收入、经营权剩余年限，以及配套农业基础设施、农机设备、作物、附着物等因素确定评估价格和授信额度。

【低收入农户精准扶持增收政策工作培训会议召开】

3月26日，余姚市农业农村局召开全市低收入农户精准扶持增收政策工作培训会议，传达学习省、宁波市两级关于扶贫工作的重要指示批示精神，部署全市低收入农户精准扶持助增收工作，各乡镇街道农业农村办20余人参加会议。会议就《余姚市低收入农户精准扶持助增收实施细则及资金管理办法》进行详细解读，并布置2020年低收入农户精准扶持助增收及动态调整相关工作任务，明确工作时间节点。此外，与会人员还就低收入农户精准扶持助增收政策进行现场答疑与交流。

【市定屠中心推出望谟黄牛代养项目】

4月16日，市定屠中心有限责任公司在梁弄镇横坎头村推出代养黄牛促农增收项目，将12头从望谟引进的小黄牛，送到横坎头村的6户较低收入农户家中（每户2头），并与他们签订回收代养协议，同时出台奖励政策。

【望谟县考察团到冯村考察美丽乡村建设】

9月15日，余姚对口帮扶的贵州省望谟县委常委、副县长罗剑光带领考察团到余姚兰江街道冯村考察美丽乡村建设。考察团先后实地考察走访冯村兰冯娃娃鱼孵化养殖基地、赵氏启承堂、冯村笋交易市场以及文化礼堂（在建）等地，了解该村发展建设情况。实地考察后，考察团一行在冯村村委会召开美丽乡村建设经验交流会，冯村党总支书记赵万建就村近年来“美丽乡村”建设的举措和经验进行汇报交流。随后，兰江街道办事处主任方黄

9月26日，余姚市2020年中国农民丰收节暨河姆渡镇第九届“古韵河姆渡”乡土文化节开幕式举行

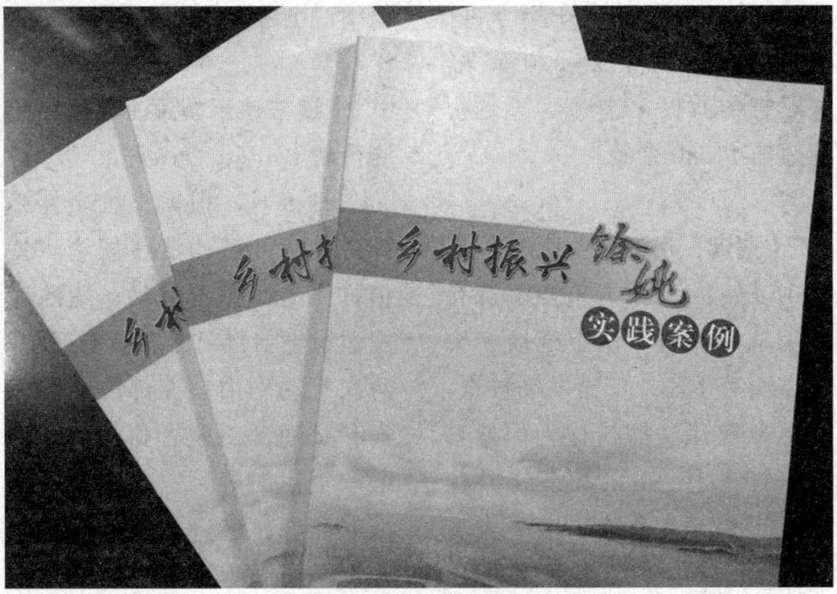

《乡村振兴余姚实践案例》

军、市农业农村局及市文广局相关领导分别对街道及余姚的美丽乡村建设情况与望谟县考察团做探讨和交流。

【2020 年中国农民丰收节开幕】

9 月 26 日，余姚市 2020 年中国农民丰收节暨河姆渡镇第九届“古韵河姆渡”乡土文化节开幕式举行。市委副书记叶枝利宣布活动开幕，市委常委、市委宣传部部长王娇俐发布河姆渡镇抖音号，市人大常委会副主任严忠苗、市政协副主席缪正刚为农耕文化印象馆授牌，副市长楼鼎鼎致辞。

【《乡村振兴余姚实践案例》编印完成】

年内，《乡村振兴余姚实践案例》编印完成，该书集中系统地展示全市乡村振兴战略实施近三年来，形成的先进典型经验。该书选取余姚市在实施乡村振兴战略过程中，在推进政策落实、深化改革创新、破解矛盾问题等方面，实际成效显著的 18 个村（小区），侧重某个重点或某几个方面，将其经验做法分别编写成案例。从产业兴旺、生态宜居、乡风文明、治理有效、生活富裕五个方面，分六大类分别介绍。

【宁波市新时代美丽乡村建设暨乡村产业振兴现场会召开】

12 月 10 日，宁波市新时代美丽乡村建设暨乡村产业振兴现场会在余姚召开。宁波市委副书记、市长裘东耀出席会议并讲话。宁波市委副书记宋越舜主持会议。会上，12 家单位进行产业项目签约。宁波市农业农村局、余姚市、江北区和鄞州区姜山镇、奉化区莼湖街道、宁海县葛家村作交流发言。宁波市直机关及部省属驻甬有关单位主要负责人；各县（市、区）党委书记、党委或政府分管领导，农业农村和住建部门主要负责人；各镇乡（涉农街道）党（工）委书记等参加会议。会前，与会代表考察河姆渡镇

12 月 10 日，宁波市委副书记、市长裘东耀（中）等嘉宾参观汪巷村梳理式改造成果

芦山寺村，梁弄镇汪巷村、横坎头村的美丽乡村建设情况。

（周乃君）

农业执法

【概况】

2020年，共计出动执法人员4157人次，检查经营场所（主体）1316家，通过浙江省行政执法监管平台开展行政检查235户次，其中“双随机”执法检查124户次，专项检查8次，即时检查103户次，检查发现问题4户次，并进行后续处置。2020年，市农业综合行政执法队共立案53起，移交公安机关处理3起，共计罚款10.76万元，没收违法所得8200元。

2020年，全市共计完成种植业投入品抽检125批次，专项农产品抽检70余批次。抽取饲料样品10个、兽药样品13个。多次对农批市场、城区菜市场等开展联合执法检查，严禁销售8种海洋捕捞冰鲜或活体水产品。共检查农贸市场25家，共出动检查人员100余人次，共收缴龙头鱼、梭子蟹等伏休季禁售水产品142.25千克，销毁不符合食品质量安全标准的甲鱼40千克。

通过日常执法检查宣教以及开展“2020年放心农资下乡进村宣传周”等专项活动，印发《农药实名制购买告知书》《告渔民通知书》等各类宣传资料26000余份，发放告知牌等300余件，设置宣传横幅30余条，张贴宣传海报50余份，发送提示短信11000余条。

【内河、海洋渔业执法】

以姚江流域为重点，综合运用陆岸巡查、水上巡航和突击执法等手段，广泛发动群众，对电鱼等违法捕捞行为保持着高压打击态势。2020年，共计组织巡查160余次，出动人员350余人次，办结内河案件16起，收缴罚没款3.5万元。

构建以岸线巡查、海上检查为抓手的海域防控体系，并积极协同海警、公安开展联合执法。2020年，共执法巡查140余次，登船检查82艘次，责令现场整改渔船16艘次，办结海洋渔业案件4起，收缴罚没款1.5万元，并在海洋禁渔期间查获违禁渔船5艘移交公安处理。

【加强畜禽屠宰监管、严厉打击生猪及菜牛私屠滥宰违法行为专项行动开展】

1—2月，全市组织开展加强畜禽屠宰监管、严厉打击生猪及菜牛私屠滥宰违法行为专项行动。此次专项行动以保障重要节假日和重大活动期间肉品质量安全为目标，强化畜禽屠宰企业监管，严厉打击私屠滥宰、屠宰病死畜禽、注水或注入其他物质和非法调运等违法行为，严格生猪屠宰环节非洲猪瘟自检，全面推进菜牛定点屠宰，全力确保肉品质量安全。

【违法违规调运生猪行为整治行动】

5—8月，根据上级文件精神，先后开展违法违规调运生猪行为专项整治行动、违法违规调运生猪百日专项打击行动，两次行动均由农业部门会同公安和交通部门联合执法。行动采取重点时段、重点路段（全市7个高速道口）定点检查和重点场所不定期巡查相结合的方式，严查无检疫证明、无生猪耳标和无运输车辆备案单的“三无”行为。行动期间，共在高速道口出动执法人员569人次，检查生猪车辆533辆，检查宁波市外调入生猪23017头，乡镇街道农办畜牧人员检查猪场153家次。

【2020年“绿剑”春雷集中执法行动开展】

年内，市畜牧兽医发展中心对辖区内的多家兽药经营企业和饲料生产企业开展2020年“绿剑”春雷集中执法行动。执法人员按照“双随机”的要求对企业进行监督抽检，并通过浙政钉·掌上执法系统开展执法检查，对群众反映多投诉多、问题突出的企业和产品纳入重点抽检对象。重点检查经营假劣兽药和违禁药物行为；兽药标签和说明书扩大适应证、使用范围，以及销售未附二维码的兽药产品；生产经营假劣饲料和饲料添加剂，以及在饲料和饲料添加剂生产经营环节添加违禁药物和未批准使用物质等的行为。

【“渔船隐患大排查、安全执法大检查”行动开展】

4月14—20日，余姚市渔政管理站组织人员开展“渔船隐患大排查、安全执法大检查”行动。检查人员在泗门镇陶家路临时停泊点对余姚全市27艘海洋渔船及15艘外籍港渔船进行集中检查，严格对照“五个不准”要求，重点对安全救生消防设备配备情况、渔船AIS避碰系统和北斗卫星信息终端配备及使用情况进行逐一检查。同时查处无证捕捞2起。

（周乃君）

水利建设

【概况】

2020年，姚江上游余姚西分工程的瑶街弄调控枢纽工程顺利通水，主航道恢复通航，无压隧洞提前60天贯通，输排水通道工程全面展开。陶家路江整治三期工程Ⅰ标段完工，Ⅱ标段宏图桥工程完成、汝虹桥工程开工建设，Ⅲ标段和Ⅳ标段持续推进。海塘除险治江围涂四期工程2008年开工以来完成堤线总长31.1千米（含建成百年一遇防潮标准海塘10.5千米），围涂面积3586.67公顷。

农村饮用水达标提标三年行动收官。行动共投资3.55亿元，实施姚东水厂户表改造及管网延伸工程、新建乡镇自来水厂和改造村级供水站，构建起以城市大管网为主、乡镇局域网为辅、村级供水站为补充的三级供水网，实现受益人口15.07万人。实施农业水价综合改革工作，完成39740公顷的改革任务，为宁波市各县（市、区）中改革面积最大，并高分通过宁波市级验收。

开展上姚江的“美丽河湖”创建工作，该段从中舜江起至蜀山大闸，全长13.6千米，10月19日通过验收，12月成功入选2020年省级“美丽河湖”。认真贯彻落实中央关于推动长江经济带发展的重大战略决策和省政府关于小水电清理整改工作的统一部署，全面完成75座小水电站的清理整改工作，整改63座，退出12座，有效保护河道生态，降低水电站运行对生态环境的不利影响。开展小型水库管理体制改革样板县创建，8月通过水利部验收，11月水利部发文，余姚被确定为第一批深化小型水库管理体制改革样板县。

【宁波市农村饮用水达标提标行动现场会召开】

1月7日，宁波市农村饮用水达标提标行动现场会在余姚召开。宁波市副市长卞吉安出席会议并讲话，宁波市副秘书长宣柏林主持会议，宁波市水利局劳可军局长通报2019年全市农村饮用水达标提标工作，并部署2020年全市农村饮用水达标提标工作任务。会上，余姚市作典型发言，各地进行交流表态发言，与会人员还实地考察了余姚姚东水厂。

【余姚城北圩区候青江排涝泵闸工程获“甬江建设杯”】

4月上旬，2019年度宁波市“甬江建设杯”优质工程奖评选结果出炉，余姚城北圩区候青江排涝泵闸工程获奖。候青江排涝泵闸工程位于余姚城区玉皇山公园东侧，新建泵站总流量80立方米/秒，水闸总净宽60米；泵闸采用并列河床式布置。工程为Ⅱ等，总投资2.99亿元。该工程实施后，对缓解城北圩区防洪排涝压力作用明显，主要是在暴雨洪水前，可利用泵站实施预排预降措施，内河水位可降至0.63米，比正常水位低0.5～0.7米；在姚江水位高于候青江水位时，通过关闭闸门，可阻挡过境洪水入侵城北圩区；在姚江高水位顶托时段，通过开启强排泵站，可降低城北圩区水位，缩短高水位持续时间。

【姚江上游余姚西分项目瑶街弄调控枢纽工程通过通水验收】

9月3日，姚江上游余姚西分项目瑶街弄调控枢纽工程通

9月3日，姚江上游余姚西分项目瑶街弄调控枢纽工程通水验收会议召开

水验收会议召开。宁波市发展和改革委员会、水利局、海事局、港航管理中心、水利工程质量安全管理中心，余姚市发展和改革局、市交通运输局、市水利局，工程所在地乡镇和专家以及各参建单位代表参加会议。验收委员会通过查看工程现场，查阅工程资料，听取工程建设管理工作报告、质量评价意见、技术预验收工作报告及相关单位意见，经充分讨论后，验收委员会一致同意通过通水阶段验收。

【姚江上游余姚西分工程无压隧洞贯通】

11月23日，姚江上游余姚西分工程无压隧洞贯通。西分工程无压隧洞全长2194米，贯穿于峨眉山，设计断面为衬后净宽6.6米的城门洞型，设计流量为120米^3/秒。

【余姚入选全国第一批深化小型水库管理体制改革样板县】

11月，水利部公布第一批深化小型水库管理体制改革样板县（市、区）名单，余姚市榜上有名，为宁波市唯一一家。余姚共有小型水库51座，总库容4448万立方米。

【全省农业水价综合改革工作座谈会召开】

12月10—11日，全省农业水价综合改革工作座谈会在余姚召开。浙江省水利厅党组成员、副厅长冯强参加，余姚市领导黄和庆、楼鼎鼎参加座谈，陪同考察。会上，杭州、温州、湖州、嘉兴等10个设区市水利局，余姚市、桐庐县、绍兴市上虞区等有关县（市、区）和灌区的相关负责人就农业水价综合改革工作作交流发言。会前，与会人员还考察了农业水价综合改革示范村三七市镇幸福村和四明湖灌区现场。

（张　洁）

水政水务

【概况】

2020年，规范取水许可制度执行和计划取水管理，足额征收水资源费，共征收水资源费约2836万元。对报废的四明湖水库水电站进行改建，投资48万元打造成节水教育基地。完成2019年度最严格水资源

12月10—11日，全省农业水价综合改革工作座谈会在余姚召开

管理制度考核，综合考评为优秀。开展“无违建河道”创建，完成中江、洋溪河两条河道共23.28千米创建任务。强化水政监察，水政监察员共巡查河道长度7405千米，巡查水域面积2817平方千米，出动执法人员11383人次，现场及时制止违法行为6起。全面推行“互联网+监管”工作，至12月底，执法人员掌上执法激活率、掌上执法率及“双随机、一公开”监管抽查事项覆盖率、任务完成率均为100%。

【首个“三色”节水宣传教育基地建成】

6月，利用报废后的四明湖水库水电站发电厂房改建成的全市首个“三色”节水宣传教育基地建成，展示全市节约用水成果、技术、荣誉、饮用水水源地保护工作等各方面内容。该节水宣传教育基地展厅面积约200平方米，分为水之源、水之用、水之旅、节水之策和“海绵城市”等多个板块。整体设计以动漫风格为主，展示形式多样，既有实物模型展示，又有宣传画面展示和电子动态展示。

【水利“互联网+监管”工作会议召开】

6月19日，市水利局召开“互联网+监管”工作会议。会议指出，要深刻认识全面应用省执法监管平台工作的重要性和紧迫性，要求在日常监管执法工作中，充分运用平台，熟练操作平台，充分认识到水利“互联网+监管”工作的重要性和紧迫性。

（张　洁）

水　文

【概况】

2020年度，全市水雨情主要有以下特征：一是降雨偏多，属降水偏丰年份。二是台风影响次数偏少，全市面过程雨量一般，但城区雨量集中，影响较大。三是降雨时空分布不均，山区大于平原，梅汛期降雨量大于台汛期。四是入梅偏早、出梅偏迟，梅雨期历时长，梅雨量偏多。五是水库、河网水位短时上涨迅猛，但总体汛情一般。六是汛后降雨偏少，旱情明显。

6月，全市首个“三色”节水宣传教育基地建成

【雨情】

2020年，余姚全市面平均年降水量为1835.2毫米，较常年偏多约39.5%，为历史同期第五多，是自2012年以来，连续第9个丰水年。

从降雨空间分布上看，总体为南多北少，其中南部山区降水量在1900毫米以上，部分地区超过2000毫米；中部姚江平原降水量在1800毫米左右；北部滨海平原地区降水量在1600毫米以上，部分地区不足1600毫米。据全市8个国家基本雨量站实测资料统计，最大站为大岚镇夏家岭站，降水量为1956.5毫米，较常年同期偏少4.4%；其次为陆埠镇黄土岭站，降水量为1955毫米，较常年同期偏多7.8%；最小为临山镇临山站，降水量为1607毫米，较常年同期偏多16.5%。

从降雨时间分布上看，2020年全市降雨时程分配较不均匀，梅雨期降雨较常年明显偏多，台汛期台风影响次数和程度较往年偏少，10月以后又经历明显的少雨过程。据统计，2020年全市各地降雨（雪）天数在159天，其中四明山区降雨天数超170天，最多为四明山镇梨洲站达176天。梅汛期全市面平均降水量为701.3毫米，占汛期总降水量的57.5%，较常年同期均值偏多39.8%；台汛期全市面平均降水量为518.1毫米，占汛期总降水量的42.5%，较常年同期均值偏少3.0%。

【水情】

2020年，全市水库、河网水情态势总体正常，绝大部分时间均处于中或中高以上水位运行。年初，持续阴雨天气偏多，出现一定程度的春汛，致使水库、河网水位相对偏高。入梅后，受强降雨和台风影响，全市水库、河网水位均出现明显上涨，特别是平原河网水位在第六轮梅雨、“黑格比”台风期间，均出现大幅上涨，水库、河网均出现不同程度的超警戒水位。平原河网姚江干流在第六轮梅雨强降雨过程中最高水位突破保证水位，余姚站最高水位达2.88米。

（张　洁）

防汛抗旱

【概况】

2020年，影响余姚的台风较常年偏少，降水量较常年偏多，水雨情总体平稳，各水库、河网水文态势基本正常，全市汛情平稳。入汛以来，全市降雨明显偏多，4月15日至10月15日，全市面平均降水量为1217.1毫米，较常年同期均值偏多18.9%。山区片降雨量在1300～1600毫米，平原片降雨量在1000～1300毫米。梅期(4月15日至7月15日）全市降雨量总体较常年同期明显偏多，从空间分布看，降雨总体南多北少，最大为陆埠镇黄土岭站，降水量840.5毫米，同期偏多56.8%。全年汛期共有3个台风影响余姚，分别是第4号台风“黑格比”、第8号台风“巴威”和第9号台风“美莎克”。

全年共启动防汛防台应急响应2次，通过OA系统、传真、钉钉等平台发出灾害天气预警信息单148份，通过钉钉群发布工作提示信息31条，通过短信平台发出防汛防台短信4批次，共计1600余条，特别是通过电视、广播向公众滚动播报台风防御指引，第一时间向群众发出预警信息。市水利部门加强监测，及时预警，共发出传真电报9份，共702批次，调度通知单51份；通过短信预警平台发布工作动态短信、水雨情预警短信共902批次，共48831条，有效保障各项水旱灾害防御措施的落实，最终实现了安全度汛。

市防指组织市水利局等单位进行科学调度水利工程。在防御梅雨期强降雨期间，对四明湖等4座大中型水库实施预泄预排，梅期共发布水库调度通知单39次，4座大中型水库预泄水量共6970万立方米。河网方面共预排水量42783万立方米，其中蜀山大闸排水38386万立方米，陶家路闸和临海浦闸共排4400万立方米。防御强降雨期间，“一大三中”水库共拦蓄洪水2852万立方米，小型水库共拦蓄560万立方米。河网方面预排10519万立方米水量。同时，发挥陶家路江泗门泵站强排功能，共排水798万立方米。在“黑格比”台风期间，提前做好水库河网预泄预排，强降雨发生后，4座大中型水库全力拦洪错峰，共拦蓄水量1025万立方米，48座小型水库共拦蓄水量592万立方米。河网方面预排5303万立方米水量。蜀山大闸预排4135万立方米，临海浦新闸及陶家路新闸共预排1168万立方米，陶家路江泗门泵站累计运行1809分钟，共排水量271.35万立方米。

【全市防汛防台检查及督查整改工作开展】

年内，市防汛防台抗旱指挥部办公室分3个阶段组织汛前检查及督查工作。第一阶段为3月20日前，各地各有关部门按照汛前检查通知要求完成自查，特别是对水库山塘安全管理、河道（渠道）行洪、山洪灾害防范、地质灾害危险区域、排涝设备设施等情况进行全面摸排，重点对水库山塘、江海堤塘、泵站水闸等水利工程在防御暴雨、台风过程中存在的问题进行排查和整改。第二阶段为3月30日至4月3日，组织应急、水利、气象、资规、建设、交通、农业农村等部门分8个小组，赴全市21个乡镇街道、2个开发园区进行督查。第三阶段对各督查组的反馈意见进行汇总、梳理，明确整改责任单位和督查单位，并出具整改单，要求各有关乡镇街道和有关单位限期整改。检查组共发出意见反馈书21份，提出整改隐患问题63项，所有隐患于5月底整改完毕。

【市防汛防台工作会议召开】

4月14日，市防汛防台抗旱指挥部办公室有关成员在余姚分会场参加省、宁波防汛指挥部相继召开的2020年全体成员暨防汛工作视频会议，重点部署防汛防台工作。4月20日，市委书记奚明赴阳明街道西街村、西分工程Ⅱ标段实地开展防汛防台检查，并于市防汛防台抗旱指挥中心召开防汛防台工作会议，强调做好各项入汛工作。7月7日，市防指全体成员单位主要负责人和各乡镇街道、开发园区主要负责人、分管负责人参加全市防汛防台工作会议，市委副书记、代市长徐云对防汛工作进行全面部署。

【防汛防台应急综合演练举行】

8月13日，由宁波、余姚防汛防台抗旱指挥部办公室主办，市应急管理局、梨洲街道办事处承办的2020年全市防汛防台暨浙江安全码应用应急演练在市水利局及梨洲街道金冠村同步举行，并通过防汛视频会商系统进行全程直播。8月28日，市防汛防台抗旱指挥部组织开展全市防汛防台暨“浙江安全码”应用应急演练，组织全市有自然灾害人员转移任务的16个乡镇街道和76个村（社区）参加全省“安全码”应用应急演练。

【水旱灾害防御汛前大检查开展】

3月上旬，市水利局派出6个防汛检查组，对全市21个乡镇街道、中意宁波生态园、余姚经济开发区的水利工程防汛备汛情况及山洪灾害防御工作进行检查督查。检查重点围绕防汛准备工作，工程安全度汛，水毁工程修复，监测预警体系，防汛风险点，山洪灾害防御，近年来水旱灾害防御工作中暴露的隐患、短板整改落实情况7个方面进行检查。经实地检查和查阅资料，检查组对发现的问题和隐患提出整改意见，并填写意见反馈表，要求有关乡镇街道和单位对防汛存在的安全问题和隐患切实采取有效措施。

【《余姚市超标准洪水防御预案》编制完成】

4月初开始，全市组织力量通过实地踏勘、调查研究、分析计算，以及召开座谈会等形式，编制完成《余姚市超标准洪水防御预案》，并于5月27日召开该预案审查会。经过与会代表和专家的认真讨论、质询和审查，一致同意通过该预案。

（张　洁　张若愚）

工业·工业园区

工业经济

【概况】

2020年，余姚市全面贯彻落实省市“两手都要硬，两战都要赢”战略部署，统筹推进疫情防控和工业经济发展，积极有效应对疫情带来的冲击和影响，工业经济呈现“V”形回升、稳中有进发展态势，全市工业经济基本完成年度既定目标任务。全年规模以上工业增加值增速9%，位列宁波第1。其中，传统制造业发展成效明显，17大传统制造业产业增加值增速10.6%，增速跃升为宁波市第1位。“246”产业集群增加值增速14.2%，持续领跑宁波。

强化集聚集约发展，加快推进小微企业园区建设，在建小微企业园区8个，其中二星级园区5家、三星级园区1家。全覆盖推进工业“亩均论英雄”改革工程，完成3308家工业企业用地等基础信息调查工作，开展1167家规模以上企业、2020家占地0.2公顷及以上规模以下企业的综合评价。推进“低小散乱污”专项整治，整治提升“低散乱污”企业（作坊）507家，淘汰关停落后产能15个项目，低效企业提升207家。

【全市智能经济先行示范区创建工作动员大会召开】

6月4日，全市智能经济先行示范区创建工作动员大会召开。市委书记奚明在会上强调，要立足良好基础，拉高标杆、精准发力，加快节奏、乘势而上，努力把“先发”做成“先成”，把“试验”做成“示范”，加快创建智能经济先行示范区，全力打造高质量发展新引擎，为争当浙江建设“重要窗口”模范生的排头兵提供强劲智造力量。宁波市委改革办相关负责人、余姚市委副书记叶枝利、市委常委毛丕显等出席会议。市委副书记、代市长徐云主持会议。

【全市“企业码”推广建设工作会议举行】

年内，全市“企业码”推广建设工作会议举行，部署相关工作任务。“企业码”是由多部门、多单位、多机构共同发起为企业打造的一站式快速服务通道，也是继“健康码”之后，浙江推出的又一数字赋能新载体。“企业码”以二维码为标识，围绕政策直达、公共服务、产业链合作和政银企联动等环节，实现数据资源集成利用、企业服务“最多跑一次”，既提高企业办事效率，也提升政府智治水平。

【浙江工商大学萨塞克斯（宁波）人工智能国际研究院落户余姚】

7月2日，浙江工商大学萨塞克斯（宁波）人工智能国际研究院落户余姚项目签约仪式举行。浙江工商大学校长陈寿灿，副校长赵英军，余姚市委书记、中意宁波生态园党工委书记奚明，市委常委、市委组织部部长林伟，中意宁波生态园党工委委员、管委会副主任陈亚南，中意宁波生态园党工委委员、巡视员曾一胜等出席签约仪式。

【市经信局培训班开班】

年内，市经信局面向全市企业开设12期培训班。8月6—7日，第一期“企业生产效率改善与交付能力提升”培训班开班，全市100多家企业的170多位企业高层及生产管理人员参加培训。培训班由中外知名精益大师和实战派精益管理效能提升专家进行授课，通过理论分析、案例解析、小组讨论、交流互动等多种方式讲解精益管理之道，帮助企业理清生产效率改善思路，掌握企业柔性生产计划制作的要点。

（杜　阳）

重点产业

【概况】

2020年度，全市“246”产业、高端装备产业、高技术产业、人工智能产业等增加值增速分别达到14.2%、17.0%、19.8%、28.1%，增速均位居宁波第1位。从三大千亿产业发展来看，汽车制造业、智能光电、智能家电增加值增速分别达到42.7%、18.5%、12.6%，增速分别位居宁波市第1、2、4位。

全力推进“35”千百亿产业集群高质量发展，编制“35”千百亿八大细分产业发展规划，引导支持产业协同和技术合作攻关。从整体数据来看，高新技术产业和装备制造业增加值增速分别达到17.5%、16.5%，均位列宁波第1；战略性新兴产业增加值增速达到12.6%，位列宁波第3；17大传统制造业增加值增速达10.6%，位列宁波第1。

全力做好提升产业链供应链稳定性和竞争力工作，制定《余姚市提升产业链供应链稳定性和竞争力三年行动计划》，明确“一链一市领导一责任单位”，实行“一链一策一方案”集中攻坚，重点推进智能光电、新材料等4条产业链现代化建设，基本实现产业链风险排摸规模以上企业全覆盖。全年实施重点产业链“短平快”、协同创新项目143个，申报省产业链上下游企业共同体2个。

【第四届全球智能制造创业创新大赛举行】

4月19日，“阳明故里•YAO动全球”第四届全球智能制造创业创新大赛举行第三场“云端”路演，包括维科创投在内的3位评委为10个“云端”路演项目进行评审。

7月30日，中国•河姆渡（余姚）第四届全球智能制造创业创新大赛总决赛在余姚人才创业园举行。大赛共吸引116个人才项目报名参赛，最终12个优质项目晋级总决赛，通过现场路演、评委提问和评审，评出2个特等奖、3个一等奖、3个二等奖、4个三等奖。最终，“灵动眼”智能跟踪摄像机项目、仿生超浸润材料产业化与应用开发项目斩获此届大赛特等奖。大赛特等奖、一等奖获奖项目可申请直接进入余姚市引进海内外高层次人才和团队评审部门会审环节，落户余姚后可享受一系列的政策支持和资金补助。

（杜　阳）

重点企业

【概况】

2020年，余姚市全要素推进优质企业主体培育，构建高成长—单项冠军—龙头企业三级重点企业培育基础库，鼓励企业加大项目投资，解决企业融资、用地等难题，增强企业内生发展动力。累计培育国家级单项冠军示范企业4家、国家级“小巨人”企业4家、省级“隐形冠军”企业4家、宁波市级单项冠军示范企业14家、宁波专精特新培育企业61家。实施小微企业三年成长计划，入库培育企业192家。

【12家企业入选省“隐形冠军”培育企业名单】

年内，省经济和信息化厅公布2019年浙江省“隐形冠军”及培育企业名单，余姚12家企业入选“隐形冠军”培育企业名单，分别为宁波华远电子科技有限公司、宁波德昌电机股份有限公司、宁波强生电机有限公司、浙江瑞华康源科技有限公司、宁波百仕高联合工业有限公司、宁波五谷金属制品有限公司、浙江中杭新材料科技有限公司、宁波安拓实业有限公司、浙江振东光电科技有限公司、余姚华泰橡塑机械有限公司、宁波生久柜锁有限公司、宁波大叶园林设备股份有限公司。

【2020年全市工业企业前50强企业名单】

宁波舜宇光电信息有限公司

浙江舜宇光学有限公司

宁波世茂铜业股份有限公司

余姚领克汽车部件有限公司

宁波昊阳新材料科技有限公司

宁波舜宇车载光学技术有限公司

宁波大沃化纤科技有限公司

宁波长振铜业有限公司

宁波德昌电机制造有限公司

宁波富佳实业股份有限公司

浙江大丰实业股份有限公司

余姚大发化纤有限公司

宁波王龙科技股份有限公司

富诚汽车零部件有限公司

宁波科环新型建材股份有限公司

宁波江丰电子材料股份有限公司

浙江比依电器股份有限公司

宁波大叶园林设备股份有限公司

神通科技集团股份有限公司

余姚舜宇智能光学技术有限公司

浙江金瑞薄膜材料有限公司

浙江正庄实业有限公司

甬矽电子（宁波）股份有限公司

余姚世纪华通金属实业有限公司

宁波容百新能源科技股份有限公司

浙江国华余姚燃气发电有限责任公司

浙江峻和科技股份有限公司

基伟休闲用品有限公司

宁波金雨科技实业有限公司

宁波天瑞电器有限公司

宁波正耀汽车电器有限公司

浙江金马实业有限公司

天邦食品股份有限公司

宁波唯尔电器有限公司

宁波瑞成包装材料有限公司

余姚中淳高科桩业有限公司

宁波圣捷喷雾泵有限公司

浙江松原汽车安全系统股份有限公司

宁波舜宇红外技术有限公司

宁波明禾新能源科技有限公司

宁波好伙伴电器有限公司

余姚市兰山电机企业有限公司

宁波捷丰现代家俱有限公司

宁波生久柜锁有限公司

宁波耀泰电器有限公司

浙江帅康电气股份有限公司

宁波创基机械有限公司

余姚市富达电子有限公司

浙江捷能汽车零部件有限公司

宁波大叶园林工业股份有限公司

（杜　阳）

电网建设与电力供应

【概况】

2020年，余姚电网共拥有500千伏变电所2座，220千伏变电所7座，110千伏变电所35座，35千伏变电所13座，合计变电容量1161.1万千伏安。110千伏线路82条，共452.125千米；35千伏线路30条，共230.343千米；10千伏公用线路751条，共5705千米。

2020年，余姚供电公司全年完成固定资产投资3.77亿元，全社会用电量114.09亿千瓦时，同比增长7.27%，售电量104.71亿千瓦时，首破100亿千瓦时大关，同比增长13.21%，营业收入59.08亿元，同比增长6.29%，资产负债率19.93%，全员劳动生产率达169.8万元/人·年。

【经营管理】

年内，开展提质增效专项行动，实现增效金额1.49亿元，“智慧税管家”项目入选市公司提质增效十大典型成果，并在全省推广应用。全年配网工程转资3.14亿元，接收用户资产入账2.53亿元，反窃查违实现增收366.1万元，非生产性费用同比下降5.65%。建立业扩例会制度，统筹调配资源，解决重点项目推进难点、堵点。大力强化供电所基础管理，开展“一年提升、三年领先”专项行动，推行“一定一挂”薪酬分配机制，建立弱势指标日通报制度，临山供电所被评为“精品班组”，泗门供电所获评“优胜红旗班组”。召开公司首届创新大赛，15个项目纳入创新储备库。着力拓展综合能源市场，与城西工业园、人才创业园签订战略合作协议，业务营收8677万元，同比增长5.18%。完成电能替代2.3亿千瓦时，同比增加27.78%。产业单位实现营收8.09亿元。稳妥有序完成高低压用户供售同期调整。

【电网建设与发展】

明确“排头兵”的发展定位，紧紧围绕多元融合高弹性电网建设的主阵地开展探索实践。“零增规模”的姚西北镇域工业园高弹性配电网项目试点推进，成功入选省公司优秀典型规划。配网温感弹性限额全面应用，春秋季配电线路负载能力平均提升12%，全年增供电量超过100万千瓦时。需求侧响应精准开展，完成22万千瓦削峰响应资源池建设，迎峰度冬期间单次响应压降负荷超10万千瓦。

110千伏芝山变投运

【安全生产】

压紧压实安全责任，梳理岗位安全职责215条。全面应用“i国网”App，各类作业计划实现全流程集中管理。实体化运作安全管控中心。开展输配电线路隐患排查治理专项行动，整改问题393项。深化变电“设备主人制”，11项业务实现“运检合一”。对8座110千伏变电站实施检修，消除9座变电站电缆沟防火缺陷，拆除3条跨铁路段输电线路。完成20条高故障线路整治和7条线路防雷改造，配网故障同比减少

带电作业现场

46%。率先取消城北核心区计划停电，全年带电作业1932次，同比增长90%，全市户均停电时长同比下降57%，降幅居宁波首位。强化配网精智运检，507条主线完成全线退保护，常态化应用无人机、移动智能终端等装备，线路智能化巡视率达94.81%。完成各类专项应急演练25次，应急物资实现"模块化"供应。成功应对迎峰度夏高负荷和超强寒潮侵袭。

【营销与优质服务】

落实国家阶段性降电价政策，推出惠民助企20项举措，全年为企业减负2.6亿元。创新发布复工复产电力指数，推出二手电力物资租赁、小微企业电力专项贷款等纾困举措，有效助推全市百业复苏。优化电力营商环境，提升低压接入容量标准至160千伏安，小微企业办电实现"零投资"；高压办电平均时长压缩38%。投运7座公共充电站，服务新能源汽车15万余车次，年累计充电量同比增长18.6%。对11个老旧小区进行电力线路改造。服务乡村振兴工作在中央广播电视总台《新闻联播》全面奔小康系列报道播出。公司获评余姚市"高质量发展"综合服务突出贡献集体。

（国网浙江余姚市供电有限公司）

中意宁波生态园

【概况】

2020年，中意宁波生态园按照市委、市政府"改革创新年、执行落实年"的活动部署，扎实实施"发展质效年"活动，实现疫情防控和经济社会发展双胜利。园区全年实现工业总产值206.86亿元，增长38.4%；完成财政总收入5.18亿元，增长24.9%，其中一般公共预算收入2.32亿元，增长8.1%；完成固定资产投资30.48亿元；实际利用外资达0.31亿美元。

招商引资突出招新引优。园区全年新签约项目46个，总投资208.84亿元，项目总量和总投资分别较上年同期增长35%和124%。宁波市外实到内资28.95亿元，余姚市外实到内资29.5亿元。浙商创业创新资金25.5亿元。新引进JoinPad、Brandon Box等意大利企业3家。突出招才引智。制定出台《加快推进"前湾硅谷"建设发展的若干政策意见》，不断加大高层次人才招引力度，新引进院士参与的团队或海外高层次人才引领的科技项目3个。新引进高级人才3人。新申报"宁波市3315系列计划"团队和个人11个，推荐申报宁波市杰出人才1人，推荐申报阳明学者2人。上海中意楼、复旦张江科创中心累计14个项目成功路演，孵化项目累计7个。突出招大引强。紧盯500强企业和龙头企业，聚焦重点领域、重点产业、重点行业，招引大项目，为园区高质量发展提供强力支撑。全年累计引进10亿元以上项目3个，100亿元以上项目1个。

工业经济提速。全年实现战略性新兴产业增加值21.69亿元，高新技术产业增加值34亿元，分别较上年同期增长331.1%和183.3%，园区创新成果日益显现。规模以上工业增加值能耗降幅43.8%，在

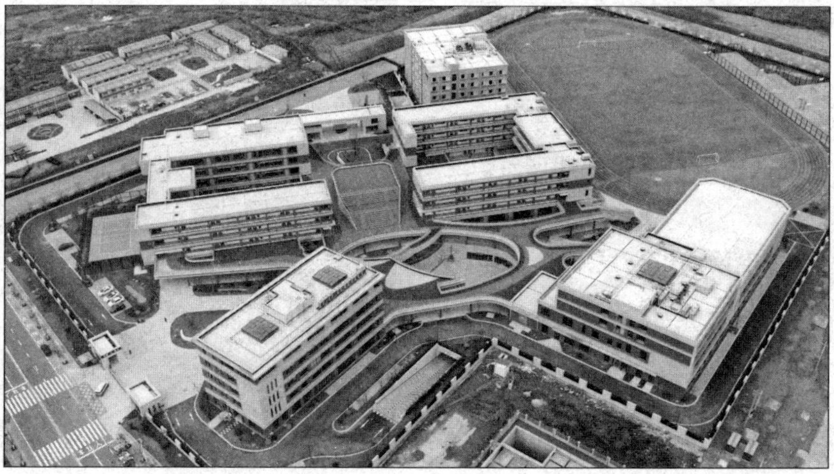

中意宁波生态园实验学校

产值提升的同时，园区工业能耗显著下降。研究开发费用投入3.3亿元，增长15.8%；实现新产品产值111.05亿元，增长125.7%，新产品产值率较上年同期提升21个百分点，园区产品研发持续加大。新申报国家科技型中小企业、高新技术企业15家和6家。新增浙江省隐形冠军培育企业2家、余姚市企业工程（技术）中心4个，新申报发明专利37件，园区创新实力不断增强。园区不断优化企业服务，指导完成企业技改验收3家，“机器换人”验收3家，余姚市级“清洁生产”企业验收4家，350企业贷款贴息验收4家。协助企业申报“两化”融合项目等专项补助。内外贸易逐步好转。对外贸易加速回暖，1—11月，实现进出口总额21.14亿元，增长20.7%，其中进口总额11.60亿元，增长45.1%；国内贸易高速增长，受益于国内内循环政策，批发零售大幅增长，全年实现限额以上批发零售业销售额38.07亿元，增长53.1%。

基础配套全面提档。共安排政府投资项目24项，总投资30.42亿元，全年完成投资6.74亿元。计划完工项目稳步投用。共安排完工项目12个，总投资4.85亿元，全年完成投资3亿元。滨海大道、建民北路10千伏电缆管道土建工程实现当年开工当年投用。在建项目有序实施。13个续建项目完成年度投资5.29亿元，其中涛声路北延路侧景观绿化、兴园路南段道路新建工程等项目年度投资完成率超过或基本符合时间进度。园区基础配套加快完善。外联道路加快推进，北排江路二期道路建设工程开工，固北北路道路建设工程、科兴路东延工程（余姚段）完成项目施工招标。代建厂房逐步完工，中意宁波生态园标准厂房一期、二期和滨海新城标准厂房三期建设项目3个项目竣工，中意宁波生态园标准厂房三期项目完成桩基施工。总投资2.2亿元的中意宁波生态园实验学校启用。园区要素供给保障有力。全年争取各类用地用海指标85.4公顷；出让用地用海17宗，面积达114.47公顷。报批手续取得实质性进展，围填海遗留问题处理方案获自然资源部批复同意，拟建项目规划手续办理完成，涉及土地共计433.56公顷。

【中东欧国际产业合作园揭牌暨首批入园项目签约仪式举行】

6月10日，中东欧国际产业合作园揭牌暨首批入园项目签约仪式在余姚举行。十二届全国人大外事委员会副主任委员、中国社会科学院“一带一路”国际智库专家委员会主席、蓝迪国际智库专家委员会主席赵白鸽，省委副书记、宁波市委书记郑栅洁等为合作园揭牌。

中东欧国际产业合作园位于宁波前湾新区余姚片区，启动区规划面积40平方千米，合作园按照宁波“246”万千亿级产业集群培育工程和“225”外贸双万亿行动工作部署，搭建宁波中东欧创新基地、宁波中东欧（布达佩斯）创新基地等市场化运营平台，在宁波和匈牙利布达佩斯分别设立常驻机构，建设具有引才引智、创业孵化、技术与产业转移、落地保障等功能于一体的国际化综

6月10日，中东欧国际产业合作园揭牌暨首批入园项目签约仪式举行

合性创业服务平台和离岸孵化基地。当天，首批签约入驻园区的15个项目，包括超级跑车项目、轮毂电机全集成产业化项目、超轻型可循环使用智能纸托盘项目等，总投资70.7亿元，涉及斯洛文尼亚、塞尔维亚等多个国家。

【中意宁波生态园政企联谊会举行】

12月12日，中意宁波生态园政企联谊会在中意宁波生态园实验学校举行。宁波前湾新区指挥部常务副总指挥阮志贤出席并致辞，余姚市领导奚明、徐云、韩柏顺、郑利刚、潘帅轶、曾一胜出席活动。联谊会由中意宁波生态园党工委委员、管委会副主任陈亚南主持。联谊会文艺演出由管委会干部和园区企业职工共同表演诗朗诵、歌舞、合唱等节目。

（毛梦蝶）

12月12日，中意宁波生态园政企联谊会举行

浙江省余姚经济开发区

【概况】

2020年，余姚经济开发区完成工业总产值193.87亿元，增长7.65%，其中117家规模以上企业完成工业总产值155.24亿元，增长8.19%。外向型经济完成自营出口76.59亿元，增长6.49%。完成固定资产投资13.94亿元，其中工业投资9.08亿元，分别增长20.6%和6.3%。智能装备、新材料等高端产业完成投资7.26亿元，约占工业投资的80%。全年新增高新技术企业17家，全年实现高新技术产业增加值35.12亿元，数字经济核心制造业增加值7.83亿元，分别增长17.7%和20.14%。

年内，机器人智谷小镇建设步伐加快，全年实现政府项目投资3.05亿元。小镇客厅对外开放，院士之家和专家公寓基本完工，小镇“三横四纵”总长7千米道路框架基本形成。11月，小镇被评定为国家AAA级旅游景区。

招商引资成效显著。全年完成余姚市外实到内资13.19亿元，其中宁波市外12.99亿元；完成浙商创业创新到位资金11.4亿元，实到外资1198万美元，实绩排名全市前列。全年新注册项目52个，签约项目25个，总投资近20亿元。柔性引进院士5人，新引育国家级引才计划专家9人，省级引才计划专家2人。

【省级开发区综合考评“十连冠”】

7月17日，浙江省商务厅召开2019年经济开发区综合发展水平考核评价结果专题新闻发布会，发布2019年经济开发区综合发展水平考核评价结果。余姚经济开发区再夺省级开发区综合考评第一名，实现“十连冠”。此外，余姚经济开发区还入围“对外贸易年度十强开发区”和“利用外资年度十强开发区”。

【市智能装备产业链研讨会举行】

7月31日，余姚市智能装备产业链研讨会在经济开发区举行。研讨会上，来自市经信局、市科技局、市招商中心等部门的相关负责人以及宁研院、机器人产业集团、浙大机器人研究院、诺丁汉智能电气化研究

10月23日，余姚经济开发区管委会在机器人智谷小镇召开省级考评"十连冠"年度先进企业表彰会暨产业链招商和发展讲座

院、红米智能、甬源科技、天控五轴等单位的技术专家，围绕《余姚市智能装备产业链研究与招商方案（初稿）》，就智能装备如何精准招商、科技创新、做大做强等问题提出建议和意见。

【华中科大（余姚）智能制造科技创新中心项目签约】

11月26日，余姚经济开发区管委会与华中科技大学机械科学与工程学院、宁波华焯激光科技有限公司共同签订华中科大（余姚）智能制造科技创新中心项目合作框架协议。市委书记奚明、华中科技大学机械科学与工程学院副院长王书亭、开发区党工委书记潘帅轶、市委组织部副部长夏向明共同见证。

该项目计划依托华中科技大学机械科学与工程学院的人才和技术优势，立足服务余姚当地企业，做好引进人才、产业前沿技术研发、创新项目孵化、技术成果转化及智能制造工厂改造等工作。

【下属国企市场化转型工作会议召开】

12月16日，开发区管委会召开余姚经济开发区建设投资发展有限公司和余姚市姚江科技投资开发有限公司市场化转型债权人会议。会上，开发区党工委书记潘帅轶介绍国企市场化转型实施方案，各债权人代表围绕实施方案提出意见、建议。

（王旭丁）

余姚市城西开发建设中心

【概况】

2020年，中心完成供地20.87公顷，其中7.87公顷商住开发地块于6月完成地块出让；舜宇三期生产项目地块面积13公顷于5月完成出让。

2020年，舜宇城西产业基地共新建建筑面积45.8万平方米，其中新建宿舍面积15万平方米，可解决8000名员工住宿问题；新建停车楼面积约3万平方米，可解决城西产业基地849辆汽车停放问题；新建舜宇二期西区面积19万平方米（东区建筑面积17.5万平方米于2019年9月投用），二期项目全部建成后产值可达到170亿元，利税25亿元；新建舜宇三期Ⅰ标段建筑面积8.8万平方米，Ⅱ标段完成桩基基础和4层主体结构，项目全部建成后可实现产值200亿元，利税33亿元。另有2.3公顷临时停车场完工交付，可解决750余辆汽车停放问题。

推进小镇城镇化建设优化项目。完善基础设施配套建设，推进"八路三桥二江"建设。其中肖朗路、通环路2条PPP道路及海吉星城农批市场配套丰立路、河角路和马漕头路道路完成交工验收，顺利通车，马鞍山路于年底启动招投标工作；舜宇城西产业基地配套丰乐路启动道路招标工作，丰悦路启动建设。庙根江Ⅱ标段基本完成河道开挖、挡墙砌筑和泵闸及3座桥梁建设，五庙江同毗邻出让的7.87公顷商住地块同步设计、同步施工、同步验收、同步交付使用。征拆迁工作加快推进，阳明街道丰乐村乌楼子模拟签约率达100%，完成房屋拆迁81户，拆迁面积

28000平方米。安置房一期（南区）于10月完成规划设计方案评审，小学校完成概念性方案。海吉星城农批市场于6月16日顺利搬迁试营业，9月16日正式运营。商住地块晶萃公馆房产项目于6月完成1091套房11万平方米顺利交付。耀悦云庭房产项目于6月进场，12月完成一期615套房5.3万平方米预售。肖朗路和通环路两侧绿化总面积约14.5万平方米，完成设计施工总承包模式招标后，10月启动建设。

【市城西开发建设中心成立运行】

12月25日，根据中共余姚市委机构编制委员会关于印发《余姚市城西开发建设中心主要职责、内设机构和人员编制规定》的通知精神，单位完成事业单位法人登记、职务任免、办公场所搬迁工作，市城西开发建设中心正式运行。

（邵东珏）

高铁新城

【概况】

2020年，市高铁新城建设指挥部确保机关职能正常高效运转，把新冠肺炎疫情影响降到最低，加快推进高铁新城核心区开发建设，找准在疫情防控和云城项目复工复产工作中的着力点，努力推动解决重点难点问题。

年内，余姚与华晟基金合作的一期3.2平方千米范围内，正式启动的云示范区1.8平方千米，共出让16宗土地，共计83.07公顷。根据中国云城一期项目滚动开发安排，适时启动示范区外1.4平方千米征迁工作，重点做好余慈公路以北五星村区、舜宇路以南永丰村地块征迁的各项前期准备工作，特别是确定安置地块，做好被征迁地块摸底勘察和部分地块土地性质调整工作。截至年底，云示范区土地尽数出让，其中产业用地全部由华晟摘得，共计32.09公顷；住宅用地华晟共摘得34.26公顷，占云示范区住宅用地的67%。剩余两宗住宅用地计16.70公顷由德信地产和红星地产摘得。住宅项目纷纷启动建设。云示范区内住宅总建筑面积达151万平方米，有力高、红星、德信、中昂、中梁等房产项目先后启动建设，一期房源皆售罄。基础设施等建设工作持续推进，舜宇路延伸段建成通车，综合管廊项目完成80%，高铁站场临时停车场建成使用，中央公园及配套道路项目进行方案设计。

年内，中国云城发展全面提速。河姆渡书店对外开放，圣马可国际学校完成装修，美国3M新材料研究中心项目结顶，国际机器人博览中心开工建设，云产业总部基地4月动工，智晟云谷北区项目5月动工，南区项目7月动工。中国云城发力5G新基建，1月《余姚市人民政府关于加快推进5G网络建设及应用促进和产业发展的实施意见》发布，中国云城作为先行先试重点区域，高质量5G网络建设全面提速，新增6个5G基站。首批6个特斯拉超级充电桩于中国云城河姆渡创新产业园投入使用。

年内，围绕打造中国首个超大规模智慧城市空间实验室，集聚以“云产业”为核心的高新技术项目，其中在洽项目80余家，落地12家，等待入驻项目24家；围绕5G应用、自动驾驶、智慧建设三大基地，与联通、移动开展合作，建立省内第一个5G信号覆盖的商用园区。自动驾驶方面与浙江亚太机电、浙江氢航等公司建立合作关系。智慧建设方面，在已落户的腾讯安全云的基础上，拟在智能制造产业园板块导入中信系资源，主要打造工业互联网创新中心、智慧通航产业园和智能制造产业园。智慧医疗方面，世界500强企业费森尤斯集团签约落户，完成公司注册、选址确定，并就建设方案进行商讨。

【亚太智慧医疗健康综合体首期项目动工】

7月31日，亚太智慧医疗健康综合体首期项目动工仪式在中国云城举行。世界500强、德国医疗领军企业——费森尤斯集团旗下赫利奥斯医院管理有限公司正式揭牌，总部落户中国云城。综合体由赫利奥斯医院管理有限公司与中信集团旗下华晟基金管理（深圳）有限公司共同投资开发建设，建筑面积约12万平方米，集医疗、康养、酒店、公寓、办公等多种功能于一体，致力成为杭州湾南岸地区具有国际水平的专业康复医疗与康养商业服务相结合的智慧医疗健康综合体。首期动工项目为“奥美德健康中心”，建筑面积约5万平方米。

【中国云城河姆渡创新产业园与市电信局签约】

9月23日，中国云城总经理王迪一行赴余姚市电信局考察交流，并签署战略合作协议。会上，双方负责人就5G、人工智能、大数据、云计算、物联网等相关业务开展沟通交流，为下阶段中国电信进入中国云城全面合作探讨方向。随后，双方代表签署战略合作协议。

12月25—27日，第十四届iCAN国际创新创业大赛中国总决赛暨2020亚太创新学院（APIA）国际创新加速营在中国云城举办

【云城综合智慧能源项目签约】

11月3日，在第16届中国塑料产业发展国际论坛上，国家电投浙江分公司与余姚高铁新城建设指挥部、华晟科技（广州）有限公司签订《关于浙江余姚中国云城产业基地综合智慧能源项目投资意向书》。同期，国家电投浙江分公司总经理刘兴义、国家电投杭州公司总经理许峰一行考察中国云城，就云城综合智慧能源项目推进开展调研交流。

【第十四届iCAN大赛总决赛暨2020APIA国际创新加速营举办】

12月25—27日，第十四届iCAN国际创新创业大赛中国总决赛暨2020亚太创新学院（APIA）国际创新加速营在中国云城举办。大赛旨在通过创新创业教育持续有效开展，推动长三角地区产业高质量协同发展，加快人工智能产业与实体经济的深度融合。大赛由iCAN大赛与APIA联合，由教育部创新创业教育指导委员会、教育部创新方法教学指导分委员会、北京大学、iCAN国际联盟主办，中信改革发展研究基金会、宁波市科学技术协会、中国城市运营联盟、中国云城（余姚）产业招商与服务领导小组、亚太创新学院联合主办。

（朱森苗）

7月31日，亚太智慧医疗健康综合体首期项目动工仪式在中国云城举行

商　贸

商贸流通

【概况】

2020年，全市实现社会消费品零售总额397.4亿元，同比下降2.4%。实现批发零售业销售额同比增长6%，其中批发业销售额537.31亿元，同比增长6.5%；零售业销售额69.42亿元，同比下降4.9%。实现住宿餐饮业营业额15.14亿元。

【保障供应】

新冠肺炎疫情防控期间，建立保供工作机制和工作班子，完善超市和农贸市场生活必需品日报、日测、日研判制度，确保不断供，做到量足价稳。大型超市和城区农贸市场开门经营率均达到100%。

【拉动消费】

4月26日至10月31日，2020年余姚线上购物节举办，共发放418万元的消费券，拉动消费15亿元。开展提信心促消费十项行动和春秋购物节、汽车展等促销活动。在万达广场举办车展，依托政府30万元的购车红包补贴和26家汽车经销商的让利，总计销售车辆265辆，总销售额3771万元。“十一”黄金周期间，13家重点监测企业实现销售额1.32亿元，同比上涨7.1%。华联商厦、万达广场、五彩城、众安广场共实现销售额1.13亿元，同比增长11.3%，累计客流超60万人次，同比增长13%。全市商业综合体引进知名品牌近40个，其中首进品牌16个。各大商圈新进品牌和调整率达30%以上。奔驰4S店于6月16日营业；万达广场海底捞余姚旗舰店、谭鸭血火锅店开业；五彩城华为旗舰体验店、网红火锅品牌贤合庄开业，且为余慈地区首店；五彩城喜茶11月底正式开业，成为宁波地区首家县级城市店，全国第5家县级城市店。

【农贸市场改造提升】

通过出台《余姚市2020年农贸市场改造提升任务分解》和《余姚市2019—2021农贸市场改造提升资金管理办法（试行）》，并将农贸市场建设与管理纳入年度目标考核，开展农贸市场及周边整顿百日行动、建立第三方评价制度等措施建立农贸市场长效管理制度。省放心农贸市场14家和星级农贸市场15家（其中三星级13家、一星级2家）通过验收。

【农副产品批发市场搬迁】

年内，成立农批市场搬迁领导小组，下设6个专项工作组，全面听取各方意见，闭环式解决各类问题，全时段加强综合

海吉星城农批市场

协调、指导和督查工作力度。6月16日，1225户经营户全部搬入海吉星城农批市场。

【安全生产和行业监管】

严格落实安全生产管理工作制度，签订年度安全生产目标管理责任书。扎实开展第二轮安全生产综合治理三年行动及各类安全生产专项整治活动，推进平安商场、平安加油站创建工作，落实商贸市场专业安委办工作职能，配合制定南门市场整治工作推进督办方案。加强对成品油市场和报废汽车回收、二手车经营等行业的监管。配合做好中央环保督察等重点任务的完成，共处理西货站煤场等中央环保督察件5件。全年商贸行业领域安全生产形势平稳有序，未发生较大以上安全生产责任事故。

【预付卡联动处置】

进一步规范单用途商业预付卡联动处置流程，协同信访、市场监管、文广旅体、教育等部门，处理各类预付卡投诉约681件，调解处理约200件。现场调解群体性事件1次，接待群众信访6次。

【消费扶贫】

充分调动乡镇街道、相关部门以及消费扶贫定点企业积极性，新增4家定点企业，完成了5000万元的年度任务目标，同比增长67%。线上举办“助农云带货直播”“姚望相助爱心助农直播”等6场助农直播专题活动，参与人数超10万人次，销售额近百万元。线下在万达广场举办2020年余姚市扶贫攻坚宣传周暨扶贫产品专展活动，10家消费扶贫承接企业集中参展4天，展出商品200余种，接待消费者近万人次，销售额20余万元。

（孙红霞）

对外经济贸易

【概况】

2020年，全市实现外贸进出口总额973亿元，增长3.2%，其中出口665.06亿元，增长11.07%；进口307.94亿元，减少10.51%。机电产品出口497.05亿元，增长13.46%，占全部出口比重为74.74%；高新技术产品出口83.15亿元，增长16.23%。欧美市场出口额占出口总额的61.19%；非洲、亚洲、大洋洲出口额分别增长1.06%、5.38%和15.04%。全年新增对外贸易经营备案登记企业752家，累计达6936家。自营出口实绩企业2865家，比上年净增212家，其中超亿元企业112家。

年内，获评国家外贸转型升级基地（家用电器）称号，为进一步发挥基地在外贸转动力、调结构、提升产业链供应链等方面的引领起好带动作用。

【“姚品会”平台搭建】

在疫情的特殊背景下，采取特别的手段，牵头谋划开展外贸产品转内销平台“姚品会”。通过“线下+线上”销售、“主持人代言+网红带货+市长直播”等方式开展。4月28日，平台启动当晚，线上直播带货吸引142万名网友观看，累计成交额超380万元。此项工作先后被浙江卫视、央视《新闻周刊》等媒体宣传报道。

【网上展会开展】

年内，市商务局与慧聪集团合办3场余姚家电网上展，包括中东欧展、东南亚展和全球展。3场家电展共有45家次外贸公司和近150家境外采购商对接洽谈，意向成交额3000万美元。同时联系米奥兰特国际会展，争取到30个1年免费参展名额。

【培育外贸综合服务平台】

发挥“阳明通”外贸综合服务平台的作用，通过优化整合各项外贸服务资源和银行资源，线上化操作及建立信用数据系统，为600多家中小企业在通关、退税、融资、收汇、信保、物流等方面提供外贸综合服务，出口额4.6亿元，同比增长8.2%。

【引导企业走出去】

组织企业参加境外经贸合作园区的线上线下对接活动，为余姚企业了解境外投资环境和政策提供良好平台。召开“走出去”服务联盟成员座谈会，与企业交流“走出去”过程中面临的困难和问题。境外投资成效显著，如天予日用品有限公司在泰国投资800万美元设立天予（泰国）新材料科技有限公司，浙江大叶园林设备股份有限公司投资1000万美元在泰国设厂，富佳实业和德昌电器在越南投资布局，为企业后续生产打好基础。企业对外承包工程健康发展，如宁波燎原照明集团有限公司、宁波金羽桥照明科技有限公司不断在“一带一路”沿线国家获取订单，取得工程项目。

（孙红霞）

招商引资

【概况】

2020年，商务部口径全市实到外资10262万美元，同比下降67.0%；余姚市外实到内资108.64亿元，宁波市外实到内资105.90亿元，浙商创业创新实到资金73.80亿元，分别同比增长6.85%、5.63%、5.16%。

面对新冠肺炎疫情严重冲击，始终坚持项目为王，不断创新招引模式，拼项目、找项目、抢项目、争项目，努力以最优招商引资实效激活发展引擎、对冲疫情影响，推动高质量发展走在前列。全市共签约招商引资项目96个，总投资371.44亿元。包括总投资超100亿元的甬矽芯片封测二期，总投资10亿元以上的鲲鹏生物胰岛素项目二期、德国费森尤斯医疗综合体和中铁十九局华东总部等9个项目。另有达新IGBT功率芯片封测项目二期、数马五轴数控系统、铭时基因及富诚汽车零部件等1亿元及以上项目47个。

【3个项目在甬商回归项目签约仪式上签约】

1月7日，甬商回归项目签约仪式在宁波举行。余姚有3个项目在会上签约，合计总投资35亿元，分别是总投资15亿元的创新药物研发项目、总投资10亿元的宁波鲲鹏生物胰岛素研发生产项目二期项目、一期投资10亿元的余姚马渚易货美妆小镇项目。

【11个项目在宁波重点项目网上签约会上签约】

3月9日，宁波重点项目网上签约会举行，各县（市、区）同时进行线上项目签约。余姚总投资141.5亿元的11个项目在会上签约，项目涉及半导体封装、智能装备、新材料、生物医药等新兴产业。此次签约会采取“主会场+分会场”的方式进行，通过“屏对屏”“线连线”进行项目签约，共有62个项目签约，总投资达395.33亿元。

【赫利奥斯医院管理有限公司落户余姚】

3月11日，世界500强、医疗领军企业德国费森尤斯旗下赫利奥斯医院管理有限公司正式落户余姚。这是《中华人民共和国外商投资法》《中华人民共和国外商投资法实施条例》及《中华人民共和国外商投资信息报告办法》自2020年1月1日正式实施以来，在余姚落户

8月7日，余姚市与中铁十九局华东工程有限公司项目签约仪式举行

的第一家中外合资企业。

【3个项目在宁波市重点项目签约暨产业投资促进海外联盟成立仪式上签约】

6月9日，宁波市重点项目签约暨产业投资促进海外联盟成立仪式举行。余姚3个项目在会上签约，分别为总投资3000万美元的富诚汽车零部件有限公司增资项目、总投资5000万元的机器人设备设计制造项目及总投资1000万元的工业机器人用超准视觉项目。签约会上，宁波产业投资促进海外联盟宣告成立并在线发布联盟宣言。

【中铁十九局华东工程有限公司项目成功签约】

8月7日，余姚市与中铁十九局华东工程有限公司项目签约仪式举行。中铁十九局华东工程有限公司项目是全市引进的首个央企总部经济项目。项目落户余姚后，预计未来5年可完成年均产值150亿元以上。

【14个项目在第二十二届中国塑料博览会上签约】

11月3日，第十六届中国塑料产业发展国际论坛开幕式在余姚举行。开幕式上，第二十二届中国塑料博览会招商项目举行签约仪式。14个项目签约，涉及智能制造、高端装备、新材料、医疗设备、汽车配件、节能环保、金融合作、科技服务等多个领域，总投资50.5亿元。

【余姚纺织自动化设备生产项目签约】

11月5日，在第五届中国浙江——欧洲数字经济和高新技术产业高峰对接会期间，举行了第三届进博会浙江省重大项目签约仪式。其中，余姚纺织自动化设备生产项目在此次签约仪式上签约。

【余姚上海投资推介会举行】

11月13日，“接轨大上海、融入长三角”余姚上海投资推介会在上海举行，总投资294.3亿元的17个项目在推介会上签约。签约项目中，有以新能源汽车及关键零部件、节能环保、高端装备等为代表的先进制造业项目，有以文旅、康养等为代表的现代服务业项目，其中总投资达28亿元的中科科创中心项目将由中科院上海分院打

11月13日，“接轨大上海、融入长三角”余姚上海投资推介会在上海举行

造，引进人工智能、光电信息、数字经济、新材料等新兴产业。

（杨 烟）

电子商务

【概况】

至2020年底，全市共有11个省级电商镇和42个电子商务专业村，其中省电子商务示范村14个。已注册的电子商务相关企业近1800家，活跃网店7000余家，年度网络零售额219.9亿元，同比增长6%。跨境电商出口额100.8亿元，同比增长10%。

全年接待电商业务咨询160余人次，开展电商入门、网络实操、经验分享、资源对接等各类活动60余场，其中举办阿里巴巴（余姚）跨境电商分享会、亚马逊全球开店、抖音招商会，以及9610、9710、9810海关跨境出口模式政策宣讲培训会等大型活动3场，参与人数达2500余人，受益企业1500余家。

【跨境电商出海联盟成立】

年内，市商务局牵头成立由25家重点跨境电商企业、外贸出口企业及电商服务企业组成的联盟。帮助企业对接产品供应商、物流服务企业、第三方海外仓、跨境平台服务商等优质资源，抱团开展跨境电商业务。

【电商园区培育】

年内，市商务局指导余姚市阳明电子商务产业园区加大引进、孵化、培育跨境电商企业的力度，新吸引20余家企业入驻园区，并获评第三批“中国（宁波）跨境电商综合试验区跨境电商产业园区”称号。

（孙红霞）

供销合作社

【概况】

2020年，全市供销社系统以乡村振兴战略为引领，全力抓好疫情防控、“三位一体”农合联改革和为农服务提升等工作，年内实现总销售额15.5亿元，实现利润622万元，获得全省供销社系统综合业绩考评优秀单位，并被列为全省第一批持续深化“三位一体”改革示范建设单位。

推进农合联规范运行。完善履行农合联执委会职责的机制，召开市农合联一届三次理事会和会员大会，并强化涉农部门之间的工作协调。加快发展农合联村级服务社，在四明山区建成12家集电商物流、融资保险、农技农旅、农产品销售等功能于一体的村级服务社，完成年度民生实事项目建设任务。2月27日，省委副书记、宁波市委书记郑栅洁视察梁弄镇横坎头村红锋服务社并给予充分肯定。疫情防控期间，全市农合联全力做好春耕农资保供稳价、农产品供应和促销、复工复产服务等工作。3月26日，全省农合联春耕支农服务活动启动仪式在余姚举行。抓好农合联党建工作，泗门镇农合联党建联盟成为省级农合联党建工作试点单位并取得良好成效。

优化农业生产服务。克服新冠肺炎疫情影响和物流运输难、人员到岗难、资金筹措难、物资保障难等问题，尽早复工，利用专用农资配送车辆打通农资运输“绿色通道”，抓好货源组织和余缺调剂，发挥农资保供稳价的“主渠道”作用，确保了春耕及双夏生产农资供应量足价稳，年度供应化肥农药3万吨，开展病虫害统防统治面积2000公顷，农业优先复工复产资讯在央视播出。

提升农村电商服务。依托“美丽四明山”智慧农旅平台，发展“互联网＋农产品”，推进农产品销售线上线下双轮驱动，销售额达1400万余元。供销电商公司在抗疫期间推出“无接触配送”营养套餐，总订单达3200余单，并开设“爱心助农”版块，开展40余场直播带货活动，其中“蓝莓直播带货”在央视播出，“姚望相助”爱心助农直播被中纪委网站报道，供销电商公司获评战“疫”先锋团队。

扩大合作金融服务。加强与银行、保险等金融机构的合作，出台《关于做好“农合保”

贷款业务扩面增量工作的通知》，专门安排100万元资金用于“农合保”贷款担保费用补贴，计划撬动规模1亿元的涉农贷款，并开展“金秋惠农”金融优惠专享月活动，助农贷款利率降幅20%以上。

拓展乡村环境服务。制定《2020年余姚市再生资源回收体系建设工作方案》，推进与生活垃圾分类相融合的再生资源回收体系建设，推行回收企业“三色榜”管理，取缔整顿回收站55家，形成规范化管理机制。全市共建成回收站（点）275个，投放智能回收箱187组，回收体系覆盖率达到100%，生活垃圾可回收利用率达60%。开展农药包装废弃物统一回收和废旧农膜回收工作，2020年度共回收农药废弃包装物92吨、废旧农膜290吨。

【“无接触配送”肉蔬营养套餐推出】

疫情防控期间，余姚供销电商公司与宁波瑾天生鲜配送有限公司合作，推出“无接触配送”肉蔬营养套餐。营养套餐平价供应，均采取无接触免费配送，并根据需求不断更新营养套餐，扩大配送范围。

【全省农合联春耕支农服务活动启动仪式举行】

3月26日，以“勠力同心抗疫情、情系三农保春耕”为主题的浙江省农合联2020年度春耕支农服务活动启动仪式在余姚市马渚镇举行。启动仪式由省农合联执委会副主任、供销社副主任张建主持，余姚市委副书记、市长潘银浩致辞，宁波市副市长卞吉安部署春耕生产工作，省农合联执委会主任、供销社主任邵峰宣布春耕支农服务活动正式启动。启动仪式上，省农合联与省气象局、浙农股份与余姚市农合联分别签订服务协议，余姚市农商行与余姚市葡萄产业农合联签订授信协议。省农资流通协会会长、浙农集团董事长汪路平宣读《履行社会责任，保障春耕生产》倡议书，种粮大户李小江作《抗疫情、保春耕，不误农时抓生产》的倡议。现场还设置了农资商品展示展销区和省级专家咨询服务区。

3月26日，浙江省农合联2020年度春耕支农服务活动启动仪式举行

【“双夏”农资供应优质服务月活动开展】

7月下旬至8月20日，市供销联社依托下属甬舜农资公司开展“双夏”农资供应优质服务月活动。活动以“保供应、强服务、促丰收、惠民生”为主题，以供销社系统农资连锁店配送服务平台为依托，旨在稳定农资市场，保障农资供应，促进农业发展。

活动期间，甬舜农资公司增加商品品种，保证农户需求，各连锁网点依据当地农事的实际情况开展农资优惠供应，同时加大与种粮大户、专业合作社的对接力度，开展诚信经营活动，实行商品质量承诺制度。各连锁网点在活动期间延长营业时间，保证及时送货。各连锁网点的“庄稼医院”充分发挥技术服务优势，“庄稼医生”深入田间地头，了解掌握病虫害信息，提供科学的解决方案，指导农民科学种田，并及时回收废弃农药包装物和废弃农膜。

【三色榜管理试行】

7月，市供销联社制定《关

于对再生资源回收企业实施红黄绿榜规范管理实施方案》，通过各街道自评、街道交叉互评、领导小组抽评的方式，对再生资源回收企业检查评分。其中70分以上为绿榜，需保持规范；50～70分（含）为黄榜，需整改提升；50分以下为红榜，需整治取缔。市供销联社还倡导建立回收点和回收队伍一体化的管理机制，要求上门回收人员“统一标识、统一着装、统一价格”，积极引导再生资源回收的龙头企业进行资源整合，发展连锁经营，推行规范化经营。

【“金秋惠农”金融优惠专享月活动推进会议举行】

11月2日，市农合联组织全市乡镇街道农合联负责人、涉农企业代表及农业经营户代表，召开农合联专项工作会议。会议首先听取马渚镇、鹿亭乡、泗门镇农合联负责人的典型发言。随后，余姚农村商业银行代表介绍“农合保”“农合通”两类专享惠农产品，并现场演示指导农户线上操作。最后，余姚市农合联执委会常务副主任袁树连总结了农合联2020年度的工作，并布置下阶段工作。

（华晓川）

烟草专卖管理

【概况】

2020年，市烟草局将完成“3+10”重点攻坚任务作为推进“突破三关、提升三力”的重要抓手，凝心聚力，攻坚克难，全面深化落地“131”战略，巩固提升“互联网+烟草专卖商业”浙江模式。年初，受疫情影响，卷烟市场遭受冲击。业务部门及时调整营销策略，先后对市场进行5轮调查，调查27400户次，人均在线服务时长288个小时，为客户提供库存盘点、经营指导、政策宣传等各项营销服务。统筹推进经济运行、品牌培育、网络建设和物流配送等全年核心工作，实现整体市场状态稳中向优。

全年销售卷烟53168.06箱，同比增幅2.24%，占宁波地区比重13.84%（目标13.77%）；销售额25.85亿元，同比增长5.6%；毛利7.31亿元，同比增长6.83%，经济效益得到增长。单箱销售额4.86万元，同比增幅3.29%，五类烟呈现“两增三降”态势，销售结构实现增长。社会可销天数15.26天，同比增长2.54天。“稳增长、提结构、调市场”成效显著。实现重点品牌销量47796.09箱，同比增长2.61%，比重89.9%，同比提升0.32个百分点。福建中烟品牌销量943.63箱，同比增长0.14%，完成全年任务。玉溪（创客）（进货面80.51%）销售247.85箱，同比增长42.91%，1575系列（进货面60.48%）销售115.6箱，同比增长324.88%。实现中支烟销量1233.38箱，同比增幅50.37%。

网络建设提质增速。围绕“数字甬烟”工程，开展电订转网订和现金结算清零攻坚工作，电话订货客户从年初的574户，减少为4户年老客户，现金结算客户清零。对接五大国有银行和第三方安装人员，开展双屏机建设推广。截至年底，安装769户双屏机客户，覆盖面12.02%。明确“三级示范街(圈)”建设思路，开展合作终端建设、现代终端改造升级工程。全年建设合作终端53家，专项资金客户407户，货源补贴客户1010户。共有现代终端客户1643户，占比24.38%，二星及以上893户，占比13.25%，合作终端89户，占比1.32%。全力打造“红色梁弄”农村示范街建设，有合作终端4家，现代终端15家，形成初具规模的示范效应。

推进配套设施建设。通过规划设计，优化配送线路，送货部负责配送9条余姚辖区和2条慈溪辖区送货线路，单车配送和人均配送效率均有所提升。推进文明吸烟建设工作，主动对接余姚市文明办、爱卫办等政府机构，在市区党政机关、广场公园、各类市场、文广单位等共45个地点，累计建成4个标准吸烟亭、2个伞形吸烟亭和150个烟蒂柱，投入金额48万元。

【"一钉四香"应用落地】

全年开通"香溢通"客户1702户，占比26.61%;"香溢购"客户6724户，占总户数99.94%;"香溢家"注册会员15.68万个，月活跃会员1.22万个左右;"香溢坊"自律小组356个，参与零售客户4656户，每月平均有60%的零售客户通过"香溢坊"订烟、接受经营指导。

【市场治理】

2020年，市烟草局密切关注卷烟市场动态，先后开展两节市场专项整治行动、"天价烟"整治"回头看"、重点籍零售户及违法违规大户专项检查、"烟票"背后"四风"问题专项整治、电子烟监管、工商联合监管无证户等行动，坚决打击涉烟违法行为，为业务经营保驾护航。截至年末，共查获各类涉烟违法案件387起，查获各类违法卷烟30771.9条，其中5万元以上案件23起、10万元以上11起、20万元以上2起，总涉案值626.2617万元，罚没款120万余元，取缔2户违法经营户。联合公安部门破获"8·18"国标网络案件，收网一起销售走私雪茄烟非法经营案，共抓获7名涉案犯罪嫌疑人，查获涉案雪茄烟540支，涉案金额累计超500万元。

【市场服务】

在"最多跑一次"的基础上再提速，努力做到"一次不用跑"。截至年末，共完成新办零售许可证883户，变更40户，延续381户，许可证网上办理率97.97%;共受理申请停业3户，恢复营业1户，共注销89户，歇业403户，收回185户。确定中小学校周边零售店共计74户，宣传劝退后剩余8户。

（杨琳惜）

疫情防控期间，余姚市烟草专卖局驻行政审批中心工作人员对网申新办件进行实地核查，实现零售户"零跑腿"，政务服务送上门

盐务管理

【概况】

2020年，全市共销售各类盐产品35195吨，其中腌制用盐32163吨，小包装盐2802吨。市政府食盐日常储备计划为1350吨，其中小包装盐350吨，实行常年足量储备。榨菜腌制用盐季节性储备总量为3.2万吨，其中政府储备为1.6万吨，储备期2个月，要求榨菜腌制季节之前储备完成，并在3月到4月榨菜腌制季节及时投放。公司严格按照要求，努力完成食盐储备计划，维护食盐市场稳定，保障食盐供应安全。

年初新冠病毒疫情发生，正值全市酸菜腌制的旺季，在积极做好疫情防控工作的同时，克服困难抓紧复工销售，确保市场稳定。

（宓文彬）

中国塑料城

【概况】

2020年，中国塑料城实现市场交易额709亿元，同比增长1%，交易量645万吨，同比增长8.4%。甬易支付完成支付结算量1400万笔，支付结算额约90亿元，营业收入约1200万元。全年共引进内资1亿元，外资100万美元，浙商回归资金4000万元，完成年度目标任务。市重点项目电子商务产业园（慧聪电商公园）迁移新址后，面积增加至2.4万平方米，入驻企业64家，园区交易总额达到40亿元。北化院项目生产走势良好，实现生产量14000余吨，销售额突破2.1亿元。余姚市获“2020年度中国县域会展城市15强”称号。塑料城网上市场获“第二批数字商务企业”“2020年度中国大宗商品现代流通诚信市场”“浙江制造拓市场最具影响力电商平台”等称号。

新冠肺炎疫情防控期间，结合“三服务”“四送一增强”专项助企行动，扎实推进市场建设。第一时间成立复市工作领导小组，制定工作预案，多渠道发布防疫、复市政策通知，对企业复工审批、现场勘定、备案查漏做好管控。至2月28日，市场复工率100%，成为全省41家专业市场中首个有序复市单位。疫情后期，继续做好常态化“小门”管理。最大力度争取2019年度企业政策奖励补助，兑现授奖企业351家，总奖励金额799.94万元，实现惠企政策落地。邀请相关业内专家，采用线上网络直播形式，开展“中国塑料城云沙龙”活动，和企业共同分享和探讨疫情下的经济变化和趋势。作为全省第一批“五化”市场创建单位，加快“便利化、智慧化、人性化、特色化、规范化”为一体的市场服务新体系形成，做好“五化”提升项目改造、配套设施完善等系列工作，得到省、市各级领导的充分肯定。针对4月初防疫物资口罩主要原料熔喷布引起塑料行情异常波动等现象，及时走访企业了解情况，第一时间发通知提示经营户理性判断市场行情及后续走势，及时了解市场供需关系，提高企业风险管控意识。向市两办递交《“小微生产线”争抢熔喷布，“商机”搅乱原料市场需谨防产业链“系统性故障”》相关调研报告，得到省办录用。

会展展销在疫情影响下停摆半年后重启。9月起，第十五届中塑秋季家博会、2020全国百强县市汽车巡展（余姚站）、2020第2届中国（余姚）机床与模具技术加工展览会安全顺利举办，截至11月底，成功举办展览会7个，展览面积共计12.65万平方米，展位7735只，参观人数35.25万人次，成交额或协议资金近35.9亿元。第二十二届塑博会成功举办，累计吸引有效客商2.55万人，实现总交易额31.5亿元。同时举办塑博会人才招聘洽谈会、塑料技术讲座与产学研对接会等会中会，共有涉及智能制造、新材料、节能环保等多个领域的14个高端项目现场签约，投资总额达50.5亿元。第十六届塑料产业发展国际论坛成功召开。论坛采用“线下邀请重要嘉宾+线上直播融合举办”的形式。线上观看人数超3万人，线下共吸引400余位企业高管和知名专家参会。论坛期间，发布《全球塑料国际贸易发展报告》，设置首届中国塑料贸易商大会。

年初，召开中塑集团（中塑物流）重组工作会议，实现过渡期各项工作无缝对接，确保干部职工队伍稳定，公司平稳运营。

结合融资较宽松环境，进一步降低公司融资成本。全年集团公司借款13.37亿元，新增及转贷18笔，金额6.22亿元；中塑物流借款1.3亿元，新增及转贷19笔，金额7.82亿元。主动寻求业务突破，根据上半年土地市场火热情况，重点抓好林特市场地块出让项目，于10月29日正式挂牌，最高限价总价42071万元，起始价713.54万元/亩，楼面价6684元/平方米，于12月1日完成摘牌。重点围绕世纪大厦、中塑商务楼等集团资产项目开展招商工作，陆续对接房洽洽、联顺等十几家大型的房产和房屋中介机构，协助制定评估可行性方案。中铁十九局租赁世纪大厦事宜基本明确，着手对接拍卖公司，在年底完成合同签订。

浙江网塑受疫情影响，公

司2—3月订单量下降，6—11月连续盈利，共计293.60万元，有效遏制亏损势头，年底实现扭亏为盈。营业收入受疫情影响尚未消除，1—11月公司营业收入仅为14.25亿元，较上年同期下降41.84%。加快发展供应链金融产品，推动业务转型重塑。1—11月，供应链融资业务累计服务上百家塑料加工企业，涉及合同金额超过8100万元。同时，继续坚持“赊销+保险”服务，以采购机器人为依托，盘活未到期应收账款，为中小塑料企业复工复产，以及实体经济高质量发展注入金融“活水”。1—11月，“赊销+保险”业务交易额超过5.73亿元，服务工厂数量达319家。

甬易支付在支付配套增值服务方向找出路，自行开发具有完全自主知识产权的教育培训专用云SaaS方案，将利润相对丰厚的分期付款业务嵌入其中，增加客户黏性，拓展新收入来源。开展税优配套支付服务和异业合作，创新研发定向委托付款特色解决方案，填补国内行业空白。同时，注重研发创新，铸造核心能力。创新研发支付宝微信H5、App间联跳转开发、小额免密产品升级，银联二维码等系列项目。

自2月1日起，东方物流做好防疫物资生产塑料原料出库工作。企业复工复产后，进出仓有序进行，解决客户进出仓难问题，全年完成进仓量14.2万吨，出仓量13.7万吨。热处理部面对除害处理出口木质托盘大幅减少的不利形势，主动出击，完成热处理110库，共计木质托盘10万套。为解决塑料城经营户融资难、融资贵问题，配合浙商银行余姚支行做好“仓单通”配套工作，企业以仓单质押向浙商银行申请融资，解决资金紧张困难，上半年，为客户顺利融资350万元。

【第二十二届中国塑料博览会举办】

11月4—7日，以“创新赋能产业，绿色引领行业”为主题的2020中国（余姚）国际塑料博览会暨第二十二届中国塑料博览会举办。塑博会突出“创新—赋能”“绿色—引领”两大定位，提出打造国际绿色创新改性塑料原料科工贸基地、服务国内经济型高品质智能生产、引领世界性塑料产业可持续发展3个阶段性功能目标，不断强化“四深两联动”工作，实现“展”与“会”、传统产业与智能制造的联动发展。塑博会启用展馆8个，展览面积4.2万平方米，展位2000个，设置塑料原料、塑料机械、机床模具三大展区，在新冠疫情新态势下，4天展览累计吸引有效客商2.55万人，实现总交易额31.5亿元。

塑博会聚焦家电塑料、线缆塑料、化妆品包装塑料、汽车塑料配件等应用领域，围绕余姚涉塑产业发展优势和块状经济特点，设置中国塑料城改性塑料主题馆、中国小家电制造基地——余姚小家电塑料主题专区和“塑说余姚”——世界塑料产业看余姚3个主题专区，巩固和提升余姚特色块状涉塑产业在国内的龙头地位。展会同时还举办塑博会人才招聘洽谈会、塑料技术讲座与产学研对接会等会中会，共有

11月4日，第二十二届中国塑料博览会巡馆

11月5日，第十六届中国塑料产业发展国际论坛召开

涉及智能制造、新材料、节能环保等多个领域的14个高端项目现场签约，投资总额达50.5亿元。

第十六届中国塑料产业发展国际论坛以“塑造新格局 共赢新未来”为主题，共安排主论坛演讲主题4个，设置6大主题分论坛，发布1个行业发展权威报告。分论坛设置首届中国塑料贸易商大会、塑化电商联盟年会、2020产融结合助推塑化行业高质量发展高层圆桌会、塑料可持续发展技术论坛暨第二届涉塑产业专家库年会、知名企业首席营销官（塑料）闭门会以及金融助力塑料产业发展专题会议。国际论坛根据新冠疫情防控工作常态化要求，依托网站平台资源，实现“线上＋线下”双向融合发展，论坛线上参加人数超过10万人。

展会亮显“UFI”展会品牌标识和品牌服务，在中石油、中石化、中国中化三大主办单位参展并提升档次外，还邀请到延长石油、北方华锦、华腾首研等有代表性的大石化企业，提升展览行业话语权。根据国务院国清办关于《党政机关需要在2019年12月31日前退出主办国家级展会活动》的相关文件要求，市政府同各主办单位商榷，中国塑料博览会从第二十二届开始由余姚中国塑料城集团有限公司为主办单位，实现招商招展工作的市场化运作。

（徐佳文）

海　关

【概况】

2020年，余姚海关共审核报关单2087份，征收税款2.8亿元，同比增长12.9%；加工贸易电子手册备案467份，备案金额3.3亿美元；审核减免税证明57份，货值3109.3万美元，减免税款1395.2万元，分别增长78.1%、60.2%、9.3%；检验检疫出入境货物15256批次，货值6.8亿美元；签发各类原产地证书47960份，金额16.8亿美元；移交缉私案件线索12起，立案9起，涉及货值3221.4万元，涉及税款124.8万元，稽核查补税合计541.8万元；办结两简案件6起，涉及案值998.6万元，处罚金额2.83万元；新增注册企业733家，实有注册企业6219家。

2020年，余姚地区实现进出口总值975.2亿元，同比增长3.1%，高于全国1.2个百分点。在疫情大流行和全球经济衰退的双重压力下，余姚的外贸进出口逆势上扬，依旧保持稳中向好的局面。

【余姚海关服务加工贸易企业复工复产】

受新冠肺炎疫情影响，全市加工贸易企业复工复产中面临诸多困难。余姚海关积极落实《宁波海关全力支持企业防控疫情复工复产十条举措》要求，通过调研，及时掌握企业情况，开展政策宣讲，切实为企业“减压”，助力企业复工复产。针对企业反映的情况，余姚海关撰写《疫情期间免收相关企业加贸保证金情况汇报》，制订保证金减免方案，并指导企业做好申请材料的准备工作，快速便捷地办理减免手续。

5 月 20 日，余姚海关关员对辖区出口免洗洗手液开展查验

【助力外向型企业发展宣讲会举办】

8 月，农行余姚市支行与余姚海关共同举办助力外向型企业发展宣讲会。余姚海关、农行余姚市支行相关负责人及 110 余家外向型企业代表参加宣讲会。宣讲会邀请宁波海关和农行宁波市分行国际金融部专家围绕海关税收优惠政策、汇率研判及避险工具、境内外联动低成本贸易融资产品等内容开展重点讲解，受到各企业代表的高度认可。

（余姚海关）

财政·税务

财　政

【概况】

2020年，余姚市财政总收入185.23亿元，比上年增长4.0%，其中一般公共预算收入114.20亿元，比上年增长6.5%。一般公共预算支出128.89亿元，比上年增长5.1%。

【财政收入组织】

加强与各征收部门的沟通协调，强化对经济、收入形势的分析、研究和预测，挖掘收入潜力，实现财政收入平稳增长。注重收入质量，一般公共预算收入占财政总收入的比重为61.7%，税收收入98.19亿元，占一般公共预算收入的比重为86.0%。加强非税收入管理，2020年非税收入16.01亿元，增长4.4%。

【财政各项改革推进】

推进医疗机构财政电子票据改革，25家乡镇街道卫生院全部应用电子票据。深化国库集中支付改革，完善国库集中支付运行机制。规范预算信息公开，启用部门预算公开编报系统。

【财政运行】

加强疫情防控资金保障，在预算中安排疫情防控预留资金。调整优化支出结构，严格控制和压减一般性支出，清理结转结余资金，盘活财政存量资金，把节约、盘活的资金统筹用于疫情防控、基层“三保”及相关重点领域投入。加大存量资金盘活力度，开展结转结余资金清理。在全市范围内开展行政事业单位资产清查工作。加强财政监督，开展财政资金安全和扶贫资金管理专项检查。强化预算绩效管理，采用中介评价、单位自评的方式，对82个项目开展绩效评价；扩大绩效自评范围，基本做到一级预算单位自评全覆盖。强化债务风险预警，推进控债化险专项行动和平台公司市场化转型，压实全年化债责任目标。向上争取政府债券，2020年新增政府债券6.90亿元。

【预算执行情况】

2020年，余姚市一般公共预算收入114.20亿元，完成调整预算的100.0%，增长6.5%，加上转移性收入57.66亿元（其中上级补助收入28.47亿元，上年结余收入8.94亿元，调入资金3.64亿元，动用预算稳定调节基金1.50亿元，债务转贷收入15.11亿元），收入合计171.86亿元。全市一般公共预算支出128.89元，完成调整预算的100.3%，增长5.1%，加上转移性支出21.12亿元（其中上解上级支出19.42亿元，安排预算稳定调节基金1.70亿元)，债券还本支出14.31亿元，年终结余7.54亿元，支出合计171.86亿元。收支相抵，全市一般公共预算收支平衡。

2020年，全市政府债务限额148.90亿元，其中当年新增限额6.90亿元，收回7.00亿元。至年底，全市政府债务余额147.96亿元。

【政府性基金预算执行情况】

2020年，余姚市政府性基金预算收入100.58亿元，完成调整预算的105.7%，下降59.1%，加上转移性收入46.01亿元（其中上级补助收入2830万元，抗疫特别国债转移支付收入7.18亿元，上年结余收入29.43亿元，调入资金1900万元，债务转贷收入8.93亿元），收入合计146.59亿元。全市政府性基金预算支出114.78亿元，完成调整预算的102.7%，下降49.4%，加上转移性支出6.03亿元（其中上解上级支出5.92亿元，调出资金1079万元），债务还本支出9.83亿元，年终结余15.95亿元，支出合计146.59亿元。收支相抵，全市政府性基金预算收支平衡。

【国有资本经营预算执行情况】

2020年，余姚市国有资本经营预算收入4.03亿元，完成调整预算的95.7%，加上转移性收入281万元，收入合计4.06亿元。全市国有资本经营预算支出7000万元，完成调整预算的88.6%，加上转移性支出3.36亿元，年终结余5万元，支出合计4.06亿元。收支相抵，全市国有资本经营预算收支平衡。

【社会保险基金预算执行情况】

2020年，余姚市社会保险基金预算收入82.64亿元，完成调整预算的110.3%。全市社会保险基金预算支出107.23亿元，完成调整预算的102.0%。收支相抵，全市社会保险基金当年缺口调用各基金历年结余弥补。

【保障新冠肺炎疫情防控工作】

做好疫情防控资金保障，共落实防疫资金1.34亿元，其中市本级安排财政资金5146万元，主要用于购买设备和防控物资、医疗救治、公共卫生体系建设和重大疫情防控救治体系建设、疫情防控人员补助等支出。做好重点地区重点人群新冠肺炎实验室检测工作，落实资金用于建立市级医院核酸检测实验室和发热门诊改造，并对疫情防控期间检测费用实行财政全额补助。加强疫情防控资金管理，制定疫情防控资金保障管理实施意见和疫情防控经费申请使用操作流程。建立疫情防控政府采购“绿色通道”，简化疫情防控相关采购审批流程。实施紧急防疫资金支付“即来即办”，确保疫情防控资金及时足额到位。

【支持企业复工复产】

为支持企业复工复产，参与制定《关于打赢疫情防控阻击战帮扶中小企业共渡难关的二十条意见》《关于坚决打赢新冠肺炎疫情防控阻击战全力稳企业稳经济稳发展的实施细则》《关于疫情期间金融激励政策》等政策措施，制定出台《余姚市促进复工复产专项资金管理办法》，并调整优化申报、审批流程，把各项政策措施落地落实落细，同时加快各项产业政策兑现。2020年，共兑现拨付各级财政扶持企业政策资金10.08亿元。

【推动直达资金落实落地】

为贯彻落实党中央、国务院关于建立特殊转移支付机制的决策部署，市财政按照上级要求做好资金分配方案，资金使用方向集中体现疫情防控、保障基本民生和助企纾困。加强直达资金全过程、全链条、全生命周期监控，确保资金直达市县基层、直接惠企利民。2020年，共收到直达资金9.18亿元，其中中央直达资金8.93亿元，省分配直达资金2550万元；共支付直达资金9.17亿元，支付进度为99.9%，其中中央直达资金支付8.92亿元，支付进度为99.9%，省直达资金支付2490万元，支付进度为97.6%。

【财政电子票据改革推进】

在2019年度完成5家市级医院财政电子票据试点应用基础上，2020年全面推进全市医疗机构财政电子票据改革，重点以医共体牵头单位为核心，辐射各成员单位，逐步在乡镇街道卫生院推广应用电子票据，2020年底前25家乡镇街道卫生院全部上线。

【行政事业单位国有资产清查开展】

3月18日，全市行政事业单位国有资产清查工作会议召开，对资产清查工作作出具体部署。此次资产清查的工作目标是全面摸清家底、完善监管系统、完善管理制度、盘活运用资产，工作内容是核查单位的资产管理基本情况、账务清理、财产清查和完善制度等。至年底，完成了单位自查、清查数据的汇总、审核、修正及部分房屋土地的处置。

（陈立军）

税　务

【概况】

2020年，国家税务总局余姚市税务局坚决贯彻党中央、国务院决策部署，坚决打好疫情防控阻击战和经济社会平稳发展攻坚战，持续优化税收营商环境，力促企业复工复产，不折不扣落实减税降费政策，聚焦组织收入主业，加强税收征管服务，为经济社会发展提供了坚强的财力支持。2020年，全局共组织税收收入174.03亿元，同比增收7.98亿元，增长4.8%。其中，中央级收入76.3亿元，增长2.47%；地方级收入97.73亿元，增长6.7%。另外，完成社保基金收入53.52亿元，同比下降13.89%，其他非税收入6.29亿元，同比下降1.81%；办理出口退税50.39亿元，同比下降2.85%。

【收入目标完成】

2020年，余姚市两级税收实现协同平稳增长，分别完成中央级、地方级税收76.3亿元、97.73亿元，同比分别增长2.47%、6.7%。分税种看：国内增值税92亿元，同比下降1.74%，其中营改增17.35亿元，同比下降6.0%，直接收入69.72亿元，同比下降5.18%，免抵调库22.28亿元，同比增长10.85%；营业税0.3亿元，同比增长390.07%；消费税1.53亿元，同比增长1537.3%；企业所得税26.34亿元，同比增长1.25%；车购税5.02亿元，同比增长42.44%；个人所得税13.02亿元，同比下降7.03%；城市维护建设税6.52亿元，同比下降3.15%；房产税4.29亿元，同比增长89.69%；印花税1.24亿元，同比增长0.62%；土地使用税4.3亿元，同比增长111.43%；土地增值税6.85亿元，同比增长10.54%；车船使用税1.04亿元，同比下降11.31%；资源税0.18亿元，同比下降13.25%；耕地占用税2.27亿元，同比增长73.04%；契税9.13亿元，同比增长20.55%；环保税0.03亿元。

2020年，其他收入合计6.29亿元，同比下降1.81%，其中，教育费附加3.32亿元，同比增长2.44%；地方教育费附加2.21亿元，同比增长2.54%；残疾人就业保障金0.72亿元，同比下降24.88%；其他收入0.03亿元，同比增长135.92%。

2020年，完成社保基金收入53.52亿元，同比下降13.89%。

【减税降费规模推进】

2020年，余姚市累计新增减税降费28.88亿元，享受减税政策实际户数（含人数）达14.64万户，具体包括两个方面：一是2020年新出台的减税降费政策，包括支持疫情防控和复工复产的税费优惠政策、阶段性减免企业社会保险费、非税收入减免等，累计减免各类税费22.17亿元；二是2019年年中出台在2020年翘尾政策，包括降低增值税税率及配套措施、个人所得税综合税制减税、其他翘尾政策等，累计减免各类税费6.71亿元。2020年的减税降费政策聚焦疫情防控和“六保”，对冲了疫情及其衍生的经济社会风险，支持了社会经济的发展。

【“春风行动”深入开展】

2020年，市税务局做好“便民办税春风行动”总体协调和统筹推进工作，确保四大类25项89条便民办税服务措施落实到位。加强疫情防控，开设绿色通道，提供预约错峰服务，合理设置办税、等候分离区，避免人群聚集；深化“非接触式”服务，新增25项容缺服务事项，推行发票“网上申领+邮寄配送”服务，使办税便利化延伸到纳税人“家门口”。

【“最多跑一次”改革深化】

2020年，市税务局基本实现189个“最多跑一次”涉税事项网上可办，综合网上办税率达95%以上，90个涉税事项实现“全市通办”。探索打造“无窗口零等待”办税服务厅，推行全程引导式自助办税、零等待陪伴式辅导、智能化网上办税建议；加强自助办税服务体系建设，将自助办税终端布局到无办税大厅覆盖的乡镇街道和产业聚集区，推进“最多跑一次”改革向基层延伸。截至2020年底，自助机代开发票1.22万户次、14.03万份，发售发票11.51万户次、234.43万份。

【“纳税信用管理”联动】

2020年，市税务局做好2019所属年度纳税信用评价，共评定A级纳税人5526户、占19.96%，D级730户、占2.64%。强化纳税信用补复评和信用修复等日常管理，严格落实“黑名单”内部惩戒措施。深化“银税互动”，与农商行合作首推M级企业“税银成长贷”。截至2020年底，“银税互动”贷款户数达5700余户，贷款总金额约11.19亿元，其中新办企业受益“税银成长贷”231户，获得贷款6520万元。

【服务平台响应需求】

2020年，市税务局将“12366”小呼中心升级改造为“舜穗热线”，截至年底，共受理电话咨询9000余通，综合接通率96.9%，答复满意率98.8%。启用“舜穗云”直播室，将纳税人学堂的主阵地搬到线上。发挥征纳沟通平台作用，常态化开展惠企政策精准推送、24小时智能“税小蜜”答疑、随时随地开展掌上辅导。推进办税服务“好差评”制度，建立“差评”回访、核实、整改、反馈的闭环工作机制。深入开展“三服务”活动，与市工商联建立常态化合作机制。积极推进营商环境测评，全力迎接全国纳税人满意度调查，多种渠道宣传税务部门便民利民举措。畅通投诉举报渠道，规范受理纳税服务投诉，争取纳税人理解和支持。

【征管质量提升治理】

2020年，市税务局开展“征管质量提升年”活动，推出税收征管质量5C（征收、服务、风控、检查、纠正）监控评价方法，初步建立纳税人分类分级精准管理机制，推行征管质量星级税务所比评，征管效能全面提升，征管努力程度、信息化建设等重要指标综合评级位列宁波市A级一段。完善健全税收执法调查取证、告知、听证、集体讨论、决定、文书送达等制度规定，构建案卷评查制度，行政执法案卷在余姚市政府案卷评查工作中获通报表扬，获评2020年度优秀行政处罚案卷。

【“郑国兴工作室”服务大企业】

2020年，市税务局以总局大企业管理人才、注册会计师郑国兴为业务带头人，汇聚系统内具有“三师资格证”的业务骨干22人，通过建立“一户一档一策”式精准管理机制、“互联网+税务”式数据联动机制、“点对点滴灌”式个性服务机制，全力为上市、拟上市企业、“小巨人”和“走出去”企业等重点成长型企业提供精准化、专业化、全程化、个性化的税收服务，全力帮扶企业做大做强。截至2020年年底，累计解决大企业股权转让、境外劳务抵扣、特殊性重组等涉税难题96个，助47户大企业尽享税费优惠政策，实现减税降费达4.9亿元，促进余姚市大企业高质量发展，得到余姚市委书记奚明和宁波市税务局局长梅昌新批示肯定。

【税收大数据助力复工复产】

2020年，市税务局挖掘税收大数据“衔接力”，重塑企业供应链条。根据企业实际需求，通过“全国纳税人供应链查询功能”进行大量的原材料供应商匹配。疫情防控期间，为9家企业提供原材料匹配帮助。此方法被央视《经济信息联播》《第一时间》报道，并得到宁波市税务局发文推广。

挖掘税收大数据“分析力”，以税资政。围绕疫情影响和复工复产等热点议题，积极利用增值税发票等税收大数据开展经济税收联动分析，2020年撰写经济调研报告11篇，为市领导全面掌握复工复产和财政收入等工作提供参考。

【规范公正文明执法】

2020年，市税务局统一执法标准区域。推进《长江三角洲区域申报发票类税务违法行为行政处罚裁量基准》《长江三角洲区域税务轻微违法行为“首违不罚”清单》等全域统一执法标准，规范行使行政执法自由裁量权。2020年，共作出行政处罚722件，合计处罚金额168111元，其中一般处罚89件。行政许可9389件，未产生逾期事宜。

全力推进执法公示制度、重大执法决定法制审核制度和执法全过程记录制度为内容的行政执法“三项制度”常态化运行。重大执法决定法制审核制度运行顺畅，审核流程内嵌至金税三期执法系统，系统监控自动推送，应审尽审。配备11人专业审核团队，全年度重大执法决定法制审核共计28件；搭建行政执法信息公示平台，对40个执法事项通过手工录入、金三自动取数等方式在公示平台进行集中公示；执法全过程文字音像记录到位，执法记录仪、约谈室等音像记录硬件设备投入全覆盖，共计配备约谈室标准间11间，执法记录仪90个，依托宁波市税务局执法全过程记录系统平台，对六项重要征管执法事项进行音像记录。确保“三项制度”落到实处，见到实效。

【舜穗法治基地成为“余姚市法治文化建设示范点”】

6月23日，市司法局正式授予市税务局舜穗法治基地“余姚市法治文化建设示范点”牌匾。市税务局副局长施焕明代表市税务局接受授牌。市税务局于2019年在单位内部开辟专门阵地打造舜穗法治阵地，成为对内教育、对外展示的名片，接待了多批单位观摩学习。

【泗门税务所获全国文明单位】

11月20日，中央文明委发布《关于表彰第六届全国文明城市、文明村镇、文明单位和第二届全国文明家庭、文明校园及新一届全国未成年人思想道德建设工作先进的决定》，余姚市税务局泗门税务所被评为第六届全国文明单位。

泗门税务所地处余姚之北，

6月23日，市司法局授予市税务局舜穗法治基地“余姚市法治文化建设示范点”牌匾

承担着泗门镇、小曹娥镇和中意宁波生态产业园共计1万余户纳税人缴费人的税收征管和服务工作，曾获评第二届全国党建创新成果展示百优案例，先后获得全国精神文明工作先进集体、全国税务系统先进集体等5项全国级、8项省级荣誉称号。

【“阳明书屋”落户第一税务所】

10月30日，“阳明书屋”在第一税务所三楼办税服务厅揭牌成立

10月30日，“阳明书屋”在第一税务所三楼办税服务厅揭牌成立。该“阳明书屋”是全市首批面向市民无偿开放的两家阳明书屋之一，除有市图书馆提供的1000余册书籍供免费阅读外，还有市新华书店提供的200余册王阳明相关书籍和文创用品可供选购。

（黄　慧）

金　融

综　述

2020年，全市银行业金融机构外币存款余额2133.24亿元，同比增长18.32%，比年初增加330.33亿元；本外币贷款余额1612.35亿元，同比增长17.65%，比年初增加241.93亿元。制造业贷款余额440.22亿元，同比增长9.55%，占比28.31%，比年初增加38.36亿元。全市银行机构不良贷款余额15.66亿元，同比减少1.61亿元，不良贷款率0.97%，同比下降0.06个百分点。关注类贷款余额22.58亿元，同比减少5.75亿元，关注类贷款率为1.4%，同比下降0.67个百分点。

全市中心支公司以上的保险机构共计37家，累计实现原保险保费收入32.27亿元，同比减少0.72%。其中，财产险实现保费收入14.89亿元，同比增长4.59%，赔付支出8.37亿元，同比减少6.22%；人身险实现保费收入17.39亿元，同比减少4.86%，赔付支出2.62亿元，同比减少5.74%。

2020年，小额贷款公司3家，总注册资金4.2亿元，贷款余额为4.34亿元，同比上升12.7%；累计贷款总额为18.31亿元，同比下降10.42%；不良贷款余额4170万元，同比下降36.96%，不良率为9.45%，同比下降了7.75个百分点。

2020年年末，全市有境内外上市企业11家，新三板挂牌企业10家，宁波股权交易中心累计挂牌企业210家。

（杨晟曌）

金融服务与管理

【概况】

2020年，市金融发展服务中心紧紧围绕市委、市政府疫情防控相关要求，督促金融机构落实疫情防控主体责任，落实网点疫情防控，细化应急预案，执行疫情防控周报。制定《疫情期间金融激励政策》，引导金融机构加强加大对企业疫情防控复工复产的金融支持。疫情以来，推出金融惠企政策165项、惠企产品78个。银行机构共发放贷款1618.98亿元，其中为13561家企业发放免息贷款和减息贷款27.31亿元、282.24亿元，免息1856万元、减息1.7亿元；为3544家企业开展无还本续贷或展期业务，涉及贷款金额32.93亿元。

保险公司为1189家复工复产企业推行复工防疫险。落实优惠保险保额94.8亿元，保费优惠875.81万元。联合相关行业主管部门排摸和建立“三减”企业名单，落实减息、贴息和财政补助695.89万元。

组建余姚市金融专班，推进金融顾问制度落地，组织有服务需求的22家企业与该区域金融顾问签订服务顾问协议。搭好政银企对接平台，组织银企对接11次，达成战略意向金额93.48亿元。同时，逐步推进“金融超市”二期建设，拓展担保、保险、证券等功能的拓展，增加“信用额度评估”功能，联合余姚农商银行试点开发“小微易贷”企业信用贷产品。联合中国人民银行研究制定《“宁波市普惠金融改革试验区建设”余姚方案》，认真组织实施融资服务、数字支付、风险防控和金融知识教育等相关工作。制定《2020年余姚市保险创新工作推进要点》，做好保险创新政策兑现，创新推出政策性叶菜类蔬菜价格指数保险，畜禽饲料成本期货价格保险保单。

以“三服务”专项行动为载体，实施企业上市“专班制”、服务“秘书制”，及时发掘苗子企业，排摸梳理和协调解决企业上市过程中存在的困难和问题。根据《余姚市“凤凰行动”实施方案》和《余姚市上市后备企业培育管理办法》精神，加大对拟上市企业的政策支持，并对后备企业实施分层、动态管理。全年对57家企业补贴3800余万元，同时，组织企业参加资本市场培训4次，提升区域上市氛围。

年内，联合市人民法院、市公安局、市人民检察院等司法部门对银行梳理的逃废债线索及时进行跟进，建立良好的金融信用体系，改善金融生态环境。做好数据分析与防范，督导银行机构综合运用重组、转让、清收、核销等手段，加快处置存量不良资产，全年累计化解不良贷款12.32亿元。

【首贷服务中心成立】

年内，余姚市首贷服务中心在市行政服务中心揭牌成立。中国人民银行余姚市支行、市市场监管局、市行政服务中心、市金融发展服务中心相关负责人共同为市首贷服务中心揭牌。首贷服务中心主要致力于服务首贷户（成立以来首次从金融机构取得贷款融资的市场经营主体，包括企业、个体工商户和小微企业主）拓展和服务工作，依托宁波市普惠金融信用信息平台、余姚“金融超市”等载体，采取“小前台+大后台”“线下窗口+线上平台”模式，更好地宣传和展示辖内银行各种首贷产品，受理或指导无贷款企业（含个体工商户和小微企业主）提出首次贷款申请，跟踪和督促银行及时回应企业合理融资需求，并为撮合借贷双方达成融资协议提供便利和支持，着力提升首贷成功率。

【大叶股份挂牌上市】

9月1日，深圳证券交易所举行创业板挂牌上市仪式。余姚宁波大叶园林设备股份有限公司作为此次挂牌上市的3家公司之一正式挂牌交易。宁波市金融办党组书记倪炜，余姚市委副书记、代市长徐云，市委常委、中意宁波生态园管委会副主任韩柏顺，副市长薛晓伟与宁波大叶园林设备股份有限公司董事长叶晓波参加仪式。大叶股份是创业板注册制开展以来全市第一家挂牌企业，也是全市第10家上市公司。

9月1日，大叶股份创业板上市

【松原股份挂牌上市】

9月24日，深圳证券交易所举行创业板挂牌上市仪式。作为此次挂牌上市的3家公司之一，余姚浙江松原汽车安全系统股份有限公司正式上市交易。宁波市金融办党组书记倪炜，余姚市政协主席、党组书记陈长锋，副市长薛晓伟与浙江松原汽车安全系统股份有限公司董事长胡铲明参加仪式。松原股份是全市的第11家上市公司。

（杨晟婴）

中国人民银行余姚市支行

【概况】

2020年，余姚市金融运行总体平稳。截至2020年年末，全市金融机构本外币存款余额2133.24亿元，比上年增长18.3%；金融机构本外币贷款余额1612.35亿元，增长17.7%。年末，全市银行业金融机构达32家，其中政策性银行1家、大型国有商业银行5家、股份制商业银行12家、城市商业银行11家、邮储银行1家、农村合作金融机构1家、新型农村金融机构1家；非银行金融机构46家。全市实现保费收入28.46亿元，比上年增长8%。其中，财产险保费收入14.2亿元，增长7.3%；赔付支出8.99亿元，同比增长13.8%。人身险保费收入14.27亿元，增长8.7%，赔付支出2.74亿元，同比下降0.3%。

【信贷管理】

2020年，中国人民银行余姚市支行认真贯彻落实稳健货币政策，全力支持实体经济发展。出台辖区14条金融支持疫情防控和复工复产措施，制定《余姚市金融支持稳企业保就业工作实施细则》，参与制定余姚市《疫情期间金融激励政策》。对18家疫情防控重点保障企业发放33笔、6.1亿元的专项再贷款；发放11.75亿元支农支小再贷款；法人机构发放优惠贷款16.36亿元；累计向1408户普惠小微企业实施阶段性延期还本付息，延期贷款本金16.32亿元，平均延期率82.19%。举办"你复工、我送贷"余姚专场融资对接活动，开展大型专场活动3次，各类对接专场活动超100次，达成贷款意向超100亿元。

【外汇管理】

年内，余姚市支行助力企业复工复产，多措并举帮助企业用好外汇便利化政策，享受外汇改革的红利。从业务办理流程层面支持企业防疫抗灾，全年通过指导辖内银行简化进口购付汇业务流程等方式，便利10家涉外主体办理防疫物资进口购付汇等业务，累计金额264万美元，帮助企业防疫抗灾。

从外汇资金层面支持企业防疫抗灾，全年通过线上受理、特事特办等方式，为7家涉外企业及时办理境外放款、外债等资本项下资金业务，累计金额达7992.11万美元，帮助企业复工复产。

让改革红利惠及涉外主体，全年共有50家企业通过跨境金融区块链办理应收账款融资，笔数、金额分别为593笔和9390.18万美元；为22家企业办理税务备案电子化业务，笔数、金额分别分为72笔和1935.29万美元。

【支付管理】

年内，余姚市支行重点推进移动支付在商超便利、菜场、交通、医疗、停车等民生领域的应用，智慧支付多领域应用初见成效。商超便利移动支付建设方面，共建设涵盖超市便利、服饰美妆鞋帽、百货、母婴亲子、药店、水果店、烘焙店等民众日常消费领域的品牌商户及其门店361家，共发生PAY和银联二维码交易7351笔，较上年同比增长58.8%。智慧菜场建设方面，累计建成13个智慧支付菜场。交通方面，累计发生交易126720笔，同比增长59.11%。智慧医院建设实现全覆盖，全市累计投放"银医通"自助机具281台，实现城区4大医院，乡镇各卫生院"银医通"自助机具布放全覆盖。企业园区食堂方面，新增余姚市人民医院和舜宇集团全厂区4个移动支付食堂，受益员工达3万余人。另外，全市232个行政村村级财务开通实现网上支付，占全市行政村的87.55%。

【金融稳定】

年内，余姚市支行防范化解新型金融风险，切实维护辖区金融稳定。密切关注疫情风险冲击影响。建立疫情防控期间余姚金融支持企业复工复产及风险影响情况周报制，密切关注辖区不良贷款、关注贷款增减情况，了解银行对企业的金融支持情况，以及企业逾期、潜在风险企业情况，分析企业逾期、列入风险原因。开展疫情对银行资产质量及利润影响，境外疫情发展影响对外贸企业影响，疫情对企业生产经营跟踪影响等调查，同时借助工业企业、服务业企业、小微企业定期监测制度，掌握了解辖区企业经营情况以及可能存在的风险。

建立金融机构信贷负责人季度例会制度。银行按季汇报新情况、新问题、新特点，掌握最新的金融运行和经济走势特点，有助于研判相关风险发生可能。

建立房地产市场工作联席会议制度。联席会议由市长任召集人，分管副市长任副召集人，包括支行在内21个相关部门、单位为联席会议成员，专题研究房地产出现的新情况、新问题。对房地产开发贷款增速过快的银行机构进行约谈，要求银行严控房地产信贷过快增长势头，严防信贷资金违规流入房地产市场，严格做好房地产资金监管账户专户管理。

【普惠金融】

年内，余姚市支行持续深化普惠金融工作，全面改善金融服务与管理。加强信贷服务可得性。道德银行升级3.0版，上线“道德银行”微信小程序，全面推进贷款发放智能化、移动化，惠及3.22万农户，贷款余额达31.56亿元。创新推出“红锋信贷”，以“党建+金融”模式打造红色引擎，信用贷款户数642户、贷款余额8.28亿元，平均加权利率4.0%。

提升支付服务便利化。强化服务点存续期业务管理和风险管理，完成对105个服务点的暗访工作。持续推动智慧支付多领域应用，在186家门店推广银联PAY和银联二维码交易。

推进金融教育全覆盖。“双百双千”工程100%覆盖全部村（社区）；创新打造“阳明金融讲堂”品牌，组织全辖32家银行机构深入企业、学校、社区和行政村，以讲座的形式为金融消费者带来全面、系统、可定制化地金融知识，累计开展33场。

（张星晨）

其他银行

【工商银行余姚分行】

2020年，工商银行余姚分行做好疫情防控与业务经营发展“两手抓、两不误”，全行下辖20个营业网点，员工数308人，是宁波市分行辖内员工人数和网点数最多的机构。截至12月末，全行各项存款余额187.13亿元，较年初增加10.36亿元；各项贷款余额152.13亿元，较年初增加3.62亿元，其中普惠贷款较年初增加3.35亿元，全行不良贷款余额降至1922万元（自营口径），不良率0.13%。

2020年，工商银行余姚分行支持区域实体经济发展，帮助各类企业做好复工复产工作，结合总行“工银普惠行”、市金融办“万员助万企”、银保监局“百行进万企”等活动，共梳理企业名单1200余户，对接企业676户，其中涉及疫情企业71户，累计投放疫情保障贷款5500万元，含专项再贷款2000万元，疫情防控期间新增普惠客户61户，新增信贷投放1.85亿元。累计为辖内90多户企业降低了融资成本，涉及融资金额20余亿元，共计降低融资成本1000余万元。

（翁冰磊）

【中国银行余姚分行】

2020年，本外币各项存款余额120.99亿元，比年初增加35亿元。本外币各项贷款余额106亿元，比年初增加8亿元。实现国际结算业务量25亿美元，同比减少0.2%。实现拨备前利润2.97亿元，同比增加2913万元。

紧密银政合作，与市委组织部人才办签订战略合作协议；积极对接多个政府项目，如中意宁波产业园园区建设项目、中国云城亚太智慧医疗项目等。积极开拓新业务领域，独家合作独角兽企业宁波RB，争揽全部IPO资金；与JF电子合作，争揽股权激励专户；助力浙江SY、DY设备在深交所创业板成功上市。全力推进各重大项目，积极参与企业全球化布局，营销企业境外子公司在德国慕尼黑分行、越南胡志明市分行等开户，成功推介“全球视通”、跨境银企直连等产品，与SY等7家上市公司的合作先后取得突破性进展。积极推行金融创新产品，成功叙做辖内首笔“海高贷”业务，助力海外高层次人才创业；推行“甬贸贷”“智模贷”，累计投放贷款5000余万元，有力支持稳外贸。

面对新冠肺炎疫情，余姚分行坚持做好抗疫复工，金融服务不断线，简化入账手续，积极为382家企业办理外汇入账1900笔，累计金额达7200万美元；为超市、医院、加油站等民生服务业提供上门收款服务；减费让利出实招，为重点企业、单位捐赠抗疫物资；开展“百行进万企”“你复工，我送贷”等活动，帮助企业复工复产。担当社会责任，多次举办大型讲座，帮助企业规避汇率风险；成功与余姚市第一、第二、第三医院取得合作，支持余姚医疗智能化转型。践行志愿服务，积极开展“金融知识进万家”“防赌反赌”等宣传活动，做好金融科普工作；开展硬币大篷车兑换、文明出行志愿劝导等活动，积极履行社会责任。

（马佳儿）

【建设银行余姚支行】

2020年，内设9个部门，下辖16个营业网点。6月，余姚城关支行撤并。年末，本外币一般性存款时点余额130.76亿元，较年初新增16.91亿元。本外币各项贷款时点余额121.05亿元，较年初新增24.46亿元。

积极推进“三大战略”，履行社会责任。年末，普惠金融贷款余额13.36亿元，较年初新增5.6亿元；普惠金融贷款客户1475户，较年初新增688户。疫情防控期间，精准服务支持企业复工复产，开辟金融服务绿色通道，累计投放防疫贷款1.35亿元，助力企业渡过疫情难关。

配合政府部门和监管机构积极开展金融知识宣传教育活动。全年深入乡村、校园、街道、社区、企业开展金融知识普及教育活动近50次。以“服务提质增效年”和“千佳”网点创建工作相结合，提升所辖网点综合服务能力，支行营业室通过银行业协会组织的2020年文明规范服务千佳单位达标验收。连续3年获得“宁波市先进保卫组织”称号。

（建设银行余姚支行）

【农业银行余姚市支行】

2020年，农业银行余姚市支行下辖二级支行17个，营业部1个，离行式自助银行13家。支行机关设7个部室，共有员工368人。年末各项本外币存款303.38亿元，比年初增加62.29亿元，总量在四行中占比40.74%，比年初提升1.36个百分点，增量系统第一、同业第一。各项本外币贷款172.39亿元，比年初增加18.81亿元，总量在四行中占比31.24%，比年初提升0.32个百分点。全年实现营业收入7.05亿元，中间业务收入1.57亿元。年末不良贷款余额3159万元，不良率0.18%，不良余额、不良率较年初实现“双降”。

（农业银行余姚市支行）

【余姚农村商业银行】

截至2020年末，各项存款余额482.73亿元，比年初增加73.07亿元，增幅17.84%；各项贷款余额330.54亿元，比年初增加63.39亿元，增幅23.73%；不良贷款余额2.57亿元，不良贷款率0.78%，同比分别比年初减少708万元和0.21个百分点；拨备覆盖率597.35%，同比上升36.1个百分点；拨贷比4.69%，资本充足率14.82%，一级资本充足率、核心一级资本充足率均为13.75%。全年实现业务总收入21.87亿元，同比增长9.35%；利润总额4.87亿元，同比增长4.96%；净利润4.27亿元，同比增长11.02%。

2020年，推出“红锋信贷”信用贷款，探索“党建+金融”新模式，加大小微贷款投放，被市委、市政府授牌“红

余姚农村商业银行被市委、市政府授牌"红锋信贷"承办银行

锋信贷"承办银行。截至12月末，全市星级党组织非公企业授信达490家，授信金额72.34亿元；贷款户数366户，贷款余额39.52亿元。升级"道德银行3.0"服务平台，与市委宣传部、市大数据局联合开发"道德银行"微信小程序。到年底，"道德银行3.0"完成261个行政村、51.61万人的道德评议，办理贷款签约6350户、签约金额12亿元，实现农户小额普惠贷款授信全覆盖。

（余姚农村商业银行）

【交通银行宁波余姚支行】

2020年，余姚支行本部设置"三部一室"，分别为公司业务部、个金零售部、营运部和办公室，辖属5个二级支行，共有在编员工82人。2020年年末，支行本外币存款余额82.59亿元，较年初新增3.74亿元；本外币时点贷款余额79.54亿元，较年初新增6.36亿元。支行积极践行普惠服务，10月，在联盟桥支行成立普惠服务中心，全年实现两增口径贷款净增2.75亿元，两增口径客户数净增189户，同时成功实现小微企业贷款利率进一步压降任务。年内，支行被市政府授予金融支持地方综合管理奖，在当地人民银行的年度综合评价中被评为A等行，并被分行授予"先进经营单位"。

（交通银行宁波余姚支行）

【上海浦东发展银行宁波余姚支行】

2020年年末，支行本外币一般存款余额51.79亿元，较2019年末增长2.26亿元，增幅4.58%。本外币贷款规模57.10亿元，较2019年末增长6.98亿元，增幅13.92%，贷款规模在全辖分支机构中排名第1。不良贷款余额167万元，不良贷款率0.03%，较2019年末下降1154万元，下降0.25个百分点，实现双降，资产质量有所夯实。全年实现税前利润1.41万元，经济增加值（EVA）754万元，经营效益达到预期，支行年度考核等级为一等行。2020年度，支行加大对地方实体经济的支持，获余姚市2020年度实体经济贡献奖。

（胡慧洁）

【中国农业发展银行余姚市支行】

年末，各项贷款余额11.28亿元，贷款日均余额10.57亿元，各项存款余额25.23亿元，存款日均余额34.33亿元，实现FTP利润870.33万元。全年累放贷款5.33亿元，累收贷款4.12亿元。发放地方储备粮油贷款5610万元，支持轮换地方储备粮4万吨，地方储备油375吨；发放粮食收购调控贷款2.04亿元，完成粮食收购工作；发放市场化购销企业粮油收购贷款100万元，进一步完善粮油信贷业务发展布局。

（农发行余姚市支行）

【宁波银行余姚支行】

截至年末，支行存款余额147.8亿元，较年初增长15.3亿元，增幅11.55%。日均存款余额149.7亿元，较上年增长24.2亿元，增幅19.28%。资产管理规模（AUM）186.3亿元，新增18.3亿元，增幅11%。贷款余额61.5亿元。总资产规模达到460亿元，在余姚地区中规模位列第4；表内外资产规模

155.6亿元，理财规模160亿元。

年内，获得余姚市级银行业金融机构综合评价A类行、余姚市银行外汇业务合规与审慎经营情况A类行、余姚市“工人先锋号”、余姚市“金融工作综合奖”等荣誉。

（郑　维）

【宁波银行余姚中心区支行】

2020年，宁波银行余姚中心区支行AUM达167.93亿元，新增量为13.61亿元。2020年末存款余额96.43亿元，存款规模列区域同业第8位，较年初增长13.43亿元，当年增量排名第7位，区域市场占有率达到5%。其中，活期化占比37%，较年初提升2个百分点，公司存款38.55亿元，占比40%。年末贷款余额46.58亿元。

余姚中心区支行获辖区内银行业金融机构2020年度综合评价A类行。同时支行获宁波市公安局颁发的“2020年度先进保卫组织”称号。

（宁波银行余姚中心区支行）

【中国邮政储蓄银行余姚市支行】

2020年，支行实现业务收入1.31亿元，同比增幅27.35%，完成全年竞赛目标的106.13%，同比增长率位列分行第2，竞赛目标完成率位列分行第3，实现利润8322.69万元，同比增幅41.63%，同比增长率位列分行第3。截至年末，支行各类存款余额120.35亿元，其中个人存款113.21亿元（邮政92.14亿元，银行21.07亿元），公司存款7.14亿元，比年初净增15.05亿元。各项贷款余额40.93亿元，比年初净增7.66亿元。2020年，支行获余姚市银行业金融机构“综合奖”。

（邮政储蓄银行余姚支行）

余姚市金融系统本外币存贷款情况表

表4

银行名称	年末存款余额（万元）	比年初增减额（万元）	年末贷款余额（万元）	比年初增减额（万元）	存贷比	新增存贷比
中国人民银行	61918	-172980	—	—	—	—
工商银行	1871274	103594	1521339	36211	81.30%	34.95%
农业银行	3033818	622872	1723944	188145	56.82%	30.21%
中国银行	1209858	408501	1063067	81531	87.87%	19.96%
建设银行	1332317	189577	1210413	244557	90.85%	129.00%
农业发展银行	21634	6475	112791	12135	521.35%	187.40%
交通银行	826011	37472	795406	63599	96.29%	169.72%
中信银行	828796	142313	825971	126640	99.66%	88.99%
光大银行	271627	15250	280120	59398	103.13%	389.48%
华夏银行	123300	-18134	99861	1348	80.99%	-7.43%
广发银行	223032	84137	294552	128583	132.07%	152.83%
平安银行	150276	96761	55854	29675	37.17%	30.67%
招商银行	172893	32862	231108	81842	133.67%	249.05%
浦发银行	521915	14047	539903	67115	103.45%	477.80%
兴业银行	142426	-36957	379895	68757	266.73%	-186.04%
民生银行	538311	244426	408107	184352	75.81%	75.42%
浙商银行	333348	135921	276122	17730	82.83%	13.04%
宁波银行	2432911	269409	1080692	101596	44.42%	37.71%
上海银行	140528	54033	264684	79562	188.35%	147.25%

续表 4

银行名称	年末存款余额（万元）	比年初增减额（万元）	年末贷款余额（万元）	比年初增减额（万元）	存贷比	新增存贷比
杭州银行	320282	985	324239	-70733	101.24%	-7179.55%
温州银行	114433	42803	157342	94902	137.50%	221.72%
泰隆银行	163571	38594	166705	27158	101.92%	70.37%
民泰银行	71259	25807	53618	16529	75.24%	64.05%
台州银行	23803	9965	40439	3219	169.89%	32.30%
临商银行	22534	-7992	34082	3198	151.25%	-40.01%
徽商银行	27785	27785	13953	13953	50.22%	50.22%
通商银行	186669	64575	246115	32648	131.85%	50.56%
稠州银行	66660	27249	32284	10926	48.43%	40.10%
恒丰银行	34393	-7612	149662	34163	435.15%	-448.78%
农商银行	4827296	730711	3305398	633867	68.47%	86.75%
村镇银行	33484	6130	60579	11323	180.92%	184.72%
邮政储蓄银行	1203996	151019	409314	76629	34.00%	50.74%
合 计	21332360	3303332	16123459	2419271	75.58%	73.24%

说明：根据不同统计口径，单家机构存款、贷款总数与合计数（全市合并数据）中的存款、贷款数不一定相等

保 险

【中国人民财产保险股份有限公司余姚中心支公司】

2020年，中国人民财产保险股份有限公司余姚中心支公司实现保费收入6.23亿元，增速5.10%，保费增量3022万元，市场增量占比37.09%；当年市场份额为39.85%；车险增速5.59%，非车险增速4.01%。全年向地方财政上缴税款5501万元。

年内，持续拓展创新工作，电梯“保险+服务”列入全市民生十大实事。开发落地复工防疫保险、叶菜类指数保险、畜禽饲料成本期货价格保险、南美白对虾指数保险、西兰花价格指数保险和草莓种植保险。继续发挥民生保险保障，推出农村助房保险和城镇房屋建筑外墙保险。在抗击新冠肺炎疫情中，公司在城乡小额贷款保证保险、建工险、出口信贷等项目产品上累计优惠保费100余万元，面向群众推广法定传染病保险，向街道社区相关行业捐赠抗疫物资，并发动员工积极参与志愿者抗疫。公司被评为余姚市突出贡献企业、宁波市金融系统青年文明号。

（郑 超）

【中国人寿保险股份有限公司余姚市支公司】

2020年，公司实现股份保费收入1.60亿元，同比增长8.04%。寿险首年保费收入4527.21万元，同比增长25.33%，其中首年期交保费收入2666.82万元，同比增长33.77%；短期保费收入1860.39万元，同比增长14.94%；续期保费收入1.15亿元。短期赔付率84.74%，同比增长19.49%。

（人寿保险余姚支公司）

【中国太平洋财产保险股份有限公司余姚支公司】

2020年，中国太平洋财产保险股份有限公司余姚支公司实现保费收入3.51亿元，同比增长5.03%，其中车险保费收入2.27亿元，非车险保费收入1.11亿元，累计赔款支出1.72亿元，市场份额22.5%。

年内，公司主动承担社会责任，全力以赴打赢打好疫情防控阻击战，为市舜通集团在交通枢纽执行接驳任务的突击

队员购买新冠肺炎风险保障。推出抗疫惠企政策，助力复工复产，为625家企业降费390万元，为十多家企业免费延长保险期限，为330家企业承保政策性小微企业复工防疫保险。

（太平洋财产保险余姚支公司）

【中国太平洋人寿保险股份有限公司余姚支公司】

2020年，中国太平洋人寿保险股份有限公司余姚支公司完成总保费2.35亿元，其中个人营销20238.31万元，团体业务3239.62万元，银行代理10.45万元；短险赔款支出2135.23万元，死伤医给付金额828.59万元，满期给付513.19万元，年金给付2041.72万元，承保余姚市城乡居民大病医疗保险2741万元，承办余姚市基本医保经办服务和工伤调查服务。

（太平洋寿险余姚支公司）

发展与改革

【概况】

2020年以来，市发改局深入落实上级各项决策部署，坚决贯彻新发展理念，坚持稳中求进工作总基调，以高质量发展为引领，以争当浙江建设“重要窗口”模范生的排头兵为目标，全面做好“六稳”工作、落实“六保”任务，争先创优、真抓实干，积极应对新冠疫情影响，努力促进经济社会稳中向好发展，“两手硬、两战赢”取得重大战略成果，实现“十三五”圆满收官。2020年，市发改局被宁波市委、市政府评为“六争攻坚”先进集体。

2020年，全市实现地区生产总值1220.72亿元，增长5.1%，增速居宁波各县（市、区）第一位。其中，第一产业实现增加值50.19亿元，增长0.7%；第二产业实现增加值701.46亿元，增长5.3%；第三产业实现增加值469.07亿元，增长5.2%。三次产业之比为4.1∶57.5∶38.4。一般公共预算收入114.2亿元，增长6.5%；规模以上工业增加值471.51亿元，增长9%；固定资产投资304亿元，增长6.5%；社会消费品零售总额397.42亿元，下降2.4%；自营进出口总额、自营出口总额占宁波全市份额高于上年；研究与试验发展经费占地区生产总值比重3.15%。

年内，复工复产推进有力。切实负起市“三复办”的工作职责，抽调人员组成工作专班，起草出台各类复工复产文件十余份，协助解决企业复工难题千余件，有力促进全市企业和项目的复工复产，成为省、宁波市最早实现全复工的县（市、区）之一，“三复”工作组评为宁波、余姚两级“战疫”先锋团队，获宁波市抗击新冠肺炎疫情先进集体。

经济监测运行有力。加强经济运行分析调度，每月召开“双底线”指标及MEI指数监测会议，精准提出月度目标建议，有力助推全市经济较快发展，全年地区生产总值增速达5.1%，位居宁波第1；“双底线”亮灯16绿5红，位居宁波第2。全国百强县（市）排名由12位上升到10位。“十四五”规划编制有力。高质量完成“十四五”规划基本思路，形成“十四五”规划和2035年愿景目标纲要。并根据全市发展实际，构建1个发展规划+6个区域规划+25个重点专项规划的“十四五”规划体系。

推动投资及项目建设有力。组织开展“项目争速、投资争先”专项行动，健全项目“红黄绿”监测预警机制，每月对项目进展情况进行通报，切实营造投资争速氛围，有力推进项目建设。全年完成固定资产投资304亿元，同比增长6.5%。

推动改革引领有力。积极推进企业投资项目“最多80天”改革，优化“标准地+承诺制”改革，细化营商环境评价工作，营商环境全面提升，位居营商环境百强县第5位。推动脱贫攻坚有力。创新实施党建扶贫，全力助推挂牌督战贫困村摘帽脱贫，并获得国务院扶贫办主任刘永富的批示肯定。做优做强产业合作与消费扶贫，2020年，实现了对口支援地区如期实现脱贫攻坚，余姚市打通山海协作与东西部扶贫协作新机制被评为宁波市改革创新最佳实践案例。

【强化投资和项目管理】

提前排摸梳理2021年度项目，编制市财政及PPP模式融资的2000万元及以上政府性投资建设项目计划、50万（含）～2000万元（不含）政府投资项目计划、重点建设项目计划、2000万元及以上政府投资前期项目计划、重点前期项目计划、乡镇长（街道办事处主任）项目计划。对全市重大项目进行梳理、解难，开展“六个清零”专项行动和项目难题协调推进会。组织开展好重大项目集中开工仪式，共61个项目参加省、宁波、余姚的集中开工仪式，会同市委目标管理考核领导小组办公室出台《2020年余姚市有限投资目标管理考核实施细则》，重点工程进度按月进行统计，并根据季度完成情况制作红绿灯进行展示。

【深化行政审批制度改革】

积极推进企业投资项目“最多80天”改革，牵头开展审批事项“全程网办”，投资管理事项100%，通过3.0平台进行网上申报，100%通过3.0平台进行网上审批。积极探索政府投资项目不见面审批改革，实现了投资项目会议由“线下开”到“线上办”的转变。

【强化社会信用体系建设】

积极做好信用修复服务工作，为12家企业实施信用中国、信用浙江、信用宁波等各级平台的信用修复工作。推进信用应用业务协同工作，配置12个部门、154个事项。完善“金融超市”信用应用场景，接入32家银行机构、7家保险机构、2家证券机构、2家基金机构、1家担保机构，平台上线面向中小微企业的信贷产品和担保产品共77件。

（市发改局）

公共资源交易

【概况】

2020年，市公共资源交易市级平台共完成583项工程招标任务，涉及预算金额67.94亿元，成交金额62.85亿元，节减资金5.09亿元，节减率7.53%，与上年同期相比较，项目数增加43.60%，预算金额增加118.25%，成交金额增加117.09%。完成政府采购任务10328项，涉及财政批准预算金额10.37亿元，成交金额9.92亿元，节减资金0.46亿元，节减率4.42%，与上年同期相比较，项目数增加242.90%，预算金额和成交金额增加86.51%、93.37%。完成国有产权交易84项，成交价4.25亿元，溢价3505.88万元，与上年同期相比较，成交数量下降1.18%，成交价增加62.84%。完成农村产权交易104项，成交价4352.44万元，溢价476.83万元；与上年同期相比较，成交数量上升173.68%，成交价增加292.60%。

2020年，市公共资源交管办结合疫情防控要求，精准站位，数字赋能，助力疫情防控与复工复产“两手抓”。首次对丈亭镇丈亭村沈家原自攻厂厂房出租项目实行农村产权网上竞价系统线上交易，对牟山镇牟山村运河沿路南侧、牟山江东侧地块使用权出让项目实施首宗农村集体经营性建设用地经营权在农村产权“超市”上转让。全面实现政府采购、工程建设招投标全流程电子化，普及率为全省第1、全国前列。市公共资源交管办为招标人办理“容缺受理”项目65件，有效提升工程建设项目和重大民生项目的效率和效益。实施工程建设项目集中监管，做好与住建、交通、水利、发改等单位的行政委托解约及印章交回工作。会同财政、国土、农业农村、国资等主管部门，建立健全全市公共资源交易共同监管体制机制。加强行政执法力度，强化部门联合监管执法，认真贯彻执行“黑名单”管理。综合治理工程建设领域“资质挂靠、转包、违法分包”等行为，对违法行为实行履约保证金扣除制度。健全信用体系建设，完善公共资源交易信用信息管理、共享、运用等制度，强化各类市场主体信用信息的公开和运用。继续开展“一项目一考评”，对违法乱纪的招标代理机构和评审人员按照规定严格处理。市公共资源交易中心获宁波市招投标协会2020年度“先进单位”称号。

开展公平竞争审查清理，对涉及公平竞争的内部政策性文件开展清理，印发《关于废止〈关于加强外来施工企业进姚承接业务管理的通知〉等12只文件的通知》。根据国家发改委精神、宁波交管办要求，扎实开展专项整治工作，取消招标示范评标办法中违背上级文件规定的本地办公场所、税收、特定的荣誉奖项作为投标条件和加分条件，同时取消《余姚市房屋建筑和市政基础设施工程示范评标办法》等文件，消除招投标过程中各类不合理限制和壁垒，维护公平竞争的市场秩序。

贯彻落实《宁波市公共资源交易管理条例》，出台《余姚市国有产权交易管理办法》，会同市农业农村局出台《余姚市农村产权交易管理办法（试行）》和《余姚市农村产权交易操作指南》两个办法，印发《关于公布余姚市2020年度政府集中采购目录及采购限额标准的通知》等文件，完成《余姚市小额工程建设项目交易管理办法（试行）》等文件意见征求工作，并进一步修改完善，以政策性文件为指导，规范办事程序，确保工作落实到位。

【“农村产权超市”系统上线】

年内，市公共资源交管办按照市委、市政府“加快构建新型农村产权超市，推进农村产权等相关要素高效流通”的工作要求，出台《加快推进农村产权流转交易体系规范化建设实施方案》，推进“农村产权超市”建设，上线试运行农村产权交易系统。首笔线上交易，起始价110万元，成交价191万元，溢价81万元，溢价率73.64%，创全市近年来农村集体资产出租类项目溢价率新高。3—12月，共完成农村产权交易104项，成交价0.44亿元，交易量超过前两年之和。

【投标保证金改革】

年内，全面取消政府采购投标保证金，将工程建设项目保证金缴纳额度从80万元降至50万元，实行建筑企业投标保证金“包年”制度，推广工程建设项目电子保险保函、银行保函等特色创新服务，完善《余姚市公共资源交易平台投标（交易）保证金统一收退管理规定》，采用“人工＋系统”双保险退还机制，确保精准退还，简化交易流程，提升工程建设项目和重大民生项目的效益和效率。

【全流程电子化招投标全面推行】

年内，市公共资源交管办政府采购线全面推行招投标全流程电子化。此后，投标人不用制作纸质标书，只需要在规定的时间节点登录系统，在线获取招标文件，制作并递交投标文件。通过政采云平台，投标人可在线参与开标，同时远程解密投标文件，在线询标以及查看投标结果，评标时还可以自动汇总评标结果、自动生成评标报告，大幅减轻评标专家工作量，提高评标效率。评标过程全程留痕，可以有效规范专家评分行为，提高评标公正性。

【行政事业单位内部控制管理业务培训举办】

10月27日，市公共资源交管办联合南雷大厦内宁波市住房公积金管理中心余姚分中心、市医疗保障局、市大数据发展管理局、市文化和广电旅游体育局、市四明山旅游度假区管委会、市科学技术局全体职工参加行政事业单位内部控制管理业务培训。培训会邀请浙江天平会计师事务所宁波分所副所长、高级会计师马伯钱授课。马伯钱从行政事业单位内部控制的定义、范围、目标、主体、规范依据、建设过程等多个方面进行讲解，强调制度安排，重点阐释《行政事业单位内部控制规范》相关内容，突出“如何在约束的基础上体现对人的激励”这一关键点，并结合典型案例分析。

【《宁波市公共资源交易管理条例》培训会举办】

11月5日，市公共资源交管办举办《宁波市公共资源交易管理条例》培训会，邀请宁波市公共资源交易管理办公室副主任、条例主要起草人曹剑波授课辅导，各乡镇街道、市直有关部门和有关单位、公共资源交易中介机构共160余人参加培训。曹剑波从条例的起草背景、重大意义、创新亮点等方面进行解读，重点阐释“集中监管和共同监管相结合的监管体制”这一要点，结合宁波特色和余姚实际，与国内其他3种交易监管体制比较分析，并就条例具体条款进行政策解读。

（汪航行）

国有资产管理

【概况】

2020年，全市国有及国有控股企业资产总额达到1824亿元，净资产达到590亿元，均比上年有不同程度增长；实现营业收入117.63亿元，首次突破100亿元大关，同比增长76.32%，居宁波各县（市、区）前列；利润总额6.2亿元。国资国企继续保持运行平稳、质态提升、趋势向好的积极态势。

年内，围绕市委、市政府中心工作和重点任务，在城市建设、片区开发重点攻坚项目、科技创新推动发展、促进民生保障、疫情防控帮扶企业等方面，切实发挥国资国企的引领担当作用。特别是针对中小企业在疫情防控期间面临的资金困境，出台租金减免政策，对全市承租国有资产类经营用房的2964户中小企业免收3个月房租，合计减免租金2259.70万元。

着手修订完善并出台《余姚市企业国有资产管理办法》，为全市国资国企有效监管提供更加合理的政策依据。在国有资产地理信息系统一期上线运行的基础上，继续推进全市国资监管系统建设，并于年底上线试点运行，提升全市国有资产的可视化、动态化和精准化管理水平。

积极试水国有资产资本化运作，通过舜通集团出资6亿元资金，成功收购上市公司镇海股份。市国资办成为镇海股份实际控制人。

继续深入开展国有资产清理盘活，继续稳步推进国有资产权证补办和资产处置。全年共办理国有资产权证58件，公开拍卖房屋193处，累计金额1.79亿元。同时加快推进清理盘活后的资产注入，主动委托第三方对涉及前湾新区的土地资产价值进行评估核定。

优化结构推进市场化转型。按照中央、省、市关于深化国有企业改革的意见精神，扎实推进优化整合，划归组建全市第二个国有企业出资平台——余姚市金瑞资产经营有限公司。同时，继中意生态园控股集团、舜通集团、舜建集团、舜农集团4家市属融资平台公司完成市场化转型后，完成经济开发区、工业园区、高铁新城和部分乡镇企业共计20家平台公司的市场化转型工作，转型率达到60%。

各直属企业积极拓展经营板块，推进房地产开发、能源等相关产业的混改项目。舜建集团与宁波开投集团合作推进阳明古镇项目的开发和建设，其中府前路休闲街于10月31日开街。舜通集团成立合资公司开发“舜通出行”App项目，完成基础设施建设和App的公交模块开发，并面向全市推广。

【收购上市公司镇海股份】

2月10日，上市公司镇海石化工程股份有限公司董监高等97名自然人将其持有的1999.32万股公司股份（占上市公司股本总额的11.48%）协议转让给余姚国企宁波舜通集团有限公司。4月17日，镇海股份发布公告，舜建集团与舜通集团结为一致行动人。公司控股股东变更为舜通集团及其一致行动人（舜通集团和舜建集团合计持有镇海股份股本的26.92%），实际控制人变更为余姚市国有资产管理办公室。至此，余姚国资成功收购镇海股份，成为全国县（市、区）级首家收购上市公司的国资管理机构。

（吕　芳）

国有企业

【舜建集团】

2020年，宁波舜建集团紧紧围绕全市“改革创新年、执行落实年”工作要求，认真贯彻落实上级关于新冠肺炎疫情防控决策部署，做到疫情防控和复工复产双统筹、两不误，在做强做优原有主业的基础上，推动企业转型提速、融资管理提升、资产盘活提效、民生保障提质，布局形成城建、土地开发、水务、能源、停车产业管理、科技信息六大业务板块，下属企业拓展至40家，托管公司1家。截至年底，集团公司合并总资产420亿元，同比增长2.69%；资产负债率62%，较上一年度下降4个百分点。

年内，舜建集团培育和拓展业务板块，营造新的增长点，企业发展在市场化转型中不断壮大。着力稳步推进新全资子公司业务发展，余姚市景邑停车产业有限公司积极整合停车资源，谋划停车场专项债发行，改造完成中心城区智能停车位4694个，分批推进道路停车泊位收费运营，完成“余姚停车”平台接入“甬城泊车”平台，实现车主信息和逃费处罚机制共享；宁波智邦市政工程有限公司实施集团下属公司工程项目代建和主材集中采供业务。积极探索推进混合所有制改革，余姚开投蓝城建设开发有限公司“阳明古镇”项目府前路休闲街于10月31日开街；老余姚中学地块（明庐）项目销售签约金额达11.98亿元；武胜门文化街区启动征收；山后新村地块于10月28日被摘地，拟置入“姚江书院”项目。宁波市景胜城市综合物业服务有限公司承接智慧停车运维服务，余姚税务局、姚洲检测公司等办公大楼物业管理，梨洲街道平原村道路保洁等项目。能源板块合资公司发挥各自优势，提升行业竞争力。其中，余姚申燃能源有限公司至年底预计销售收入3.14亿元，售气量1.74亿立方米，并实施昊阳气化站建设；浙江华通能源有限公司拟签订框架协议；宁波喜威清洁能源有限公司启动气化站设计方案编制；同时加快与13家注入性企业融合发展，进一步做大营收，做大资产规模。

年内，舜建集团盘活存量，推进重大招商项目，做好权证补办、土地改性等工作，加快资金回笼。通过土地出让、公开拍卖、拆迁安置等方式，加快存量处置，共计出让土地15.66公顷（其中“西南组团”2.76公顷、南雷南路两侧土地12.90公顷），成交金额18.61亿元；处置存量房屋366套，面积3.61万平方米，实现拍卖收入1亿元，结算回收安置房款收入9亿元。积极谋划土地收储开发战略，整体开发黄山公园周边地块，做好高标准城市设计，并启动一期征迁；积极谋划永丰村、明伟村地块“一二三级”联动开发；并继续做好“阳明古镇”“绿地科创中心”等重大招商项目，通过加快区块开发，积极招商引资，助力城市品质提升。同时，完成府前路商业街9户、阳明东路店铺、涧阁山庄等处权证补办；继续做好玉皇山周边、子陵路116号等土地改性前期工作。

此外，舜建集团加快科技信息板块项目落地，出资参股宁波一再生金公司、余姚公共信息服务公司，参与全市餐厨（厨余）垃圾、“市民云”“城市大脑余姚分平台建设”等项目，实现产业链不断向外沿拓展、向纵深发展。

（黄　珊）

【舜通集团】

2020年，宁波舜通集团完成融资40.62亿元，比上年增加127.34%；完成投资18.92亿元，比上年增加130.17%；实现营收21.44亿元，比上年增加189.24%；实现利润1.3亿元，比上年增加13.04%，企业主体信用等级提升至AA+，顺利从组建阶段全面进入转型发展的新阶段。截至年底，集团共有下属子公司35家，合并总资产255.31亿元，净资产93.55亿元，资产负债率63.36%。年内，集团公司被宁波市政府评为重点工程优秀集体，被市人大评为代表建议办理先进集体，市公交公司被评为宁波市疫情防控先进集体，张满理等职工被评为宁波市战“疫”先进个人，周旭芳被评为余姚市劳动模范。

年内，撤销余姚市城乡公共交通有限公司和余姚市公共交通有限公司，整合重组成立余姚市公共交通有限公司。剥离公交企业的公交站场和候车亭管理职能，把公交企业的该项职能和市城乡公交公司站场分公司、市公交公司站场后勤保障科和其他站场管理人员，划归原余姚市大中交通运输有限公司，公司重组更名为余姚市舜通客运站场经营有限公司，实现公交站运分离。1134名职工的劳动关系或岗位调整平稳完成。

面对新冠肺炎疫情，舜通集团成立疫情防控领导小组及党员突击队，先后组织集团本部干部职工参加朗霞街道、河姆渡镇和杭甬高速余姚北进出卡口测温检查。组织各下属公司转运疫情高风险地区到余姚人员2393人次。其中，原市城乡公交公司在余姚高铁北站、火车站每日安排公交专班10辆，转运人员1293人次；原市大中公司成立由12辆出租车组成的疫情防控应急车队，在余姚高铁站、火车站、宁波南站、杭州湾等地累计转运人员1100人次，累计行程约30万千米。市公运公司在宁波高铁站、机场等站场承担重点疫区人员专线转运任务，共发车116辆次；组织旅游包车到全国各地接回返回余姚农民工，发车144辆次，遍及13个省市，累计行程35万余千米，安全接回76家企业的返岗员工3000余人。集团准确把控公交、班线客车减班减线和停运复运时间，及时启动在建工程复工复产，G228古乍线（黄箭山至姚东大桥）改建工程在全市率先实现复工。

2020年，市政府下达由舜通集团投资建设的交通建设项目共6个（续建项目4个，新建项目2个），总投资27.31亿元，计划完成投资4.72亿元，实际完成投资7.48亿元。其中，G228古乍线（黄箭山至姚东大桥）改建工程提前4个月完工通车；余梁公路北延工程（规划省道S206）世南西路至甬余线段的两个关键节点工程——罗家渡大桥于12月18日正式合龙，萧甬铁路下框架桥箱涵于12月21日顶进到位，为工程全线完工通车奠定坚实基础；余慈城际快速通道（K0+000～K0+354）新建工程基本完工；委托梁弄镇实施的浒溪线横坎头至大岭顶公路改建工程完工；余梁公路北延绿化工程一期（谭家岭西路至世南西路段）按期开工和完工；规划S309荷梁线余姚段提升改造工程一期（晓云村至斤岭下村段）于12月27日开工。

年内，舜通集团全力推进剑江区块开发，会同凤山街道完成剑江村周边区块棚户区改造项目拆迁清零，推进严家道地等三地块棚户区改造项目。其中，严家道地地块完成拆迁户签约3户，累计完成签约132户（共135户），拆除建筑面积53440.93平方米；楼屋跟铁路北地块完成拆迁户签约2户，累计完成签约86户（共88户），拆除建筑面积约39096.38平方米；下木桥北地块主房完成清零，累计完成拆迁户签约92户，拆除建筑面积56318.42平方米。按照EOD（教育设施导向）模式，投资建设的区块配套项目——舜通集团城东校区（北师大余姚学校）建设工程12月30日开工。成功挂牌出让区块内的住宅用地两块共8.67公顷，出让价格19.7亿元。

年内，舜通集团成功收购

控股上市公司——镇海石化工程股份有限公司，完成董事会改选，集团公司董事长兼任上市公司董事长。编制完成宁波西内陆港（物流产业集聚区）发展规划建议，并列入宁波和余姚“十四五”经济社会发展规划。完成余姚东港区码头工程中期验收和物流基础设施项目用地推拍摘牌和方案设计。下属合资公司完成世南西路站、康山站、笙竹站（夏巷）3个综合供能服务站用地摘牌及滨海产业园区站等3个服务站土建工程。下属余姚市通途建材有限公司实现货物贸易销售6.97亿元，与4家民营企业合资成立宁波舜通新材料科技有限公司，投资环保型沥青拌合楼并取得项目用地。下属余姚市新世纪交通房产有限公司投资开发的丰杨河安置房（部分商住）建设项目于7月31日开工。下属余姚市公路运输有限公司成立市场经营科，购置10辆县级旅游包车，承接“万人游余姚”活动用车，中标2020—2021年度公务出行用车，全年完成客运量8.2万人次，实现营业收入2363.51万元。下属余姚市交通汽车维修有限公司全年完成公交车辆维修25771台次，抛锚救济774台次，全年实现营收2043.18万元。

（倪红微）

【阳明文旅集团】

2020年，市阳明文化旅游集团以“创新实干年”为抓手，聚焦强党建引领，聚焦拓市场增量，聚焦抓创新活力，聚焦优产业布局，聚焦强治理质量，致力实施文旅产品与服务创新行动计划，四季社群营销为突破口的整合营销行动计划，消费新场景、新活动、新体验行动计划，文旅产业资产做大做强创造AA基础行动计划，文旅集团与金融机构战略合作行动计划，文旅产业板块区块招引开发行动计划“六大行动”计划，克服疫情带来的严重影响，不断夯实市场化国有资本投资运营集团基础，加快推进集团高质量发展走在前列。

集团与四川新希望股份公司合股设立新阳文化旅游发展公司注册资本950万元。代表市政府出资方投入市公共文化中心项目公司市晟旻文化有限公司注册资金的10%，计1486.52万元。集团新批设宁波阳明旅行社有限公司，注册资本100万元。横坎头旅游开发公司减资到50万元，集团占股60.8%。集团各类工程项目支出约12000万元。其中集团出资1000万元由梁弄镇建设的浙东红村风貌协调区提升工程完工，集团实施的红村风貌协调区内民宿四明翠竹山舍改建完成。

集团在保障融资安全基础上，合理调整融资结构与渠道，全年转贷12.48亿元、新增9.36亿元，综合融资成本下降1%左右。

集团出资561万元委托中国文化遗产研究院编制《河姆渡国家级考古遗址公园规划》。天下玉苑景区整体招商接洽23批次。“希望的田野”横坎头田园综合体项目青少年营地与初新农庄建设开工。《浙东红村横坎头景区专项规划》游客服务中心（浙东红村旅游综合体）项目1.6公顷土地摘牌。出资800万元创建河姆渡遗址博物馆AAAA级景区并运营。鹿亭乡中村景区20年经营权转让给集团并成功创建为AAA级景区。

投资约1900万元完成新四军浙东游击纵队政治部旧址的修缮与布展工程。投资约4000万元的横坎头乡村旅游综合体二期工程建成。投资约400万元的市游客服务中心改建工程完成并投运，助力全市创建为省全域旅游示范市。集团旗下紫溪原舍酒店经整体亮化工程、音乐喷泉、亭榭新建等改造提升通过公开招拍由青藤集团承包运营，推广名为余姚紫溪原舍墨憩度假酒店。天下玉苑国家AAAA级旅游景区整改提升工程完成，具备重新开园条件。

集团相继组织开展“春潮行动”、“相逢余姚　遇见红火”2020年余姚文化旅游嘉年华活动，与浙江旅游职业学院签订产教融合战略合作协议，浙东（四明山）抗日根据地旧址群景区成为省“浙里红”红色教育基地、首批省青少年红色基因传承基地、省职工疗休养基地，并纳入2020年宁波市首批研学精品线路。新四军浙东游击纵队司令部旧址入选国家级抗战纪念设施、遗址名录。集团全年实现营业收入2.43亿元，同比增长49.08%；资产总额达到57.58亿元，同比增长19.24%；资产负债率66.76%。

6月13日，“相逢余姚 遇见红火”2020年余姚文化旅游嘉年华开幕式暨“美丽中国”全国融媒聚焦“阳明文旅”摄影采访采风活动开镜仪式在四明湖开元山庄开幕。此次文化旅游嘉年华活动形式多样、亮点纷呈，通过多节点主题活动，配以全年高频率、多渠道、全媒体的推广宣传，以文促旅、以旅彰文，唱响余姚全域旅游“四季歌”，打造余姚文化旅游金名片。在此期间，“越来越红火”主题IP推出全新系列产品，推动并助力红色文化的提升和发展。

（宣　婧）

【舜工集团】

2020年7月，宁波舜工集团有限公司由宁波舜工实业投资有限公司更名，并对余姚市工业（中小企业）投资发展有限公司、余姚市中小企业融资担保有限公司、余姚富舜集成电路股权投资有限公司3家企业实行股权变更，整合成为舜工集团下属全资子公司。截至12月底，舜工集团总资产16.71亿元，净资产5.64亿元，资产负债率66.3%，实现资产覆盖债务、收益覆盖利息总体运营目标，各项经营业务完全进入良性循环。

2020年，集团公司紧紧围绕市委、市政府中心工作任务，认真分析研判疫情防控期间对全市中小微企业造成融资困难等实际问题，理清思路、突出重点，切实找准工作切入点和突破口，审慎筛选优质项目开展投资业务，积极推行“微担通”“总对总”等纾困惠企融担业务，助力全市广大中小微企业复工复产。全年，中小投资公司新增投资企业2个，投资额1.04亿元，年末在投企业22家，余额3.79亿元，比上年同期增长33.64%；中小担保公司融担业务大幅上升，当年新增担保929笔，金额13.56亿元，年末在保639笔，余额13.42亿元，比上年同期增长136.10%，超额完成宁波下达的担保余额10亿元的目标任务。此外，由集团受托管理的转贷互助基金共为市域内95家次企业办理转贷业务193笔，累计转贷业务量21.89亿元，为保障全市中小企业资金链安全实现稳定发展作出积极努力。

建立健全各项制度。集团公司在2020年度深入开展“制度建设年”活动，认真制定“三重一大”事项决策制度、董事会议事规则，以及固定资产管理、财务管理、合同管理、法务审计、薪酬管理等一系列现代化企业管理制度20余个。并切实抓好具体贯彻执行，初步建立按制度办事、靠制度管人、用制度规范行为的长效管理机制，杜绝国有资产损失风险，努力把集团公司打造成为经营管理职责明确、流程清晰、运行高效的现代化企业。

做优做强公司主业。在做优做强主业方面，集团公司积极推出融担创新业务。与余姚农村商业银行合作开展“总对总”批量担保业务新型模式，完成微担通业务8.37亿元，在保责任余额规模在宁波各县（市、区）政策性融资担保公司中位居第一。并与交通银行余姚支行开展自主保证业务合作签约，进一步拓宽新业务渠道。努力实施纾困惠企举措。通过实行“微担通”免收担保费、减免20%转贷资金使用费、国有资产经营用房租金减免等一系列纾困惠企举措，助力全市中小微企业复工复产，全年共计减免企业费用1981.27万元。不断拓展业务外延范围。中小担保公司积极推进宁波市公共资源交易平台工程建设领域投标保证金融资担保承包人入围项目，于9月取得宁波市公共资源交易平台工程建设领域投标保证金融资担保承保人资格。审慎优选投资业务项目。中小投资公司全年在投产业基金9只，金额3.47亿元，同比增长40.49%，基金投资收益1121.67万元，其中证券基金收益1083.97万元，股权基金投资50余家企业，已有容百科技、泽璟制药、奥莱德等6家企业成功上市。

扎实开展疫情防控。集团公司在新冠肺炎疫情防控期间，根据市委、市政府统一部署，抽调公司精干力量，组建工作小分队，负责经济开发区、凤山街道、朗霞街道3个区域的批准提前复工的企业的现场防疫督查。随后，组建2个市工业企业复工查验工作小组，对申报复工的企业进行现场督查，指导企业进一步落实各项防控措施，实地检查企业共125家次。

确保国有资产安全。集团公司切实抓好固定资产清理和核查登记工作，全面开展资产安全性排查，认真落实安全、有效的管护措施。妥善处置历史遗留问题，扎实做好铁合金厂地块征收（拆迁）补偿及人和镀厂清算注销工作，进一步夯实国有资产管理。

（张　丹）

【舜农集团】

2020年，舜农集团继续紧紧围绕“做大资产、做强主业、做大市场、做响品牌”的经营思路，坚持以市场化和实体化运作为导向，聚焦农业、水利主责主业，积极构建多元发展新格局，在努力承担好市委、市政府各类专项任务的同时，集团经营管理各项工作取得新成效。

截至2020年年底，集团总资产240.45亿元，净资产106.76亿元，资产负债率55.60%，融资敞口余额较2019年底下降2.71亿元。集团在持续几年高强度公益性项目投资的背景下，首次实现债务规模缩减。集团在职职工30人，内设职能部门由上年度的6个增设到8个，新增法务审计部，撤销资产运行开发管理部，增设投资发展部、资产管理部。集团有一级子公司9家，其中，年内新组建余姚市农德贸易有限公司。

集团全力克服新冠肺炎疫情影响，把推进重点项目摆在中心位置来抓，全年为20余个水利工程项目提供资金保障服务，委托在建工程招标总资金额度为56.69亿元，年内共拨付各类工程款项约16.75亿元。自行实施项目牢固树立“建精品、树标杆”的管理理念，在保证疫情防控和安全生产前提下有序推进项目建设。其中，湖北北块耕地垦造与土地改良一体化项目，开发总面积356.81公顷，新增耕地面积314.65公顷，投资总额约1.4亿元，通过运用降盐培肥处理等手段，将荒芜的海涂变成阡陌纵横的良田沃土。切实发挥国有企业作为经济社会发展的“稳定器”和“压舱石”作用。

年内，集团通过权证补办、精细管理等手段，有效盘活土地等资产。大隐双溪口地块制定分块出让方案确保土地价值最大化，与多家房地产开发企业洽谈对接，同时根据天下玉苑转让情况适时推出土地；白山头菜场地块完成出让工作；白山头蛇山北侧地块及东朝街清零地块作为白山头区块整体改造工程的剩余土地，在扎实做好前期调查与预评估的基础上，主动与梨洲街道对接，力争早日实现沿江地块清零工作。蜀山大闸周边土地历史遗留问题基本处理完毕，为下一步土地顺利出让创造有利条件。

舜农集团立足“农口线”国企的角色定位，发挥余姚市域资源禀赋和特色优势，紧紧围绕“农”字做文章，大力拓展经营板块，构建市场化转型发展新格局。原水经营板块组建农丰水资源开发有限公司，初步形成原水经营运作方案，就体制和水费收支模式调整、相关单位职能分工等问题基本达成一致意见，为下一步农丰公司实体化运作打好基础；农资农产品经营板块与市农业农村局、市供销社筹划搭建余姚市域内统一的线上线下农产品展示交易平台，依托“美丽四明山”智慧农旅平台，积极借助互联网线上销售优势，做大做响“四明臻货”品牌，农投公司下属花木、种子等公司2020年销售收入突破千万元；海涂经营业务步入实体化运作轨道，在前期土地测绘评估的基础上，集团与市水利局、中意宁波生态园管委会明确移交土地面积，同时与海塘管理所严格规范租赁发包程序，进一步提高资产运营效率，确保国有资产保值增值。

（谢 竞）

自然资源管理

【概况】

2020年，市资规局全面履行“两统一、六方面”职责，唯实惟先，创新破难，为余姚高质量发展提供了充足的要素保障。

保障建设用地。全年完成8个计划批次、1个梁弄镇高南村坡地村镇批次和1个舜宇单独选址项目的用地报批工作，共报批总面积174.53公顷，新增建设用地167.93公顷（农用地77.6公顷、耕地72.67公顷）。保障中意宁波生态园、光电小镇、余姚人才创业园等重点产业平台用地，以及黄家埠、阳明、兰江、陆埠、牟山及河姆渡等小微园区项目用地。全年公开出让土地119宗，面积299.14公顷，成交金额142.77亿元。其中经营性用地55宗，面积138.07公顷，成交金额128.23亿元；工业用地64宗，面积161.07公顷，成交金额14.54亿元。全年完成具体建设项目供地470宗，土地出让收入（含划拨价款）153.2亿元。积极推进“批而未供、供而未用”土地的消化利用，全年消化批而未供土地460.13公顷，盘活存量建设用地169.07公顷，完成城镇低效用地再开发244.13公顷，消化供而未用土地194.13公顷，全面完成部增存挂钩、宁波市三年行动计划的各项考核任务，成功创建2019年度省级国土资源节约集约模范县（市、区）。用好疫情政策，疫情防控期间经市政府批准缓交出让金7宗，金额3.32亿元。减免承租储备土地的中小微企业2个月租金1宗，金额31.14万元，延长开竣工期限98宗。全面落实土地利用动态巡查制度，强化批后监管。修订完善《开工竣工管理的操作办法》。全年累计开展开竣工督促147份，开展闲置土地调查28个地块。

耕地保护。出台《余姚市耕地保护责任目标考核办法与评分标准》文件，签订耕地和永久基本农田保护目标管理责任书。落实耕地有偿保护资金，2019年度耕地保护补偿资金3286万元全部发放到位。做好设施农用地备案，共备案设施农用地32宗，面积共41.36公顷，其中生产设施用地7宗，面积37.40公顷；配套设施用地16宗，面积1.56公顷；附属设施用地9宗，面积2.40公顷。扎实推进表土剥离，共受理表土剥离项目165个，面积319.46公顷，验收合格的表土剥离项目18个，面积76.76公顷，剥离土方量172927立方米。

不动产登记。不断提升不动产登记便民利民服务水平，采用系统联动、部门协同、线上线下互动、精简材料等方式方法，窗口的部分业务进行再提速，二手房转移登记压缩至1小时办结，一般商品房（除批量业务外）转移登记、国有建设用地使用权首次登记办理时限从原来的2个工作日缩短至1个工作日，材料压缩至4件以内，群众办理环节压减至1个。全大市率先探索开展不动产非公证继承转移登记。采取政府购买服务公证处提前介入的模式，将办结的期限压缩至60个工作日，工作效率提升48%。打通与法院相关业务数据共享的“最后一公里”，实现不动产查解封登记进法院并实现“零次跑”。深化“互联网+不动产登记”，助推政务服务数字化转型，引入人脸识别功能，提高身份信息核验准确性，降低登记风险。全年共受理各类不动产登记事项115720件，办结114532件，发出不动产权证书50587本、证明27191份，查档40640件，查封820件，解封925件，交易、契税、登记联合办件共21426件，抵押登记融资金额928亿元。不动产登记服务中心窗口获得省“便民利民服务成绩突出集体”称号。

土地执法监察。不断加强日常执法力度，开展各类专项整治行动，依法化解争议纠纷。全年共查处非法开采案件51起，收缴罚没款共计110.68万元；共查处土地违法案件102起，涉案土地面积24.66公顷，罚没款622.69万元。土地、矿产违法案件立案查处数量相比上年减少48%。开展“亮剑2020”、“三违”清剿专项行动，重点参与清剿非法占用集体土地（除农村宅基地外）影响公共安全的建筑物和逾期临时用地影响公共安全的建筑物。全市共排查出违法用地12宗，涉及土地面积5421平方米，其中耕地1873平方米，全部完成整改。落实局领导每日接访、局领导包案等信访工作制度，全年共登记自然资源和规划信访378件，其中受理群众来访95批、196人次，办结率99%。全年共办理行政复议案件11件，较上年同期下降21.4%，无败复案件，共办理诉讼案件53件，败诉1件。

【地理与测绘信息】

年内，开展地图市场检查和宣传教育活动，在公共场所、流通销售、进出口（生产经营印刷）、互联网4个重点领域开展4次地图市场检查。于2月和8月组织2次国家版图意识教育宣讲活动。做好基础地理信息更新工作，7月底通过公开招投标，由省测科院承担余姚市基础测绘“十四五”规划编制，通过对接宁波市初稿与各部门需求调研后完成规划文本编制，并于11月完成1∶2000更新面积400平方千米验收及成果汇交。做好地理信息管理工作，8月13日签订地理信息公共服务平台（天地图）数据更新及融合的协议，10月29日通过质检。10月，印发《关于明确“多测整合、多验合一”相关要求的通知》，对执行文件要求和建设工程竣工规划核实相关情况进行明确。开展“双随机”测绘地理信息行业统一监管统，完成2个测绘项目数抽检，1个为综合测绘项目，检验结果合格。

【森林生态建设】

2020年，全市以“森林宁波”建设任务为主线，加快推进生态文明和“美丽余姚”建设，在做好疫情防控的同时，坚持一手抓绿化造林、一手抓生态保护，全市完成新造林面积445.8公顷，完成森林抚育建设205.93公顷。新植珍贵树种11.8万株，均超额完成省下达的任务。河姆渡镇与四明山镇成功创建“省森林城镇”，完成对4个“省一村万树”示范村、37个“省一村万树”推进村创建工作，鹿亭乡中村成功创建省级生态文化基地和森林人家。开展自然保护地整合优化工作，3个自然保护地总面积6004.25公顷，占余姚市陆域面积的4.27%。其中东岗山森林公园面积2885.72公顷，四明湖湿地公园面积1212.58公顷，四明山地质公园面积1905.95公顷。积极开展林木采伐限额编制，做好林木采伐审核审批工作，编制完成《余姚市“十四五”期间年森林采伐限额编制成果报告》，经测算，全市年合理采伐量96022立方米，建议的年森林采伐限额21210立方米。完成余姚市2020年森林督察自查报告和森林资源“一张图”年度更新报告。2020年全市松材线虫病发生面积360.53公顷，病死松树数量约9561株，比2019年下降4.29%。2020年，余姚林业局获评“森林浙江”建设工作突出贡献集体。

【野生动物管理和防疫管控】

为严防新冠肺炎疫情，阻断可能的传染源和传播途径，专门成立野生动物疫源疫病监测防控工作领导小组，负责抓好全市野生动物疫源疫病防控管控工作，重点对人工繁育、餐饮饭店、农贸市场、超市、花鸟市场等重点场所开展专项检查，做好“三必须、三必到”。制定《余姚市人工繁育野生动物补偿处置工作方案》，明确总体要求、分类处置、补偿政策、处置要求及相关职责分工等内容。全市共出动执法人员1337人次，检查人工繁育及各类经营利用场所933家，查处非法经营1家。处置禁食人工繁育野生动物养殖户8家，落实补偿资金2466.76万元。通道管控工作团队和野生动物管控专班被余姚市委表彰为战“疫”先锋团队。

【海洋资源管控】

2020年，全市加强海域资源管控，开展海洋生态文明宣传、海域动态巡查等系列举措，积极推进海洋生态保护和修复步伐。4月7日，《余姚市海塘除险治江围涂工程东侧区块围填海历史遗留问题处理方案》通过自然资源部备案，备案方案面积为1489.01公顷。5月，市政府召集相关部门召开海洋生态修复协调会议，成立领导小组和工作专班，针对海洋生态修复工作时间跨度长、任务重、要求高，涉及资金量大等问题进行会议讨论，明确部门职责分工。10月底，完成国家海洋督促整改销号任务。全年共海域监管动态巡查12次，海岸线巡查12次，完成1处两级、1处三级隐患区整治任务。

【自然资源统一确权登记】

1月，编制并向市局提交《浙江余姚四明山省级地质公园自然资源统一确权登记实施方案》。4月，印发《余姚市自然保护地整合优化调整方案纲要》和《余姚市生态保护红线调整方案》，重新划定四明山地质公园范围。全力做好林权的权籍调查工作，解决分层标注和地类重叠问题、林权登记和林业管理问题、林权登记前后衔接问题，做好登记流转、交易平台、信息提供和采纳等工作，完成林权档案和电子数据的交接工作，包括山林延包数据（101全宗）、馆藏山林延包档案（101全宗）数字化扫描全文数据及条目。

【首宗农村集体经营性建设用地出让】

5月，余姚市在宁波市范围内率先推出《集体经营性建设用地入市实施办法（试行）》（余政发〔2020〕13号），对农地的性质进行明确，并对农地入市主体、入市前后流程、入市定价、交易渠道等作出详细规定。10月23日，全市首宗农村集体经营性建设用地成功出让，农村集体产权制度改革正式生效。

【废弃矿山生态修复治理工作现场推进会召开】

9月17日，余姚市召开废弃矿山生态修复治理工作现场推进会。余姚市委副书记、代市长徐云，市委常委、常务副市长郑传统，副市长、市公安局局长钱秉涌出席会议。会上，余姚市自然资源和规划局局长陈国军通报全市废弃矿山整治进展情况及下一步打算，市公安局、凤山街道、梨洲街道、黄家埠镇分别作交流发言。

会前，徐云带领相关部门和乡镇街道负责人考察凤山街道莫海建材石料矿生态修复治理现场和梅花废弃山塘治理现场，实地了解废弃矿山生态修复治理工作的进展情况。

【中央媒体采访梁弄镇全域土地综合整治与生态修复项目】

8月13日，《人民日报》、中央广播电视总台、《光明日报》、《经济日报》、《中国日报》、中国新闻社、《澎湃新闻》、《中国自然资源报》、《绿色时报》等多家中央媒体组成的采访团，走进梁弄镇开展集体采风活动，对梁弄镇开展全域土地综合整治与生态修复工作进行现场采访。

【市自然资源行政执法队挂牌成立】

7月31日，市自然资源行政执法队揭牌仪式在市自然资源和规划局举行。宁波市自然资源和规划局党组成员、副局长杨斌，余姚市委常委、常务副市长郑传

7月31日，余姚市自然资源行政执法队揭牌仪式举行

统出席揭牌仪式。仪式由余姚市自然资源和规划局党委书记、局长陈国军主持。局相关领导、中层干部、下属事业单位和基层所负责人、执法线干部等共同参加了揭牌仪式。

【全省“奋战六个月、造地六万亩”推进第一批未利用地垦造耕地部署会召开】

7月7日，全省“奋战六个月、造地六万亩”推进第一批未利用地垦造耕地部署会在余姚召开。会议由省自然资源厅一级巡视员沈仁华主持，省自然资源厅党组书记、厅长黄志平出席会议并讲话，省自然资源厅一级巡视员张国斌作具体工作部署，省自然资源厅二级巡视员潘俊国出席。余姚市委副书记、代市长徐云，市委常委、常务副市长郑传统参加会议。

（市自然资源和规划局）

7月7日，全省“奋战六个月、造地六万亩”推进第一批未利用地垦造耕地部署会召开

市场监督管理

【概况】

2020年，市市场监管局聚焦“六稳”“六保”工作任务，实现“两手硬、两战赢”。有力实施严禁野生动物和活禽非法交易、“食安封签”等举措，药店疫情防控得到宁波“三复”疫情防控检查组高度肯定；扎实推进进口冷链食品“物防”工作，进口冷链食品精密智控得分连续16周居宁波第1。协调办理全省首张通过应急审批发放的红外耳温计计量器具型式批准证书、全省首张免于现场核查的食品生产许可证，新设防疫物资生产经营企业2184家，实现余姚医用口罩生产企业零的突破。发布企业扶持措施15条，印发惠企政策汇编2000册，抽调50%以上机关党员干部由6名局领导带队，下沉至3个乡镇助推企业复工复产，获评市第二批战“疫”先锋团队，助推专业市场复市的做法获省局领导批示肯定并在全省推广。

深入实施涉企全生命周期服务，打造企业开办“一窗、一网、一日、一次”新模式，推行经营范围标准化改革，实现企业开办时同步免费发放电子营业执照、电子印章和税务Ukey，常态化企业开办1个工作日办结；探索“证照融合”审批制度，将“三小一摊”登记直接融入营业执照；全面推行“简易注销”登记，实现企业简易注销缩短至20天。深入推进“证照分离”改革，梳理“证照分离”改革事项87项，实现市场主体“准入即准营”。深入落实“减证便民”措施，取消证明事项6项，实行“告知承诺制”审批事项7项，许可类事项即办率88.3%。2020年全市新设市场主体26820户，注册资本（金）337.02亿元，分别同比增长12.21%和32.33%，总数分别达到150023户和2080.76亿元。

深入实施事中事后监管，完善信用分类监管，纳入严重违法失信企业名单220户，清吊市场主体3414户，强制注销企业186户。开展年报及公示信息抽查，全市企业、个体工商户、农民专业合作社年报率分别为99.44%、93.72%和96.24%，各项指标均居宁波市前列。加强“互联网+监管”，设置“双随机、一公开”检查任务453个，其中跨部门联合检查任务51个。

立体推进假冒伪劣打击治理、网络与广告导向监管，查处不正当竞争案件12件、商标侵权和侵犯商业秘密案件72件、产品质量和冒用认证违法案件98件、网络和广告违法案件137件，入选全省十大疫情防护相关产品广告违法典型案例1件。大力开展涉房领域整治，立案查处16件，罚没款107.35万元，相关做法获代市长徐云批示肯定。此外，还集中开展了“亮剑2020”等系列专项执法行动，共办理各类案件1031件，其中大要案346件，罚没款1410.61万元，移送涉嫌犯罪案件5起，宁波市市场监管综合行政执法队发感谢信肯定市市场监管局执法办案工作，全市系统综合执法工作绩效评价位列宁波各县(市、区）第1，市市场监管综合行政执法队获评省2020年度市场监管执法成绩突出集体。

扎实推进综合行政执法改革。通过选派送学、跟班学习、岗位练兵等形式，提高干部依法行政水平和业务能力，累计有10人获得全国市场监管系统业务竞赛一等奖等奖项。夯实基层建设基础，创建五星级规范化市场监管所1家、四星级所2家、三星级所1家，宁波市和余姚市文明单位各1个、余姚市公共服务窗口文明单位2个、余姚市巾帼文明岗“示范岗”1个。

【工商行政管理】

2020年，市市场监管局牵头实施“小微企业三年成长计划”，办理个转企419家，其中转公司制企业391家，占比93.32%；全市新增小微企业6717家，八大万亿重点产业小微企业1796家。积极培育和激活企业信用资产，公示“守合同重信用”企业135家；认定宁波市信用管理示范企业11家，数量居宁波各县（市、区）第1。深化政企合作融资服务平台，帮扶企业拓展融资渠道，新增“三押一贷”融资178.86亿元。牵头成立市小微企业和个体工商户纾困专班，有序完成1.6亿元中央“两直”资金、1494.6万元市财政配套资金的兑付，惠及小微企业5720家、个体工商户10091户，纾困工作获市委书记奚明批示肯定，获得省局集体三等功，构建纾困帮扶长效机制的做法获评省最佳实践案例。

组织实施“质优余姚”建设和质量提升“双百示范”工程，导入卓越绩效管理模式企业11家，新增“品字标浙江制造”企业8家；搭建机器人与智能装备产业质量基础公共技术服务平台，加强计量、标准、检验检测、认证认可全链条服务。发挥标准引领作用，推动五金机械行业63家企业开展对标达标提升专项行动，指导企业主持或参与制（修）订国际标准1项、国家标准29项，新增“浙江制造”标准8项；实施“标准化+”战略，推动建设国家级服务业标准化试点项目1个。优化知识产权生态，新增注册商标5678件、发明专利502件，新申报行政认定中国驰名商标1件，分别累计达3.89万件、3139件和14件；疫情防控期间指导企业通过商标超市购买转让或许可商标29件，为权利人带来近2000万元经济效益；新申报地理标志证明商标2件，现有地理标志商标、产品14件，居全省各县（市、区）首位。

培育发展放心消费单位3550家，建设放心消费商圈（街区、乡村）5个；改造农村家宴放心厨房13家，建成中小学校和等级幼儿园“阳光厨房”57家，数量进度均居宁波前列。创建省放心农贸市场14家、省星级文明规范市场16家、省首批“五化”商品交易市场3家，获评省放心农贸市场建设工作成绩突出单位。培育消费维权服务站17家、消费维权绿色通道企业54家、全国12315平台ODR企业39家，办理信访投诉举报15707件、举报及诉转案282件，为消费者挽回经济损失425万余元。

【食品药品监督管理】

2020年，市市场监管局紧盯全国文明城市复评、省食品安全市跟踪性评价两场大考，集中开展重点餐饮单位整治与规范、保健食品行业专项清理整治等系列行动，指导盐业生产企业取得新版食品生产许可证，在宁波率先出台农村家宴饮食安全管理指导意见，压实党政领导干部食品安全责任制的做法获市委书记奚明批示，探索食品安全第三方协作监管模式获余姚市政府工作创新奖。

开展“网民看看看”“你消费，我买单”线上体验活动，发布餐饮及食品生产小作坊“红黑榜”14期和3期，公示食品监督抽检信息11期，构建食品安全共治共享格局。创建三星级食安办6个、宁波市食品安全品质超市9家；完成食品定量抽检6689批次，合格率98.85%；查处食品安全违法案件264件，罚没款273.5万元。

抓好阳光药师考勤工作，建成送药上山进岛便民服务点4个、24小时“网订店送”药房7家，化妆品包装产业得到国家药监局副局长颜江瑛肯定。加强不良反应（事件）监测工作，上报药品不良反应报告1445例、医疗器械不良事件252例。完成药品抽样285批次、医疗器械抽样30批次，暂未收到不合格报告；查处药品、医疗器械和化妆品违法案件61件。

【质量技术监督】

2020年，扎实开展特种设备安全大检查、安全攻坚行动和明察暗访活动，推动2530家企业实施分类评价工作，查处特种设备违法案件59件，罚没款208.85万元；推广“保险+服务”电梯安全综合保险，共有1495台电梯参保；助推住宅小区电梯安全综合保险工作列入市民生实事项目，接受市人大专项工作评议，总评位列3个部门首位。周密开展民用口罩、线缆行业等区域性质量安全风险隐患产品和网销产品、CCC认证产品的质量专项执法，查处不合格产（商）品58批次。优化技术服务模式，强制检定计量器具54106台件，减免检定费用152万元，受理产品检测业务109批次。

【价格监管】

2020年，市市场监管局持续加强价格监督检查，查处价格违法案件52件，入选省局疫情防控价格违法案件和宁波市首批防疫用品价格违法典型案例各1件，查处疫情以来全省首例移送公安机关的口罩价格哄抬案件、余姚首例房地产价格违法大案，监督企业退降水电气费2亿余元，国有资产房租减免2380万元。开展转供电领域专项检查，向所有转供电主体下发《关于严格执行转供电价格政策的提醒告诫函》，督促清退多收电费100余万元，惠及终端用户3000余家，查处转供电价格违法案件5件，罚没款24.17万元。开展行政事业单位涉企收费检查，督促退还违规收取的保证金8.8万余元。

【全省首张免于现场核查的食品生产许可证发放】

2月16日，省市场监管局制定出台实施稳企业稳经济稳发展第二批服务举措，其中之一为试行低风险食品许可告知承诺制。2月17日，市市场监管局第一时间发布省局服务举措，并及时与有意向的重点企业黑龙江秋然米业有限公司浙江分公司联系，指派专人在线指导，协助企业准备申请资料、开展书面承诺、提交网上申请。在掌握该企业具有保障食品安全生产条件的前提下，经协调宁波市市场监管局，余姚市市场监管局免于现场核查，5小时内就发放了食品生产许可证。这也是全省首张免于现场核查的食品生产许可证。

【首家医用口罩生产企业诞生】

新冠肺炎疫情防控期间，市市场监管局成立专班驻厂帮扶、一线指导，协助宁波欧涵医疗器械有限公司改造生产车间1个，修订注册申报资料9份，建立内部质量管理等体系文件13份，同时开辟应急审批“绿色通道”，协调省药品监督管理局进行现场验收，协调省医疗器械检验研究院开展产品检测，助推企业成功获批“医疗器械产品注册证”“医疗器械生产许可证”，从成立企业到获证投产仅用时1个月，也填补了余姚无医用口罩生产企业的空白。

【星级规范化市场监管所全覆盖】

2020年，市市场监管局成功创建五星级所1家、四星级所2家、三星级所1家。至此，全市星级规范化市场监管所创建率达100%，其中五星级所2家、四星级所8家、三星级所2家。

（邢　峰）

安全生产监督管理

【概况】

2020年，全市共发生各类生产安全事故16起，死亡12人，较上年同期分别下降36%、下降7.69%。其中，工矿商贸领域，发生生产安全事故4起，死亡4人；道路运输领域，共发生事故12起，死亡8人；全年未发生自然灾害事故及较大以上生产安全事故。消防安全方面，共接处火警954起，成灾142起，同比下降58.5%，无人员死亡。森林防火方面，共发生森林火情29起，未发生造成人员伤亡和超过12小时的森林火灾。全年未发生较大及以上生产安全事故，全市安全形势持续稳定好转。

年内，市委常委会、市政府常务会议先后11次研究推进应急管理和安全生产工作，市委书记就应急管理工作作出批示7次，市长作出批示15次，并分别带队开展安全生产、防汛工作检查。市政府与各地和各部门签订“安全生产和消防工作目标管理责任书”，并将安全生产和消防安全工作纳入各地、各部门正向赋分目标管理考核内容。市安全生产委员会印发《关于进一步加强专业安委会工作的通知》，进一步规范了“1+9+2”专业安委会运作机制，进一步完善专业安委会责任体系、工作会议、联络报告、重大隐患挂牌督办、履职述职、督查考核等工作机制。各专业安委会充分发挥行业领域专业优势，定期组织开展本专业领域安全生产督查，深入推进安全生产综合治理三年行动、护航复工复产等专项行动，统筹整治了南门副食品市场、宁波霸龙车辆配件有限公司等重大火灾安全隐患。

【执法整治】

2020年，结合疫情防控和复工复产实际，开展护航复工复产专项行动，以道路交通、危险化学品、消防、建筑施工及建设工程、城镇燃气、特种设备等领域为重点，开展集中的安全风险防控、隐患排治工作，全市共出动8300余人次，检查服务企业(场所)8000余家，整治安全隐患8098个。完成安全整治百日大会战工作，开展安全生产和消防安全整治百日大会战“回头看”行动，排摸企业37888家，完成“两小企业”检查26487家，发现并整改安全隐患2.1万余条。

余姚市安全生产委员会印发《余姚市第二轮安全生产综合治理三年行动计划》，成立市级工作专班，开展第二轮安全生产整治三年行动，出台“1+3+10”架构的整治方案，明确具体任务733项。实现“三有三专”(有人员、有场地、有制度，工作人员专职、专业、专心)。各牵头部门建立推进时间表、路线图，实施挂图作战，完成171项年度任务和47项阶段性任务，各专题专项累计排查隐患8747个。实施行政处罚279家次，责令停产整顿70家，罚款621万余元，关闭取缔1家。

开展危险化学品全生命周期安全整治，检查危化生产经营企业84家次，发现并整改隐患441处。对全市198家化工医药企业开展专项排摸（其中36家涉及使用危化品），发现隐患106个并完成整改。对加油站开展抽查检查，开具责令整改指令书11分，整改隐患34处。强化非煤矿山监管，对全市2家非煤矿山进行专家会诊，发现隐患28处并完成整改。

深入“三场所两企业”专项整治，完成210家喷涂、348家有限空间、57家高温熔融金属冶炼、60家涉爆粉尘企业专项检查，责令限期整改294家，暂时停产停业39家。加强烟花爆竹经营、储存监管，检查32家烟花爆竹零售点，查处无证经营点3处，没收烟花爆竹60余箱。

4月14日，市应急管理局举行2020年推动企业落实安全生产主体责任专项执法行动“双随机”抽选仪式，随机抽取产生落实企业安全生产主体责任专项执法检查待检企业250家，并在《余姚日报》、局机关网站等媒体中予以公告。严格执行《宁波市行政处罚自由裁量行使规则》《余姚市应急管理局安全生产行政执法案件审理委员会工作规则》，根据企业违法情节、规模大小等情况细化处罚自由裁量权，把控执法尺度，规范自由裁量，分类分级对案件进行审查，保证监管执法的公平公正。依托公安驻应急执法联络室，严厉打击非法经营危化品、烟花爆竹违法行为，对涉及刑事处罚的案件的，做好前期取证后及时移交。2020年向公安机关移交4起非法经营危化品案，另有1起案件经市人民法院宣判追究刑事责任。制定《政执法查处危险化学品处置规定》《行政执法查处烟花爆竹制品处置规定》《安全生产行政执法工作指导细则》《全面推行行政执法公示制度》等系列制度，全流程规范行政处罚、行政强制、行政检查、行政许可行为，按照案件等级提交集体讨论，确保案件办理公平、公正、透明。应急管理系统共检查各类生产经营单位2042家，查治隐患9107条，行政立案235起，行政处罚269起，累计罚款494.91万元。事前处罚案均处罚额2.51万元。

开展新一轮区域安全风险辨识评估，针对重点企业、重点行业领域、重点区域现有风险和新增风险进行动态排摸、辨识和分析，确定安全风险的种类、等级和分布情况，制定和落实风险管控措施，辨识工作有序推进。持续推进常态化的隐患排查治理，对全市5781家生产经营单位持续开展常态化隐患排查治理，上报各类隐患3.1万个，整改率100%。4718家企业、2家小微园区建成安全风险管控体系。

推进安全生产标准化建设，新创建四级安全生产标准化企业401家（累计1553家）、三级企业343家（累计2569家），343家企业购买安责险。推动社会共建共治，以安全生产月等为引领，充分利用各类媒体平台，线上线下大力宣传安全知识、法律法规和安全先进典型事例，曝光典型安全生产非法违法案例。全面推进产业工人安全大培训，完成企业负责人、安管员、特种作业人员、高危行业人员和其他从业人员培训11.7万余人。

【专业安委会专题工作会议召开】

3月18日，2020年度全市安委会（扩大）会议暨安全生产（消防安全）百日整治“回头看”工作会议召开，要求全力以赴抓好安全生产年度工作、安全百日整治“回头看”和复工复产安全生产大检查工作，确保全年安全生产形势持续平稳向好。3月31日，市政府组织召开专业安委会专题工作会议，结合全市各行业领域安全生产现状，进一步明确市安委会“1+9+2”组织体系的统筹责任，进一步强化各地各相关部门“促一方发展、保一方平安”的政治责任。

【“安全生产月”活动开展】

6月16日，市安委办联合市应急管理局、市住建局等12个部门在市区新建广场举行以“防风险　除隐患　遏事故”为主题的安全生产月广场宣传咨询日活动。活动现场，专业人员一对一解答群众关心的安全问题，分发各类安全知识读本、安全小挂图等宣传资料。

（张若愚）

审　计

【概况】

2020年，市审计局完成审计项目27个，审计查出违纪违规资金3689万元、损失浪费金额4032万元、管理不规范资金6.05亿元，审计处理金额4.15亿元，促进整改落实有关问题金额1.1亿元，挽回（避免）损失638万元，向纪委及有关部门移送案件线索19起。2020年度考核获得省、宁波市“双优秀”，2

个项目被评为宁波市优秀项目。认真履行市委审计委员会办公室工作职责，严格执行重大事项请示报告制度，向市委审计委员会报送审计业务报告、信息专报46份，批示32篇次。编制财政审计、部门审计、投资审计、企业审计4份问题清单，梳理共性问题379个。

【政策执行审计】

年内，相继开展新冠肺炎疫情防控、2万亿元直达资金、“最多跑一次”改革等专项审计，推动“六稳六保”、优化营商环境等重大政策举措落地落实，及时纠正违规行为。在财政审计、经济责任审计、投资审计等各类项目实施中都把政策措施贯彻落实情况作为“必选项”，时刻体现政策审计理念，推动完善相应政策。

【财政审计】

围绕大财政审计格局，将疫情防控财政政策落实情况、就业政策落实情况、营商环境优化情况、“三保”支出情况4个专题融入本级政府预算执行审计中，重点关注财政资金、新增债券等资金绩效情况，通过审计收回结余资金1088万元。依托财政一体化数据平台，对全市一级预算单位项目支出、“三公”经费、会议培训费进行重点分析，以共性问题为导向，现场审计与非现场核查相结合，实现部门预算执行审计全覆盖，推动出台《关于全面落实过紧日子要求厉行节约反对浪费的通知》等5项制度。上年度审计整改情况获得市人大常委会满意率全票“满意”通过。

【经济责任审计】

2020年，对8个单位10位领导干部实施经济责任审计，突出上级重大决策部署、重大经济事项决策、重大项目推进和各类经济风险防控等职责履行情况。审计发现被审计领导干部应负责任的问题61个，涉及金额5.08亿元。同步开展大隐镇领导干部自然资源资产审计。根据中办、国办《党政主要领导干部和国有企事业单位主要领导人员经济责任审计规定》精神，调整市经济责任审计工作联席会议成员单位，市委审计办主任、市审计局局长熊剑锋为联席会议召集人，并召开了新规定实施后的首次联席会——第十四次市经济责任审计联席会议，市纪委市监委、市委组织部、市委巡察办、市委编办、市发改局、市审计局、市财政局、市人社局、市国资办、市金融办等联席会议成员单位参加会议。

【政府投资项目审计】

坚持依法审计，进一步规范投资审计工作，全面推进投资审计转型，市政府成立市公共投资项目结（决）算审核中介机构库领导小组，推动市政府出台《余姚市公共投资项目审计监督办法》《余姚市公共投资项目结（决）算审核中介机构管理暂行办法》，强化项目计划管理，扩大审计覆盖面，加大对重点领域、重大项目的监督力度，严格依法审计。全年完成竣工决算及专项审计调查项目6个，送审资金15.53亿元，核减政府投资项目支出9260万元；完成结算项目核查29个，核查金额9.02亿元，出具核查意见243条。

【大数据审计】

组建数据分析室，优化部门和乡镇采集模板，新增市级财政和村集体采集模板，开发“财政数据分析平台”，实现从预算到支付全流程查看。审计中试行“互联网+审计”“清单+账单”模式，项目实施坚持大数据分析先行（大数据分析疑点，带着问题清单逐一审计，查证问题）。利用大数据分析，试行经济责任审计零填表，缩减现场审计时间，有效减轻被审计单位负担，得到上级审计部门肯定。

【审计协同化】

市人大首次召开审计整改工作座谈会，专题听取被审计单位问题整改情况并开展专项评议，6个单位主要领导汇报整改情况。“审计+纪检+巡察”协作成效明显，成案率大幅提升，2019年审计移送的21个事项全部得到落实，审计移送事项成案达到71.43%，14人被党纪政务处分。会同市纪委市监委、市委组织部等部门开展首次审计整改联合督查。推进国家审计与内部审计协同发展，开展全市老年服务中心审计同步项目。

（李其锋）

统　计

【概况】

2020年，市统计局深入学习领会习近平总书记对浙江、宁波工作提出的新目标、新定位、新要求，贯彻落实市委、市政府和上级统计部门统筹推进疫情防控和经济社会发展的决策部署，强化当好浙江建设“重要窗口”模范生的排头兵的使命担当，努力打造服务型、专业型、规范型、质量型、担当型统计，为统筹打赢疫情防控阻击战和经济社会发展总体战，推动全市高水平全面建成小康社会提供了坚实的统计保障。

坚持和完善GDP支撑指标月度监测分析机制，紧盯双底线考核，密切部门监测联动和信息互通，加强数据纵向对比分析，体现经济回升趋势，撰写《经济发展稳步复苏　向好态势持续巩固》等经济形势分析专报，获市长批示，为市委、市政府在疫情防控常态化前提下实现发展目标任务贡献统计智慧。疫情防控期间，在各专业全面铺开疫情影响快速调查，测算复工指数、产能恢复率等数据，持续跟踪监测生产经营恢复情况，上报《疫情短期冲击明显　抓好消费回补关键期》等多篇专报，并获常务副市长批示。

优化升级监测体系。持续深入调研全市经济发展的动力和短板，《余姚民营工业发展现状分析》《余姚市城市综合体转型升级问题研究》两篇报告被国家统计局录用。创新开展智能经济核算，邀请12个部门和宁波市统计局核算处、工业处和服务业处专家召开智能经济部门座谈会和评审会，在宁波大市范围内首创智能经济统计体系，并分季度、年度核算全市智能经济增加值。

着力夯实基层基础。研究出台《余姚市基层综合统计办公室星级规范化建设意见》，围绕组织保障、基础建设、统计服务和业务工作等4个方面实施“三星达标、四星示范”星级规范化建设，旨在持续发挥综合统计办公室在统计基层基础建设中的关键性作用，推动综合统计办公室运行管理规范高效、统计制度全面实施、服务水平明显提高、工作经费保障到位、信息共享有序扩面。评选泗门镇等8地综合统计办公室为首批和第二批四星级综合统计办公室，在全市范围内形成了有特色、可复制、可推广的“鲜活样板”，星级规范化建设迈入加速跑道。

【第七次全国人口普查】

4月17日，全市召开第七次全国人口普查领导小组第一次（扩大）会议，研究部署全市人口普查工作。全市以“早启动、强推进”为工作准则，成立由市委常委、常务副市长郑传统任组长，26个部门组成的领导小组及办公室，组建21个普查机构，选聘近5000名素质高、战斗力强的普查人员，共组织市级培训10余次、800余人次，镇级培训70余次。通过“一报两台”主流媒体，“余姚发布”“余姚统计”等新媒体进行人口普查宣传。以“大国点名，一个不少”为目标，抓实边界确认、普查试点、清查摸底等工作，重点关注户籍人口录入率、空户率、出生死亡率等关键。

【市统计局获得国家级荣誉】

1月6日，第四次全国经济普查总结表彰会在北京举行。会议表彰了第四次全国经济普查先进集体和先进个人，余姚市统计局榜上有名，被评为第四次经济普查国家级先进集体。

【基层综合统计办公室规范化建设工作座谈会召开】

7月16日，市统计局召开基层综合统计办公室规范化建设工作座谈会，各乡镇街道分管工贸领导、园区（功能区）分管领导，各地综合统计办公室专职副主任参加会议。会议重点研究部署星级规范化建设工作，各地围绕综合统计办公室建设和基层统计工作做交流发言。

【非公有制企业（单位）人才资源调查培训会召开】

8月上旬，市统计局面向抽样调查单位召开业务培训会议。会议强调非公有制企业人才资源状况调查工作的重要性。会上，市统计局工作人员向调查单位发放《非公有制企业（单位）人才资源调查培训资料》，并通过PPT讲解，阐释报表指标含义以及指标间逻辑关系，明确报表报送时间和报送方式。会后，参会人员还结合工作实际提出相关问题并得到专业解答。

【探索建立智能经济产业统计监测体系】

年内，市统计局"三步走"探索建立智能经济产业统计监测体系，多次召开会议讨论，逐步完善《余姚市智能经济产业统计监测方案》。

6月底，由市统计局主要领导牵头，在局内组织召开由综合统计科、工业统计科、服务业统计科、调查一科和调查二科等多科室参与的内部协调会议，要求由综合统计科牵头，各专业科室细化工作任务，分农业、工业、建筑业、商贸业、其他服务业等部分，结合专业实际，初步研究智能经济增加值测算方法，形成一套完整、合理且具备可操作性的核算方案。

8月初，召开智能经济部门座谈会，邀请市深改办、市经信局、市商务局、市农业农村局、市大数据局等12个相关部门人员参加座谈。与会人员就各个行业智能经济系数展开讨论，初步确定系数取数来源和方法，并根据所确定的系数以及2018年GDP核算年报和分行业小类数据初步测算2018年智能经济增加值。8月底，召开智能经济产业统计监测评审会，会上除邀请各部门参与外，还邀请宁波市局核算处、工业处和服务业处处长参与评审，介绍智能经济产业研究基础、方案简介和具体各行业核算方法与初步数据，与会人员深入探讨方案合理性与可行性，3位处长分别提出修改意见。

【上半年全市经济企稳回升】

新冠肺炎疫情发生后，余姚市全面落实党中央、国务院和省委、省政府、宁波市委市政府决策部署，统筹抓好疫情防控和经济发展各项工作，生产经营活动有序恢复，全市主要指标企稳回升，经济发展稳步复苏。

上半年，全市累计实现地区生产总值551.20亿元，按可比价格计算，同比增长1.2%，增速位居宁波各县（市、区）第一。分季度看，第一季度下降3.9%，第二季度增长5.6%。分产业看，第一产业实现增加值27.19亿元，增长1%；第二产业实现增加值296.75亿元，增长0.2%；第三产业实现增加值227.26亿元，增长2.7%。

上半年，共实现农林牧渔业总产值42.79亿元，按可比价格计算，同比增长1.3%，其中第一季度下降2.3%，第二季度增长3.1%。全市规模以上工业企业累计实现增加值196.39亿元，同比增速从一季度的-8%逐步回升到上半年的3.2%，增速高于宁波平均4.2个百分点，位列宁波各县（市、区）第二位。第三产业增加值增速较一季度回升0.7个百分点。全市固定资产投资同比增长6.2%，增速较一季度回升14.5个百分点。全市累计实现社会消费品零售额167.61亿元，同比下降8.4%，降幅比一季度收窄5.3个百分点。全市实现进出口总额430.87亿元，同比下降1.3%。全市完成财政总收入104.51亿元，同比下降4.6%，降幅较一季度收窄7.4个百分点；一般公共预算收入64.34亿元，同比下降1.5%，降幅较一季度收窄6.9个百分点。

（孟思婧）

统计调查

【概况】

2020年，余姚调查队主要承担城乡居民收支调查、粮食监测调查等常规调查9项，开展浙江省营商环境试评价调查、全面从严治党民意调查等专项调查研究15个。开展城乡居民收支调查、月度劳动力调查，加强民生统计监测；开展粮食监测调查、农产品中间消耗统计调查，健全“三农”统计调查网络；开展小微企业和个体户跟踪调查、采购经理调查、生产者价格调查，强化企业调查监测；开展企业经营、春耕备耕、从严治党等专项调查，构建企业生产、民情民意和民生诉求调查机制，强化区域经济社会发展统计监测预警。全年撰写调查分析25篇，调查信息26篇。

2020年国家统计局余姚调查队调查项目情况表

表5

项目类别	调查项目名称	样本数量及单位
常规调查项目	居民收支与生活状况调查	35个村、350户
	新设立小微企业和个体户经营户跟踪调查	25家企业
	采购经理调查	35家企业
	工业生产者价格统计调查	89家企业
	粮食监测调查	25个村
	月度劳动力调查	96户
	畜禽监测调查	35家大型户、137家生猪规模户、3个样本村
	农贸市场价格调查	1个市场
专项调查研究项目	2019年浙江省营商环境试评价调查	50家企业、20家中介、相关部门
	全面从严治党民意调查	100户
	余姚农村居民生活垃圾分类情况调研	10个村、80户
	疫情影响下余姚市小微企业生产经营现状	24家企业
	地区经济运行快速调查	24家企业
	新冠疫情对余姚外贸型制造业企业影响调研	10家企业
	疫情期间余姚市居民生活状况调研	69人
	疫情防控下余姚企业复工情况调查	35家企业
	余姚市2019年秋冬播面积调查	25个村
	新冠疫情对余姚市畜禽养殖业影响调研	4家畜禽养殖户
	余姚市春耕备耕情况调研	25个村
	余姚市庙弄农副产品批发市场迁移调研	庙弄市场
	疫情下余姚制造业情况调研	5家企业
	余姚市当前农产品价格变动情况调研	庙弄市场
	疫情对余姚劳动力就业影响调研	288户

【统计调查基层基础建设】 2020年，余姚调查队加强基层基础建设。全年组织各类培训37次，合计749人次。对全市69个调查点，135家样本企业、350户样本户进行建库维护，推进“两库”信息动态维护和集中管理更加完善。完成350户住户的全部轮换，进一步夯实调查基础。通过现场检查、重点核查、电话抽查等多种方式，各专业累计开展数据质量检查26次，检查数量323家（户、点），数据有效管控。推进普法工作向基层延伸，全年累计以会普法18次，受众549人次。在第十一届中国统计开放日、“12·4”宪法宣传日，通过微信宣传、现场宣传、走访宣传等方式，发放宣传品2000余份，不断推进统计普法宣传。

【疫情对小微企业经营情况的影响调研】

4月，余姚调查队通过电话和实地访问，对全市24家小微企业开展专题调研。调研显示，小微企业受到疫情影响较大，企业经营主要出现资金周转困难，生产经营成本上升及订单减少等情况。对此，建议加快税费改革，加大企业帮扶力度，鼓励金融创新，破解融资难题，引导企业内生发展动力，实现健康发展。

【调查基层走访活动】

2020年，余姚调查队开展党建创优年和业务练兵年活动。为提高源头数据质量，严防统计造假，通过走访，进一步抓实调查研究基础，提高调查配合度，全年走访企业15家，走访乡镇街道36次、社区（村）64个，入户300余户。积极发挥“调查轻骑兵”作用，通过调研，拓宽统计服务领域，探索更加科学的城乡居民收入、专项调查指标体系建设，及时推进统计公开，提高公众对统计认知。全年开展专题调研12个。

【劳动力调查】

2020年，余姚调查队开展劳动力调查，每月调查1次，共有6个样本点，每个样本点调查16户，总计每月调查96户样本户。每个样本点每月有8户样本户会随即进行调换，主要调查居民的就业失业等情况。

【粮食产量监测调查】

2020年，余姚调查队开展粮食产量监测调查，有25个样本村，每年有4次面积调查、2次粮食预产调查、3次早晚稻实割实测调查、2次意向调查。每次调查都是由调查员手持PDA设备下去田间或者入户进行实地调查。

【畜牧业监测调查】

2020年，余姚调查队开展畜牧业监测调查，该调查涉及猪牛羊禽。调查范围为规模户标准以上的猪养殖户和牛、羊、禽大型养殖户，还有3个样本村的全数调查。每季度开展1次调查，进行季度数据上报。

（张海燕）

交通建设与管理

【概况】

2020年，全市完成交通固定资产投资14.61亿元，公路运输总周转量17.75万吨千米。至2020年底，全市公路里程2016.781千米，其中国道（包括高速公路）82.555千米，省道176.79千米，县道401.416千米，乡道342.925千米，村道1013.095千米。按技术等级分有高速公路41.992千米，一级公路207.005千米，二级公路114.241千米，三级公路190.714千米，四级公路1439.79千米，全市公路密度达134.36千米/100千米^2。

完成《余姚市“十四五”交通运输发展规划（2020—2025年）》总体方案，制定《余姚市交通公共服务大提升行动方案》，起草《余姚市人民政府关于规范余姚市互联网租赁电动自行车发展的若干意见》和《余姚市快递营业场所标准化评定标准》。

完成浒溪线横坎头至大岭顶改造提升工程、G228（古路头至姚东大桥）改建工程、余慈城际快速通道（K0+000～K0+354）新建工程、姚北大道路面提升工程等重点工程项目。余梁公路北延工程跨姚江大桥成功合龙，下穿铁路完成箱涵顶进。荷梁线改造一期隧道工程正式启动开工建设。胜陆公路草籽岗隧道全线贯通。新建农村公路52.7千米，完成大中修227.4千米。完成省美丽经济交通走廊建设159千米。

【行政执法】

全年开展危运行业“雷霆整治”“铁拳整治”行动，累计出动执法人员370余人次，开展专项检查和执法12次，发现并整改问题74处。开展“利剑2020”1号道路客运专项执法行动，共查获违规客车87辆。开展“百日攻坚”行业普查和“邮政快递业安全生产专项整治三年行动”，共检查、指导工作324次。开展网约出租汽车专项整治，打击非法运营黑车，共查获涉嫌非法营运车辆30辆，作出行政处罚22起。

2020年，检查各类车辆2703辆，发现各类交通违法案件1320起，查处各类交通违法案件1194件，其中查获道路客运87起、货运64起、维修1起、驾培14起。拆除违章建筑414平方米，清理堆积物1264立方米，拆除非公路标志牌539块，整治马路市场116个。行政处理案件388起，缴纳赔（补）偿费60.21万元。全年共承办交通行政处罚案件3913件，其中运政案件171起、路政案件

3742件（其中非现场3733件），罚没款总额887.7万元。

【交通安全】

常态化开展安全生产隐患排查工作，全年累计发出安全生产提醒告知466家次。检查地质灾害危险区域、排涝设备设施等151处，发现并整改安全生产隐患233条处。实施国省县道交通安全隐患整治工程，投入资金660余万元。开展航道护岸、桥梁、隧道和边坡加固提升等专项整治，投入3700余万元。

全年检测桥梁200余座，完成余梁公路覆船山桥、梁周线铁巴屋桥危桥改造，完成8座危桥修复。开展桥梁三类护栏专项整治行动，共完成14座桥梁三类护栏改造，其中国省道7座、县道7座；对梁辉立交桥、姚州大桥和北环线上跨立交桥共计183米桥梁伸缩缝采用免维护技术装置。

【交通设施养护管理】

专项养护方面，高质量打赢"十三五"干线公路"迎国检"攻坚战，全面提升公路品质，共投入1000余万元开展国省道路面修复工作，完成病害路面修复10余万平方米，路面灌缝100余千米，绿化修剪补植40余万平方米，同时投入30余万元对国省道沿线交通安全设施、基础设施进行专项修复。结合美丽乡村现场会等重大活动，加大公路绿化泥土裸露整治及公路基础设施提升等工作力度，投入700万元，对古乍线、余梁公路、余姚大道等主干道路公路绿化进行补植、预防性养护、基础及交安设施进行提升。新建冷水坑、悬岩、斤岭下公路服务站，完成大隐镇乡镇规范化公路管理站创建和泗门、马渚、沿江公路服务站的改造提升工作。投入1300余万元对15条县道公路100余千米、13万余平方米路面进行预先性养护；实施国省道标志标线增设与维护工程，投入资金140余万元。

常态化养护方面，累计完成零星坑槽和沉陷修补沥青路面超3.5万平方米；更换标志80块，修复92套，对各公路标线淡化点位进行重新漆画约2.8万平方米；维修钢护栏约4576米、包头464只、示警桩约1542根；完成8条山区道路16处挡墙塌方修复950立方米；清理边沟、管涵等400余千米。

绿化管养方面，全年投入养护资金300余万元，对公路绿化进行修枝整形、杂草清除、病虫害防治等专业化养护。

【交通运输综合行政执法改革】

6月15日，市交通运输局综合行政执法改革授牌仪式举行。市交通运输综合行政执法队下设的4个中队、8个基层交通运输管理所授牌成立，主要负责公路路政、道路路政、水路路政、港口行政、航道行政、交通工程质量安全监督管理等交通运输领域的综合行政执法工作，以及承担交通运输领域的安全生产监督、应急处置、维稳等工作。另外，还负有交通运输综合行政执法信息化建设、组织开展交通运输综合行政执法领域"双随机、一公开"和"互联网+监管"、组织开展交通运输法制宣传及执法评议等职能。

6月15日，余姚市交通运输局综合行政执法改革授牌仪式举行

撤销市公路养护应急抢险中心，并对局所属的市交通运输管理所、市公路管理段、市交通工程质量安全监督站行政执法职能划出后进行整合，设立市公路与运输管理中心。承担市级公路建设和水运工程建设的行政辅助工作、港口岸线和航道管理、公路养护和绿化管理的行政辅助工作、公路网运行监测和服务保障工作，协助余姚邮政管理局做好邮政快递业管理的行政辅助工作和行业服务工作，承担道路客货运输、场站，以及汽车租赁、公共交通、出租汽车行业管理的行政辅助工作，承担交通运输领域安全生产管理及交通战备的行政辅助工作等。

【S318 甬梁线余姚段大修工程全线完工】

8 月 17 日，S318 甬梁线余姚段（K15+052 ～ K39+742）大修工程主体全部完工，实现全路段双幅通车。该工程起自大隐高速跨线桥末端（桩号为 K15+052），终点接浒溪线（桩号为 K39+742），全长 24.69 千米。工程主要对甬梁线大隐段（K15+052 ～ K16+511）进行大修养护，对（K16+511 ～ K39+742）段进行白改黑工程。

【规划 S309 荷梁线改建工程一期开工建设】

12 月 27 日，规划 S309 荷梁线改建工程一期（余姚晓云村至斤岭下村段）开工建设。该工程路线起自鹿亭乡晓云村西侧，终点为梁弄镇斤岭下村南侧，与荷梁线相接，全长 4.37 千米（其中穿越东岗山的特长隧道全长 4.045 千米），路基宽 9.5 米。按照双向二车道二级公路技术标准设计，设计速度为 60 千米 / 小时，局部路段受地形限制，设计速度为 40 千米 / 小时，工程概算总投资约 5.91 亿元，计划工期 48 个月。

12 月 27 日，规划 S309 荷梁线改建工程一期（余姚晓云村至斤岭下村段）开工建设

【全面推进高水平交通强市建设动员大会召开】

12 月 30 日，全市召开全面推进高水平交通强市建设动员大会。出台《余姚市综合交通中长期发展规划（2021—2050 年）》《关于建设高水平交通强市的实施意见》《余姚市推进高水平交通强市基础设施建设三年行动计划（2021—2023 年）》《余姚市建立综合交通立体网推进区域交通一体化发展实施方案》等 4 个方案。

（陈佳利）

公共交通

【概况】

年内，余姚市公共交通有限公司共优化调整公交线路 10 条、新增 1 条，6 月 16 日开通余姚市第一条“点对点”直达公交——K01 汽车西站至海吉星城农批市场专线。更新采购新能源公交车 180 辆。全年完成客运量 2190.84 人次，总运营里程 2743.14 万千米，实现营业收入 3013.55 万元。余姚市舜通客运站场经营有限公司共完成 5 座公交充电桩建设并交付使用，累计建成并投入使用充电桩 75 座；投运出租车 67 辆，完成客运量约 82.6 万人次，全年实现营收 293.82 万元。6 月

3日，启用郭相桥客运综合服务站，新建改造维修公交候车亭35个。基本完成公交客运综合管理平台开发并启用，4月26日“舜通出行”App上线，当年下载量21万人次，实现市民“坐在家里等公交”。

【公交线路恢复运营】

2月18日起，在恢复城区102、201、205公交线路的基础上，再增4条线路低密度运营。具体线路为城乡公交503路（南站—梁弄）、506路（东站—二六市）、539路（高铁北站—黄家埠），城市公交301路（人民医院市区环线）。

2月19日起，全市在7条运营公交线路的基础上，再恢复25条公交线路运营，其中城市公交10条、城乡公交15条，发班密度根据客流情况及时调整。

2月20日起，全市再恢复13条公交线路运营，其中城市公交2条、城乡公交6条、泗门公交5条。公路客运恢复3条班线，分别为余姚高速汽车站—宁波汽车南站，余姚高速汽车站—杭州，余姚—杭州萧山机场。

（倪红微）

公路运输

【概况】

2020年11月，余姚市公共交通有限公司、余姚市城乡公共交通有限公司完成合并，余姚市公共交通有限公司存续、余姚市城乡公共交通有限公司解散注销。

至2020年底，全市共有698辆公交车、116条公交线路。全年更新纯电动公交车辆180辆，调整公交线路5条，新增公交专线2条，新（改）建农村港湾式停靠站5个，新（改）建城市公交停靠站1个，推出公交电子站牌5个。完成丈亭、郭相桥、鹿亭等客运综合服务站建设。全年完成老旧营运车辆淘汰573辆。

【疫情防控与应急运输保障】

1月28日至2月19日，组织人员前往杭甬高速余姚道口、五车堰春运服务站、杭甬运河蜀山船闸等防疫防控卡点配合公安、卫生等部门24小时执勤，共检查车（船）约3.7万辆（艘），检查人员约6万人。同时，组织人员前往余姚高铁北站、余姚火车站、宁波南站、高速客运站、长途汽车站、宁波栎社机场、杭州湾境外到甬人员转运点等地，进行重点疫区及境外到余姚管控人员转运工作，全年累计转运人员约5200人。

疫情防控期间，共启用运输保障车辆49辆，运送生产、防疫、医疗物资3261吨，发放各类通行证1291张，保障5804吨各类物资顺畅通行。协调市公路运输公司“点对点”负责用工企业包车返岗工作，2月18日至3月27日，共帮助105家企业运输返乡民工3130人。

（陈佳利）

水路运输

【概况】

余姚境内航道里程45千米，为省级重点四级航道。2020年，杭甬运河余姚段船舶累计过闸量达21858艘次，货运量为546.6691万吨，受新冠疫情影响，较2019年相比下降12.2%。完成杭甬运河余姚段美丽航道

2月6日，余姚市交通部门全力保障赴辽阳应急物资运输车辆绿色通行

2月16日起，杭甬运河蜀山船闸恢复通航

护岸养护项目，杭甬运河余姚段美丽航道创建顺利通过省港航中心考评。

【杭甬运河蜀山船闸恢复通航】

2月16日起，为进一步加强全市疫情防控和社会生产恢复工作，杭甬运河蜀山船闸恢复通航，通航时间为每日8时至17时。为切实做好新型冠状病毒肺炎防控工作，在每日通航期间，交通部门联合公安、卫健、海事等部门对疫情防控期间杭甬运河蜀山船闸下行船舶进行管控。在蜀山船闸设置防疫检查点，工作人员按照“逢船必查、逢人必查”受控进入原则，对下行船舶上人员采取核查身份信息、测量体温等管控措施。交通部门配合维护通航秩序、检查留观场地（停泊区）设置和应急处置。疫情防控期间，仅限运输防疫物资以及电煤、粮食、石灰石等民生保供物资的船舶通行。

（陈佳利）

铁　路

【概况】

2020年，余姚境内铁路旅客发送544.5万人次，到达536.8万人次；铁路货运发送64.86万吨（另有汽车厢发送6781辆），到达155.7万吨。至年底，经停余姚的图定旅客列车180列，其中经停余姚北132列，经停余姚站30列，宁波与余姚间城际列车18列。2020年，余姚北站日均发客1.09万人次，相比2019年下降32.4%；城际余姚站运送旅客达90万人次，较2019年下降24.9%。境内拥有客运火车站点2个，城际铁路站点1个，货运火车站点2个。

年内，为应对新冠肺炎疫情，市铁建中心（铁路北站广场综管办）高站位部署，第一时间成立由余姚市、慈溪市、杭州湾新区、铁路北站、铁派相关人员组成的铁路北站区域新冠肺炎疫情联防联控工作领导小组和临时党支部，下设6个工作组，科学制定防疫工作流程图，确保统一指挥、统一协调、统一调度。高标准防控，充分发挥数字赋能作用，实行“健康码+身份证”防控模式，通过提醒、核验、测温、转送等闭环管控服务，所有经过余姚火车站的重点地区人员和疑似病例都得到闭环控制。市铁建中心做好后勤保障、协调联动工作。联动团市委、市级部门、社会组织等做好火车站测温志愿服务。11月5日之后，积极协调委托第三方承担测温任务。为促进复工复产，2月19—26日，共有5趟返岗专列接回3000余名返姚员工，做好返岗专列接站协调衔接工作。

铁路北站广场区域常态管理与专项行动两手抓，基础设施优化与队伍建设两手硬，区域内无安全事故、重大治安与刑事案件，相关部门行政处罚接拉客人员256人次。聚焦铁路沿线外部环境，全面推进安全隐患综合治理。自7月底启动普速铁路沿线外部环境安全隐患综合治理行动后，通过建立路地联动、部门协同、督导通报、联合销号等工作机制，分类分批精准施策，顺利完成首批省定156个问题点位及“回头看”行动中的21个问题点位的整改任务，完成6个公铁并行路段标准化护栏的专项整改任务。

多次牵头协调推进城际丈亭站、牟山站选址与前期相关工作。9月，牟山站技术方案获得上海铁路局认可，前期工作有序推进。多次牵头召开宁波至余慈城际二期线位优化与站址固定工作会议，全面参与余慈城际铁路二期余姚段可研调整完善与审查工作。市铁建中心联合市资规局、市交通局、宁波舜通集团、宁波城铁公司开展铁路余姚西站功能置换与综合开发研究。

【新冠肺炎疫情下的春运】

2020年春运为1月10日到2月18日。春节前15天，铁路北站日均发客18081人次，相比上年同期增长9.1%；节后25天日均发客1326人次，仅为上年同期的9.5%。据统计，2020年春运期间，铁路北站共发送旅客30.4万人次，与上年同期相比下降49%。

节后受新冠肺炎疫情影响，铁路北站区域交通接近停滞。城市公交自1月28日开始减班运营，到2月4日，北站城市公交仅有102路低密度运营。北站城乡公交自正月初七起全线停运，到2月18日539路恢复低密度运营。长途站自1月27日起全线停运。高铁方面，自2月1日（正月初八）起停运列车显著增加。

【市铁建中心揭牌仪式举行】

12月21日，市铁路与轨道交通建设管理服务中心举行揭牌仪式，副市长黄和庆出席，并主持召开座谈会。市铁建中心为市政府管理的公益一类事业单位，机构规格为正科（局）级，主要承担牵头谋划全市铁路与轨道交通建设重大项目、统筹协调轨道交通工程建设、协调做好铁路北站广场区域的综合管理服务及境内铁路沿线两侧“三化”的工作职责。市公安局、市公安局交警大队、市综合行政执法局、市交通运输局、市场监督管理局等有关部门（单位）有执法人员派驻市铁建中心。

（王利军）

海　事

【概况】

2020年，海事余姚办事处共开展水上巡航190次，巡航时间412小时，巡航里程2027海里；陆上巡查488次，巡查时间966小时，巡查里程10714千米；共检查船舶1139艘次，出动执法人员1405人次。巡航巡查中重点对杭甬运河余姚段下行运输船舶、姚江旅游公司船舶、河姆渡和姜家渡渡船及杭甬运河通航秩序维护等开展现场监管，并做好应急处置工作；同时对余姚辖区姚江旅游公司等4家航运公司开展日常管理。

【姚江西分大闸开闸通航】

11月17日，杭甬运河姚江上游余姚西分项目瑶街弄调控枢纽工程——姚江西分大闸正式开闸通航。该项目是解决姚江流域防洪排涝民生问题的控制性枢纽工程，项目Ⅰ标段瑶街弄调控工程所涉及调控枢纽采用三闸联建，自南往北依次为削峰调控闸、挡洪闸、应急船闸。其中，挡洪闸单孔净宽45.3米，日常运行闸门悬挂锁定位置，闸门板底高程8.5米，为杭甬运河主通航道。海事余姚办事处为切实做好主航道与临时航道的无缝切换工作，提前介入，多措并举，加强现场监管，确保通航秩序持续稳定。

【兰江大桥合龙】

12月18日，余姚城区西侧余梁公路北延工程兰江大桥顺利合龙。为确保该大桥安全施工，同时不影响杭甬运河正常通航，海事余姚办事处周密部署，全程参与现场监管，确保大桥安全施工和通航秩序稳定两不误。

（海事余姚办事处）

邮　政

【概况】

2020年，邮政余姚分公司共计实现业务总收入2.3亿元，实现经营利润（含寄递事业部）1236万元。其中，金融业务收入1.16亿元，同比增长10.88%，储蓄存款规模突破92亿元，全年储蓄余额年新增达10.7亿元，累计实现代理保险业务收入1399万元，折算保费2.9亿元，同比增长21.78%。长期交点均121.7万元，净值型理财保有量新增7021万元，开发偏股型定投客户1585户。寄递业务收入7543万元，完成年计划的104%。农村电商完成分销收入1403万元，完成年计划的146%，累计实现线上自营批销额786万元，完成年计划的105%。函件业务累计收入318万元，集邮业务收入312万元，报刊业务收入1199万元。

【“四大项目”配送服务】

为全力做好疫情防控，确保邮政服务“四不中断”，邮政余姚分公司快速布置、快速行动，调动全公司力量，积极推动口罩、蔬菜、教材、医药“四大项目”配送服务。

助力政府网约口罩派送 2月6—15日，市政府开辟网上预约口罩平台，采取网上预约，送货上门的方法。公司积极响应市政府有关通知要求，承担起网约口罩配送的相关工作，并第一时间成立党员突击队参与口罩包装。口罩预约活动共开展两轮，公司共派送网约口罩21万个。

保障市民“菜篮子”，无接触配送蔬菜 为助力解决抗疫期间“农民卖菜难，市民买菜难”的问题，邮政余姚分公司创新寄递业务、农村电商等专业联动服务，利用“邮掌柜”微店平台，开展蔬菜同城配送活动，让市民足不出户，线上下单，便可享受邮政“无接触”送菜上门服务。同时，公司积极对接余姚市供销合作社联合社，参与到当地滞销农产品的销售、配送中，涵盖蔬菜、肉类、水产、禽蛋、水果等涉农产品，单日配送余姚地区果蔬等农产品邮件400余单。截至2月23日，共配送农产品邮件2万余单。

全力配合学校“停课不停学”，提供送教材上门服务 受疫情影响，各学校采取“停课不停学+网络教学”的方式开展教学，邮政余姚分公司主动与市教育局以及各中小学对接学校教材配送工作，让广大学生在家学习不受影响。2月12日至3月31日，累计配送教辅图书15万本。

快递送药到家服务 疫情防控期间，为方便广大患者取药，邮政余姚分公司积极对接余姚市第一人民医院、余姚市第三人民医院、余姚市中医院，为市民提供线上预定，邮政线下配送药品的服务，为不少患者解决了药品供应不足问题。

【承运、寄送防疫物资】

2月11日，邮政余姚分公司得知余姚市第一人民医院需要寄一批防疫物资给出征武汉的医护人员的消息后，提出免费为余姚援鄂的医护人员寄送防疫物资，并第一时间派出特需项目小组的负责人员赶赴医院进行交接揽收。物资总计10箱，包括医用手套、口罩、防护服等。

2月16日，邮政余姚分公司接到市外事办的消息，有一批来自日本常陆太田市的防疫物资从日本航运至杭州，并且指定捐赠余姚市。当天，公司联合市政府立即行动，组织一支由邮政运输人员、警务人员、外事人员组成的特别行动小组，前往杭州邮政进出口处理中心，并于当晚将18箱防疫物资成功送达余姚市第三人民医院。

3月20日，邮政余姚分公司得知中意宁波生态园商会有一批救援物资需要寄往意大利，便立刻与该商会取得联系，由公司负责承运此次援助意大利的抗疫物资任务。当天，公司派出特需项目小组前往物资存放点进行揽收，经过一系列作业流程，于当晚将12箱防疫物资送达宁波邮区中心局，准备发往意大利。

【“邮快合作”项目签约仪式举行】

4月29日，在宁波邮政管理局的牵头下，“邮快合作”项目签约仪式在邮政余姚分公司梁弄邮政支局举行。在签约仪式上，余姚分公司与中通、圆通、申通、百世、韵达5家快递企业签订《余姚四明山革命老区邮快合作暨快递进村合作协议》。

【为望谟学子点亮"微心愿"】

5月11日，邮政余姚分公司在得知余姚团市委将有一批爱心物资要寄往望谟县一所山区小学，帮助116名家庭困难学生实现"微心愿"的消息后，便积极与团市委取得联系，主动承担此次爱心物资的承运工作。当天下午，余姚分公司发动党员力量，同寄递事业部的工作人员一起前往余姚市志愿服务指导中心进行揽收，共计揽收爱心物资共116件。

（黄海燕）

5月29日，余姚邮政管理局成立大会暨揭牌仪式在市交通运输局召开

物流快递

【概况】

2020年，全市邮政业务总量33.8亿元，同比增长28.96%，列宁波市第2。快递业务量16782.7万件，同比增长47.2%，排名宁波第1。

余姚邮政公司与中通、圆通、申通、韵达、百世、极兔6个品牌企业正式签订四明山镇、大岚镇、鹿亭乡3个偏远乡镇快递的共享共配和快递进村合作项目。全年共收发快递68670件，日均收发快件300件左右。建立了偏远农村快递"最后一公里"的"末梢"，实现全市行政村"快递进村"全覆盖。

推进交通运输与邮政快递融合，推动资源共享，延伸服务链条，推动农村物流发展，累计完成农村物流网点建设107个（其中列入省政府民生实事服务点80个）。与市财政局联合印发《〈关于加快现代服务业和开放型经济发展的若干政策意见〉现代物流业政策的实施细则》。

【余姚邮政管理局成立】

5月29日，余姚邮政管理局成立大会暨揭牌仪式在市交通运输局召开。仪式上，宁波市邮政管理局局长温雪荣、余姚市副市长黄和庆出席成立仪式，共同为余姚邮政管理局揭牌。温雪荣宣读了余姚邮政管理局成立批复、人事任命文件。

余姚邮政管理局作为宁波市邮政管理局派出机构，主要职责是监督管理余姚市行政区域内邮政市场及邮政普遍服务、机要通信等特殊服务的实施，负责行业安全生产监管，保障邮政通信与信息安全等。

（陈佳利）

数字政务

【概况】

2020年，市大数据局承担好数转办日常工作，把上级数字化转型"十大行动"贯穿于工作始终，以基本建成"掌上办事之市、掌上办公之市"为目标，发挥主力军作用，提升"整体智治"水平。

全面提升"互联网+政务服务"。着力推进政务服务2.0平台建设，累计接入政务服务事项1000余项。182项民生事项实现"一证通办"，网上、掌上可办率超过80%。强化掌办、网办宣传推广，通过新媒体推广、注册有礼等活动，提升"浙里办"App群众知晓率和注册量。

强化数据共享与应用。稳步推进数据归集、共享与开放。与上级同步实施数据共享开放百日攻坚行动，梳理编制数据目录1300余项，数据项22000余个，编制开放目录657项，开放数据项4322项。以需求为导向开展数据归集，服务本地数据共享，申请数据接口100余个。组织参加上级数据开放大赛，“升学小助手”获得优胜奖。推动多业务协同场景建设。推动金融超市、道德银行、线上120等场景业务协同和应用创新，智慧养老、智慧文旅体等场景开发持续推进。基于区块链的道德银行移动服务平台项目获2020数字政府特色评选50强创新案例“用户满意创新奖”。

提升政务办公效率。推动“浙政钉”全面覆盖。按照《“浙政钉”余姚平台管理暂行办法》，完善“浙政钉”用户体系，注册人员15000余人，账号信息完善率、激活率均达到100%。强化浙政钉与政务协同办公融合应用，公文流转办理新增手写签批功能；推进移动办公二期建设，完成全市用户迁移激活，实现PC端与移动端全流程同步。深化机关内部“最多跑一次”改革。协助开展内跑事项梳理比对和事项调整审核，梳理入库事项347项，46个市直单位在协同系统中办理各类事项27000余件次。全力服务“互联网+监管”。依托全省统一行政执法监管系统，构建监管风险闭环处置体系。全市监管事项实施清单编制完成率100%；认领国家库监管事项清单1009项，认领率93%；认领省库监管事项清单8000余项，认领率83%，掌上执法率99.63%。监管事项主项覆盖率达到91%。

强化政务网络安全。落实信息系统网络安全等级保护2.0工作“三同步”要求，贯穿项目评审、建设、验收全过程。加强疫情防控系统和数据安全保护，及时清理个人隐私数据。加强数据中心管理，专人负责，落实重大活动期间24小时值班制度。开展政务信息系统网络安全专项整治百日攻坚行动，开展底数排查、安全扫描和隐患整改，强化边界安全管理；协同开展非法外联专项排查，实地核查、督查整改。强化专业技能提升，组队参加宁波市第三届网络安全大赛并获得院校组第一名。

【全市大数据发展专题培训班举办】

10月16日，市委组织部、市大数据局和市委党校联合举办大数据发展专题培训班。市委常委、常务副市长郑传统出席开班仪式并作动员讲话。培训班邀请浙江省数字经济发展中心、宁波市智慧城市研究院的行业专家就“浙江数字经济高质量发展的实践与启示”“数字经济统计体系与综合评价”“宁波市智慧城市建设探索与实践”等内容开展授课交流。全市中层以上干部共计80余人参加培训。

【道德银行获评“2020数字政府特色评选50强创新案例”】

11月26—27日，“2020智慧中国年会”在北京召开。主论坛上，《2020中国数字政府特色评选50强榜单》发布，市大数据发展管理局报送的《余姚市首次将“道德”与“信贷”联姻推出道德银行》获“用户满意创新奖”。

余姚市道德银行移动服务平台以“最多跑一次”改革为引领，基于区块链、大数据和移动互联网等先进技术，是数字政府建设在道德领域的场景化应用。道德银行服务平台打通全市265个行政村的数据，用大数据记录每位市民的志愿服务、社区活动、文明行车等“文明轨迹”，测算出每个人的道德积分，并产生道德绿码和信用额度。市民在“道德银行”可以用道德积分“兑换”315项礼遇激励项目。

【余姚市政府网站获2020年度中国政府网站绩效评估县级市政府网站第三名】

12月15日，2020年数字政府服务能力暨第十九届中国政府网站绩效评估结果在北京发布，余姚市政府网站获县级市政府网站第三名，这是余姚市政府网站连续第10年上榜。

（马项玲）

智慧城市建设

【概况】

2020年，市大数据局积极谋划智慧城市基础设施建设和应用推进，助力提升县域治理现代化水平。做好“十三五”规划期末评估，启动智慧城市发展“十四五”规划编制，坚持以信息惠民为出发点、以提升城市治理能力为核心，探索具有地方特色的建设模式。着手建设“一图统揽”，为城市大脑“一网感知”打下基础。拓展“余姚市民云”功能，开发特色应用，推出高频应用20余项。统筹数字项目，指导、评审项目78个，节省财政资金2600余万元，提高资金使用效率。建设数字余姚展示中心，展示数字余姚建设成果与未来展望。

【市大数据局开启战“疫”精准智控模式】

年内，根据防止境外疫情输入的要求部署，市大数据局发挥数据靶向智控优势，对原有居家医学（集中）观察信息系统进行完善迭代。通过加入“境外人员管理”模块，系统数据的全面性、准确性、及时性不断提升，为重点人员分类管控（尤其是境外返余姚人员的动态管控）、精准施策提供有效技术支撑。新增加的“境外人员管理”模块可有效保障境外输入人员信息管控“全、准、勤”，提高入境人员管控效率，提升政府部门精准化服务水平，是真正依托大数据、网格化的有效结合，全面提升“一码一库一平台一指数”考核任务目标。

【“市民云”城市服务平台取得新进展】

余姚“市民云”App于2019年11月21日上线发布，至2020年基本建成。余姚“市民云”App依托先进的互联网技术，注重打造接地气的本地化创新应用，为余姚老百姓的日常生活提供智慧化服务。App融合40多项民生服务应用。出生E站通、书香余姚微阅读、土地超市、金融超市、阳明网校等多个部门的特色互联网应用接入平台；交通云卡、医疗挂号、检验单及诊疗信息查询等功能实现宁波市的互联互通、权益共享。通过该App，居民还可以快速查询垃圾分类、余姚天气、单行线、信息资讯等生活服务。市大数据局还与市商务局协同配合，在App上开发“余姚油价”应用；与市教育局合作，推出“中考查分预约”应用等。

【智慧城市建设“十四五”规划座谈会召开】

10月22日，市大数据局组织召开智慧城市建设“十四五”规划座谈会。浙江工商大学、宁波智院、国研中心相关专家和全市20余个市直部门分管人员参加座谈会，商讨余姚市下一个五年智慧城市建设方向和推进举措。座谈会上，与会人员结合实际，总结回顾全市“十三五”期间的成绩和亮点，并围绕数据共享治理、资金人才保障等问题，对“十四五”智慧城市建设规划提出建议。

（马项玲）

数字经济

【概况】

2020年，市大数据局深入实施数字经济“一号工程”，不断做大做强数字经济。按照数字经济工作组工作规则，形成部门合力，加强日常对接，2020年全市数字经济核心产业（制造业）实现增加值80.7亿元，位居宁波各县（市、区）第1。依托智能经济先行示范区创建，完成政务协同创新和区域病理大数据试点工作任务。成功列入省级数字经济创新发展试验区创建名单。

【数字经济暨智慧城市体验日活动举行】

9月10日，市大数据发展管理局组织开展数字经济暨智慧城市体验日活动。20余名社区干部和市民代表走进市数字化企业和机器人体验馆，参观浙江佳贝思绿色能源有限公司，深入数字化工厂了解企业产品研发、技术改造等方面的情况；还参观奇点机器人体验馆，通过实物展出、多媒体交互等形式，全方位、多层次、多维度地了解机器人与人工智能的发展历程和成果。2020世界数字经济大会暨第十届中国智慧城市与智慧经济博览会于9月10—13日在宁波举行，此次体验日活动是大会的系列配套活动之一。

【山东宁津县大数据中心到余姚调研大数据发展工作】

8月13日，山东宁津县大数据中心主任崔浩带队一行到余姚调研交流大数据发展相关工作。市大数据局党组副书记、副局长郑平陪同。考察组一行先后参观舜宇集团展示厅、数字车间、光电小镇、市信息化促进会，对余姚的大数据发展工作及数字化转型现状给予高度肯定。在工作交流座谈会上，市大数据局对余姚市政府数字化转型、数字经济、智慧城市等相关数字余姚建设工作做简明介绍，城市大数据平台、市民云公司相关负责人对城市大数据平台建设、“市民云”App运营等方面作具体介绍，并就相关问题进行深入交流。

（马顶玲）

智能制造

【概况】

2020年，全市深入实施新一轮智能制造工程，制定出台《余姚市智能化改造三年行动计划（2020—2022年）》，系统推进智能化改造升级计划，加快企业数字化试点示范和推广应用，全面提升全行业、多企业的智能化改造水平。全年实施200万元以上的智能化改造项目290个，总投资超38亿元；实施智能化工厂（数字车间）试点项目7个，其中获评省级数字化车间项目1个；新增工业机器人408台。

全速推进“5G+工业互联网”建设，积极打造行业级工业互联网平台，“余姚智能家电工业互联网平台”搭建完成，实现注册企业102家，发生实际应用企业17家。

【余姚智能家电云平台发布】

5月17日，余姚市首个行业工业互联网平台——余姚智能家电云平台上线。该平台由市经信局联合中国联通宁波市分公司、云镝智慧科技有限公司共同建设。平台搭载IOT+智能制造、金融服务、产业链协同等模块，为余姚市小家电行业提供“5G+工业互联网”应用创新服务，实现从产业链层出发，打通各企业端生产、经营、管理等全价值链，优化整个集群产业资源配置，加强企业间协作分工效率，加速孵化本土品牌和提升市场影响力。

（杜　阳）

电信业

【中国电信余姚分公司】

2020年，中国电信余姚分公司累计完成税后主营业务收入39839万元（国内口径），完成率列本地网各县（市）分公司第1位。截至年末，固定电话用户18.32万户，新增0.34万户；移动用户32.9万户，新增13.7万户；宽带用户19.56万户，新增2.86万户；ITV（网络电视）用户10.9万户，新增1.18万户。

年内，持续推进城市智慧化应用网络基础设施建设，累计完成网络投资4100万元。其中，完成光网建设方面投资1850万元，光网络端到端建设方面，新增1.5万线，累计光接入能力达79万线，利用率44.2%；优化核心网络，新增OLT等接入层设备25套，所有乡镇均开通XGPON业务。完成无线项目投资2250万元（不含5G网络），积极推进4G LTE扩容工程，全年新建1800M室外宏基站7个，新建2100M室外宏基站15个，全年完成余姚中意生态园员工宿舍、黄湖监狱、余姚中梁首府、余姚中梁九号院、余姚万基印象城二期、余姚万基印象城三期、余姚紫辰府、余姚第八中学、余姚阳光海吉星晶萃公馆等室分分布系统9套，共开通RRU信源84台。

协同联通公司做好5G网络的共建共享工作，全年开通5G基站293个，累计开通5G基站数达到374个，基本完成主城区、滨海产业园、余姚人才创业园及平原乡镇5G网络的连续覆盖。

1—4月，配合各级政府机关开通视联网、“疫情监控”等应急指挥、实时监控业务。1月下旬至2月6日紧急开通一批防疫单位视联网终端60余端。2月26日，协助泗门镇政府建成全市首个电子政务视联网，并以视频形式召开会议，实现泗门镇与各村（社区）会议室的互联互通。开展重点单位、乡镇街道疫情监控点位专项服务，累计服务乡镇街道21个点位，安装疫情隔离点监控243户。

根据市委、市政府及上级公司关于疫情防控和复工复产工作部署，中国电信余姚分公司成立以各专业骨干为主的通信保障突击队和志愿服务队。截至2月29日，累计保障市政府、市卫生健康局、市疾控中心、市应急管理局、市公安局、各级医院等重点单位专线电路99条，参与隔离区等紧急业务开通291条次，出动保障人员234人次、保障车辆99辆次。累计发送防疫提醒短信260多万条，完成暂住人员暂缓返回余姚定向短信14万条，全市480多个楼宇LCD视频及陆埠、临山2个乡镇中心大屏同时进行疫情防控宣传，发布疫情防控告市民书等权威信息。结合来电名片防拦截功能，开通完善全市1300多个乡镇、社区电话的外呼功能，助力疫情的精准防控。2月5—20日，由中国电信余姚分公司党员、团员、员工组成的抗“新冠”疫情联防联控志愿服务队，170余人次参与梁弄镇、胜山社区等地的新冠肺炎疫情联防联控工作；组织25名志愿者协助市人社局开展复工专列接站志愿活动，助力企业复工复产。中国电信余姚分公司网络部党支部被评为余姚市第二批战疫先锋团队，2人获余姚市战疫先锋个人称号，5人获浙江省新冠肺炎疫情防控志愿者服务证书。

中国电信余姚分公司通过党建翼联平台联合泗门镇谢家路村，运用“天翼看家”、“天翼对讲”、云计算、大数据等技术，为辖区内的农户、企业和公共区域安装摄像头，把公共视频画面纳入村综合“智治”室，实现社会基层治理“四个平台”建设由镇到村的深度延伸。并协助村委打通村智慧党建、村“智治”室、村级矛调中心、村便民服务中心等闭环管控的综合管理服务全流程，实现村级综合治理的智慧化、精细化、快速化。

（周　园）

【中国移动余姚分公司】

2020年，中国移动余姚分公司全面实施“一四四四”工作计划，完成各项目标任务，全年运营收入持续增长，主要经营指标居行业前列。

年内，打赢疫情防控阻击战，高效推动复工复产。积极做好通信、服务、防控保障，全力配合地方党委、政府疫情防控要求，推出十大温情服务，配合卫健、公安等部门落实50余次大数据防控需求，发送公益短信1000万条，提供热成像测温、云视讯、视频彩铃、隔离点监控等产品服务，助力企业复工复产，与市教育局联动在机顶盒开设空中课堂，满足居家上课的需求。

建强5G网络，将5G新基建作为一号工程，推动5G建设发展走在全省第一阵营。移动5G基站在“面”上实现城区连续覆盖，所有乡镇覆盖；在“线”上实现高速、高铁等重要交通干线的境内全线覆盖；在“点”上实现城市地标、交通枢纽、中意宁波生态园、余姚人才创业园、智能光电小镇、中国云城等重点场景的5G网络覆盖。

建强信息基础设施，加大资源投入，推动余姚信息基础设施能力持续走在地区前列。面向城市治理领域，积极参与全市社会综合治理能力建设，打造智慧+社区、园区、城管、公安、环保、水利、应急管理、文旅、医疗、教育等一系列现代化社会治理平台。举办宁波区块链新品发布大会和余姚5G智能化工厂推介会，推动成立区块链专委会和5G智能化工厂联盟，开展农业、工业等领域10余项场景应用。

创优客户服务质量，践行“以人民为中心”的发展思想，整体客户满意度行业领先，居地区前列。保障农博会、小家电博览会、“姚品汇”、杨梅节、裘皮时装博览会等各类重大活动、重大展会20余次，出动应急保障车辆百余辆次、保障人员300余人，动用应急保障经费超150万元。全力支撑余姚全国文明城市、全国卫生城市复评复审工作，完成52条重点道路和11个重点区域的通信管线改造。持续开展“与5G一起智起来”全市中老年人智能手机操作技能普及工程，累计培训82场，覆盖1.4万人次。联动公安强力打击电信诈骗，推出防骚扰“机伶”公益服务，惠民覆盖12万，积极落实“断卡”行动，累计关停诈骗号码2500余个，拦截诈骗呼叫超700万次。

（中国移动余姚分公司）

【中国联通余姚分公司】

2020年，余姚联通下辖9个营业厅、2家员工／社区沃店、3个划小支局、3个中心部门（政企客户室、中台支撑室、建设维护室），共有员工95人。

2020年，中国联通余姚分公司坚持创新发展理念，加快互联网化转型，按照浙江联通高质量发展的5个要求，坚守“五新”联通和公司5年战略定力，加快数字化转型，围绕年度重点工作，积极开拓市场发展工作及服务提升工作，奋力开创余姚联通高质量发展新格局。

加强网络支撑能力，继续强化网络规划、优化、整治、保障和管理工作，各个通信工程建设项目按计划顺利推进，支撑响应能力和网络质量进一步提升。2020年，网络建设聚焦重点，不断增强网络竞争力，抓好5G建设，持续改善4G深度覆盖，加强固网基础网络建设，做好规划，提升网络的稳定性。强化项目管理，切实做好市场发展需求的网络响应保障。

提升市场经营能力。5月17日，宁波联通、云镝智慧联合为余姚小家电行业精心打造的“5G+工业互联网”余姚智能家电行业云平台上线运营。作为宁波市“5G+工业互联网”第一批试点项目，该项目得到余姚市政府高度重视。平台惠及余姚3000余家小家电及电器配件相关企业。7月10日，余姚智能家电云平台推介会召开。会上，市委常委毛丕显对平台的建设情况和能力表示肯定。11月27日，宁波余姚智能家电云平台第一届生态合作伙伴大会在宁波余姚联通公司举行。12月29日，湖州市吴兴区委副书记、区长潘永锋在余姚市委副书记、代市长徐云陪同下，调研余姚分公司智能家电云平台。徐云对宁波联通在助力余姚市智慧城市建设，特别是“5G+工业互联网”推进在余姚信息化发展上做出的努力给予高度肯定。

8月27日，“宁波联通与浙江朗迪集团视觉检测合作项目”签约仪式在宁波联通余姚分公司举行。

疫情防控期间，2月11日为宪卿弟社区开通余姚市第一个“社区疫情防控及风险风析平台”，得到社区领导的认可及感谢，凤山街道微信公众号平台对公司的防疫技术支持及慰问进行专题报道。2月12日，在城区巍星路菜场进行手持式热成像测温设备的安装，运用热成像原理进行温度识别，确保菜场人员进出的有效与精确测温。同日，在余姚市某新建医学观察点进行视频监控系统安装，完成医学隔离点6处智能报警监控系统的安装调试工作。主动对接各乡镇工贸办，助力企业复工现场检查服务及市经信局余姚市企业复工备案管理信息系统帮扶工作，组建志愿服务攻坚小组，助力朗霞街道复工审批的初验工作，与政府、街道等部门一起，帮扶企业完善防疫预案、规范场地设置、审核相关资料。

（中国联通余姚分公司）

城乡建设与管理

城乡规划

【概况】

2020年，余姚市顺应发展新常态，实现攻坚新突破，不断完善城乡规划体系，优化规划布局，努力提升城区品质，培育特色城镇，打造美丽乡村，充分发挥规划的引领和统筹协调作用，为高水平建设现代化创新型生态城市奠定更加坚实的基础。重点对专项规划编制，重大片区规划修编调整，城市功能品质提升，“三名”保护等方面开展规划管理工作。

专项规划方面，全年完成城市公共服务设施专项规划编制、G228沿线产业发展和空间规划、城际铁路站点及站点周边空间规划布局、15分钟社区生活圈规划研究等专项规划方案的评审工作，城市设计标准与准则初步方案完成。

重大片区规划修编调整方面，剑江区块控制性详细规划调整获市政府批复；高风单元控制性详细规划修编通过城市规划委员会审议；启动东南组团片区规划研究，结合G228国道及余慈中心高速公路、姚江文化产业带规划建设，整体谋划东南片区规划蓝图，完成规划初步方案；重点对片区内存量土地、矿山综合整治开发利用等进行梳理，明确片区功能布局和建设方向，统筹划定片工城镇开发边界、产业园区发展线和永久基本农田保护线，完成丰山、龟山片区规划研究。

城市功能品质提升方面，组织编制余姚市城市中轴线南雷南路道路品质提升设计方案，对南雷南路两侧道路、建筑、绿化等进行整体设计。以“我市千年历史与崭新未来的城市客厅”为定位，加快高铁新城的建设。全年共组织专家评审会12次，评审项目26个；组织城市规划委员会会议3次，城市发展策略专业委员会会议1次，共审议项目13个。

“三名”保护方面，完善保护规划体系。启动第六批浙江省历史文化名镇泗门镇保护规划编制工作，经过反复调研、论证、审查，形成保护规划草案，并通过省、市专家组评审、余姚市人大常委会审议，向社会公示征集意见。完成府前路历史文化街区保护规划、横坎头历史文化名村保护规划局部调整工作，12月经省政府批准。推进历史建筑保护修缮。组织编制第二批历史建筑保护图则，明确保护范围、措施等内容。向宁波申报历史文化名城名镇名村保护补助资金130万元，用于补助惠爱医院旧址、惠爱医院宿舍楼旧址、王氏洋房、树滋堂4个项目的修缮整改。建立“三名”

保护档案。完成城市紫线入库，将名镇名村、历史文化街区保护规划、文物建筑、历史建筑、第三次全国文物普查不可移动文物、历史建筑资源点等历史文化资源数据统一入库。完成第二批87处历史建筑标志牌设计、制作、挂牌工作，完成全市街区、名镇、名村标志牌挂牌。

【国土空间规划编制】

年内，按照省、市相关工作部署，成立国土空间规划编制工作领导小组，结合城乡规划、土地、信息、生态、海洋多专业相关内容，谋划国土空间总体规划编制。2月，余姚市完成大纲初步成果，上交宁波；4月，余姚与宁波市自然资源和规划局就《余姚市国土空间总体规划大纲》进行专题讨论；6月，就聚焦贯彻生态文明发展理念、落实国家省市重大战略、突出地方优势和特色、严守生态底线和粮食安全、提高发展质量和用地效益等方面的大纲成果向省自然资源厅进行专项汇报；7月，充分对接省自然资源厅的反馈意见，深化主体功能区研究并提出相应的分乡镇主体功能区定位，重点开展农业农村、交通、水利、发改、经信等部门的“十四五”专项规划编制衔接工作；12月，向省自然资源厅提交国土空间总体规划初步方案。

【新增4处省级历史文化名镇街区】

4月19日，浙江省人民政府公布第六批浙江省历史文化名镇名村街区名单，余姚市泗门镇入选省级历史文化名镇，是这批名单中宁波唯一一个历史文化名镇；武胜门、府前路、保庆路3个街区入选省级历史文化街区。

【历史文化名城日系列活动开展】

12月8日是宁波市第12个历史文化名城日，市资规局开展了“我和名城有个约会”名城日系列活动。活动分为街区打卡、摄影征集、绘画征集和现场展示4个部分，活动期间，制作了全市首张城区历史建筑手绘地图，标明3个省级历史文化街区、2个风貌区范围及位置、城区25处历史建筑。

（市自然资源和规划局）

住房和城乡建设

【概况】

2020年，市住建局进一步完善交通路网。持续推动11个道路工程建设，截至12月底，宪卿第路（新建路—中山路）道路工程、长安路（姚州大桥—玉立路）道路改建工程、府前路及周边道路改造提升工程、三江六岸提升一期工程（北兰江路西段）完工；四明东路（南排江路—东环南路）道路新建工程、丰山路和子陵路（姚州大桥—新建北路）道路改建工程、舜达路一期（梁周线—景桥江西）道路新建工程等一批道路加快推进。城东路与金型路交叉口改造工程、四明西路与新西门路交叉口两个路口改造工程完工。加快推进各类停车场（位）建设，全年完成停

长安路（姚州大桥—玉立路）改建工程完工

车位建设3866个，超额完成任务（目标3792个）。

加快老城区有机更新。老旧小区改造方面，加快老旧小区改造步伐，其中邮电新村等7个老小区约38万平方米的改造工程及2台老旧小区加装电梯完工，1033台电梯安全保险顺利投保，超额完成余姚、宁波两级民生实事考核任务（老旧小区改造15万平方米、电梯投保1000台）。城中村梳理式改造方面，二高村改造工程一期、胜一村黄家桥自然村改造工程完工；磨刀桥村泥路畈自然村和双桥村桥下自然村改造工程基本完工；谭家岭村谭家新村、二高村二期改造工程进度过半。危旧房改造方面，完成巍星路西侧地块一期、二期以及新西门区块国有土地征收补偿方案公示，加快推进巍星路西侧地块一期、二期以及新西门区块国有土地入户评估。

改造后的上菱新村

美丽村镇协同推进。加快美丽城镇建设，泗门、梁弄、朗霞3个乡镇街道获评省优秀方案，临山、大隐、马渚、丈亭、四明山5个乡镇获评宁波市级优秀方案，首批5个美丽城镇创建乡镇完成验收，其中梁弄镇被评为省级样板，泗门镇被评为宁波样板，其余3个乡镇均达标。完成美丽宜居示范村验收工作，梨洲街道燕窝村、黄家埠镇杏山村、四明山镇棠溪村等5个村庄顺利通过考核验收，其中，大隐镇学士桥村获评省级优秀村庄，小曹娥镇曹一村获评市级优秀村庄。同时，积极推进马渚镇—开元村，梁弄镇—雅贤村、泗门镇—镇北村等一批基础条件较好、自然资源丰富的村庄进行镇村联创，突出连线成片建设和示范带动。

老旧小区加装电梯

重点区域提档升级。积极围绕“一轴两环三片区”建设，加快实施中轴线及水环（慢行系统）建设改造。其中新建路（候青江—子陵路）两侧整治改造工程加快施工。水环（慢行系统）工程完成施工招投标。同时，结合“三江六岸”贯通提升系统布局城市夜间光影艺术工程，完成施工招标，推进监理招标、施工许可证办理等相关工作。

绿色家园持续打造。持续推进泥土不裸露专项行动，完成兰江广场、玉皇山公园、南雷南路与城东路交叉口、市政府东侧花海景观等18万平方米裸露地块的绿化提升工作。同时按照“一路一花，一路一品”的思路，在南雷南路、谭家岭西路、兰江广场等城区公园广场道路种植各类时令鲜花75万余株，进一步提升城区绿化景观效果。此外，完成蛇山公园建设，累计新增绿道20.14千米（目标19.59千米）。

污水治理成效明显。小曹娥污水处理厂提标改造工程土建主体结构完工、设备安装进场，建成后出水水质基本达

2020 年，小曹娥污水处理厂提标改造工程施工现场

到浙江省清洁排放标准，污水处理费方面每年预计节省费用 3000 万元。城区污水收集系统五期工程、市域污水输送复线工程、尾水排海复线工程 3 个工程抓紧做好收尾工作。尾水排海延伸工程陆域管道工程完工。日处理能力 30 吨以上农村污水处理设施标准化运维实现全覆盖。城区“六小”行业污水纳管整治完成支管建设 9.5 千米，完成目标任务。

【宪卿第路及凤山路道路新建工程竣工通车】

年内，宪卿第路及凤山路道路新建工程正式竣工通车。工程由两条路组成，其中宪卿第路西起三官堂路，东至南河沿路，全长 635 米；凤山路南起宪卿第路，北至南河沿路，全长 199 米，道路等级均为城市支路。另外，工程还涉及三官堂路交叉口改造，改造面积约 4013 平方米。工程总投资 4016 万元，主要设计内容包括道路工程、给排水工程、桥梁工程、电缆排管工程、绿化工程、照明工程和交通设施工程。

宪卿第路、凤山路均采用“单幅路”的断面形式，具体为：3 米路侧带 +14 米机非混合车道 +3 米路侧带，总宽为 20 米，路面结构层均为 4 厘米厚细粒式改性沥青砼 +5 厘米厚中粒式沥青砼 +7 厘米厚粗粒式沥青砼 +35 厘米厚水泥稳定碎石基层 + 塘渣路基。

【“智慧路灯”“智慧园林”建设启动】

年内，市园林风景管理中心召开“智慧路灯”综合管理平台项目、“智慧园林”综合管理平台项目对接会议，“智慧路灯”“智慧园林”建设工作正式启动。“智慧路灯”“智慧园林”以城市管理数字化、精细化、智慧化为目标，将传统城市照明、园林绿化管理手段与智慧技术手段有机结合，提高综合管理质效，助力品质之城建设。

【“最良桥光影艺术工程”获亚洲照明设计奖】

10 月 9 日，2020 年 第 16 届灯光之夜暨亚洲照明设计奖颁奖典礼举行。典礼上，“最良桥光影艺术工程”获亚洲照明设计奖优异之光奖。“最良桥光影艺术工程”是全市城区光影艺术提升工程最早实施的项目，于2018年9月建设完成，对最良桥桥墩、悬索、栏杆、桥柱、引桥、雕塑等部位灯光进行全面提升改造。

（刘艳瑞）

房屋征收（拆迁）工作

【概况】

2020年，全市完成房屋拆迁（征收）面积18.04万平方米，签约户数369户。其中上年度延续项目完成3.53万平方米，签约户数72户；新启动项目完成14.5万平方米、签约户数297户；完成项目签约11个。

【房屋拆迁（征收）“清零”行动】

2020年，全市开展房屋拆迁（征收）“清零”专项行动，全市10个地块“清零”项目共计完成面积3.8万平方米、户数72户，完成率分别为97%、86%；完成项目7个，完成率70%，分别为凤山街道剑江村下木桥自然村北地块、兰江街道三江六岸提升工程（一期）北兰江路段、梨洲街道舜水南路东段建设工程、牟山镇牟山湖休闲度假区二期竺山区块、泗门镇大庙周村安置地配套道路和陶家路江三期整治工程（拆迁一）、三七市镇余姚人才创业园下钱整村拆迁。

【拆迁户安置及零星存量安置房“清零”】

2020年，全市共建成交付安置房建设项目2个，分别为经济开发区第九期安置房300套，兰江街道郭相桥安居工程66套。完成两轮存量安置房有条件公开竞价销售，共成交房源10套，成交金额1077万元。

【城中村改造推进工作】

2020年，全市推进城中村改造工作。全年共计启动8个城中村项目，涉及户数1122户，面积34.96万平方米。完成户数1065户，面积33.37万平方米，面积完成率95.5%。

年内，委托市规划测绘设计院对兰江街道西郊村和三凤桥村实施“一村一方案”编制工作。

（张明明）

“三改一拆”工作

【概况】

2020年，全市按照“控新增、去存量”的工作要求，推进违法建筑处置工作，拆除违法建筑137.76万平方米，完成上级年度任务的125.24%。围绕生态品质之城建设，加快“三改”项目推进，完成“三改”面积64.01万平方米，完成上级年度任务的156.1%。

全市将“省基本无违建市”创建工作作为核心工作，按照“控新去化促提升”的工作要求，坚持长效防违控违机制，开展“六清”行动，一体化推进拆改建用。4月13—14日，接受省检查组的考核验收，并扎实做好考核反馈问题点位整改工作，通过了省检查组的复评验收，创建成为省“基本无违建市”。

政策制度更健全。围绕市委、市政府高标准通过创建的工作要求，出台一系列有指导性、可操作的规章制度，细化违法建筑的具体认定类型和处置办法。责任落实更到位。为加强农民建房监管措施，进一步落实首查责任制和“即违即拆”制度，实施工作任务周报制。督查跟踪更紧密。落实市领导带队督导制度，市“三改一拆”办开展不定期检查和抽查，并纳入年度考核，促进“三改一拆”工作向纵深推进。

【“亮剑2020”“三违”清剿行动开展】

年内，贯彻落实宁波市相关工作要求，系统推进“亮剑2020”“三违”清剿行动，共排查处置违法建筑171宗，面积7.3万平方米；清除道路两侧乱搭建和非法广告等环境问题623处，面积3.1万平方米；排查处置违法用地12宗，面积5421平方米。结合“三违”清剿行动，实施严重影响消防安全违法建筑整治工作，共完成31处问题点位的整改工作，拆除影响消防安全的违法建筑 1.5 万平方米。

【“三清一绿有序”专项行动开展】

年内，针对全市道路两侧存在问题，研究出台《余姚市主干道路环境整治专项行动实施方案》，对全市主干道路两侧环境开展以“三清一绿有序”（垃圾清理、违建清理、违法和无序广告清理，种植绿化，环境有序）为主要举措的集中整治提升工作，排查整治问题 851 处，面积 56458 平方米。

【农村乱占耕地建房问题整治行动开展】

年内，按照上级工作部署和相关会议精神，制定出台《余姚市农村乱占耕地建房问题专项整治三年行动方案》，将第一批 4501 个图斑纳入整治范围，面积 246.67 公顷，对第二、三批图斑进行外业核查。按照省办要求，开展违法建筑再排摸工作，新增存量违法建筑 225 宗，面积 20.8 万平方米。

（市“三改一拆”行动领导小组办公室）

建筑业

【概况】

2020 年，全市共有建筑业企业 243 家，其中余姚建筑业企业 218 家。建筑业企业中，施工总承包企业 163 家（含一级施工总承包企业 8 家），纯专业承包资质企业 76 家（含一级纯专业承包资质企业 11 家、预拌混凝土企业 15 家），纯劳务分包企业 4 家。另有工程监理企业 9 家，工程设计企业 13 家（含专项设计企业 3 家），工程勘察企业 4 家，工程检测企业 3 家。

2020 年，全市建筑业总产值 104.88 亿元，省内产值 98.4 亿元，省外产值 6.48 亿元，同比分别上涨 15.76%、12.7%、96.36%。

按照省、市民用建筑项目节能评估和审查管理相关规定，2020 年全市完成民用建筑节能审查项目共 51 个，建筑面积共计 227 万平方米，所有项目均达到绿色建筑设计标准。其中，达到绿色建筑预评价设计二星级的项目 17 个，一星级 34 个。

2020 年，按新型建筑工业化要求进行装配式设计施工的项目共有 34 个。新开工装配式面积 130 万平方米，其中新开工装配住宅项目、公建项目装配式面积 104 万平方米，新开工钢结构住宅面积 5.4 万平方米。全面完成 2020 年度考核目标。

全市施工图审查依托“互联网 + 图审”，实现建设、消防、人防、气象施工图联合审查，完成数据共享。2020 年全市政府买单的施工图审查项目共 516 项，其中房屋建筑项目 225 项（涉及建筑面积 1088.96 万平方米）、市政工程项目 38 项、其他项目 253 项。

根据《余姚市建筑业转型升级做大做强扶持政策实施办法（试行）》（余建发〔2015〕113 号）等文件精神，对 2020 年度建筑业企业转型发展过程中的做大做强、资质升级、创优获杯等方面进行奖励。23 家建筑施工企业获得做大做强项目奖励 417 万元，10 家企业获得创优获杯、资质晋升、人员培训奖励 22.85 万元。共计建筑业奖励金额 439.85 万元。

【南兰江西路二期新建工程获“甬江建设杯”优质工程奖】

年内，市南兰江西路二期新建工程（开丰路至梁周线）获 2019 年度宁波市“甬江建设杯”优质工程奖。南兰江西路二期新建工程西起梁周线、东至开丰路，道路全长 1200 余米，机动车道为双向 4 车道，包含 2 座桥梁，工程范围包括道路工程、给排水工程、桥梁工程及电力管道等，工程总投资 6000 余万元，于 2019 年 6 月通过竣工验收。

【散装水泥专用车辆专项检查开展】

年内，市建材中心对全市散装水泥、预拌混凝土及预拌砂浆企业开展专用车辆专项检查。检查组实地抽查专用车辆 GPS 行驶记录装置、右转弯盲区视频设备、转向提示音安装使用和清洁出入厂区等情况。

（刘艳瑞）

房地产业

【概况】

2020年，余姚市房地产市场持续向好，整体平稳有序。

增量明显，三项关键指标创历史新高。房地产投资创历史新高，全年完成149.42亿元，占宁波全市房地产投资的8.21%，同比增长23.2%（宁波增幅为6.8%）；占全市固定资产投资的49.15%，较2019年提高6.65个百分点。新批准预售面积创历史新高，全年新批准44个项目69批次面积286.04万平方米，其中住宅211.37万平方米，同比增长23.72%；商业用房10.13万平方米，同比增长38.39%；办公用房3.04万平方米，同比增长316.24%；小微企业园33.25万平方米。新建商品房成交创历史新高，全年成交241.84万平方米，占宁波全市的13.01%，同比增长33.21%（宁波全市同比增长8.4%）。其中，住宅218.61万平方米，同比增长32.11%；商业用房5.64万平方米，同比增长4.63%；办公用房1.93万平方米，同比增长43.67%；车库车位15.66万平方米，同比增长78.79%；小微企业园成交15.46万平方米。此外，二手房全年累计成交118.89万平方米，高于上年的117.35万平方米（宁波全市同比下降2.8%），占宁波全市的8.38%，其中住宅108.79万平方米，同比增长8.98%。

房地产开发辐射面进一步扩大，市场热情持续向好。全市21个乡镇街道中，除大岚、鹿亭、四明山外，均有房地产开发项目，特别是泗门、陆埠、梁弄、低塘、朗霞等乡镇街道，房地产开发呈多点开花的良好态势，有力促进新型城镇化建设。从产品类型来看，中心城区除外的乡镇街道改变产品类型单一（多为住宅）的情况，马渚、朗霞、梁弄、泗门等乡镇街道开发建设小型综合体或商住混合型项目，改善提升当地的购物环境和商业业态。2020年，全市将小微企业园纳入预售许可范围，共核发3个项目的预售许可，面积共计33.3万平方米。房地产开发企业拿地热情高涨，2020年全市一共出让住宅用地25宗，面积100.07公顷，宗数和面积分别同比增长19%和7%，12家外地企业首次到余姚拿地，余姚房地产企业新中宇除同其他企业联合开发3个商住项目外，还单独拿地开发小微企业园项目。

突破刚需和改善，新建商品房投资属性放大。非余姚市户籍人口购房比例逐年提高，2020年非本市户籍购房套数、面积占比分别为51.31%、48.95%，较2019年分别提高5.54个百分点和7.52个百分点，乡镇（包括朗霞街道、低塘街道）非余姚市户籍人口购房套数和面积占比分别达到82.58%和81.71%。

新建商品房成交均价涨幅超过10%，区域差异明显。全年全市新建商品房住宅成交均价12663元/米^2，同比增长11.2%，略高于宁波全市涨幅（11.1%），在所有县（市、区）中居第7位。就全市来看，区域之间的差异较为明显，城区16299元/米^2、同比增长23.87%，乡镇8673元/米^2、同比增长4.66%。

房地产税收持续向好，占比进一步增加。全年税务部门组织征收的房地产业税收28.7亿元，同比增长19.93%（宁波全市同比增长13%），占全市总税收的16.5%（宁波全市同比增长16.1%），占比分别较2019年、2018年提高2.1个百分点和6.5个百分点。

受疫情影响，各开发项目建设进度有所滞后，经过各方努力，除破产重组项目璟月湾未按计划交付外，其他项目均交付。全年交付17个项目，总建筑面积171.76万平方米。

【强化房地产市场监管】

年内，市住建局、市资规局、市市场监管局、市综合行政执法局联合开展涉房领域综合专项检查，重点关注全市范围内在建房地产开发项目和新交付的有业主群体性信访问题的楼盘。积极贯彻落实上级关于开展房地产市场专项治理工作的决策部署，成立涉房领域综合专项检查工作组。下发《关于进一步强化住宅工程质量监管工作的通知》《关于印发余姚市涉房领域专项治理行动方案的通知》，针对涉房集中性问题，研究起草房地产市场工作联席会议制度、工地开放日制度、评估预警提示制度、住宅工程差异化监管通报制度等系列配套政策。围绕房产销售、施工质量、文明施工等内容，开展全市涉房领域综合专项检查，重点关注建设单位（房地产企业）、施工单位、监理单位的市场行为。

【首张商品房预售许可证电子证照发出】

年内，市住建局发出首张商品房预售许可证电子证照。通过全流程网办，祥云府住宅项目及时申请到商品房预售许可证。

（刘艳瑞）

物业管理

【概况】

2020年，完成224名物业项目经理和46家物业企业信用登记工作。开展专项检查5次，累计检查小区389个。开展专题培训5次、演练1次，涉及相关人员1000余人。进一步完善社区物业智管平台，完成全市240个物业项目基本信息、8170幢房屋基础信息、437台住宅小区电梯信息、4165条消防栓数据、部分老小区改造后的管线数据录入工作，数据库进一步完善；全市有86家企业进行登记注册并使用智管平台；试点小区有366户业主下载注册社区物业智管平台，占小区总户数的34%。

【全市物业行业“《中华人民共和国民法典》与物业管理”专题培训会举办】

11月4日，市物安中心举办全市物业行业“《中华人民共和国民法典》与物业管理”专题培训会。全市60余家物业企业负责人、项目经理230余人参加培训。培训会重点解读《中华人民共和国民法典》物权篇、合同篇、侵权责任篇中涉及的物业相关的内容及新规在物业服务管理和服务工作中的实际应用，帮助物业企业更好防范风险，维护企业自身合法权益。

（刘艳瑞）

市政公用事业

【供水】

年内，注重供水供气安全工作，出台《余姚市城市供水供气事故应急预案》，健全完善相应管理机制，强化瓶装燃气管控及自来水水质安全管控。此外，完成江南华都、日月星苑、新新家园等8个中高层住宅小区二次供水改造。

【节水】

积极开展省级节水型居民小区创建，共申报河姆渡国际花园、伊顿国际城等7家居民小区申请创建省级节水型居民小区，完成初步验收；同时还申报万里世纪豪庭小区参加节水标杆小区创建。采购节水器具600套，主要发放给舜南社区和新城市社区的居民，节水效果明显。

【供气】

开展瓶装燃气统一配送，下发《关于印发〈余姚市瓶装燃气配送服务车辆管理暂行办法〉的通知》（余建发〔2020〕1号），组织配送人员参加培训考核，有376名配送人员取得宁波市瓶装液化气配送上岗证，完成配送车辆统一上牌工作，共上牌272辆，并投入使用。组织开展各类供水供气应急预案演练，其中管道燃气应急预案演练1次，瓶装燃气企业应急预案演练10次。

【公共自行车】

公共自行车全年租用量843082人次，最高日租用量3944人次，日均租用量2765人次。项目整体管理有序，运行良好，特别是在年初新冠疫情防控工作中，持续做好车辆和站点的消毒、清洁工作，为市民出行保驾护航。组织开展世界无车日一城一宣活动、清凉一夏骑行活动等公益活动，推广绿色低碳出行的环保理念。

【市政管养】

持续推进市政管养一体化，对移交道路、桥梁等设施进行一轮整体维修，共计维修道路约1500平方米。并做好小区退红空间养护提升工作，维修完成中央公馆等40余个小区的退红范围5500余平方米，完成姚江景苑退红范围改造，并有序推进伊顿国际小区退红范围改造工程。继续做好道路桥梁日常养护，共计维修人行道38519平方米，沥青路面22879平方米，混凝土板块1086平方米，沥青灌缝170570米。

【创建省级节水型小区开展初审验收】

10月20—21日，宁波市节水办对余姚河姆渡国际花园等7家申请创建省级节水型居民小区开展初审验收工作。检查组认真听取节水工作汇报，详细查看申请创建资料，并对小区内节水宣传阵地、公共绿地用水和景观池用水等情况进行实地查看。在检查中，对部分小区实行雨水收集再利用等措施给予充分肯定，同时也对部分资料数据不够准确、水龙头装置不节水等提出整改要求。

（刘艳瑞）

城市投资建设管理

【概况】

2020年，宁波舜建集团有限公司资金到位71.2亿元，其中借款61.2亿元，安置房现金收入9亿元，房产拍卖收入1亿元；资金支出79.6亿元，其中归还到期借款60.6亿元，支付利息10.9亿元，支付工程款8.1亿元。年内，舜建集团广辟融资渠道，优化融资结构，降低融资成本，化解资金难题，防范债务风险，首次出现集团债务余额未增反降。成功发行小公募债券5亿元(纯5年期限，发行利率3.54%，创全国区县级AA+平台同品种公司债发行利率历史新低)，获批15年期左右项目贷款11.52亿元，成功发行国家第三批政府专项债1.05亿元；直接融资占融资总额50%，新增融资综合成本控制在5.3%；三年及以上中长期融资额占比95%以上。同时提升主体信用等级，城投公司和舜建集团主体信用等级双双获AA+评级，集团公司成为宁波市首家拥有两家AA+评级企业的县级市国有集团公司，为进一步拓宽融资渠道、降低融资成本打下坚实基础。截至2020年底，舜建集团实现全年营收24亿元，同比增长17.65%；资产负债率62%，较上一年度下降4个百分点。

项目建设在攻坚中稳步推进。全年政府投资项目44个，计划投资33.7亿元（含阳明古镇15亿元），至年底超额完成。其中，按计划完成固定资产投资考核目标3.5亿元。各项工程建设稳步有序推进，马渚（渚山）水厂滤池扩建工程竣工并投运；农村饮用水达标工程水厂供水管网能延则延兼并水站改造工程基本完工；姚东五镇镇级管网及户表改造工程，一期施工项目全部完成，二期、三期有序推进；余姚天然气保障工程，一期工程（LNG气源站）开工建设，二期工程（高中压管线工程）完成选址意见；并持续推进二次供水改造工程、东环北路DN1200给水管安装工程、梁弄镇自来水厂新建工程等工程建设。同时，按职责做好污水整治、市政道路建设、小城镇环境综合整治、市域水环境治理PPP、档案馆PPP等重点项目前期、建设、资金保障等工作。

综合保障在应战中扎实提升。2020年，舜建集团全力抓好民生保障，保障市政公用企业日常运行，全年完成供水9761万立方米，供气7057万立方米，污水收集7349万吨，再生水销售146.77万吨。着力提升供水服务质效，完成城区和姚西北地区自来水管网冲洗，累计冲洗管线213千米，冲洗水量约6.95万立方米；马渚（渚山）水厂新扩建滤池投用，姚西北地区日供水能力提高2万立方米，有效缓解该区域高峰供水压力。着力天然气管网建设扩面，集中施工力量把握关键工程节点，积极推进天然气保障工程，天然气管道覆盖全市6个街道以及泗门镇、小曹娥镇、临山镇、陆埠镇、牟山镇等乡镇。与此同时，贯彻落实上级疫情防控和复工复产各项决策部署，严格执行，严肃纪律，在做好单位疫情防控工作的同时，强化民生保供，实现疫情防控期间保供服务不间断，并积极落实惠企政策，自2月开始，下调10%的企业用户用水用气价格，累计减免水费1751万元、气费318万元，助力企业复工复产。

全年通过完善安全生产管理体系，编制组织机构图，签订安全生产责任状，强化落实企业安全生产主体责任，不断提升安全生产管理水平。加强安全生产日常监管，围绕关键节点和重要部位，定期开展安全生产大检查，督促做好隐患整改。尤其针对夏季燃气事故高发期，开展大公建用户大检查，完成888户大公建用户安检，发现隐患152户，对于未用气177户公建工业采取关阀处理，从源头上消除燃气事故隐患。重视安全生产教育，结合“安全生产月”，多形式开展安全生产宣教活动，立足行业特色开展各项应急演练，提高突发事件应对能力，妥善应对雨雪冰冻、防汛抗台、水质变化、上游气源限供等应急事件，及时处置水管爆裂、燃气泄漏、深度积水等紧急出警事件，确保供水供气、排水排污、公告停车管理等民生保障正常、安全。

【主体信用等级获AA+双评级】

9月和12月，宁波舜建集团有限公司先后通过中诚信国际信用评级有限公司和东方金诚国际信用评估有限公司的综合分析和评估，主体信用等级均为AA+级。主体信用评级是以企业或经济主体为对象进行的信用评级，AA+级是现阶段县级企业能获得的最高评级。此前，舜建集团下属余姚市城市建设投资发展有限公司已获中诚信国际和东方金诚主体信用等级AA+双评级。至此，宁波舜建集团成为宁波市首家拥有两家AA+双评级企业的县级市国有集团公司。

【阳明古镇府前路历史文化商业街区开街】

10月31日，“阳明故里•阳明古镇”府前路历史文化商业街区滨水休闲街举行开街仪式。30余家新兴文化企业入驻，近40个文创摊位亮相阳明心市集，当地美食、民间艺术、文化体验齐聚一堂。

舜建集团作为市政府指定的“阳明古镇”项目开发投资方，同宁波开投蓝城投资开发集团有限公司共同出资，成立余姚开投蓝城投资开发有限公司，负责该项目的具体投资开发。改造后的府前路保留传统的建筑古韵，整合国学国艺、文创手作、新潮时尚，以弘扬和传承阳明文化为宗旨，将“阳明古镇”打造成集观光旅游、休闲度假、商务会展、创意文化等旅游业态为一体，服务与设施一流、参与性与体验性极高的具有阳明故里特色的综合性休闲国际文化旅游胜地，成为国际阳明心学研究中心、阳明思想传承体验新高地、城市更新样板。

府前路历史文化商业街区滨水休闲街文创摊位

【中心城区道路停车泊位收费管理】

2020年，舜建集团紧扣全市破解民生领域“五难五多”问题工作部署，聚焦城区道路“行车堵、停车难”，坚持“合理规划、稳中求进、逐步完善”总基调，以盘活资源、优化管理等工作为抓手，提高“智慧停车”平台运行质效。全年中心城区39个路段的1735个道路公共停车泊位分别于8月15日、10月28日、11月28日和12月28日4批次实现收费运营，提高停车泊位周转率，促进“短停快走”效果明显。

【村级供水站完成提升改造】

2020年，舜建集团紧扣全市农村饮用水达标提标行动工作部署，坚持问题导向、寻求多方协作、力破发展瓶颈。一方面，以延伸供水管网、扩大供水规模为重点，实施姚东水厂户表改造及管网延伸工程、梁弄镇自来水厂新建工程等，撤并姚东片区和梁弄镇村级供水站共20座；另一方面，以标准化创建为抓手，建管并重，完善过滤、消毒设施联动改造和设备现代化升级，完成全市村级供水站提升改造173座，实现村级供水站标准化管理全覆盖。

【物联网燃气表试点工作启动】

11月，市天然气公司启动物联网燃气表试点工作，为新开户的户内表用户提供物联网燃气表，覆盖中梁首府、翰林院、紫宸府、金鳞府、守城府、星光华府、御澜庭等小区。与传统燃气表相比，物联网燃气表无须人工入户抄表，通过5G网络基站的移动通信传输技术，可将用户用气数据和设备情况自动回传数据平台，一旦燃气表出现异常，天然气公司信息中心可第一时间知晓并及时处理，能实现在线监测、远程控制、统计报表、大数据分析等智能化管理。至年底，完成安装物联网燃气表500只。

（黄　珊）

南滨江路（舜水路—西石山路）上的智慧道路停车泊位

城市管理

【概况】

2020年，市综合行政执法局强化执法主体建设，定期开展执法培训和竞赛，选拔“执法骨干”，1人入选宁波首批政府法律顾问人才。全年办理一般程序案件2264件，简易程序案件644件，在宁波各县（市、区）中名列前茅。全面启用移动执法一体机（PDA），累计实施人行道违停抄告5.3万起，同比增长33%。严格落实行政执法“三项制度”，召开重大案件集体讨论会议43次，讨论重大案件155起。全年实现行政诉讼、复议“零败诉”“零纠错”。

在城区建立多元勤务模式，提高路面乱象发现处置效率。建立“行走姚城、马路办公”制度，局领导带队定期巡街。应用智慧城管监控，实现街面市容问题自动抓拍。开发“门前三包”监管信息系统，对沿街店铺实施二维码管理。实施餐饮油烟“禁设区”制度，油烟类信访同比下降46.8%。开展邮政亭、百杂亭专项整治，清

城管义工志愿者开展桶边督导工作

理整治占道的邮政亭、百杂亭97座。试点实施城区道路深度保洁模式，对13条宁波级示范路每日进行深度冲洗，打造新建公园（含新建路）、王阳明故居广场、兰江广场和南雷路商圈4处可席地而坐的“城市会客厅”。

推进“厕所革命”，制定《余姚市中心城区市政公厕规划》，对2座公厕进行整体改造，推动沿街单位开放公厕18座。深化生活垃圾分类，推行“三项机制”，加大执法力度，分类质量合格小区占比达75%。开展“三违”清剿行动，排查处置违建171起，对111起规划类的历史积案跟踪销号，助力全市成功创建“基本无违建市”。开展防疫抗疫，成立6个工作组下沉一线帮扶，整治非法售卖活禽行为，规范城区临时“占道经营”。对全市垃圾转运站、公厕等开展定期消杀，建立“五号专线”对“涉疫”垃圾实施专收专运，推动行业企业复工复产。

【“城管开放日”活动举办】

10月29日，“垃圾去哪儿了”暨FM96.6听众朋友走进城管活动举行。活动邀请20名市民代表实地参观生活垃圾分类、垃圾中转站运行、厨余垃圾就地处置、厨余垃圾末端资源化利用处置、垃圾焚烧发电等相关工作，让市民更加直观了解全市垃圾分类工作开展情况，更好地引导市民做好垃圾分类工作。

【高空抛物首张罚单开出】

6月，市综合行政执法局对某小区装修过程中出现高空抛物行为的当事人开具了行政处罚决定书，罚款350元。这是全市根据《宁波市文明行为促进条例》，对高空抛物违法行为开出的首张罚单。

【“门前三包”监管信息系统试点】

9月，在原有智慧网格平台基础上，市综合行政执法局开发“门前三包”监管信息系统，在城区4条示范道路进行试点，实施二维码动态管理，引导业

10月29日，“垃圾去哪儿了”暨FM96.6听众朋友走进城管活动举行

执法队员督促沿街商户落实“门前三包”责任制

主加强自我监督，开通渠道让广大市民参与监督。同时，会同社会治理综合指挥中心在城区街面重点部位安装高清监控，探索街面市容问题自动抓拍。

【守控式的定岗勤务试点】

8月开始，市综合行政执法局在城区四街道建立起多元勤务模式，对17个严控点位(路段)实施守控式的定岗勤务，采用徒步方式实施精细化管控。实施错时勤务，加强早、中、晚以及双休日、节假日期间的市容管控力度，建立机动巡控队伍，采用摩托化等机动巡查方式，与网格勤务、定岗勤务相叠加，提高路面乱象及时发现处置效率。

【餐饮油烟源头治理实施】

6月30日，市综合行政执法局会同宁波生态环境局余姚分局和市市场监管局发文公布《余姚市餐饮服务项目禁止准入区域目录（一期）》，涉及19个路段、48个小区共计578个点位，一律严禁新增餐饮项目。对中心城区734家餐饮单位进行系统排摸并建立“一店一档”工作台账，对排摸中发现存在油烟扰民问题的共发出书面整改105家，委托第三方机构检测15家，立案查处1起，罚款36700元。餐饮油烟类的信访投诉较上年同比下降46.8%，餐饮油烟治理取得初步成效。

【城区道路深度保洁模式试点实施】

5月，市综合行政执法局指导城区四街道共配备小型高压冲洗车13辆、洒水车16辆，对城区道路实施深度冲洗，其中13条宁波级示范创建路每天冲洗，环境卫生责任区道路每周冲洗。根据宁波第三方机构专业评估，道路保洁质量平均分从年初的不足95分提高至97.4分，保洁质量明显提升。

【“席地而坐”城市客厅示范区域创建】

11月初，“见底色、完设施、美绿化”攻坚行动开展，在做好深度保洁的同时，督促住建部门做好市政设施修复完善和绿化补种等工作，打造新建公园（含新建路）、王阳明故居广场、兰江广场和南雷路商圈4处可席地而坐的“城市会客厅”。

（市综合行政执法局）

生态环境

“五水共治”工作

【概况】

2020年，全市“五水共治”工作按照依法治水、科学治水、综合治理的要求，结合省、宁波市工作要求，紧密结合余姚实际，突出防洪排涝重点和治污水难点，统筹推进“五水共治”工作，坚持标本兼治，紧盯“污水零直排区”创建工作目标和重点河道区域治理，高标准推进河长制提档升级，强化河长履职和部门监管，巩固提升治水剿劣成果，努力提升水环境质量，进一步提高“五水共治”的工作实效。

2020年，全市“五水共治”计划实施工程项目121项，截至9月底，共完成投资9.68亿元。其中，防洪水完成投资4.3亿元，治污水完成投资4.7亿元，排涝水完成投资530万元，保供水完成投资6092万元，抓节水完成投资155万元。

【防洪排涝重点工程建设】

推进姚江上游余姚西分工程建设 总投资19.3亿元，年度投资3.5亿元。西分工程于2月17日复工，为全市第一批复工的重点工程。截至年底，完成Ⅰ标段瑶街弄调控枢纽工程通水阶段验收，Ⅱ标段全面施工，加快乐安湖泵站、新挖河道及隧洞、配套水闸等建设。1—9月，西分工程完成投资2.6亿元，完成年度投资任务的74.3%。

陶家路江三期整治工程建设 总投资16.7亿元，年度投资2亿元（工程共分五个标段建设）。截至年底，Ⅰ标段完成1.47千米河道整治工程的施工；Ⅱ标段完成宏图桥完工验收并通车，汝虹桥开工建设，完成桥桩8根；Ⅲ标段完成后海舍闸闸室底板浇注，闸墩浇筑2个，扶壁式挡墙500米，土方冲挖12万立方米；Ⅳ标段完成西岸扶壁式挡墙700米，完成东岸搅拌桩3100根，灌注桩237根，完成土方冲挖约18万立方米，完成开夹线桥铺装；Ⅴ标段进行前期的征地拆迁工作。1—9月，完成投资1.7亿元，完成年度投资任务的85%。

下姚江丈亭、陆埠段迎水坡整治工程建设 主要是对上年“利奇马”台风期间受损的陆埠、丈亭段下姚江堤防进行修复整治，年度计划投资1550万元。其中，丈亭段于3月开工，完成整治；陆埠段开工建设。累计完成投资约950万元。

【治污水工作】

加快治污水重大基础设施建设 重点抓好市域污水输送复线工程、小曹娥城市污水处理厂尾水排海复线工程和尾水排海延伸工程建设，加快市域输送复线工程建设。截至9月底，市域污水输送复线工程铺设管道15.4千米，完成西片、4号、5号泵池主体工程，1号、3号泵池推进施工，管道全线贯通，进行泵站设备安装调试，总投资2.8亿元，完成投资约2.66亿元，完成总投资的95%，年底投入使用，新增污水输送能力15万吨/日；继续实施尾水排海复线和尾水排海延伸工程，总投资3亿元，铺设污水管网12.8千米，扩容改造污水泵站1座，截至9月底，完成管道8.5千米，完成泵池主体工程和附属房基础施工，完成投资约1.8亿元。

巩固提升“污水零直排区”创建成果 在“污水零直排区”创建基本全覆盖的基础上，针对工业园区、生活小区和“六小”行业等三方面重点，坚持提质和扩面两手抓，严格对照创建验收标准，查漏补缺，积极做好整改提升工作。积极推进凤山街道、低塘街道、余姚经济开发区（城东新区）省级“污水零直排区”和朗霞街道等10个乡镇街道宁波市级“污水零直排区”创建验收。加快推进城区污水收集五期工程建设，进一步完善城区污水收集支管建设，重点做好阳明西路、阳明东路、北姚江路、玉立路、劳动路等18条污水收集支管建设；推进城区老小区雨污分流改造，投资9850万元，实施10个老旧小区和1个城中村的雨污分流改造，1个基本完成建设；推进农业面源治理，1—9月，绿色防控技术推广面积11万亩次，减少不合理施用化肥175吨、化学农药151吨，回收农药包装废弃物37.22吨、废弃农膜（主要为地膜）154.5吨。

姚江流域水环境综合整治 市委、市政府5次进行专题会议，对整治工作进行全面系统谋划，制定出台《姚江流域水环境综合整治三年行动方案（2020—2022年）》，成立工作领导小组。9月4日，召开全市各乡镇街道和市直部门主要负责人参加的推进会，对整治工作的目标、任务和要求作全面部署。

推进陶家路江和临海大浦2条入海河流治理 年内，制定入海污染源排口专项排查工作方案，委托第三方初步完成全市海岸沿线区域和入海河口下边界向上游上溯5千米范围内的排污口的专项排查。同时，安排32项重点工作推进入海河流整治，其中22项完成，5项实施中，5项处于设计阶段。

抓好农村生活污水治理 年内，启动20个村的农村生活污水治理，完成治理5个，其余村抓紧推进。重点抓好污水处理设施运维。全市农村生活污水治理设施分别由余姚首创污水处理有限公司和上海誉帆环保科技有限公司等第三方专业公司负责专业运维，其中110个村由余姚首创公司进行运维，59个村由上海誉帆公司进行运维。此外，抓好140个30吨/日以上农村污水治理设施标准化运维，完成110个设施的标准化改造。

【保供水抓节水工作】

推进姚东五镇镇级管网和自来水一户一表改造工程建设，提高姚东水厂的供水保障能力。1—9月，一期工程完成投资400万元，完成户表改造200户，完成供水管网2千米，累计完成投资6500万元，完成户表改造9000户，总体进度完成99.9%；二期工程完成投资3500万元，完成户表改造3200户，完成供水管网13千米，累计完成投资7000万元，完成户表改造6300户，完成供水管网30千米，总体进度完成60%。同时，抓好城区8个小区二次供水改造，计划投资2000万元，全部进场施工，完成投资1000万元，年底前完成改造。

推进农村饮用水达标提标工程建设 工程建设涉及陆埠、鹿亭、梁弄、四明山、大岚、兰江、丈亭、梨洲8个乡镇街道，136个项目全部完工，完成投资4400万元，受益人口8.97万人。

抓好各行业节水工作 编制完成2020年度节水型社会建设工作任务书，引导各个行业全面提高水资源综合利用。55家企业开展宁波市节水型企业创建，确保年取水量5万立方米以上用户单位水平衡测试覆盖率达到35%以上，七大高耗水行业18家重点企业创建覆盖率达100%。鼓励开展节水型居民小区创建活动，7个小区开展节水型小区创建，完成4个屋顶雨水收集系统项目，完成改造安装500套节水器具。

【河（湖）长制提档升级】

强化各级河长履职 出台推进河（湖）长制提档升级工作方案和镇级河长考核办法，建立流域河（湖）长体系，市级、镇级河道一级支流分别纳入市级、镇级河（湖）长圈，由干流的河长统一负责河长圈的管理指挥，并对市级河长联系部门和乡镇街道进行河（湖）长制提档升级工作专题培训，制定入河排水（污）口排查整治工作方案，启动市级河道新一轮“一河一策”编制工作，进一步推进河道的系统治理、综合治理。

高质量开展美丽河湖建设 根据“防洪保安全、优质水资源、健康水生态、宜居水环境”的美丽河湖创建工作要求，推进镇村水环境建设，实施泗门镇水环境整治工程（二期），完成约5.4千米。11个村级水环境项目全部开工建设，其中4个项目完工。继续推进河湖库塘清污（淤）工作，截至9月，完成清淤36万立方米。启动上姚江省级美丽河湖和宁波市级美丽河湖创建，每个乡镇街道创建余姚市级美丽河湖各1条，启动1个“水美乡村”建设。年内，宁波市水利局、宁波治水办（河长办）对上姚江美丽河湖创建工作进行验收。

（市“五水共治”工作领导小组办公室）

环境保护

【概况】

2020年，余姚市空气质量优良率为88.3%，同比提高7.8个百分点；$PM_{2.5}$浓度为28微克/米^3，同比下降20%；饮用水源地达标率继续保持100%；地表水宁波市控以上断面达标率为100%。年内公布的2019年绿色发展指数位列宁波第5位，在全省排名第37位，比2018年上升42位。

年内，出台《余姚市畜禽养殖禁养区划分调整方案》《余姚市“三线一单”生态环境分区管控方案》《余姚市生态环境工作约谈暂行办法（试行）》《余姚市党政领导干部生态环境损害责任追究实施细则（试行）》《宁波市生态环境局余姚分局公共信用修复指南》等，完成“十四五”生态环境保护规划初稿编制。继续打好“蓝天保卫战”“碧水保卫战”“清废净土攻坚战”，考奖并举，助力水气土污染治理，全年争取到中央和宁波等上级各类环保资金6582万元。实施“环评+排污许可”两证联办制度。继续开展余姚环保议事厅活动，并建立余姚“企业环保咨询日”和“环保专家团”制度，全年开展7期“咨询日”活动、10期“环保大讲堂”、7期“议事厅”活动，共服务企业2000余家。开展国际生物多样性日、2020年世界环境日、“网民看看看”等宣传活动，邀请多位网民代表参观姚江蜀山大闸多功能生态湿地。

【2020年世界环境日“美丽中国　我是行动者”系列宣传活动举办】

6月5日是第49个世界环境日，宁波市生态环境局余姚分局联合余姚市“五水共治”办公室在城区新建广场开展以“美丽中国　我是行动者”为主题的系列宣传活动，并向2019年创建成为宁波市绿色工厂的6家单位颁发奖牌。现场开展生态环保知识、环保政策法规等咨询服务，分发环保知识宣传手册、生物多样性宣传单和五水共治倡议书等宣传品600余份。

【“网民看看看”走进姚江蜀山大闸多功能生态湿地】

10月16日，宁波市生态环境余姚分局会同市委宣传部共同举办“网民看看看”活动，邀请十多位网民代表走进姚江蜀山大闸多功能生态湿地。让网民们近距离全面了解项目概况、工程规模、工程布置、水质检测等有关情况。网民代表们参观取水泵站、生态塘、潜流湿地和表流湿地，进一步了

6月5日，2020年世界环境日“美丽中国　我是行动者”系列宣传活动举办

姚江蜀山大闸多功能生态湿地

解水质处理步骤和水质净化效果，并对此次活动表示肯定。

【“环评＋排污许可”实现两证联办】

11月，在全部实现许可事项100%“最多跑一次”基础上，宁波市生态环境局余姚分局正式上线了“环评＋排污许可”两证联办模式，将两项相关的行政许可事项合并成一次办理，叠加申报材料网上提交，办理结果邮政快递，实现许可事项由“跑一次”向“跑零次”跨越。首个“环评＋排污许可”两证联办、同步发证的环评报告批复文件和排污许可证，于11月30日通过邮政快递送达企业。

【余姚市正式实施环境信用修复】

12月16日，宁波市生态环境局余姚分局正式印发《宁波市生态环境局余姚分局（环境）信用修复管理办法（试行）》。该办法明确环境信用修复的范围条件以及办理流程、办理机构、办理期限，共计13条内容，并在政府信息公开网上向社会公布，全市正式实施环境信用修复。

【“一起来商议”——余姚环保议事厅举办】

年内，继续推出“一起来商议”——余姚环保议事厅活动，通过搭建生态环境部门、企业、乡镇街道和园区、环保专家、社会公众等各方沟通交流、释疑解惑的议事平台，汇聚民意民智，不断探索生态环保领域共建共治共享的社会治理新模式，共同推进余姚生态文明建设和生态环境保护。全年共举办7期环保议事厅，议题分别为全面推进一般工业固废收运处置体系建设、喷涂行业低VOC源头替代、燃气锅炉低氮改造、黄家埠镇工业园区企业污水零直排区建设、如何进一步提升服务效能、企业如何规范处置工业固废、电镀行业智能化监管体系建设，共邀请省级专家2人，召集第三方单位20余家，受益企业400余家，解决问题60余个。

（贝美娴）

10 月 23 日，环保议事厅活动讲授企业如何规范处置工业固废

环境综合治理

【概况】

2020 年，宁波市生态环境局余姚分局全面打好蓝天保卫战、碧水保卫战、清废净土攻坚战，不断推进环境综合治理。

打赢蓝天保卫战。年内出台《余姚市 2020 年打赢蓝天保卫战空气质量提标进位行动方案》和 5 个子方案，完成 30 家 VOCs 排放企业治理任务。完成 8 家企业工业炉窑超低排放更新改造，完成 64 台燃气锅炉低氮超低排放改造和两个重点工业园区废气治理。投资 1075 万元建成 2 套 VOCs 自动监测系统和 1 套 $PM_{2.5}$ 源分析监测系统，并于 5 月投入使用。投资约 920 万元建成投运 20 个乡镇空气自动站和管理平台，实现大气在线监测城乡全覆盖。

打好碧水保卫战。完成了“千吨万人”以上水源地环境状况调查评估和保护区划分，并出台《余姚市“千吨万人”以上饮用水水源保护区整治工作方案》。“一大三中”饮用水源藻毒素监测系统建设投运。拟定了《余姚市电镀行业专项整治提升方案》，继续推进新电镀园区的建设，二期土地进入施工建设阶段，累计投入资金 10 亿元。完成入海河流、市控以上断面及新建姚江支流站点共 11 个水质监测站点站房建设。经济开发区城东新区成功创建省级工业园区“污水零直排区”。

打好清废净土攻坚战。年内，出台《余姚市“无废城市”建设实施方案》，开展涉废单位固废产生情况调查摸底，推进小微企业危险废物集中收运处置。完成 46 个重点行业企业用地地块土壤污染状况调查。构建一般工业固体废物回收利用处置新体系，建设投运一般工业固废分拣中心 2 个（姚东南贮存分拣中心和泗门贮存分拣中心），并建立了电子地图和管理平台，年内签约企业 2644 家，处理一般工业固废近 1000 吨。

【《余姚市“千吨万人”以上饮用水水源保护区整治工作方案》发布】

5 月 27 日，市府办印发《余姚市“千吨万人”以上饮用水水源保护区整治工作方案》，主要内容分为总体要求、重点任务、保障措施 3 个部分。方案计划用 1 年半时间，通过加强保护区基础工作、开展保护区综合整治、建立保护区长效管理机制，确保 2021 年底，全面完成全市“千吨万人”以上饮用水水源保护区整治工作，总氮、氨氮、总磷、高锰酸盐指数等重要指标得到有效控制，饮用水水源水质显著提高，水质 100% 达标。

【《余姚市“无废城市”建设实施方案》发布】

8 月 30 日，市府办印发《余姚市“无废城市”建设实施方案》，主要内容分为总体要求、主要任务、保障措施 3 个部分。方案计划用 5 年时间，以固体废物减量化、资源化为重点，全面形成“全类型、全覆盖、全过程”的固体废物分类处置和资源化利用体系，建成“源头管理精细化、贮存转运规范化、过程监控信息化、设施布局科学化、最终处置无害化”的“无废城市”，分近期（2020—2022年）和远期（2023—2025年）推进，计划2022年建成省级“无废城市”。

【《余姚市2020年打赢蓝天保卫战空气质量提标进位行动方案》发布】

9月20日，市府办印发《余姚市2020年打赢蓝天保卫战空气质量提标进位行动方案》，主要内容分为主要目标、管控区域范围、重点任务、保障措施4个部分和5个子方案。方案以全市市域为管控区域，通过强化道路扬尘、建筑工地扬尘、机动车尾气污染、生活污染源、涉气工业企业、露天秸秆焚烧管控治理，推动大气环境质量持续巩固提升。明确到2020年底，$PM_{2.5}$年均浓度保持在35微克/米^{3}及以下，环境空气优良率力争达到85%以上。

【乡镇街道大气环境质量监测全覆盖】

年内，在原来市区龙山公园、七里浦水厂（均属阳明街道）2个省控空气监测站点基础上，投入资金约920万元完成了20个乡镇街道空气自动站的建设，监测因子为$PM_{2.5}$，并搭建乡镇街道空气自动监测管理平台，实现大气在线监测城乡全覆盖。

【工业园区“污水零直排区”建设】

工业园区“污水零直排区”创建工作自2019年启动，2020年继续督促园区企业加快推进雨污分流工作，工业企业废水经处理后纳入管网达标排放。年内，确定32个工业园区（工业集聚区）作为创建单位，共计企业1860家，涉水企业227家，已取得排水许可证1558家，纳管率达83.7%。同时，创建省级工业园区“污水零直排区”的经济开发区城东新区完成建设任务，并通过宁波市级验收。

【“一大三中”饮用水源地水质自动站完成升级】

年内，投入500余万元资金用于全市“一大三中”饮用水源地（四明湖水库、梁辉水库、陆埠水库、双溪口水库）水质自动站升级改建项目：将原浮标站改造为固定水站，把原浮标站仪器集成至固定水站，并增加生物综合毒性监测。6月，项目竣工，通过验收并投入运行。该项目实现水质实时连续监测和远程监控，及时掌握饮用水水源环境质量，大幅提升饮用水源地水环境质量自动监测监控和预警能力。

【一般工业固废收运处置体系余姚模式建立】

在试点基础上，宁波市生态环境局余姚分局全面推开一般工业固体废物利用处置工作，积极构建完善回收利用处置体系，基本形成“分类、分拣、清运、处置”的一般工业固废收运处置体系，创新建立了一般工业固废处置余姚模式。总投资约5800万元投建2个一般工业固废分拣贮存中心，累计签约企业4000余家，累计收运固废约3000吨；垃圾焚烧发电厂宁波世茂能源股份有限公司的炉排炉改造项目完成改造并投入运行，新增一般工业固废焚烧处置能力约300吨/天；通过日常巡查和群众线索举报，侦破工业固废违法案件30余起，处罚金额上百万元。此外，通过召开座谈会、宣讲会、环保议事厅等方式共计举办宣讲培训会11次，培训人员达1500余人次，共计报道刊登相关信息20余篇次，企业对一般工业固废收运分类处置意识进一步增强。

（贝美娴）

生态监管

【概况】

2020年，宁波市生态环境局余姚分局严把审批和监测。出台《余姚市“三线一单”生态环境分区管控方案》。全年共指导办结审批项目562件，登记表备案728件，否决咨询项目96件，出具各类监测报告328份。完成33个行业、1303家企业的排污许可清理整顿工作。完成91个行业及通用工序、18135家企业的发证登记工作，全年2个建设项目新增排污权指标进行交易，金额50.18万元。全年共征收123家企业排污权有偿使用费1807.33万元。

从严执法监管。年内，迎检第二轮中央生态环境保护督察。全年突出对大气污染源、水污染源和水环境、危险废物等重点监管领域的专项执法检查，累计出动执法人员12600余人次，检查企业5040余家次，共立案查处177件环境违法案件，下达处罚决定书179件，罚款金额1779.05万元。新环保法配套办法查处五类案件88件，其中查封扣押77家，移送公安环境违法案件11件（其中刑事案件8件，行政案件3件）。受理信访1624件，办结1616件。加强辐射环境安全监管，全年收贮废旧放射源5枚，共对7个工业电离辐射项目出具辐射安全许可证初审意见，对7个电磁辐射项目出具环评审批意见，医用射线装置辐射安全许可证发证13家、变更23家，延续2家。

强化机动车监管。做好国Ⅲ老旧营运车辆淘汰、新车核查、高污染机动车排气筛查、非道路移动机械编码登记发牌、多部门联合道路执法等相关工作。另外，加强对机动车检测机构监管，对宁波澳泊森余姚分公司进行了查处和计分处罚，并对宁波市首例临时更换污染控制装置通过机动车排放检验案进行了查处。

【《余姚市“三线一单”生态环境分区管控方案》发布】

12月14日，市府办印发《余姚市“三线一单”生态环境分区管控方案》，主要内容分为总则、生态保护红线及生态分区管控、环境质量底线目标、资源利用上线目标、环境管控单元划定、生态环境准入清单6个部分。方案以改善生态环境质量为核心，明确生态保护红线、环境质量底线、资源利用上线，划定环境管控单元，在一张图上落实“三线”的管控要求，编制生态环境准入清单，构建环境分区管控体系。方案将全市陆域范围划定为27个环境管控单元，其中优先保护单元9个、重点管控单元17个、一般管控单元1个；将海洋范围划定为2个环境管控单元，其中优先保护单元1个，重点管控单元1个。该方案实施后，原《余姚市环境功能区划》不再执行。

【第二轮中央生态环境保护督察】

9月1日至10月1日，中央第三生态环境保护督察组进驻浙江省开展中央生态环境保护督察，第二轮中央生态环保督察情况反馈余姚市共13个问题，其中共性问题11个、个性问题2个，交办信访件95件（100件次）。

（贝美娴）

生活垃圾分类工作

【概况】

2020年，余姚市积极推进生活垃圾分类工作向纵深发展，紧紧围绕“减量化、资源化、无害化”的目标，在提升居住小区生活垃圾分类质量、提高分车装运覆盖率及落实“撤桶并点、桶边督导、定时定点”三项机制等方面做了大量工作，取得一定成效。全市城乡生活垃圾分类实现100%全覆盖，生活垃圾回收利用率达到60%，资源化利用率达到100%，无害化处理率达到100%。全年成功创建省级高标准示范小区7个，宁波市级示范小区83个、定时定点投放和清运小区41个，宁波市分类示范乡镇1个、分类示范村3个。

着力提升小区分类质量。通过“撤桶并点、桶边督导、定时定点”三项机制，多数居民已经养成垃圾分类意识，能够主动进行分类。厨余垃圾源头分类质量从年初的10%提升到90%。多方提高终端处置能力。餐厨垃圾厂完成生产线改造，日处理能力达到200吨。其他垃圾焚烧厂完成第三台炉排炉改造，日处理能力达到1500吨。至2020年底，全市共计设置回收站点399个，回收体系覆盖率达到84%。另外，全市共有餐厨（厨余）垃圾就地处理点13处，合计处置能力达30吨/日。

全面开展各类宣传活动。全市开展各类宣讲培训400余场，参与人数4万余人次，发放各类宣传资料30余万份。在各级各类新闻媒体刊发生活垃圾分类专题报道，累计报道450余篇。对不履行垃圾分类职责的小区和个人通过《讲大道》和《四明聚焦》栏目进行了7期曝光。

严肃考核问责曝光机制。以居住小区源头分类质量为重点，发布垃圾分类工作考核通报11次，各类媒体发布“四色榜”“排行榜”等5次。对目标完成情况较差的乡镇街道加强督导，要求其整改落实，对整改不力的乡镇街道给予了曝光。专项开展分类执法行动。开展垃圾分类专项执法行动，执法检查垃圾分类点位1364个，教育劝阻2000余次，检查小区物业、商铺企业等2000余家，立案查处719起，罚款42880元。

【居住小区生活垃圾“分类质量提升”百日攻坚行动启动】

4月28日，全市举行居住小区生活垃圾“分类质量提升”百日攻坚行动动员会。市委副书记叶枝利出席并讲话，副市长黄和庆主持会议，各乡镇街道主要领导、市直有关部门负责人等参加会议。会前，叶枝利、黄和庆及相关部门负责人分组先后来到阳明街道、凤山街道、梨洲街道、兰江街道的5个居民小区，就厨余垃圾分类质量、居民满意度等方面工作进行随机抽查。

5月起，全市启动居住小区生活垃圾“分类质量提升”攻坚行动。截至12月底，在全市200余个小区发起垃圾分类“全民运动”，全市厨余垃圾源头分类质量合格小区占比达到92.2%。

【上菱新村生活垃圾“定时定点”分类投放正式上线】

4月27日，随着小区内垃圾桶“撤桶”下线，分类督导员的到位上岗，兰江街道舜南社区上菱新村小区生活垃圾定时定点分类投放驿站正式上线，成为兰江街道首个推广生活垃圾“定时定点”分类投放的小区。

【牟山镇养殖黑水虻处理厨余垃圾】

余姚市牟山镇虻宝农场将厨余垃圾经过分拣、粉碎处理，加工成一种适合喂养黑水虻的饵料。通过养殖黑水虻，每天能够处理1.5吨以上的厨余垃圾，如果全负荷运作，每天可处理的厨余垃圾量可超过5吨。解决了厨余垃圾终端处理难题，并实现资源化利用。从试运营到11月，虻宝农场已经生产出干燥虫6吨左右，推广应用于蔬菜、水果及苗木种植业，广受种植户欢迎。

【全市垃圾分类督导员首期集中培训开班】

6月23日，全市生活垃圾分类督导员首期集中培训开班。培训班邀请来自宁波垃圾分类学院的专家，为全市350余名生活垃圾分类督导员授课。参训的生活垃圾分类督导员来自全市各小区，包括社区工作者、各类志愿者、居民代表、物业人员等。培训内容包括桶边督

牟山镇养殖黑水虻处理厨余垃圾

导员法律支撑、桶边督导员工作职责、桶边督导故事与案例、垃圾四分类基础知识等。参训人员还参加随堂线上测验，通过测试后取得结业证。

【市政协开展农村垃圾分类处理专项集体民主监督活动】

6月，市政协第一监督调研组到河姆渡镇就农村垃圾分类处理开展实地调研专项民主监督活动。市政协副主席徐栋芳一行实地察看翁方村垃圾分类宣传教室、美丽乡村垃圾分类互动体验馆、再生资源回收站等。村工作人员详细介绍自翁方村开展试点以来取得的显著成效。

【市人大开展农村生活垃圾分类工作调研】

9月24—25日，市人大常委会副主任熊培军一行赴兰江街道、阳明街道、梁弄镇、朗霞街道等地调研农村生活垃圾分类工作开展情况，实地察看了部分行政村垃圾分类开展情况。熊培军一行对前阶段进展情况及取得的成效给予肯定，并指出，要进一步完善垃圾分类配套设施，发挥村级主体作用，加强环境卫生管理，切实提升农村环境卫生面貌。

9月24—25日，市人大开展农村生活垃圾分类工作调研

【全市生活垃圾治理攻坚大会召开】

10月21日，全市生活垃圾治理攻坚大会召开。市委副书记、代市长徐云出席会议并讲话。市委副书记、市委政法委书记叶枝利主持会议。副市长黄和庆出席会议。会上，市机关事务管理局对党政机关等公共机构生活垃圾分类工作情况作了通报。市垃圾分类办、兰江街道、梨洲街道白云社区等单位做交流发言。会上，还签订余姚市生活垃圾分类管理工作目标责任书。

（市生活垃圾分类管理工作领导小组办公室）

人力资源·社会保障

人事工作

【概况】

2020年，市人社局从严抓好人事管理。严密组织事业单位工作人员招考招聘工作，全方位打造“阳光考录”。2020年，全市事业单位共推出招聘指标132人，报名人数6810人，缴费5214人，进入面试370人，共录用125人。组织开展面向2021届优秀高校毕业生选聘高层次紧缺人才活动，共推出招聘指标15人，进入体检环节，待录用15人。组织开展面向2021届优秀高校毕业研究生公开选拔市委管理干部培养人选活动，共推出招聘指标10人，录用10人。教育系统共招聘3批次，推出招聘指标160人，报名人数3579人，录用160人；卫健系统共招聘5批次，推出招聘指标234人，报名人数1167人，录用109人。

开展2020年度事业单位工作人员年度考核工作。共嘉奖事业人员2666人，其中教育、卫健系统分别为1154人和924人。

从严抓好人事管理。贯彻执行上级事业单位机构改革部署，配合做好572名机关事业单位工作人员转隶、工资关系转移等工作，确保改革顺利进行。做好事业单位岗位设置和聘任工作，进一步加强事业单位绩效工资管理。严格落实事业人员出入境登记备案管理工作。

【事业人员职业生涯全周期“一件事”改革推进】

年内，按照“生涯全周期、业务全覆盖”原则，将事业单位工作人员公开招聘、交流调入、退休等7个事项涉及的出入编、工资、公积金、养老保险等8项业务整合为“一件事”，形成全周期管理。通过数据接口，编办实名制系统、养老系统、公积金系统、社保卡系统等全面接入“一件事”协同办事平台，所有流程集成互通，建立并联审批的线上流转新机制，变“上门办”为“网上办”、变“上多网”为“上一网”。平台于7月中旬正式运行，到年底共办理业务1945件。

【人力资源管理创新HR精英论坛举行】

11月16日下午，2020中国·宁波余姚“河姆智谷”国际人才科技洽谈会——人力资源管理创新HR精英论坛在余姚宾馆举行，舜宇集团、江丰股份、大丰实业、生久集团、宇华电器、长振铜业、中意启迪、尹球五金、富诚集团、神通集团、王龙科技、更大集团等余姚知名企业220多名企业总经理、HRD高层参加。

论坛邀请华为人力资源管

理实践专家洪千武进行题为《华为人力资源：向管理要利润》的演讲。

近年来，余姚市深入实施“人才强市”战略，深化“以会引才”“以企引才”“全球引才”，加速高层次人才和高端团队集聚，积极营造“拴心留人”好环境，为当好浙江建设“重要窗口”模范生的排头兵提供人才和智力支撑。2020年新引进各类人力资源服务机构12家，人力资源服务业产值达12亿元。

（屠晨恒）

人才工作

【概况】

2020年，全市新增各类人才2.72万人，人才总量达到36.35万人，同比增长8.1%。其中，新增硕士及以上高层次人才795人、高技能人才6105人，总量分别突破7000人、3.5万人；引进国外人才6人，长期在余姚外籍专家139人；新申报入选国家级重点人才计划专家2人，省级重点人才计划专家5人，宁波“3315系列计划”人才（团队）12个。

坚持人才优先发展。深入开展人才工作专项述职及目标管理考核工作，出台《关于深入实施人才强市创新强市战略加快建设高水平创新型城市的决定》，积极谋划人才管理改革试验区建设，落实近百家重点企业人才联系走访，疫情防控期间20多家人才企业获得战“疫”物资帮扶，70%以上人才企业发展实现逆势上扬。

聚焦产业靶向引才。瞄准企业人才需求，优化人才分类目录，组建科技人才超市，出台“姚江英才资本引才计划”，在“河姆智谷”等重大人才活动设置揭榜挂帅专区，新遴选产生“阳明学者”7人、“阳明蓝领”16人，新聘引才大使9人，有22个高层次人才项目获得“4个500万”政策支持。

强化人才队伍建设。获浙江省农业丰收奖三等奖1项，新入选教育部优秀乡村青年教师培养奖励计划1人、省蚕奖5人、浙江省宣传文化系统“五个一批”人才1人、省创新人才和省医坛新秀2人，其中省级人才培养工程教学名师实现历史零的突破。

释放平台聚才动能。完成甬西智能科创走廊概念规划编制，启动运营人才产业加速中心，建成投用机器人智谷小镇城市客厅，挂牌成立中东欧国际产业合作园，与宁大对接共建人才发展研究院，新引进宁职院余姚校区、萨塞克斯（宁波）人工智能国际研究院、中铁十九局华东公司等。

集成要素优化服务。出台“高层次人才高标准服务十二条”，推行“姚江惠才卡”“海高贷”“人才贷”等服务，开展人才奖、姚城工匠等评选，新聘5名法务、财务专员，解决企业人才子女入学问题11人次，投用人才公寓144套。

【余姚籍海外知名高校留学生座谈会举行】

4月24日，余姚籍海外知名高校留学生座谈会举行。会上，市委书记奚明寄语广大姚籍学子，要和家乡共谋发展、一起YAO控未来，为余姚汇聚起跨越前行的强大力量。

座谈会上，18位余姚籍海外知名高校留学生畅谈自己的

4月24日，余姚籍海外知名高校留学生座谈会举行

学习和生活经历，并就回乡创业等想法进行发言交流。市科技局、市人力社保局、余姚经济开发区管委会等相关部门负责人就全市人才工作政策等内容进行讲解。听取大家发言后，奚明介绍余姚近年来经济社会发展取得的成就和市委、市政府对未来全市发展的战略构想。

座谈会前，18位余姚籍海外知名高校留学生还实地参观江丰电子、舜宇集团、中意宁波生态园，详细了解家乡经济社会发展情况。

【高层次人才高标准服务十二条出台】

5月，余姚市出台“高层次人才高标准服务十二条”。内容包括为高层次人才设立“一人一册”创业创新全生命周期档案，建立高层次人才线上联系平台，选派市管领导干部为高层次人才创业创新提供助创服务，组织高层次人才与余姚企业、金融机构等开展合作对接，实施高层次人才联系服务制度等精准化、高标准服务，切实从夯实服务基础、助力创业创新、密切日常联系、深化对接服务、打造服务品牌等5方面，不断做精做细服务工作，优化服务供给，让高层次人才更加有归属感。

【中国·余姚高层次人才产业加速中心启动运营】

7月30日，中国·余姚高层次人才产业加速中心在余姚人才创业园启动运营，市领导林伟、潘帅轶出席仪式。中国·余姚高层次人才产业加速中心位于余姚人才创业园二期，旨在整合各类创新创业要素，为余姚提供集引进、孵化、加速为一体的创业创新服务。中心依托运营单位浙江赛创未来的全球人才项目资源与全生态链服务模式，构建以“品牌建设、产业调研、精准招引、培育孵化、陪跑加速”为核心的“五位一体”服务体系，助力余姚人才项目孵化壮大，有效提升项目产出质量、优化人才培育成果、强化产业链发展动能，打造地区创新创业服务新生态。启动仪式上，8个人才项目成为该中心首批入驻企业。

7月30日，中国·余姚高层次人才产业加速中心启动运营

【“姚江英才计划”申报项目集中签约活动举行】

年内，5个“姚江英才计划”申报项目集中签约活动在余姚人才创业园高层次人才产业加速中心举行。这批高端项目引进国家级引才计划专家2人、博士12人、硕士9人。“基于边缘计算的5G超大型综合港口泛在感知技术研发及产业化项目”是此次签约项目之一。

（苏一星）

劳动就业

【概况】

2020年，全市城镇新增就业2.6万人，失业人员实现再就业6490人，就业困难人员实现就业4107人，年末城镇登记失业率为2.16%。新增创业实体2.7万家，创业带动就业13.4万人。

年内，牵头成立11个部门组成的就业专班，明确“前瞻预判形势变化、精准了解人在哪里、快速落实人去哪里、稳妥处理劳资矛盾、尽力提供政策服务”的五步工作法，落实稳就业促和谐26条具体措施。举办公共就业服务和线上线下招聘活动，推出“人社局长直播带岗高校毕业生专场”，做好离校未就业大学生就业帮扶工作，大力开发公益性岗位，引导企业吸纳就业，扶持重点群体就业。摸底登记失业人员情况，打造“失业人员服务站”，帮助失业人员实现再就业。深入企业实地走访调查，做实重点企业用工监测工作，强化就业形势分析研判。加快推进援企稳岗政策落地，让政策红利充分惠及企业。

加大扶贫协作力度。打造“党建+扶贫”就业服务品牌，建成“党建引领姚望相助——党建联建促脱贫攻坚展馆”，推出党员干部“联十包十”机制，充分发挥基层党组织和职工之家等保障机制作用，通过强化政策扶持、加强就业协调、开展“爱心送岗”、推进校企合作、注重人文关怀等针对性举措，确保对口地区务工人员进得来留得住管得好。全市共开发“爱心岗位”1500个，有891名兴义、望谟籍建档立卡贫困劳动力在余姚实现稳定就业。

开展技能提升行动。突出抓好培训体系完善、评价机制创新、培训平台搭建等方面工作，全力满足产业结构调整和企业转型升级中对技能培训和技能提升的迫切需求，使更多劳动者增长技能、更好就业。全年职业技能培训3.5万人次，培训高技能人才6100人；新建技能人才自主评价引领企业3家，开展新型学徒制培训270人，新增余姚市级技能大师工作室4家。

【助力企业复工复产】

2020年，面对新冠肺炎疫情突发、企业春节后用工紧缺的实际情况，周密部署、迅速行动，采取“五个一”工作法，通过开展“不见面求职服务”、搭建“用工信息发布平台”、派出“复工工作小分队”、开通“省际返工快车道”、推出“返姚复工求助码”等举措全力帮助企业复工复产，成效明显。2—3月，安全有序组织1.3万余名务工人员返回余姚，为企业解决用工缺口1.6万人；全市返岗总人数达到65.16万人，返岗率95.1%。

2月，务工人员乘坐专车返回余姚工作

【第五届农村电商大赛暨“两省四地”青年创业才俊评选举办】

1月9日，以“分享创业成果、燃烧创业激情”为主题的余姚市第五届农村电商大赛暨“两省四地”青年创业才俊评选决赛举行，来自余姚市、松阳县、贵州省兴义市和望谟县的12名青年创业才俊进行创业项目展示，由现场评委评选出金、银、铜奖等奖项。决赛期间还举行东西部劳务协作“优秀在姚务工者”颁奖仪式，8名务工人员获颁荣誉证书和奖金。

【首批望谟籍劳动力到达余姚助力企业复工复产】

2月16日，首批61名黔西南州望谟籍劳动力分乘3辆大巴车顺利抵达余姚市。这批务工人员是年前在“2020年春风行动暨就业援助月宁波—黔西南州东西部劳务协作现场招聘会”活动中与余姚企业达成就业意向的。到达余姚后，这批人员在宁波大叶园林工业股份有限公司、宁波锦隆电器有限公司两家企业上岗，助力企业复工复产。

【首场“不见面求职服务”活动开展】

2月20日，由市人社局主办的首场“不见面求职服务”活动在中国宁波人才市场余姚分市场结束。据统计，现场共有5批次共93名求职者入场求职，发放用工信息300余份。为助力疫情防控期间企业复工复产，市人社局在建立“助复工、促就业”企业用工信息快速发布机制基础上，又推出“不见面求职服务”活动。活动全程按照“不见面、不集聚、不接触”的原则开展，采取企业线上上传岗位信息、人力资源市场设置摊位、求职者进场了解岗位信息后电话与企业招聘专员对接的模式进行，企业招聘专员不到现场，确保招聘应聘与疫情防控双落实。

1月9日，余姚市第五届农村电商大赛暨“两省四地”青年创业才俊评选决赛举行，获得大赛金奖的选手上台领奖

【市人社局召开东西部扶贫劳务协作座谈会】

3月17日，市人社局邀请吸纳贫困劳动力人数较多的13家企业相关负责人及望谟县人力资源服务公司工作人员召开座谈会，共同研讨就业扶贫后续服务工作。会上，各企业相关负责人分别介绍了建档立卡贫困劳动力的工作生活情况、管理上遇到的难点问题并提出意见建议，望谟县人力资源服务公司具体汇报了近期的工作情况。最后，市人社局局长陈为梁讲话。

【“2020年直播送岗位、送政策——高校毕业生专场”活动举办】

6月15日，由市人社局主办的“2020年直播送岗位、送政策——高校毕业生专场”活动拉开帷幕。市人社局副局长毛立波担任主播，为高校毕业生带来直播送岗、政策解读。直播吸引近6万名粉丝关注。直播推出全市6家知名企业为应届高校毕业生精挑细选的近1000个就业岗位，活动中共有近300份简历通过直播平台投递给6家企业。

【巴州·松阳驻余姚劳务基地联络处揭牌成立】

9月1日，四川巴州·浙江松阳驻余姚劳务基地联络处、巴中市巴州区外出农民工浙江余姚维权服务站在余姚市就业管理服务中心成立，巴州区副区长刘坤、余姚市人社局副局长胡晓霞及松阳县人社局副局长蓝良松为联络处和服务站揭牌。余姚市、巴州区及松阳县人社局代表、巴州区总工会代表及巴州籍在余姚就业创业代表50余人到场见证。

揭牌仪式后，召开巴州籍在余姚就业创业代表座谈会，三地就业部门负责人各自介绍当地基本情况、特色优势和相关就业扶贫政策。巴州籍就业创业代表介绍各自就业创业情况，讲述就业创业中遇到的困难和需求。

【就业创业交流大会举办】

9月18日，市人社局在万达广场内举办就业创业交流活动。活动现场设立创业成果交流展示区、招聘求职展示区以及就业创业惠民服务区。创业成果交流展示区内，设置创业集市和创业成果展两个板块。创业成果展示摊位选取10家具有代表性、规模较大的招聘企业到场，开展云端招聘会线下招聘活动。就业创业惠民服务区开展就业创业政策宣传和社保卡惠民服务。

【市人社局赴四川犍为开展劳务对接活动】

9月21日，余姚市人社局到四川开展跨区域劳务对接活动，首站抵达四川省乐山市犍为县。21日，在犍为县召开的劳务协作座谈会上，余姚与犍为县签订劳务协议，建立劳务合作关系。22日，在犍为县龙池广场召开专场招聘活动，余姚的宁波大叶园林设备股份有限公司、宁波德昌电机股份有限公司、宁波尹球五金制造有限公司、宁波锦隆电器有限公司等10家知名企业参加，提供近2000个工作岗位。现场吸引求职者6000余人，其中有50余人达成到余姚就业意向。

【市就业管理服务中心赴陕西安康开展劳务对接】

10月26—28日，市就业中心工作人员在宁波就业中心统一组织下，赴陕西省安康市开展劳务交流对接，分别与安康市汉阴县、旬阳县开展交流座谈活动，就经济发展状况、特色产业、人力资源状况、用工需求、就业优惠政策等做了交流对接，并就劳务派遣、校企合作、劳动力转移就业等方面进行深入的交流和探讨。最终与两地在加强劳务合作，提高劳务输出规模、质量和组织化，促进毕业生到余姚实习等方面达成共识，并签订劳务合作协议。

【首期企业新型学徒制培训开班】

10月31日，全市首期企业新型学徒培训在宁波江丰微创软件有限公司开班，共设钳工、电工两个班级，培养学徒共计50人。开班当天，该企业举行拜师仪式，向导师发聘书。此次培训班由市人社局进行一对一指导监督。

【市人力社保业务暨“和谐同行”劳动关系能力提升培训班开班】

11月24日，余姚市人力社保业务暨“和谐同行”劳动关系能力提升培训班在余姚健峰培训城开班。开班式上，市人社局副局长胡晓霞做动员讲话。动员会结束后，宁波市人力社保局劳动关系处处长李红以“企业用工管理风险防范”为题授课。此次培训分两个批次，共有370余名来自全市各乡镇街道、经济开发区、中意宁波生态园专职从事人力社保工作的人员参加集中培训。培训班采用“线上＋线下”的培训模式，包括线下培训2天，在线学习、交流研讨、业务知识点联系等其他形式学习18个学时，学习结束后参加统一测试并获得培训证书。培训内容主要围绕企业用工管理风险防范、工伤保险政策解读、劳动争议处理与实务、员工关系管理与劳动法规实务等。

11 月 29 日，余姚市第五届人社系统窗口业务技能比武大赛举行

【窗口业务技能比武大赛举行】

11 月 29 日，余姚市第五届人社系统窗口业务技能比武大赛举行。大赛由市本级窗口单位及 21 个基层平台共计 447 名参赛选手参加笔试，内容涵盖社会保险、就业创业、人才人事、劳动关系、综合服务规范 5 大模块。经过角逐后，8 名优秀选手进入操作比武环节。

（屠晨恒）

劳动监察

【概况】

2020 年，市人社局共受理劳动监察案件 2004 件，办结率 100%，为劳动者追回被拖欠克扣的工资 1932 万元；受理劳动仲裁案件 1109 件，结案 1191 件（包括上年未结案件 110 件），结案率 98.8%。

做好治欠保支工作。拓宽欠薪举报投诉渠道，通过办事窗口、24 小时举报投诉咨询电话等多种途径受理举报投诉。充分发挥基层调处力量，建立健全劳动监察案件下移制度，提高劳资纠纷调处效率。扎实推进跨部门建筑工程领域联合检查、清理整顿人力资源市场秩序专项执法检查、“双随机”专项执法检查等专项检查行动，保障劳动者合法权益。

创新欠薪处置办法，在人社部门完成前期调解基础上，将调解协议书递交法院进行司法确认，以法院出具司法确认裁定书为调解协议赋予法律效力。若支付方不按期履行，劳动者可直接向法院申请强制执行追回款项，无须再等待《行政处理决定书》6 个月的非诉期。全年共有 21 件劳动纠纷通过法院司法确认。

提高调解仲裁水平。建立劳动仲裁案件委托调解、仲裁员分片联系、调解书置换等三项调裁衔接制度，畅通市本级和基层的沟通渠道，实现案件全城处理，引导劳动纠纷在基层有效化解。推进“互联网+仲裁”，用好“余姚微仲裁”小程序，全面推广浙江省劳动人事争议调解仲裁网络平台和“掌上仲裁”，提升办案效能和群众仲裁体验，全年网络办案率达到 25.6%。

【集中调解机制实现仲裁资源优化配置】

年内，市劳动人事争议仲裁院优化劳动争议案件办案程序，将案件进行繁简分流，推出“周五集中大调解”机制。通过推行该机制，对案件进行繁简分流后，将案情较明晰、案由较简单的案件集中安排在星期五下午，由仲裁院全体工作人员进行共同调解。调解成功的，当场出具调解书，调解不成的，当即开庭处理。避免所有案件都按照立案时间先后进行排庭，将有限的仲裁资源优化配置到复杂疑难案件中去。“周五集中大调解”机制于 7 月初推行，到年底共集中处理劳动仲裁案件 214 件，其中调解结案 183 件。

【劳动人事争议兼职仲裁员聘任暨业务培训会议举办】

12 月 24 日，市劳动人事争议仲裁委员会举行劳动人事争议兼职仲裁员聘任暨业务培训会议，市人社局副局长俞永民、市司法局管理科科长马燕尔、宁波律师协会余姚分会副会长刘飞锋、市仲裁院院长毛桂平向15名兼职仲裁员发放聘书。会上，周苗红代表新任兼职仲裁员表态发言。聘任仪式结束后，市劳动人事争议仲裁院的仲裁员围绕办案流程、注意事项、庭审技巧等内容进行讲解培训，向新聘任的兼职仲裁员分享了经验。受聘后，15名兼职仲裁员逐步进入市本级仲裁庭和4个乡镇街道派出庭，参与劳动争议案件的调处。

（屠晨恒）

社会保障

【概况】

截至2020年底，全市职工基本养老保险、城乡居民社会养老保险、被征地人员养老保障、失业保险、工伤保险参保人数分别达到58.6万人、20.7万人、4.4万人、34.7万人、41.9万人，户籍人口养老保险参保率达到99.37%。

落实社会保障待遇。规范执行相关政策制度，按时足额发放各项社会保障待遇。抓好“维护职工权益、做好职工社保”工作，平稳有序推进被征地农民参加基本养老保险。强化工伤保险定点服务机构管理，落实工伤保险7×24小时申报制度，配合做好工伤职工康复治疗管理工作。做好第三代社保卡和电子社保卡推广工作，新增社保卡办理网点，持续拓展社保卡应用功能，积极推进养老待遇通过社保卡发放。

加强基金监督管理。全面取消现金业务、社银人工报盘及社保手工办理。进一步强化日常内控监督检查，开展基层办业务专项检查，积极配合第三方专项审计，及时分析处理预警信息，做好社保基金安全评估工作，努力将基金运行风险降至最低。积极开展违规资金追缴工作。

【市就业中心提供上门集中办理社会保障卡服务】

年内，针对初到余姚就业的望谟、兴义籍贫困劳动力大多没有办理社会保障卡的情况，市就业中心积极协调解决，首先通过望谟、兴义驻姚劳协作工作站收集需要办理社保卡的人数和个人信息，然后由就业中心直接与银行对接制作好社保卡后上门办理。同时，根据贫困劳动力工作地点，以企业为单位，逐个上门为剩余人员集中办理和发放社保卡，确保他们顺利享受各项社会保障。

（屠晨恒）

文化·旅游·传媒

公共文化

【概况】

2020年，市文广旅游体育局不断完善服务体系，公共文化持续发展。启动文化基因解码工程，深入贯彻实施省文化基因解码工程方案，成立余姚市“文化基因解码工程”工作机构，编制《余姚市“文化基因解码工程”实施方案（草案）》，加快文化基因解码。根据余姚基本文化形态类别，对文化家底进行梳理，明确对应关系，形成工作清单。梳理阳明文化等20个重点元素清单。

稳步推进公共文化服务建设。余姚市公共文化中心项目建设稳步推进，完成投资额3.3亿元（含土地9481万元）。不断提升文化场馆服务效能，推进文化馆分馆建设，巩固提升图书馆分馆建设。推进“满意图书馆”建设，以“阳明书屋”图书驿站为抓手，强化图书馆服务向基层和社会延伸，新建7家图书驿站“书循环”示范点。推进“书香余姚”数字图书馆建设，2020年推出“书香余姚——阅荐精品”微信平台。推进公共文化示范区（项目）、示范村、示范性业余文艺团队建设，河姆渡镇、余姚市图书馆“以图书驿站为抓手，推进全民阅读”列入第四批宁波市公共文化示范区（项目）名单；凤山街道“阳明古镇”城市共享舞台文化项目列入第五批宁波市公共文化示范项目创建单位名单，阳明街道西街村等16个村列入2020年度余姚市文化示范村名单，“最美凤山”文学社等19支团队列入2020年余姚市示范性业余文艺团队名单。

提升公共文化服务品质。“一人一艺”全民艺术普及工程通过“周末课堂”线上教学等普及群众艺术。开展联盟机构交流访问活动，寻求联盟机构的可持续发展之道。继续打造“艺路同心”公益文化品牌，开展进企业、进学校、进社区、进军营、进礼堂等周末课堂65场，公益性展览34场。全年图书馆接待读者38.98万人次，图书借阅75.07万册次。公共文化配送演出385场次。完成农村公益电影放映目标任务3050场次，观众41.6万人次。公益基地电影300场次，观众3.99万人次。

举办第十届全民读书节、第二十六届四明山电影节、第五届姚剧文化周、“一人一艺”杯歌手大赛等品牌活动。余姚入选“浙江省戏曲之乡”。围绕“以艺战疫”开展各类文艺创作，文化馆创作优秀文艺作品103件，姚剧保护传承中心推出姚剧表演唱、姚剧戏歌、越剧戏歌等多种形式的8个抗疫文艺作品通过网络和电台传播。做好省“三个地”主题文艺精品创作姚剧、摄影等作品题材的规划。姚剧《浪漫村庄》入选全国脱贫攻坚题材舞台艺术优秀剧目展演，复排传承剧目姚剧《强盗与尼姑》，完成姚剧讽刺喜剧《墙头记》的排练和首演。原创舞蹈作品《新娘》《飘扬》、音乐作品《红村的年轻人》《雨落山村》获宁波市第十三届音乐舞蹈节铜奖。

严管广播电视安全播出。加强与广播电视台的沟通和联系，做好疫情防控期间和两会、国庆等重要保障期的广播电视和网络视听安全播出，实行“零报告”制度。开展2020广播电视安全播出应急演练，做好余姚市广播电视年鉴和全市广播电视单位信息网络安全监测工作资料申报，推荐余姚广播电视节目和技术能手参加2020年度省广播影视政府奖评选和比武。

11月5日，第五届“姚剧文化周”启动仪式举行

【“书香余姚”第十届全民读书节举办】

4月23日，“书香余姚”第十届全民读书节暨2020“世界读书日”活动启动仪式在余姚书城举行。全民读书节包括启动仪式和主题阅读活动、“书香余姚”线上阅读活动和“世界读书日”全市阅读活动三大板块，11月6日闭幕。全市举办了朗诵、讲座、征文、展览等主题活动70余项。读书节期间，余姚创新开展“书香余姚”线上阅读活动。

【彩墨妙华——宁波 · 敦煌中国画作品邀请展开幕】

5月15日，彩墨妙华——宁波 · 敦煌中国画作品邀请展在余姚开幕。敦煌市政协主席贺建生参加开幕式，余姚市政协主席陈长锋宣布作品邀请展开幕。此次展览旨在开拓两地书画家的艺术视野，丰富两地群众的精神文化生活，促进两地书画艺术事业的繁荣与发展，使两地文化经济交流与合作迈上新台阶。此次展览以“彩墨妙华”为主题，共展出敦煌、宁波两地46位书画家近百幅中国画作品。展览持续至5月30日。

【新京剧国际文化艺术交流中心揭牌】

6月16日，新京剧国际文化艺术交流中心揭牌仪式在中国云城 · 河姆渡创新产业园举行，新京剧丝路新动能创新基地建设正式拉开帷幕。揭牌仪式上，新京剧文化产业基金正式发起。新京剧是一种新的京剧表现形式，以传统京剧为基础，广泛借鉴、汲取多种艺术元素，是对传统京剧和现代京剧的创新与发展。2018年7月，新京剧丝路新动能创新基地在中国云城 · 云产业总部基地成立，旨在打造集演出、培训、会展、交流、研发、设计、创作、制作等功能于一体的标杆文旅项目。

【第二十六届四明山电影节开幕】

7月10日，第二十六届四明山电影节开幕式暨2020余姚市农村公益电影放映启动仪式在兰江街道兰墅桥村举行。开幕式上，宁波市新农村数字电影院线有限公司向余姚赠送300场公益电影。开幕式后，现场群众观看影片《中国机长》。

【姚剧讽刺喜剧《墙头记》首演】

8月15日，姚剧讽刺喜剧《墙头记》在龙山剧院首演。《墙头记》原系清代文学家蒲松龄的俚曲作品，曾被改编为山东梆子、评剧、秦腔等，具有较大影响。国家级非遗（姚剧）代表性传承人沈守良1962年获秦腔《墙头记》刻印本。2019年下半年，市姚剧保护传承中心决定移植该剧，由市姚剧保护传承中心主任倪乐辉担任制作人，沈守良担任剧本改编、唱腔设计，国家一级导演倪东海担任导演。

【余姚获评首批“浙江省戏曲之乡”】

10月下旬，首批“浙江省戏曲之乡”名单公布，余姚获评。此次评选命名工作由浙江省文化和旅游厅开展，旨在贯彻落实省相关文件精神，进一步推进浙江省地方戏曲传承发展，首批评出嵊州、余姚、宁海、平阳、建德、义乌6个县（市、区）为县级“省戏曲之乡”。

【姚剧《浪漫村庄》入选全国脱贫攻坚题材舞台艺术优秀剧目展演】

10月17日，全国脱贫攻坚题材舞台艺术优秀剧目展演在北京开幕。由市姚剧保护传承中心创作演出的姚剧《浪漫村庄》入选该展演，系浙江省入选的两个剧目之一。姚剧《浪漫村庄》于11月27日在余姚龙山剧院演出，以线上网络直播、展播的形式，与全国观众见面。

【王阳明祖居地纪念馆开馆】

10月30日，王阳明祖居地纪念馆开馆仪式在大岚镇阴地龙潭村举行。纪念馆于8月开工建设，总投资150余万元，10月完工。纪念馆占地面积约500平方米，分王阳明祖居地展示厅和隐地大会堂两部分，其中展示厅面积约250平方米，分为“浙东王氏、瓜瓞延绵”“姚江王氏、蜚声中外”“隐地林茂、龙潭源长”三部分，运用立体造景、镂空投影、互动场景等现代技术，详细介绍王氏家族传承、王阳明生平及王阳明在阴地龙潭村研学的故事。当天，阳明文化“五进”活动同时在阴地龙潭村举行，浙江省社会科学院研究员、浙江省儒学学会会长吴光为大岚镇机关干部、党员、群众作专题讲座。

【纪念朱舜水诞辰420周年暨《朱舜水集》编纂学术研讨会举行】

11月1日，纪念朱舜水诞辰420周年暨《朱舜水集》编纂学术研讨会在余姚举行。专家学者共话朱舜水思想的传播，交流推进《朱舜水集》编纂出版工作。此次会议是2020宁波（余姚）阳明文化周的重要学术活动之一，旨在推进阳明文化、舜水文化的研究和传承，提升余姚、宁波及浙东思想在东亚的影响力。据介绍，《朱舜水集》是收录朱舜水生平著作及相关研究资料最为完备的一部学术典籍，由武汉大学国学院院长郭齐勇教授和台湾中国文化大学校长徐兴庆教授共同担纲主

姚剧讽刺喜剧《墙头记》

编，编纂团队汇聚两岸及日本在该领域颇有影响的学者。该书在前人编辑、整理的基础上，全面搜集中日两国存世的朱舜水著作及相关出版物，包括文、诗、讲义、书信、年谱等，辨别真伪、考定文字、标点分段。该项目入选“十三五”国家出版规划重点项目，已完成大部分编纂整理工作，由宁波出版社出版。

（方麒君）

文化遗产

【概况】

2020年，市文广旅游体育局持续强化文化遗产保护利用，文博事业开创新局。推进河姆渡国家考古遗址公园建设。河姆渡遗址、田螺山遗址、鲻山遗址和井头山遗址整体纳入国家考古遗址公园申报范畴。完成河姆渡考古遗址公园考古勘探报告的评审验收、生态园生物多样性调查初步报告、考古遗址公园规划文物影响评估项目编制单位的招标。规划编制单位提交河姆渡考古遗址公园总体规划（第二阶段）成果汇报。与宁波市文广局对接落实宁波专题会议精神和考古公园创建工作。河姆渡遗址通过省文物局组织的省级考古遗址公园的运行管理情况评估，评估等级达A级。

做好考古发掘工作。持续推动考古前置和区域评估工作，不断加强全市建设用地出让前和工程项目报批前的考古调查和发掘工作。全力实施井头山遗址、施岙遗址古水稻田、花园新村地块汉六朝遗址等考古发掘。其中，井头山遗址第一阶段野外考古工作取得重大突破，成功举办井头山遗址考古成果新闻发布会暨井头山遗址考古成果专家论证会和余姚施岙遗址古稻田考古发掘专家论证会。井头山遗址先后入选国家文物局重大研究工程“考古中国”项目发布的五项考古工作重要新成果和中国社科院2020中国六大考古新发现，入围全国十大考古新发现初评候选项目。井头山遗址、施岙古稻田遗址和花园新村汉六朝遗址入选2020年度浙江考古重要发现。

充分发挥文博宣教功能。截至年末，余姚博物馆、王守仁故居、河姆渡遗址博物馆等各文物开放单位共接待游客58万余人次。余姚博物馆完成基本陈列局部升级改造，浙江省文物保护单位舜江楼重新开放。通过“余姚文旅”“王守仁故居”“河姆渡遗址博物馆”等微信公众号推出丰富多彩的线上文物宣传活动。推出庆祝第44个国际博物馆日、文化和自然遗产日系列线上宣传活动。海洋文明曙光——井头山遗址考古发掘成果展、“像”由心生——阳明像背后的故事研学活动入选“市直部门特色宣讲团”，并获2019年度浙江省社科普及创新示范推介提名项目。“梨洲文献馆”古籍文献掌上阅览系统上线。2020年讲好浙江故事——全省博物馆优秀讲解案例推介活动中，选送的3位选手全部入选“十佳”。

扎实开展文物保护工作。新四军浙东游击纵队司令部旧址被国务院公布为第三批国家级抗战纪念设施、遗址。余姚市文物保护管理所被文化和旅游部公布为第六批全国古籍重点保护单位。编制完成第八批全国重点文物保护单位余姚通济桥、浙江省文物保护单位姚江水利航运设施及相关遗产群陆埠浦口闸的“四有”档案。完成不可移动文物提升保护级别、消失和撤销核对统计。规范实施文保工程，全年共完成市级文保工程立项3批次，涉及9处文物建筑。浙东抗日根据地政治部旧址、四明山重建革命武装旧址、戚少保祠等5项文保工程完工并通过验收。完成10多处文保单位、文保点实施的抢救性修缮或维护保养。依法审批文物事项，做好涉及浙江省文物保护单位以上规划内建设工程的前期对接、意见反馈和审核报批，全年共完成3个项目和5个文保工程的余姚市级专家审核。持续加强运河管理，严控大运河遗产段的建设活动，按时上报大运河遗产监测数据。抓牢抓实文物安全。推进全市文物安全责任体系建设，完成全市安全风险等级分色，做好文物安全责任公示牌上牌工作，确定101处建筑类文保单位、文保点的责任单位和安全管理人。编制完成《余姚市文化和广电旅游体育局文物安全突发事件应急预案》和《余姚市文物建筑消防安全三年专项整治行动方案》；完成对21个乡镇街道212处古建类文保单位（点）2轮次的日常性安全检查和8个文物收藏单位的不定期安全核查，累计实施安全检查次数52次，检查文物单位数量315处，发现隐患11处，整改11处。大力推进国有文博单位三防工程，切实守好文物安全底线。

保护、传承、发展非物质文化遗产。陆埠佛雕在宁波市非遗“三位一体”传统美术类项目考评中被评为示范性项目，余姚剪纸、大隐石雕被评为优秀项目。余姚土布制作技艺、精武拳（械）技代表性传承人抢救性记录工作如期完成。“薪火计划”大隐石雕中青年非遗传承人群培养工作通过验收。梁弄大糕获“非遗薪传”浙江传统美食展评活动优秀展演奖，余姚草编获第二批浙江省优秀非遗旅游商品，阳明古镇匠心馆、河姆渡越瓷坊、泗门成之庄成功申报宁波市非遗体验基地。积极探索“非遗+互联网”模式，余姚市非遗保护数据库建成使用，非遗课堂在云端开设，非遗产业多元发展。加强非遗交流互动，余姚小选手获宁波市非遗少儿故事大赛二等奖。

【余姚市非遗再添7个新项目】

年内，第六批余姚市级非物质文化遗产代表性项目名录公布。新晋市级非遗项目共有7项，涉及4个大类。其中，曲艺1项，为余姚走书；传统美术1项，为盆景技艺；传统技艺4项，包括传统酱油米醋酿造技艺，余姚黄鱼烹制技艺（黄鱼菜肴烹制技艺、黄鱼面烹制技艺），同庆祥糟鸡制作技艺和榫卯结构营造技艺；传统医药1项，为人寿丰传统膏方制作技艺。13个传承基地和22名传承人（包含前五批余姚市级非物质文化遗产代表性项目名录代表性传承人、传承基地增补）同时公布。

【井头山遗址考古成果新闻发布会举行】

5月30日，浙江省文物局、宁波市文化广电旅游局、余姚市人民政府联合在余姚举行井头山遗址考古成果新闻发布会。井头山遗址是浙江境内发现的首个史前贝丘遗址，也是中国沿海地区年代最早、埋藏最深的一处史前贝丘遗址，它的发现将宁波地区的人类活动史和文明发展史推到距今8000年前。此外，与会专家还参观发掘现场，观摩了出土文物，并召开井头山遗址考古成果专家论证会及河姆渡遗址的保护利用与可持续发展研讨会。

井头山遗址位于余姚三七市镇三七市村，东距田螺山遗址1.5千米。自2019年9月起，由浙江省文物考古研究所联合宁波市文物考古研究所、河姆渡遗址博物馆等进行考古发掘，考古工作取得突破性收获。

【端午非遗主题活动举行】

6月24日，我们的节日——端午“非遗”主题活动暨余姚

5月30日，井头山遗址考古成果新闻发布会举行

市第二届“艺路同心”公益文化活动启动仪式举行。当天，现场进行了第六批余姚市非物质文化遗产代表性项目授牌，涉及传统医药、曲艺、传统技艺3个门类7个项目。现场还举行了市文化馆艺心曲艺社授牌仪式及余姚市“书循环”阅读驿站捐赠仪式。

【余姚“十大碗”出炉】

8月1日，全国“全民健身日”余姚市启动仪式在市全民健身中心举行，同时举办“诗画浙江·百县千碗”菜品名录之余姚“十大碗”发布会。新鲜出炉的余姚“十大碗”分别为三鲜过桥、百鸟朝凤、黄鱼面、笋干菜扣肉、生爆鳝背、榨菜甲鱼、青鱼划水、鸡羹糊、火腿鱼圆、傍林鲜。

【市文物保护管理所入选全国古籍重点保护单位】

11月2日，文化和旅游部公布第六批国家珍贵古籍名录和第六批全国古籍重点保护单位名单。其中，第六批全国古籍重点保护单位23个，余姚市文物保护管理所榜上有名。

【余姚考古发掘项目入选2020年度“浙江考古重要发现”】

12月22日，2020年度“浙江考古重要发现”揭晓，全省共10个考古发掘项目入选，其中3个来自余姚，按遗址主体年代先后分别为井头山遗址、施岙遗址古稻田、花园新村汉六朝遗址。

（方麒君）

文化市场

【概况】

2020年，市文广旅游体育局加强监督管理，全市文化行业秩序持续向好。新冠肺炎疫情趋于稳定后，着力统筹推进企业复工复产，向企业输送各类惠企政策。指导旅行社提前完成上级规定的疫情防控期间旅游退团退费清零工作。指导企业申报融资贷款和贷款贴息补助，8家企业获批贷款2800万元。对余姚旅行社暂退80%质保金，17家旅行社申请，共计涉及金额368万元。下发旅行社纾困帮扶专项资金，给予18家旅行社62.96万元资金补助。提前开展2020年余姚市全域旅游发展政策性补助申报工作，简化审批流程，加快兑现速度。同时，积极鼓励引导旅游企业推出“共享员工”，有效解决招工和就业的两难问题。

全面深化改革，推进行政审批。开展文艺表演团体延续（换证）和高危险性体育项目集中换证及整治工作。推动“证照电子化”实现事项全流程网上办理，169个应实现网上办事事项完成移动端办事地址及相关信息完善，全面实现100%政务服务事项“网上办”“掌上办”。细化梳理办事事项颗粒度，通过“一单申请、一窗受理、一次勘查、一科办结、一证覆盖、一档归并”实现全流程“最多跑一次”。助推“无差别综合服务”改革，推进政务2.0工作平台的学习和应用。2020年新设立文化经营单位17家，共计受理各类审批服务事项102件，承诺件34件，即办件68件，承诺提前率92.56%，实际提前率100%。

8月1日，余姚“十大碗”发布会举行

2020年进一步强化酒店、

旅行社品牌创建。瑞盛酒店成功创建五花级酒店，驿江南酒店创建四花级酒店，星程酒店创建三花级酒店；宁波伯瑞特酒店成功创建省金桂级品质饭店；宁波太平洋大酒店成功创建省特色主题文化酒店；寰球国旅和大世界国旅成功创建四星级旅行社，悠途国旅成功创建三星级旅行社。

加强行业监管，规范市场秩序。印发《关于印发〈余姚市文化和广电旅游局诚信“红黑榜”发布制度（试行）〉的通知》《关于印发〈余姚市旅游行业失信联合惩戒工作方案〉的通知》。完善文明旅游推进机制，指导做好“公筷公勺”、复评创建和人员培训等工作。认真落实执法建设年各项活动，规范“互联网＋监管”，全年共应用“互联网＋监管”平台完成执法检查1586次，执法检查次数1586次，掌上执法率100%。结合阶段重点任务，全力推进“双随机、一公开”工作和各类专项整治。市文化市场综合行政执法队共出动执法人员3371人次，检查各类文旅经营单位2694家次，联合公安、市场监管、新闻出版、卫健等部门开展联合检查30次，查处立案19件，警告14家次，罚款61300元，没收违法物品64件，同时受理各类文旅投诉举报123件，交办件、有效举报件查处率100%，办结率100%。

强化安全生产，确保行业稳定。印发《余姚市文化和广电旅游体育局关于全面落实安全生产“党政同责，一岗双责”责任制的通知》，层层签订安全生产责任书。在重要时间节点分组对系统各行业进行安全生产检查，累计出动检查人员224人次，检查场所289家次，查改隐患59条。印发《关于加强气象对文化旅游体育安全保障工作的通知》，加强灾害性天气安全风险联防联控。印发《关于印发〈余姚市旅游行业安全风险提示制度〉的通知》，做好旅游目的地风险提示。根据《关于开展2020年“安全生产月”和“安全生产万里行”活动的通知》，聚焦学习教育、互动体验、排查整治、案例警示、应急演练等重点内容，组织开展富有专业性、文艺性、新闻性、实效性的宣传教育活动。重新修订《余姚市文化和广电旅游体育局防汛防台抗旱应急预案》。做好“平安三率”宣传工作和平安旅游和平安文化经营场所创建。

（方麒君）

社科工作

【概况】

2020年，市社科联围绕市委、市政府和市委宣传部中心工作，扎实推进市第三届社科联换届、两个专项课题、科普基地建设，组织和推动协学会（研究会）资政育人服务社会。

召开余姚市社会科学界联合会第三次代表大会。新发展会员单位1家、科普基地2家（其中申报宁波级1家）。开展社科“五进”宣讲100余场次。

按时完成“阳明古镇武胜门片区资源挖掘与文旅项目布局”“王阳明法治思想与法治乡村”两大课题研究。战疫科普小品《活着多好》获全国民间文艺云端展演“深圳专场”优秀节目奖和最佳人气节目奖。

梨洲街道明伟村被司法部普法与依法治理局命名为全国乡村治理调研基地（全省仅两个）。中国古村落研究（金冠、北溪、中村）系列图书入选“2020年国家图书出版基金”项目。

【市社科联第三次代表大会召开】

9月24日，市社会科学界联合会第三次代表大会召开。会议审议通过市社科联第二届理事会工作报告，选举产生市社科联新一届领导班子，董朝晖当选市社科联第三届理事会主席。省社科联副主席谢利根在会上致辞，余姚市领导奚明、徐云、诸晓蓓、陈长锋、王娇俐和宁波市社科联副主席鲁焕清到会祝贺。

（市社科联）

旅　游

【概况】

2020年，全市共接待国内外游客1821.7万人次，实现旅游总收入167.7亿元。启动《余姚市“十四五”文化旅游体育发展规划》的编制工作，完成规划文本初稿的撰写。指导推进《浙东红村　横坎头景区旅游专项规划》《余姚四明山省级旅游度假区总体规划（2019—2035）》等规划的编制工作。完成浙江省全域旅游示范市创建工作，做好游客服务中心、大数据中心、全域旅游导览图、景区村庄标识指引系统等工程建设。智能光电小镇、鹿亭中村、机器人小镇成功创建国家AAA级旅游景区，河姆渡遗址博物馆顺利通过国家AAAA级旅游景区景观质量评审。指导开展“浙江省级旅游风情小镇”创建工作，鹿亭乡列入培育名单；指导开展“宁波市乡村全域旅游示范区”申报工作，梁弄镇被列入培育名单；余姚领克汽车部件有限公司被认定为“浙江省工业旅游示范基地”。部署开展“万千百”景区化专项工作，余姚市创建AAA“景区城”，大岚镇等8个乡镇成功创建“景区镇”，69个村庄申报或提档升级“景区村庄”。超额完成“厕所革命”建设计划，2020年共新建、改（扩）建旅游厕所18座。

推进重大项目招引建设。着力推进“招商引资一号工程”，积极对接、服务客商，促成重大项目落地。积极对接阳明古镇、新希望营地项目、“鹿山亭”精品民宿等重大项目，做好跟踪服务工作。多次带领客商实地考察余姚旅游招商项目，全年累计接待客商20余批次。同时，加强项目建设，实施旅游项目带动战略，加快建设旅游精品项目，全力构筑以重点旅游项目为支撑的旅游产业体系。全市共有在建文化旅游项目30个，投资总额506.34亿元。2020年实际完成投资49.64亿元。投资推进综合评价指数名列全省第2。

推进乡村旅游发展，三间爿民宿被评为省级“银宿”，余姚市四明山书画院被评为“四叶级”特色客栈，临山九里湾生态休闲农庄和裘岙村被评为宁波市休闲旅游基地。举办“民宿特色打造研讨”培训班，组织民宿业主赴长兴等民宿发展先行区考察学习。2020年，余姚乡村旅游共接待游客466.89万人次，同比增长5.97%，乡村旅游经营总收入6.57亿元，同比增长7.26%。

推进市场营销工作。出台《提振信心　促进疫后文旅体行业消费的实施方案》，及时调整奖励政策，吸引省内旅游企业组团到余姚。策划实施“赠百万红包　启千万消费——余姚文旅体‘春风送暖计划’”，通过发放消费券、优惠券的形式，振兴余姚文旅体消费市场。其中推出的“万人游余姚”活动深受广大市民欢迎，共有16189人次参与。推出“致敬白衣天使”活动，号召旅游企业为抗疫英雄提供免费服务和优惠措施，打造消费新热点。同时遵循“谨慎办节”的原则，举办“春归大地　乡约宁波”2020宁波乡村旅游季暨寻味梁弄游、“美丽乡村健身行”余姚鹿亭站登山活动、2020中国余姚杨梅节等大型节庆活动，指导参与“四明山中国红”旅游节、大岚茶文化节、第十五届四明山红枫樱花节、“我在白鹿登花海”徒步活动等，通过云直播、发布会、宣传推介、现场互动等吸引众多市民参与，进一步扩大了余姚特色节庆的影响力。推进“百县千碗”工程，推出余姚“十大碗”。加快推进余姚文旅体数字化建设项目。对余姚旅游地图进行改版提升。继续开展“幸福家乡欢乐游”活动，截至年底，景区累计接待市民、外来务工人员38372人次。

2020年国庆中秋假日期间，余姚共接待国内外游客84.96万人次，恢复至2019年同期水平的96.32%，实现旅游收入4.8亿元，恢复至2019年同期水平的94.07%。同时，“庆国庆、圆中秋”阳光文化惠民戏曲周等国庆中秋文化活动开展，城乡10余万名群众受惠。

【智能光电小镇成为国家AAA级景区】

1月，余姚智能光电小镇通过宁波市旅游景区质量等级评定委员会评定，正式被批准为国家AAA级旅游景区，成为余姚第9家A级旅游景区。余姚智能光电小镇位于余姚城区西部，东至食禄桥江、岭下直江，南至丰立路，西至毛家闸内江、高地陈河及孝义堰路，北至舜达西路及西江，总创建面积达3.04平方千米。小镇开辟手机光学镜头制造和手机镜头模组制造两条旅游线路。

【2020年余姚文化旅游嘉年华开幕】

6月13日，“相逢余姚 遇见红火”2020年余姚文化旅游嘉年华开幕式暨“美丽中国”全国融媒聚焦“阳明文旅”摄影采访采风活动开镜仪式在四明湖玉兔岛举行。开幕式上，“不忘初心 牢记使命”浙东初心之旅、“知行合一 心学圣地”阳明心学之旅、“红色足迹 传承精神”红色研学之旅和“文献名邦 幸福余姚”姚江文化之旅4条“四明红”阳明文旅精品线路首发。“品余姚杨梅 游红色梁弄”FM93浙江交通之声携全国千万名听友余姚探鲜发现之旅开启。活动还派发万元旅游礼包，包含星级酒店免费房券、景区门票、姚江游船亲子套票等。

【余姚57个村庄被评为省A级景区村庄】

9月中旬，第四批（2020年度）浙江省A级、AA级景区村庄名单公布，余姚57个村庄分别被评为浙江省A级、AA级景区村庄。其中省A级景区村庄共29个，省AA级景区村庄共28个。至此，余姚有省A级景区村庄142个。

【旅游巡回法庭设立】

10月9日，市法院、市文化和广电旅游体育局联合举行新闻发布会，宣布设立旅游巡回法庭。旅游巡回法庭借助多元解纷平台，采用快立快审快执、常态化联络及多方联动机制，为当事人提供便捷高效的解纷服务。17名旅游纠纷特邀调解员入驻“余姚解纷直通车”平台中的“旅游频道”，随时随地在线向法官咨询专业法律问题。同时，借助旅游大数据平台、在线矛盾纠纷多元化解平台（ODR）、“浙江移动微法院”微信小程序等在线解纷平台，实现纠纷在线咨询、受理、分流、调解，为旅游消费者提供专业、高效、一站式的纠纷化解服务，努力实现让当事人“一次不用跑”。

（方麒君）

四明山旅游开发

【概况】

2020年，市四明山旅游度假区管委会深入践行新发展理念，贯彻落实坚决打赢脱贫攻坚战、统筹推进新冠疫情防控和经济社会发展、实施乡村振兴战略等重大决策部署，着眼四明山区域旅游统筹发展、融合发展，致力将度假区打造成为长三角知名的山地运动休闲度假区、国家级旅游度假区，着力推进四明山区域旅游高质量发展。余姚四明山成功申报入选浙江省首批山地休闲度假发展试点单位，度假区顺利通过2018—2019年度省级旅游度假区首次考核。

【2020余姚“四明山 中国红”旅游节开幕】

4月24日，由市四明山旅游度假区管委会、市委网信办、市文化和广电旅游体育局主办的2020余姚“四明山 中国红”旅游节开幕式暨“香泉湾”杯“show余姚”短视频大赛启动仪式在大岚镇大乐之野·谷舍举行。开幕式上，主办方首先向余姚市援鄂医疗队队员赠送“致敬英雄·康养四明”爱心礼包，邀请抗疫英雄到四明山旅游度假。随后，推介“四明红”红色印记点、“四明红”康养度假点、“四明红”红火食宿点等系列旅游精品点，并通过直播带货、网红体验官等形式，宣传四明山优美的自然风光和深厚的人文底蕴，助力疫情后四明山旅游产业快速恢复和发展。主要用于四明山旅游宣传推广

4月24日，2020余姚"四明山　中国红"旅游节开幕式暨"香泉湾"杯"show余姚"短视频大赛启动仪式在大岚镇大乐之野·谷舍举行

的"四明山记"官方抖音号于当天正式上线。

（朱　彦）

融媒体

【概况】

2020年，市融媒体中心以推进媒体融合深度改革为契机，围绕中心服务大局，深入做好重大主题报道工作，为余姚经济社会发展提供强有力的舆论支持。年内，深化融媒体中心机构改革，明确主要职责，完成内设机构撤并和人员岗位、领导分工调整。

媒体融合扎实推进。2020年，市融媒体中心坚持移动优先理念，统筹对全媒体的指挥协调，对传统媒体和新媒体的采编播发等流程进行优化，对组织架构进行初步调整，媒体融合进入了实质性阶段，形成"一体策划、一次采集、多种生成、全媒传播"新闻内容生产模式。7月开始，实行全媒体改版。《余姚日报》进一步强化市委机关报的属性，着力做强时政新闻、民生新闻，着力加强深度报道，推出一批新栏目。余姚电视台利用现有频道资源开办图文信息服务平台"今日余姚"，突出公益属性，并推出一批栏目。同时，顺应"终端随人走、信息围人转"的移动化大趋势，积极实施移动优先策略，关、停、并、转近10个原市广播电视台、原余姚日报社旗下的新媒体平台，重点发展以"姚界"客户端为核心，余姚新闻网、余姚新闻官方微信、微博等新媒体平台组成的新媒体矩阵，进一步提高舆论引导能力和水平。

重大主题报道亮点纷呈。2020年初，新冠肺炎疫情暴发，中心采用全媒体报道形式，推出1000多条报道，及时把市委、市政府的决策部署及时传递到千家万户，及时报道疫情防控中涌现出来的各类典型，为全市打赢疫情防控阻击战提供强有力的舆论力量。随着疫情防控形势的发展，推出《逆势突破转型发展》《化危为机谋发展》等一系列主题栏目，为全市经济社会逆势增长营造良好的舆论氛围。2020年是打赢脱贫攻坚战的收官之年，在加大日常报道力度的同时，两次组织采编人员赴贵州兴义、望谟两地异地采访，采写了一批有深度有吸引力的报道，不少新闻作品在《人民日报》《中国日报》等上级媒体刊发。同时，围绕全国文明城市复评、阳明文化周、塑博会等全市重大工作、重要活动开辟了专题专栏，营造宣传强势。在中共十九届五中全会闭幕以后，又推出贯彻落实十九届五中全会精神专栏。

服务民生成效显著。通过《四明聚焦》《问政面对面》等栏目，加大建设性舆论监督力度，共推出舆论监督报道50多条。旗下各媒体平台发挥各自特点，及时回应群众关切，帮助群众解决生产生活中遇到的各类难题。各媒体平台结合疫情防控、教育、交通等方面的工作，及时发布各类服务信息。

全力以赴推动精品创作。从完善编前会制度着手，进一步加强新闻策划工作，对重大主题报道采用采编小组集中攻关的形式，加大报道力度，创新报道形式，围绕打赢疫情防控阻击战、脱贫攻坚异地采访等重大报道主题，推出了一系列有影响力的报道。

外宣工作得到加强。专门成立外联部，做好外宣工作。及时向上级媒体选送优质作品，截至10月底，《人民日报》、新华社、央视《新闻联播》《焦点访谈》《新闻直播间》，以及《经济日报》、“学习强国”学习平台、光明网等央媒刊播稿件75件；浙江卫视《浙江新闻联播》《今日评说》《新闻深一度》《浙江之声》，宁波电视台《宁波新闻》等省级、宁波市级媒体共录用稿件200多件。

力推文化传媒发展。积极策划举办一系列创新性强的活动。传播公司在做强演艺活动和提高宣传片制作上下功夫，承办的“云”游大岚 “樱”你而来、“四明山　中国红”旅游节开幕式等活动赢得好评。并制作《泗门战役电视纪实片》等纪录片。余姚日报报业有限公司通过线上带动线下的方式，在全市吹响恢复市场繁荣的集结号。3月，由该公司策划执办的“春回姚城，畅享购物”2020余姚购物节提前开幕，以全程在线直播的方式举行。8月，线下车展活动——2020余姚购物节夏季车展在万达广场举办。新媒体中心在承接活动、广告代理、新媒体代运行等业务上保持基本稳定。报纸发行依然保持持续稳定的发展，投递外延业务拓展实现新增收。继续强化服务，做好与有关部门、乡镇街道的报纸版面协作工作。

助力智慧产业发展。牢牢抓住文化传媒产业和智慧信息化产业，不断做大做强经营性产业。深入实施智慧融媒体应用加速扩面行动，全力做好城区智慧停车系统工程建设，打造城市静态交通大数据中心。持续跟进乡镇街道和社区治安监控建设，积极做好智慧城管三期项目，构建具有余姚特色的智慧城管、社会治理应用。做好胜陆线高架建设线路入地改造、宪卿第路及三官塘路改造、古乍线东段（黄竹线—姚东大桥）改造、城西工业园肖朗路城西段一期工程改造、长安路（玉立路—姚州大桥）道路改造。做好下菱新村内部线路上改下整体改造，对于小区内部乱拉线进行彻底的改造，全部实现走地下管道。

多元产业稳步发展。小记者工作多点绽放，相继开展“别样寒假，我这样过”主题短视频征集、“相约‘莓’好时光”蓝莓亲子采摘、“将杨梅封存，让父爱永恒”、“小小验光师”、“一度电的旅行”、“亲子DIY”等活动。出版业务开拓创新。承办活动广受好评。线上推出“浙东之声”少儿红色电台、FM93全时段宣传。线下策划执行“相逢余姚遇见红火”2020年余姚文化旅游嘉年华开幕式暨“美丽中国”全国融媒聚焦“阳明文旅”摄影采访采风活动开镜仪式及余姚市中小学生口述历史大赛、姚江游船单身交友派对、姚城金秋戏曲品鉴会等月度活动。承办市“五水共治”办公室的青山绿水大联动2020余姚市“五水共治”主题系列活动、百人太极拳展演、诗话姚江水上吟诵会、趣味生态健步行等活动。印务印刷保质保量，完成《余姚日报》《金色年华》和其他小报印刷任务。

【余姚数字电视推出应对疫情措施】

疫情防控期间，为防止疫情交叉感染，暂停窗口办理数字电视收费相关业务，改为微信、电话渠道办理。对原有的节目全部进行清流传输，并对全市有线数字电视用户开启免续费收看服务。主动联系宾馆、酒店等受影响较大的集团用户，根据实际情况研究对策，以高标准的服务，最大限度把损失降到最低，最大限度挽留用户。专门开设多个频点，增加4套电视课堂节目，方便全市中小学学生居家学习。

【“浙东之声”红色电台开播】

4月5日，“浙东之声”红色电台开播。“浙东之声”红色电台由市阳明文旅集团、《余姚日报》小记者总站、FM96.6余姚人民广播电台联办，分为《红色传奇》《红歌嘹亮》《经典演绎》《红星推荐》四大板块。节目由主持人带领小主播共同参与，每周日14时在FM96.6余姚人民广播电台播出。

【第二届全国县市传媒“十佳”摄影记者优秀图片编辑颁奖典礼举行】

6月12日，第二届全国县市传媒“十佳”摄影记者优秀图片编辑颁奖典礼在余姚举行。中国新闻摄影学会会长徐祖根，副会长兰红光、李景录、丁伟、李涛，常务副秘书长韩敬，副秘书长赵树燕、季春红等出席颁奖典礼。同日，2019年度中国县市传媒新闻奖（摄影类）评选在余姚举行，全国50多家县市媒体选送的千余幅（组）新闻摄影作品、200余个版面和100余件新媒体作品参加评选。

（吕　群）

6月12日，第二届全国县市传媒“十佳”摄影记者优秀图片编辑颁奖典礼现场

教　　育

综　述

【概况】

2020年，全市共有各级各类学校及幼儿园288所，在校学生及在园幼儿总数16.26万人。其中，高校1所，在校学生707人；普通高中9所，在校学生10969人；中职学校5所，在校学生9046人；初中27所，在校学生28486人；小学81所，在校学生71695人；幼儿园164所，在园幼儿41512人。

2020年，市教育系统全面贯彻落实全国、全省、宁波教育大会精神和省市决策部署，以“打造幸福教育，培育阳明传人”为目标，教育工作有了新的进展，创建成为省区域推进语言文字规范化县（市），获得全国“美好生活　劳动创造”主题教育读书活动先进集体、省招生考试工作先进集体、省教育宣传工作先进集体、市民主评议机关先进集体、市政协提案承办先进单位等荣誉。

年内，优化教育资源配置。低小散幼儿园整治全面完成，全市公办园招生覆盖率提升至43.1%，比上年度提高9.9个百分点。城乡义务教育共同体建设实现全覆盖，省义务教育标准化学校建成率达99.1%。8所学校通过全省首批现代化学校评估。2020年共新（改、扩）建中小学和幼儿园20所，新增学位5100个。中意宁波生态园实验学校建成投用，花园小学迁建改造、泗门镇湖北小学扩建等顺利完成，梦麟、万达、兰墅桥3所公办幼儿园均按计划在2020年年底竣工交付。

强化学校师资力量。新增正高级教师5人、省教坛新秀7人、宁波中小学名教师2人、宁波市中等职业学校专业首席教师1人。在宁波率先试点教师师德信用积分量化管理办法，并入围宁波市教育改革创新优秀案例评选。开展师德师风专项整治，培育市级师德教育基地6所。名优班主任数量居宁波市前列，名师工作室和乡村学校骨干教师工作点建设得到深化，教师整体素质进一步提升。

推进智慧教育工作。推进“互联网＋义务教育”扩面，安排175万元资金对18所学校“同步课堂”进行帮扶建设。全市95%以上的学校实现万兆互联互通，无线网络覆盖率达100%，新增宁波市“智慧校园”7所。

促进学生全面发展。围绕立德树人根本任务，将全面发展的育人目标贯穿教育全过程。思政课教学工作得到省教育厅领导高度肯定。创建省级心理健康教育示范点17个、宁波级文明校园65所、宁波及以上劳动教育示范学校（实践基地）5

所、宁波市垃圾分类示范学校6所，新增全国足球特色学校（幼儿园）5所。实验二小获评省首批文明校园，肖东二小女子足球队获省中小学校园足球联赛冠军。

课改教改有新亮点。2020年高考一段总上线1462人，上线率40.08%，均创历史新高。其中普通（纯文化）类一段上线1055人，首次突破千人大关。开启“相约云端”新型教研模式，在省教育质量监测中名列前茅。培育省首批先进教研组4个，子陵中学教育集团被评为省教科研先进集体。

产教融合有新突破。启动职业学校布局与专业结构调整，与宁职院合作共建余姚校区成功签约。在全国职业院校技能大赛改革试点赛中获得两块金牌。全力推进各类实训基地创建，60多个产教融合、校企合作项目有效开展，市职技校姚江模具人才培养校企合作共同体入选省中职教育质量提升行动计划。在疫情防控期间组织近700名职校学生参与顶岗实习，助力企业复工复产。

科学精准做好疫情防控。落实“以校管人”机制，建立学校、班级、任课教师、家长四级防控联系网络，利用阳明网校等搭建线上教学平台，实施“六个一”关爱行动，有序完成4批次开学复课，“空中课堂”教学团队被评为余姚市战“疫”先锋团队。

全面落实“公民同招”要求，招生入学更加公平公正。青少年成长乐园托管服务管理得到优化，惠及5万余个家庭。把老年大学办到“家门口”，全市建有225个老年教学点，常规班老年学员1.1万余人。成立宁波首家民办教育培训协会调解室。

精准务实做好教育扶贫。深入推进东西部扶贫协作、山海协作和援疆等教育对口支援工作。牵头支持望谟“刘秀祥工作室”建设，选派40人赴受援地支教，与受援地学校结对实现各学段全覆盖。

2020年余姚市各级各类学校（教职工、在校学生）基本情况表

表6

学校	学校数（所）	在校学生数（人）	教职工数（人）
合　计	288	162574	14208
其中：公立	134	121500	10130
其中：民办	154	41074	4078
一、高校	1	707	23
二、普高	9	10969	1309
公立	6	7585	891
民办	3	3384	418
三、职高	5	9046	717
公立学校	5	9046	717
四、初中	27	28486	2683
民办学校	1	4165	273
公立学校	26	24321	2410
五、小学	81	71695	4137
民办学校	0	2113	0
公立学校	68	62309	3673
民工学校	13	7273	464
六、特教	1	159	50

续表 6

学校	学校数（所）	在校学生数（人）	教职工数（人）
七、幼儿园	164	41512	5289
其中：公立	27	17373	2366
其中：民办	137	24139	2923

【疫情防控应急处置演练开展】

4月7日，市教育局在市职成教中心开展一次规范、系统、全面的疫情防控应急处置演练，进一步明晰开学后疫情防控的工作流程，为各校开学做好充分的准备。

演练分为早晨上学篇、寝室篇、教室篇、食堂篇，全方位覆盖师生校园生活的各个环节。演练主要针对校园生活中一旦出现新冠肺炎病例，学校该如何处理和上报，最大程度地减少新冠肺炎对广大师生健康和学校安全稳定造成的危害。市教育局全程拍摄此次演练并制作成视频发送到全市各学校，为全市师生普及新冠防控知识和各校应急处置提供参考范本。

（汪渝杰）

师资队伍

【概况】

2020年，全市共有教师14208人，其中公立学校10130人，民办学校4078人。2020年，省中小学正高级教师职称评审，余姚5人通过。2人新评宁波市第八批中小学名教师，1人新评宁波市第四批中等职业学校专业首席教师。2020年宁波市第十五届中学教坛新秀评比，余姚28名参评教师，获得一等奖3人、二等奖6人、三等奖19人。浙江省各学科优质课评比，余姚1人获得二等奖。宁波市各学科优质课评比，余姚共有10人获奖，其中一等奖3人、二等奖7人。推荐参加2020年浙江省各学科论文评比，余姚共有26人获奖，其中一等奖1人、二等奖10人、三等奖15人。宁波市各学科论文评比，余姚共有312人获奖，其中一等奖46人、二等奖85人、三等奖181人。

【做好人才评比工作】

年内，评选出余姚市第二届名班主任6人，第三届骨干班主任50人，确定“三名工程”培养对象人选220人；第十五届中学教坛新秀一等奖34人、二等奖46人、三等奖57人；中职教坛新秀一等奖8人、二等奖8人、三等奖17人。面向2017年入职教师组织开展余姚市第三届“教学新蕾”评选，共评出“教学新蕾”一等奖14人、二等奖25人、三等奖35人。举办2020年余姚市校（园）长“优化教师教育方略，聚力师资队伍建设”主题论坛活动。评选出一等奖9人、二等奖13人、三等奖23人。

【开展课题研究】

2020年，浙江省教师教育规划“疫情与教育”专项课题全市有14个课题立项，并获得一等奖1项、二等奖4项、三等奖6项的好成绩。2020年浙江省师干训中心教师教育规划课题获奖名单中，余姚一等奖1项、三等奖2项；浙江省师干训中心2020年度教师教育课题立项中，宁波立项39项，余姚立项14项。

【推进教师队伍建设】

2020年，争取教师编制163人，分两个批次进行新教师招聘，第一批71人、第二批88人，另招聘实习指导教师4人。其中普高5人、职高14人、初中32人、小学90人、幼儿园20人、特教2人。

【开展东西部教育扶贫协作】

年内，市教育局积极响应上级号召，通过支教、送教、结对、订单式培养等方式做好省市内外教育扶贫协作工作。全年新选拔10名教师赴新疆支教，其中2人挂职校级领导（王华军任库车阳明小学校长，邬银萍任库车二中副校长）。新派15名教师到贵州支教，其中5人到兴义支教1个月，2人到望谟支教1个月；3人到兴义支教半年，4人到望谟支教半年；1人到望谟支教1年。新派1人赴松阳一中支教1年。另有6名教师分别在兴义、望谟继续完成一年半的支教任务。另外，局级层面接受贵州兴义、望谟到余姚挂职教师5个批次，共计68人，其中2个月期兴义25人、望谟21人，3个月期兴义5人，7个月期兴义12人、望谟5人。局级层面为贵州兴义望谟组织教师到余姚培训3个班，共计134人，其中兴义到余姚培训60天期5人、兴义到余姚培训30天期25人，望谟教师到余姚培训6天期104人。

【教师进修学校被评为省师干训工作先进集体】

1月6—7日，余姚市教师进修学校被评为"2017—2018年度省师干训工作先进集体"并受到表彰。这是该校第4次蝉联该项荣誉。毛世浓、胡英被评为"2017—2018年度省师干训工作先进个人"。

（汪渝杰）

学前教育

【概况】

2020年，全市有幼儿园164所，在园儿童41512人。其中公办园27所（63个园所），招生占比43.07%；普惠性民办园116所，公办幼儿园和普惠性民办园招生占比90.91%；全市省等级园比例为98.01%，省等级园招生覆盖率98.85%，省一、二级幼儿园招生占比54.72%，全市幼儿园园长和专任教师共2879人，其中在编498人，教师持证率100%，大专以上学历占比97.57%，具有专业职称比例74.75%，高级教师36人，中级教师397人。

全市幼儿园在省和宁波大市评奖评优中成绩显著，市实验、市机关幼儿园被评为省优秀教研组，市凤山中心园、市四明园、市工业幼儿园被评为宁波市优秀教研组，市凤山街道中心幼儿园课改经验在宁波市课程改革会议上交流，并在全省课改推进会上交流，市实验幼儿园应瑛老师获宁波市教坛新秀一等奖等。

【全面推进幼儿园整治工作】

年内，3所城镇小区配套幼儿园完成整治工作。2020年需整治的24所低小散幼儿园全部完成整治。完成临山中心幼儿园新改扩建、河姆渡幼儿园新建、陆埠第一幼儿园改建工作，全市公办园招生覆盖率提升至43.1%。

【推进学前教育课程改革】

以课程改革样本园为基地，进行阶段性课改成果展示活动，开展跨区域课程研讨活动、"安吉游戏实践园"游戏展示活动、课程故事分享活动和"一厅一廊一室"展示研讨活动（6所省一级幼儿园和城区四街道幼儿园共10所向全市各幼儿园开放）等。

【提升学前教育师资力量】

通过多种途径分层分批开展培训学习和竞赛活动。特邀浙江师范大学教授、博士生导师李克建到余姚讲课，浙江省特级教师俞春晓等专家到余姚开展为期两天的"幼儿园课程主题审议与区域材料投放"培训活动，为园长、教师搭建学习平台。组织骨干教师到北仑、海曙、奉化等地学习观摩。通过线上线下相结合的方式，共培训初、中级保育员120人，高级育婴师130人。

（汪渝杰）

基础教育

【概况】

2020年，全市有初中27所，在校学生28486人，教职工2683人；小学81所，在校学生71695人，教职工4137人。义务教育段接收外来务工人员随迁子女54044人，其中在公办中小学就读45948人。省义务教育标准化学校建成率达99.1%。全市有普通高中9所，在校学生10969人。高中段接收外省籍学生1856人。2020年高考一段总上线1462人，上线率 40.08%，比上年提高近 1.7 个百分点。其中普通（纯文化）类一段上线 1055 人，首次突破千人大关。余姚中学一段上线率 94.63%，共有 8 名学生入围清华、北大“强基计划”。

智慧教育不断深化。推进“互联网 + 义务教育”扩面，安排 175 万元资金对 18 所学校“同步课堂”进行帮扶建设。全市 95% 以上的学校实现万兆互联互通，无线网络覆盖率达 100%，新增宁波市“智慧校园”7 所。重视基础教育质量。浙江省中小学教育质量监测（初中）反馈显示，在总共 25 个监测指数中，余姚有 14 个指数全面好于浙江省和宁波市平均，监测结果总体水平名列浙江省前茅。其中运动健康指数处于全省各县（市、区）前 10%。全面发展取得成效。余姚市中小学文明校园创成率达 100%，并有 46 所学校被评为宁波市文明校园（第三批 16 所）创成总数位居各县（市、区）第 1；全市义务段学校国家体质健康测试合格率创新高，达到 98.6%；中小学生综合素质实践基地被评为省首批劳动教育实践基地，现代农业实验园被评为宁波市首批劳动教育实践基地，凤山小学、黄家埠镇小、舜水中学被评为宁波市劳动教育示范学校。

【推进体育艺术教育】

高度重视音体美劳和科技教育，以培养学生核心素养为重点，加强劳动教育，切实加强儿童青少年近视和脊柱侧弯综合防控工作，2020 年全市学生近视率为 56.68%，比上一年的 57.88% 下降 1.2 个百分点。2020 年新建 1 个笼式足球场地（丈亭镇三江小学），新申报国家足球特色学校 3 所（技工学校、梨洲中学、梨洲小学），全国足球特色幼儿园 2 所（四明幼儿园、凤山街道中心幼儿园），省级足球特色学校 2 所（姚江中学、姚北实验学校），省足球特色幼儿园 2 所（梨洲街道中心幼儿园、河姆渡镇第一幼儿园）。实施《全国学校艺术教育发展规划（2011—2020）》。各校开齐开足开好艺术课程，参加宁波市课堂乐器比赛，舜水中学、实验学校、梨州中学包揽初中组口风琴一等奖前三名，东风小学、实验学校获小学组一等奖。

【撤并新建教育网点】

2020 年，余姚市第五中学撤销，余姚市中意宁波生态园实验学校于 2020 年 11 月投入使用。泗门镇湖北小学扩建工程、余姚市花园小学迁建改造工程 2020 学年投入使用。阳明小学派出所地块改造、凤山小学扩建、阳明中学运动场及北门改造、兰江中学配电房改造在 8 月底改扩建完成，秋季学期交付使用。舜水中学综合楼扩建、更大小学教学楼扩建、四中扩建体艺综合楼推进。万达小学、古路头小学、姚北实验小学、舜通集团城东校区新建开工建设。

【心理建设新发展】

制定《关于开展学校心理健康工作专项督导的通知》《余姚市中小学生心理健康预警通告》《余姚市做好暑期与秋季中小学心理高危学生预警干预工作的通知》《余姚市心理健康教育工作实施意见》等一系列文件。全市中小学校心理健康教师专（或兼）职教师全覆盖，其中专职教师 29 人。全市教师中持有省心理健康教育 C 证 6776 人，达 90% 以上，228 人持有 B 证，省级心理健康教育示范点 16 个。新冠肺炎疫情防控期间，开展全市中小学心理健康教育工作专项督查，建立健全“教育局—教辅室—学校”三级心理危机应急干预机制和重大事件报告机制，完善“学校—班级—学生”三级校园预警机制。对筛查发现的 200 余名二类、三类学生，全部建立档案，逐一制定干预方案。组建心理援助教师志愿者团队，开通“疫情之下”心理支持热线和心理援助微信群，最大化服务学生与家长。疫情防控期间开展的全市心理健康教育工作被《人民日报》《现代金报》等报道宣传。

【世南小学“富诚 - Ⅲ”队夺得 DI 全球总决赛第三名】

7 月 17 日，“2020 DI 创新思维全球总决赛”线上闭幕庆典通过互联网向全球直播。世南小学“富诚 - Ⅲ”队获第三名（中国参赛队云团队挑战最好成绩）。

【肖东二小夺得校园足球联赛女子甲组冠军】

8月22日，浙江省第十一届中小学生校园足球联赛小学女子甲组总决赛上，肖东二小以3∶2战胜温州仰义二小队，夺得冠军，这是全市学校球队首次获得该项比赛女子甲组冠军。此外，肖东二小还获得女子乙组亚军，并获推全国校园足球优秀学校荣誉。

【余姚市被确定为浙江省区域推进语言文字规范化市】

11月26日，宁波市语言文字工作委员会组成专家评估组，在省语言文字工作委员会观察组的监督指导下，对余姚市创建省区域推进语言文字规范化市进行为期两天的评估验收。于11月27日宣布余姚市顺利通过验收，被确定为浙江省区域推进语言文字规范化市。

【凤山小学入选“中医药文化进校园示范单位”】

12月11日，在全国中医药文化进校园现场会暨兰溪第四届张山雷中医药文化节上，全国8所学校被授牌为“中医药文化进校园示范单位”，凤山小学榜上有名，成为宁波市唯一入选的学校。

（汪渝杰）

职业教育

【概况】

2020年，全市有市属中职学校5所，在校学生9046人，其中外省籍2910人。另有高职院校1所，学生707人。2020年，余姚市在继续推进“一校一品”专业特色建设的基础上，积极开展职业教育的综合改革实验项目建设。市职教中心阿里巴巴商学院跨境电商、机器人创新团队、汽修教学工厂、非遗面塑教育、企业冠名订单班，市第二职业技术学校现代农业校企双主体人才培养、“产学研培赛”五位一体现代教育实验园建设，市职业技术学校工业产品产学研基地、三力模具教学工程，市第四职业技术学校技能走班教改实验项目，市第五职业技术学校旅游商品创意设计建设项目，各职校“1+X”证书试点等职业教育综合改革先行先试项目陆续展开，为推动全市职教进一步发展和服务经济转型升级发挥更大作用。全市重视各级技能大赛的组织、指导和高职考试的备考工作，通过实施技能比赛、职业技能等级考试、各级技能普（抽）测、学业水平考试与日常教学的融合，进一步强化专业内涵建设，提高办学质量。余姚职校师生参加2020年全国技能大赛改革试点赛获2项金牌；参加2020宁波市中等职业教育技能（才艺）大赛获得30个个人一等奖和7个团体一等奖，46个个人二等奖和18个团体二等奖，59个个人三等奖和24个团体三等奖。

【提升专业建设内涵】

年内，积极申报和推进省“三名工程”“产教融合工程”“学生核心素养提升工程”，以及宁波市“工匠精神”培育工程。截至2020年，3个名师及名师工作室、2个品牌专业、1个优势特色专业共6个项目被省“三名工程”立项，2个省优秀毕业生典型，1个省中职校企合作共同体，27个宁波市“工匠精神”培育工程。

【推进产教融合工作】

认真贯彻《宁波市职业教育校企合作促进条例》，通过在企业建立实习基地、培训企业职工等形式，使校企合作更加紧密。与100多家企业签订长期合作协议，开展多样化合作，并成立阳明职教、信息技术、农业、模具技术4个职教集团。市职业技术学校成为市模具协会、家电协会副会长单位，市职业成人教育中心学校成为市汽修协会、烹饪协会理事单位。各职校建有几十家校外实训基地，其中国家级实训基地6个、省级实训基地3个、宁波市校企合作优秀企业基地8个、宁波市校企共建高标准实训基地1个。

【注重德育队伍建设】

召开职业教育德育工作会

议，深入开展“四大”校园创建活动，打造职业学校德育品牌。市第一职业技术学校的“1+N”关护德育模式、市第二职业技术学校的“红绿双色教育”、市职成教中心的匠心教育被宁波工匠精神立项。组织学生参加宁波市中职学校“红梅赞”故事荟比赛，获2个一等奖、2个二等奖、2个三等奖；参加宁波市中职学校“青春之歌”文明礼仪操比赛，获2个二等奖、2个三等奖。赵珊珊和李小红入选宁波新秀班主任，沈文龙获宁波市中等职业学校班主任能力比赛“最美中职班主任”，李照君获“最美中职班主任”提名奖；在宁波市中等职业学校班主任能力比赛“业务能力”组比赛中，郑钰双获一等奖，徐湾湾、鲁晶晶分获二等奖；在宁波市中职班主任优质主题班会评比中，张维获一等奖。

【市第一职业技术学校和技师学院（筹）在全国中职财税技能大赛中夺得四个一等奖】

6月13日，在2020第三届“网中网”杯全国中职财税技能大赛中，市第一职业技术学校获得3个一等奖，指导教师沈文丹、王芳芳；余姚技师学院（筹）获得1个一等奖，1个二等奖，指导教师鲁晶晶、罗王芳。

【市第一职业技术学校项目被立项为浙江省中职校企合作共同体】

11月6日，在2020年浙江省“中职教育质量提升行动计划”有关项目建设中，市第一职业技术学校的“姚江模具人才培养校企合作共同体”被列入2020年浙江省中职校企合作共同体项目。

【市第四职业技术学校学生夺得全国职业院校技能大赛改革试点赛一等奖】

11月22日，余姚市第四职业技术学校严赐奇和邱银杰夺得2020年全国职业院校技能大赛改革试点赛中职组“网络安全”赛项一等奖，这是宁波市代表队在该项目中职组中获得的第一块金牌，指导教师魏炎斌、金杰。

11月27日，市第四职业技术学校方斌和陈信宇夺得中职组“神州数码DCN杯”网络搭建与应用赛项一等奖，指导教师谢桑、王佳晖。

11月22日，余姚市第四职业技术学校严赐奇和邱银杰夺得2020年全国职业院校技能大赛改革试点赛中职组“网络安全”赛项一等奖

11月27日，余姚市第四职业技术学校方斌和陈信宇夺得中职组“神州数码DCN杯”网络搭建与应用赛项一等奖

【余姚各职校师生在省中职比赛中屡获大奖】

11月，在浙江省技工院校青年教师基本功比赛中，余姚市技师学院（筹）的王思凯获得二等奖，孙艳、陈申河、徐烨鑫和宓鹏杰4名教师各获得三等奖。12月，在浙江省中等职业学校职业能力大赛教师技能比赛中，市第一职业技术学校教师汪立峰和李婷园各获得二等奖；在学生技能比赛中，市第四职业技术学校获1个一等奖、1个二等奖，市第一职业技术学校获1个三等奖。其中一等奖为市第四职业技术学校的石庆、杭鑫怡、汪奥莲的学生职业素养类（创新创业）项目。

（汪渝杰）

社区教育

【概况】

2020年，全市有社区学院1所。临山成校在申报宁波市特色示范成人学校之际，新建葡萄专家工作室，对各功能教育进行重新设置；陆埠成校、低塘成校、丈亭成校在申报省现代化成校（现代化学校）之际，对各功能教育进行重新设置。四明山成校开展中草药推广入户走访，低塘成校考察游学基地，河姆渡成校调研老年教育进居家养老中心，6家成校接受中成协调研，梁弄成校调研年度梁弄镇素养提升工作，小曹娥成校走访村企合作社和农户。全市1家电大（社区学院）、17家成校和4家城区街道社区教育中心开展的各类培训总人次达到455341人次。其中家政培训8814人次；电大组织的驾驶理论培训3.1万人；阳明网校寒暑假线上培训21791人，另外平台疫情防控期间累计公益线上培训271万人次，还开展青少年心理健康线上教育供全市中小学生观看学习。全市17家成校和市社区学院举办的青少年成长乐园上半年因防疫需要暂停，下半年重新启动，全市有57826名小学生参加，参与率81.49%；完成老年智能手机年度4000人次的培训任务；8家单位进行双证制招生工作，共计招生380人，新生与老生在开展线上教育的同时，部分在做好疫情防控工作的基础上开展线下教学。

【加快推进老年教育工作】

依据所构建的市、乡镇街道、社区（村）三级老年教育服务体系和所形成的“市老年大学、浙江省老年开放大学余姚学院—乡镇街道老年学校—社区（村）老年学校教学点”三级老年教育办学网络，布置落实全年相关工作。

2020年上半年，因疫情影响无法开展线下教育活动，各乡镇街道成校积极进村、进社区调研，帮助村（社区）建立村级老年学校（教学点）。7月，建成一所由民间资本参与的老年学堂，全市村（社区）老年教学点达到225个。开展老年教育重心由线下转线上，9月10日开通利用阳明网校资源建设的老年教育平台，通过购置、自建等方式，使网上教学视频达300余个。下半年，在做好疫情防控措施的前提下，各乡镇街道积极开展线下教育活动，市老年大学根据上级部门要求开展线上教育活动。

根据全市居家养老服务工作推进要求，与市民政局共同做好在各乡镇街道居家养老服务中心开展老年教育安排。6月22日，在全市居家养老服务会议上对26家中心进行授牌。

【完善数字化学习平台建设】

截至11月，学习平台上传文本21238个、视频1267个，共计22505个。

阳明网校培训学生超2万人次，并利用平台优势做好公益线上教学及服务；做好寒暑期小升初语文、数学，初升高语文、数学、外语、物理、化学衔接教育培训计划；召开教研会议落实师资、编写讲义和各教学点（学校）负责人工作会议，布置寒暑期培训宣传和招生工作。同时，利用平台优势专门开辟了老年教育专栏。

【全民终身学习活动周启动仪式举行】

11月16日，以“携手智学，

共享幸福教育”为主题的2020年余姚市全民终身学习活动周启动仪式暨新时代终身学习背景下成教教师培训在泗门成校举行。会议表彰2020年市社区教育宣传工作先进单位，市学习领军团队和优秀表现团队，宁波市、余姚市“百姓学习之星”，宁波市终身教育教师技能大赛获奖教师。

启动仪式后，全体与会者参加新时代终身学习背景下成教教师培训活动。开幕当天，泗门成校全民终身学习成果展以观摩课和展板等形式同步展现。

（汪渝杰）

11月16日，2020年余姚市全民终身学习活动周启动仪式暨新时代终身学习背景下成教教师培训举行

科学技术

综　述

2020年，余姚市坚持创新驱动首位战略，围绕产业链布局创新链，最大程度发挥科技创新的引领带动作用，区域创新工作取得明显成效，位列全国创新百强县第5位。作为唯一的县（市、区）代表在省科技厅年度工作会议上作经验交流，获得浙江省2020年度市县党政领导科技进步目标责任制考核优秀单位。绝大多数指标位居宁波各县（市、区）前列。全市完成全社会R&D经费投入47.87亿元，占地区生产总值的比重达到3.92%；完成高新技术产业增加值337.5亿元，增长17.5%；完成高新技术产业投资58.79亿元，占工业投资比重达到60%；全年净增高新技术企业93家，全市有效高新技术企业达到294家，超额完成三年倍增目标；有效发明专利达到3139件；完成技术交易额18.11亿元，增长28.1%。科技进步统计监测创新指数列全省89个县（市、区）第14位。

（宋迪华）

科技工作

【概况】

2020年，深化实施余姚市规模以上企业研发机构全覆盖三年行动计划（2018—2020年），深入开展余姚市全社会研发投入提升专项行动计划，修订完善《余姚市工程技术中心认定管理办法》，强化企业研发投入主体地位，按“有研发场地、有研发投入、有研发人员、有研发项目”的四有标准，展开“面上覆盖，点上突破”的“拉网式”研发能力提升攻坚行动。同时，强化市镇两级、部门协同、平台机构、线上线下“四联动”，组建科技服务小分队，分行业、分地域、分级别开展“点单式”科技帮扶服务，积极鼓励机器人、光电信息、新材料、智能家电、高端汽配等新兴产业争先晋级申报国家级、省级和宁波市级研发机构，推动传统优势产业申报余姚市级及以上企业工程（技术）中心。2020年，余姚市各级企业工程院（技术中心）达到465家，其中国家级3家、省级64家、宁波市级155家，省级重点企业研究院5家，省级企业研究院7家，宁波市级企业研究院22家，规模以上企业研发经费投入跃居宁波各县（市、区）第1位，有效发明专利数达到3139件，增长13.2%。

制定《余姚市加快高新技术企业培育攻坚行动方案》《高新技术企业培育库建设管理暂

行办法》，实施初创企业“春耕播种”、高新企业“育苗造林”和龙头企业“科技领军”三大计划，开展专利企业“培苗”、初创企业“选苗”、人才项目“引苗”三项行动，构建“科技型中小企业—培育库企业—高新技术企业—创新型领军企业”机制，以全生命周期梯次培育打造高企“创新林”。建立高新技术企业培育认定统计监测制度，根据知识产权、研发费用占销售收入比重等指标发掘基本符合申报条件的企业，并结合企业所得税纳税情况筛选具有申报意愿的企业，纳入高新技术企业培育库，通过大数据分析，按综合素质进行分档，有针对性地开展定向服务指导。同时，做好高新技术产业情况月度分析，掌握高企的每月动态，对数据异常企业实行“亮灯提醒”制度。2020年度，净增高新技术企业93家，是上年的2.54倍；新增宁波科技型中小企业254家，评价国家科技型中小企业283家；入围省高新技术企业创新能力百强榜企业5家，新增上市高新技术企业4家；高新技术产业增加值占规模以上工业增加值比重达到71.57%，比上年提高8.52个百分点。

建成“政府主导、市场驱动”的科技大市场，并实行人才超市、长三角科技资源共享服务平台余姚专窗一体运作，成为集聚区域科技创新资源的“科技超市”。“科技超市创新科技服务体系”获2020年度余姚市政府工作创新奖三等奖。2020年，挖掘企业需求90多项，指导企业150家次，举办光电信息、智能制造等专场对接活动6场。建立网上人才库、成果库、资源库、需求库“四库”平台，入库各类专家2.8万人、科技成果91项、企业需求77条、研究院42家。广泛开展技术成果对接活动，累计组织智能装备与工业互联网专场等“百日百场”院企对接系列活动8场，共邀请专家17人，发布技术成果42项，参加人员近200人。出台新型研发机构管理办法，累计引进产业技术研究院8家，集聚各类人才300余人，引进和孵化创业项目23个，先后承担国家重大科技项目3项。

出台《余姚市产业创新服务综合体建设实施方案》和《余姚市产业创新服务综合体专项资金管理办法》，围绕全市主导产业、重点行业，加快培育建设一批链条全、功能强、机制活、绩效优的产业创新服务综合体。光电信息产业创新服务综合体、机器人与智能装备产业创新服务综合体成功列入省级综合体创建名单，电子材料产业创新服务综合体成功列入宁波市级产业创新服务综合体。3个综合体集聚各类服务机构40余家、相关产业企业270余家，其中规模以上企业188家，服务企业3500家次，为企业解决技术难题200余项，年产值超过700亿元。

做优科技专项，突出余姚市支撑支柱产业转型升级和传统产业升级中的重大技术需求，开展企业“卡脖子”技术攻坚和关键技术“进口替代”，共收集“卡脖子”核心技术17项、关键材料23项、基础零部件12项，承担宁波2025重大专项23项，承担国家重大科技任务4项，并有2个企业项目被列入宁波市2020年度关键核心技术应急攻关项目。江丰电子的“超高纯金属溅射靶材制备技术及应用”获国家技术发明二等奖。1项科技成果获省技术发明一等奖，4项科技成果获省科技进步三等奖。做特科技人才，出台“高层次人才高标准服务十二条”，创新推出“姚江惠才卡”，定期举办“河姆智谷”人才科技洽谈会，并依托浙江余姚人才创业园，建成高层次人才产业加速中心，积极打造人才生态最优市。新入选省级重点人才计划4人、宁波市“3315系列计划”12个，新引进“姚江英才计划”项目23个，新引进国外人才6人，39家“双创”团队得到扶持资金、种子资金、贷款贴息和发展奖励资金的政策支持，总额超过7000万元。做优科技金融，从构建风险补偿机制减少银行放贷顾虑、不限企业规模扩大贷款覆盖面、增加合作银行数量延伸服务触角、结对服务高新技术企业精准发放贷款4个方面入手，综合提高科技类贷款绩效实效，共发放“科技贷”3.2亿元。加大财税扶持力度，2020年度财政科技投入经费4.51亿元，2019年度657家企业申报享受研发费用加计扣除35.47亿元，147家高新技术企业享受企业所得税减免5.56亿元。同时，积极探索将科技投入纳入“亩产论英雄”和“标准地”改革评价体系，加快推进制造业高质量发展。

全面推进乡村振兴战略，大力开展农业科技攻关，牵头承担国家重点研发计划2项、宁波市重大攻关项目2项，实施本级农业与社会发展项目14项。深入实施科技特派员制度，累计申请宁波市科技特派员团队14个，新组建市级生态环保特派员团队1个，实现主要农业产业全覆盖，累计落实扶持资金2000余万元，在农业特色基地建设、新型养殖模式试验、示范推广等方面走在全省前列，汪国云被推荐评选为省“优秀农业科技工作者”。充分发挥星创天地面向各类主体提供科技示范、技术集成、创业孵化、平台服务等一站式科技创新创业服务的作用，新增“星创天地”3家，其中省级1家、宁波市级2家。同时，强化社会项目申报管理，新立项宁波自然基金项目4个、公益类项目4个，其中阿姚皇食品有限公司承担的“芥菜腌渍发酵改良及加工产品品质维持关键技术研究”被列入宁波市公益类重点项目。

【余姚科技大市场建成投用】

7月31日，余姚科技大市场（科技人才超市）启用仪式暨光电信息产业技术成果推介会在余姚科创中心余姚科技大市场举行。启用仪式上，上海公共服务平台管理中心副主任于伟东为上海研发公共服务平台余姚服务驿站进行授牌。余姚服务驿站负责人姜鸣针对余姚企业特性做了余姚驿站的详

7月31日，余姚科技大市场（科技人才超市）启用仪式暨光电信息产业技术成果推介会在余姚科创中心余姚科技大市场举行

细介绍。市委常委、市委组织部部长林伟为余姚科技大市场4位专家颁发聘书。随后，宁波世茂能源股份有限公司、宁波长振铜业有限公司、宁波天控五轴数控技术有限公司、宁波惠士康健康科技有限公司分别与浙江大学、有研工程技术研究院有限公司、哈尔滨理工大学、浙江工业大学签订科技合作协议。仪式最后，余姚科技大市场负责人张庆生发布余姚创新地图。

启用仪式结束后，院企对接、创新赋能——“百日百场”对接活动之光电信息产业技术成果推介会在科创中心举行。

【第九届中国创新创业大赛宁波赛区新一代信息技术产业决赛举办】

8月21日，第九届中国创新创业大赛宁波赛区新一代信息技术产业决赛在余姚成功举办。此次产业决赛由市科学技术局、浙江中意启迪科技城建设投资有限公司、深圳证券信息有限公司共同协办。宁波赛区共有80余家企业报名参赛，28家企业突破重围，进入产业决赛。决赛共有14家企业获“优秀企业”称号，其中余姚市企业宁波海神机器人科技有限公司获得第4名。

【余姚机器人与智能装备产业创新服务综合体建设推进会举行】

10月29日，余姚市举行余姚机器人与智能装备产业创新服务综合体建设推进会。市委副书记、代市长徐云出席会议并致辞。副市长陆国栋主持会议。省、宁波市相关部门负责人出席会议。同时，还举行余姚机器人与智能装备产业创新服务综合体授牌仪式、余姚机器人与智能装备产业创新服务综合体大楼启用仪式等活动。

（宋迪华）

10月29日，余姚机器人与智能装备产业创新服务综合体建设推进会举行

科技创新

【宁波市级及以上科技创新项目】

3月，省科技厅公布2019年度浙江省创新型领军企业培育名单，余姚市浙江舜宇光学有限公司、宁波舜宇车载光学技术有限公司、宁波富佳实业股份有限公司、神通科技集团股份有限公司、宁波比依电器有限公司等5家企业入选。

7月，宁波市科技局公布2019年度宁波市高新技术企业研发投入10强名单，余姚市宁波舜宇光电信息有限公司和浙江舜宇光学有限公司列入榜单。

9月，宁波市科技局公布2020年度宁波市科创板拟上市企业储备库入库企业名单，余姚市企业宁波江丰生物信息技术有限公司、宁波伟立机器人科技股份有限公司、基合半导体（宁波）有限公司等3家企业入选。

9月，第九届中国创新创业大赛（宁波赛区）总决赛成功举办，余姚市2家企业获奖，分别是宁波润华全芯微电子设备有限公司获一等奖，宁波海神机器人科技有限公司获三等奖。

11月，省科技厅公布浙江省产业创新服务综合体创建名单，余姚机器人与智能装备产业创新服务综合体入选。

11月，浙江省统计局、浙

江省科学技术厅联合发布《2019年度浙江省各县（市、区）科技进步统计监测评价报告》，公布2019年度全省89个县（市、区）的创新指数，余姚市创新指数为154.2，全省排名第17位，比上一年度进步16位。浙江省科技进步统计监测指标体系，以年度为周期，采用“创新指数”方式动态监测县（市、区）科技创新能力提升情况。创新指数由科技投入、技术创新、科技产出、转型升级、创新环境等5个方面40个指标组成。其中，余姚市科技投入指数从第21位上升到第10位，科技产出指数从第46位上升到第35位，转型升级指数从第51位上升到第10位，创新环境指数从第73位上升到第22位。“全社会R&D经费投入”“高新技术产业增加值占工业增加值比重”等14个指标进入全省前10位，其中“设立研发机构企业数”列全省第2位，“企业研发机构设置率”列全省第3位，“规上工业企业开展R&D活动企业数”列全省第4位。

12月，宁波市科技局公布2020年度关键核心技术应急攻关项目的立项名单，余姚市宁波江丰电子材料股份有限公司承担的“集成电路用超高纯金属材料分析检测技术和方法研究”项目、宁波润华全芯微电子设备有限公司承担的“芯片工艺制程单片湿法去胶设备的研发”项目入选。

12月，浙江省科技信息研究院受浙江省高新技术企业协会委托，组织开展高新技术企业创新能力评价工作。通过多指标的综合对比，评选出2020年浙江省高新技术企业创新能力百强。宁波市有26家高新技术企业入围百强榜，余姚市5家企业上榜，分别是浙江舜宇光学有限公司、宁波舜宇车载光学技术有限公司、富诚汽车零部件有限公司、浙江正庄实业有限公司、宁波舜宇光电信息有限公司。同时评选出2020年各行业高新技术企业十强榜单，余姚市浙江舜宇光学有限公司、浙江大丰实业股份有限公司分别入围新材料技术、高技术服务行业十强榜单。

12月，浙江省科技厅公示2020年拟建省级高新技术企业研究开发中心和拟认定省级企业研究院名单，余姚市推荐的富诚汽车智能部件省级高新技术企业研发中心等12家高新技术企业研发中心和浙江省富佳智能吸尘器家电研究院等3家企业研究院列入其中，列入数量在宁波市名列前茅。

12月，国家发改委、科技部、财政部、海关总署、国家税务总局联合发布2020年（第27批）国家企业技术中心认定名单，宁波江丰电子材料股份有限公司技术中心入选榜单，该技术中心成为公司继国家级院士专家工作站、国家级博士后科研工作站之后的又一个“国字号”的创新研发平台。至此，余姚市“国家企业技术中心”总数达到3家。

12月，由中国生产力促进中心协会、台湾财团法人生产力中心、香港生产力促进局、澳门生产力暨科技转移中心主办的第十三届寰宇生产力论坛暨中国生产力促进中心协会年会在北京开幕。论坛上对获得2019年度“中国好技术”称号的项目进行授予并颁发2019年度“生产力促进奖”。余姚市浙江比依电器股份有限公司的“比依油炸锅、空气炸锅、智能空气炸锅系列产品”项目获得2019年度“中国好技术”奖。“中国好技术”由中国生产力促进中心协会自主创立的品牌，旨在挖掘贴近生活、惠及民生、面向需求、引导消费的好技术、好项目。

（宋迪华）

科技服务

【2020年度科技综合业务培训会举办】

7月，市科技局举办2020年度科技综合业务培训会。全市各乡镇街道发展服务办主任和科技联络员近60人参加会议。业务培训涉及“企业研发投入规范建账及相关政策”“科技统计工作要点”“科技型企业评价体系及企业研发机构建设体系”“科技人才评价及相关政策”“技术合同登记及创新券应用”“余姚科技大市场介绍”等相关内容。

【新材料产业技术与应用成果对接会举办】

11月，“智创余姚，塑造未来”第22届塑博会科技专场暨百日百场活动——新材料产业技术与应用成果对接会在余姚科技大市场成功举办。活动邀请中科院材料所的专家李娟，余姚塑料研究院的专家王建国、李春松，武汉材料研究所的专家刘念东，浙江大学宁波理工学院的教授钟国伦以及宁波中乌新材料研究院的教授王东星等6位专家进行成果推介。成果推介后，企业代表就遇到的技术难题向专家交流，就企业遇到的问题专家予以解答，企业负责人与专家就感兴趣的项目进行面对面交流。活动共有来自20多家企业的30多位负责人和技术人员参加。

【智创余姚·电子信息产业创新创业大赛举办】

11月，智创余姚·电子信息产业创新创业大赛暨“共生·价值”第九届“金博奖”余姚区域赛在余姚科技大市场成功举办。大赛由中共余姚市委人才办、余姚市科学技术局主办，余姚科技大市场（人才超市）、广东博士创新发展促进会、宁波博士百川科技产业服务有限公司承办，是2020中国·宁波余姚“河姆智谷”国际人才科技洽谈会系列活动之一，目的是展示、转化、落地一批针对性强的优秀项目，形成科技成果转移转化，进一步加快余姚市高层次人才引进和科技创业项目集聚，营造科技创业氛围。大赛共邀请9位项目关键人进行项目路演，7位评委对9个项目进行评分后，按照得分评出一等奖1项（《空间光调制器的设计及研发》），二等奖2项（《5G高频新材料的开发与产业化》《低功耗海量存储新技术》），三等奖3项（《5G时代智慧养老人工智能语音解决方案》《Sencomm智能诊断云盒》《智能温控焊接系统研发》）。

（宋迪华）

综　述

2020年，余姚市共有医疗卫生机构633家，其中市级医院5家，乡镇（中心）卫生院、街道社区卫生服务中心20家，社区卫生服务站66家，村卫生室285家，民营医院7家，门诊部17家，诊所169家，其他医疗机构64家。全市共有在职医疗卫生工作人员9549人，其中卫技人员8177人，执业（助理）医师3422人、注册护士3480人。全市实际开放床位3488张，平均每千人拥有执业（助理）医师2.89人、注册护士2.94人，平均每千人拥有实际开放床位2.95张。各级各类医疗机构全年完成门、急诊1057.29万人次，其中社区卫生服务机构完成183.26万人次；出院9.41万人次；平均病床周转27.7次，平均病床使用率70.38%；出院病人平均住院9.1天。门诊人均费用184.1元，住院人均费用9635.2元。全市户籍出生人口4881人，人口出生率5.84‰，人口自然增长率-2.07‰。居民平均期望寿命81.80岁，其中男性79.54岁，女性84.24岁。

（张夏儿）

疾病预防控制

【概况】

2020年，面对新冠肺炎疫情，余姚市卫生健康系统贯彻“外防输入、内防反弹”的疫情防控策略，常态化推进疫情防控各项工作。做好中高风险地区到余姚人员等重点人群的健康管理工作及点对点转运工作。全市严格落实病例流调、疫点消毒等工作。加大健康检测覆盖范围，全市4家医共体牵头医院和市疾控中心均具备核酸检测能力，所有乡镇街道卫生院、社区卫生服务中心均开设核酸采样点。

助力经济发展，选派429人组成健康指导组和公共卫生巡查组，累计为8875家企业、346家学校（幼儿园）提供驻企、驻校、驻园指导服务。强化正面宣传及应急演练，通过报纸、微信公众号等各类媒体及时公布疫情有关信息，发放《告市民书》《新冠防控指导手册》等资料30万余份，并举行全市新冠肺炎疫情防控应急处置演练、社区大规模核酸检测应急演练等。按要求积极开展重点人群新冠疫苗紧急接种工作。

全年共报告乙、丙类传染病17种5411例，手足口病1027例。联合市禁毒办启动新一轮社区戒毒康复人员艾滋病、性病综合防控工作。重性精神障碍患者规范管理率99.08%，较上年提升1个百分点。完成全市中小学生近视筛查近11.7518万人。重点人群免费接种流感疫苗28302针次。重点人群结直肠癌筛查工作，共开展问卷调查40996人，FIT大便潜血实验筛查40980人，结肠镜检查2259人，完成任务数112.95%。

【“四式管理”强化发热病人院后精准管控】

市卫生健康局对经筛查后排除新冠肺炎可能的发热病人实行清单式建档、追踪式观察、闭环式管理、销号式管控。清单式建档：由三家市级医院每日将前一日接诊的普通发热病人的患者姓名、影像学检查结果等8项信息汇总并形成反馈表，通报给患者属地卫生院，属地卫生院建好当日普通发热病人信息台账、普通发热病人个人信息档案。追踪式观察：属地卫生院根据当日普通发热病人信息台账，把任务分解到家庭医生团队，通过实地上门、电话咨询等方式，对每个普通发热病人实行跟踪式观察，实时掌握患者病情发展。闭环式管理：实施责任医生网格化监管、标准化处理，对网格内的普通发热病人有发热症状持续或加重的，第一时间上门随访、上门诊治，避免普通发热病人自行出门就医、自行服药治疗，对确需到医疗机构就诊的，督促患者第一时间向所在村（社区）报告，由村（社区）负责联系专车就近接送至发热门诊就诊。销号式管控：对发热、呼吸道症状等未见明显好转或未彻底治愈的患者，做到随访不撤、管理不松、管控不断，直到患者发热消退、呼吸道症状明显好转，再销号解除管理。

【全市医务人员新冠核酸检测工作开展】

年内，为做到对重点人群“应检尽检”，市疾控中心对全市医务人员开展新冠核酸检测。截至5月底，市疾控中心检验科成功完成除市人民医院医共体外共计6000余份医务人员新冠病毒核酸标本，有效保障全市新冠肺炎疫情防控工作稳步推进。

【新冠肺炎疫情防控应急处置演练举行】

2月24日，全市新冠肺炎疫情防控应急处置演练在全民健身中心操场举行。演练通过病例的发现、诊治、调查处置等过程的现实场景模拟，进一步完善联防联控运行机制，检验

2月24日，全市新冠肺炎疫情防控应急处置演练举行

各有关部门和单位的现场应急处置能力。此次应急处置演练从发现员工异常到报告、临时隔离、转运、流调、诊断、治疗、消杀，再到封闭患者所在车间、宿舍，密接人员接受集中隔离等一系列应急处置流程，各演练单位反应迅速、协调有序、程序流畅、处置高效，为在场观摩者提供有效应对企事业单位复工复产后可能出现的新冠肺炎疫情防控处置的示范。

【基层疫情防控能力提升培训班举办】

11月27—30日，市疾控中心在宁波大学举办2020年余姚市基层疫情防控能力提升培训班。市疾控中心领导班子、相关科室负责人、各医共体牵头医院及分院公共卫生管理科科长等50余人参加培训班。

培训班邀请浙江省疾控中心、宁波市疾控中心、宁波大学、北京生物制品研究所等共9位专家授课。培训内容主要包括现场流行病学在新冠肺炎防控中的地位与作用、传染病防控案件分析、现场消杀及个人防护、媒体沟通技术、健康教育基本方法及其应用、新冠疫苗研制及进展、现场流行病学调查方法、艾滋病相关知识、重大传染病的诊断与处理等。培训前后，所有人员均进行考试评估。

（张夏儿）

医疗救治体系

【概况】

2020年，全市各医疗机构严把院前排查关，院中治疗关和院后管理关，用38天实现11例本地确诊病例“全治愈”，其中创新发热病人院后“四式管理”在宁波全市推广。同时，选派12名医护人员赴武汉参与救治任务。推进发热门诊（诊室）规范化建设，全市共设立3个发热门诊、22个发热诊室，全年发热门诊（诊室）就诊108637人次，隔离留观、留院发热患者1244人。组织开展系统内院感防控应急演练，全年各级各类医疗机构累计培训661次，培训人员57159人次，确保了医务人员零感染。

【保障疫情防控期间正常医疗秩序】

全市通过分时就诊、亮码测温和云问诊等举措减少扎堆就医，科学管理病人流，确保新冠肺炎疫情防控期间医疗秩序有效恢复。自2月27日起，全市市级医疗机构门诊开始推行实名预约分时段就医（除急诊、发热、肠道、手足外科门诊外），原则上不接受现场挂号、取消诊间加号，群众可通过网络、微信、电话、自助挂号机、现场等途径进行预约。全市医疗机构均推行“亮码测温”就诊模式。患者凭甬行码绿码或甬行证，测体温正常后可快速通行至就医区域。持甬行码绿码或甬行证，但体温≥37.3℃或有呼吸道症状的，按发热病人进行相应处置；持黄码和红码者，由医疗机构工作人员引导至指定区域或指定医院就诊。市妇幼保健院及各分院开通宁波云医院平台（网上医院），并鼓励医生通过该平台（网上医院）开展诊疗。居民可通过“掌上云医院”App进行网上挂号问诊，开具医保目录用药，享受药品配送入户服务，还能凭医保报销。此外，市中医医院多个专科开通微信群，多名资深专家在线答疑。如果病情较为复杂，医生也会告知如何迅速、安全、便捷地就医，减少在医院的停留时间。

【余姚市耳鼻咽喉专科联盟成立】

6月13日，市人民医院与上海交通大学医学院附属新华医院耳鼻咽喉头颈外科举行合作签约仪式，同时与市妇幼保健院（市二院）、市三院、市四院、市中医医院和陆埠、低塘、丈亭、马渚、临山等6家乡镇中心卫生院共同成立余姚市耳鼻咽喉专科联盟。此次和上海新华团队的合作以及全市耳鼻咽喉专科联盟的成立，旨在实现专科专病的深度对接，促进耳鼻咽喉头颈外科人才队伍的建设，不断提高专科能力，更好地服务余姚百姓。

签约和成立仪式后，市人民医院和上海交通大学医学院附属新华医院耳鼻咽喉头颈外科举办第一次学术活动，市耳鼻咽喉专科联盟成员单位相关医务人员参加学习。

【临山急救点启用】

9月22日，市急救站临山急救点在临山中心卫生院揭牌运行。这是市急救站成立的第9个急救点，扩大全市城乡一体化院前急救网络的覆盖面，有效缩短姚西北急救半径和平均反应时间。临山中心卫生院还增设住院部综合病区医养结合专区，提供医疗与养护相结合的功能康复等综合服务，完善急救点配套设施。

【市人民医院肿瘤治疗中心启用】

10月30日，市人民医院肿瘤治疗中心启用仪式举行。中心正式启用后，填补全市肿瘤放射治疗短板。仪式上，市人民医院党委书记陈锋介绍肿瘤治疗中心的项目情况，张平专家工作站、李德川专家工作站揭牌成立。仪式结束后，与会领导和专家参观肿瘤治疗中心。

肿瘤治疗中心项目总投资1.3亿元，总建筑面积1.32万平方米，设置肿瘤内科病区、血液肿瘤内科病区、肿瘤放疗病区、放疗技术科和门诊单元，共设床位153张。中心综合肿瘤的放疗、化疗、介入治疗等方式于一体，为全市规模最大、设施最先进的现代化肿瘤治疗中心。

【市人民医院房颤中心建设启动】

11月6日，余姚市人民医院房颤中心启动会召开。会上，市人民医院院长陈利群代表医院与9家区域协作单位签订房颤患者联合救治协议书。

启动仪式后，房颤中心医疗主任、心血管内科副主任陈玉婷介绍房颤中心建设工作计划，梳理房颤中心建设的主要工作任务。在随后的培训课上，上海市胸科医院教授赵亮分享上海市胸科医院的房颤中心建设经验。心血管内科主任阮政文进行2020 ESC最新房颤指南解读。

市人民医院于2018年10月牵头组建余姚市房颤联盟，与区域内多家协作单位一起，优化房颤的诊疗流程，对患者进行更加细致的追踪随访，实施以房颤指南为方向的诊断、治疗和管理，使房颤患者得到更加优质的治疗，提高房颤的整体治疗水平。

（张夏儿）

健康余姚建设

【概况】

2020年，全市继续推进健康余姚建设，在健康浙江考核中再次被评为优秀等次。先后印发《推进健康余姚行动实施方案》和《2020年余姚市健康素养促进项目工作方案》，做好国家卫生城市复审准备工作，顺利通过国家卫生城市省级复查。举办全市健康素养进农村文化礼堂暨健康余姚行动推进会活动，2020年，全市居民健康素养水平达到31.29%，高于国内同类城市平均水平。继续推动卫生创建工作。丈亭等5个镇的省卫生镇复评顺利进行，马渚镇、大岚镇申报国家卫生镇，牟山镇启动国家卫生镇创建工作。另有138个村通过省、市级卫生村的创建或复评，85家单位成功创建无烟党政机关。

【农村文化礼堂开展健康素养普及】

10月23日，由余姚市健康办、市卫生健康局、市红十字会、梁弄镇政府主办，市委宣传部、市文广旅游体育局、市计生协会、市疾控中心、市人民医院医共体协办的市“健康素养进农村文化礼堂”活动暨健康余姚行动推进会在梁弄镇汪巷村文化大礼堂举行。活动现场，主办方开展健康义诊、健康知识竞答和应急救护知识讲座等，并表彰10个“健康素养进农村文化礼堂”试点工作先进村和10名优秀健康讲师。同时，向全市各村的农村文化礼堂发放健康书籍近万册。继2019年在48家农村文化礼堂开展健康素养进农村文化礼堂试点工作后，全市开展健康素养普及工作的农村文化礼堂扩大到179家，覆盖率达到83.3%。

（张夏儿）

医药卫生改革

【概况】

2020年，余姚在省级方案15项常规动作的基础上，“最多跑一次”改革推出3项自选动作，制定印发《2020年医疗卫生服务领域“最多跑一次”改革项目责任清单》，继续推动改革拓展延伸。开展智慧医疗服务，二级以上医院全部实现住院自助结算、床边结算、刷脸支付等多种便捷支付方式，5家市级医院推广居民电子健康卡和电子医保卡应用，26家公立医疗机构全部上线使用电子票据，实现市级医院“智慧停车”全覆盖，网约护士开展服务259人次。县域医共体建设获2019年余姚市政府工作创新一等奖，并获得2019年省政府督查激励项目。创新开展健康服务链链长制试点工作，以“两慢病”管理为突破口，逐步建立全链条、立体化的健康服务模式。完成区域HIS和公卫平台框架搭建工作及基层医疗机构补偿机制改革信息化系统建设。实现“共享药房”在基层医疗机构全覆盖，全年开具处方8000余单。

【闭环式健康服务链链长制试点工作开展】

8月27日，余姚市人民医院医共体闭环式健康服务链链长制试点启动仪式在市人民医院低塘分院召开。会上，市人民医院医共体管理办公室主任童铭宣读《余姚市人民医院医共体开展闭环式健康服务链链长制试点工作的实施方案》。市人民医院医共体副院长吴立峰为首位链长——内分泌科资深专家宣丽萍颁发聘书。余姚市人民医院医共体总院长陈利群和分院院长段国辉共同为试点工作落户低塘分院揭牌。

试点工作以糖尿病这一常见疾病为切入点，以建立全过程、全周期的健康服务为着力点，加强合理分诊和双向转诊，提供“预防—筛查—诊断—治疗—转诊—随访—康复—护理—自我管理”于一体的整合型服务，为辖区内糖尿病患者提供“闭合链”健康服务，同时，不断提升基层医疗机构的综合服务能力。全市试点4家医共体的9个基层分院，11位链长获聘。

（张夏儿）

医疗卫生服务

【概况】

2020年，做好4家医共体牵头单位等级医院复评（或提档升级评审）准备工作，全市所有公立医疗机构均创建成为宁波级或以上平安医院。2020年，各市级医院按照临床路径管理的出院患者占出院患者总数的比例达50%以上，全年重特大医疗纠纷数同比下降27.83%。陆埠、梁弄两家中心卫生院被国家卫健委评为“2020年国家优质服务基层行活动”表现突出、成效显著机构。入选2021年浙江省卫生健康科技计划4项，临山中心卫生院眼科、陆埠中心卫生院中医科和阳明街道社区卫生服务中心糖尿病门诊3家单位3个专科被评为宁波市级基层特色专科。基层医疗机构中医综合服务区建成率达100%，省中医药适宜技术推广基地通过省级验收，成功举办“中医中药中国行”走进阳明古镇活动，全年共开展中医药适宜技术培训班3期，受益319人次，有3名中医专家获得宁波市名中医称号，12名中医专家获得宁波市基层中医药师和中青年名中医药师称号。完成余姚市级民生实事工程临山急救点建设，建成市急救站、市妇保院两个洗消区。全年无偿献血采血1.1万人次，采血量达338万毫升。

【“互联网+医疗”服务新模式开展】

搭建网约护士平台，拓展“居家护理”服务。该项目在4家医共体和市第三人民医院开展，市民可登录医院微信公众号进行网约护士，预约成功后，护理专家将按时上门服务。完善医疗信息网络，推广“共享药房”服务。该项目借助宁波云医院平台设立，通过该平台可以为就诊患者提供基层医院未配备药品和药品免费配送服务，同时，配送药品由大型医药公司直接供货，确保药品质量。患者可以由接诊医生通过“共享药房”开具处方，就可以享受药品配送服务。依托网上医院资源，深化“云问诊”服务。市妇幼保健院及各分院等均开通宁波云医院平台（网上医院），并鼓励医生通过该平台（网上医院）开展诊疗。全市居民可通过“掌上云医院”App进行网上挂号问诊，开具医保目录用药，享受药品配送入户服务，还能医保报销。

【2020宁波（余姚）中医中药中国行活动举行】

11月20日，2020宁波（余姚）中医中药中国行暨阳明古镇中医药健康文化“六进”活动启动仪式在阳明古镇举行。此次活动由市卫生健康局主办，以“传播中医药健康文化、提升民众健康素养”为主题，旨在促进中医药文化传承和中医药进农村、进社区、进家庭、进机关、进企事业单位、进校园，营造信中医、爱中医、用中医的良好氛围，让中医药惠及千家万户。仪式上，余姚市卫生健康局局长李斌介绍活动背景，宁波市卫生健康委副主任应黎明、余姚市人民政府副市长王安静分别致辞。仪式现场，相关领导为6位中医养生文化巡讲员发授聘书和赠书，并共同启动流金沙台。

启动仪式后，知名中医药专家李淑云开展健康养生知识讲座。随后，开展现场义诊，来自上海中医药大学、宁波市中医院、余姚市中医医院的知名专家为市民免费把脉问诊，并现场讲授中药材辨识知识，开展拔罐、刮痧、艾灸等传统中医理服务。

【名医“健康地摊”大型义诊活动开展】

7月1日，市人民医院在余姚万达广场举办名医名家送健康大型义诊活动，十多位“一号难求”的科主任们集体“摆摊”，为千余名群众提供健康咨询，康复理疗，心肺复苏教学，血压、血糖测量及赠送香囊等活动。

（张夏儿）

公共卫生服务

【概况】

2020年，全市实施基本公共卫生服务项目，强化居民电子健康档案规范管理，高血压和糖尿病患者规范管理率分别为70.68%和70.54%。全市重点人群签约率73.4%，有1家团队和1名医生分别被评为省优秀家庭医生团队和省优秀家庭医生。严打非法行医，加强职业病、医疗废物、公共场所、饮用水等重点领域监管，全年共查处各类卫生违法案件894起，其中司法移送3起。

【空白村流动医疗服务开展】

4月，市妇幼保健院医共体启动山区流动医疗服务，将医疗服务下沉到大岚、四明山、鹿亭3个山区乡镇的12个医疗服务空白村。该医共体组建由分院全科医生，总院内科医生、护士、检验、超声，上级医院专家组成的流动医疗服务团队，开展常态化惠民医疗服务，确保每村每月2～4次流动医疗服务，每月1次综合医疗服务。流动服务车将健康筛查项目与流动医疗服务有机结合，定期下乡为群众提供基本医疗服务、综合医疗服务、基本公共卫生服务三大类医疗服务。截至年底，流动医疗服务车共计下村158次，服务群众2690人次，患者满意度从开展前的90%上升至98%，基层就诊率比开展前上升6%。

【职业病危害现状调查完成】

年内，市疾控中心开展全市职业病危害现状调查。调查行业主要包括采矿业，制造业，电力、燃气及水的生产和供应业三大行业，调查内容为企业基本信息、职业病危害情况和职业健康管理情况，调查采取边调查、边填报、边审核的方式同时进行，最后所有调查数据统一通过浙江省职业病危害现状调查系统进行填报。最终完成5个乡镇共计2165家企业的职业病现状调查。

（张夏儿）

人口与家庭发展服务

【概况】

2020年，全市继续推进网上生育登记工作，开展母婴设施规范化建设，全市年内共建成母婴室25家。落实计生特殊家庭奖扶政策，发放农村部分计划生育家庭奖励扶助金等共4784.72万元。进一步强化计生阵地建设，市级优生优育指导中心成功揭牌运行。全年无孕产妇死亡，婴儿和5岁以下儿童死亡率稳定在历史低位。出生缺陷三级预防和“两癌”检查项目持续推进。梁弄、陆埠、临山3家试点单位顺利完成“基层医疗卫生机构提升医养结合服务能力”项目，逐步实现医疗和养老资源有效融合。出台《余姚市3岁以下婴幼儿照护服务发展的实施意见》，在市妇幼保健院成立婴幼儿照护服务指导中心。新建3家托育机构，新增124个托位，提前完成省级民生实事工程目标任务。

【推进3岁以下婴幼儿照护服务】

推进备案登记工作，规范颁发备案回执书。通过推出机构备案登记模式，逐步将托育机构纳入行业监管体系。全年新增4家托育机构和169个托位。完善照护服务体系，搭建指导培训平台。通过建立指导中心、指导站、指导点和家庭养育指导员四级婴幼儿照护服务体系，促进婴幼儿早期发展。一方面在市妇保院成立婴幼儿照护服务指导中心，同时在全市范围内建成首批16家婴幼儿照护服务指导站（点），分级指导全市婴幼儿照护服务工作；另一方面通过市妇保院及职业技能培训学校开展婴幼儿照护服务技能培训，培养家庭养育指导员360人，实现全市所有村（社区）指导员全覆盖。深化照护服务指导内涵，开展家庭养育入户指导，主要为辖区内婴幼儿家庭提供卫生保健、安全防护、疾病预防、营养膳食、生长发育监测等家庭养育指导服务，为10个儿童早期发展的试点村（社区）将近2000户婴幼儿家庭提供首次家庭养育健康指导。

【流动人口卫生健康关怀关爱专项行动开展】

1月15日，由市卫生健康局、市中医医院凤山街道分院、余姚北乘风志愿服务队联合开展的“把健康带回家”流动人口卫生健康关怀关爱专项行动在余姚高铁北站开展。活动中，工作人员为有需要的旅客测量血压，并提供健康咨询服务，进行健康提醒。另外，志愿者将小毛巾、筷勺等健康小礼品送给旅客。活动共提供健康咨询50人次，发放健康教育宣传折页200份、健康小礼品100套。

【市计生协优生优育指导中心揭牌成立】

5月26日，全市首家计生协优生优育指导中心在市妇幼保健院揭牌成立，同时举行“5·29”会员活动日公益讲座活动。市人大常委会副主任、市计生协会会长姚桂珍，市卫健局局长、市计生协常务副会长李斌出席揭牌仪式。计生协优生优育指导中心总投资近30万元，位于市妇幼保健院门诊5楼，有330平方米室内区域，为计生家庭和计生协会员设立3个开展优生优育宣传、咨询服务等功能区。揭牌仪式后，市计生协组建公益讲师团，聘请8位医护人员为公益讲师团成员，并举办首次公益讲座。

【婴幼儿照护服务指导中心揭牌成立】

8月17日，余姚市婴幼儿照护服务指导中心成立暨0～3岁婴幼儿照护服务培训在市妇幼保健院（市二院）举行。各乡镇街道计生办主任、全市基层儿童保健工作人员、余姚市

10家试点村（社区）家庭养育指导员近80人参加培训。

仪式上，市卫生健康局副局长陈映青和市妇幼保健院（市二院）党委书记、院长高剡东共同为“余姚市婴幼儿照护服务指导中心”揭牌。随后，开展了0～3岁婴幼儿照护服务培训，内容包含理论学习和实操演练两部分，理论知识培训后，进行婴幼儿照护活动演示、指导，参加培训的人员分成5组进行演练。演练结束后，分组进行考核，宁波专家做现场点评。

（张夏儿）

卫生健康资源供给

【概况】 2020年，市人民医院肿瘤治疗中心正式投入试运行，市第三人民医院（市精神卫生中心）迁建工程按期完成土建交工验收，市人民医院感染综合楼新建工程顺利开工，市医共体基础设施扩面提升工程有序推进，市疾控中心PCR实验室改造工程顺利完工。兰江等6家基层医疗机构增配CT等大型医疗设备。在卫生健康人才储备和培养方面，年内新招录各类在编卫技人员118人。全系统有2人分别被评为省创新人才和省医坛新秀，2人分别获得宁波市“医师终身成就奖”和“仁心仁术奖”。

【全市首个方舱式影像单元正式启用】 12月17日，余姚市人民医院正式启用集CT机房、DR机房、操作间及消毒装置于一体的方舱式影像单元（别名“方舟”）。“方舟”安装于余姚市人民医院发热门诊前空地，采用的是铅屏蔽材料，主要用于发热病人的CT和DR检查，能够最大限度地减少发热病人穿梭于医院而带来的交叉感染，同时也有效缓解了常规门诊及住院患者CT检查资源不足的压力。

【市四院智能雾化治疗室投入使用】 1月，市四院智能雾化治疗室经过改造后正式投入使用。雾化室共有18个卡位，采用彩虹色功能分区布局，独立座位设计，每个卡位设置了液晶屏幕，可持续播放动画片。

（张夏儿）

体　育

【概况】 2020年，余姚市体育工作围绕“常态化疫情防控和复工复产”，加快推进体育强国建设，推动全民健身与全民健康深度融合，推进体育总会群团工作，进一步促进体育、文化、旅游的深度融合，不断开创体育事业发展新局面。

2020年，余姚市获“全国围棋之乡”称号，2020年度浙江省体育彩票销售突破1亿元县（市、区），“十三五”期间浙江省体育场地设施建设突出贡献奖。大丰公司登上浙江体育企业冠军品牌榜、浙江省隐形冠军企业、宁波市第四批制造业单项冠军示范企业。翁方村成为实施国家级体育现代化社区（村）标准化试点。中国四明山百公里山地户外运动挑战赛晋级为省重点培育品牌体育赛事。体育产业课题“关于加快推进我市体育产业高质量发展的建议”被推荐为省优秀调研成果。横坎头村体育赋能旅游发展、运动提振乡村活力的实践，吸引“看浙里，运动振兴乡村”主题采风团的中央、省级主流新闻媒体20多名记者聚焦推送。

场地设施建设。全年完成省、宁波市、余姚民生实事工程项目34个，其中省级百姓健身房21个、小康村体育提升工程10个，社区多功能运动场3个。全市百姓健身房共有室内面积2100平方米以上，共有健身器材200件以上。加快体育设施进公园，提升改造用足盘活体育场地设施。打造以市全民健身中心和泗门镇全民健身中心等大中型公共体育场馆为主体、其他小型场馆为补充的全市公共体育场馆（地）服务提升工程。全市新增体育场地76个，面积52万平方米。累计建有省级的小康体育村升级工程56个、百姓健身房21个、社区（村）多功能运动场9个、健身步道3条、乡镇街道全民健身中心5个、中心村全民健身广场（体育休闲公园）9个、体育特色乡镇15个、体育公园2个。累计共有体育场地数量3185个，人均体育用地面积2.43平方米。所有公共体育设施和符合条件的学校体育场地设施100%向社会开放，基本形成10分钟城乡体育健身圈。

新冠肺炎疫情暴发后，迅即成立疫情防控应急领导小组，并暂停全市公共体育场馆对外开放，全市体育健身活动场所暂停体育活动，同时积极推广室内健身锻炼，启动全市居家健身锻炼短视频网上比赛，举办以“增强职工体质、助推复工复产”为主题的系列活动。

2020年，承办国家级大赛2场，省级交流赛事4场，宁波级交流赛事4场。2020宁波市全民健身季暨美丽乡村健身行活动（余姚鹿亭站）、品杨梅600人太极拳演练大型活动、“乐跑青山绿水间，喜迎中秋国庆节”环陆埠水库乡村马拉松长跑、环四明湖乡村马拉松等活动先后举行。积极营造全国第12个“全民健身日”氛围。8月，先后举办“全面奔小康”余姚市健身操舞大展演、“忠义洪门杯”余姚市大型武术文化表演、余姚市健身操舞网上大展演、市精武拳技展示大会、市健身气功展示大会等活动。全年开展有届次、有行业特色的市级全民健身赛事、各类杯赛、邀请赛200余场次。参与宁波市全民健身季百人以上赛事活动达100场次以上，参与15万人次以上。

积极参与“一人一技”宁波市全民健身季体育技能公益培训品牌项目，线上线下同步开展。3—6月，市体育部门联动AAAAA级健身运动协会举办全市社会体育指导员线上培训活动，受益2万人次。疫情常态化后，开展线下户外培训。全市新增社会体育指导员390人，新增体育协会1个，新增AAA级协会3家。全市累计有社会体育指导员3871人，体育协会27家。体育类民办非企业26家。国民体质监测合格率93.8%。

推进体育领域“最多跑一次”改革，围绕浙政钉应用事项开展数字体育转型的数据归集工作。完成全民健身中心场馆官网、微信、App等终端以及线下自助系统服务功能，接入“体育宁波”全民健身公共服务平台。全民健身中心、百姓健身房等民生实事纳入浙里办App。余姚十佳体育场馆纳入余姚文旅体数字化转型项目，借助宁波市文旅平台系统功能实施。

年内，完成《2019年度余姚市中小学生体育竞赛成绩汇编》。召开教体联席例会，通过多项议程。评比产生3所体育特色学校。做好年度运动员资格注册工作。训竞部门分期下沉各中小学校做好参赛运动员的注册工作，注册省级资格运动员437人。在全市范围内开展2020—2021年“宁波市竞技体育后备人才社会训练基地”创建申报工作，浙江博生体育文化传播有限公司（跆拳道）和宁波凌风体育发展有限公司（拳击）获评。全年向上输送优秀体育苗子25人，涌现出徐刘佳、洪伟、李玲等优秀运动员。肖东一小获得省校园足球联赛男子甲组第六名，肖东二小女足在浙江省第十一届中小学生校园足球联赛总决赛上夺得女子甲组冠军、女子乙组亚军。组队参加浙江省田径冠军赛并成功在甲级组保级。9月18日起，宁波市青少年各项目比赛陆续开启，全市共派出366名运动员和教练员参加11个大项的比赛，共取得了33金26银32铜的成绩。10月14—17日，举办余姚市第50届中小学生田径运动会，全市81支代表队，共798名运动员参赛，参赛运动员人数创新高。

【第四届环四明山自行车骑游大会举行】

6月21日，“格米力杯”纵横四明·知行合一2020全民健身季第四届环四明山自行车骑游大会暨第14届马自骑资格认证赛（宁波·余姚）举行。活动分为2个组别。全程挑战组骑行距离为188千米，12小时

6月21日，“格米力杯”纵横四明·知行合一2020全民健身季第四届环四明山自行车骑游大会暨第14届马自骑资格认证赛（宁波·余姚）举行

关门。半程体验组骑行距离为102千米，半程累计爬升1500米，7小时关门，最终，阿尔巴尼亚籍Gentian以3小时17分的成绩获得体验组第1名。在全程挑战组，男子冠军是徐伟超，成绩7小时9分50秒，女子冠军是沈丹妹，成绩7小时16分。

【中国四明山百公里山地户外运动挑战赛举行】

10月24—25日，国家级A级赛事“韵芝堂·余姚铁皮石斛杯”第三届“一带一路”中国四明山百公里山地户外运动挑战赛暨2020 CHINA 100山地越野系列赛举行，共约800名越野跑选手和户外运动爱好者分别参加102千米、56千米组的竞技角逐及22千米、14千米的登山徒步。赛事新增挑战组奖、赛道最快成绩奖。

经过角逐，56千米竞技组中，岑万江、张交和赵虎分获男子组前3名，吕军丹、陈燕平和牛秀琴分获女子组前3名；102千米竞技组中，运艳桥、梁晶和王清华分获男子组前3名，杨光梅、马婷和杨非非分获女子组前3名。

【第二届四明山国际越野跑挑战赛举行】

10月31日，2020第二届四明山国际越野跑挑战赛在四明山镇举行。共有1300多名运动员参加比赛。比赛分为降龙组（60千米）、伏虎组（36千米）、巡山组（12千米）3个组别。赛事起终点为四明山镇棠溪村。经过角逐，陈朝江、吉正权、章国慈分获降龙组男子前3名，单亚方、黄晓艳、王巧芸分获降龙组女子前3名，梅伟平、赵庆林、徐才分获伏虎组男子前3名，杨艳、刘桂春、郝敏雁分获伏虎组女子前3名，鲍伟能、朱金伟、胡鋆分获巡山组男子前3名，张永梅、蔡洋洋、叶玮玮分获巡山组女子前3名。

【健身操舞大展演举办】

8月1日，“全面奔小康”2020全国“全民健身日”余姚市健身操舞大展演在市全民健身中心举办，来自全市城乡各地的39个团队、800多名群众共同启动全国第12个“全民健身日”。除主会场活动外，全市各地分会场活动陆续开展健身操舞大展演，旨在丰富余姚市群众身边的体育健身活动，引导大家养成“天天有锻炼”的良好习惯，实现“人人有健康”的总体目标。活动当晚，还表彰了在疫情防控中表现突出的10个先进体育社团和26位先进个人，并对39个团队颁发了大会特别贡献奖。

【大型武术文化表演开场】

8月2日，“忠义洪门杯”宁波市“全民健身季”武术健身活动暨全国第12个“全民健身日”余姚市大型武术文化表演、第五届“最美武术人”颁奖活动在余姚市龙山文化广场开场，300余名武术爱好者同台演绎“十八般武艺”。活动中，仙居武术队、四明拳箫社、望湖公园武术队、市恒东少林武术馆、戚家军武术辅导站、市武术协会华舜太极辅导站、市太极拳俱乐部、市老年大学武术社团、市武术协会太极俱乐部、市民间艺术家协会、市武术协会艺术团等10多支代表队，先后展示武术基本功、四明内家拳、硬功夫等武术表演，还带来小品、歌伴舞、器乐演奏等节目。

【精武拳技展示大会举行】

8月8日，“全国全民健身日”精武拳技展示大会暨“一人一技”余姚精武会“精武拳技”公益培训开训仪式在龙山西麓文化广场举行。全市500多名精武爱好者轮番展演了精武操、功力拳、达摩剑、八卦刀、五虎枪等精武拳技。经现场评分，高铁、郑巷小学、低塘镆剑山3个队获一等奖。另外，评出二等奖5个、三等奖7个。

当天，还举行“一人一技”余姚精武会“精武拳技”公益培训开训仪式。开训仪式上，为1名总教练、12名主教练和15名助理教练颁发聘书。

【健身操舞网上大展演举行】

8月7日，“全面奔小康”余姚市健身操舞网上大展演启动，活动到8月底结束。其间，50多个团队就近在公园、广场等户外场地表演健身操舞等节目，拍摄视频并上传，依托“余姚市健身运动”微信公众号进行网上集中展演。网上大展演分两个阶段进行。第一阶段播出全民健身日主会场表演的节目，第二阶段播出各地分会场的节目展演。

（市体管中心）

社会生活

居民生活

【概况】

2020年，全市全体居民人均可支配收入57539元，比上年增长5.6%。按常住地划分，城镇居民人均可支配收入65212元，增长5.2%，增速居宁波市第3位；农村居民人均可支配收入39339元，增长6.9%，收入绝对值水平首次超过宁波市平均。城乡居民收入比进一步缩小到1.66∶1，比上年缩小0.02。全年全体居民人均生活消费支出33064元，增长0.9%，其中城镇居民人均生活消费支出37676元，增长0.1%；农村居民人均生活消费支出24771元，增长2.8%。

2020年余姚市城乡常住居民收入情况表

表7

	城镇常住居民		农村常住居民		城乡常住居民人均可支配收入比
	人均可支配收入（元）	增速（%）	人均可支配收入（元）	增速（%）	
浙江省	62699	4.2	31930	6.9	1.96
宁波市	68008	4.8	39132	6.8	1.74
余姚市	65212	5.2	39339	6.9	1.66

2020年余姚市城乡常住居民人均可支配收入情况表

表8

	城镇常住居民		农村常住居民	
	人均（元）	增长（%）	人均（元）	增长（%）
人均可支配收入	65212	5.2	39339	6.9
一、工资性收入	35754	1.2	24486	3.6

续表 8

	城镇常住居民		农村常住居民	
	人均（元）	增长（%）	人均（元）	增长（%）
二、经营净收入	13055	4.4	9420	14.1
三、财产净收入	9098	17.5	810	10.1
四、转移净收入	7305	14.0	4623	10.4

2020年，因新冠肺炎疫情影响，流动性受阻，经济一度停摆，余姚市科学快速开展疫情防控，最快速度部署推进复工复产，出台精准实施帮扶企业20条、金融保障服务等政策措施，提供“四送一增强”“三服务”等做法，并随着光学仪器、小家电、汽车零部件等外贸行业获得大量订单，经济开始复苏，居民收入得以保障。余姚城镇常住居民人均可支配收入从第一季度下降1.2%一路攀升至全年增长5.2%，农村常住居民人均可支配收入从第一季度下降2.7%一路攀升至全年增长6.9%，增长恢复态势明显。

2020年余姚城乡常住居民人均可支配收入增长情况表

表 9

	城镇常住居民		农村常住居民	
	人均可支配收入（元）	增长（%）	人均可支配收入（元）	增长（%）
2020年一季度	20266	-1.2	11009	-2.7
2020年上半年	34381	3.2	20334	2.4
2020年前三季度	51017	5.4	32188	5.3
2020年全年	65212	5.2	39339	6.9

【保障居民就业】

充分实施好就业优先政策，全面强化稳就业相关举措，增强企业就业岗位创造能力。进一步深化工资制度改革，根据经济发展情况及物价水平适时上调企业工资指导线。对智能光电等相关特色产业进行升级改造，整合产业链，充分培养吸纳相关人才。有针对性地搭建就业帮扶平台，加强职业培训力度、广度、深度、频度，进一步开发提供公益性岗位，拓宽有退休再就业意愿群体的就业渠道。

【保障基本民生】

深化全民参保登记计划，加快智慧医保建设，兜底民生保障，发展慈善事业，完善残疾人等特殊群体救助机制。推进医养护一体化体系建设，提升养老服务水平。深化“源头查控+硬核隔离+精密智控”工作机制，坚决守牢疫情防控底线。加强房地产市场调控和房产交易监管，大力发展住房租赁市场。

【保障乡村振兴】

做强特色产业，推动农业“接二连三”融合发展，高质量实施“2966”乡村产业振兴行动，促进“一产提质”。坚持农业全链条培育，加快横坎头田园综合体等项目建设，建好“四明臻货”展示展销中心。谋划建设农业现代化创新创业基地，培育多层次乡土人才。推进“互联网+”农产品出村进城试点，抓好粮食、生猪等增产保供。完善四明山区统筹发展机制，进一步打通“绿水青山”向“金山银山”的转换通道。

【保障开放发展】

推动基础设施充分对接，实施高水平建设交通强市三年行动，通过建成余梁公路北延、胜陆公路等项目和开建通环西路、杭甬复线二期等工程，谋深宁波至余姚城际二期、城际快速及G228等前期，着力打造宁波西门户综合交通枢纽。并全面参与宁波前湾沪浙合作发展区建设，推动中意复旦科创中心等深化运作，谋划筹建宁波产业转移承接园。加强与上海交大、之江实验室、临港集团等优势资源对接，努力打造知名度高、带动力强的产业创新公共服务平台。

（市发改局）

医疗保障

【概况】

2020年，市医疗保障围绕建设更惠民、更公平、更精准、更可持续的医疗保障体系的要求，着力打造全民医保、智慧医保、清廉医保，切实增强全体参保人员安全感、获得感和幸福感。

落实疫情政策，保障群众健康。贯彻落实上级有关新冠肺炎疫情防控医保相关政策，临时调整医保政策，放宽医保长处方政策，放宽市外就医转诊手续，延长医药费零星报销时限，确保患者不因费用问题影响就医，确保收治医疗机构不因支付政策影响救治。预拨新冠肺炎医保基金900万元，完成第一批省内参保人员的医保支付数据的核对与拨付，共18人18.03万元；向医共体牵头单位预拨付周转金1.09亿元。推行医保服务“线上办”“快捷办”“主动办”“及时办”，实现业务办理“零接触”。2—4月，共为参保群众提供医保服务5707件，其中“线上办”1876件、“快捷办”805件、“主动办”541件、“及时办”1414件，非现场办理量占总业务量的85%。认真排摸信息，扩大疫情排摸覆盖面，精准掌握发热人员去药店购药的信息。联合市市场监管局开展定点零售药店对暂停销售退热、止咳药品的落实工作，并开展检查。配合卫健部门落实疫情防控期间门诊部、诊所以及未承担公共卫生职能的村卫生室停止营业的工作措施，掌握发热人员信息。

利用微信公众号、宣传栏、电子屏等媒介，加大宣传力度，积极做好全民参保登记工作。截至12月底，全市参保人数达到94.55万人，其中余姚户籍人员医保参保83.08万人，参保率99.51%；医保基金收入31.8亿元(不包括减税降费3.06亿元)，支出25.7亿元，基金累计结余52.5亿元，其中统筹基金结余14.1亿元左右，抗风险能力18.7个月，比上年同期增加0.4个月，比市医保局成立前增加1.1个月。退休补缴医保基金征缴5.65亿元，占全年职工医保基金收入的25.3%。

对企业减半征收2—6月医疗保险费单位缴费部分，为31073家单位减征22660万元。对相关企业阶段性降低职工医保单位缴费费率，下浮单位缴纳部分1个月的额度，共7383万元。对首次上规模的小微企业每年下浮单位缴纳部分1个月额度的医保缴费费率（可连续享受三年）近1000万元。三项政策减免医疗保险费达3.06亿元。

落实医保新政。生育保险和职工医保两险合并政策平稳实施，基金共济能力有所增强。落实职工医保年度调整过渡工作，落实共济账户政策调整。2020年，全市有850多万人次享受医疗保险待遇，共发生医疗费32.45亿元，较上年下降7%；医保基金支出23.1亿元（不包括生育津贴、转移支出、大病保险费等非医疗待遇支出2.65亿元），较上年下降5.4%。县域外就诊发生的医疗费9.31亿元，基金支出6.48亿元，占基金总支出的28.1%，县域内就诊率为87.57%。

做实基本医疗保险市级统筹，解决宁波市内人员流动待遇分段享受的矛盾，确保2021年起实现宁波大市范围内的参保人不因医保关系转移接续影响正常的医保待遇，调整全市职工个人账户计入比例、公务员补助金划入个人账户比例，与宁波大市标准统一；调整公务员医保待遇政策，公务员医疗补助待遇标准与宁波统一，补充待遇在年终一次性补足，补助方法和顺序发生变化，待遇不变；调整城乡居民基本医疗保险门诊医疗费最高支付限额，城乡居民参保人员A档门诊医疗费最高支付限额由每人每年3500元调整为4000元，B档由每人每年2500元调整为3000元。均从2021年1月起执行。

【基金监管】

开展集中宣传月活动，联合全市所有定点医疗机构、定点零售药店和各乡镇街道、村（社区）同步开展宣传。推进智慧医保，启动智慧智能审核系统，精确监控医保服务行为。推广应用人脸识别远程智能监控系统，加大监控设备投入力度，扩大监控范围，结合群众举报投诉、媒体监督，对定点零售药店和参保人员就医购药行为进行全方位实时监管。

按期制定巡查任务，并结合实时监控相关嫌疑数据展开调查工作，开展双随机检查5次（其中跨部门联合检查1次）48家，重点检查9次56家，即时检查122家。完成首轮对定点医药机构的地毯式检查，查处违规定点医药机构97家，剔除并追回不合理费用406.4万元。共检查定点医药机构226家，查处违规61家；查处违规医师1人，扣除医保医师积分12分。开展对全市定点医疗机构医保监管专项治理和中医类、口腔类医疗机构专项行动，通过定点医疗机构自查自纠、各县（市、区）交叉检查，追回违规医保基金合计65.07万元。继续实施医院驻点管理工作，扩大驻点范围，完成20家医疗机构的驻点，对所发现问题即时要求整改。

加快推进统一的医保信息业务编码标准，形成全国“通用语言”，完成在国家医疗保障局代码库医疗机构信息平台上医药机构、医保医师、医保护士、医保药师等信息维护和审核上报工作。共维护审核上报定点医疗机构100家，医师2481人，医保护士2666人，定点零售药店250家，医保药师277人，并实行动态管理。

【机制创新、深化改革】

继续与中国太平洋保险人寿公司宁波分公司开展政保合作，完善医保经办业务政保合作考核办法以加强监督。拓展政保合作驻点管理项目，加强医疗机构驻点管理力量。起草《浙江省基本医疗保险定点医疗机构管理办法》，做好定点医药机构协议管理工作，重新修订完善服务协议文本，健全退出机制，增强协议管理可操作性，与358家定点医药机构完成服务协议签订（新增纳入定点协议管理医药机构13家）。出台《余姚市推进县域医共体基本医疗保险支付方式改革实施方案》，推进总额预算管理下的多元复合式支付体系建设。按照省、宁波市总体部署，成立DRGS工作专班，对全市有住院条件的34家医疗机构住院历史数据统一按疾病诊断相关分组进行测算，督促各单位按时完成接口改造，准确上传基础数据，完成年底试运行的相关准备工作。配合宁波市选取17名医学、管理方面的人员参加组建专家团队。督促相关医疗机构做好实施DRGS点数付费改革绩效考核评估工作。

贯彻落实国家、省级医保部门对药品和医用耗材的集中采购工作，推动国家谈判药品在基层落地，督促各医疗机构合理安排采购进度，及时完成对入库药品的资金结算，按时足额完成约定的采购量。截至10月底，国家第一、第二批集中采购药品平均约定采购量完成率分别达134.89%、74.76%，第三批集中采购药品于11月10日正式挂网。累计采购入库金额2086.88万元，完成约定采购量的113.49%。落实提升药品集中采购平台功能有关要求，推进医保药品支付标准全覆盖，定点零售药店当月发生医保费用下降200余万元。针对公立医疗机构，贯彻执行医用耗材“零加成”政策和宁波市医疗服务价格调整方案，调整医疗服务项目价格13项。

【服务提升】

切实推进“最多跑一次”

改革。下放乡镇街道项目从原来的7项增加至15项，“宁波办事”综合自助服务终端新增医保事项4项。推进政务2.0工作，认领并上线事项18个，推动医保业务从网上、掌上“可办”向“好办、易办”转变。依申请经办服务事项“网上办”“掌上办”办件比例达到100%。推广应用医保电子凭证，截至12月底，全市有28个定点医疗机构和16家大型药店完成电子凭证应用，全市参保人的医保电子凭证激活率达到30%以上。

落实医疗救助费用一站式结算。做好市困难人员信息平台动态维护，确保所有困难群众就医实现基本医保、大病保险、医疗救助同步即时结算，实现医疗救助“一次都不用跑”。截至10月底，医疗救助实时结算19.42万人次，支出1451.4万元。其中，门诊救助19.01万人次，金额637.8万元；住院救助4098人次，金额813.6万元。

推进跨省异地就医直接联网结算。新增跨省异地就医直接结算医院14家，同步实现长三角门诊直接结算，跨省联网结算医院达28家。实现大病保险特殊药品直接结算和门诊特殊病种省内异地就医直接结算。截至10月底，全市参保人员有8.85万人次在宁波大市外刷卡结算，宁波大市外参保人员有5.56万人次在余姚就医直接结算。

（毛静波）

住房保障

【概况】

2020年，市住建局继续推进以公租房为主的住房保障城乡一体化工作，实现户籍家庭住房保障同等化待遇，施行实物保障与货币补贴并举的保障方式。出台《余姚市公共租赁住房保障管理办法》及《余姚市保障性住房和直管公房领域失信“黑名单”管理办法》，同时为提高住房保障的覆盖率，对公共租赁住房企业配租目标管理办法加以完善，2020年公租房实物配租新增保障841户，租赁补贴发放785户，合计221.25万元。投资1500万元对月梅公寓、兰馨公寓中的257套毛坯房进行立项装修，于11月进场施工。

【保障房租金收缴实现移动支付】

年内，市住房保障中心积极探索，进一步深化住房保障“最多跑一次”改革，改进收款方式，实现保障房租金收缴移动支付。通过移动支付，承租户可以根据二维码，足不出户完成租金缴纳。

（刘艳瑞）

住房公积金管理

【概况】

2020年，全年归集住房公积金178444.97万元，完成年度计划的100.25%；提取住房公积金160092.08万元，完成年度计划的110.41%；发放住房公积金个人贷款62030.8万元，完成年度计划的95.43%；回收贷款47643.64万元，完成年度计划的105.87%；实现增值收益4541.12万元，完成年度计划的119.5%；截至年底，住房公积金余额369371.97万元，住房公积金个人贷款余额349099.48万元，存贷比达94.51%。

年内，全力做好疫情防控复工复产等专项工作。受新冠肺炎疫情影响，市住房公积金管理中心积极出台各项政策措施，帮扶困难企业和职工。加强对缴存企业的服务保障，为受疫情影响的企业办理缓缴、停缴住房公积金或降低住房公积金缴存比例。为1家企业办理停缴，4家企业办理降低缴存比例，24家企业办理缓缴，涉及职工1544人，减轻企业负担434.16万元。加大对缴存职工的服务保障，对参加疫情防控一线人员或受疫情影响不能正常偿还贷款的人员，不作逾期处理，减免罚息1156.74元。对因疫情防控影响单位未能正常为职工连续缴存住房公积金的，视同连续缴存。不断巩固“三服务”成果，把服务更加直接高效地落到企业急需处，直接采用企业自身数字证书登录办理公积金业务，提高企业办事便捷度，涉及企业的13个事项都实现即办，平均缩减90%的时间。

【“最多跑一次”改革】

深入推进“最多跑一次”改革，充分运用“互联网+政务服务”和大数据，全面打造“智慧公积金”。全年住房公积金管理中心办件量41745件，政务服务2.0平台网上受理率82.03%，无超期未办结件。中心推动“最多跑一次”改革向基层农村延伸、推进政银合作，提升银行网点代办公积金业务的能力和覆盖面，在8家承办银行设立26个便民服务网点，覆盖全部乡镇街道。全年处理信访件103件，接听“12329”热线咨询电话16018个，接通率99.83%。

【资金管理】

加强资金监管和风险防范管理，确保资金安全管理。稳步推进贷款发放。面对资金暂时性紧张的现象，在7月启动住房公积金公转商贴息贷款工作，为988户急需资金购房的职工办理了“公转商”贴息贷款，共发放公转商贴息贷款35358万元。做好公积金领域的扫黑除恶。中心认真落实上级防骗提的有关文件精神，切实把好提取程序关，防止套取、骗提等现象发生，及时发现并处理公积金骗提事件4起。扎实开展风控会和贷审会制度。共召开风控会4次，对25个楼盘项目进行风险防范审核，和18个楼盘项目签订住房公积金贷款合作协议。

【公积金监管】

5月，组织人员对6家住房公积金业务承办银行进行2019年度委托业务的考核，根据检查结果，逐一向各家银行反馈书面意见。同时，起草2020年度住房公积金金融委托业务考核办法，办法包括中心的所有委托业务，并对业务操作提出具体要求。

（郑崇行）

民政事业

【概况】

2020年，全市民政系统认真贯彻落实市委、市政府的各项决策部署，以“创出新业绩，树立新形象”为总目标，以“保障基本民生，优化社会服务，创新社会治理”为工作主线，坚持围绕中心、服务大局，坚持改革创新、解难创优，坚持以民为本、扎实履职，有力推动了社会保障、社会治理和社会服务水平的提升，有效地服务全市经济社会发展大局。

【社会救助事业】

城乡居民最低生活保障 出台新《余姚市最低生活保障办法》，低保管理进一步优化。落实低保低边渐退期、重病单人户和医疗支出型低保政策。截至年底，共有低保低边渐退期家庭297户、重病单人户家庭40户，因病支出型低保576户、878人，因病支出型低保占在册低保户数的9.36%。做好低保标准调整工作，7月1日起从原有的864元/月提高到891元/月。开展社会救助专项治理工作，确保各项社会救助政策落实规范。推进社会救助“最多跑一次”改革，实现低保申请的窗口办、码上办和一证通办。加强对低保对象的动态管理，按月开展低保在册对象复核。至2020年底，全市共有最低生活保障对象共计6581户、8326人，月发放低保金627万元；低保边缘户共计810户、1589人。同时，及时做好物价补贴和春节慰问金发放工作，发放物价补贴共计2473万元，惠及困难群众9.85万人次，发放元旦春节期间节日生活补助金1039.2万元。

助房助学助困 利用“救助+保险+服务”模式，实施低保低边家庭子女就读高等教育的助学项目和困难群众危旧房改造项目。2020年，助学和助房项目分别帮扶210人和161户，支出资金147万元和207.6万元。临时救助力度不断加大，共救助2579户、4279人，支出资金435万元。

特困人员救助 调整特困人员救助标准，从4月1日起，特困人员救助标准从每人每月1497元提高到每人每月1568元。开展特困人员的生活自理能力评估，对新增对象做到“逢进必评”，对在册对象做到“一年一评”。2020年，共评估757人，评估完成率100%。至2020年底，全市共有特困供养人员737人，共计发放基本生活费1446万元，照料护理费162.8万元。

【社会福利事业】

儿童福利保障 调整余姚市未成年人保护工作委员会，进一步加强未成年人保护工作的统筹、协调、督促和指导。推进未成年人救助保护和儿童服务管理机构建设，建立市、乡镇街道、村（社区）三级服务管理机构，实现全市乡镇街道未成年人救助保护站（儿童福利服务站）、村（社区）未成年人救助保护点（儿童之家）全覆盖。其中标准型儿童之家12家，示范型儿童之家5家，配有儿童督导员21人，儿童主任303人。上调社会散居孤儿、困境儿童基本生活养育标准，由原来每人每月1756元调整为2064元。至2020年底，全市共有困境儿童393人，全年发放散居孤儿、困境儿童基本生活保障金416.2万元。

福利彩票 2020年，全市福利彩票销售2.42亿元，为国家筹集公益金7262万元，为余姚筹集公益金2421万元。

【养老事业】

机构养老 2020年新增养老机构床位668张，至年底养老机构床位达到9173张。推进公办养老机构公建民营进程，至2020年底，共有19家乡镇街道敬老院完成公建民营，占比95%。积极攻坚“医养结合松、养老困扰多”项目，开展护理型养老机构建设，2家养老机构开办医疗护理中心，3家养老机构新建医务室，千名老人康复护理床位数达到3.8张。推进“家院互融”工程，全市开展“家院互融”养老机构22家，占比57.8%。

居家养老 完成9个区域性居家养老照料中心和7个示范型居家养老服务中心建设工作。12个乡镇街道新配备老年助餐车，实施“爱心车轮”老年助餐服务项目。完成113户生活困难老年人适老化改造任务。推动村（社区）居家养老服务中心（站）标准化建设，至2020年底，全市A级及以上居家养老服务机构覆盖率达100%，AA级居家养老服务机构160家，AAA级居家养老服务机构34家，分别达53%和11%。推动居家养老服务机构社会化运营进程，至年底，全市所有区域性居家养老服务中心、老年护理照料中心和50%以上的城镇社区居家养老服务站实现社会化运营。2020年全市所有区域性居家养老服务中心均完成社区老年大学教学点授牌。

【基层政权与社区建设】

基层政权建设 高质量完成新一届村（居）民委员会换届选举工作，居委会和村委会干部队伍的文化、年龄和素质结构得到明显改善。完成500人以下行政村规模调整工作，将大岚镇丁家畈村、戴糜村合并为和谐村，四明山镇杨湖村、宓家山村合并为南山村，四明山镇悬岩村、溪山村、大山村合并为屏风山村。持续推进社区、社会组织、社会工作“三社联动”，推广“联六包六”“民情诊所”“三位工作法”等特色工作模式，推进村社居民自治互助。

城乡社区建设 认真做好第三批省级引领型农村社区评估工作，选报凤山街道五星村等6个作为省级引领型优秀农村社区参选。全面推进清廉社区建设，发挥市级清廉社区建设示范点作用，清廉社区规范化建设覆盖率达到40%以上；开展城乡社区治理和服务创新试点，选取兰江街道为试点单位，在四明西路开展党建引领街区治理“一起来”试点工作。巩固基层“三多”清理成果，开展“社区万能章”专项治理行动，明确基层群众性自治组织出具证明事项清单。

社区工作者队伍建设 做好2020年度社会工作者职业水平考试报考发动工作，全市共有1093人报名考试，报名人数较上年增加144%。进一步提升社工比例，至年底，余姚市助理及以上资格社会工作师占比66.2%，较上年提升4.6个百分点。加大社区工作者关心关爱力度，向全市2417名城乡社区工作者发放抗疫补贴共966.8万元。

社会工作 加强社会工作服务机构建设，全年新注册登记4家法人社会工作服务机构，分别是有灵且美社会工作服务中心、红盾社会服务中心、如愿老年社会工作服务中心、启扬社会工作服务中心。加快社会工作岗位开发，全年新增社会工作岗位数30个。完成18家法人志愿服务组织的身份标识登记工作。

【社会慈善工作】

开展慈善组织申请公开募捐资格审查，明确全市共2家慈善组织（余姚市红十字会、余姚市慈善总会）具有公开募捐资格。受理慈善组织公开募捐方案备案4项，并在慈善中国平台备案及公开，完成率达100%。

【社会组织工作】

社会组织培育发展 至2020年末，全市备案社会组织4977家，实现社区自治类、社区平安类、社区服务类、社区文体类4类社区社会组织街道乡镇全覆盖。积极培育和引导社会组织参与社会治理服务平安建设，开展2020年“余姚乐善杯”宁波市第八届公益项目设计大赛、“益万众所需，创善美姚城”2020年余姚市社会组织公益创投活动和“三社联动，善治姚城”余姚市首届城乡社区社会组织微公益创投活动。培育10家品牌社会组织和20名领军人物。依托社会组织党员公益日开展“姚望连心，益路黔行”社会组织助力脱贫攻坚爱心义卖活动，募集6万余元善款用于资助望谟县贫困少年儿童。

社会组织孵化平台建设 扎实推动余姚市社会组织服务平台规范化运行，对市级社会组织服务平台“余姚公益场”的功能定位、服务宗旨、办公场地等进行新一轮调整，引入第三方支持型社会组织，为社会组织提供全方位的服务和技术支持，全年共入驻社会组织28家。扎实推动21家乡镇街镇级社会组织服务平台规范化运行，进行挂牌亮标志，每家平台入驻社会组织3家以上，切实发挥服务中心作用。

社会组织管理 开展行业协会商会建设发展状况检查行动，对全市78家行业协会商会的机构建设情况、涉企收费情况、涉企收费清单公示情况、收费档次设置进行检查，督促6家行业协会、商会对会费进行整改。做好打击整治非法社会组织以及社会组织领域扫黑除恶治乱工作，与市教育局等部门联合取缔1家非法组织。开展“双随机”抽查，采取随机摇号等方式，社会组织按不低于5%比例抽查，共检查60家社会组织。

【专项社会事务工作】

地名管理 全年新批地名共计77个，全部规范，无“大、洋、怪、重”地名。推动地名管理数字化转型，新批77个地名和主城区门牌941个，全部进入浙江政务服务网和宁波市局数据库。按时完成国家、省、标准地名词典及地名志编撰工作，共编辑文字8353字。完成《余姚市地名志》编撰工作。

婚姻收养登记 全年共办理结婚登记5012对，离婚1743对，办理收养登记18件。开展离婚劝导服务，共劝导192对，劝和46对，成功率24%。完成婚姻档案电子化工作，电子化率100%。

殡葬管理 开展殡葬服务收费专项整治活动，进一步规范殡葬领域收费行为。继续实施余姚市惠民殡葬政策，全年减免各类基本丧葬费用共计430.8万元，惠及丧户6862户。推行节地生态安葬工作，节地生态入葬率达到60.13%。

水库移民安置 推进移民资金后扶项目建设，2020年全市共确定大中小型水库后期扶持项目34个，总投资1646万元。认真做好直补资金人员核减工作，全市共核减移民146人，至年底共有享受直补资金人数16110人，全年共发放移民直补资金966.6万元。完成水库移民后期扶持的“十四五”规划。

（市民政局）

退役军人事务

【概况】

2020年，市退役军人事务局持续深入贯彻落实习近平总书记关于退役军人工作重要论述精神，紧紧围绕上级决策部署和工作要求，全心全意为退役军人服务，持续增强退役军人的归属感、获得感、荣誉感，推动退役军人工作高质量发展，切实为余姚争当浙江建设“重要窗口”模范生的排头兵贡献力量。

【“双拥”工作】

2020年，市退役军人事务局持续营造尊军崇军氛围，以各地退役军人服务站为主体，继续深化实施退役军人走访慰问全覆盖。坚持执行“立功送喜报、返乡集体迎”等提高军人荣誉感、尊崇感的工作机制。结合创建“双拥五连冠”设立退役军人光荣榜、荣誉墙，做到动态宣传和静态展示相结合。策划抗“疫”专题，记录余姚老兵同心抗“疫”的历史，在全社会弘扬退役军人正能量，强化社会对军人职业的尊崇认同。着力解决“三后”（后路、后院、后代）问题，协调相关部门和各乡镇街道积极为现役军人子女入学、入园提高便利，维护军人军属合法权益。大力加强军民共建，积极开展军地联谊、军地互访、军地互助活动，促进军地融合发展。各级领导干部坚持在重要节日走访慰问驻姚部队官兵，全年举办慰问演出2次，发放慰问金和物品总价值100余万元。

【优抚工作】

2020年，市退役军人事务局严格落实各项优抚政策。做好60周岁以上农村籍退役士兵老年生活补助审核发放工作；严格落实5～6级精神病在乡残疾军人护理费，下拨资金70万元；认真做好优抚对象医疗补助及临时生活困难补助审核发放，共发放优抚对象医疗补助约80万元；提高优抚对象临时生活困难补助标准，认真做好农村现役义务兵父母和烈属的健康体检工作，及时足额发放现役义务兵优待金。

【就业创业】

2020年，市退役军人事务局严格落实“阳光安置”。通过进一步优化各环节流程，确保程序规范到位、质量稳中有升，为安置工作高质量发展打下坚实基础。建立就业信息共享平台，累计摸排军创企业4767家，对历年退役人员的就业状况进行摸底调查和信息采集，进一步建立健全军创企业与退役士兵用工就业信息共享平台，为军创企业输送高素质的退役军人，实现退役军人就业和军创企业发展共赢。深入开展就业创业工作，全年共举办2场退役军人专场招聘会，通过网络、现场、微信三位一体的模式，精准对接供求双方的需求。吸引了大叶园林、比依电器、舜韵集团等30家知名企业提供就业岗位。

【思想工作】

2020年，市退役军人事务局打造“甬尚老兵•锋领港城•余你同行”思想政治工作品牌，深入贯彻落实“十小”工作法，实行退役军人学习日、轮值站长等制度，发挥先进典型引领作用。姜荣华被授予“浙江省模范退役军人”称号，余姚老兵志愿服务队获得市“蝉联全国文明城市集体嘉奖”。

【服务保障体系建设】

2020年，市退役军人事务局组建市镇村三级服务中心（站）并有效运行，成为宁波唯一一个市本级服务中心和乡镇街道退役军人服务站全部创建成为省首批全国“示范型退役军人服务中心（站）”的县市，泗门镇退役军人服务站和马渚镇金马社区退役军人服务站获得全省新时代枫桥式退役军人服务中心（站）称号。

【退役军人全生命周期服务管理】

2020年，市退役军人事务局聚焦数字化改革，启动退役军人全生命周期试点，充分运用“最多跑一次”工作成果，推进政府数字化转型，通过有序开展军人退役“一件事”工作，协调全市10余个相关部门，整合办事流程，实现军人退役“最多跑一次”。

【退役老兵志愿服务队成立仪式举行】

7月24日，市退役军人事务局结合“甬尚老兵、余你同行”八一系列活动会，同市文明办、市老干部局、兰江街道共同举行“甬尚老兵·余你同行·文明有我·锋领姚城”专题活动启动仪式暨退役老兵志愿服务队成立仪式。全市老兵志愿者代表在兰江街道下菱社区，共同见证退役老兵志愿服务队成立揭牌，并参与志愿服务队首场爱国卫生志愿服务活动。

（章雪文）

7月24日，“甬尚老兵·余你同行·文明有我·锋领姚城”专题活动启动仪式暨退役老兵志愿服务队成立仪式举行

余姚市革命老区开发建设促进会

【概况】

2020年，市老促会认真履行工作职责，较好地完成了年初的目标任务。年内，完成《余姚市革命老区发展史》编纂任务，3月正式出版，5月22日举行成果汇报及首发式。年内，重新审核认定老区乡镇、村，逐一核实，起草老区乡镇、村名录，送市民政局审核。据统计，全市有老区乡镇街道19个、片区1个、老区村227个。

新冠肺炎疫情暴发后，立即召开老促会会长会议，分析疫情发展势头，传达市委、市政府对防疫工作的要求，明确职责，参与关口设置、应急物资准备以及农民群众生产生活必需品供应等工作。

开展在乡“三老人员”（中华人民共和国成立前入党的农村老党员、老游击队员、老交通员）旧房改造调研。根据浙老促字〔2020〕6号关于开展提供老区县“三老人员”有关情况的通知精神，核实全市“三老人员”共计76人，与市农业农村局联系，共同商量开展乡村振兴试点村建设，分析研究试点工作条件。双方确定将梨洲街道雁湖村作为试点村，同时作为中等规模的老区村旧房改造调研对象，除雁湖村还有5户“三老人员”家庭需要进行旧房改造。

12月1日，江苏省南通市委原常委、“三会”（老区促进会、老区扶贫基金会、老区经济发展研究会）理事长秦厚德一行14人到余姚考察，参观浙东抗日根据地旧址群、横坎头新农村建设和实践基地，考察河姆渡文化和芦山寺村新农村建设。双方就发展老区经济中老促会的地位和作用进行深入交流。12月13日，黑龙江省老促会代表团到余姚考察。12月

15日，黑龙江省牡丹江市一行8人到余姚考察中国老促会培训中心运行情况，听取市委党校的情况介绍，同时参观党校的软硬件设施、课外现场教学点。

关爱“三老人员”和困难群众。1月，安排14000元慰问阳明街道14户困难户；11月安排10585元购买大米、油，慰问阳明街道73户低收入农户；12月安排12000元慰问梁弄镇、大岚镇、四明山镇、鹿亭乡、陆埠镇、梨洲街道12户“三老人员”和困难群众，共计26585元。

【重新审核认定老区乡镇、村】

4月8日起，根据省老促会关于开展重新认定革命老区前期调研工作的通知精神，与市民政局联系，收集1993年7月经省民政厅、省老区办认定的老区乡镇、村名录，2001年4月余姚市行政村撤并调整基本情况汇总表，余姚市村（社区）、居委会名录，并联系乡镇街道了解有关行政村小调整情况，逐一核实，起草新的老区乡镇、村名录，送市民政局审核。据统计，老区乡镇、村由原来的20个乡镇、2片区、674个行政村调整为老区乡镇街道19个、片区1个、老区村227个（其中老区村与老区村合并198个，老区村与非老区村合并24个，老区村更名社区5个）。该调研汇总情况于7月20日上报省老促会。

【《余姚市革命老区发展史》编纂成果汇报暨首发式举行】

5月22日，《余姚市革命老区发展史》编纂成果汇报暨首发式在市政府会议楼举行。市人大常委会副主任、市革命老区开发建设促进会会长严忠苗出席首发式并讲话。首发式上，市委党史研究室主任邹钧孟介绍余姚老区发展史的编写过程及全书特色，该书执行主编李永发谈了编写体会。鲁系东代表原市老区工作者和编审委员会成员发言。

首发式上，还分别向梁弄镇横坎头村、陆埠镇袁马村、黄家埠镇十六户村、大隐镇芝林村、大岚镇南岚村、梨洲街道上王岗村等革命老区村赠送一批《余姚市革命老区发展史》。

该书是第一部正式出版的全面、真实、系统反映余姚革命老区历史、发展成就和未来展望的著作。全书按照历史发展阶段，分为“革命历程”“建设探索”“改革开放”“伟业复兴”“远景展望”5章，下设25节，并设序言、概况和附录等内容，共30余万字，并配各类插图300余张。全书展现余姚光荣的革命历史概貌，着重展现中华人民共和国成立以后，特别是改革开放以来，余姚革命老区建设发展的重大成就。

（市老促会）

余姚市慈善总会

【概况】

2020年，市慈善总会募集善款7310万元，发放救助款

《余姚市革命老区发展史》

7097万元，有9.28万人次（户）困难群众得到慈善救助，268个公益项目得到帮扶。累计募集善款9.92亿元，发放救助资金8.55亿元，受助困难群众62.9万人次。

【“慈善一日捐”活动】

4月，市委办、市府办发文《关于开展2020年“慈善一日捐”活动的意见》，要求动员全市社会各方力量，弘扬中华民族传统美德，增进全社会慈善意识，打造爱心城市品牌，发挥慈善救助力量，打赢脱贫攻坚战。市慈善总会同时发布2020年“慈善一日捐”活动公告，表彰“慈善楷模”“慈善之星”“慈善一日捐”活动随即在全市展开。有382家单位、2.8万人次参与捐款活动，共募集善款1219万元。

【发展慈善冠名基金】

年度新建慈善冠名基金53家，续建13家，累计发展慈善冠名基金387家，基金规模3.02亿元，全年冠名基金到账1661万元。全市265个行政村、36个社区建立慈善帮扶基金，基金规模1.56亿元，年内到账基金1166万元。

【全力抓好疫情募集】

2020年初，全国公共卫生事件新冠肺炎疫情暴发之际，市慈善总会及时成立应对小组抗击新冠病毒，建立线上线下捐款通道，为募集善款提供多

7月20日，全市第二届慈善大会召开

种渠道。在为期2个月的公募时间内，得到全市企业、市民和社会组织的大力支持，共收到抗疫专项捐款541.6万元，全部用于新冠肺炎疫情防控，并不定期发布捐赠和支出情况公示。

【“三助二扶”项目】

全市发放助学金447万元，资助困难学生2398人。对1000名精神病患者实施慈善施药，助医支出1000万元。向9337户特困家庭及重大病人发放助困资金1126万元。全市有6个慈善扶贫产业基地辐射带动193户困难群众创业脱贫，投入帮扶资金60万元。

【第二届慈善大会召开】

7月20日，全市第二届慈善大会召开。市委书记奚明出席会议并讲话。市委副书记、代市长徐云主持会议，市领导诸晓蓓、陈长锋、叶枝利、王娇俐、楼鼎鼎出席会议。市慈善总会会长孙钜昌作工作报告。会上，市委副书记叶枝利宣读《关于命名2019年“余姚慈善奖”获奖单位和个人的决定》，并对获得慈善楷模奖、慈善捐赠奖、慈善组织奖和慈善公益服务奖的单位和个人进行颁奖。会议期间，15家企业现场捐款，共捐善款880万元。

（王金良）

余姚市关心下一代工作委员会

【概况】

2020年，市关工委以“弘扬红船精神　争当时代新人”为主题开展爱国主义教育活动。通过组织青少年观看红色电影、开展诗歌朗诵比赛、听老兵讲革命故事等形式，开展党史、国史、革命史教育和爱党、爱国、爱家乡教育。联合市教育

局组织“全面小康，我们来了”主题教育读书活动和主题演讲比赛，参与学生数达5万人次，16名学生在宁波市征文比赛中获奖。联合市教育局组织学生参加宁波市关工委“颂抗疫斗争、赞伟大祖国”主题征文活动，17篇征文获奖。

疫情防控期间，市关工委在职干部先后赴乡镇街道、村（社区）和高铁北站参加疫情防控工作，参与企业复工复产指导等，累计达368人次。同时，动员“五老”捐款捐物，宣讲疫情防控知识，照料新冠肺炎患者的未成年子女等。市关工委被宁波市关工委评为在疫情防控工作中表现突出的团体，刘正学、唐训顺被评为先进个人。

年内，开展以“文明友善、孝亲敬长、诚实守信、勤劳节俭、自强自立”为主要内容的新时代“美德少年”评选活动，共评出新时代“美德少年”30人。开展第十四届十佳“小孝星”评选活动。开展第22届青少年英才奖评选活动，23名青少年受表彰。青年农民章力晨获评“浙江省青少年英才·‘双带’农村青年人才”。开展“关爱明天、普法先行”青少年普法教育活动，印刷《中华人民共和国未成年人保护法》《中华人民共和国预防未成年人犯罪法》15000份。配合做好全市25名失足青少年的教育、感化、挽救工作。配合司法部门开展未成年犯罪嫌疑人的观护、帮教工作。

稳慎开办假日学校110所，投入经费78万余元，组织1000余名志愿者做好6000余名学生的教学、管理和服务工作，全市共评选出33所先进假日学校和37名先进工作者。全市104名“五老”网吧义务监督员协助文化管理部门对151家网吧开展巡查监督活动500余次，评出“放心网吧”58家，对7个“五老”网吧义务监督小组和35名“五老”网吧义务监督员进行了表彰。指导浙东（四明山）抗日根据地旧址群、余姚市关心下一代传统文化体验校外教育阵地成功申报为宁波市关心下一代校外教育阵地，浙东（四明山）抗日根据地旧址群成为第二批“浙江省关心下一代教育基地”。

全年共筹措爱心助学资金49.69万元，受助青少年达333人。落实宁波市“甬润童心·关爱留守儿童和困境儿童”活动，组织74名“五老”与87名留守（困境）儿童结对，9名“五老”被宁波市关工委评为优秀结对志愿者。

全面推进“四化型”工作模式，新增“五老”志愿者100余人，累计达到1900余人，市关心下一代志愿者协会帮困助学团团长杨兴娣被评为宁波市群团工作作出突出成绩个人。积极鼓励乡镇街道分会在村（社区）建立“五老”工作站，建立和完善工作制度。年内，组织参加宁波市“汉字棋”少儿智力助成长活动，成功签约宁波市关工委的“暑期组织‘五老’关爱服务青少年”服务项目、“春晖关爱行动”服务项目和“关爱青少年，圆梦村礼堂”项目，获得资金7.46万元。“助力老区儿童成长项目”获得2020年度余姚市新时代文明实践创新案例二等奖。

7月14日，92岁抗美援朝老兵许炜在一架退役的战斗机旁给孩子们讲参战故事

新增宁波市级“五好”乡镇街道关工委2个，“五好”村（社区）关工委21个，“五好”民营企业关工委19个，累计分别达到14个、84个和46个。新增市级“五好”村（社区）关工委46个，“五好”民营企业关工委68个，“五好”学校关工委20个，累计分别达到190个、186个、85个。全市“五好”基层关工委创建率达到52.58%，完成并超过上级关工委下达的50%目标任务。

11月10日，“全面小康　永润童心”——关爱老区儿童成长服务活动举行

【全市关工委干部培训会举行】

9月24日，全市关工委干部培训会暨新时代“美德少年”和十佳“小孝星”表彰会举行。会上，兰江街道关工委、小曹娥镇关工委、长安社区关工委、梁辉小学关工委分别从队伍建设、党建带动、打造品牌、立校育人等方面作经验介绍。余姚市“最美五老”杨兴娣以《为了让所有孩子在同一片蓝天下健康成长》为题，讲述自己退休17年来为青少年帮困解难的体会。

会上，与会人员学习宁波市委、市政府《关于加强新时代关心下一代工作的意见》（甬党发〔2019〕70号）主要精神。会议还表彰了新时代“美德少年”和市第十四届十佳“小孝星”。

【“全面小康　永润童心”活动举行】

11月10日，由市关工委、市慈善总会、市女企业家协会和市关心下一代志愿者协会共同组织开展的“全面小康　永润童心”——关爱老区儿童成长服务活动在大岚镇中心小学大礼堂举行。市女企业家协会和市慈善总会共捐资32.5万元。所有款项将全部用于改善山区孩子的学习和生活条件。

【习近平总书记对关心下一代工作的重要指示暨十九届五中全会精神学习会举行】

11月23日，市关工委举行习近平总书记对关心下一代工作的重要指示暨十九届五中全会精神学习会。会议传达学习习近平总书记在纪念中国关工委成立30周年暨全国关心下一代工作表彰大会上，就做好关心下一代工作作出的重要指示，并就学习贯彻中共十九届五中全会精神作了专题辅导。

（余静琴）

街道·镇乡

凤山街道

2020年凤山街道各村（居委会、社区）基本情况表

表10

村（居委会、社区）	面积（平方千米）	户数（户）	人口数（人）	集体经济总收入（万元）	集体经济总支出（万元）	总资产（万元）
永丰村	4.93	3032	8240	1795.44	249.85	22047.2
五星村	3.4	1917	5195	614.7	450.92	5126.54
剑江村	3.67	1676	4192	908.86	117.1	11416.8
蜀山村	3.6	1675	3063	714.9	155.67	4728.48
同光村	5.12	1312	3075	704.47	133.69	4283.68
九垒山村	3.5	725	1888	130.61	81.26	2628.7
皇山桥村	2.6	678	1751	702.62	82.06	2875.99
双河村	7.3	2358	6040	1979.91	159.73	20821.4
穴湖村	4.6	1198	3045	896.5	155.61	7479.7
胜一村	7.5	1692	4880	951.92	102.03	7413.62
阳明东路居委	0.01	326	855	458.41	34.27	3218.57
凤山社区	1.5	3057	9136	—	—	—
酱园街社区	0.7	2770	5829	—	—	—
宪卿第社区	0.5	1085	2559	—	—	—
子陵社区	2.25	946	2413	—	—	—
季卫桥社区	0.8	845	2104	—	—	—
东江社区	0.5	2307	5917	—	—	—
东城社区	3.2	2509	5945	—	—	—

【概况】

2020年，凤山街道全年实现财政总收入11.9亿元，同比上升9.5%，一般公共预算收入6.2亿元，同比上升8.8%。59家规模以上工业企业实现总产值69.8亿元，同比增幅28%；利润总额7.2亿元，同比增长50%。高新技术产业工业总产值50亿元，同比增长40%；战略新兴产业工业总产值3.4亿元，增速12%。净增规模以上企业6家。全年完成固定资产投资2.1亿元，同比增长35%；完成实到外资1200万美元。引进宁波和余姚市外实到内资各8.6亿元，完成全年任务的287%和282%；引进浙商创业创新资金3.8亿元，完成全年任务的150%。

推进“四送一增强”，大叶园林、德昌电机、佳贝思绿色能源、比依集团四家“凤凰计划”企业上市步伐加快。盘活闲置及存量用地6.14公顷，利用低效用地1.62公顷，引入“3511”产业链项目6个，为辖区内6家规模以上企业提供了土地资源支持。商贸服务业企业5120家，实现社会消费品零售额42亿元，实现限额以上批发零售业销售额68亿元，限额以上住宿餐饮业营业额同比增幅50%。有宁波市级和余姚市级农业龙头企业8家。做好杨梅、草莓、蔬菜等特色基地建设，优化杨梅产业布局，培育杨梅观光点4个、矮化技术示范基地1个，新增宁波级家庭农场1个。完善杨梅主产区基础设施建设，累计年度补助资金5.83万元。

新冠肺炎疫情防控期间，街道坚持关口前移，加强重点人群排查管控，推进“扫楼行动”等专项工作。落实“外防输入、内防反弹”各项防护措施，做好入境人员健康管理、健康监测和核酸复检工作。做好防疫物资生产供应和调配。加强点对点服务，帮助企业解决用工需求。实现辖区的安全和稳定，保障了人民群众的生命健康。

列入拆迁征收计划的项目9个。完成签约面积59356平方米，签约户数98户，其中下木桥自然村北地块实现“清零”。完成土地征收11.6公顷，涉及农户161户，完成北师大周边、小严家等5个地块的土地交付，共拆除新增违建13万平方米。中江东岸截污纳管工程、晨光家园南侧污水纳管修复工程竣工。胜一村黄家桥城中村梳理式改造工程、背街小巷改造工程接近尾声。阳明东路145弄老小区改造工程、皇山新村老小区改造工程完成验收。邮电新村老小区改造工程完成。胜一村水环境治理工程、城东新区河道清淤工程完工。

实施城区垃圾分类小区54个。纳入宁波考核的48个生活垃圾定时定点清运试点小区完成垃圾房设置，56个小区纳入街道集中分类收运体系，生活垃圾分类合格率在全市名列前茅。初步推行农村撤桶并点工作，撤点率约58%。强化农村治污，推进农村生活污水治理工程。

共有56个网格526名网格员，全年共上报处置各类事件27481件，事件处置办结率100%。建立全科网格团队，将各级力量直接下沉到网格，事件处置效率得到提高。打造矛盾纠纷调处化解中心，设立无差别受理窗口，建立部门集中办公和轮驻、随驻相结合的工作机制，调解各类矛盾纠纷1451件，开展联合执法44次。全年受理网、电、访、邮各类信访事项1683件，按期受理率、办结率、回访率均为100%，满意率95%以上，效能指数100。加强基层基础建设和社会治安防控，发挥“天网”工程和巡防力量作用，开展重点区域集中整治和扫黑除恶专项斗争。加大禁毒、反邪教和社区矫正工作力度，做好各类重点人员稳控和关爱工作。加强法律宣传和法治建设，五星村创建为宁波级民主法治村，东江社区创建为浙江省民主法治社区。

全年累计签订安全生产责任书1230份，同比增加51.6%。新增创建四级安全生产标准化企业26家。在复工复产安全生产大检查中，累计检查企业513家，发现隐患647处并完成整改。完成第一轮企业日常隐患排查，累计检查企业1063家，发现整改各类隐患5000余条。

梦麟幼儿园竣工，新增公办幼儿园学位300个，关停低小散幼儿园1家。东风小学教育集团获得“宁波市五一劳动奖状”，获评“首批宁波市绿色教育实验学校”。东城小学被评为“宁波市中小学智慧校园”，凤山小学被评为“宁波市劳动教育示范学校”。

推进街道社区卫生服务中心及二中心扩建迁建工程建设。利用“掌上云医院”App，提供网上诊疗与药品配送入户3287人次，提供“共享药房”服务705人次。开展家庭医生签约14756人，其中重点人群14559人，重点人群签约率68.57%。开展重点人群结直肠癌筛查6108人，重点人群免费接种流感疫苗2004人次，对530家企业开展职业病调查。

做好社保扩面工作，户籍养老保险和医疗保险参保率分别达到95%和99.4%。全年城镇新增就业1705人，帮困就业349人，开发公益性岗位172个。全年受理劳资纠纷案件71起，接待各类劳动争议咨询103起。全年募集善款170万元，助学、助医、助困和公益项目支出近200万元，受助人数近千人次。

实施公民道德建设工程，累计培育各级道德楷模等91人，最美抗疫人4人，其中谢向杰被评为“中国好人”。建立“乡贤名医服务基地”。打造“新语凤山工作室”，开展“乐善凤山”公益活动和“凤山雅集”文化活动。实施“一人一艺”培训计划，成立最美凤山文学社、摄影团。深化“放歌凤山”“书韵凤山”等文化品牌建设。

规范招投标工作，累计办理工程建设项目招标、服务类项目和资产处置项目67项，其中工程建设类项目招标40项，节减资金200万元，资金节减率6.28%。加强村级“三资”监管，完成各类审计项目115个，提出并落实整改意见19条，退回不规范票据72笔，涉及金额968.53万元；清查经济合同479份。

【“放歌凤山”文化艺术节开幕式举行】

9月25日，由凤山街道党工委、办事处主办的庆国庆，迎中秋——第十二届“放歌凤山”文化艺术节开幕式在玉皇山公园举行。文化艺术节旨在发挥凤山街道新时代文明，凝聚人心、服务发展，不断满足老百姓精神文化需求，提升凤山文化的影响力和竞争力。

开幕式上，凤山街道党工委副书记张伟致开幕词，市委宣传部副部长董朝晖宣布第十二届“放歌凤山”文化艺术节开幕。随后，呈现了凤山街道辖区内各村（社区）选送的节目。

【新语凤山工作室成立】

10月15日，凤山街道新语凤山工作室在文山创意广场龙影石刻馆挂牌成立。市委统战部副部长鲁劲松为新语凤山工作室授牌。随后，新语凤山工作室第一次活动“凤山雅集”举行，由龙影石刻馆馆长张志达主讲《让古代石刻艺术“活”起来》。

【“最美窗口”青年宣讲团成立】

8月11日，凤山街道“最美窗口”青年宣讲团成立仪式在永丰村文化礼堂举行，并邀请浙江省基层宣讲名师、省十大基层优秀宣讲员赵永焕作了题为《打造新时代城郊乡村美丽“窗口”》的专题讲座。凤山街道“最美窗口”青年宣讲团成员主要由街道

9月25日，庆国庆，迎中秋——第十二届“放歌凤山”文化艺术节开幕式举行

机关、村（社区）青年干部组成，宣讲团下设8个宣讲小分队，分别为“老墙门”邻里故事宣讲队、“德润凤山”身边好人事迹宣讲队、“美在凤山”青年干部理论宣讲队、“季卫桥畔民族情”民族团结宣讲队、“侨爱凤山”致良知宣讲队、“最美凤山”美丽乡村宣讲队、“创在凤山”创业故事宣讲队、“诗意凤山”传统文化宣讲队。

（徐　丹）

阳明街道

2020年阳明街道各村（居委会、社区）基本情况表

表11

村 （居委会、社区）	面积 （平方千米）	户数 （户）	人口数 （人）	集体经济总收入 （万元）	集体经济总支出 （万元）	总资产 （万元）
庙弄村	1.04	307	784	429.39	59.65	2593.91
二高村	1.28	561	1503	568.07	70.43	4569.65
丰山前村	0.89	343	892	664.36	62.04	4404.96
群立村	3.35	987	2353	420.26	121.49	4607.56
丰南村	2.84	1059	2810	380.75	114.47	8049.72
梁堰村	4.44	1696	4043	283.42	141.97	5634.15
康山村	3.50	853	2221	375.39	127.64	7429.33
畈周村	3.61	1004	2496	284.18	127.78	2657.02
旗山村	2.89	1142	2178	130.11	114.1	4585.24
北郊村	5.28	2176	5601	569.72	175.46	11987.3
潘巷村	2.47	612	1461	82.48	101.05	1620.35
新桥村	3.67	1488	3308	208.38	128.91	5595.6
西街村	2.54	916	2536	267.52	133.91	4765.41
姚驾桥村	2.59	900	2309	242.75	115.79	1807.26
芝山村	3.39	1107	2897	253.85	116.87	2594.04
方桥村	2.08	730	2065	201.3	125.53	8567.34
丰乐村	3.94	1183	3543	151.73	127.27	4910.82
富巷居委	1.53	—	2385	301.94	53.92	2181.22
龙山合作社	0.31	—	—	112.67	22.79	739.63
胜山合作社	1.35	—	—	390.11	93.33	2022.03
长安社区	0.68	4109	11000	—	—	—
龙泉社区	0.67	2608	7208	—	—	—
阳明社区	0.50	2252	4358	—	—	—
舜水社区	0.39	2479	6156	—	—	—
新城市社区	0.48	4051	11120	—	—	—
胜山社区	0.46	3454	9928	—	—	—
富巷社区	0.5	4249	11598	—	—	—
锦江社区	1.14	2800	2818	—	—	—
中江社区	1.3	2606	8647	—	—	—
老方桥居委	—	548	978	—	—	—

【概况】

2020年，阳明街道实现财政总收入23.5亿元，一般公共预算收入12亿元，分别增长3.0%、5.5%。规模以上工业总产值499亿元，与上年持平；规模以上工业利润88亿元，增加值127亿元，分别增长37.5%、19%。实现高新技术产业132亿元，新兴产业增加值133亿元，分别增长30%、12%。完成投资21亿元，其中工业投资20亿元。新增规模以上企业8家、余姚市级单项冠军示范企业4家、“专精特新”企业30家，3家企业被列入宁波市制造业单项冠军培育名单，15家企业被列入浙江省数字经济核心企业名单，舜宇集团成为全市首家中国500强企业，大丰实业入选“一带一路”项目，富佳实业基本完成上市前相关手续。

切实按照上级工作部署，精准做好疫情风控。严格落实亮证（亮码）通行、体温检测、居家隔离等措施，最大限度降低人员流动带来的风险。推动复工企业，加大日常检查力度，督促企业严格履行主体责任，落实各项防疫措施，坚决防止出现聚集性病例。严禁公共场所聚集聊天、打牌、不戴口罩、随地吐痰等行为。

全年完成智能化诊断25家，投建数字化车间1个，新增工业机器人400台以上，组织实施1000万元以上智能改造项目24个、总投资15.5亿元。智能光电小镇建设推进，全年完成投资近20亿元，舜宇新基地二期项目西区厂房19万平方米立体工程完工，三期项目基本完成主体结构，四期项目基本完成土地出让前期各项工作。预计全年产值达到160亿元，被评为省级特色小镇“亩均效益”领跑者。推进创新要素集成，新增国家高新技术企业7家、市级工程技术中心2家、规模以上企业研发机构30家，新授权发明专利118件，新开展产学研合作项目8个，规模以上企业研发费占营收比重达到5.14%。新增国家“四个一批”人才1人、泛“3315”创新团队1个、市突出贡献专家等各类高级人才8人、硕士及以上人才450余人。新建项目13个，投资7.5亿元，智慧城乡镇长项目稳步推进；方桥小微企业园区新入驻企业4家，全年产值突破7亿元，增长40%；阳明电商园新入驻企业20家，全年营业额预计达到20亿元，成为余姚市首家宁波级跨境电商产业园；做好对阳明工业园区的“二次开发”，累计消化闲置厂房5万平方米；谋划打造光电产业配套园，对接项目14个，意向投资19.5亿元。落实惠企助企政策，发放补助近300万元，协助融资3000余万元，协调各类

阳明街道

问题400余条。

商贸消费保持稳定，完成限额以上批零销售45亿元、社会消费品零售总额74亿元，分别增长10%、7%。便民商业不断发展，全市首个“邻里中心”启动建设。智能光电小镇成功打造省AAA级景区，“工业+旅游”模式逐渐成形。推动出口贸易稳步增长，建立“订单+清单”检测预警机制，新增跨境电商企业9家，预计全年出口额107亿元，增长8%。

农业发展质效提升，粮食产量保持稳定，新型农技应用继续走在全市前列，全年农业产值9.1亿元，增长8%。推进乡村振兴，芝山村、旗山村、潘巷村入选浙江省新时代美丽乡村达标创建名单。探索运行农村“产权超市”，累计完成交易31笔、交易额315万元。推进农村宅基地确权工作，累计颁证1280本。推进龙王堂废弃矿山整治，完成康山村、北郊村、新桥村3个村废弃矿山的坟墓迁移工作，乌楼子自然村拆迁工作签约并完成腾空。改善水利和交通设施，完成西江太平桥段堤防加固加高应急工程，实施姚驾桥村长泠江堤防加固及梁堰村泵站改造工程，完成群立村水环境治理二期项目，新建农村网络公路2条。

城市品质和承载能力提升，阳明西路、南河沿路道路改造工程完成拆迁签约35户，老农批市场搬迁并签约33户，舜达路一期工程完成全部9户的签约；舜北一二小区的老旧小区改造和赛格特花园的雨污分流工程分别完成50%和60%。二高村城中村梳理式改造一期项目完成验收，二期项目完成40%，地浦湾路和逊埭路的背街小巷改造提升工程竣工验收；胜山路消防站开工建设，全力做好镇杭油管改造、余梁线北延、丰山路、长安路改造提升及兴贤路、金舜西路两条新建道路的政策处理与施工协调工作。

改善生态环境，全力抓好环保督察问题整改，处理环保信访100余件，率先完成固定污染源排污许可与工业固废收运处置全覆盖。整治提升“低散乱污”企业40家，“六小涉水行业”店铺100余家。遏制新增违建，拆除存量违建14万余平方米，完成全年任务。“六清六净”行动整治杭甬高铁、萧甬铁路、梁周线等沿线环境问题、安全隐患点位148处，六一省道、余慈连接线“绿环”改造提升工程完成70%。生活垃圾分类处置有序，城区38个居住小区、农村片17个自然村实现定时定点投放，姚驾桥生态处理中心新增1台日处理能力5吨的低温焚烧炉。芝山村等6个村的污水处理终端省级达标创建改造工程，七里浦河周边区域截污纳管工程施工。

全年民生事业支出4.3亿元，同比增长5.8%，占街道总支出的89.3%。新增创业主体3544家、城镇就业人员2915人，帮助困难人员1308人，申报宁波级高质量就业4家。做好全民参保登记工作，户籍养老保险、医疗保险参保率分别达到96%、99.5%。创建AAA级居家养老服务站2家、AA级9家，累计发放各类救济补助资金300余万元，惠及群众2000余人。18项暑期维修工程竣工投用，舜水中学综合楼改造工程主体建设结顶，新悦府配套幼儿园装修方案计划，智能光电镇配套幼儿园完成施工方案，关停2家“低小散”幼儿园。切实提升公共卫生服务水平，以大数据+智控方式严密织好疫情防控网，有序推进家庭医生签约工作，城区卫生服务中心迁建工程确定选址并完成设计方案。积极开展文明创建，西街村创建成为全国文明村，沈国英进入年度中国好人榜，新增市级以上好人4人，发放“道德绿卡”346张，6个村（社区）创建为市级“道德银行”示范单位，农村文化礼堂建设实现全覆盖，余禾线乡村振兴示范线基本建成。街道乡贤馆开馆，新乡贤工作入选浙江省乡贤工作30例。街道居民议事会成立，矛盾中心运行，全年受理各类信访件1482个，调解各类纠纷753起，化解信访积案9件。“民情诊所”建成57个，全年累计化解各类群众身边问题3000余个。试行街道消防协防联控办法，投入150万元增配微型消防车19辆，开展消防安全讲座100余场，完成产业工人安全培训9000余人，整改“三合一”场所46家。

高标准完成村社组织换届。新建西街村党建初心馆。设立村级检查联络站28个，加强工程项目审核审计和招标，全年通过招投标项目56个，累计节减资金399.8万元。

【阳明街道与望谟县边王村结对帮扶】

5月13日，余姚在贵州省望谟县打易镇边王村举行阳明街道慈善分会与边王村结对帮扶签约仪式。余姚市委常委、市委组织部部长林伟参加。在签约仪式上，双方签署了关于消费扶贫、就业扶贫、致富能人培养帮扶、旱鸭养殖帮扶、养蜂产业帮扶5项合作协议，全力推进“1+X”帮扶模式。仪式后，林伟在贵州省望谟县打易镇边王村走访慰问当地建档立卡贫困户。

根据合作协议，阳明街道慈善分会坚持党建引领，充分发挥全市社会各界力量，资助当地发展养蜂产业和旱鸭养殖，帮助壮大集体经济，并提供销售平台，解决当地农产品销售问题，助推产业发展。同时，协调相关单位，为该村农户提供技能培训、学习交流平台，积极培养致富能人，并为边王村村民在余姚提供部分就业岗位，带动贫困户增收致富。

【“请你来协商”走进胜山社区】

7月21日，市政协“请你来协商·民生实事阿拉一起议”活动走进阳明街道胜山社区，协商讨论城镇老旧小区（舜北一、二）整治改造问题。省政协副主席郑继伟，余姚市政协主席陈长锋、副主席赵银海出席活动。

协商会上，政协委员、新乡贤及居民代表围绕城镇老旧小区（舜北一、二）整治改造，就设施提升和环境整治等方面提出意见和建议。市住建局、市综合执法局、阳明街道和胜山社区的相关负责人对业主的呼声、委员的建议逐一进行回复。

【“一人一艺”群众文化大展演首场演出举行】

10月21日，阳明街道“一人一艺”群众文化大展演首场演出在西街村欢乐大舞台举行。来自街道有关村（社区）的14支队伍参加了演出。演出前，西街村邀请了10位90岁以上老人，开展了迎重阳敬茶献礼活动。当地约500名群众观看了演出。

（鲍　钦）

10月21日，阳明街道“一人一艺”群众文化大展演首场演出在西街村欢乐大舞台举行

梨洲街道

2020年梨洲街道各村（社区）基本情况表

表12

村（社区）	面积（平方千米）	户数（户）	人口数（人）	集体经济总收入（万元）	集体经济总支出（万元）	总资产（万元）
黄箭山村	9.5	1764	4640	235.65	185.75	4625.34
姜家渡村	3.9	1361	3409	259.89	166.65	16150.4
竹山村	3.7	1385	3394	170.26	197.84	10703.7
明伟村	3.71	1794	4500	566.09	220.01	15700.8
新墅村	1.9	703	1822	85.14	138.8	1605.43
南庙村	1.8	787	1924	180.27	187.95	1967.62
苏家园村	9.77	1107	3032	203.03	109.02	2936.81
三溪村	11.5	1555	4099	231.19	88.31	3754.74
雁湖村	10.53	1302	3180	140.28	88.67	1476.4
金冠村	4.78	586	1424	106.42	31.68	2138.8
章雅山村	3.86	408	998	110.01	43.22	1083.35
长田村	3.43	368	940	72.75	24.58	1341.73
菱湖村	4.2	668	1684	146.44	36.1	1491.33
上王岗村	6.35	824	2139	170.34	67.07	1655.08
燕窝村	7.87	829	1991	219.57	199.27	1895.12
陈洪村	6.3	576	1456	99.07	66.45	1754.52
双桥村	0.128	359	1035	94.8	51.42	966.5
古路头村	3.5	1423	3941	324.76	104.88	5988.41
最良村	1	602	1610	315.56	59.87	3821.67
白山头村	0.61	273	771	156.39	38.75	4211.12
学弄社区	0.3335	1844	5003	—	—	—
南雷里社区	0.436	2159	5101	—	—	—
花园社区（拆迁）	0.016	644	1327	—	—	—
三江口社区	0.25	1094	2592	—	—	—
东朝街社区	0.385	1584	4186	—	—	—
白云社区	1	3055	8222	—	—	—
汇翠社区	0.3	1663	2944	—	—	—

【概况】

2020年，梨洲街道全年实现财政总收入7.84亿元，同比增长5.2%；实现一般公共预算收入4.3亿元，同比增长7%。实现工业总产值170亿元，同比增长1.43%；规模以上工业总产值58.6亿元，同比增长6%；实现规模以上企业利润3.3亿元，同比增长32%；完成规模以上工业增加值15亿元，同比增长4.5%；高新技术产业和战略性新兴产业产值分别为26.5亿元、4.4亿元，同比增长14%和23%；实现进出口总额3.7亿元，同比增长5%，其中出口2.5亿元，同比增长13%。全年预计实现商贸限额以上销售48.81亿元、社会消费品零售总额45.77亿元，分别增长6%和0.3%。

年内，全力落实疫情防控，成立疫情防控工作领导小组，建立联防联控工作机制。深入开展“清楼行动”“小周期滚动排查”等多个专项行动，有效落实发热人员隔离管理、境外人员闭环管理等工作。全面落实村、小区封闭式管理，多渠道筹措各类应急防疫物资，构筑起街道、村（社区）、网格、户四级防控“防火墙”。全力推动复工复产，加快各项惠企政策落地，开展“四送一增强”帮扶行动，精准高效帮助企业解决困难。

不断加大招商引资，奔驰4S店、晟祺塑业、利帅影视、金狼制笔等多个新建项目竣工投用，投资总额3亿余元。积极拓展农村增收渠道，投入资金400余万元，深入做好明伟、黄箭山等11个村宅基地复垦项目，涉及土地面积超过10公顷。全年种植各类粮食及作物超过1000公顷，同比增长10%。推进农业生态安全，完成秸秆回收再利用项目1个，杨梅矮化项目3个。

实现金瑞薄膜地块拆迁“清零”，巍星路西侧、老党校北侧区块“棚改”项目入户评估基本完成，中山南路区块房屋征迁启动，老杜义弄、巍星路两个小区完成改造，兰江花园、兰江公寓、南雷里新村老旧小区改造工程进入扫尾阶段。“三改一拆”深度推进，全年累计拆除存量违法建筑面积110204平方米；持续开展“四边三化”“两路两侧”专项整治，共拆除违章建筑及非法广告50余处，拆除面积4000平方米。深入落实“五水共治”工作责任，完成东山河河道清淤，清除淤泥2万余立方米。明伟村水环境整治项目和紫龙庙山塘整治项目加紧扫尾。投资1300余万元的农民饮用水提标提质工程完工。完成梁辉水库周边村庄污水纳管工作。

垃圾分类工作高质量推进，在全市率先成立28支垃圾分类宣讲队。在37个小区建成定时定点投放点58个，三江口社区、白云社区实现小区垃圾分类投放全覆盖，29个宁波市垃圾分类示范小区分类质量合格率达到100%。农村增设示范投放点82个，一般投放点600个。全年改造、新建农村公厕47座。投入资金340余万元，在苏家园、三溪、南庙、新墅、双桥5个村探索实施环卫保洁一体化工作机制，成效明显。

全面深化居家养老服务，区域性养老服务中心建成，2家AAA级居家养老服务站、12家AA级居家养老服务站通过考核验收。城乡居民医保参保率99.5%。全年累计发放各类救济补助资金700余万元，惠及困难群众2000余人。街道中心幼儿园、汇翠幼儿园开始招生，金蕾幼儿园民转公完成。花园小学迁建改造项目建成投用，第二实验小学古路头校区新建工程完成立项，全面完成中小学暑期校园维修。优化食品安全立体网络构建，重点做好冷链食品核酸检测等工作。

深化平安梨洲建设，全年受理各类矛盾纠纷815起，涉及资金900余万元，调解成功率100%。全年处理信访来访案件20起，发生率同比下降56.5%，化解信访积案6件。安全生产监管巡检信息系统平台建成投用。深化安全生产社会化托管服务，累计发现处置各类安全隐患5000余处。安全生产整治百日大会战“回头看”完成，督促指导企业进行隐患整改，整改率100%。开展安全生产执法检查，出具责令限期整改书29份。

丰富基层文化生活，完成新建文化礼堂6个，村级文化礼堂实现全覆盖。积极打造“情满梨洲”文化品牌，“庆国庆•迎中秋”百姓七天乐戏曲会演、送文化进文化礼堂巡演等活动有序开展，“书香梨洲”读书节启动仪式暨“四明云顶”诗词朗诵会举行，评选表彰“最美书香家庭”10户。深化“道德银行”工作，金冠村创建成为市“道德银行”示范村。持续推进“翠韵梨洲”文明示范线创建，不断提升山区村整体形象。创新成立“红色讲坛”打造文明乡风新高地，全年累计开展巡讲13场次，教育党员1

万余人次。调整优化前哨支部142个，深化落实农村党员“联六包六”工作机制，党员联系服务群众实现全覆盖。全年累计组织开展医疗救援、文明教育、环境美化、综合便民、助残帮困等志愿服务600余次，参与活动人数超2.5万人次。

【垃圾分类宣讲队授旗仪式举行】

4月30日，由梨洲街道环卫所和妇联一起组织开展的梨洲街道垃圾分类宣讲员授旗仪式举行。仪式上，市综合行政执法局、市妇联、市农业农村局、梨洲街道领导分3个批次对梨洲街道下辖7个社区、20个村的宣讲队进行授旗。宣讲队队长进行了表态。

【环梁辉水库公益跑活动举办】

8月22日，“锦山府杯”2020第三届环梁辉水库公益跑暨“文明创建、六清六净”·公筷公勺公益宣传活动在梨洲街道举办。近500名运动爱好者参加活动。活动以跑步运动的方式，倡导广大市民“文明创建、你我同行”，开展全民健身+文明宣传+志愿服务·环保公益+夏送清凉行动。活动结束后，街道领导和组委会代表前往南园垃圾中转站慰问街道环卫工人。

8月22日，“锦山府杯”2020第三届环梁辉水库公益跑暨“文明创建、六清六净”·公筷公勺公益宣传活动举办

8月28日，浙江大学材料科学与工程学院和浙江宇达实业有限公司举行战略合作签约仪式

【浙江大学和宇达实业战略合作签约】

8月28日，浙江大学材料科学与工程学院和梨洲街道辖区规模以上企业——浙江宇达实业有限公司举行战略合作签约仪式。市委常委毛丕显出席签约活动并讲话。

双方此次合作将在“智能、智慧灯具”方面联合研发，着重于学校教室护眼灯等项目。公司计划投资2.5亿元，在余姚设立新的研发、生产基地，助力企业产品在科技创新、技术储备、人才培养等全方位升级。

签约仪式上，宇达实业还向余姚市三溪口小学和丽水市松阳县赤寿乡中心小学送去爱心，提供了教室护眼灯整体改造爱心捐赠。

【“书香梨洲”读书节启动仪式暨“四明云顶”诗词朗诵会举行】

9月16日，“书香梨洲”读

书节启动仪式暨“四明云顶”诗词朗诵会举行。读书节启动仪式上提出打造“书香梨洲”“十个一”工作要求，并为梨洲街道“最美书香家庭”赠书，为“最美书香家庭”颁奖。随后进行的四明云顶诗词朗诵会上，10余个由市文联、辖区村社、学校、企业、新联会选送的节目轮番上台表演。

（陈　青）

兰江街道

2020年兰江街道各村（社区）基本情况表

表13

村（社区）	面积（平方千米）	户数（户）	人口数（人）	集体经济总收入（万元）	集体经济总支出（万元）	总资产（万元）
沈湾村	2.81	350	1115	120.13	50.51	1133.46
夏巷村	6.9	1253	3518	380.3	65.12	2647.79
郭相桥村	4.2	1102	3413	715.72	128.32	6280.66
笙竹村	3.2	381	1123	428.88	60.29	1421.96
凤亭村	3	892	2579	298.04	99.16	1425.57
丰杨河村	2.2	1117	3042	397.89	72.05	4948.44
冯村	5.3	600	1970	486.35	79.35	2948.61
石婆桥村	3	1227	3607	471.43	85.12	5292.26
三凤桥村	3.5	954	3125	578.88	89.42	10782.68
兰墅桥村	2.37	896	3203	942.38	44.81	16566.74
磨刀桥村	1.5	477	1336	275.86	52.96	4654.26
谭家岭村	4.1	1719	4992	375.01	87.89	9944.06
西郊村	0.43	775	2169	564.28	58.75	8514.63
江南新城社区	0.62	4635	5370	—	—	—
下菱社区	0.54	3031	7390	—	—	—
舜南社区	0.75	3600	5554	—	—	—
四明社区	0.8	5721	5713	—	—	—
蕙兰社区	0.32	2496	7488	—	—	—
锦凤社区	2.67	2432	6731	—	—	—
俞家桥社区	0.47	5047	14307	—	—	—
姚江社区	0.85	2000	2100	—	—	—

【概况】

2020年，兰江街道全年实现财政总收入9.48亿元，其中一般公共预算收入5.07亿元。实现规模以上工业企业产值、销售、利润170亿元、172亿元、14亿元，分别同比增长2%、4%和3%；规模以上工业增加值增速14%；实现战略性新兴产业增加值16.3亿元，高新技术产业增加值23.6亿元，分别同比增长20%和17%；完成工业投资3.5亿元，同比下降2%。实到外资1275万美元、宁波市外内资4.5亿元，分别同比增长166%、4.8%；实到浙商创业创新资金3.3亿元，同比增长17%。完成社会消费品零售额47亿元，同比下降1%；完成限额以上批发零售业销售额33亿元，同比增长14%；完成商品市场成交额6.4亿元，同比增长3%；完成自营进出口总额62亿元，同比增长8%；实现重点企业互联网经济总量25.8亿元，同比增长2%。

完成农作物播种面积1013.33公顷，累计创建无公害农产品产地8家、无公害农产品7个，建成市级农业龙头企业4家、农业加工企业6家、家庭农场8家，共发放各类惠农政策项目资金153万元。冯村创建为浙江省新时代美丽乡村特色精品村，凤亭村、笙竹村、夏巷村创建为浙江省新时代美丽乡村达标创建村。

投资建设项目37个。投资4.5亿元的广城智创园项目、总投资3亿元的夏巷工业园区地块4个新建厂房项目开工建设；总投资5.1亿元的宁波邦首电器公司、余姚市晟达仪器有限公司、国产品牌汽车4S店、郭相桥地块汽车零部件项目和2个菜场等新建项目按计划推进。

深化企业数字化、智能化改造，围绕光学电子、汽车零部件制造等“3511”产业，谋划培育一批技改扩能、带动能力强的项目。完成规模以上企业研发经费投入3.8亿元，其中R&D投入2.5亿元。实施先进制造业集群培育工程，新增“小升规”企业7家，申报国家高新技术企业8家、“单项冠军”企业6家、“专精特新”新增入库培育企业22家，规模以上企业研发机构50家。

加快推进广城智创园项目建设。出让或挂牌土地10幅共13.47公顷。完成13.33公顷的南雷南路东侧谭家岭1号、2号地块土地征用。扎实推进“亩均论英雄”改革，完成210家企业亩均绩效评估工作，亩均增加值265万元。全力抓好“低散乱污”企业整治，关停提升“低散乱污”企业41家。

实施农村网络公路项目11条，推进道路两侧外立面改造项目3个、城中村梳理式改造2个、背街小巷整治提升项目4个、污水管网建设项目6个，完成上菱新村综合改造。北兰江路完成拆迁并打通断头路，电大路东侧区块棚改稳步推进。

深化“网格化管理、组团式服务”，推动“城管进社区”“互联网+执法”，全年处置各类问题140余件。开展“三场所两企业”“综合治超”整治行动，打造“席地而坐”城市客厅示范区域。以“三改一拆”行动为抓手，加大治违拆违、土地违片执法工作力度，全年拆除各类违章建筑10.58万平方米。全面开展农村宅基地及住房确权登记发证工作，累计制证1137本，排名全市第一。

深入推进垃圾分类、“六清六净”专项行动，创建宁波市垃圾分类示范小区17个、垃圾分类达标小区41个，四明西路被宁波市评为“定时定点投放和清运商业街”，新增智能无水生态公厕2座。“五水共治”“污水零直排”深入推进，完成最后2个村的农村饮用水达标提标建设，13个村生活污水治理项目投入使用。实施姚江支流河道清淤工程，抓好郭相桥安居工程段堤防改造和新丰河、田基浦河水质改善提升工程。完成原长丰砖瓦厂地块综合改造，新增耕地6.64公顷。深化水源地保护，妥善处置水库周边企业搬迁工作。

优化“一窗受理、集成服务”模式，进驻便民服务中心办理事项95项，权力事项网上维护公布76项。城乡居民养老保险、医疗保险参保率分别达到99.39%和99.56%。实现城镇新增就业1882人，就业登记率保持在80%以上。落实劳动监察“一月一报”制，受理并调处各类劳资纠纷案件170起，涉及金额368万余元。发放各类低保金、困难救助金986.7万元，街道居家养老服务中心投入运行，全面推行辖区80岁以上老年人三小时居家养老服务。公租房申请工作稳步推进，完成新增资格审查34户。完成第七次全国人口普查工作。

兰江实验幼儿园和四明幼儿园兰墅园完成竣工，浙东实验幼儿园顺利转公，锦凤小学（暂名）新建工程启动，“低小散”幼儿园整治工作完成。启用街道卫生服务中心新大楼，完成公共卫生大楼改造及四明社区卫生服务站扩建工程。优化家庭医生契约式服务，完成居民在签人数1.92万人，同比增长15%，完成70岁以上老年人免费接种流感疫苗任务，启动新冠疫苗接种工作。

建立兰江街道志愿巡察团。做好4个省文明村（单位）创建、复评工作。健全“道德银行”工作新模式，成立四明西路“诚信商圈联盟”，评选宁波好人1人，余姚好人4人。新增3个村文化礼堂，完成行政村文化礼堂全覆盖。提升四明西路城市文明示范线品质，建成“阳明文化”主题长廊。在全市首创体育志愿服务大队。开展“三个线上”活动，举办“一人一艺”培训20余次。

深化“平安兰江”创建，全年各级调委会共受理各类矛盾纠纷1358起，调解成功率100%。全年受理信访投诉1450起。保持“扫黑除恶”严打势头不放松。累计排查上报各类隐患场所511家，完成安全隐患整治2754处，关闭取缔隐患企业4家，立案处罚企业3家。深化“四个平台”建设，全面推行政协委员+乡贤“联镇带村”和小区“区长制”，助推市域治理现代化。

持续深化党员“联六包六”制度，提升前哨支部“五个有”规范化建设，实现远程教育电教化村社全覆盖，完成全部村社党群服务中心亮显工程。投资36万元为贵州望谟县纳包村修建爱心桥和道路安全防护栏。新成立四明西路商圈党总支，基本完成总投资350万元的党建公园、四明西路和谭家岭路党建亮显工程。重点打造四明西路基层治理“一起来”示范街区，启动磨刀桥村、谭家岭村和江南新城社区“党建惠民示范区”志愿者公园建设，完成谭家岭西路“美丽乡村示范线”党建亮显工程。全面推行区长制建设，在14个小区探索推进“1+3+N”治理模式，成立6个小区业主党支部，组建62个“红管家”志愿团队。通过联合信用合作社“红锋”信贷平台，为15家“两新”组织企业提供授信2.2亿元。深化“银辉党建”工作，推进全域基层党建互联互动。

【迎新年“全民健身杯”登高大会举行】

1月1日，由市文化和广电旅游体育局、兰江街道办事处共同主办的2020迎新年“全民健身杯”登高大会开幕式在兰江街道冯村欢乐大舞台举行。来自全市的300余名登高爱好者们以“新年步步登高、节节向上攀”的美好寓意为主旨，在冯村登山步道开展了7000米的新年登高行程。

【四明西路“诚信商圈联盟”启动仪式举行】

5月20日，余姚市“重信守诺”文明好习惯养成工程暨四明西路“诚信商圈联盟”启动仪式在兰江街道举行。市委常委、市委宣传部部长王娇俐出席启动仪式并介绍“重信守诺”文明好习惯养成工程，宁波市文明办农村文明建设处处长俞自东祝贺活动启动，街道党工委书记孙启春向四明西路商圈商会授予“诚信商圈联盟”匾牌。启动仪式结束后，俞家

5月20日，余姚市“重信守诺”文明好习惯养成工程暨四明西路“诚信商圈联盟”启动仪式在兰江街道举行

桥社区志愿者向四明西路商圈店铺发放倡议书、文明好习惯宣传手册、公筷公勺宣传手册。现场推出的“重信守诺”接棒扫码签名活动，获得1000余人的接棒扫码。

【“聚爱姚江”志愿品牌成立】

6月7日，姚江社区在姚江公园举行“聚爱姚江”志愿品牌成立暨余姚市兰江街道姚江社区与余姚市妇幼保健院党建共建启动仪式。启动仪式上，街道党工委副书记张磊、市妇幼保健院党委书记高剡东分别致辞，街道党工委委员张国东、周罗建为聚爱姚江志愿服务品牌揭牌，市妇幼保健院党委副书记高巍与姚江社区党支部书记郑小红签订党建结对共建协议书，郑小红还向市妇幼保健院党建办主任曹丽娟授予义诊队队牌、队服。

6月28日，2020年度兰江街道第一次居民议事会会议召开

【兰江街道第一次居民议事会会议召开】

6月28日，2020年度兰江街道第一次居民议事会会议召开。街道85名居民议事会成员及街道全体班子成员，市级派驻机构及街道直属部门负责人，机关各办、所、线、群团组织负责人共140余人参加会议。

会议通过《兰江街道居民议事会议事规则》，并分别听取街道办事处主任方黄军、办事处副主任姚泉高、姚国锋所作的《兰江街道办事处2020年上半年工作报告》《兰江街道2020年上半年财政预算执行情况和2019年财政决算情况报告》和《兰江街道2020年度十件民生实事工程上半年实施情况报告》。随后，与会人员分4个小组对工作报告进行讨论。

6月7日，姚江社区在姚江公园举行“聚爱姚江”志愿服务品牌成立暨余姚市兰江街道姚江社区与余姚市妇幼保健院党建共建启动仪式

【文明创建志愿巡察团成立】

7月21日，兰江街道举行文明创建志愿巡察团成立仪式，并为文明创建志愿巡察团成员颁发了为期3年的聘书。街道文明创建志愿巡察团共有26名巡察员，在街道文明办指导下，以集中与分散、明察与暗访、定期与不定期相结合的方式，对照全国文明城市测评标准，通过拍照、拍视频、文

字记录等形式，对街道开展各种形式与各类主题的文明巡察活动，采集各种突出问题和不文明现象，并通过微信群，及时反馈到街道文明办，由街道文明办督促相关单位限时整改，从而把文明创建“为民惠民靠民”理念落到实处。

【虞舜研究座谈会举行】

9月29日，来自浙江大学、宁波大学、市历史文化名城研究会、周边地区学术团体的20余名专家学者齐聚兰江街道冯村参与虞舜研究座谈会，深入研讨虞舜文化。与会人员参观了舜文化展示馆，并围绕舜文化内涵、传承舜文化主流、舜文化结合余姚文化整体布局等内容作了深入探讨。

（沈春儿）

朗霞街道（浙江余姚工业园区）

2020年朗霞街道各村（居委会）基本情况表

表14

村（居委会）	面积（平方千米）	户数（户）	人口数（人）	集体经济总收入（万元）	集体经济总支出（万元）	总资产（万元）
龙王堂村	3.25	950	2840	384	609	2765
西墟村	3.36	1141	2913	164	218	2775
邵巷村	2.79	901	2860	240	130	871
镇西村	2.2	918	2353	234	235	1396
新南王村	3.84	1060	3207	242	261	1987
熊家街村	2.82	777	2118	318	215	4220
赵家村	3.32	947	2762	279	236	1296
新新村	2.59	1009	2746	360	307	4262
天华村	5.63	1439	4328	441	655	8815
天中村	3.74	921	2747	1684	321	4465
朗霞村	3.45	1163	3126	392	330	4103
干家路村	3.57	1092	3192	724	334	4213
杨家村	3.32	979	2937	694	354	7125
朗霞居委	—	2707	5438	—	—	—

【概况】

2020年，朗霞街道实现规模以上工业企业总产值95.28亿元，销售95.76亿元，利润7.5亿元，分别同比增长2.12%、6.54%和26.48%。实到外资50万美元，宁波市外内资12亿元，浙商创业创新资金3.6亿元，同比增长12.7%。全年新增高新企业7家、国家级科技中小企业29家、各类研发机构84家。推动农业提质发展，加大农业经营主体培育扶持力度，发放农信担保贴息贷款14笔485万元，新增各级示范家庭农场3家。充分发挥裘皮产业基地优势，构建皮草线上供应体系，不断巩固朗霞裘皮行业领先地位。

年初新冠肺炎疫情暴发后，坚持“外防输入、内防扩散”，全面开展地毯式排查、滚动式排摸，全力抓好相关人员的隔离观察，实现辖区新冠肺炎感染零病例。疫情稳定向好后，坚持“外防输入、内防反弹”，创新“四证”管理法，解决各类人员返岗通行难题；创新“一表两清单”审批制度，简化企业复工备案流程；创新“三方背书”制度，解决返岗员工租房困难；创新“共享员工”模式，破解疫情防控期间企业用工不平衡问题。同时，助力涉农企业复工复产案例，登上央视《新闻联播》、“学习强国”等媒体。成立“四送一增强”服务企业专班，提供“一站式服务”，为企业解决问题49个。出台《加快企业复工复产推动经济平稳运行的若干意见》《促进产业转型升级加快创新发展的若干意见》等政策，安排专项资金600余万元，帮扶企业打赢疫情防控阻击战。

年内，依托漕河泾新兴技术开发区余姚分区建设，承接上海产业转移项目4个，总投资4亿元。不断加大智能制造和技改投入，总投资8000万元的圣捷喷雾新增4亿只喷雾泵智能生产项目和总投资3000万元的更大集团高端电子转向系统项目竣工投产。深入推进“科技创新2025”重大专项，新增专精特新“小巨人”企业3家、省级隐形冠军培育企业4家、宁波市单项冠军培育企业1家，伟立机器人和中亿装备成功创建省级工业互联网平台。全力配合市级重点项目建设，总投资11亿元的德昌电机（一期）项目完成土地招拍挂，中铁十九局项目配套工程全面启动。

产城联动持续深化。融合对接甬西智能科创走廊规划，编制完成浙江余姚工业园区产业发展规划，《朗霞街道美丽城镇建设行动方案》获省级优秀方案。加快基础设施建设，总投资2.72亿元的329国道南复线建成通车，总投资1.2亿元的模客小镇配套道路开工建设，总投资1.1亿元的朗霞街道污水收集管网建设工程（二期）基本完工。加快功能设施布局，总投资13.5亿元、占地面积8公顷的宝龙余姚珑润广场城市综合体项目完成商业及酒店主体建设，总投资1.3亿元的天中综合供能站接近竣工。

朗霞党建公园

总投资2亿元的姚北实验学校小学校区项目完成工程招标，总投资721万元的更大小学教学楼改扩建工程开工，总投资1.34亿元的姚北新城安置房一期新建工程基本完工。落实民生兜底保障，全年新增低保救助54人，退出62人，共计发放救助金486万元。完成辖区低小散幼儿园整治，公办幼儿园招生覆盖率提升至34.5%。加快推进街道综合文化中心建设，实现村级文化礼堂全覆盖。拆除各类违法建筑8.9万平方米，成功创建宁波市“无违建乡镇街道”。持续推进“五水共治”“垃圾分类”，全面深化“六清六净”专项行动，配合完成“双城”复审复评。开展农贸市场百日攻坚行动，朗霞市场成功创建省级放心示范市场，赵家市场完成一星级市场改建。建立“1+X”劳动纠纷多元化调解机制，街道调解委被评为宁波级规范化建设示范点。毫不放松“平安朗霞”建设，排查整改安全隐患396个，治安、刑事案件发案总数连续3年下降。

【赴上海漕河泾新兴技术开发区考察】

4月9日，浙江余姚工业园区管委会主任、朗霞街道党工委书记潘剑波到上海漕河泾新兴技术开发区总公司就上海漕河泾余姚分区建设事项进行了深入讨论。8月11—12日，潘剑波一行赴上海漕河泾新兴技术开发区考察学习，对接洽谈余姚分区发展方向和国际创业创新园等建设项目。11月19日，浙江余姚工业园区驻漕河泾工作组赴上海漕河泾光华园区考察学习。12月17日，朗霞街道党工委委员朱剑钟带队到上海市漕河泾新兴技术开发区发展总公司，就余姚分区国际创新创业园装修工程进度推进及运营团队组建等事宜进行洽谈。

【“六清六净”专项行动工作会议召开】

4月29日，朗霞街道召开“六清六净”专项行动工作会议。会议由街道党工委副书记黄洋主持，街道办事处副主任沈国平进行了“六清六净”专项行动工作部署，街道党工委副书记、办事处主任张国安进行讲话。街道各行政村（居）负责人和机关中层干部参加会议。

【2020中国（余姚）国际裘皮时装博览会举办】

10月18—20日，2020中国（余姚）国际裘皮时装博览会暨MCN机构+网红+产业供应链对接大会在余姚中国裘皮产业园（宁波电商直播孵化基地）会展中心举办。大会包含开幕式、签约仪式、高峰论坛、抖音直播培训及皮草流行趋势发布会等重要活动。

10月18日，2020中国（余姚）国际裘皮时装博览会开幕

展会设置MCN机构与产业企业对接会，专门向各大MCN机构、网红主播、明星主播等推介裘皮精品服饰，搭建新的销售渠道。展会期间，当地已有裘皮企业成立服务于电商的皮草供应链渠道，逐步融入皮草直播产业链中。

展会期间，还组织实施了一系列营造电商直播氛围的活动，引导产业结构转型升级。如宁波电商直播孵化基地与MCN机构的合作项目签约，与抖音官方合作开办抖音营销培训会，通过流量扶持协助企业进行产品推广等。此外，在“高峰论坛”上，邀请了皮草行业、服装行业、新媒体、直播达人等业界人士，以“服装企业遇上直播”为话题，展开深入探讨，为企业解疑答难。

此届裘博会还开发了微信小程序，新增了抖音直播渠道，全程直播展会各项活动。据统计，各项活动直播观看总人数达到了80万人次，其中，“乘风破浪”——余姚·哥本哈根皮草流行趋势发布会开播当天观看就高达60万人次，高峰论坛也获取了高达8.2万人次的直播点击量。

【两大项目塑博会期间签约】

11月3日，第十六届中国塑料产业发展国际论坛主论坛开幕式举行。开幕式上，浙江余姚工业园区（朗霞街道）与宁波德昌电机股份有限公司签订了总投资约7亿元的年产734万台小家电产品建设项目协议，与宁波浩嘉电器有限公司签订了总投资约2.35亿元的年产2000万台熨烫类及个护类产品生产项目协议。

（吴佳超）

低塘街道

2020年低塘街道各村（居委会、社区）基本情况表

表15

村（居委会、社区）	面积（平方千米）	户数（户）	人口数（人）	集体经济总收入（万元）	集体经济总支出（万元）	总资产（万元）
洋山村	5.2	2100	4805	600	550	2570
历山村	5.6	1863	4505	491.17	179.11	5727.54
黄湖村	4.6	1010	2389	559.3	647.21	3800
黄清堰村	2.43	1069	2550	535.24	922.54	5059.79
芦城村	2.5	1334	3160	413.35	394.29	3590.88
低塘村	4.2	2064	5006	510.22	795.52	10069.96
汤加闸村	2.867	1234	2957	332.59	522.1	4752.47
姆湖村	5.04	1579	3768	426.54	582.98	2348.74
镆剑山村	4.5	1458	3320	379.64	643.73	4849.3
郑巷村	3.75	1402	3238	427.82	442.66	3176.84
西郑巷村	2.9	1122	2576	589.82	510.38	8159.2
低塘社区	—	1045	2139	—	—	—
郑巷居委	—	314	468	—	—	—
历山居委	—	842	1419	—	—	—

【概况】

2020年，低塘街道实现生产总值238亿元，增长7.2%，工业总产值192亿元，增长7.9%。规模以上工业产值66亿元，增长10.8%，规模以上工业增加值增长5%，高新技术产业增加值增长16%，数字经济核心制造业增加值增长18%。财政总收入6.9亿元，减少1.87%，一般公共预算收入3.96亿元，增长5.91%。街道获中国“淘宝镇”、省书香礼堂全覆盖试点街道、省AAA级景区街道、宁波市基本无违建街道等荣誉。

疫情防控期间，织密智控网，控制风险源，切断传播途径，辖区2名医务工作者驰援武汉疫区，6800余名志愿者参与卡口管理、巡查管控，帮助企业解决防疫物资紧缺、产业链供应配套不足、资金困难等问题。包车接回员工2000余人，3月初规模以上企业实现全复工，专款补助企业复工复产114.75万元。稳妥做好复学复课，精准落实秋冬春季疫情防控责任。

家电产业园完成东南扩面3.53公顷，年产值实现31亿元；塘创园入驻企业10家，完成主体工程建设，实现产值1亿元；众创电商园疫情防控期间销售逆势增长，成功孵化亿元企业2家，产值突破13亿元。利用黄湖“低散乱污”整治成果打造的“智能制造千亩产业园”进入规划设计阶段。磊源照明、精磊园艺、宇超轴承3个镇长项目开工建设；帅康智能厨电、启睿科技增材制造、星煌光电智能探头等8个重大项目扎实推进；32个“机器换人”等技改项目稳步实施。完成宁波市外实到内资5.3亿元，增长86.2%。新增国家级科技型中小企业17家、宁波级15家，市高新技术企业4家，市单项冠军企业11家。申报省优质企业7家，宁波市“专精特新”中小企业3家。有亿元企业20家，规模以上企业88家。投入科研

经费2亿元，增长15.1%，授权发明专利8件，实用新型专利218件。兑现2019年度工贸政策奖励金276.6万元。

完成黄湖监狱区域省环保督察问题销号规范整顿，黄湖工业企业孵化基地29家，整治喷涂、塑料造粒等“低散乱污”企业145家，开展13个专项行动。取缔马路市场4个，拆除违章建筑10.2万平方米，整治乱堆乱放点位900余处，绿化改造4.28万平方米。清淤河道10.32万立方米，治理废弃矿山3个，改造公厕9座、危旧房9户。新建思贤路、历石公路至界堰东农村网络公路以及帅洞路支线等道路1.98千米，完成胜周线、冯张公路等道路改造4.6千米，实施道路日常养护修复1万平方米。建成省放心农贸市场2家，创建星级农贸市场4家。全面推行“垃圾分类”，新增收运车辆22辆，建成村级示范投放点61个、一般投放点880个，再生资源回收站11个，实现生活垃圾分类村级全覆盖。黄清堰村源头精准分类的做法在全市借鉴推广，低塘社区所辖7个小区全部创建成合格小区。完成洋山村等4个村庄规划修编。成功出让新堰路3.8公顷商住用地，成交总价2.1亿元，溢价率48.8%，引进辰悦世家商住项目全面启动。做优农业品牌，“舜水”蜜梨获省著名商标，“舜品”大米获“浙江好稻米”优质奖。成功创建省卫生村11个、省文明村3个、省美丽宜居示范村2个、省“一村万树”推进村5个、省AAA级景区村庄1个、A级景区村庄3个、市“美丽村庄”8个。

建成社会矛盾纠纷调处化解中心，设置常驻窗口3个，组建街村两级信访代办员队伍，受理信访件940件，办结率100%。调处矛盾纠纷259件，涉及金额615万元，调解成功率100%。分级签订安全生产责任状1591份；开展安全宣教30场次，培训7000余人次；核查整改“两小”企业1300余家，执法检查152家次，完成隐患整改473条。新创安全生产标准化企业三级10家、四级38家。新建公交候车亭18个，查处违停行为1000余起。建成专职网格员“一格一员”全覆盖。全年累计受理事件6846件，11个行政村全部创建为宁波级民主法治村，省级7个。辖区案发量下降15%。“低塘经验”在宁波市推广。

低塘街道

实验幼儿园推行“1个总园+5个分园”管理模式，公立幼儿园幼儿入园率56%，低塘小学通过宁波智慧校园验收，低塘中学通过宁波文明校园验收，万瑞东方学校通过省级健康促进金牌学校复审。历山卫生服务站解危工程建成投用，低塘卫生院迁建工程全面启动，完成第七次全国人口普查工作。帮助申报创业担保贷款160万元，申请公益性岗位6个。医疗保险参保率分别达到98.5%和99.71%。辖区50%以上企业实现网上自主办理，其中规模以上企业办理率100%。调处劳动争议案件114件，维护劳动双方权益金额600万元。居家养老服务站覆盖面100%，建成市AAA级居家养老服务中心2个、AA级7个、A级3个。完成老年人适老化无障碍改造8户。“小许阳光志愿助残工作室”完成残疾人家庭“净居亮居”工程试点5户。全市“最多跑一次”改革助残服务在街道试点，入选2020年宁波市改革创新最佳实践案例。发放各类补助1430余万元。完成4个避灾安置场所规范化建设。原创抗疫歌曲《低塘有你,真好》和《红领巾致敬先锋》登上“学习强国”平台。作为宁波唯一的省级书香礼堂试点单位，创建省五星文化礼堂3家，成立新的社会阶层人士联谊会，做好“虞舜传说”国家级非遗项目申报，完成严景耀故居修缮和纪念馆布展工作。完成村级组织换届选举工作。对口帮扶贵州省望谟县乐旺镇如期脱贫，投入资金214万元。开展财政资金专项检查，加强内部审计，规范财务管理，91个工程项目核减造价505万余元。

【居民议事会会议召开】

6月28日，2020年度低塘街道第一次居民议事会会议召开。会议通过《余姚市低塘街道居民议事会议事规则（草案）》。大会听取街道党工委副书记、办事处主任罗浩杰所作的《低塘街道办事处上半年工作报告》。街道办事处副主任陆建波作了《低塘街道2020年上半年预算执行情况和2019年决算情况报告》。会上，街道办事处还书面提交了《低塘街道民生实事项目进展情况报告》。随后，全体人员围绕街道办事处工作报告、财政预决算报告和街道民生实事项目进展情况报告进行了分组讨论。

【“千古高风·绚丽低塘”文化节开幕式举行】

6月23日，低塘街道第五届“千古高风·绚丽低塘”文化节开幕式暨“千古文传　书香礼堂”启动仪式在子陵故里黄清堰村严氏宗祠举行。仪式上，相关领导嘉宾致辞等议程与文艺演出穿插进行。活动现场还进行了街道首个阅读驿站启用暨首位轮值站长聘用仪式。文化节将打造全省书香文化礼堂建设试点单位作为重要内容，全面推进“书香低塘”建设，以公共文化设施为基础，以流动服务、数字化服务为补充，为基层群众创造优质的阅读条件。低塘街道也正式成为宁波市唯一一个书香文化礼堂全覆盖建设的乡镇街道。

6月23日，低塘街道第五届“千古高风·绚丽低塘”文化节开幕式暨“千古文传　书香礼堂”启动仪式举行

【宁波市禁毒“低塘经验”深化推广现场会召开】

7月10日，宁波市禁毒“低塘经验”深化推广现场会在余姚召开。宁波市委常委、市禁毒委常务副主任、市公安局局长黎伟挺出席会议并讲话，宁波市禁毒委副主任、宁波市政府副秘书长顾立群主持会议，省禁毒办常务副主任、省公安厅禁毒总队总队长陈斌出席会议，余姚市委副书记、代市长徐云致辞。低塘街道党工委书记张丽红介绍“低塘经验”相关经验做法，宁波市财政局、人力社保局代表成员单位作交流发言。

【低塘街道新联会成立】

11月18日，低塘街道召开新的社会阶层人士联谊会成立大会暨“E路同心”街道新联会品牌发布会。大会审议通过了《低塘街道新的社会阶层人士联谊会章程》《低塘街道新的社会阶层人士联谊会理事会理事选举办法》《低塘街道新联会会长、副会长、秘书长选举办法》，选举产生了街道新联会第一届理事会会长、副会长、秘书长和理事。会上，还发布了“E路同心”统战工作特色品牌标志。

（任国良　袁小群）

泗门镇

2020年泗门镇各村（社区）基本情况表

表16

村（社区）	面积（平方千米）	户数（户）	人口数（人）	集体经济总收入（万元）	集体经济总支出（万元）	总资产（万元）
小路下村	2.56	1183	3486	768	750	4200
湖北村	4	920	2847	433.12	714.15	3122.22
楝树下村	3.8	1311	3953	570.4	492.34	3497.79
谢家路村	5	1763	4728	1930.64	1298.35	12578.8
夹塘村	6.3	1757	4539	452.02	57.81	2956.64
相公潭村	2.2	881	2302	221	201	389.18
万圣村	2.12	1291	2981	485.3	395.7	3712.5
陶家路村	3.25	1314	3343	462.14	1057.66	4445.01
上新屋村	0.56	198	517	469.53	291.76	1834.28
海南村	3.5	1159	3110	484.61	456.46	3514.53
镇北村	2.5	725	2960	424.3	416.23	2849.75
泗北村	3.2	1719	4088	621.87	829.35	7243.89
东蒲村	4.27	1162	3043	473	456	6452
镇南村	4.5	1196	3051	453.06	280.42	2855.13
大庙周村	3.5	1090	2533	843.71	789.67	4188.8
水阁周村	3.6	1127	5204	301.75	260.1	3325.05
汝湖社区	1.5	1276	3204	113.63	159.57	984.58
东大街社区	2.3	2095	4829	290.25	198.81	2203.38
西大街社区	2	1329	3055	108.74	52.95	1607.74
后塘河社区	1.5	1054	2747	326	322	5341

【概况】

2020年，泗门镇实现地区生产总值80亿元，财政总收入10.35亿元，其中一般公共预算收入5.87亿元，同比增长5.6%。城镇居民和农村居民人均可支配收入分别增长6.2%和7.2%。实现规模以上工业增加值增幅8%，完成全社会固定资产投资9.2亿元，其中工业固定资产投资7.5亿元，超额完成目标任务。

主动对标前湾新区产业规划，工贸经济实现稳中有进。全年完成实到外资2000万美元，宁波市外实到内资5.6亿元。总投资2亿元的迈博功能高分子材料研发与制造项目、总投资2亿元的碧农环境控制及生物安全产品研发与制造项目、小灵狗车辆出行科技平台运营中心等优质项目签约落地。引进总投资3500万美元的远姚物流项目，拟建高标准、立体式现代仓储物流园。易津新能源汽车智能制造产业园一期完成35%。战略性新兴产业增加值、数字经济核心制造业增加值、高新技术产业增加值分别增长19%、15%、13%。新增国家高新技术企业9家，国家科技型中小企业30家。泗北小微园和智慧电器小微园开工建设。

实现社会消费品零售总额25亿元，限额以上批发零售销售额13.9亿元，增速居全市前列。小路下村获评省首批商贸发展示范村，夹塘村获评省电商示范村。全镇新增各类市场主体1966户，同比增长11.77%；新增注册资本16.65亿元，同比增长21.14%；完成“个转企”44家，市场主体登记总数突破1.3万家；自营出口额34亿元，同比增长12%。疫情防控期间，镇级累计兑现85家企业产能恢复奖励，389家企业惠企五项补贴等资金超480万元；实施减税降费6.45亿元，完成中央“两直”资金兑付1490.6万元。

完成农机农艺融合试点项目1个，发放农机购置补贴84万元；申报科技部重大专项1个，余姚市级科技项目3个；孵化省级农业品牌2个，新增无公害农产品3个，绿色食品2个；铁皮石斛旅游观光工厂等5个项目落地，总投资2500万元。镇农合联电商平台完成特色农产品订单1075笔，成交额80万元。25.33公顷土地整理项目完工，1000公顷高标准农田通过市级验收；多项水利工程竣工，总投资超4000万元。推动农村产权流转交易体系规范化建设，实施村级“一事一议”项目5个，获得上级财政资金400万元。开展“镇村联建统营”项目试点，全镇所有村（社区）经营性收入达到15万元以上。全力推进农房确权工作，14个村完成测绘，登簿入库5256户。新增省级美丽牧场1家，新申报宁波市级以上农业合作社和家庭农场4家。发挥农合联作用，联合金融机构，完成126家会员单位评级，累计授信3.6亿元，帮助农户实现贷款6760万元。落实蔬菜应急生产补贴和耕地地力保护补贴175万元。

高标准完成文明村镇创建，巩固提升“淳厚泗门”乡村振兴文明示范线和新时代文明实践所建设成果。各文化礼堂开展活动177场，获评省文化礼堂建设示范乡镇。结合“文明行动日”，开展志愿服务活动557场，参与15000余人次。广泛开展道德评议，评选出各级好人63人，涌现出各级战“疫”先锋团队42个、个人185人。

创建新时代美丽城镇，打造宜居宜业宜游前湾精品小城。结合宁波、余姚、前湾新区总体规划，启动全镇新一轮国土空间规划编制前期工作，初步确定耕地保护任务、城乡建设用地规模、城镇开发边界“三条线”。开展北部商贸新城、重大产业平台用地需求调研。实现国土资源保障化增量扩张向“盘活存量与做优增量并举”转变，消化利用批而未供土地32.4公顷。

高质量完成“六清六净”农村人居环境专项整治行动。实施“厕所革命”，改造城乡厕所57座。阳光堆肥房、固体废物分拣中心建成运行；5个农村居民小区试行定时定点投放收运模式，13个小区、16个村完成智能回收箱及集装箱式回收箱布点，30个小区完成“撤桶并点”；151家企业先行先试工业固废收运处置。国家园林镇创建工作开展。累计拆除违建80起，共计1.1万平方米。超2500家企业完成新一轮排污许可登记和发证，全镇规模以上工业增加值能耗降低8%。

市四院完成南部院区空间拓展。增设家庭医生签约工作室，重点人群签约率65%。居民电子健康档案覆盖率90.4%。开展青春健康教育、优生优育促进、失独家庭暖心行动等五大服务，受益3438人次；落实计划生育家庭等奖扶资金3657户461.2万元。坚决落实疫情防控措施，持续排摸管理重点地区、境外到泗门人员，守牢场所“小门”，实现“零输入”“零感染”“零传播”。湖北小学扩建工程竣工，3个智慧校园平台试点在建，等级幼儿园实现全覆盖。泗门镇中与浙师大启动第三轮合作办学，更名为“浙江师范大学附属泗门实验中学”。四职校与浙江商业职业技术学院开展“一院两基地”建设。便民服务中心受理各类审批服务事项56290件。“最多跑一次”向村级延伸全面推行，调整村级延伸政务服务事项120项，“泗好办”平台镇村事项14项，公共服务事项10项。举办第十五届“汝湖金秋”文化艺术节；开展送戏送电影下乡200余场；开展“湾区新泗门、文明淳厚里”文明巡礼主题活动云直播，共115万人在线观看。成之庄谢之光纪念馆、科举文化博物馆、家风家训馆累计接待游客2.6万人次。建成余姚首座有声书墙；在余姚人民广播电台开辟每周一期《淳厚泗门》节目。

全镇基本养老保险参保率99.2%，同比提高3.2个百分点。参加城乡居民基本医疗保险33012人。受理创业小额贷款270万元。持续推进“泗门无欠薪”行动，各类劳资纠纷和工伤案件调解成功率93%；受理劳动争议仲裁案件75件，落实劳动者维权金额254万元。累计为700余人次新泗门人办理量化积分服务。全年发放民政、残联和慈善民生保障资金2363万元，惠及4.36万人次。2家“残疾人之家”通过省级四星级复评。

开发建成“泗门镇数据驾驶舱”，融合“党建、市政、安监、城管、出租房管理”等多领域场景，实现“一屏感知、一网联动、一体指挥”。投用5个5G+4K高空瞭望设备，实时呈现镇貌景观和社会动态。完成“数字市政”2.0版升级改造。扩大物联网、AR技术在村(社区)治理中的应用面，谢家路村率先打造一网管全村的“综合智慧室”，先行推广出租屋“智慧门锁”，安装450个。“平安工程”升级版“平安村居”覆盖面不断拓宽，5个村（社区）累计安装家庭监控近500个。基层社会治理“一张网”高效运作，协调处置事件13822起。社会矛盾纠纷调处化解中心和社会治理综合服务中心成立，调处投诉信访和矛盾纠纷1570件，全部按程序及时办结，初信初访满意率97.8%。引入社会化安全生产托管服务，183家企业签订社会化服务合同。

【“一村一品”党建亮绩竞赛开展】

8月7日，泗门镇举办“一村一品”党建亮绩竞赛，各村（社区）通过讲一讲、亮一亮、比一比，互相学习，一同探讨如何通过党建引领，根据村（社区）特色，实现乡村全面振兴。泗门镇所辖的16个村、4个社区先后进行展示。最后，市委党校党委委员、副校长赵奇伟和镇党委副书记董斌作点评。

【泗门镇新的社会阶层人士联谊会成立】

8月18日，泗门镇召开新的社会阶层人士联谊会成立大会。市委统战部副部长鲁劲松为泗门镇新联会授牌并讲话。会上，新联会理事会秘书长候选人作筹备工作报告。会议审议通过《泗门镇新的社会阶层人士联谊会章程》《泗门镇新的社会阶层人士联谊会理事会理事选举办法》。会议通过选举，产生第一届新联会理事会理事共12人，王克福任会长。

9月30日，泗门镇第十五届“汝湖金秋”文化艺术节开幕式暨美文诵读会举行

【第十五届“汝湖金秋”文化艺术节开幕】

9月30日，泗门镇在影剧院举行第十五届“汝湖金秋”文化艺术节开幕式暨美文诵读会。市委常委、泗门镇党委书记黄琪宣布文化艺术节开幕。

此次文化艺术节以“汝湖金秋文明歌，前湾泗门小康颂”为主题，时间为9—11月，由三地书法联展、“童心迎国庆情寄中秋月”绘画展、迎国庆摄影展、“庆国庆迎重阳”第四届文艺晚会暨“文明我先行”倡议、庆国庆送戏下乡、2020年“爱在后备箱”大型义卖、2020年ZUBA浙江省大学生篮球联赛暨第二十三届中国大学生篮球联赛等系列活动组成，旨在为广大草根明星搭建更加广阔的展示舞台，为群众文化团队创造更多的表现机会，为农村群众、企业职工提供更加丰富的文化生活享受。

（谢纯尧）

10月17日，2020年ZUBA浙江省大学生篮球联赛暨第二十三届中国大学生篮球联赛在泗门镇开赛

马渚镇

2020年马渚镇各村（社区）基本情况表

表17

村（社区）	面积（平方千米）	户数（户）	人口数（人）	集体经济总收入（万元）	集体经济总支出（万元）	总资产（万元）
金马社区	2.5	1284	2863	—	—	—
东一社区	2.2	1250	2862	—	—	—
下叶社区	1.9	697	1588	—	—	—
开元村	4.3	1330	3607	336.47	1681.48	3526.25
长泠江村	4.2	1052	3014	259.21	295.90	1260.71
乐安湖村	3.8	593	1675	866.94	374.77	3768.49
云楼村	6.2	863	2444	1668.21	380.55	2027.75
四联村	7.4	1010	2949	384.27	649.54	2603.22
斗门村	4.5	1223	3405	521.63	642.86	4375.41
马漕头村	4.3	1020	2725	1263.98	816.08	2843.11
瑶街弄村	3.3	902	2443	693.49	704.75	2644.23
菁江渡村	1.1	459	1179	103.06	134.73	1359.25
全佳桥村	2.5	532	1649	390.20	230.07	1940.81
大将桥村	2.3	490	1290	125.35	153.63	1011.70

续表 17

村（社区）	面积（平方千米）	户数（户）	人口数（人）	集体经济总收入（万元）	集体经济总支出（万元）	总资产（万元）
沿山村	4.9	704	1877	418.70	279.65	1882.54
下沙畈村	3.2	753	2136	196.87	286.03	1427.21
庙前村	1	445	1225	288.26	156.81	4041.91
渚北村	3.4	924	2526	226.72	1177.96	1395.58
大施巷村	1.8	586	1554	419.08	692.64	2192.03
渚山村	1.2	303	780	141.93	306.12	1506.17
姚家村	2.2	605	1620	144.77	176.12	560.53

【概况】

2020年，马渚镇完成规模以上工业企业产值65.47亿元、销售收入66.55亿元、利润4.23亿元，分别增长12.2%、15.95%、33.87%。完成规模以上工业增加值17.04亿元，同比增长9.3%。实现自营进出口总额29.55亿元，其中自营出口额24.9亿元，分别增长13.87%、14.91%。实现社会消费品零售额13.77亿元、限额以上批发零售销售额4.27亿元。

全镇规模以上包材企业实现产值19.86亿元，同比增长30.11%，其中8家规模以上企业增速超过50%。启动化妆品包装产业发展规划（2021—2025）编制工作。要素资源加快集聚，宁波市外实到内资2.79亿元，浙商创业创新实到资金2.1亿元，VR光学镜片、相变技术节能空调等招商项目对接进展顺利。

年初，全力打好新冠肺炎疫情防控阻击战，有效推行“大铁桶+小铁桶”战术，全面开展地毯式排查、滚动式排摸，无一疑似及确诊病例。统筹做好医用物资、生活必需品保障，累计安排防疫资金150余万元。全力推动复工复产，积极落实“四送一增强”服务企业专项行动，设立惠企政策申报专窗，选派45名机关干部任“驻企管家”，组织45家企业300余名员工包车返岗，兑现惠企资金141万元。积极做好农业保供，全年共完成3466.67公顷粮食生产任务。

积极盘活闲置资源，推进土地出让和地块开发，完成壳牌综合供能站、永佳汽车零部件等16.59公顷土地供给，原汉达地块1.84公顷商住用地成功出让，臧墅湖区块10公顷土地征迁清零。投资2.3亿元的浙江德晟厂房新建项目、投资2.7亿元的美妆小微园区建设项目全部结顶，舜西环保建材项目投产，中鑫广场城市综合体项目开业，姚江水岸农耕文化研究中心等一批重点项目有序推进。全年共完成工业投资4亿元，同比增加307%。

深入开展生态水产特色农业强镇、省级农业“机器换人”示范镇创建，不断完善农业基础设施建设，积极推动现代农业高效发展，规范提升农合联实体化运作成效，农业新技术、新品种、新设施和新装备的推广应用步伐不断加快，农业三大平台作用不断显现。“三水三花”经验做法在全省乡村产业高质量发展推进会上做典型发言。村级集体经济进一步壮大，全镇18个行政村经营性收入均达到10万元以上，70%以上行政村经营性收入达到30万元以上。

着力优化镇村两级规划，完成姚家村村庄规划编制，实施集镇控规，菁江渡村、乐安湖村、下沙畈村及云楼村村庄规划局部调整。积极谋划美丽城镇建设，编制《马渚镇美丽城镇行动实施规划方案》，完成相关建设项目8个，长安西路西延工程取得施工许可。推进“三清一绿有序”主干道路两侧环境整治行动，深入实施“六清六净”农村人居环境专项行动。新增镇级垃圾压缩站1所，完成涌金花园等14个小区撤桶并点和定时定点投放垃圾小屋建设，全镇共安装智能回收箱11个，新建村级再生资源回收站（点）11处，基本实现全镇农村生活垃圾分类及再生资源回收网点全覆盖。开展美丽乡村建设，开元村创建成为宁波市美丽乡村示范村和新时代美丽乡村梳理式改造村，云楼村、长泠江村、大将桥村、四联村及渚北村成功创建成为省级卫生村，通过全国卫生镇暗访检查。

户籍人员养老保险参保率在98.5%以上，医保参保率在99.5%以上，其中免缴人员参保率达100%。开展80周岁以上老年人生活照料服务，积极实施低收入农户结对帮扶，做好低保户、残疾人等各类弱势群体困难救助工作，全年累计发放各类补助救助资金918万元。新增公立幼儿园1家，公办幼儿园入园率达50%。推进义务教育阶段特色品牌创建，新设永佳教育基金。完成第七次全国人口普查任务，创建成为浙江省语言文字规范化乡镇。

持续开展“文明行动日”系列活动，新建农村文化礼堂3家，斗门村、瑶街弄村创建成为市级道德银行建设示范村。完成镇级社会治理综合服务中心及社会矛盾纠纷调处化解中心建设，全年排查各类矛盾纠纷135起，调处成功率达100%。深化“一张网”“四个平台”建设，“E宁波”移动终端共计上报网格事件1696起，问题办结率达100%。全面落实安全生产主体责任，积极开展企业安全生产轮训，抓好源头管控、隐患排查和防范措施，全镇无重大安全责任事故发生。严厉打击各类违法犯罪活动，全年治安案件、刑事案件发生率持续下降。

【对口帮扶望谟县坡头村】

3月，马渚镇按照东西部扶贫协作要求，“牵手”望谟县乐旺镇坡头村，马渚镇成立助力望谟县坡头村开展贫困村挂牌督战工作专班，双方签订《党建联建促脱贫攻坚结对帮扶协议书》，通过推动“党建+扶贫”的深度融合，开发优势产业、改善生态环境、提高发展能力，助推坡头村如期摘帽脱贫。5月12日，镇党委书记周强到望谟县坡头村，详细了解结对村脱贫攻坚工作开展情况。结对后，马渚镇根据两地实际，制定结对帮扶实施方案，本着优势互补、共同发展原则，互派干部交流，优化经验做法，有效推动了党建扶贫、产业指导帮扶、消费扶贫、人居环境帮扶、就业帮扶、关爱扶贫等工作。

【马渚镇农合联举办电商培训班】

5月20—22日，由宁波市农业农村局主办、宁波市优客智联职业培训学校承办、马渚镇农合联协办的农村电商培训班在马渚镇渚上农庄开课。培训为期3天，主要内容包括如何让农民学会使用抖音等App宣传自己的农产品，如何开展农产品营销活动，以及如何以淘宝直播的形式做好产品形象打造等，具体以新媒体理论和实践操作模式共同进行。同时，还有现代农业发展课程。

【马渚镇归国华侨联合会成立大会召开】

9月23日，马渚镇归国华侨联合会成立大会暨第一次归侨侨眷代表大会召开。会上，镇统战干事宣读《马渚镇归国华侨联合会成立筹备工作报告》。全体与会代表审议通过《马渚镇归国华侨联合会工作细则（草案）》和《马渚镇第一届归国华侨联合会委员会选举办法（草案）》，选举产生马渚镇第一届侨联委员会。

（朱娜嘉）

陆埠镇

2020年陆埠镇各村（居委会）基本情况表

表18

村（居委会）	面积（平方千米）	户数（户）	人口数（人）	集体经济总收入（万元）	集体经济总支出（万元）	总资产（万元）
江南村	5.07	1767	4801	1461	286	11598
南雷村	6.56	939	2510	224	65	956
兰溪村	3.89	939	2315	585	143	9618
郭姆村	3.56	1044	2647	221	70	1984
五马村	6.03	992	2695	539	91	3080
沿溪村	2.54	555	1395	236	50	791
官路沿村	7.58	800	2172	215	68	1850
沿江村	5.01	732	1896	319	71	1808
干溪村	9.5	845	2203	668	68	7615
兰山村	7.19	599	1577	319	43	1972
石门村	7.72	705	1898	167	38	1340
杜徐岙村	10.61	1355	3609	382	66	2002
袁马村	12.11	1006	2878	1077	101	3453
翁岙村	2.82	370	1047	146	30	878
裘岙村	1.84	346	1023	221	38	1603
石笋村	2.6	329	924	132	53	802
洪山村	8.02	720	1997	248	54	1093
孔岙村	3.84	450	1251	293	46	2618
蒋岙村	4.21	636	1598	209	42	3056
余鲍陈村	5.66	719	1927	288	37	1413
上街居委	—	991	1840	—	—	—
下街居委	—	1036	1967	—	—	—

【概况】

2020年，陆埠镇实现工业生产总值202.3亿元，增长10.4%，完成财政总收入4.6亿元、一般公共预算收入2.5亿元。成功创建省AAA级旅游景区镇、宁波市“无违建乡镇”。

全年完成固定资产投入3.4亿元，同比增长23.6%，其中工业固定资产投入1.4亿元。宁波市外实到内资1.6亿元，同比增长85.8%。深入推进“四送一增强”活动，积极贯彻落实疫情防控期间各项惠企政策，发放“两直”资金补助588.8万元，兑现各项补贴27.6万元。9.8公顷小微园区工业地产项目挂牌出让，五马工业功能区中横路等4条道路延伸段完成方案设计。抓好园区入户项目建设，实施500万元以上工业基建项目14个。规模以上工业产值42亿元，同比增长12.8%。数字经济核心产业增加值增速39.5%，5家企业申报高新技术企业，2家企业入选高企培育库，普尔电机申报宁波市“科技创新2025”重大专项。申报规模以上企业4家，重点培育支持宁波市制造业单项冠军培育企业2家和“350企业”10家。完成自营出口额14.2亿元，同比增长14.8%。限额以上批发零售业销售额7亿元，同比增长26.3%，实现社会消费品零售额13.1亿元。

年内，胜陆公路、杭甬高速陆埠互通等省市重点工程顺利建设，五马村、郭姆村拆迁安置小区基础工程完成招标，宝湾国际电商园区项目累计完成固定资产投入1.4亿元，物流基地二次招商与宝马、顺丰等企业签约，阳明温泉山庄二期商业用房建设项目、阳明温泉山庄住宅项目完成固定资产投资1.28亿元，华景川溪上云庐、海伦堡千樾府2个楼盘顺利建设。陆埠资规所南侧地块出让，老镇政府地块出让并启动开发，南雷村孝友小学地块、沿溪村古乍线北侧地块完成出让前规划公示，下洋门安置房地块出让。新建兰山到石门道路4.1千米，完成石门到上王岗、翁茭线到黄家等道路改造7.5千米，实施道路日常养护修复6000余平方米。筑牢违建防线，媒体曝光点位、1600平方米以上法院裁决历史积案、两路两侧点位、新增违建等实现全面清理。

溪畔人家

全面推进四明山区域生态发展项目，完成四明山东南门户建设、陆上线环境整治提升、山区村庄景区化改造项目，加快推进袁毛线沿线村庄整治、基础设施提升等项目。稳步推进袁马、杜徐岙等5个村面积5.33公顷的建设用地复垦项目。1个村成功创建宁波市级农业绿色示范区。深化开展“千吨万人”以上饮用水水源保护区整治，做好第二轮中央生态环境保护督察迎检。清理河塘沟渠32条56千米，定期实施生态补水，河流水质明显改善。成功创建“污水零直排区”，加强农村生活污水处理工程运维监管。1921家企业完成排污许可登记办理，47家“两小”企业完成“低散乱污”综合治理提升。通过省卫生镇复评，创建省级卫生村3个、宁波市卫生村5个，省AAA级景区村庄2个、AA级景区村庄3个、A级景区村庄4个，A级旅游公厕1个，余姚市“一村万树”推进村2个。积极推进农贸市场改造提升，江南村农贸市场成为全市首家智慧农贸市场。全面推行垃圾分类，入户二分桶分发到位，部分村取消垃圾中转站，开启“直收直运”模式，稳步推进厨余垃圾资源化处理。

养老、医疗等保险应保尽保，助困、助残、助医、助学等政策落到实处，累计发放各类救助资金490余万元，积极开展低收入农户“一户一策一干部”结对帮扶。全市首家“公建民营”养老机构建成投用。创建省级博爱家园项目1个。镇中心卫生院迁建工程推进，上级专项资金补助3000万元到位。有序推进第七次全国人口普查。创建宁波市级文明村1个、余姚市级文明村4个，村级文化礼堂实现全覆盖，有省五星级2家、宁波市四星级1家。4家低小散幼儿园完成改造提升，镇第一幼儿园开园招生，在洪山村设立教育点，填补全镇公立幼儿园空白。回购民办幼儿园1家，公立幼儿园幼儿入园率达到50%。陆埠二小成功创建省民族团结进步重点培育单位，陆埠一小获评宁波市AAAAA级平安校园，陆埠镇中、陆埠二小、洪山小学获评宁波市文明校园。

持续深化“最多跑一次”改革，全年累计无差别受理业务6084件，好评率99.9%。加强“无欠薪”创建，推动劳动纠纷就近属地调解，创新建立“1+X”劳动纠纷多元化解机制，全年成功调处劳动争议案件77件，维护劳资双方权益金额364万元。建成社会矛盾纠纷调处化解中心，逐步推进信访事项代办制，组建镇村两级信访代办员队伍，助推矛盾纠纷化解“最多跑一次（地）”。受理信访件459件，市领导下访接待17件，完成省巡视组交办件7件，按期处结率、回访履行率100%。调处矛盾纠纷285件，涉及金额400余万元，调解成功率100%。“扫黑除恶”持续推进，辖区社会治安稳定，案发量下降10%。开展风险隐患执法检查620余家，完成隐患整改278条，行政处罚11家。调整消防安全管理人员配置，投入70余万元购买一辆泡沫消防车和一批消防设施设备，镇森林消防救援队创建成为宁波市直属综合森林火灾应急救援队。

1月12日，“陆力同行　勇攀高峰”2020陆埠镇首届“化安山杯”徒步登山大会在南雷村举行

【首届“化安山杯”徒步登山大会举行】

1月12日，“陆力同行　勇攀高峰”2020陆埠镇首届“化安山杯”徒步登山大会在南雷村举行。活动由陆埠镇总工会主办，陆埠镇团委、陆埠镇妇联协办，陆埠镇南雷村联合工会、陆埠镇机关工会承办，共有来自全镇机关、村（居）、企事业单位的30余支代表队、210多名登山爱好者参加活动。

【陆埠镇文化礼堂理事会授牌仪式举行】

1月15日，由市委宣传部、市文明办、市融媒体中心、陆埠镇党委、陆埠镇政府、干溪村党总支主办的2019年第四季度“余姚好人”榜单发布暨陆埠镇文化礼堂理事会授牌仪式在陆埠镇干溪村文化礼堂举行。活动现场，陆埠镇江南村、兰溪村、官路沿村等11个村的文化礼堂理事会正式挂牌成立。

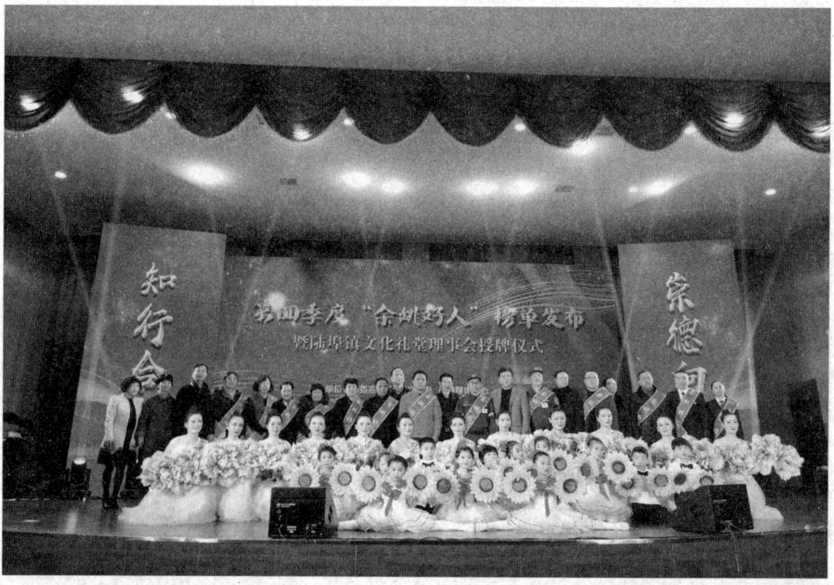

1月15日，2019年第四季度“余姚好人”榜单发布暨陆埠镇文化礼堂理事会授牌仪式在陆埠镇干溪村文化礼堂举行

【“暖家助残爱心联盟”成立】

8月28日，陆埠镇“暖家助残爱心联盟”揭牌成立。市残联理事长沈红、陆埠镇党委副书记沈学键、镇残联主席袁荷满等出席揭牌仪式，各村、居残协、暖家助残爱心联盟成员单位负责人及残疾人代表参加活动。陆埠镇“暖家助残爱心联盟”由镇残联发起，在市残联和陆埠镇党委指导下建立，主要围绕助困、助学、助医、助房等工程，定期开展文化助残、扶贫助残、康复助残、教育助残、医疗助残等系列活动，更好地帮助残障朋友融入社会，不断厚植热心助残的社会风尚和人文关怀。

【首届“蓝水流韵”文化体育艺术节开幕式暨“竹乡情·山村梦”竹艺传承大会举行】

9月24日，陆埠镇首届“蓝水流韵”文化体育艺术节开幕式暨“竹乡情·山村梦”竹艺传承大会在陆埠镇孔岙村举行。开幕式上，来自陆埠镇各村的文艺爱好者表演了精彩节目。在文艺表演中还穿插了爱心拍卖环节。当天下午，陆埠镇邀请网红主播直播带货，线上销售竹编制品，现场爱心拍卖和线上直播带货的款项都用于资助孔岙村贫困家庭。

艺术节主要分文化主题宣传活动、休闲体育娱乐活动、文化志愿服务活动3个部分。艺术节期间，第四届“蓝水情”戏曲节、第五届“袁马—翁方”文化走亲暨庆元旦文艺晚会、“乐跑青山绿水间，喜迎中秋国庆节”首届陆埠半程马拉松活动、2020年“陆力同行，勇攀高峰”登山活动、“体彩杯”2020宁波登山大会、“非遗进校园”系列活动等相继开展。

（李佳雯）

梁弄镇

2020年梁弄镇各村（社区）基本情况表

表19

村（社区）	面积（平方千米）	户数（户）	人口数（人）	集体经济总收入（万元）	集体经济总支出（万元）	总资产（万元）
正蒙社区	—	1567	2718	—	—	—
东溪村	8.93	839	2393	159.75	87.9	2422.66
梁冯村	1.5	607	1708	267.13	222.68	2979.2
五桂村	2.25	803	2212	207.88	186.1	4529.75
后陈村	2.3	579	1628	221.89	173.95	2703.55
让贤村	8.5	514	1313	189.49	61.57	3605.08
岭头村	9.14	421	1180	148.57	92.72	2361.9
横坎头村	6.6	889	2426	539.81	191.6	6740.33
汪巷村	2.41	353	1059	249.78	143.23	4443.79
甘宣村	1.35	366	1056	151.94	48.72	2257.68
白水冲村	2.5	447	1190	212.24	106.77	2656.66
东山村	8	762	2128	240.26	85.47	2135.57
贺溪村	6.8	507	1479	146.27	180.58	3308.83
横路村	5.5	666	1912	222.57	154.25	3686.6
明湖村	0.86	209	575	121.75	54.47	2228.54

续表 19

村（社区）	面积（平方千米）	户数（户）	人口数（人）	集体经济总收入（万元）	集体经济总支出（万元）	总资产（万元）
雅贤村	4.97	678	2091	219.18	76.5	3359.45
湖东村	5.04	633	1980	135.45	77.18	3317.96
高南村	6.12	499	1484	114.58	102.71	2173.78

【概况】

2020 年，全镇实现农村经济总收入 67.28 亿元，同比增长 4.31%。其中，第一产业总收入 2.55 亿元，同比增长 7.14%；第二产业总收入 44.37 亿元，同比增长 3.02%；第三产业总收入 20.36 亿元，同比增长 6.88%。财政一般预算收入突破 2 亿元，同比增长 1.95%。农村居民人均可支配收入 39435 元，达到全市平均水平。严格落实“源头查控＋硬核隔离＋精密智控”疫情防控机制，全年未发生一例疑似病例和确诊病例。

年内，创建浙江省特色农业强镇，樱桃通过农业农村部农产品地理标志登记，百果园创建为浙江省青创基地、高品质绿色科技示范基地。承办“农行杯”余姚市第二届樱桃王擂台赛，包揽市“樱桃王”“樱桃皇后”大奖。成功试种桑黄、凤梨、葡萄柚等新品种，笋敷花生成为网红产品，蓝莓直播带货登上央视财经频道。通过红锋服务社、“初新绿品”等平台，农产品全年销售额突破百万元。绿领学院投入运营，依托成校、党校等培训平台，组织高素质农民培训班 14 次、500 余人。

完成 500 余家小微企业、个体户的纾困补助工作，新增规模以上企业 1 家。全年引进宁波市外内资 1.11 亿元。新增大糕店 11 家，大糕销售额超 4000 万元，梁弄菜场获评省级三星级文明规范市场，获评中国“淘宝镇”称号。

新四军浙东游击纵队司令部旧址入选国家级抗战纪念遗址名录，全域旅游示范区创建进入宁波市培育名单，汪巷村创建省 AAA 级景区村庄，省 A 级景区村庄实现全覆盖。举办宁波市乡村旅游季开幕式，全面开启“寻味梁弄游”活动，创新推出数字乡村平台“五彩梁弄”公众号。成功举办“跑起来、随风追果香”定向越野赛、环四明湖半程马拉松、2020CHINA100 山地越野赛等多个活动，整合推出以缤纷水果季、清凉避暑季、浪漫金秋季、喜乐年俗季及“幸福十面”为特色的旅游专线 3 条。梁弄大糕制作技艺在省“非遗传薪”中获得优秀奖。全年接待游客 162 万人次，实现旅游收入 2.96 亿元，同比分别增长 2.53% 和 6.86%。

推进初新农庄、初新营地、明岚雅院和山水景苑等项目建设，完成惟德养老中心、雅贤村低密度商品房、中国电影（音乐）版权服务基地、抗日根据地纪念馆等项目土地出让。编撰出台梁弄招商手册，推进高南村“坡地村镇”民宿项目，

正蒙街夜景

推动四明湖国际生态湖区、乡伴理想村等项目签约。完成横坎头至大岭顶公路、省县道西连接线、汪巷至横坎头、浒溪线至汪巷等道路新建提升工程。完成梁让大溪周边田园整治、生态农场设施提升、汪巷村可已花园等田园综合体配套项目。实施横岙大溪整治、塘头弄山塘除险等7个水利工程，持续推进镇自来水厂新建工程、环湖截污、农村饮用水达标提标等项目。开展重点水库、山塘、小流域视频监控平台建设，“智慧水利”建设被省水利厅宣传推广。

《梁弄镇美丽城镇建设行动方案》入选省级优秀样板创建乡镇行动方案，创建2020年新时代美丽城镇省级样板镇，入选浙江美丽宜居小城镇优秀样本。举办宁波市新时代美丽乡村建设暨乡村产业振兴现场会，完成汪巷村核心区梳理式改造、横坎头牛轭丘村庄整治、浒溪线高南段环境整治提升等工程，稳步推进雅贤村省级美丽宜居村创建工作，创建余姚市“美丽庭院”示范户120户、精品户60户，湖东大溪获评余姚市“美丽河道”。组织开展大糕摊贩、农事用房等专项整治工作。通过国家卫生镇考核验收，省级卫生村实现全覆盖。完成垃圾中转站和镇级再生资源分拣场所改造，18个村（社区）试行垃圾分类定时定点投放新模式，小区和农村生活垃圾分类在宁波、余姚市级检查考核中位列前茅。完成四明湖等3个水库的“一源一策”保护方案。完成“低小散”整治企业10家，新建各类污水管道8.22千米，新增污水纳管320户，整治提升公厕20余座，关停畜禽养殖场6家，新增绿化面积1.3万平方米，创建省级“一村万树”推进村2个，森林覆盖率达到72%。全域土地综合整治和生态修复工作入选自然资源部生态产品价值实现典型案例。

成立正蒙教育基金会，梁弄镇中、镇中心小学与余姚中学、实验学校、东风教育集团等名优学校建立长期结对帮扶战略。新增余姚市级健康小屋1座，健康精品线1条，为老年人上门服务8000余人次，重点人群的家庭医生签约率达65%，血液透析室全年为山区群众服务1200余人次。户籍养老保险、医疗保险参保率分别达到98.42%和99.85%。完成《梁弄镇志》编撰出版工作，全镇17个行政村实现文化礼堂全覆盖，举办梁弄镇首届新乡贤联谊会，组织开展“火红梁弄”群众文化节，词曲创作获得省市多项大奖。“五彩梁弄”文明示范线参加2020海丝之路（中国·宁波）文化和旅游博览会，召开浙江省“溯源新思想”高端论坛。完成全国文明镇、村复评工作，汪巷村入选省级文明村候选名单。建成镇社会矛盾纠纷调处化解中心和社会治理综合服务中心。全年未发生重大及以上安全生产事故，镇食安办获省级三星级乡镇食安办称号。创新推广“弄里小事码上办”智慧门牌，探索数字乡镇与网格工作无缝对接。成立首支乡镇“交警铁骑队”，实施治安监控“雪亮工程”二期。修改完善《梁弄镇防汛防台应急预案》等应急预案9个，完成18个村（社区）的突发事件应急预案编制工作。常态化开展“三服务”“走亲问效访万户”“低收入结对帮扶”等活动。“最多跑一次”事项向村一级延伸，组建村级跑腿员队伍，探索建立全程代办服务体系。创建全国“枫桥式”退役军人服务站3个，完成困难残疾人“净居亮居”改造6户、无障碍设施改造9户。

【“春归大地　乡约宁波”乡村旅游季活动启动】

4月23日，“春归大地　乡约宁波”乡村旅游季活动在梁弄横坎头村启动。启动仪式上，省委副书记、宁波市委书记郑栅洁与4位村民代表共同触摸启动屏。相关部门发布乡村旅游主题活动、精品线路、最美田园和农家特色小吃。启动仪式前，郑栅洁参观了现场举办的“寻味梁弄”活动。

此次活动包括都市田园、缤纷四明、斑斓海岸和古镇风情四个板块，串联起宁波市24个重点旅游乡镇100多项特色农事民俗活动，推出236项“美食”“美宿”“美购”“美道”特色产品和60个特惠旅游套餐，形成“镇镇有品牌、周周有活动”的乡村旅游系列活动。活动持续至5月底。

省委常委、宣传部部长朱国贤（前排左一）参观“五彩梁弄”文明示范线

【梁弄镇首届乡贤联谊会成立】

6月25日，梁弄镇首届乡贤联谊会成立大会举行。来自社会各界的70余名梁弄乡贤齐聚一堂，共话家乡、共叙乡情、共谋发展。市委常委、市委统战部部长蒋士勇参加活动并为梁弄镇乡贤联谊会揭牌。会前，与会乡贤实地参观了红色梁弄展览馆、横坎头村新时代文化实践站等地。

【“五彩梁弄”文明示范线亮相2020海丝之路（中国·宁波）文化和旅游博览会】

9月25—27日，“五彩梁弄”文明示范线代表余姚市参加了2020海丝之路（中国•宁波）文化和旅游博览会，也是宁波参加展览的10条文明示范线之一。在博览会现场，“五彩梁弄”文明示范线展台的展品不仅有梁弄大糕、五彩年糕、五彩面、番薯片、笋干等当地的农副产品，还有梁弄特色的文创产品和图文介绍，以此展示梁弄的红色文化内涵、绿色生态产业、古色历史风韵、金色发展引领、蓝色智慧经济等五色元素。

【“溯源新思想”高端论坛举行】

11月27日，“溯源新思想”高端论坛在梁弄镇举行。论坛由中国社会科学院习近平新时代中国特色社会主义思想研究中心、浙江省委宣传部主办。来自中国社会科学院、中央党校（国家行政学院）、中国人民大学、省社科院、省委党校等单位和研究机构的150余名领导干部、专家学者与会。论坛上，中国社会科学院习近平新时代中国特色社会主义思想研究中心与省委宣传部签订关于合作设立“溯源新思想”高端论坛的协议。

6月25日，梁弄镇首届乡贤联谊会成立大会举行

论坛认真梳理习近平新时代中国特色社会主义思想在浙江萌发的清晰脉络和内在逻辑。论坛期间，“全面建成小康社会与‘重要窗口’建设”和“‘八八战略’与区域协调发展”两个分论坛同步举行。

（周程宇）

牟山镇

2020 年牟山镇各村（居委会）基本情况表

表 20

村（居委会）	面积（平方千米）	户数（户）	人口数（人）	集体经济总收入（万元）	集体经济总支出（万元）	总资产（万元）
牟山村	4.4	1102	3193	448.42	162.56	1404.28
魏家村	3.59	906	2605	272.86	97.61	2024.99
新东吴村	3.47	905	2367	249.05	96.35	2621.45
青港村	6.87	996	2881	301.75	111.99	2246.24
狮山村	3.5	561	1607	166.30	85.47	1639.85
牟山湖村	3.04	486	1613	273.64	56.12	2786.23
湖山村	14	1129	3688	372.11	102.52	2967.21
牟山居委	—	712	1066	—	—	—

【概况】

2020 年，牟山镇实现社会生产总值 72.61 亿元，财政总收入 2.91 亿元，其中一般公共预算收入 1.57 亿元，与上年同期基本持平。农民人均纯收入 35970 元，同比增长 10%。

全年实现规模以上企业总产值 34.17 亿元，与上年基本持平；实现销售 33.68 亿元，同比增长 1%；实现利润 3.94 亿元，同比增长 53%；实现工业增加值 9.23 亿元，与上年基本持平。累计引进宁波市外资金 2.02 亿元，余姚市外资金 2.17 亿元，浙商创业创新资金 1.91 亿元，实到外资 300 万美元。全年完成固定资产投资 1.35 亿元，同比增长 11.29%，其中工业投资 1.3 亿元。利佛德汽车零部件年产 2 亿件汽车油箱阀门项目开工，小微园区 4.73 公顷土地挂牌出让。累计科技经费投入 9889 万元，新增全国高新技术企业 2 家，国家科技型中小企业 8 家，宁波科技型中小企业 9 家，完成工业企业“小升规”4 家，个转企 4 家。浙江松原汽车安全系统股份有限公司于 9 月 24 日在深交所成功上市。

全镇早晚稻种植面积 1006.67 公顷，良种覆盖率达 100%，投保覆盖率达 100%。完善编制《牟山镇农业高质量发展规划》。投入 300 万元，完成利奇马台风农业基础设施修复工程和新东吴村水环境整治工程。投入 230 万元，完成青港村胡家片垦造耕地项目，新增耕地 3.11 公顷。肖家江被评为余姚市“美丽河湖”。成功举办“杨梅王”评比网络直播、“牟山湖大闸蟹”休闲节等活动，全年接待游客 35 万人次。

加快基础设施建设。投入 1800 万元，高标准完成七里江桥及道路、环湖北路路面、小胡家至沿山道路、临牟路（牟山段）4 条道路新建、改造提升工程。投入 200 余万元对牟山老街太平桥两侧进行改造。投入 100 万元对农贸市场进行综合改造，并对农贸市场北侧小商品摊位进行集中规范管理。

投入280万元对胡头堰片150余户农户进行污水纳管。对镇中心小学周边绿化带进行整治，新增停车位35个。完成竺山片拆迁区块清零工作和全市首宗农村集体经营性建设用地上市交易。

推进人居环境整治，开展以整治“乱搭违建、乱侵山林、乱建坟墓、乱倒垃圾、安全乱象、环境脏乱”为内容的“六乱同治”专项行动和“六清六净”人居环境提升专项行动，取得较好成效。着力推进“低散乱污”专项整治行动，整治、淘汰、提升“低散乱污”企业（作坊）12家。完成原姚西采石场废弃矿山生态治理，实施孙家山塘生态治理。对趴脚湾建筑垃圾中转站开展规范化整治，启动实施封闭式生态修复。成功创建省美丽城镇基本达标城镇、省文明镇。国家卫生镇以及宁波市“四好农村路”示范镇、“污水零直排区”等创建通过省、市有关部门验收。

社会事业全面发展，投入资金150万元完成各中小学校园设施改造提升工程。完成镇级新时代文明实践所和7个村级新时代文明实践站建设，全镇7个村实现文化礼堂全覆盖。完成《牟山镇志》编纂工作。全域化推进垃圾分类工作，垃圾分类宣传、指导督导全覆盖。规范建立电子健康档案21427份，建档率95.6%。青港村、牟山村积极创建国家示范型退役军人服务站和推进民兵营（连）部规范化建设。

不断加强社会保障工作，完成政策性住房保险参保6331户，农村人身意外险参保19409人。全镇户籍人员养老保险参保率99.1%，医保参保率99.69%。调解各类劳资纠纷15起，涉及金额42.26万元。深入推进全镇居家养老服务。最低生活保障实现应保尽保，累计发放救助补贴491.69万元，发放困难住房补贴23.06万元。2名机关干部前往贵州省兴义市七舍镇开展结对扶贫工作，资助帮扶资金35万元。

成立镇社会矛盾纠纷调处化解中心，有效化解矛盾纠纷23起，调处率和成功率均达100%。加强初信初访调处力度，共受理信访案件248件。受理各类报警1448起，刑事案件立案数79起，同比下降10%；治安案件受案数170起，同比下降8%。“四个平台一张网”建设联动机制作用发挥更加明显，全年各网格上报各类事件信息5079件，各职能部门处理事件632件，事件办结率100%。全力抓好安全生产和消防领域专项整治，保障企业和群众生命财产安全。

坚持“外防输入、内防扩散”，全面落实疫情联防联控工作机制。以网格为单位开展地毯式排查、滚动式排摸，设置卡点32个。全力保障防疫物资，发放口罩10万余个、红外线测温仪150个、护目镜277个。严格落实“健康码+测温”制度，切实守好疫情防控的“小门”。发动社会各界人士参与疫情群防群控，累计有3000余人次志愿者参与村、小区卡点检查和值守，镇商会发动企业向镇村两级捐款达130余万元。

【牟山镇成功创建浙江省美丽城镇达标城镇】

12月21日，浙江省城乡环境整治工作领导小组发布《关于全省新时代美丽城镇建设工作2020年度样板城镇和达标城镇考核验收结果的通报》（浙城乡环治〔2020〕1号），通过现场检查、资料审查、满意度调查、综合评定等环节，确定牟山镇为美丽城镇达标城镇。

【全市首宗农村集体经营性建设用地上市交易】

10月23日，余姚市首宗农村集体经营性建设用地成功出让。该地块位于牟山镇运河沿路南侧、牟山江东侧，面积0.37公顷，为牟山镇牟山村股份经济合作社集体经营性建设用地。此次竞拍通过余姚市公共资源交易中心农村产权交易平台进行网上竞价，最终由余姚市牟山湖垂钓中心以每亩53万元、总价355万元竞得，地块出让年限为40年，用于商业服务项目。

【牟山镇第六届全民运动会举行】

11月21日，由牟山镇党委、镇政府主办的牟山镇第六届全民运动会在牟山镇初级中学操场举行。此届全民运动会以“健康运动，精彩有你”为主题，旨在助力创建国家卫生镇、省文明镇、省美丽城镇，为努力建设新型工业化和休闲旅游协调发展的精致生态宜居小镇，注入新的生机和活力，坚决取得疫情防控和经济社会发展全面胜利。运动会分9个参赛项目，共有来自牟山全镇的400余人参加比赛。

（陆积涛）

丈亭镇

2020年丈亭镇各村（社区）基本情况表

表21

村 （社区）	面积 （平方千米）	户数 （户）	人口数 （人）	集体经济总收入 （万元）	集体经济总支出 （万元）	总资产 （万元）
丈亭村	3.2	1574	4176	224.64	73.37	1630.5
胡界村	3.6	956	2524	113.27	43.65	1223.51
渔溪村	6.1	1121	2733	82.67	46.05	1315
凤东村	6.4	1121	2819	230.8	78.51	884.47
寺前王村	7.8	979	2556	146.92	59.07	153751
半岙村	4.4	808	2078	165.92	73.67	1544.87
汇头村	5.6	893	2229	150.01	40.18	1285.63
龙丰村	3.9	667	1564	202.44	129.7	1445.82
龙南村	3.05	867	2078	236.72	51.66	1617.39
汇龙村	1.7	685	1733	100.16	35.98	697.55
梅溪村	8.3	871	2077	90.24	49.23	1656.19
三江社区	2.55	1391	2716	—	—	—

【概况】

2020年，全镇实现地区生产总值178.18亿元，同比增长4.2%，完成财政总收入4.93亿元，同比增长2.56%，工作成效显著。全年规模以上企业完成工业产值、销售、利润分别为37.1亿元、37.8亿元、2.9亿元，同比增长5.7%、9.8%、37.5%。创新型初创企业达到45家，亿元以上企业9家，全年“小升规”企业8家。共计盘活闲置土地5宗，累计腾出土地10公顷，新引进企业15家，其中翠科机械、亨利达塑业等8家企业为规模以上企业，新培育亿元企业3家，新增工业产值15亿元。招商引资成功落地项目6个，总投资额6亿元，实到外资50万美元，宁波市外投资、余姚市外投资和浙商创业创新资金分别完成2.79亿元、2.79亿元和2.1亿元。完成固定资产投资2.7亿元，其中商业投资1.5亿元、工业投资1.2亿元。

积极打造鲻山油菜花色彩农田项目。扎实推进龙南村、龙丰村“一村万树”项目建设。全力推进重点水利工程建设，逐步提升防汛抗灾能力。杨梅产业基础不断巩固，投资250万元的绿色循环杨梅基地提升项目基本完成。中国杨梅种质资源圃二期改造项目推进，引进优良品种12个，种质研究基础不断夯实。成立镇杨梅产业技术协会，梅农联合发展、求精求进意识不断增强。积极推广杨梅大棚栽培技术，累计实施面积达到3.33公顷，同时引入物联网智能控制技术，切实提升科技助农水平，实现株产3000+、亩产50000+的计划目标。探索研究杨梅酒、杨梅醋加工产业，助力延长杨梅产业链，促进农民增收农业增效，全镇两家酒类企业杨梅酿酒初步形成规模，农户自酿杨梅白酒现象日益普遍，同时深度挖掘梅农资源，开展网红直播、电视台直播、气象微博直播带货活动。

编制美丽城镇建设行动方案规划。全力推进自来水“一户一表”建设。扎实推进“污水零直排区”创建工作。农村生活污水改造汇龙村、寺前王村、凤东村完成，丈亭村、龙南村接近收尾，胡界村基本施工完成。积极开展“六清六净”提升农村人居环境专项行动。开展“两路两侧”整治行动，大力整治S319省道两侧的环境问题和乱搭建现象。全面完成省无违建市创建迎检任务，全年共查处违建28起，拆除面积9380平方米。成功通过省级文明镇复评。“五水共治”工作不断深入，全面落实细化“河长”职责，全年共开展河长巡河4200余次。加大环保查处力度，持续推进环保督察整改，建立环保长效管理机制，对镇域内重点河道周边企业加强监管和环保技术指导，水污染问题得到较大程度改善。深化开展农村环境卫生长效保洁，加大环境卫生全域化保洁的监督考核力度。投入400余万元改造升级农村公厕87座。持续推进垃圾分类工作，进一步完善各村分类处理的设施设备和垃圾收集网点布局。设立新、老集镇再生资源回收站2个，做到11个行政村再生资源收集点全覆盖，助推垃圾资源化、无害化、减量化。新增分类垃圾桶3100余个。成功通过省卫生镇复评。

全镇城镇职工社会养老、医疗、生育、工伤和失业保险参保人数分别达到13496人、13314人、10941人、11415人和11358人。完善家庭医生签约服务制度，签约12513人；完成妇女健康提升工程“两癌”筛查，检查1504人次。深入推进低保专项治理工作，实现低保救助规范、公平、精准、高效。开展多维度社会救助，及时足额地发放好各项救助资金228万元、优抚资金250万元，共涉及1922人。积极做好低收入农户结对帮扶工作，全镇共有213户低收入农户得到市镇两级126名干部的帮扶，开展各类走访送温暖活动。建设完成1个区域性居家养老服务中心，3个AA级养老服务站。组织举办丈亭镇第34届“三江之声”杨梅文化旅游系列活动，策划“三江之声”秋冬篇的系列活动。

推进“一中心四平台”建设，深化基层社会治理“一张网”工作。建立“7+X”社会治理联合执法管理模式，健全联勤联动和快速处置机制，创新实施“周会商”制度，深化“一起来”体制机制改革。43个工作网格共上报事件6460件，所有事件均办结，办结率为100%。深化落实领导干部包案、定期接访、主动下访、随时约访机

丈亭镇人民广场

制和“走亲连心”制度，强化矛盾纠纷和重大不稳定因素排查化解。全年共办理各类信访案件473起，其中来访16件、来信13件、网信74件、来电370件。所有案件均在规定期限内办理，未发生一起重大群体性事件、非正常集体上访事件。层层签订2020年度安全工作目标管理责任书，持续开展重大节假日、重点企业的安全检查。认真落实“安全生产月”“安全生产万里行”各项工作。核查检查838家加工制造类小微企业，对240家企业组织开展复工复产消防安全大检查工作。组织开展全镇企业工人安全和消防技能提升工程培训100余场，培训9000多人。开展安全生产专项执法行动，下发专项执法行动通知500余份，下发整改文书12份，消除安全隐患120条，立案8起，罚款6.6万元。2020年，全镇无各类重大安全责任事故发生。

【“三江之声”杨梅文化旅游系列活动启动】

6月8日，丈亭镇第34届“三江之声”杨梅文化旅游系列活动启动暨“印象丈亭”第八届网络杨梅文化节开幕仪式举行。此次系列活动包括2020“余姚杨梅王”擂台赛、“援鄂天使”梅乡行、“余姚杨梅中国红”——丈亭专场、“感受美丽余姚”——海外学子走进古韵梅乡、“六清六净我来拍”——“格好”杯摄影采风、“银企联手　共赢未来”座谈会、“品杨梅　赏美景　游古道”健康欢乐游等活动。

12月24日，丈亭镇第十四届“和谐三江”文艺演出暨“联片进镇帮村”政协委员送服务下乡活动举行

【法治建设集中宣传活动开展】

12月4日，全镇组织丈亭司法所、矛调中心、综治办、禁毒办、环保所、卫监所、税务所、派出所、法庭、城管、姚东法律服务所等10余家单位和部门在华润万家门口设摊开展法治专项宣传活动，包括法治余姚、平安余姚、禁毒、反邪教、垃圾分类、防电信诈骗等多种法治知识。活动现场分发宣传册、法治挂历和纪念品、提供法律咨询服务等。

【“和谐三江”文艺演出暨“联片进镇帮村”政协委员送服务下乡活动举行】

12月24日，丈亭镇第十四届“和谐三江”文艺演出暨“联片进镇帮村”政协委员送服务下乡活动在三江小学举行。辖区内村（社区）、学校、部门等组成的文艺队伍为群众带来演出。与此同时，三江小学门口设摊开展志愿服务送上门活动，包括保密知识宣传、法律知识咨询、健康咨询、平安建设宣传等。

（李卓颖）

三七市镇

2020年三七市镇各村（居委会）基本情况表

表22

村（居委会）	面积（平方千米）	户数（户）	人口数（人）	集体经济总收入（万元）	集体经济总支出（万元）	总资产（万元）
唐李张村	4.50	599	1671	1298.68	1382.66	947.88
相岙村	4.93	620	1590	170.48	737.95	1572.04
二六市村	3.80	1485	3575	291.03	258.97	7095.58
云山村	4.40	655	1618	211.33	193.55	1652.74
魏家桥村	7.58	1072	2638	267.37	513.41	2342.84
三七市村	7.25	1794	5209	578.76	452.78	2296.03
幸福村	9.00	1607	4058	417.22	775.44	1483.79
石步村	9.60	1153	2968	376.75	760.3	1438
姚东村	6.70	575	1577	215.15	349.56	1311.54
祝家渡村	3.55	838	2113	262.01	655.91	1252.49
胜利村	3.42	791	2400	184.39	321.69	706.2
大霖山村	3.80	511	1292	104.48	190.58	496.62
三七市居委	0.55	1482	2596	—	—	—

【概况】

2020年，三七市镇实现工农业总产值68.22亿元，增长3.71%。其中工业总产值56.6亿元，增长3.85%；农业总产值11.62亿元，增长3%。财政总收入2.67亿元，其中一般公共预算收入1.46亿元，分别减少5.86%和2.71%。农村居民人均可支配收入38700元，增长7.2%。全年引进内资2.45亿元，其中浙商创新创业资金1.55亿元，同比增长46.22%。完成固定资产投资1.5亿元，同比增长19.05%，其中工业投资1.46亿元，同比增长55.58%。

新冠肺炎疫情暴发后，三七市镇第一时间响应，以战时状态筑起“外防输入、内防扩散”的城墙，牢牢守护余姚“东大门”。同时，随着复工复产，快速成立规模以上企业复工驻厂指导组，实行重点企业“二对四”帮扶制度。联村组下沉一线，形成“双线排摸—登记汇总—精准防控”的工作闭环，帮助企业堵住防疫漏洞。

全年实现规模以上工业产值28.3亿元，增长2%。深入开展“三服务”“四送一增强”服务企业专项行动，兑现各类惠企政策补贴2226万元。推进企业复工复产，建立“8718—三七市帮企大厅”线上联企服务平台，帮助43家规模以上工业企业、200余家规模以下企业完成复工审批。高质量发展智能经济，投资5500万元完成余姚市级“机器换人”项目4个，通过宁波市级技改项目验收4个；投资7000万元实施数字化车间项目和智能化改造项目17个。坚持产研双驱，规模以上工业企业研发机构达32家，加强高新技术企业孵化，申报高新企业4家。

完成投资500万元的慈江内塘河及村庄整治工程，完成投资800万元的魏家浦排涝泵站扩建工程，启动实施投资600万元的相岙溪道整治工程；

166.67公顷农业综合开发高标准农田建设项目通过市级验收。新创建绿色食品1个，加强农产品质量安全可追溯体系项目建设，完成11家农产品生产主体入库。杨梅采摘期降雨气象指数保险投保面积377.1公顷，同比增长161.6%。

发展集镇商贸业，结合梅乡古韵精品旅游线建设，以井头山遗址、田螺山旅游专线为中心，助推农村产业融合发展。实施农贸市场改造提升三年攻坚行动，三七市镇菜场、祝家渡菜场、二六市菜场被认定为余姚市一星级菜场，其中三七市镇菜场被认定为浙江省放心农贸市场。

修编完善三七市镇总体规划和控制性详规，完成13.87公顷"批而未供"土地消化工作。全面推进61省道"三清一绿有序"行动，累计补植沿线道路绿化1.5千米，拆除沿线违建4000平方米。总投资1479万元镇客运综合服务站工程完成主楼建设，投资1100万元完成云山工业功能点园区道路、祝云公路西线段、老甬余线等道路建设，通过宁波市"四好农村路"示范乡镇创建验收。

加快建设美丽乡村，石步村成功创建宁波市新时代美丽乡村梳理式改造村，姚东村、相岙村成功创建省卫生村。自来水"一户一表"改造工程覆盖全镇12个村和集镇区域。投入40万元完成15个生活垃圾定时定点投放点设置，改造提升公厕9座。

完成全镇中小学标准照明系统和校园智能安防系统建设，胜利小学田径场改造工程、中学教学楼维修和中考实验室改造工程。井头山遗址考古发掘入选"考古中国"重大项目成果，考古发掘领队孙国平获评2020年度"最美宁波人"。推进家庭医生签约工作，累计签约7567人。就业形势趋于稳定，城镇登记失业率控制在2%以内。养老保险参保率达99.59%，医疗保险参保率达99.82%，发放助残助困等各类救助帮扶资金533万元。顺利完成第七次全国人口普查工作，有序推进人口与家庭工作。

累计排查调处矛盾纠纷45起，受理处理信访件335件，信访事项办理效能指数100%，开展安全生产和消防安全"百日大会战"回头看、"安全生产月"等活动，处置隐患417个。

深化"三服务"和"走亲、解忧、问效到一线"活动。扎实推进中层讲堂和"青思路"活动，镇"37°爱"志愿服务团队获2020年度宁波市疫情防控优秀志愿服务组织称号。持

三七市镇幸福村

续压紧压实换届责任，村级组织换届工作平稳高质完成。深入推进“最多跑一次”改革，充实完善便民服务窗口人员，进一步提升助民解忧能力。

【宁波市“文化进万家”巡演活动走进幸福村】

7月29日，2020年宁波市“文化进万家”巡演活动走进三七市镇幸福村。巡演活动由宁波市委宣传部、宁波市文化广电旅游局、余姚市委宣传部主办。活动分余姚市区和乡镇两个主场区，三七市镇幸福村为乡镇主场区。巡演活动共有13个节目，以弘扬中华优秀传统文化、培育社会主义核心价值观为主线。巡演活动之前，还举办了“幸福村戏剧讲堂”，宁波演艺集团的戏剧老师为群众解读戏剧的相关知识。

【杨梅栽培技术培训开展】

7月29日，三七市镇开展了一期杨梅栽培技术培训，邀请市农业农技推广服务总站正高级工程师汪国云为广大梅农授课。培训课从杨梅栽培的营养价值、经济效益、生态习性入题，再详细讲解杨梅的高效栽培技术，采用图文并茂的形式，对施肥、整形、花果调控等每一个技术环节进行仔细分析。培训在杨梅盛产地石步村举行，150余名梅农参加了培训。

【三七市镇归国华侨联合会成立】

12月4日，三七市镇召开第一次归侨侨眷代表大会，来自全镇12个村的30余名侨眷、留学生家属代表参加会议。会议听取了三七市镇第一次归侨侨眷代表大会筹备工作报告，审议并通过了《三七市镇归国华侨联合会工作细则（草案）》《三七市镇归国华侨联合会选举办法（草案）》。大会选举产生了10位镇侨联一届委员，并召开一届第一次会议进行选举。钱卫忠当选为镇侨联主席，孙国平、李欢当选为镇侨联副主席，钱煜和孙菁菁分别当选为镇侨联秘书长和副秘书长。市委统战部副部长、市侨联主席周姚平为三七市镇归国华侨联合会授牌。

（李早早）

河姆渡镇

2020年河姆渡镇各村基本情况表

表23

村	面积（平方千米）	户数（户）	人口（人）	集体经济总收入（万元）	集体经济总支出（万元）	总资产（万元）
江中村	6.88	1513	3737	751.37	185.76	4637.72
翁方村	4.56	896	2265	312.54	91.5	6380.36
小泾浦村	2.8	654	1596	413.33	103.19	3658.6
芦山寺村	3.34	927	2174	293.5	129.6	4018.77
罗江村	6.37	1301	3201	566.21	253.12	11020.95
河姆渡村	10.15	599	1429	156.52	63.31	2593.46
东澄村	4.3	413	1067	274.5	133.23	3033.31
车厩村	12.2	913	2211	338.06	110.2	2686.05
五联村	11.28	644	1694	279.2	121.53	1858.57

【概况】

2020年，河姆渡镇实现社会生产总值90.8亿元，实现财政总收入3.34亿元，完成社会固定资产投资1.43亿元。成功创建成为浙江省美丽城镇、浙江省新时代美丽乡村示范镇、浙江省森林城镇、浙江省AAA级旅游景区镇、宁波市公共文化示范区，顺利通过宁波市“污水零直排区”创建验收。

年内，按照“外防输入、内防反弹”的要求，牢牢守住疫情防控底线，不折不扣落实各项防控措施，建立区域全覆盖、流程全闭环、管理全时段的精密智控体系。通过提前报备、及时报告、村组群防联防、网格动态排摸等十大机制，有效实现全民动员、全员参与，形成一道多方联动、快速响应的疫情防控“防火墙”。创新设立防疫物资“百千万基金池”，有效解决160余家企业复工复产过程中防疫物资短缺的问题，该做法在全市推广。扎实做好疫情防控期间各项惠企政策落地，累计发放各项惠企补贴55万余元，惠及企业200余家。

全年实现工业总产值76亿元，其中实现规模以上工业产值26亿元。新启动工业项目8个，万洋众创城一期项目主体建筑基本完工，100余家企业签订入园意向协议。新增国家高新技术企业1家，认定国家科技型中小企业7家，新增宁波市科技型中小企业9家，完成宁波市重点技改项目评审验收2个，完成余姚市“机器换人”项目评审验收2个，完成技术改造和智能化诊断项目5个，新增余姚市工程技术中心1家。淘汰落后产能企业4家，完成“低散乱污”及“两小”企业综合治理16家。盘活闲置土地（厂房）3.9万平方米，消化“供而未用”土地2宗2.4公顷，“批而未供”土地6宗7.33公顷，完成低效用地出让22宗6.67公顷。全年实现社会消费品零售总额7.6亿元，新纳入限额以上商贸企业1家，实现自营出口总额3.59亿元，同比增加3%，完成限额以上商品销售总额2亿元，同比增长122%。扎实开展“四送一增强”服务企业专项行动，修订完善各线奖励补助政策，梳理更新全镇涉企惠民补助政策六大块30余条，落实财政补助资金200余万元。

新集镇建设加速推进。商业住宅项目万基·河姆景苑一期售罄，二期进场施工。总投资3亿元的新邻里项目完成地块摘牌并启动方案设计，商会大厦进入方案论证阶段，镇派出所全面建成投用，镇公立第一幼儿园开园启用。嘉穗路（纬四路）东延、耀河路（纬三路）新建、茂才路（纬五路）新建等工程全面完工，众悦路（纬二路）新建、河姆渡南路至兴渡路（车厩大道）连接线新建等工程稳步推进。嘉穗文化公园（纬四路景观工程）、幸福步道、法治公园和甲鱼公园全面完工。垃圾分类工作稳步推进，打造餐厨垃圾分类收运示范线，芦山寺村和翁方村先行实施生活垃圾分车装运，翁方村创建为宁波市美丽乡村农村生活垃圾分类处理工作示范村。深入实施集镇环境综合整治，扎实推进“三改一拆”专项行动，累计拆除违章建筑7.02万平方米。开展集镇农贸市场改造提升行动，罗江村、车厩村菜市场创建为一星级农贸市场。全面实施两路两侧环境整治提升行动，古乍线两侧整治提升、甬梁线两侧环境提升一期、寺慈线罗江段整治提升、三河线立面改造等工程基本完工。

精心打造“茭美古渡”美丽乡村示范线，将农耕文化印象馆、古渡口、禾雀堤、非遗展示馆、越瓷坊、渡畔田缘、古法榨油坊、巧手坊、榫卯工坊、拾遗坊和茶香书屋等众多景观景点串联成线。芦山寺村入选省第九批历史文化（传统）村落保护利用重点村和省新时代美丽乡村特色精品村，车厩村、五联村入选省新时代美丽乡村达标村。农村基础设施不断完善，总面积920公顷的农业综合开发高标准农田建设项目全面完成，新建车袁线至山坑、寺慈线至西庵等一批农村网络公路，不断加强自来水管网、污水管网的运行维护。水利基础设施逐步完善，慈江堤防除险加固一期、五联村拦挡山塘治理、东澄村下岸水闸重建等工程进展顺利。扎实推进村居环境优化提升行动，完成第一批8个自然村的考核验收。深入推进农村“厕所革命”，全面完成公厕三期改建。芦山寺村、车厩村入选省AAA级旅游景区村庄，河姆渡村入选省AA级旅游景区村庄，五联村、东澄村、翁方村入选省A级旅游景区村庄。

加大就业帮扶力度，完成新增就业440人，失业人员再就业157人，困难失业人员再就业16人，招用安置公益性岗位“4555”人员6人。积极实施全民参保登记计划，全力做好社保扩面工作，户籍养老保险参保率99.4%，城乡居民医疗保险参保率99.81%。全力兜底民生保障，发放城乡低保金330.96万元，困难群众及特殊群体临时救助款19.52万元，特困家庭大病帮扶7万元，农村低保及低保边缘户家庭危房改造救助金3万元，散居孤儿和困境儿童生活补助金29.58万元，高龄老人生活津贴56.02万元，各类优抚、社救定补款145.2万元，积极开展80岁以上老年人政府购买服务定期照料活动。平安建设不断加强，全年刑事立案57起，受理治安案件168起，同比分别下降30.49%和16.42%。累计调处各类纠纷127起，调处成功率100%。扎实推进安全生产工作，实现全镇218家危化品使用企业安全生产社会化托管服务全覆盖，扎实开展“两小”企业安全生产和消防安全百日大会战“回头看”、消防生命通道畅通工程专项整治等工作。

【宁波市新时代美丽乡村建设现场会与会代表参观“茭美古渡”美丽乡村示范线】

12月10日，宁波市新时代美丽乡村建设暨乡村产业振兴现场会参会人员在河姆渡遗址博物馆广场报到并参观河姆渡镇“茭美古渡”美丽乡村示范线。宁波市委副书记宋越舜、宁波市副市长卞吉安、余姚市委副书记叶枝利、余姚市副市长楼鼎鼎等出席活动，宁波市各部门负责人，各县（市、区）领导，各乡镇街道主要领导参加活动。与会的领导和嘉宾先后参观了农耕文化印象馆、非物质文化遗产展示馆、浪墅桥古村落、茭白种质资源圃、茭白田甲鱼养殖示范基地等点位，听取“茭美古渡”美丽乡村示范线相关情况并品尝河姆渡美食。

【中国农民丰收节开幕】

9月26日，余姚市2020年中国农民丰收节暨第九届“古韵河姆渡”乡土文化节在河姆渡遗址博物馆广场举行。市委副书记叶枝利宣布活动开幕，市委常委、宣传部部长王娇俐发布河姆渡镇抖音号，市人大常委会副主任严忠苗、市政协副主席缪正刚为农耕文化印象馆授牌，副市长楼鼎鼎致辞。开幕式现场，展示了丰富的非遗传统小吃和精彩的文艺节目。

【河姆渡镇高质量发展大会召开】

6月23日，河姆渡镇高质量发展大会在镇公共文化服务中心召开。全体机关干部、各行政村党组织书记、村委会主任、镇属驻地部门负责人、各工业企业、农业企业代表、市

9月26日，余姚市2020年中国农民丰收节暨第九届“古韵河姆渡”乡土文化节在河姆渡遗址博物馆广场举行

6月23日，河姆渡镇高质量发展大会在镇公共文化服务中心召开

帼创业代表、战“疫”突出贡献团队、先锋团队及个人代表等参加大会。会议动员全镇上下以更加振奋的精神状态、更加有力的工作举措、更加严实的工作作风，推动全镇经济社会各项事业再上新台阶，奋力谱写“后疫情”时代河姆渡高质量发展新篇章，为高水平建设浙东特色名镇提供强大支撑。

（河姆渡镇）

小曹娥镇

2020年小曹娥镇各村基本情况表

表24

村	面积（平方千米）	户数（户）	人口数（人）	集体经济总收入（万元）	集体经济总支出（万元）	总资产（万元）
曹一村	2	970	2311	465	505	2551
曹娥村	5	1769	3981	575	510	4136
建民村	5.2	1461	3981	426	627	2542
朗海村	6	1956	4352	1303	617	4577
滨海村	4	1882	4250	508	998	4188
南新庵村	2.8	976	2237	327	915	3265
镇海村	2.2	1062	2382	301	453	2741
人和村	4.4	1638	3766	515	518	2666

【概况】

2020年，小曹娥镇实现社会生产总值201.1亿元，同比增长7.4%；实现财政总收入4.12亿元，同比增长11.96%，其中一般公共预算收入2.28亿元，同比增长19.37%；农民人均可支配收入达到4.19万元，同比增长6.1%。

年内，产业加快升级，五大传统基础产业发展稳中有进，以鑫和电池为代表的新兴产业发展势头强劲，世茂铜业、普力丝日化等龙头企业带动作用增强，杭州湾（小曹娥）机电产业园建设有序推进。全镇实现工业总产值185亿元，同比增长7.5%；规模以上企业挖潜增效，产值、销售、利润分别达124亿元、124.8亿元、3.2亿元。推进“机器换人”，五星电镀、华信电镀、舜扬电器技改项目有序推进，完成技改投资1.2亿元。着力做强创新驱动，全镇规模以上工业企业实现高新技术产值14亿元，占规模以上产值的15.8%；新产品产值达到21.4亿元，占规模以上产值的

24.2%。全力推进企业培育，完成高新技术企业申报2家，扎实推进“凤凰行动”计划，助力世茂能源顺利完成上市过会，服务锦莱化工做好上市准备。

全镇实现农业总产值9.8亿元，同比增长10.1%。农作物种植稳定增产，榨菜种植面积达706.67公顷，产值达2862万元；雪菜种植面积686.67公顷，产值达1236万元。推进农业增产增效，带动农民增收，通过专业合作社、家庭农场、农民经纪人销售各类农产品1.3万吨，销售额达到6500万元。畜牧养殖业有序发展，建有规范化养殖场28个，出栏生猪2.8万头，实现产值达2.5亿元。“美丽经济”建设深入推进，着力践行“农业+旅游”发展模式，成功创建AA级旅游景区村2个、A级旅游景区村2个。

疫情防控扎实有力。严格贯彻“外防输入、内防反弹”的总体防控策略，精准落实秋冬季疫情防控任务。组织全镇党员干部坚守在卡口检查、上门排查、村庄巡查等防控工作一线，落实“全域一码通”动态管控、建立党员“六联六包”制度、实行重点人员小周期滚动排查机制，推动全员参与、全线压上，全力以赴构筑起坚固防线。在周边乡镇发现感染疫情病例的情况下，全面落实“守小门”工作，镇区内无一人感染。

新区开发持续加速。新集镇开发全面推进，万悦府一期接近售罄，二期开盘销售。着力完善新集镇配套设施，完成总投资1000万元的集镇新区公园建设、余姚大道绿化补种工程、符丁直沟改造工程、核心地块绿化提升工程及孝慈路道路新建工程。公共配套设施建设加快推进，卫生院迁建一期工程完成规划批复和设计招标，新区幼儿园建设工程结顶。集镇新区商服用地征迁工作同步加快，探索调整安置小区前期1.47公顷方案设计。

环境面貌不断改善。全力打好“五水共治”攻坚组合拳，完成治水项目投资1370万元，实施了河道疏浚、河道两岸污染源治理、污水纳管等工程，河道水质明显提升。强势推进“污水零直排区”建设行动，完成非首创农村生活污水运维工作移交，通过宁波市“污水零直排区”初检。推进电镀园区专项整治行动，逐项落实上级环保督察、长江经济带生态环境反馈问题整改任务，加快推进异地搬迁、原地拆建、原地整治等分类整治。

美丽乡村不断深化。以美丽城镇建设为统领，持续推进“振兴美丽乡村三年行动”，累计完成投资5112万元的美丽城镇创建，完成年度工作任务，实现美丽乡村合格村全覆盖，示范村达

小曹娥镇

到五分之一以上，初步形成“一村一品”“一村一景”“一村一韵”的美丽格局。垃圾分类持续推进，积极开展垃圾分类基础设施建设和各项宣传活动，推广阳光堆肥房应用。

社会治理创新发展。完善基层矛调结构，成立全市首家镇级矛盾纠纷调处化解中心，形成劳资调处、信访调处、司法化解、联合执法、纪检监察、代表“一起来”六大区块，“四色调和法”有效推广，全年完成书面调解52起，口头调解92起。加大平安宣传力度，累计投入517万元开展“平安宣传月”“网格长入户”“两代表一委员”等活动，“平安三率”逐步提升。社会防控能力逐渐加强，投资192万元的镇消防反恐应急管理中心建成运作。树牢“大安全”理念，探索公共安全管理长效机制，加大安全生产、消防、交通等专项整治和常态化执法力度，消除安全隐患，维护群众生命安全。

【兴义市捧乍镇开展东西部扶贫协作考察交流】

5月12日，兴义市捧乍镇党委委员、人大主席罗永华一行到小曹娥镇开展交流考察活动。双方首先召开了交流座谈会。会上，小曹娥镇人大主席翁贤权和捧乍镇人大主席罗永华分别介绍各自地区经济社会发展基本情况及结对帮扶工作推进情况。双方参会人员还就结对以来协作帮扶工作开展情况进行深入交流，小曹娥镇政府向捧乍镇政府捐赠帮扶协作资金。会议结束后，捧乍镇考察团还参观了小曹娥镇朗海村、卫生院、中心小学、阿姚皇和世茂铜业等单位。

5月12日，兴义市捧乍镇到小曹娥镇开展交流考察活动

【“农户小额普惠贷款”项目启动】

4月10日，余姚市“农户小额普惠贷款”项目启动会议在小曹娥镇召开。会议首先由市农商行信贷业务部主任郭丹红介绍项目基本情况，从背景和意义、项目概况、申请条件、额度与期限、工作流程和操作指导六方面作简要讲述。会上，市农商行向小曹娥镇授信10亿元。

【“孝风润心”家庭教育讲师团成立】

10月19日，小曹娥镇“孝风润心”家庭教育讲师团成立仪式暨“孝风润心”家庭教育第一讲在镇中心小学报告厅举行，共有200余人参加此次活动。成立仪式上，镇宣统委员朱红良宣读了讲师团成立文件。镇党委副书记罗锋、宣统委员朱红良共同为讲师团成员颁发聘书。随后，小曹娥镇中心小学副校长沈旭峰以孝德读本《孝风轻轻吹》为素材，作“孝风润心”家庭教育第一讲。

（季建伟）

临山镇

2020年临山镇各村（居委会）基本情况表

表 25

村（居委会）	面积（平方千米）	户数（户）	人口数（人）	集体经济总收入（万元）	集体经济总支出（万元）	总资产（万元）
湖堤村	2.5	1278	3527	252.1	152.7	2372.84
汝东村	4	954	2689	233.93	125.56	2580.49
临南村	9.13	1386	3961	186.72	176.37	4763.76
临山村	4.5	1168	3252	255.96	217.75	2743.52
临城村	5	1155	3279	283.25	59.67	4360.84
临浦村	5	1759	4500	272.04	189.62	6076.96
临海村	2.58	1737	5083	311.35	123.25	5762.55
兰海村	2.36	905	2460	142.38	122.41	1802
梅园村	3.17	1070	3227	158.43	35.4	1230.53
邵家丘村	4	891	2539	243.42	68.08	3675.39
凤麟居委	—	1724	3021	—	—	—

【概况】

2020年，临山镇实现地区生产总值125亿元，规模以上企业完成产值45.1亿元。农业产值15亿元，同比增长3%。全镇社会消费品零售总额达到11.9亿元。全镇实现财政总收入4.28亿元，同比增长0.7%，一般公共预算收入2.4亿元，同比增长4.6%。年内，创建成为浙江省农业绿色发展示范区、宁波市耕地保护突出乡镇、余姚市红十字综合工作先进集体、余姚市“高质量发展”工作农业农村发展突出贡献集体和余姚市残联工作先进集体等。

全年完成实到内资2.6亿元，外资180万美元。全年共计投资技改类固定资产2056万元。奥晟电器、锦添喷雾企业成功申报宁波技改项目。全年新增亿元企业1家，“小升规”4家，新增余姚市企业工程技术中心1家，成功备案宁波级创新型初创企业10家。全年规模以上企业实现高新技术产值24.2亿元，企业科技投入达1.2亿元，R&D经费支出0.85亿元。爱迪升电镀公司和上海大学材料科学与工程学院建立产学研合作。全年共消化“批而未供、供而未用”土地15.69公顷，其中兰陵路西侧地块完成拍卖出让工作。全年共计排摸闲置厂房5.6万平方米，并成功盘活50%。

面对新冠肺炎疫情，成立临山镇新冠肺炎疫情联防联控工作领导小组及办公室，全力组织镇、村干部开展卡口检查、人员排摸、环境消杀等工作，严密守住村（居）、企事业单位、商店、市场等各个“小门”。成立由领导班子组成的联企服务队，深入开展“三服务”“四送一增强”等专项行动，编制各项惠企政策，及时送政策到企业。全年共向企业发放复工补贴86.02万元。

成功创建省级农业绿色发展先行示范区。全年葡萄经济效益达2.4亿元，其中万达广场葡萄节借助“互联网+”效应，取得较好效益。余姚市动物卫生监督所临山镇动物检疫申报点被评为省级基层动物卫生监督示范所。全年实施镇村两级工程项目49项，投入资金2059万元改善城乡基础设施。扎实推进2015年度中央财政小型水利重点县临山镇建设项目（二标段），全年累计完成疏浚湖泊一个，清淤17万立方米，新增泵站、水闸各1座。重点推进全域土地综合诊治，获宁波市级耕地保护成效突出乡镇。新建、维修、提升农村网络公路7条。汝东村、临城村、兰海村、梅园村、临山村被评为浙江省卫生村，汝东村、兰海村、梅园村被评为浙江省新时代美丽乡村，临海村被评为浙江省“一村万树”示范村。

接受中央环保督察，落实相关整改要求，建立常态化管理机制。推进垃圾分类，各行政村共设置一般投放点1300余个，所有居民小区完成“撤桶并点、桶边督导、定时定点”三项机制建设，临山锦园、迎凤佳苑创建为宁波市生活垃圾分类示范小区。开展大浦江水质提升工程，建设完成24小时水质自动监测基站，完成入海河流达三类水质考核目标，同时列为余姚首条创建宁波市2020年上下游横向生态补偿考核断面流域。推进污水纳管，共济路、329国道污水管道建设及临浦村农贸市场区域污水管道建设工程竣工，全镇复验通过“污水零直排区”创建。“基本无违建乡镇”通过省级验收。

总投资2600万元的镇中心幼儿园开学，“低小散”幼儿园整治全面完成。总投资5600万元的镇中改造提升工程，设计方案通过规划局评审。临山卫生院完成CT室室内装修改造，余姚市急救站临山急救点建成投用，缩短姚西北急救半径。汝东村成功创建AAA级居家养老服务机构。开展医养小屋工程，为老年人提供疾病诊治、健康咨询、康复护理服务，构建养老、孝老、敬老政策体系和社会环境。全镇户籍人口养老保险、医疗保险参保率达98.5%和99.85%。开展农村公民道德意识提升工作，促进乡风文明建设与社会治理双翼齐振。邵家丘村获评第六届“全国文明村”，林福宝被评为全国“敬老爱老助老模范人物”。扎实推进道德银行建设工作，经验做法被中央电视台专题报道，邵家丘村、汝东村通过余姚市道德银行建设示范村考核验收。

全年共受理调解各类矛盾纠纷136起，调解成功率均达100%。受理各类信访案件493件，全部办结。构建“社会调解优先，法律诉讼在后”的递进式矛盾纠纷分层过滤体系，在全市范围内率先探索利用“5G+VR”技术，利用互联网远程开庭，实现矛盾纠纷化解“最多跑一地”。全年共检查“两小”企业消防生命通道802家，排查出隐患1578处，整改率100%。共检查“三场所两企业”76家，并落实整改措施，消除安全隐患。推进高危、涂装行业安全生产社会化管理工作，依托专业第三方对77家企业开展现场检查指导。

深化“网格前哨+百姓微信群”模式，推广锋领前哨百姓微信群。着力抓好两新组织建设，国昌和味香园党支部被评选为余姚市“双强”两新党组织，积极推广“红锋信贷”，共协助19家企业获得余姚市农商行临山支行授信。

7月10日，2020临山江南葡萄节“地摊夜市”进广场活动举行

【2020年临山江南葡萄节开幕】

7月10日，余姚市副市长楼鼎鼎携临山镇党委书记及镇长以视频形式宣布江南葡萄节开幕。各大媒体及社交平台同步云发布2020（余姚·临山）江南葡萄节系列活动安排、“味香园”葡萄价格指数，推荐精品农旅线路，公布采摘游相关农户商户信息。7月10日、7月11日晚，临山镇党委书记、镇长和余姚人民广播电台各主播一起在余姚万达广场开展江南葡萄节“地摊夜市”进广场活动，为临山“味香园”品牌葡萄带货，用“地摊经济”助力临山葡萄销售。

葡萄节系列活动持续到9月底，其间举办“我和葡萄的故事”电波秀、余游记大赛——千年临山卫城游记、临山镇乡贤座谈会议、影视协会采风活动、主播带你游临山、主题营销等活动。

【临山镇新中心幼儿园开园】

8月，投资2600万元的临山镇新中心幼儿园竣工。临山镇中心幼儿园为浙江省二级四星幼儿园，新园占地0.8公顷，园内设施完善，功能齐全。根据市教育局相关招生通知做好2020年招生工作，9月顺利开学。

【临山镇首届新乡贤联谊会成立】

10月17日，临山镇首届新乡贤联谊会成立大会在戚海庄园举行。来自全国各地的50余名乡贤欢聚一堂，共叙乡情，共谋家乡发展。大会由镇党委副书记、镇长胡建主持。会上新当选的会长、余姚国昌电器有限公司董事长陈国昌，名誉会长、杭州爱丽芬科技有限公司董事长、民盟浙江省经济专委主任、浙江省国际商会副会长姚博明，联谊会副会长戚瑞芳发言。

【第一轮占耕情况反馈工作完成】

作为《浙江省农村乱占耕地建房问题专项整治三年行动》的基础工作，临山镇组织专业人员队伍全面完成第一轮占耕数据核查工作。在为期近两个月的重点专项突破中，临山镇完成2013年1月1日以来涉及10个行政村的1236处土地卫片执法图斑排摸校对上报工作。通过现场照片印证、图斑数据比对，并在余姚、宁波多轮数据校验后，成功剔除不纳入图斑729块。纳入图斑在各村完成公示。

【邵家丘村获评“全国文明村”】

11月20日，全国精神文明建设表彰大会在北京召开。在第六届全国文明村镇、文明单位评选活动中，临山镇邵家丘村获评第六届“全国文明村”。

（邵梦瑶）

10月17日，临山镇首届新乡贤联谊会成立大会举行

黄家埠镇

2020年黄家埠镇各村（居委会）基本情况表

表26

村（居委会）	面积（平方千米）	户数（户）	人口数（人）	集体经济总收入（万元）	集体经济总支出（万元）	总资产（万元）
杏山村	5.16	947	2860	261.02	181.55	3508.62
华家村	3.12	932	2610	709.49	313.75	1458.76
回龙村	4.2	1203	3165	952.22	545.76	6483.62
五车堰村	4.7	1271	3581	165.24	346.98	3091.17
黄家埠村	3.75	1395	3770	465.71	520.62	3345.08
高桥村	4.6	1345	3613	909.35	1067.04	5244.78
韩夏村	4.5	1311	3481	205.65	175.42	1857.53
上塘村	3.82	1134	3135	205.81	185.98	1341.72
横塘村	5.04	1707	4488	228.59	337.98	2939.53
十六户村	4.8	1709	4251	180.82	314.95	4015.33
黄家埠居委	—	1131	1472	—	—	—
回龙居委	—	556	870	—	—	—

【概况】

2020年，黄家埠镇实现社会总产值261亿元，完成财政总收入3.52亿元，其中一般公共预算收入1.92亿元，农民人均纯收入4.05万元。

年内，被评为宁波市经济管理工作成绩突出集体。全年实现规模以上工业产值46.11亿元、销售45.22亿元、利润1.89亿元；其中，规模以上工业增加值11.5亿元。同时，工业效益保持良好态势，企业赢利能力明显增强，自营出口额达到20.55亿元。空间布局不断优化，余姚（黄家埠）万洋众创城初具雏形，签订落户企业21家，意向企业30余家，项目累计投资1.15亿元。中河路南侧6.13公顷地块、光耀热电东侧地块10家落户企业相继动工。宁波交工矿业有限公司年开采量412万吨建筑用石料生产项目南线进入试生产阶段。科技创新不断加强，实现规模以上企业研发投入1.14亿元，新增国家科技型中小企业、宁波科技型中小企业各9家；新增基伟、华寅2家国家级高新技术企业；备得福、正欣、杰立、欧伦泰4家企业成功进入余姚市单项冠军行列；完成数字化车间项目和智能化项目改造10个。

投资515万元实施高效节水管道灌溉工程，投资约400万元基本完成千金湖地块垦造耕地项目、十六户村七四丘垦造耕地项目。粮油产量逐年攀升。全年共种植水稻超过1300公顷，榨菜超过460公顷，小麦超过180公顷，晚稻亩产460千克。明凤甲鱼连续四年获评中国国际现代渔业博览会金奖，与中科院院士桂建芳合作成立全市首家渔业领域院士工作站。“订单农业”模式发挥实效，精准解决榨菜行业供需失衡问题，年均帮助菜农创收达2000余万元。农村改革持续深化，顺利完成全镇农村土地承包经营权确权工作，权证发放率达到100%。

全域美丽城镇建设持续深入推进。“五水共治”不断深化，高标准推进“污水零直排区”建设，投资1100万元实施黄家埠村新街及周边截污纳管工程，污水处理能力得到有效提升。大力开展生活垃圾分类，抓好配套体系建设，全镇共建成示范投放点80个、一般投放点645个，其中十六户村成功创建成为宁波市农村生活垃圾分类处理工作示范村。有序实施“厕所革命”三年行动计划，完成农村公厕新建与修复16座。全力打好“三改一拆”持久战，拆除存量违章5万多平方米。

深入开展“三服务”专项活动。全年解决群众在就业、养老、教育等方面的问题400余条。强化社会保障力度，城乡居民社会养老保险、医疗保险参保率分别达到99.52%和99.75%。不断完善社会救助兜底机制，落实扶贫帮困各项政策，社会优抚、慈善事业、残疾人事业等稳步推进，全年累计发放各类救助资金700余万元。持续推进“平安黄家埠”建设，探索创新基层社会治理“一起来”工作机制，各类信访事项办结率达100%，矛盾调解成功率达100%。深入开展“扫黑除恶”专项斗争，严厉打击各类违法犯罪活动，不断净化社会环境。严格落实安全生产责任制，紧盯危险化学品、消防、道路交通、特种设备等重点行业领域、重点区域，推进安全生产风险分级管控，确保无重大安全生产事故发生。

10月3日，黄家埠镇乡贤联谊会成立大会举行

【第十二届“兰风国庆十天乐”系列活动开幕式举行】

9月29日，黄家埠镇第十二届“兰风国庆十天乐”系列活动开幕式、2020年“黄家埠好人”表彰仪式在上塘村文化礼堂举行。开幕式上，副镇长赵红棱宣读“黄家埠好人”表彰文件，镇党委委员、人武部部长钱文权颁发道德绿卡。镇党委副书记、镇长丁坚强为“黄家埠好人”进行了颁奖。

此次活动围绕“文明古埠，健康兰风”主题，积极开展各类群众文化活动，以村为单位，组织每个村开展好一场充分展示该村优秀文体队伍以及特色民间技艺的文化活动。

【黄家埠镇乡贤联谊会成立】

10月3日，黄家埠镇乡贤联谊会成立大会举行，来自大江

10月23日，由万洋集团投资建设的余姚（黄家埠）万洋众创城二期正式开工建设

南北的60多名黄家埠镇乡贤和嘉宾参会。镇党委书记王华威代表镇党委、镇政府向参会的各界乡贤表示了欢迎和感谢，介绍了黄家埠镇的经济社会发展情况和取得的成绩。镇党委副书记陈斌通报乡贤联谊会筹备情况，宣读联谊会章程，介绍联谊会组织机构及相关建议人选。市委常委、市委统战部部长蒋士勇为联谊会授牌，并发表讲话。

【余姚（黄家埠）万洋众创城二期开工建设】

10月23日，由万洋集团投资建设的余姚（黄家埠）万洋众创城二期正式开工建设。市委常委毛丕显参加开工仪式并为工程开工培土奠基。开工仪式现场，还举行了银行授信仪式和企业入驻签约仪式。余姚（黄家埠）万洋众创城位于前湾新区与滨海新城交界处，项目规划用地约10公顷，总建筑面积约25万平方米。

（徐少炯）

大隐镇

2020年大隐镇各村（居委会）基本情况表

表27

村（居委会）	面积（平方千米）	户数（户）	人口数（人）	集体经济总收入（万元）	集体经济总支出（万元）	总资产（万元）
芝林村	5.7	646	1499	173.38	16.78	2584.08
章山村	11	981	2327	186	30.04	4255.21
云旱村	7.1	666	1522	163.17	23	2071.27
学士桥村	5	697	1598	292.74	36.64	4853.39
大隐村	2	410	887	152.53	16.81	3459.53
滨溪居委	—	361	558	—	—	—

【概况】

2020年，大隐镇实现地区生产总值28.04亿元，与上年基本持平。实现财政总收入1.18亿元，同比减少13%；一般公共预算收入6265万元，同比减少11.9%。实现农业总产值1.5亿元，增长3%。实现工业总产值20.8亿元，同比增长6.6%；其中规模以上企业产值12.1亿元、销售12亿元、利润7800万元，分别同比增长1.6%、4.3%、7.1%。全年实现第三产业产值5.78亿元，同比减少20.1%。重点商贸服务业销售增长6.2%，完成商贸服务业投资150万元。

扎实开展“三服务”“领导干部联系企业”等活动，全面落实中央减税降费、财政补贴政策，为各类市场主体发放复工复产补助15.45万元。扶优扶强龙头企业，强企建设成效明显，生久集团预计实现销售6亿元，同比增长约8%。科研投入逐步加大，研发企业占比62%；全年规模以上企业完成研发费用5000余万元，研发经费支出占比3.74%。技术改造不断提速，实现技改项目3个，投入设备1900万元，创收400余万元。生久公司节能风机生产线技改项目投入生产，林鼎传动信息化厂房完成建设并启动自动化改造项目，实现规模企业技术改造全覆盖。积极推进创新集成，新申请专利10件，数字经济核心产业突破6700万元，新增单一窗口跨境电商1家，出口额超600万美元。开发盘活低效用地，全年消化利用“批而未供”“供而未用”土地3.17公顷。

实施传统优势产业改造提升行动，扶持发展高附加值新兴农业业态，新增喷滴灌建设面积10公顷、连栋大棚4公顷，新增无公害农产品1个、市级农业示范园1家，金刚溪农庄成功申报余姚市示范性家庭农场。农产品品质不断提升，金刚溪农庄樱桃、草莓分别获市级樱桃评比一等奖和草莓评比银奖；满山红杨梅基地、生久杨梅园所产杨梅分别获市级杨梅擂台赛一等奖和“最甜杨梅”称号；立淳茶厂选送的茶叶被评为“中绿杯”茶叶经典茶样品。加快四明山片区项目建设，投资1000余万元的云旱村市场及配套工程、隐溪河生态整治提升工程建设相继完工。补齐农业基础设施短板，总投资740万元的隐溪河支流新建工程、新三山桥下流挡墙砌石整治工程及章山新村内河修复工程、五洞闸修复工程等项目顺利交付。林业生态持续优化，完成大隐村53.33公顷森林扶育和9.33公顷林相改造任务，芝林村获评宁波市生态文化基地。

品质村庄建设持续加码，学士桥村创建浙江省美丽宜居示范村，集镇创建浙江省AAAA级景区乡镇。强化旅游配套设施支撑，隐溪河孝子公园、沿岸观光灯带、慢步绿道等投入使用。加快旅游标准化体系建设，标识标牌、旅游厕所、旅游停车、服务中心、智慧旅游等软硬件设施逐项健全。完成省级文保单位山王殿的修缮布展，积极开发石文化研学游、民俗文化体验游、农家乐亲子游等互动式旅游业态。农家乐、民宿产业发展集群化、高端化，芝林村民宿床位数突破200个。

全年落实美丽城镇建设项目20个，总投资9125万元，开工率100%，投资完成率100%。纵深推进路网结构优化，完成投资322万元章山新村东侧道路新建工程，实施零星地块的整合与开发。加快污水管网建设，实施投资200万元滨溪北路污水总管建设，进一步完善污水主干管网布局。持续推进农村饮用水达标提标，先后完成投资90万元的滨溪北路自来水主干管道、投资900万元的农村饮用水供水管网能延则延工程，芝林村、云旱村云溪片农村饮用水达标提标工程建设。民生实事项目加快推进，投资70万元上大线公路治超系统完工。

垃圾分类工作全面推进，实现“1234”机制基础设施建设各村全覆盖，推进“撤桶并

山水大隐　诗画田园

点”，优化设立公共投放点120个，建成垃圾分类示范小屋11个。完成第二轮全域保洁招投标。“三改一拆”深化推进，积极开展“无违建乡镇”创建，全年拆违面积1.2万平方米，完成拆违任务的104.17%。“五水共治”工作全面深化，“河长制”长效机制抓实抓细，落实9个小微水体专人日常管理，开展保护隐溪河违规渔具清理行动。“六清六净”行动扎实推进，全市首创“无人机”助力勘查隐蔽性“脏乱差”，清理各类垃圾992吨、田间废弃物10.8吨。

新冠肺炎疫情防控工作有效推进，全镇未发生一起确诊和疑似病例。学校教育现代化实施，完成义务段校园安全技防工程升级改造，实施中心学校教学楼外立面改造、操场草坪铺设等，中心学校通过宁波市文明校园复评，第二幼儿园通过省二级幼儿园复评。医共体建设推进，制定医疗卫生服务领域“最多跑一次”改革项目责任清单，家庭医生签约服务不断完善。全面完成辖区内第七次全国人口普查工作。新时代文明实践工作推进，文化惠民工程开展，文化投入更趋多元，“隐溪河畔”文化旅游节、“中国·大隐”登山大会暨余姚乡村马拉松（大隐站）系列活动举办。“五大保险”工作开展，全民参保登记计划推进。化解历史信访积案和信访“钉子案”取得新成效，主要做法和化解经验得到宁波市委主要领导的批示肯定。

1月18日，大隐镇举办首届“我在大隐过大年”活动

【首届“我在大隐过大年”活动举办】

1月18日，大隐镇举办首届“我在大隐过大年”活动，30余户家庭、约100位幸运粉丝参加了此次活动，一起体验大隐老底子的年味。30户家庭从大隐镇学士桥开始，参与品学士糕、走学士桥，在农家土灶烧美味家乡菜，在农村文化礼堂体验喜庆民俗年，逛浙东小九寨，在许愿树上写下心愿，共同祈福新年等活动。

【2020隐溪河畔文化旅游节开幕式晚会举行】

9月28日，由市委宣传部、市文化和广电旅游体育局、市妇女联合会、市慈善总会、大

9月28日，2020隐溪河畔文化旅游节开幕式晚会举行

隐镇党委、大隐镇政府联合举办的2020隐溪河畔文化旅游节开幕式晚会在镇文体中心欢乐大舞台举行，近千名群众观看了整台晚会。活动对第一届大隐镇慈善之星、大隐镇文明家庭、第四届最美大隐人进行颁奖。随后，以“迎中秋、庆国庆”为主题的文艺晚会拉开帷幕。

12月26日，中国·大隐第六届登山大会暨余姚乡村马拉松（大隐站）活动在天下玉苑举行

【中国·大隐第六届登山大会暨余姚乡村马拉松（大隐站）活动举行】

12月26日，中国·大隐第六届登山大会暨余姚乡村马拉松（大隐站）活动在天下玉苑举行。市政协副主席、市四明山旅游度假区管委会主任缪正刚宣布活动开始并鸣枪发令。近千名户外运动爱好者参加活动。

登山路线为连接天下玉苑景区与浙东小九寨景区的“天芝步道”，途经道岙岭、香积寺、美人峰，全程13千米。余姚乡村马拉松（大隐站）分两组进行。其中，2021竞技组全程20.21千米，欢乐跑组全程13.14千米。

（陈哲雯）

大岚镇

2020年大岚镇各村（居委会）基本情况表

表28

村（居委会）	面积（平方千米）	户数（户）	人口数（人）	集体经济总收入（万元）	集体经济总支出（万元）	总资产（万元）
大俞村	4.51	138	401	127.07	59.36	808.36
华山村	4.6	183	528	206.3	36.55	978.05
黄家庄村	3.48	215	575	162.94	52.63	387.11
阴地龙潭村	5.97	321	981	206.16	125.56	808.05
戴縻村	3.55	213	658	123.52	94.81	656.12
大岚村	7.36	524	1423	270.76	108.76	1271.12
丁家畈村	2.65	176	475	109.90	48.1	801.03
南岚村	5.78	447	1220	168.58	59.69	692.39
新岚村	4.83	430	1196	129.12	47.09	1084.23
大路下村	5.17	323	929	130.32	54.53	753.27
雅庄村	2.99	442	1219	290.46	35.72	1486.33
柿林村	6	244	617	227.66	78.92	2577.53

续表 28

村 （居委会）	面积 （平方千米）	户数 （户）	人口数 （人）	集体经济总收入 （万元）	集体经济总支出 （万元）	总资产 （万元）
后朱村	3.53	265	730	213.14	39.58	964.75
上马村	2.99	239	653	146.84	26.27	833
大岚居委	—	369	474	—	—	—

说明：2020 年 9 月，丁家畈村和戴糜村合并为和谐村

【概况】

2020 年，大岚镇实现社会总产值 10.83 亿元，与 2019 年基本持平，其中农业产值 1.41 亿元，同比增长 3.7%；工业产值 6.2 亿元，同比减少 2.7%；第三产业收入 3.22 亿元，同比增长 3.2%。农民人均收入 23588 元，同比增长 4.1%。春茶产量为 294.8 吨，总产值达 2642.4 万元。全年接待游客达 80.9 万人，实现旅游收入 9708 万元。

年内，聚力打赢疫情防控阻击战，实现全镇人员“零感染”。发挥 126 名村民小组组长作用，开展地毯式、滚动式全面排查，构筑群防群控体系，路段率先设卡，落实“铁桶式”管控，实现精密智控，共发放防疫宣传资料 11000 份，开通“代购直通车”，开设“空中课堂”，探索居家养老“三色管理”模式，保障群众生活。激发社会慈善爱心，疫情防控期间共募得善款超 22.2 万元，各类防疫物资价值超 4.8 万元。2 月，完成全镇 93 家各类企业复工复产指导、审批工作，联合市下沉单位对全镇 16 家重点企业开展“三服务”。6 月下旬，完成全镇受疫情影响的 89 家小微企业经营状况调查，推动优惠政策落地。

全年提升全域环境品质，落实浙江省新增百万亩国土绿化行动方案，森林生态质量提升面积约 66.67 公顷。华山村成功创建为省“一村万树”示范村，阴地龙潭村、后朱村积极创建“一村万树”推进村，柿林村成功创建为省乡村氧吧。对标开展国家卫生镇创建行动，落实“六清六净”提升农村人居环境专项行动，完善并落实常态保洁及垃圾分类制度，全面实施撤桶并点，更新设置 168 个分类投放点，全面完成村级再生资源回收点和医疗废水处理系统建设。协调配合国土空间规划调整工作，通过省级“污水零直排区”复验。保持“五水共治”力度，投入 400 万元完成小流域治理工程及电站生态流量工程。

年内创建省 AAAA 级旅游景区镇，推动浒溪线美丽公路建设，实现景区村庄全面覆盖。提升景区业态，投资 3000 万元的罗汉谷正式对外开放，新引进由浙江传媒公司总投资 1.5 亿元的黑龙潭“明心谷”项目，新开通美丽乡村旅游精品线，培育出多家优质文创主体。举

岚山秋色

办第十五届茶文化旅游节，开展“云”直播宣传推介农旅产品，在“央视新闻+”等直播平台获得64.3万人次观看。以“柿意丹山英雄会”为主题，创新举办第十八届四明山丹山赤水柿子节。民宿小镇稳定发展，推进总投资近2亿元的高端民宿及配套集群建设。4月起，精品民宿平均入住率超80%，全年民宿接待游客5.28万人，营业收入1373万元。

年内建设美丽茶园，投入150万元做好美丽茶园环境提升项目，扩大优质品种种植面积。新购置茶叶机械55台，新建4条茶园山地轨道车。茶叶产品获第十届中绿杯全国名优茶推选金奖和第十三届中国义乌国际森林产品博览会茶叶金奖，同时姚江源茶厂获评余姚市农业龙头企业。发挥农合联作用，引进“云山云农场”网络销售平台，支持“丹湫”“紫云阁生态农庄”等农旅商贸企业线上销售。投资1463万元建设487.67公顷高标准农田，完成生态农业配套工程建设。新引进总投资约3000万元的宁展农产品深加工研发销售中心。获评国家级林草乡土专家1人。

年内创建宁波“四好农村路”示范乡镇，投入约1600万元完成10条农村公路改善工程。推进农村宅基地及农房确权登记发证工作。投入460万元对4个山塘水库进行除险加固，完成台风水毁修复工程，后朱村获评省气象防灾减灾标准化村。建立农村饮用水长效安全管护机制。加强医共体建设，对接医疗下乡服务。完成辖区内第七次全国人口普查。镇便民服务中心创建为市“巾帼文明岗”，城乡居民基本医疗保险和户籍人口社会养老保险参保率分别超99.6%和99.5%。发放各类补助、帮扶资金717.5万元。新建镇居家养老服务中心，创建成功AAA级、AA级居家养老服务中心各1个。岚山暖巢服务队获评宁波市“敬老文明号”、宁波市表现突出的志愿服务组织、余姚市敬老先进单位、余姚市新时代文明实践创新案例二等奖。成立宁波首个乡镇级社会工作站。实现文化礼堂全覆盖，举办第十二届“情融姚江源”村落文艺会演，开展“龙溪”揭碑、“王阳明祖居地”展览馆开馆等活动。获评余姚好人2人，道德银行示范村1个。

全年完善平安建设形势分析研判工作制度，排摸并督促整改隐患预警13个。完善网格管理机制，共计上报网格事件1892件。成立大岚镇社会治理综合服务中心及矛盾纠纷调处化解中心。发展旅游纠纷调解工作室，设立专职调解员。开展社会矛盾纠纷和治安突出问题大排查大巡防大整治专项行动，镇村两级共调处各类民间纠纷100起，矛盾纠纷调处率及成功率均为100%。与“常态化+重点时段集中宣传”相结合，法治政府预测评各项指标获全市第一。

【第十五届“神奇大岚”茶文化旅游节举办】

3月28日至5月20日，大岚镇政府联合市总工会、市四明山旅游度假区管委会、市农业农村局、市文化和广电旅游体育局、市茶文化促进会等单位共同举办了主题为“请君喝杯岚山茶”的第十五届“神奇

4月20日，第十五届“神奇大岚”茶文化旅游节“云”宣传——领导干部茶园朗诵《歌颂春天》

大岚”茶文化旅游节。主办方在线上平台投放《叫醒春天》短片预热，开展了线上开幕式以及名为“‘云’游岚山 ‘樱’你而来”的线上直播活动，并推介了大岚旅游精品路线。旅游节期间，还举办了以“茶乡佳茗 匠人匠心”为主题的第十届余姚“瀑布仙茗”斗茶大赛，以及“春日的邀请函”——大岚旅游精品路线推介活动等。

【第十八届四明山丹山赤水柿子节开幕】

10月12日，以“柿意丹山，诗意山水”为主题的第十八届四明山丹山赤水柿子节开幕式在柿林村举行。开幕式上，丹山赤水风景区获得中国美术家协会会员张弛的赠画，并授予张弛夫妇“丹山赤水终身艺术家”称号，发布了吉祥物形象并升级了“柿子红了”品牌。同时，还举行柿意丹山休闲市集。柿子节持续至11月15日，其间开展“仙侠英雄聚丹山”汉服周、大岚乡村美宿美食节系列活动、“柿意丹山秀”多媒体征集令等活动。

【“龙溪”揭碑仪式举行】

10月18日，“龙溪”揭碑仪式在大岚镇举行。宁波市政协常委、社会法制和民族宗教委员会主任陈利权，余姚市委常委、市委宣传部部长王娇俐共同为“龙溪”石碑揭碑。大岚镇党委书记柳雅敏为活动致辞。揭碑仪式上，来自市内外研究阳明文化的专家学者介绍了“龙溪”概况、王氏族史，祖居于此的王氏族人选派代表诵读了王氏家训。“show余姚主播团”还探访了阴地龙潭村，进行了采风直播活动。

【第十二届“情融姚江源”村落文艺会演举行】

10月20日，“疫路有你”“最美大岚人”颁奖典礼暨第十二届“情融姚江源”村落文艺会演在大岚村举行，市委宣传部副部长严文龙出席并颁奖。晚会除了为村民奉献了一台精彩表演外，还为10名最美巾帼志愿者、10户最美家庭颁奖，为5支最美她团队及8位大岚好人颁奖。

（张梦泽）

10月12日，2020第十八届四明山丹山赤水柿子节开幕

四明山镇

2020年四明山镇各村基本情况表

表29

村	面积（平方千米）	户数（户）	人口数（人）	集体经济总收入（万元）	集体经济总支出（万元）	总资产（万元）
梨洲村	15.8	618	1542	126.26	47.51	1647.74
北溪村	8.9	324	853	186.66	26.32	1638.48
茶培村	15.4	384	973	229.07	22.81	1538.56
唐田村	18	682	1803	367.06	448.52	3005.30
平莲村	8.5	177	492	83.66	12.68	933.97
棠溪村	14.6	433	1210	295.67	9.54	3628.26
芦田村	8.9	384	1045	136.12	68.45	960.01
南山村（宓家山）	7.6	162	467	100.97	202.80	1510.83
南山村（杨湖）	6.9	169	510	120.19	38.14	1132.96
屏风山村（大山）	6.8	123	337	166.61	31.42	1601.89
屏风山村（悬岩）	4.5	178	523	100.95	24.50	696.72
屏风山村（溪山）	5.1	122	329	140.45	44.11	2055.32

【概况】

2020年，四明山镇实现生产总值9.34亿元，同比下降1.6%。其中，工业总产值6.13亿元，同比增长1.2%；农业总产值2.45亿元，同比增长1.2%；第三产业总产值7600万元，同比下降25%。完成固定资产投资2400万元，招引内资524万元，招引外资5万美元。完成财政总收入2631.48万元；农民人均收入23044元，同比增长1%。

年内，统筹推进疫情防控和经济社会发展工作。严格落实疫情防控措施，深入开展“三服务”“四送一增强”服务企业专项行动等活动。扎实做好疫情防控形势下的就业服务与企业复工帮扶工作，对22家企业1722人进行返岗人员登记，帮助8家企业27人进行政策补助申报。全面推进“两直”补助工作，惠及154家小微企业和个体工商户，累计补助金额152.6万元。

年内，完成涉及5个村的行政村规模优化调整工作和村级组织换届选举工作。于8月下旬完成5个村规模优化调整村民表决投票工作，村民表决平均参与率达93.6%，平均同意率达96.2%。9月，经余姚市人民政府批复同意，四明山镇原12个行政村优化调整为9个行政村。其中，杨湖村、宓家山村调整为南山村，大山村、溪山村、悬岩村调整为屏风山村，并于9月29日举行新村授牌仪式。平稳有序完成村级组织换届选举工作，全镇9个村全面实现“一肩挑”，新一届班子中35周岁以下成员较上届增加33%，大专及以上学历者较上届增加125%，党组织书记平均年龄45.2岁，较上届下降5.5岁。

年内，成功创建为浙江省森林城镇。投入600余万元完成超过130公顷森林质量提升工作和130.33公顷森林抚育工作，建立“种管并重”的长效机制，对全镇森林资源实施网格化动态保护和管理，绿化造林成活率和保存率达90%。强化农业产业转型政策和技术帮扶力度，打造种植、采摘、加工

“三位一体”的农业产业链，广泛推行“林＋药”“林＋稻”“林＋花”等复合型林业种植模式，依托红豆杉研发中心技术优势，推动林业附加值“提档升级”。“引榧上山”工程效益持续增进，首批13.33公顷香榧基地初产鲜果2500千克，有效提振农户种植信心。

深入推进全域旅游。投入140余万元完成四明山森林公园生态步道建设、全域旅游示范区创建配套项目（二期）亮化提升、红枫谷雾森系统等项目，扎实推动全域旅游标识系统建设，提升旅游服务形象，成功创建为省AAAA级旅游景区镇，并实现省A级旅游景区村庄全覆盖目标，其中AAA级旅游景区村庄占比超过33%。持续推动民宿产业做大做强，总投资2亿元的慕溪谷度假酒店和总投资5000万元的岩下山“忘忧谷”民宿相继营业，“森林民宿、村落民宿、文化民宿”三大民宿体系日渐完善。精心举办线上红枫樱花节、第二届四明山国际越野跑挑战赛、第六届欢乐四明·七彩酷跑越野赛、O_2影像大赛、氧气音乐节等精品活动，全年累计接待游客92万人次，实现旅游收入6200万元。

年内，加大基础建设力度。推进总投资1500万元的镇客运综合服务站项目，完成总投资约2500万元的甘油线（船底湾至油竹坪）提升工程、平坑至莲花公路提升工程、梨洲至岩下山公路提升工程和梨白线道路提升工程等4条农村公路建设项目，棠溪、冷水孔、悬岩公路服务站等一批公路设施建成投用。完成单体式污水治理项目70个，累计投入110余万元打造镇级厨余垃圾处理终端、购置厨余垃圾清运车，基本建成“户集、村收、镇运”的收运体系，被评为宁波市农村生活垃圾分类处理工作示范镇，北溪村被评为浙江省高标准农村生活垃圾分类示范村和宁波市农村生活垃圾分类处理工作示范村。完善水质监测、水费收缴和饮用水专项考核等制度，完成一户一表改造，切实保障群众饮水安全。

年内，提升镇村品质面貌。抓实“六清六净”“三改一拆”“五水共治”等工作，北溪大溪被评为余姚市美丽河湖。编制《四明山镇美丽城镇建设行动方案》，入选宁波市第二批样板创建乡镇行动方案优秀名单。镇成功创建为浙江省美丽乡村示范乡镇，悬岩村、梨洲村、平莲村创建为浙江省新时代美丽乡村达标村，芦田村、平莲村创建为宁波市美丽乡村合格村，棠溪村创建为宁波市美丽宜居示范村，高质量推进5个新时代美丽乡村梳理式改造村的创建工作，推动“盆景”向“风景”转变。

年内，推动社会事业协调发展。完成辖区内第七次全国人口普查工作。培育宁波市高新技术企业1家、新增限额以上批发零售单位1家。强化“金融超市”“道德银行”建设，棠溪村获评余姚市道德银行示范村。完成小学教室视觉环境改造、教职工宿舍维修改造等项目，完成冷水孔、小罗岗药材观赏基地等助农项目建设。深化“健康四明山”建设，开展全镇爱国卫生运动，梨洲村、唐田村、平莲村、杨湖村被评为宁波市卫生村。投入80万元新增一台高端彩色超声仪，推进“云医院＋流动医院”，打造群众满意的卫生事业。强化社会救助兜底功能，开展精准帮扶，用心打造镇居家养老中心、残疾人之家。推行“山区‘跑小二’便民暖人心”活动，获得群众一致好评。

【第十五届四明山红枫樱花节启幕】

4月18日，第十五届四明山红枫樱花节开幕式在四明山地质公园举行。受疫情影响，此届四明山红枫樱花节开幕式采用“云”直播的方式，通过网络邀请全国游客共享四明山美景。据统计，此次直播画面由央视新闻+、新华社、今日头条、爱奇艺、新浪微博、哔哩哔哩、抖音、宁聚等众多知名网络平台同步推送，共吸引100多万人在网络上“云”游了四明山。

此届四明山红枫樱花节开幕式以“醉美四明，诗歌盛会”为主题。活动现场还举行了

2020“NB轰红”短视频大赛三月月评颁奖仪式。

【四明山镇新乡贤联谊会成立大会举行】

10月6日，四明山镇在仰天湖山庄举行新乡贤联谊会成立大会，40余名四明山镇乡贤与嘉宾到场参加。会议通报四明山镇新乡贤联谊会成立大会筹备情况，宣读《四明山镇新乡贤联谊会章程》，介绍联谊会组织机构建议人选，并举行授牌仪式。

【区域特色农旅融合品牌“随山食单”创立】

11月14日，四明山镇在四明山国家森林公园内第一次对外公布独特品牌“随山食单”。“随山食单”由26道特色菜品及点心、19种特色农副产品组成，旨在打造“高山地道、绿色食材、生态养生”的四明美味。2020年以来，作为“随山食单”原材料来源的四明山镇低八度高山蔬菜示范点、松林土鸡放养区、冷水鱼养殖区等10余个旅游融合产业基地开工建设，“随山食单”产、供、销一体化模式开始布局。

（黄炳全）

鹿亭乡

2020年鹿亭乡各村基本情况表

表30

村	面积（平方千米）	户数（户）	人口数（人）	集体经济总收入（万元）	集体经济总支出（万元）	总资产（万元）
白鹿村	9.43	880	2154	202.77	600.44	2121.32
石潭村	6.32	601	1328	208.1	333.05	788.9
李家塔村	4.56	441	1036	172.35	166.57	1285.98
中村村	8.62	729	1783	273.04	185.65	2639.93
上庄村	8.95	978	2322	328.41	256.92	1373.04
沿夹岙村	2.03	251	716	227.11	121.26	907.22
高岩村	1.63	219	603	154.52	115.95	793.41
高山村	2.2	292	741	167.03	128.42	985.46
晓云村	7.39	936	2355	761.14	499.94	1853.02
龙溪村	8.96	683	1716	330.48	456.39	1691.3
中姚村	2.98	279	767	76.99	86.76	856.79
东岗村	3.18	261	677	100.65	84.93	543.24

【概况】

2020年，鹿亭乡实现社会生产总值18.38亿元，同比增长2.0%。其中农业总产值1.37亿元，同比增长2.2%；工业总产值14.29亿元，同比增长2.2%；第三产业产值2.72亿元，同比增长1.1%。农民人均收入24050元，同比增长5.2%。完成一般公共财政预算收入1369万元。

全力推进新冠肺炎疫情防控，在32个防疫检查卡口实行24小时“铁桶”守卫，实现疫情“零感染”。最快速度推进复工复产，开展“四送一增强”服务企业专项行动，落实疫情防控期间6项惠企政策，为企业员工兑现各类补助2.9万元。落实精密智控常态化机制，确定辖区内临时隔离点，制定大规模核酸检测应急预案，推进新冠肺炎疫苗接种，实现疫情防控常态化、长效化。

实施传统产业品质提升项目8个，四明山区域特色经济作物发展项目5个。种植西瓜超过33公顷、猕猴桃10公顷、香榧2公顷，试种太秋甜柿、桃形李2个品种。毛笋总产量达到2600吨，产值270万元。积极培育林下经济，东岗山林下经济产业园项目完成初验，被认定为“中国笋干特色之乡”，笋干菜产品获第四届“竹博会”银奖。新建5家村级农合联服务社，采购13台烘干机，实现村级服务社及笋干烘房“两个全覆盖”，农产品物流品控中心完成主体建设。

获评省AAAA级旅游景区镇，入围省旅游风情小镇培育名单，率先在全市实现省级景区村庄全覆盖，中村被认定为国家AAA级旅游景区，香泉湾山庄创建成为自然教育学校，三间爿民宿入选省级银宿，追风部落“牡丹花蕊茶”获评首届“浙宿好礼”乡村民宿伴手礼大赛综合奖。举办“我在中村迎新年”“我在鹿亭寻春韵”、美丽乡村健身行等活动，开发“乡村励志·研学鹿亭”两日游产品，开展一把手直播带货及线上粉丝节。与阳明文旅集团合作开展中村品质提升“百日攻坚”行动，实施中村智慧旅游、乡贤文化馆、唐诗之路游步道等项目建设，新增及改造提升民宿（农家乐）5家，新增旅游厕所4座。

全面排摸乡村两级集体资产，统计并整理集体土地及房屋445项，制作《生态绿谷·清纯鹿亭》招商手册及招商宣传片进行重点推介，东岗村闲置农房盘活项目达成初步签约。实现余姚市外实到内资515万元，宁波市外实到内资415万元，浙商创业创新实到资金235万元，鹿文化产业园民宿开始运营，“鹿山亭”精品民宿项目初具规模。

实施白鹿、高山、龙溪、东岗农村生活污水治理单体式建设，实现农村生活污水治理

中村晓鹿大溪

全覆盖，拆除养殖场（户）1家，7个村完成省气象标准化村创建。2020年饮用水达标提标工程全部完成，晓鹿大溪晓云段小流域治理工程基本完工，晓鹿大溪源头小流域治理（路坑段）有序施工，全乡49.7千米溪道达到规范化管理，17个山塘水库及5个供水站完成水利标准化建设。实施“六清六净”提升农村人居环境专项行动，高山、高岩2个村被评为宁波市卫生村。推进农村生活垃圾分类处理，开展垃圾分类“站点宣讲”、“以桶换桶”、桶边督导等工作。

晓岚线道路提升改造工程建成通车，总投资5.91亿元的荷梁线改造工程一期（晓云村至斤岭下村段）于12月底开工，修建改善4条农村公路。中海油鹿亭加油站投入使用，鹿亭派出所（乡应急中心）迁建项目基本完工。总投资1350万元实施2020年生态发展项目7个，“呦呦鹿鸣·美丽驿亭”美丽乡村风景线、美丽乡村示范乡镇、中村美丽乡村示范村等项目完成验收。

出台相关制度规范农村建房审批程序，处理违建拆除2起，完成补办2起。宅基地及住房确权登记颁证工作完成8个村初联审。4家企业成功创建安全生产标准化制度，3家企业进行社会化托管服务，安全生产事故隐患排查各项指标均居全市前列。

累计发放低保金236.94万元、抚恤资金113.5万元、临时救助资金25.77万元、残疾人补贴381.7万元。全乡享受城乡低保196户、245人，享受低保边缘户24户、48人。创建2家AAA级村级居家养老服务站，区域性居家养老服务中心基本完工，创新推出“智慧门禁”服务。“最多跑一次”改革向基层延伸，引进“宁波办事”综合自助服务终端，开发8个公益性岗位。完成“山区流动医疗车”服务387人次，契约式家庭医生签约3559人，第七次人口普查工作顺利进行。开展“浓浓粽叶情、暖暖邻里情”端午节活动，鹿鸣戏曲队完成戏曲演出民间配送6场，中村村歌《雨落山村》获评“中国百佳村歌”。开展矛盾纠纷排查30次，调处矛盾纠纷3起，完成60件信访件调处，设立乡社会矛盾纠纷调处化解中心。成立新乡贤联谊会及乡侨联。落实人大代表建议意见19件。

【“美丽乡村健身行”系列活动举办】

5月28日，以“全民嗨起来，畅享健身季”为主题的2020年宁波市全民健身季暨“美丽乡村健身行”系列活动余姚鹿亭站在鹿亭乡举办。活动内容包括中村—算坑—东风山—算坑—中村环线登山、“写给大自然的情书”主题明信片填写抽奖、垃圾分类、趣味飞镖等项目。同时，活动邀请新媒体对鹿亭特色农产品进行直播带货，体育产业、旅游产品和民宿等单位进行直播推介，为当地群众增收近10万元。

【鹿亭乡新乡贤联谊会成立】

8月15日，鹿亭乡新乡贤联谊会成立大会召开，60余名鹿亭乡贤齐聚一堂。市委常委、

5月28日，2020年宁波市全民健身季暨“美丽乡村健身行”系列活动余姚鹿亭站举办

市委统战部部长蒋士勇出席授牌并讲话。乡党委书记陈晓珍致辞并介绍鹿亭乡经济社会发展情况。乡贤们实地察看了中村古村落及各民宿发展状况，讨论并通过《鹿亭乡新乡贤联谊会章程（草案）》《鹿亭乡新乡贤联谊会选举办法（草案）》，选举产生了新乡贤联谊会第一届班子成员，并进行授牌及发放聘书。中国科学院院士马余刚等因故未能到场的新乡贤代表通过视频送来祝福。活动最后，当代中国问题专家郑永年教授在首届新乡贤论坛上作主题发言。

【全国老年人健步走大联动启动仪式举行】

11月3日，全国老年人健步走大联动启动仪式（余姚分会场）暨余姚市第二十二届社会主义新农村老年人运动会在鹿亭乡举行。副市长王安静讲话并宣布活动启动。来自各乡镇街道的300多名老年人分成21支队伍，在中村健身步道上持杖健步走，响应中国老年人体协倡导的“健步走大联动”活动号召，并共同参加第二十二届社会主义新农村老年人运动会。

（陈星宇）

11月3日，全国老年人健步走大联动启动仪式（余姚分会场）暨余姚市第二十二届社会主义新农村老年人运动会在鹿亭乡举行

附　录

组织机构及其领导名录

市四套班子领导机构

中共余姚市委员会

书　　记：奚　明
副 书 记：潘银浩（5月止）
　　　　　徐　云（5月始）　叶枝利
常　　委：韩柏顺　王娇俐　林　伟
　　　　　郑传统　蒋士勇　张晓宇
　　　　　汪　志　黄　琪　毛丕显

余姚市人民代表大会常务委员会

主　　任：诸晓蓓
副 主 任：卢建国（5月始）
　　　　　谢勇毅（1月止）　姚桂珍
　　　　　严忠苗　余　烽
　　　　　熊培军（5月始）
党组书记：诸晓蓓
党组副书记：卢建国
党组成员：谢勇毅（2月止）　严忠苗
　　　　　余　烽　熊培军　鲁树峰
　　　　　郑利刚（8月始）

余姚市人民政府

市　　长：潘银浩（6月止）
代 市 长：徐　云（6月始）
常务副市长：郑传统
副 市 长：王安静　毛丕显（1月止）
　　　　　薛晓伟　黄和庆　楼鼎鼎
　　　　　陆国栋（11月止）
　　　　　钱秉湧（1月始）
　　　　　米玛次仁（挂职）
党组书记：潘银浩（5月止）
　　　　　徐　云（5月始）
党组副书记：郑传统
党组成员：毛丕显　薛晓伟　黄和庆
　　　　　楼鼎鼎　钱秉湧　米玛次仁
　　　　　施建苗　胡建立

政协余姚市委员会

主　　席：陈长锋
副 主 席：叶文龙（1月止）　徐栋芳
郑利刚（5月始，9月止）
赵银海　朱卫东　缪正刚
姚俊杰
秘 书 长：张建培
党组书记：陈长锋
党组副书记：叶文龙（2月止）
华　红（8月始）
蒋士勇（兼，1月始）
党组成员：徐栋芳　郑利刚（8月止）
朱卫东　张建培

民主党派

民革余姚支部

主　　委：阮岳军
副 主 委：劳士权　段丹群
陈　刚（8月始）

民进余姚市基层委员会

主　　委：朱初雷
副 主 委：吴建平　王建永
杨文鸽（11月止）
韩玉仙（11月始）
金　晶（11月始）

农工党余姚市基层委员会

主　　委：缪正刚
副 主 委：朱月芬（8月止）　周建春
王良娟（8月止）　朱延芳
徐　然（8月始）
李银飞（8月始）

九三学社余姚市基层委员会

主　　委：赵银海（11月止）
梁红霞（11月始）
副 主 委：胡铁钧（11月止）
梁红霞（11月止）　陆哲学
陈　杰　戴天瑛（11月始）
孙　奇（11月始）

民盟余姚市支部委员会

支部负责人：于建斐（7月始）

中意宁波生态园管理委员会

中意宁波生态园管理委员会

党工委书记：奚　明（兼）
党工委副书记：潘银浩（兼，5月止）
徐　云（兼，5月始）　韩柏顺
党工委委员：潘帅轶　陈亚南　曾一胜
陆国栋（挂职，12月始）
主　　任：潘银浩（兼，6月止）
徐　云（兼，6月始）
副 主 任：韩柏顺　潘帅轶　陈亚南
陆国栋（挂职，12月始）
二级巡视员：曾一胜
一级调研员：杨文祥

市纪委市监委

中共余姚市纪律检查委员会

书　　记：汪　志
副 书 记：周成伟　周建铭
常　　委：丁素兰（7月止）　万名杰
方晓英　诸建立
张　勇（12月始）
干部室主任：沈小悱（6月止）
朱彩虹（6月始）

宣传教育室主任：马文文
党风政风监督室主任：蒋伟儿
信访室主任：周　涛（6月止）
　　　　　　郑军传（6月始）
案管室主任：杨智慧
案审室主任：陈巧儿（11月止）
第一纪检监察室主任：俞东瑾
第二纪检监察室主任：俞黎明（6月始）
第三纪检监察室主任：俞少杰
第四纪检监察室主任：苏朝阳（6月止）
第五纪检监察室主任：姜利平
市委巡察办主任：方晓英
市委巡察办副主任：韩德余
市委第一巡察组组长：郑国耀
市委第二巡察组组长：余炯炯
市委第三巡察组组长：叶文权
市委第四巡察组组长：马伟军
派驻第一纪检监察组组长：缪伯鸿
派驻第二纪检监察组组长：孙文氢
派驻第三纪检监察组组长：严建根
派驻第四纪检监察组组长：万名杰
派驻第五纪检监察组组长：陈茂多
派驻第六纪检监察组组长：胡建勇
派驻第七纪检监察组组长：帅琪峰（11月止）
派驻第八纪检监察组组长：高　巍
驻市公安局纪检监察组组长：李向国(12月止)
驻市检察院纪检监察组组长：蒋晓波
驻市法院纪检监察组组长：徐和庆

余姚市监察委员会

主　　任：汪　志（5月始）
副 主 任：汪　志（代理主任职务，5月止）
　　　　　周成伟　周建铭
委　　员：丁素兰（9月止）　万名杰
　　　　　张　勇　张焕麒（1月始）

审判、检察机构及人民武装

市人民法院

院　　长：应启明（1月止）
　　　　　王家星（5月始）
常务副院长：姜慧军
副 院 长：王家星
　　　　　（代理院长职务，1月始，5月止）
　　　　　余国英　韩利荣
政治部主任：岑　斌
审判委员会专职委员：俞永慧　张建军
执行局局长：朱浩梁
党组书记：王家星
党组副书记：姜慧军　姚明泉
党组成员：余国英　韩利荣　徐和庆
　　　　　岑　斌

市人民检察院

检 察 长：陈　莹（5月始）
副检察长：陈　莹（代理检察长职务,5月止）
　　　　　王金夫　凤　丹　王　钢
政治部主任：俞栋辉
检委会专职委员：诸伟峰
泗门检察室主任：沈叶钏
党组书记：陈　莹
党组副书记：王金夫
党组成员：凤　丹　蒋晓波　王　钢
　　　　　俞栋辉

市人武部

部　　长：张晓宇
政　　委：陶　鹏（7月止）
　　　　　林振宇（7月始）
副 部 长：周明华
党委书记：陶　鹏（7月止）
　　　　　林振宇（7月始）

党委副书记：张晓宇
党 委 委 员：徐华君（7月止）
周明华（9月始）
倪旭磊（9月始）

市委工作机构及党群各部门

市委办公室

主　　任：吕军云
副 主 任：谢向前　赵　婕　朱春新
孙　峰（兼，6月止）
严鸿炳（兼，6月始）
张　胜（兼）周　斌（兼）
办公会议成员：缪伯鸿　张　杰
市委办总工程师：严立峰
市委机要局局长：严立峰（兼）
市委市政府接待服务中心主任：石利萍
市台办主任：吕军云
市档案局局长：周　斌（兼）
市台办副主任：胡晓霞（6月止）
许　珂（6月始）
市国家保密局局长：李美芳

市委组织部

部　　长：林　伟
常务副部长：何张辉
副 部 长：夏向明　丁建军　罗旭光（兼）
陈为梁（兼）唐飞琴（兼）
市委直属机关工委书记：林　伟（兼）
市委直属机关工委专职副书记：罗旭光
市委直属机关工委副书记：诸永刚
市委人才办主任：林　伟（兼）
市委人才办常务副主任：夏向明
市委人才办专职副主任：卢　杰
市委两新工委书记：丁建军
市委两新工委专职副书记：袁文庆（11月始）
市公务员局局长：罗旭光
部务会议成员：严建根　金　军　胡建权

市委宣传部

部　　长：王娇俐
常务副部长：董朝晖
副 部 长：严文龙　柳　科　马金浩
部务会议成员：万名杰　严春晖　杨　波
市人民政府新闻办公室主任：
柳　科（11月始）
市人民政府新闻办公室副主任：
柳　科（11月止）
市人民政府新闻办公室专职副主任：李基坚
文明办主任：严文龙
文明办专职副主任：施彩仙（11月止）
社科院（联）院长（主席）：董朝晖（兼）
社科院（联）副院长（副主席）：
杨鹏飞（7月止）
黄士杰（7月始）
市新闻出版局局长：马金浩

市委统战部

部　　长：蒋士勇
常务副部长：周松庆
副 部 长：杨荷锋（6月止）
陈岳阳（兼）周姚平
翁贤权（6月始）鲁劲松
部务会议成员：陈茂多　陈狄君
市侨办主任：周姚平
市侨联主席：周姚平
市侨联副主席：沈建芬
市民族宗教局局长：杨荷锋（6月止）
翁贤权（6月始）

市委政法委

书　　记：叶枝利（兼）
常务副书记：诸剑军
副 书 记：姚劭明（6月止）方建军
朱蓉蓉（6月始）

政治处主任：张锡江

市委政策研究室

主　　任：倪金伟（11月止）
　　　　　朱春新（11月始）
副 主 任：朱明富（11月止） 卢雪聪

市委机构编制委员会办公室

主　　任：黄少波
副 主 任：胡洪杰　陈纪平（11月止）
　　　　　朱　炯（11月始）

市信访局

局　　长：孙　峰（6月止）
　　　　　严鸿炳（6月始）
副 局 长：严鸿炳（6月止）
　　　　　张叶飞（11月始） 顾春雷
　　　　　陈军杰
专职信访督查专员：鲁祖彭
党组书记：孙　峰（6月止）
　　　　　严鸿炳（6月始）
党组副书记：严鸿炳（6月止）
　　　　　张叶飞（11月始）
党组成员：顾春雷　陈军杰

市委老干部局

局　　长：唐飞琴
副 局 长：叶　银　徐　毅

浙江四明山干部学院

院　　长：卓厚佳
常务副院长：杨国元
党委书记：杨国元

市委党校

校　　长：林　伟（兼）
常务副校长：阮坚定
副 校 长：毛建忠　赵瑞林　赵奇伟
党委书记：阮坚定
党委委员：毛建忠　赵瑞林　赵奇伟

市行政学院

院　　长：郑传统（兼）
常务副院长：阮坚定
副 院 长：陈为梁（兼） 毛建忠
　　　　　赵瑞林　赵奇伟

市社会主义学院

院　　长：蒋士勇（兼）
常务副院长：阮坚定
副 院 长：周松庆（兼） 毛建忠
　　　　　赵瑞林　赵奇伟

市委党史研究室

主　　任：邹钧孟
副 主 任：罗　捷　楼莉波

市档案馆

馆　　长：周　斌
副 馆 长：邵亚辉　陈伟根　史红科
党组书记：周　斌
党组成员：邵亚辉　陈伟根　史红科

市社会矛盾纠纷调处化解中心

主　　任：钱　瑛
副 主 任：孙建芬　任　宁　谢福源（兼）
　　　　　顾春雷（兼）
党组书记：钱　瑛
党组成员：孙建芬　任　宁
　　　　　黄宇钰（11月始）

市融媒体中心

主　　任：马军辉
总 编 辑：杨华平
副总编辑：徐渭明

副 主 任：倪久芳 徐渭明 徐 千
叶逢春 黄越明 谢宇安
孙建惠
党委书记：马军辉
党委副书记：杨华平
党委委员：倪久芳 徐渭明 徐 千
叶逢春 黄越明 谢宇安
孙建惠

市总工会

主 席：徐栋芳（兼）
常务副主席：周林杰（8月止）
杨荷锋（8月始）
副 主 席：杨万里 吕 伟
党组书记：周林杰（6月止）
杨荷锋（6月始）
党组成员：杨万里 吕 伟
杨 锋（挂职，10月始）

共青团余姚市委员会

书 记：戚劲杉（12月始）
副 书 记：戚劲杉（12月止）
陈凌雁（12月始） 吕 煜

市妇女联合会

主 席：干亚群
副 主 席：沈李利 陈 励
胡莺莺（11月始）
党组书记：干亚群
党组成员：沈李利 陈 励
胡莺莺（10月始）

市科学技术协会

主 席：张志红
副 主 席：鲁劲松（5月止） 黄苏洲
陆哲学 俞文胜（5月始）
党组书记：张志红
党组成员：黄苏洲 俞文胜

市工商联（总商会）

主 席（会长）：戎伟军
副主席（副会长）：陈岳阳 孙建强
朱彩虹（7月止）
金 晶（7月始）
党组书记：陈岳阳
党组成员：孙建强 朱彩虹（6月止）
金 晶（7月始）
叶 薇（7月始）

市文学艺术界联合会

主 席：徐 然
副 主 席：韩光成（7月止） 韩茂洪
孙百荣 徐渭明（兼）
党组书记：韩光成（6月始）
党组副书记：韩光成（7月止）
党组成员：韩茂洪 孙百荣（12月止）
郑耀波（11月始） 徐渭明（兼）

市残疾人联合会

理 事 长：沈 红
副理事长：阮吉章 鲁建忠 施爱萍
党组书记：沈 红
党组成员：阮吉章 鲁建忠 施爱萍

市红十字会

会 长：王安静（兼）
专职副会长：叶志千

市慈善总会

会 长：孙钜昌

市关心下一代工作委员会

主 任：叶文龙（兼，7月止）
卢建国（兼，7月始）
常务副主任：胡百钦
专职副主任：谢科锦

市人大常委会、市政协机关

市人大常委会办公室
主　　任：鲁树峰
副 主 任：吴旭翡　姚滨彬

市人大常委会机关党组
党组书记：鲁树峰
党组成员：吕银淼　沈继忠　顾赛波
　　　　　姚文昌　方斌全　张建荣
　　　　　吴旭翡

监察和司法工作委员会
主　　任：吕银淼
副 主 任：徐小军

财政经济工作委员会
主　　任：沈继忠
副 主 任：李　明　宓贤勇

城建环保工作委员会
主　　任：顾赛波
副 主 任：马安平

教科文卫工作委员会
主　　任：吴建平
副 主 任：张　琳（7月始）

代表工作委员会
主　　任：方斌全
副 主 任：韩　健

农业和农村工作委员会
主　　任：张建荣
副 主 任：陈四清

社会建设工作委员会
主　　任：姚文昌
副 主 任：吴琴芬

市政协机关党组
党组书记：张建培
党组副书记：万科达
党组成员：万科达　徐　峰　钱　泽
　　　　　周林杰（6月始）
　　　　　徐嘉雄（6月止）　黄　方
　　　　　杜晓东

市政协办公室
主　　任：万科达
副 主 任：杜晓东　杨　丰（7月始）

市政协提案委员会
主　　任：朱初雷

市政协经济和城建资源环境委员会
主　　任：徐　峰
副 主 任：周项锋

市政协教文卫体和文史委员会
主　　任：钱　泽
副 主 任：陆要真

市政协社会法制和港澳台侨委员会
主　　任：徐嘉雄（9月止）
　　　　　周林杰（9月始）
副 主 任：黄克勤

市政协委员工作委员会
主　　任：黄　方
副 主 任：孙亚君

市政协农业农村委员会
主　　任：张银龙（1月始）

市政府工作部门

市政府办公室

主　　　任：胡建立
副　主　任：冯彦增（11月止）
　　　　　孙文氢　马民龙（1月止）
　　　　　郑少军（7月止）
　　　　　谢海东（1月始）周烈钢
　　　　　孟剑锋　方文辉　徐世海
　　　　　黄　强（11月始）
　　　　　马江领（11月始）
　　　　　黄晓帆（兼，11月止）
党组书记：胡建立
党组副书记：冯彦增（11月止）
党组成员：孙文氢　郑少军（6月止）
　　　　　周烈钢　孟剑锋
　　　　　谢海东（1月始）方文辉
　　　　　徐世海　黄　强（11月始）
　　　　　马江领（12月始）
发展研究中心主任：马江领（11月止）
流管办主任：劳永定

市发展和改革局

局　　　长：高　权
副　局　长：方元文　郑静波　杨钱波
　　　　　宋建忠（11月止）
　　　　　史吉力（11月始）
总经济师：郭　靖
党委书记：高　权
党委副书记：方元文
党委委员：郑静波　杨钱波　史吉力
　　　　　施利森　宋建忠（11月止）
　　　　　李　霞（挂职，10月始）

市经济和信息化局

局　　　长：王文权
副　局　长：陆军华（11月止）胡巍峰
　　　　　江振华　陈　波
　　　　　徐文非（11月始）
总经济师：潘文卿　袁益波（9月始）
党委书记：王文权
党委委员：陆军华（11月止）胡巍峰
　　　　　江振华　陈　波
　　　　　徐文非（11月始）
　　　　　帅琪峰（11月止）
　　　　　毛婷婷（11月止）
　　　　　潘文卿（11月始）
　　　　　余大召（挂职，10月始）

市教育局

局　　　长：朱小国（7月止）
　　　　　王胜战（7月始）
副　局　长：吴　文　孙青苗　张文表
副总督学：魏代明
党委书记：朱小国（6月止）
　　　　　王胜战（6月始）
专职副书记：岑忠良
党委委员：吴　文　魏代明　孙青苗
　　　　　张文表　许孟烈（11月始）

市科学技术局

局　　　长：梁红霞
副　局　长：姚登峰（11月止）
　　　　　冯彦增（11月始）
　　　　　谢悦敏（11月止）孙　萍
党组书记：冯彦增（11月始）
　　　　　姚登峰（11月止）
党组成员：谢悦敏（11月止）孙　萍
　　　　　夏建勇（11月始）

市公安局

局　　　长：余承嗣（1月止）
　　　　　钱秉湧（1月始）
督　察　长：钱秉湧（兼）

政　　委：章国庆
副 局 长：钟后毅（7月止）　周海江
胡国南　王胜甬（11月止）
周松岳　陈光初（7月始）
倪剑江　高　宁（11月始）
政治处主任：谢群芳
警务督察大队大队长：卢建义
警务督察大队教导员：刘学伟
治安大队大队长：姚永尧
治安大队教导员：赵　坚（11月止）
徐龙淼（11月始）
刑侦大队大队长：陈光初（7月止）
施文华（12月始）
刑侦大队教导员：吕晓伟
监管大队大队长：徐升高
监管大队教导员：翁志飞
政保大队大队长：杨卫丰
政保大队教导员：陈　彪（12月止）
张金龙（12月始）
网安大队大队长：余坚强
网安大队教导员：赵宁桥
禁毒大队大队长：张伟奇
禁毒大队教导员：谢利良
经侦大队大队长：胡嘉良
经侦大队教导员：符勇武
交警大队大队长：杨立华
交警大队教导员：严侔泓
巡特警大队大队长：胡　波
巡特警大队教导员：颜　垚
法制大队大队长：魏　达
法制大队教导员：金飞岳（11月止）
袁利平（11月始）
出入境管理大队大队长：卢孟君
出入境管理大队教导员：李颂力
辅警管理大队大队长：谢龙华（7月始）
辅警管理大队教导员：方永尧
党 委 书 记：钱秉湧
党委副书记：章国庆
党 委 委 员：钟后毅（6月止）　周海江
胡国南　王胜甬（11月止）
周松岳　倪剑江
陈光初（6月始）
高　宁（11月始）　李向国
谢群芳　杨立华　胡嘉良

市民政局

局　　长：茅建刚
副 局 长：韩　哲　姚　坚　朱建梁
杜红卫　范建祥
党 组 书 记：茅建刚
党组副书记：韩　哲
党 组 成 员：姚　坚　朱建梁　杜红卫
范建祥

市司法局

局　　长：顾天祥（7月止）
郑少军（7月始）
副 局 长：鲍燮壮（11月止）　俞永健
李郁莎　朱蓉蓉（7月止）
谢建文　韩立波（11月始）
党 组 书 记：顾天祥（6月止）
郑少军（6月始）
党 组 成 员：鲍燮壮（11月止）　俞永健
李郁莎　朱蓉蓉（6月止）
谢建文　韩立波（11月始）
倪志丹

市财政局

局　　长：王文辉
副 局 长：鲁永飞　施钧旻（11月止）
韩士其　周益忠
总 会 计 师：周能君
党 委 书 记：王文辉
党委副书记：鲁永飞
党 委 委 员：施钧旻（11月止）　韩士其
周能君

市人力资源和社会保障局

局　　　长：陈为梁
副 局 长：金利明　毛立波（6月止）
　　　　　俞永民　胡晓霞（6月始）
党委书记：陈为梁
党委委员：金利明　毛立波（7月止）
　　　　　俞永民　胡晓霞（7月始）
　　　　　何琪钧
　　　　　岑　岚（挂职，10月始）

市自然资源和规划局

局　　　长：项立秋（7月止）
　　　　　陈国军（7月始）
副 局 长：黄晓帆（11月止）
　　　　　唐亚明（11月止）张焕钦
　　　　　任春波　冯江川　干　华
　　　　　翁松涛　沈永苗
　　　　　许军辉（11月止）石运通
市不动产登记服务中心主任：邹小华
党委书记：项立秋（7月止）
　　　　　陈国军（7月始）
党委副书记：黄晓帆（11月止）
党委委员：唐亚明（11月止）张焕钦
　　　　　任春波　冯江川　干　华
　　　　　翁松涛　沈永苗
　　　　　许军辉（11月止）石运通

市住房和城乡建设局

局　　　长：谢　高
副 局 长：周佰勤　宋文钦　李利定
　　　　　张建立　毛金坤
总工程师：胡铁钧
党委书记：谢　高
党委委员：周佰勤　宋文钦　张建立
　　　　　毛金坤　高　巍　余美芬

市交通运输局

局　　　长：蔡柏灿（7月止）
　　　　　梅百烽（7月始）
副 局 长：丁长生　茅立明　吴东共
　　　　　冯建红　郑启波
总工程师：
党委书记：蔡柏灿（6月止）
　　　　　梅百烽（6月始）
党委委员：丁长生　茅立明　吴东共
　　　　　冯建红　楼科挺　郑启波

市水利局

局　　　长：史勇军
副 局 长：何　明　徐亚红　杨国军
总工程师：吴劭辉
四明湖水库管理服务中心主任：孙爱军
党委书记：史勇军
党委委员：何　明　徐亚红　杨国军
　　　　　吴劭辉　孙爱军

市农业农村局

局　　　长：金浩明
副 局 长：俞安辉　符娟娣　孙建平
　　　　　金武昌　施立明　郑　业
　　　　　汪长海　周丽芳（11月止）
总农艺师：经仰贤
市农村集体经济审计中心主任：谷棋明
党委书记：金浩明
党委委员：俞安辉　符娟娣　孙建平
　　　　　金武昌　施立明　郑　业
　　　　　汪长海　周丽芳（11月止）
　　　　　胡建勇　经仰贤　谷棋明
　　　　　俞红权　袁惠萍（12月止）
　　　　　王　龙（挂职，10月始）

市商务局

局　　　长：陈江龙

副　局　长：姚核军　姚黎明
陈妙意（11 月止）
何建军（11 月始）
党 委 书 记：陈江龙
党委副书记：姚核军
党 委 委 员：姚黎明　陈妙意（11 月止）
何建军（11 月始）
马晓燕（6 月止）
魏　伟（11 月始）

市文化和广电旅游体育局

局　　　长：杨玉红
副　局　长：陈仰富（11 月止）　王国滨
王建军　何建军（11 月止）
朱月芬　高李生
党 委 书 记：杨玉红
党委副书记：陈仰富（11 月止）
党 委 委 员：王国滨　王建军
何建军（11 月止）　高李生
王永江（11 月止）
严　芸（11 月止）

市卫生健康局

局　　　长：李　斌
副　局　长：张柏锋　陈映青　黄胜利
市爱国卫生委员会专职副主任：陈明明
市计划生育协会专职副主任：卢素芬
党 委 书 记：李　斌
党组副书记：黄胜利（6 月始）
党 委 委 员：张柏锋　陈映青
黄胜利（6 月止）　韩永庆
魏晓萍　叶志千

市退役军人事务局

局　　　长：黄佰坚
副　局　长：闻　学　楼云斌
党 组 书 记：黄佰坚
党组副书记：闻　学
党 组 成 员：楼云斌

市应急管理局

局　　　长：姚俊杰
副　局　长：史习先　唐仕辉
唐永根（9 月止）　刘颖苗
总 工 程 师：何前明
党 委 书 记：陈哲明（6 月始）
党委副书记：史习先
党 委 委 员：唐仕辉　唐永根（9 月止）
刘颖苗　何前明（7 月始）

市审计局

局　　　长：熊剑锋
副　局　长：张焕昌　车成友
市政府投资项目审计中心主任：
黄琼筱（11 月止）
闻　淼（11 月始）
市经济责任审计工作联席会议办公室主任：
韩玉仙
党 组 书 记：熊剑锋
党 组 成 员：张焕昌　虞健杰

市市场监管局

局　　　长：蒋狄波（7 月止）
孙　峰（7 月始）
副　局　长：罗以军　孙建莹　沈立群
唐孟立　李　敏　马　斌
杨文峻　张　杰
党 委 书 记：蒋狄波（6 月止）
孙　峰（6 月始）
党 委 委 员：罗以军　孙建莹　沈立群
唐孟立　李　敏　马　斌
杨文峻　张　杰
曹　玥（11 月始）

市统计局

局　　　长：阮岳军

副　局　长：茅定威　虞胜君（1月止）
戚建华
总 统 计 师：刘国锋
党 组 书 记：陈立山
党 组 成 员：茅定威　刘国锋　熊建明
虞胜君（1月止）　戚建华

市医疗保障局

局　　　长：胡建波
副　局　长：褚贵炎　陆朝辉
党 组 书 记：胡建波
党组副书记：褚贵炎
党 组 成 员：陆朝辉　周　彬（11月始）

市综合行政执法局

局　　　长：陈冠民
副　局　长：罗旺文　闻雪芬　谢福源
直属中队中队长：史尚杰（11月止）
党 委 书 记：陈冠民
党 委 委 员：罗旺文　闻雪芬　谢福源
郑　祯（11月止）
叶云炯（11月始）

市大数据发展管理局

局　　　长：洪　波
副　局　长：郑　平　周少亥
总 工 程 师：张　萌
党 组 书 记：洪　波
党组副书记：郑　平
党 组 成 员：周少亥　张　萌

市政务服务办公室

主　　　任：孙伟强（7月止）
朱明富（11月始）
副　主　任：丁素兰（7月始）
韩立波（11月止）
单世农（11月止）　徐迪红
任建集　赵飞（挂职，9月始）
党 组 书 记：孙伟强（6月止）
朱明富（11月始）
党组副书记：丁素兰（6月始）
党 组 成 员：韩立波（11月止）
单世农（11月止）
谢荣华（11月止）　徐迪红
任建集　谢文君
赵　飞（挂职，9月始）

中意宁波生态园直属单位及驻管委会纪检监察组

直属机关委员会专职副书记：黄建军
办公室主任：周红霞
办公室副主任：岑建航
办公室三级调研员：岑建航（11月始）
办公室四级调研员：李永飞（11月始）
办公室一级主任科员：
李永飞（1月始，11月止）
经济发展局局长：诸跃波
建设管理局局长：邹云乔
建设管理局副局长：
张霄飞（2019年11月始）
生态促进局局长：毛柏生
生态促进局四级副调研员：杜建红（11月止）
生态促进局三级副调研员：杜建红（11月始）
财政局局长：韩胜余
综合服务局局长：赵明明
综合服务局副局长：李　舰
综合服务局三级调研员：李　舰（11月始）
开发建设综合服务中心主任：周　峰
开发建设综合服务中心副主任：
李永飞　孙兆琦
钱建平（挂职）
生态园派出所所长：钱建平
纪检监察组副组长：阮伯均

余姚经济开发区管委会

党工委书记：潘帅轶（兼）

党工委副书记：王燎民
党工委委员：朱　刚　叶伟松　鲁　君
主　　　任：朱　刚
副　主　任：叶伟松　鲁　君
组　织　员：任　跃

余姚人才创业园管理中心

党 组 书 记：潘帅轶（兼）
党组副书记：王燎民
党 组 成 员：陈展翼　章　敏　管静维
　　　　　　王树林（兼）
主　　　任：王燎民
副　主　任：陈展翼　章　敏　金黎君

余姚工业园区管委会

主　　　任：潘剑波
副　主　任：张国安　严定汉（11 月止）
　　　　　　徐文非（11 月止）
　　　　　　赵冠华（11 月始）马荣丰
　　　　　　沈国平　毛旭智（11 月止）
　　　　　　徐旭栩（11 月始）董利群

宁波市生态环境局余姚分局

局　　　长：鲁海滨
副　局　长：马　骎　吴建军　陈启昂
　　　　　　金苏红
总 工 程 师：李　鹏
党 组 书 记：鲁海滨
党组副书记：马　骎
党 组 成 员：吴建军　陈启昂　金苏红
　　　　　　李　鹏　王　坤（12 月始）

市金融发展服务中心（10 月，由市金融办更名）

主　　　任：宋越敏
副　主　任：陈鲁峰　姚竞雄
　　　　　　李　颖（11 月始）
党 组 书 记：宋越敏
党 组 成 员：陈鲁峰　李　颖

市机关事务管理局

局　　　长：鲁建灵
副　局　长：施海霞　沈向阳
党 组 书 记：鲁建灵
党 组 成 员：施海霞　沈向阳

市供销联社

主　　　任：杨宇光
副　主　任：邵黎明　赵忠尧（11 月止）
　　　　　　胡　云　袁树连
　　　　　　李大炜（11 月始）
党 委 书 记：杨宇光
党 委 委 员：邵黎明　赵忠尧（11 月止）
　　　　　　胡　云　袁树连
　　　　　　李大炜（11 月始）

市国有资产管理办公室

主　　　任：周益忠
副　主　任：陈文尧（11 月止）徐科锋
　　　　　　唐柏江
党 委 书 记：王文辉（兼）
党委副书记：周益忠
党 委 委 员：陈文尧（11 月止）徐科锋
　　　　　　唐柏江

市招商中心

主　　　任：励成亮
副　主　任：邵建立　潘　彪　王　钢
　　　　　　张　忠（挂职，11 月止）
　　　　　　严定汉（挂职，11 月始）
　　　　　　郑永孟（挂职）
党 组 书 记：励成亮
党 组 成 员：岑　杰（12 月止）邵建立
　　　　　　潘　彪

塑料城管委会

主　　　任：陈国军（7 月止）

周煜铭（7月始）
副　主　任：王海强（11月止）　陆　峰
熊建苗　应立清
赵立刚（11月始）
党工委书记：陈国军（6月止）
周煜铭（6月始）
党工委委员：王海强（11月止）　陆　峰
熊建苗　应立清
赵立刚（11月始）

市四明山旅游度假区管委会

主　　　任：缪正刚
副　主　任：赵阳军　谢林权　吴清波
党 组 书 记：赵阳军
党 组 成 员：谢林权　吴清波　戴能军

市公共资源交易管理办公室

主　　　任：陈建华
副　主　任：程尧洪（11月止）　邱伟平
叶初江　施建泳
程　怡（11月始）
党 组 书 记：陈建华
党 组 成 员：程尧洪（11月止）　邱伟平
叶初江　程　怡（11月始）

宁波市住房公积金管理中心余姚分中心

主　　　任：张银龙（1月止）
马民龙（1月始）
副　主　任：叶　艾　倪伟峰（11月始）
党 组 书 记：马民龙
党 组 成 员：叶　艾　倪伟峰（11月始）
郑崇行

市人民政府房屋征收管理中心

主　　　任：孙雪波
副　主　任：周宏刚　劳剑锋　王丽丽
党 组 书 记：孙雪波
党 组 成 员：周宏刚　劳剑锋　王丽丽

市牟山湖休闲度假区管委会

主　　　任：黄和庆（兼）
常务副主任：万建龙（兼）
副　主　任：马颖颖（兼，1月止）　杨浩波
方定儿　谢海东（1月止）
王文成（兼，1月始）
党 组 书 记：万建龙（兼）
党 组 成 员：杨浩波　方定儿
谢海东（1月止）　王文成（兼）

市城西开发建设中心（5月，由市城西开发建设指挥部更名）

主　　　任：沈小坤（兼）
第一副主任：叶立峰（11月始）
副　主　任：吴迪华　郑　祯（11月始）
副 总 指 挥：祝烨烨（挂职，9月始）
党 组 书 记：沈小坤（兼）
党组副书记：叶立峰（兼，11月始）
党 组 成 员：吴迪华　郑　祯（11月始）
陆仁祥（兼，11月止）
赵建永（兼，11月止）

宁波舜建集团有限公司

董事长、总经理：褚校军

舜通集团

董事长、总经理：朱建江

余姚市阳明文化旅游集团有限公司

董事长、总经理：黄桂树

舜工集团

董事长、总经理：章　勇

宁波舜农集团有限公司

董事长、总经理：黄文建

高铁新城建设指挥部

总　指　挥：郑传统（兼）
常务副总指挥：陈国军（7 月止）
　　　　　　周煜铭（7 月始）
副总指挥：熊建苗

市铁路北站广场区域综合管理办公室（11 月撤销）

主　　任：王　华

市铁路与轨道交通建设管理服务中心（11 月组建）

主　　任：毛旭智
副 主 任：徐彭余

市消防救援大队

大 队 长：刘海疆
教 导 员：王　锋
副大队长：董磊杰

直属管理单位

国家税务总局余姚市税务局

局　　长：周望转
副 局 长：王建新　施焕明（12 月止）
　　　　　俞传传（7 月止）　诸冬敏
　　　　　王海军　郑　科
　　　　　周能君（挂职，5 月始）
党委书记：周望转
党委委员：王建新　施焕明（12 月止）
　　　　　俞传传（7 月止）　诸冬敏
　　　　　王海军　徐佳力　郑　科
　　　　　周能君（挂职，5 月始）
纪检组组长：徐佳力

国网余姚市供电公司

执行董事：虞　昉
总 经 理：俞　建
副总经理：魏　明　周洪涛　杨立明
监事、工会主席：耿　飞
总会计师：张婉青
党委书记：虞　昉
党委副书记：俞　建

中国邮政集团有限公司浙江省余姚市分公司

总 经 理：徐　辉（9 月止）
　　　　　范力源（9 月始）
副总经理：倪　杰
　　　　　沈建军
　　　　（寄递事业部常务副总经理）
　　　　　夏永翔
党委书记：徐　辉（9 月止）
　　　　　范力源（9 月始）
党委委员：倪　杰　沈建军　夏永翔

中国电信股份有限公司余姚分公司

党委书记：陈焕明
党委委员：张颖杰　顾赛红　陈　琛
　　　　　毛余赟（10 月始）
总 经 理：张颖杰
副总经理：陈焕明　顾赛红　陈　琛
　　　　　毛余赟（10 月始）

国家统计局余姚调查队

队　　长：王欢亮
副 队 长：毛华芬
党组书记：王欢亮
党组成员：虞胜君　毛华芬

余姚海关

关　　长：诸　敏

副 关 长：吴 皓 徐吉良 阮伟刚
刘 宁
党委书记：诸 敏

海事余姚办事处

主　　任：张利昌

市烟草局

局长（经理）：王海杰（6月始）
副 经 理：李国渊
协 理 员：杨道贵
副协理员：陶传坤 施叶明
党组成员：王海杰 李国渊 宋红涛
纪检组长：宋红涛

市气象局

局　　长：龚涛峰
副 局 长：郧立辉 陈 俊
党组书记：龚涛峰
党组成员：郧立辉 陈 俊 高益波

中国人民银行余姚市支行

行　　长：陈春岳
副 行 长：王道丁 黄金世
党组书记：陈春岳
党组成员：王道丁 黄金世

中国移动余姚分公司

总 经 理：金志萍
副总经理：邢益民 谢 烨

中国联通余姚分公司

总 经 理：章以军（3月止）
柴志华（3月始）
副总经理：钱振技 陈 华（11月止）

乡镇街道

凤山街道

党工委书记：茅文杰
党工委副书记：王罕杰 张 伟 史文哲
党工委委员：施建尧 徐晓飞 胡亿钧
何 明 张金龙（12月止）
魏水明（12月始）
殷首俊（挂职，10月止）
人大工委主任：宓贤通
人大工委副主任：罗 平（11月止）
王 华
办事处主任：王罕杰
办事处副主任：胡晓勇 周伯海 周吉炎
黄 斌
纪工委书记：施建尧
政协联络委主任：胡亿钧（兼）
组 织 员：罗小平

阳明街道

党工委书记：沈小坤
党工委副书记：叶立峰 袁文庆（11月止）
黄银强
党工委委员：徐展豪 姚云飞 黄国锋
陈山君 徐龙淼（11月止）
陈福明（11月始）
叶辽宁（兼） 杨 军（兼）
柳幸昌（兼） 杜卫红（兼）
人大工委主任：邵金耀
人大工委副主任：戚国芳 陈剑芸
办事处主任：叶立峰
办事处副主任：俞建立（11月止）
郑麒麟（11月始）
陆仁祥 谢东海 赵建永
纪工委书记：徐展豪
政协联络委主任：黄国锋（兼）

组　织　员：屠柏荣

梨洲街道

党工委书记：龚　宁
党工委副书记：李　军　严浩迪　谢建仕
党工委委员：张小利　王利锋　谢建英
马　力　袁利平（11月止）
鲍锡文（11月始）
韩建平（兼）　舒学军（兼）
孙建惠（兼）
人大工委主任：徐周康
人大工委副主任：赵佳铭　张剑波
办事处主任：李　军
办事处副主任：董永徐　陈　杰（7月止）
鲍文建（7月始）　孙　恒
杨建苗（7月止）
施华波（11月始）
纪工委书记：张小利
政协联络委主任：谢建英（兼）
组　织　员：宣圆圆（6月始）

兰江街道

党工委书记：孙启春
党工委副书记：方黄军　张　磊
陈哲明（6月止）
汪新华（6月始）
党工委委员：孙惠清（7月止）
沈小悱（6月始）　张国东
周罗建　方青山　魏柏腾
白宇崧（挂职，10月起）
倪久芳（兼）　岑　斌（兼）
王丽丽（兼）
人大工委主任：许建生
人大工委副主任：厉海表　符志英
办事处主任：方黄军
办事处副主任：姚泉高（11月止）
鲁庆怀（11月始）
郑银权（7月止）
陈　杰（7月始）
邵华荣　姚国锋
纪工委书记：孙惠清（6月止）
沈小悱（6月始）
政协联络委主任：周罗建（兼）
组　织　员：翁文杰

朗霞街道

党工委书记：潘剑波
党工委副书记：张国安　黄　洋　鲁定峰
党工委委员：徐莹峰　徐爱芬（6月止）
邵姚斌（6月始）　李真龙
黄冠龙　朱剑钟　鲍永良
鲍鹏飞（兼）　姚平锋（兼）
人大工委主任：吴建传
人大工委副主任：张剑耀（7月止）　杨建州
徐爱芬（7月始）
办事处主任：张国安
办事处副主任：徐文非（11月止）
赵冠华（11月始）　马荣丰
沈国平　毛旭智（11月止）
徐旭栩（11月始）　董利群
纪工委书记：徐莹峰
政协联络委主任：李真龙（兼）
组　织　员：卢飞存

低塘街道

党工委书记：张丽红
党工委副书记：罗浩杰　苏岳明　吴　宁
党工委委员：姜春良　黄佳娜　郑　超
王其明　郑　达　魏利民（兼）
王永军（兼）　杨卫丰（兼）
人大工委主任：朱开方（11月止）
严定汉（11月始）
人大工委副主任：马立红　郭小青
办事处主任：罗浩杰
办事处副主任：陆建波　周旭明　金优儿
邵建虎

纪工委书记：姜春良
政协联络委主任：黄佳娜（兼）
组 织 员：宋叶忠

泗门镇

党委书记：黄 琪
党委副书记：肖鹤峰 董 斌 马林锋
杜海军（挂职）
党委委员：赵钧鑫 陈 灯 洪亚军
徐志军 倪剑江
人大主席：姚惠平
人大副主席：施天军 毛善龙
镇 长：肖鹤峰
副 镇 长：吴东晓 骆高峰 黄妙飞
罗立伟
纪委书记：赵钧鑫
政协联络委主任：洪亚军（兼）
组 织 员：宋 烈 钱建康（11月止）

马渚镇

党委书记：周 强
党委副书记：顾 展 沈 飞（11月止）
鲁科萍（11月始） 姚建新
党委委员：胡文书 鲁科萍（11月止）
鲁炎峰（11月始） 李渭清
周建虎（6月止）
潘志磊（6月始）
施文华（12月止）
吕建能（12月始）
人大主席：毛洪翔（11月止）
沈 飞（11月始）
人大副主席：胡蔚波 柳通明（6月止）
周建虎（6月始）
镇 长：顾 展
副 镇 长：柳通明（6月始） 周建芳
陈攀峰 钱文广（11月始）
纪委书记：胡文书
政协联络委主任：李渭清（兼）

组 织 员：吴迪华（11月止）
毛婷婷（11月始）

陆埠镇

党委书记：褚立军
党委副书记：龚共军 沈学键 马 挺
党委委员：宋央芳 郑东明 罗怀青
袁荷满 陈福明（11月止）
周建铭（11月始）
人大主席：张信钿
人大副主席：魏建永 史皆乐（1月始）
镇 长：龚共军
副 镇 长：范百群 魏建锋 谢霞波
赵永良
纪委书记：宋央芳
政协联络委主任：罗怀青
组 织 员：王 阳

梁弄镇

党委书记：蔡亚红
党委副书记：诸仲玖 周 优
汪新华（6月止）
周 涛（6月始）
黄科威（挂职，11月止）
党委委员：黄建友 罗 洁 余文锴
胡鹤云 鲍锡文（11月止）
人大主席：万小平
人大主席人选：黄科威（12月始）
人大副主席：魏安芳 沈赟娉
镇 长：诸仲玖
副 镇 长：王沛然 杨建海 曹 丹
鲍文建（7月止）
王新传（7月始）
纪委书记：黄建友
政协联络委主任：余文锴（兼）
组 织 员：应永泽

牟山镇

党 委 书 记：万建龙
副　书　记：王文成　张立东
党 委 委 员：解　俞　戎丹丹　沈雁鸣
　　　　　　周　晋　吕建能（12 月止）
人 大 主 席：毛建良
人大副主席：方家仁
镇　　长：王文成（1 月始）
副　镇　长：沈雁鸣　郑其龙
　　　　　　李大炜（11 月止）符军苗
　　　　　　徐水军（11 月始，人选）
纪 委 书 记：解　俞

丈亭镇

党 委 书 记：戚红军
党委副书记：陈映东　干闻宇
党 委 委 员：钱夏珍　郑焕根
　　　　　　叶吉松（12 月止）陈红国
　　　　　　马士杰　田忠辉
　　　　　　陈文文（12 月始）
人 大 主 席：俞炳洪
人大副主席：陈文文
镇　　长：陈映东
副　镇　长：唐军科　祝永权　徐世永
　　　　　　沈巍伟
纪 委 书 记：钱夏珍
组　织　员：张　忠（11 月止）
　　　　　　吴　鸿（11 月始）

三七市镇

党 委 书 记：何　良（7 月止）
　　　　　　唐成波（12 月始）
党委副书记：唐成波（12 月止）
　　　　　　叶吉松（12 月始）陈利炳
党 委 委 员：褚泉良　周尧方　周丽培
　　　　　　吕幼萍　朱　涛
　　　　　　王枭炯（12 月始）
人 大 主 席：张四海
人大副主席：任庆标
镇　　长：唐成波（12 月止）
　　　　　　叶吉松（12 月始，人选）
副　镇　长：沈建峰　王伟波　张文培
　　　　　　王树林
纪 委 书 记：褚泉良
组　织　员：马晓燕（6 月始）

河姆渡镇

党 委 书 记：吴微勋
党委副书记：韩杭城　王根福
　　　　　　徐　存（6 月始）
党 委 委 员：郑军传(6 月止）杨瑞军(6 月始）
　　　　　　鲁红霞　卢国君　韩银裕
　　　　　　赵金江　鲁炎峰（11 月止）
　　　　　　沈　锋（11 月始）
人 大 主 席：胡坚强
人大副主席：翁桦桦
镇　　长：韩杭城
副　镇　长：杨　晟　诸鸿军　唐高勇
　　　　　　应雪琴
政协联络委主任：卢国君（兼）
组　织　员：徐　存（6 月止）

小曹娥镇

党 委 书 记：梅百烽（6 月止）
党委副书记：鲁岳彪　罗　锋
党 委 委 员：钟冬发　许　滨　周立群
　　　　　　朱红良　董秋明
　　　　　　谢龙华（6 月止）
人 大 主 席：翁贤权（7 月止）
　　　　　　毛立波（7 月始）
人大副主席：杨建胜
镇　　长：鲁岳彪
副　镇　长：钱　军　周力平　张霞波
　　　　　　朱佳齐
纪 委 书 记：钟冬发

临山镇

党委书记：王明江
党委副书记：胡 建 陶建民
党委委员：张国伟 赵建梁 孙琦节
陈 哲 俞建桥
谢超炯（12月止）
人大主席：孙保定
人大副主席：苗建平
镇长：胡 建
副镇长：鲁庆怀（12月止） 缪俊杰
王新宇 孙 奇
纪委书记：张国伟
政协联络委主任：徐 楠（兼，3月止）
陈 哲（兼，3月始）
组织员：郑永孟

黄家埠镇

党委书记：王华威
党委副书记：丁坚强 陈 斌
党委委员：俞素珍 施建森 朱 柯
张艺妮 钱文权
魏水明（12月止）
人大主席：胡伟龙
人大副主席：杨剑波
镇长：丁坚强
副镇长：沈登灿 施华波（12月止）
孙 治 赵红棱
徐旦峰（12月始）
纪委书记：俞素珍

大隐镇

党委书记：陈 辉
党委副书记：朱汉明 祝文权
党委委员：张幸程 邵姚斌（6月止）
黄敏佳（6月始） 龚云先
张焕军 周建铭（11月止）
谢超炯（11月始）
人大主席：黄其君
人大副主席：茅豪杰
镇长：朱汉明
副镇长：赵奕挺 施建军 龚云先
戴天瑛
纪委书记：张幸程
组织员：娄 彦

大岚镇

党委书记：柳雅敏
党委副书记：黄 强（11月止）
张叶飞（11月止）
张 忠（11月始）
党委委员：王燕燕 郑文杰 黄远维
郭海滨 蒋映岗 毛 波（兼）
人大主席：俞国强
人大副主席：苏 瑜
镇长：黄 强（11月止）
张 忠（11月始）
副镇长：黄远维 方烈君 朱铁炯
纪委书记：王燕燕
组织员：熊高波

四明山镇

党委书记：陆 超（4月止）
俞斌权（6月始）
党委副书记：俞斌权（6月止）
叶文溢（6月始） 单时芬
党委委员：唐利佳 符金义
杨建忠（11月止）
余松青（11月始）
潘志磊（6月止）
钟浩坚（6月始） 蒋文杰
人大主席：毛绍炯
人大副主席：谢向炯
镇长：俞斌权（7月止）
叶文溢（7月始）
副镇长：杨建忠（11月止）

俞华军（7月始）
王　攀（7月始）
余松青（11月始，人选）
纪 委 书 记：唐利佳

鹿亭乡

党 委 书 记：陈晓珍
党委副书记：丁东青　叶文溢（6月止）
党 委 委 员：茅巧女　姚军达　林　宇
孙梦翱　陈剑锋　李光道（兼）
人 大 主 席：黄伯忠
人大副主席：段丹群
乡　　　长：丁东青
副 乡 长：林　宇　马友明　谢　晨
纪 委 书 记：茅巧女
组 织 员：陈铭科

先进集体·先进个人

先进集体

【2020 年余姚市获国家级表彰的先进集体】

2020 中国最具幸福感城市：余姚市

2020 年度中国县域会展城市 15 强：余姚市

全国第一批深化小型水库管理体制改革样板县市区：余姚市

2020 年度中国政务网站领先奖：余姚市政府网站

2020 年度中国政府网站绩效评估县级市政府网站第三名：余姚市政府网站

第三批国家级抗战纪念设施、遗址名录：新四军浙东游击纵队司令部旧址

2020 年度全国检察宣传先进单位：市人民检察院

全国检察听证互联网直播试点单位：市人民检察院

“加强行政检察监督促进行政争议实质性化解”专项活动优秀组织单位：市人民检察院

全国法院先进集体：市人民法院立案庭

全国党性教育精品网络课程：浙江四明山干部学院《体悟回信精神　坚定信仰信念——浙东红村的全面小康路》课程

2020 年中国科协“全国科普日活动优秀组织单位”：市科协

全国一等县级车辆管理所：市交警大队车管所

《中国劳动保障报》新闻宣传工作先进单位：市人社局

2020 年生态环境保护执法大练兵表现突出集体：宁波市生态环境局余姚分局

全国文明单位：余姚海关、国家税务总局余姚市税务局泗门税务所

全国税务系统先进集体：国家税务总局余姚市税务局泗门税务所

全国模范职工小家：中国联合网络通信有限公司余姚分工会

全国文明镇：泗门镇、梁弄镇

国家卫生镇（2020—2022）：梁弄镇

2019—2020 年度全国“四好”商会：泗门镇

2020 年中国“淘宝镇”：低塘街道

全国示范型退役军人服务站：大岚镇

中国笋干特色之乡：鹿亭乡

全国文明村：横坎头村（梁弄镇）、邵家丘村（临山镇）

国家 AAA 级旅游景区：中村村（鹿亭乡）

全国法治宣传教育基地：横坎头村（梁弄镇）

全国乡村治理示范村称号：横坎头村(梁弄镇)

国家级体育现代化村标准化试点：翁方村(河姆渡镇)

全国乡村特色产业亿元村：裘岙村（陆埠镇）

全国民族团结进步示范社区：季卫桥社区(凤山街道)

中国医院2020年度人文品牌团队奖：市人民医院

中国汽车三四级市场营商环境贡献奖：余姚市中塑国际会展中心有限公司

2020年度金五星优秀会展场馆：余姚市中塑国际会展中心有限公司

2020年度金樽奖——最佳品质服务会展场馆奖：余姚市中塑国际会展中心有限公司

第二批数字商务企业：浙江网塑电子商务股份有限公司

中小企业数字化赋能服务产品及活动推荐目录（第一期）：浙江网塑电子商务股份有限公司

2020年度中国大宗商品现代流通诚信市场：浙江网塑电子商务股份有限公司

【2020年余姚市获省级表彰的先进集体】

2020年度省“平安市”称号：余姚市

2019年度浙江省县级以上集中式饮用水水源地安全保障达标评估优秀：余姚市

全省农村饮用水达标提标行动成绩突出县：余姚市

2019年度全省水利工作综合绩效考评优秀市县：余姚市

2019年全省实施乡村振兴战略优秀单位：余姚市

省高标准农田建设工作表现突出集体：余姚市

推进县域医共体建设工作成效明显的县（市、区）：余姚市

2020年度森林浙江建设目标责任制考核优秀：余姚市

2020年四季度全省争先创优行动最佳实践（工业领域）：余姚市

浙江省2020年度市县党政领导科技进步目标责任制考核优秀单位：余姚市

全省禁毒工作示范县（市、区）：余姚市

全省政协联谊报宣传工作先进单位：市政协

2020年度浙报集团先进报道组：余姚市委报道组

浙江省民族团结进步模范集体：市委统战部

浙江省首批青少年红色基因传承基地：浙东抗日根据地旧址群

2020年度全省党校（行政学院）系统成绩突出集体：市委党校

浙江省检察机关集体二等功：市人民检察院第七检察部

全省突出贡献法院：市人民法院

2018—2019年度省级青年文明号：市人民法院司法警察大队

2019—2020年度浙江省“五优”县级工商联：市工商联

2020年度浙江省工商联系统专项工作先进单位：市工商联

浙江省“抗击新冠肺炎疫情调查点工作先进基层工商联”：市工商联

浙江省工商联系统优秀调研成果三等奖：《关于推进余姚市机器人及智能装备产业高质量发展的对策建议》

省红十字工作先进单位：市红十字会

省红十字会新冠肺炎疫情防控先进集体：市红十字会

省红十字会新冠肺炎疫情防控特别贡献奖：宁波市宇华电器有限公司

省突出贡献红十字基层组织：凤山街道、马渚镇金马社区、子陵教育集团世南校区、丰北小学

省突出贡献红十字团体会员：马渚中心卫生院

省突出贡献红十字志愿队：市红十字应急救护知识宣讲队

2020年度省经信系统工作目标责任制考评县（市、区）先进单位：市经信局

省经信厅县（市、区）最佳实践：余姚市“以三链融合为抓手，全力推动稳企稳发展”

第三届全省司法拘留社会矛盾化解优秀案例：市拘留所

2019年度全省公安队伍正规化建设优秀单位：市公安局

全省公安机关“创文明交通、治秩序乱象”

忠诚保大庆系列行动成绩突出集体：市交警大队

全省公安机关一级视频侦查室：刑侦大队视频侦查室

2020年度全省公安机关“示范数字档案室”：市公安局

省“枫桥式”司法所：马渚司法所

浙江省县乡法治政府建设“最佳实践”项目：乡村检察官助推“谁执法谁普法”

2020年度自然资源报刊读报用刊工作先进单位：市自然资源和规划局

浙江省自然资源系统践行“两山”理念典型案例：余姚市梁弄镇乡村全域土地综合整治和生态修复工程

“森林浙江”建设工作突出贡献集体：市林业局

2020年浙江省不动产登记窗口便民利民服务成绩突出集体：市自然资源和规划局不动产登记窗口

2020年53个县市城镇污水处理工作考核第二：市住房和城乡建设局

建筑工业化优秀县（市、区）：市住房和城乡建设局

2020年度白蚁防治先进单位：市物业和房屋安全管理中心

浙江省市政行业协会城市照明先进集体：市园林风景管理中心

2020年度浙江省绿化美化示范路：开丰路

2020年度浙江省水利文明标化工地示范工程：姚江上游余姚西分工程（瑶街弄调控枢纽）

省非洲猪瘟防控工作表现突出集体：市农业农村局

省抗击新冠肺炎疫情先进集体：市人民医院、舜宇光学科技（集团）有限公司

浙江省文明单位：市人民医院

浙江省健康促进医院：市妇幼保健院

浙江省儿童早期发展示范基地：市妇幼保健院

2020年浙江省医院品管大赛潜力奖：市中医医院

2020年度浙江省防治艾滋病性病爱心企事业单位：市疾病预防控制中心

2020年度省局综合绩效考评优秀等次：市市场监管局

浙江省小微企业和个体工商户“两直”工作集体三等功：市市场监管局

2017—2019年度全省市、县（市、区）放心农贸市场建设工作成绩突出单位：市市场监管局

浙江省2020年度市场监管执法成绩突出集体：市市场监管综合行政执法队

2020年全省药品稽查执法工作成绩突出集体：市市场监督管理局梨洲市场监管所

省五星级规范化市场监管所：市市场监督管理局陆埠分局

省四星级规范化市场监管所：市市场监督管理局凤山市场监管所、市市场监督管理局泗门分局

省三星级规范化市场监管所：市市场监督管理局阳明市场监管所

省四星级、五星级规范化市场监督管理所（分局）：市市场监督管理局陆埠分局

生态省建设突出贡献集体三等功：宁波市生态环境局余姚分局

全省供销社系统综合业绩考评优秀单位：市供销联社

全省第一批持续深化“三位一体”改革示范建设单位：市供销联社

2020年度浙江省气象局嘉奖集体：市气象台

省文明镇复评：丈亭镇

省卫生镇复评：丈亭镇

浙江省AAAA级景区镇：梁弄镇、大隐镇、四明山镇、鹿亭乡

浙江省AAA级景区镇：泗门镇、陆埠镇

2020年浙江省AAA级景区街道：低塘街道

浙江省规范化乡级农村公路管理站：大隐镇

浙江省特色农业强镇：梁弄镇

省级农业绿色发展示范区：临山镇

浙江省美丽乡村示范乡镇：河姆渡镇、四明山镇

2020 年度美丽城镇样板城镇：梁弄镇

浙江省美丽城镇达标城镇：牟山镇、河姆渡镇

浙江省文化强镇：河姆渡镇

浙江省农村文化礼堂建设示范乡镇：泗门镇

第六批省历史文化名镇：泗门镇

全省五水共治工作优秀乡镇：泗门镇

省级农业绿色发展示范区：泗门镇

浙江省农村文化礼堂建设示范乡镇（街道）：泗门镇

2020 年农合联省党建联盟试点单位：泗门镇

浙江省军区先进基层武装部：泗门镇

浙江省首批全国“示范型退役军人服务站”：泗门镇

浙江省新时代枫桥式退役军人服务站：泗门镇

2020 年度浙江省新时代美丽城镇建设基本达标乡镇：泗门镇

浙江省森林城镇：四明山镇

浙江省 2020 年度优秀样板创建乡镇行动方案：泗门镇美丽城镇建设行动方案、梁弄镇美丽城镇建设行动方案

2020 年浙江省示范慈善街道：低塘街道

浙江省农业机器换人示范乡镇：马渚镇

浙江省语言文字规范化乡镇：马渚镇

全省“五水共治”（河长制）工作考核优秀乡镇：马渚镇

2020 年浙江省三星级乡镇街道食安办：低塘街道食安办、梁弄镇食安办

省最佳实践案例展评：梁弄镇横坎头村“开门一件事”

省级基层动物卫生监督示范所：市动物卫生监督所临山镇动物检疫申报点

浙江省文明村：冯村（兰江街道）、洋山村（复评，低塘街道）

浙江省卫生村：沿江村（陆埠镇）、南雷村（陆埠镇）、兰溪村（陆埠镇）、汝东村（临山镇）、临城村（临山镇）、兰海村（临山镇）、梅园村（临山镇）、临山村（临山镇）、黄家庄村（大岚镇）、南岚村（大岚镇）、芦田村（四明山镇）、宓家山村（四明山镇）、溪山村（四明山镇）

浙江省文化示范村：横坎头村（梁弄镇）

浙江省 AAA 级景区村庄名单：冯村（兰江街道）、黄清堰村（低塘街道）、干溪村（陆埠镇）、蒋岙村大坪地（陆埠镇）、汪巷村（梁弄镇）、芦山寺村（河姆渡镇）、车厩村（河姆渡镇）、兰海村（临山镇）、杏山村（黄家埠镇）、十六户村（黄家埠镇）、北溪村（四明山镇）

浙江省 AA 级景区村庄：沈湾村（兰江街道）、袁马村（陆埠镇）、洪山村（陆埠镇）、南雷村（陆埠镇）、临城村（临山镇）、临浦村（临山镇）、梅园村（临山镇）、湖堤村（临山镇）、云旱村（大隐镇）、大路下村（大岚镇）、上马村（大岚镇）、华山村（大岚镇）、隐地龙潭村（大岚镇）、南岚村（大岚镇）、茶培村（四明山镇）、唐田村（四明山镇）、宓家山村（四明山镇）、龙溪村（鹿亭乡）、高岩村（鹿亭乡）

浙江省 A 级景区村庄：西郑巷村（低塘街道）、镆剑山村（低塘街道）、芦城村（低塘街道）、黄湖村（低塘街道）、余鲍陈村（陆埠镇）、石笋村（陆埠镇）、孔岙村（陆埠镇）、翁岙村（陆埠镇）、高南村（梁弄镇）、雅贤村（梁弄镇）、岭头村（梁弄镇）、东山村（梁弄镇）、明湖村（梁弄镇）、汝东村（临山镇）、后朱村（大岚镇）、新岚村（大岚镇）、黄家庄村（大岚镇）、平莲村（四明山镇）、杨湖村（四明山镇）、高山村（鹿亭乡）、沿夹岙村（鹿亭乡）

浙江省美丽宜居示范村：学士桥村（大隐镇）

2020 年度省级美丽宜居示范创建验收合格村庄：燕窝村（梨洲街道）

浙江省美丽乡村特色精品村：冯村（兰江街道）、汪巷村（梁弄镇）

浙江省新时代美丽乡村：汝东村（临山镇）、兰海村（临山镇）、梅园村（临山镇）

浙江省新时代美丽乡村达标村：梨洲村（四明山镇）、平莲村（四明山镇）、悬岩村（四明山镇）

浙江省新时代美丽乡村梳理式改造村：梨洲村（四明山镇）

浙江省“一村万树”示范村：临海村（临山镇）、华山村（大岚镇）

浙江省“一村万树”推进村：镆剑山村（低塘街道）、北溪村（四明山镇）、唐田村（四明山镇）

2020年度浙江省森林人家：中村村（鹿亭乡）

2020年浙江省生态文化基地：中村村（鹿亭乡）

浙江省“乡村氧吧”：柿林村（大岚镇）

浙江省气象防灾减灾标准化村（社区）：俞家桥社区（兰江街道）、汤家闸村（低塘街道）、横坎头村（梁弄镇）、学士桥村（大隐镇）、后朱村（大岚镇）

浙江省历史文化（传统）村落保护利用一般村：阴地龙潭村

浙江省民主法治村（社区）：东江社区（凤山街道）、舜水社区（阳明街道）、南庙村（梨洲街道）、蕙兰社区（兰江街道）、洋山村（低塘街道）、乐安湖村（马渚镇）、牟山村（牟山镇）、渔溪村（丈亭镇）、东澄村（河姆渡镇）、滨海村（小曹娥镇）、人和村（小曹娥镇）

浙江省示范型儿童之家：黄清堰村（低塘街道）

浙江省减灾避灾安置点规范化建设示范社区：黄清堰村（低塘街道）

浙江省示范慈善工作站：郑巷村（低塘街道）

浙江省老年体育现代化村：历山村（低塘街道）

浙江省采摘体验基地：历山村（低塘街道）

浙江省无障碍社区：四明社区（兰江街道）

第二批省级农村引领型社区：兰墅桥村（兰江街道）

浙江省示范性退役军人事务服务站：兰墅桥村（兰江街道）、历山村（低塘街道）

浙江省高标准农村生活垃圾分类示范村：北溪村（四明山镇）

2020年省级高标准生活垃圾分类示范小区：姚江花园小区（梨洲街道）、姚江景苑小区（梨洲街道）

省五星级文化礼堂：兰山村文化礼堂（陆埠镇）

浙江省小康体育村：邵家丘村（临山镇）

2020年浙江省省级示范性青创农场：梁弄百果园青创农场

2019—2020年度浙江省会展行业优秀会展服务展馆：余姚市中塑国际会展中心有限公司

“浙江制造拓市场”最具影响力电商平台：浙江网塑电子商务股份有限公司

浙江省级博爱家园项目：袁马村博爱家园

2020年度浙江省高品质绿色科技示范基地：鼎绿生态农庄

2020年度浙江省水产健康养殖示范场：鼎绿生态农庄

浙江省民族团结进步重点培育单位：陆埠镇第二小学

浙江省健康促进示范校铜牌：陆埠镇第二小学

浙江省示范家长学校：余姚市东风小学教育集团家长学校、余姚市机关幼儿园家长学校

浙江省示范村（社区）家长学校：兰江街道四明社区家长学校、凤山街道酱园街社区家长学校、临山镇邵家丘村家长学校

先进个人

【2020年余姚市获国家级表彰的先进个人】

2020年2月至7月“中国好人榜”：谢向杰

第二批全国林草乡土专家：鲁永波

全国“敬老爱老助老模范人物”：林福宝

2020年生态环境保护执法大练兵表现突出个人：桑立超、闻钟

全国模范法官：叶科技

2020年度全国最美家庭：奕永庆家庭

全国检察听证互联网直播试点工作先进个人：郑骞

2019年度全国检察宣传先进个人：王宝华

2020年度全国检察宣传先进个人：俞旦

全国优秀农民工：罗高昇

2019年宣传思想文化青年英才（新闻界）：陈斌荣

2019年文化名家暨“四个一批”人才（文化

经营管理）：丰华

【2020年余姚市获省级表彰的先进个人】

浙江省抗击新冠肺炎疫情先进个人：黄宝康、黄冠成、赵晖、张一、姚永尧

浙江省文明家庭：薛银莉家庭、姚亚强家庭、谢向杰家庭

浙江省城乡社区千名抗疫人物英雄：黄建炯、何晓明

浙江省优秀共产党员：黄宝康、叶辽宁

最美诚信浙江人：黄宝康

“发现最美浙江人·浙江好人榜”：方大苗

浙江省林业产业先进个人：朱铁炯

第三届浙江省“最美文化礼堂人”：张川

2020年度全省劳动人事争议案件处理优秀个人：钱峰

第三届“浙江省首席水利员”称号：汪银获

2020年2月浙江省档案系统先进工作者：楼洁芳

浙江省2019年度个人二等功：余国英、贺小宁

浙江省绿色家庭暨勤俭节约家庭：张茂坤家庭

2020年度第三季度浙江“最美家庭”：金毅家庭

2020年度第四季度浙江“最美家庭”：丁金琴家庭

浙江省青少年英才·“双带”农村青年人才：章力晨

省红十字会新冠肺炎疫情防控先进个人：黄增

省突出贡献红十字个人会员：顾华坚、韩丹凤、韩丽仙、魏国聪、张东辉、郑玉芬

省红十字优秀志愿者：张孟桂

全省“百名检察教官”：戴素君

全省刑事检察专业人才：沈琳旦

2020年度全省检察机关司法行政成绩突出个人：俞旦

省非洲猪瘟防控工作表现突出个人：姜柏芳

省第三届河姆渡杯粮食生产先进个人：韩娟英

2020年度浙江省气象局嘉奖个人：龚涛峰

浙江省“无欠薪”县（市、区）建设先进个人：马慧惠

第七批浙江省宣传文化系统“五个一批”人才名单：陈斌荣

2020年度省食品安全工作成绩突出个人：张建华

“放心消费在浙江”成绩突出个人：倪叶丹

2019年度浙江省实行最严格水资源管理制度成绩突出个人：周锡炯

2020年度浙江省水利建设工程质量监督先进个人：李冬冬

省农村饮用水达标提标行动成绩突出个人：周浩鸣

第三届浙江省首席水利员称号：汪银、闫庆刚、周浩鸣、符杰辉、邵百权、李海松、吕建嵩、金春明

2018—2019年度浙江省级青年岗位能手：朱旸

浙江省司法厅嘉奖：马燕尔

浙江省模范退役军人：姜荣华

2020年度省委党校系统精品课精品奖获得者：陆银辉

2020年度浙报集团先进报道组工作者：谢敏军

庆祝新中国成立70周年浙江彩车工作突出贡献个人：李栋

浙江省小城镇环境综合整治行动突出贡献个人：余美芬

2020年度白蚁防治先进个人：杨益

浙江省市政行业协会城市照明先进个人：胡庆解

“森林浙江”建设工作突出贡献个人：张焕钦、汪建波

2020年度省自然资源系统“业务能手”：彭志军

浙江省森林生态保护突出贡献个人：陈维君

2020年度自然资源报刊读报用刊工作先进工作者：徐燮彪

省优秀志愿者：周国荣

全省地质灾害隐患综合治理“除险安居”三年行动成绩突出个人：杨忠

2020年度全省森防信息宣传优秀通讯员：叶超

浙江省新冠肺炎疫情防控志愿者：岑灵珊、应承航

2019—2020年度浙江省会展行业先进工作者：李铁圣

文件选编

着力破解民生领域“五难五多”问题总体方案（2020）

为提高“三服务”工作实效，切实补齐补强社会事业、城市管理、生态环境、社会治理等民生领域工作短板，进一步推动各地各部门更实掌握民情、更快回应民意、更好改善民生，在2019年推进破解“五难五多”问题的基础上，经市政府研究，决定继续开展“五难五多”问题专项行动，特制定本方案。

一、总体要求

根据省委省政府和宁波市委市政府有关决策部署，结合人大代表、政协委员意见建议，以及市长电话、来信来电、网络舆情等群众关切，分类梳理社会反映强烈、存在问题突出、相关工作缺位的政府服务和管理短板现象，坚持工作措施与工程措施相结合、机制创新与载体创新相统筹，切实采取有效措施，加快整治一批、切实解决一批关乎群众切身利益的热点难点问题，切实提高人民群众的感受度和满意度。

二、主要内容

在去年破解“五难五多”问题的基础上，根据前期调研、资料收集，结合当前实际，以牵头部门为主，梳理出十方面突出问题。即：一是着力破解垃圾分类“参与程度低、收运处理难”问题；二是着力破解老居住区“环境秩序差、规范管理难”问题；三是着力破解姚江支流“截污不彻底、源头治理难”问题；四是着力破解城市经济“品牌业态少、品质消费难”问题；五是着力破解技术工人“培训渠道窄、技能提升难”问题；六是着力破解老年群体“医养结合松、养老困扰多”问题；七是着力破解中心城区“停车泊位少、交通堵点多”问题；八是着力破解建设工地“施工不规范、扰乱环境多”问题；九是着力破解小区周边“体育场地少、健身需求多”问题；十是着力破解学前教育“公办比例低、低小散园多”问题。

三、把握原则

1. **聚焦热点**。主动回应“两代表一委员”、网络舆情和广大市民关切的热点问题，有针对性地进行破解，提高人民群众的获得感和幸福感。

2. **围绕重点**。坚持与上级考核任务、我市中心工作和民生实事项目有机结合，统筹人力物力财力，精准施策、精准破难，切实提高工作的针对性和有效性。

3. **破解难点**。把去痛点、通堵点、补弱点作为破难工作的关键，以点上带动面上、以机制替代人治、以长效固化常态，来推动久久为功。

4. **塑造亮点**。跳出余姚看余姚、跳出难题破难题，推动形成一批典型案例、创新模式和高效机制，打造余姚经验，塑造余姚亮点。

四、保障措施

1. **完善梯度组织体系**。完善由市长任组长，常务副市长任副组长，相关副市长为成员的领导小组。领导小组下设办公室，由市府办主任任主任，并设常务副主任1名，相关副主任为成员，协助分管市长督促各专项工作进展，协调相关事宜。各专项工作成立专门的工作推进小组，由分管市领导任组长，牵头单位主要领导任副组长，相关责任单位分管领导等为成员，并成立工作专班。

2. **建立有序的推进机制**。要建立“定量定性、定时定点、定责定人”的工作推进机制，由分管副市长牵头，定期或不定期召开专题会议进行会商，及时协调解决工作统筹、用地报批、资金筹措等问题，确保问题解决到位、措施落实到位、工作推进到位。

3. **运用多元的工作载体**。鼓励开展模式创新、机制创新和方法创新，积极引入社会资本、社会力量参与，探索运用大数据技术、智慧化手段，让破解“五难五多”问题成为“改革创新年、执行落实年”的展示舞台和评判平台。

4. **实行科学的绩效评价**。市政府督查室加强跟踪督查，实行每月一督查、每月一通报，对创新突破、工作先进的予以表扬，对进展滞后、工作推诿的予以批评。破解“五难五多”问题工作成效纳入相关单位年度考核和领导干部政绩考核内容，并作为年度评先评优的重要依据。

——摘自《余姚市人民政府办公室关于印发着力破解民生领域“五难五多”问题总体方案（2020）的通知》（余政办发〔2020〕8号）

余姚市“千吨万人”以上饮用水水源保护区整治工作方案

为切实消除我市“千吨万人”以上饮用水水源保护区环境风险隐患，从源头上保障人民群众饮用水安全，确保饮用水水源水质不下降并持续改善，根据《中华人民共和国水污染防治法》《浙江省饮用水水源保护条例》等法律法规精神，按照《宁波市“千吨万人”以上饮用水水源保护区整治工作方案》要求，进一步加强饮用水水源地管理与保护工作，结合我市实际，制定本方案。

一、总体要求

（一）指导思想

以习近平新时代中国特色社会主义思想为指导，全面贯彻党的十九大和十九届二中、三中、四中全会精神，全面推进长江经济带饮用水水源地环境保护专项行动，按照“划、立、治”三项任务要求，开展“千吨万人”以上饮用水水源保护区整治工作，切实消除饮用水水源风险隐患，保障全市人民群众饮用水安全。

（二）工作目标

2021年年底前，全面完成全市“千吨万人”以上饮用水水源保护区（以下简称“保护区”）整治工作，生态环境持续改善，总氮、氨氮、总磷、高锰酸盐指数等重要指标得到有效控制，饮用水水源水质显著提高，水质100%达标，建立健全“社会重视、责任明晰、措施有效”的饮用水水源保护管理体制机制。

二、重点任务

（一）加强保护区基础工作

1. **完善基础信息数据库**。加强“一源一策”管理，进一步完善“千吨万人”以上饮用水水源地自然地理及经济社会资料等基本信息、水质状况、污染状况和环境管理等情况，整理饮用水水源地空间信息资料，根据保护区划定情况，明确矢量边界及相关信息，建立完善饮用水水源地信息化管理平台。

2. **规范勘界立标及隔离防护设置**。根据《集中式饮用水水源地规范建设环境保护技术要求》（HJ733-2015）等规定，持续推进保护区规范化建设，全面开展保护区勘界立标，并与国家生态保护红线相衔接，明确一级、二级及准保护区的边界和管理范围，设置界碑或界桩。完善保护区标识，参照《饮用水水源保护区标志技术要求》（HJ/T433）规定，在保护区范围内农村居民点、公路两侧、取水口等区域设置保护宣传牌、安全警示牌、管理要求牌等，并定期检查更新。保护区内有道路穿越的，要建设防撞护栏、事故导流槽和应急池等设施。“一大三中”水库水源地保护区须设置短信提示。强化一级保护区整体隔离，采取铁丝网、围栏等物理隔离措施或防护林等生物隔离工程，严禁与保护水源无关的人类活动，确保饮用水水源安全。

3. **推进水质达标建设**。以保护饮用水水源水质为核心，进一步梳理饮用水水源地所在流域存在的突出问题，2020年年底前，完成饮用水水源水质达标（稳定）方案的编制，采取一源一案、精准施策，确保保护区水质达到目标要求。对超标水源，要制定限期达标方案，并对准保护区汇水区域实施水污染物总量控制措施，确保全面达到目标水质要求；对现状水质虽已达标但波动较大的，要及时分析原因，并适时采取清库、清淤等工程措施，有效防止水质反弹。对于准保护区，要从保护水质出发，严格落实管控措施和正面清单制度，严控各类建设项目及开发建设强度，筑牢饮用水水源安全底线。

（二）开展保护区综合整治

1. **分类整治保护区内工业企业**。保护区禁止设置排污口，现有排污口全部拆除或关闭。一级保护区内所有工业企业、二级保护区内排放污染物的工业企业必须全部关停或搬迁；二级保护区内禁止从事危险化学品或煤炭、矿砂、水泥等装卸作业和水上加油；准保护区内三类工业企业依法全部关停或搬迁，二类工业企业中有生产性废水产生且无法引到保护区外排放的，依法全部关停或搬迁。准保护区内一类工业企业产生的生活污水和垃圾必须进行收集处理，处理后的污水原则上引到保护区外排放；若不具备外引条件的，可通过农田灌溉、植树造林等方式回用，或排入湿地等进行深度处理。

2. **积极整治保护区内旅游项目和农家乐**。一级保护区内禁止新建、改建、扩建与供水设施和保护水源无关的旅游建设项目；二级保护区内禁止新建、改建、扩建排放污染物的旅游建设项目；准保护区内禁止新建、扩建对水体污染严重的旅游建设项目。已建成的由属地乡镇（街道）报请市政府依法拆除或者关闭。在二级保护区和准保护区内从事其他旅游活动的，应当按照规定采取措施，防止污染饮用水水源。

一级、二级保护区内农家乐必须拆除或关闭；准保护区内农家乐的污水应纳入城市污水管网，不具备纳管条件的，原则上可通过农村生活污水处理设施处理后，引到保护区外排放；若不具备外引条件的，可通过农田灌溉、植树造林等方式回用，或排入湿地等进行深度处理。

3. **全面拆除保护区内违章建筑**。全面排查保护区内违章建筑，依法依规予以拆除。结合“无违建区县（市）”创建要求，加大对保护区的巡查力度，严格禁止在保护区范围内新增违章建筑。

4. **加强保护区内生活面源污染防治**。规划建设与污染物产生相配套的治理设施。农村生活污水实行管网统一收集、集中处理，不能实行管网统一收集、集中处理的，实行单户或联户无害化处理，涉及农家乐、民宿的，要按照《农家乐、民宿餐饮污水隔油技术指南》（浙环函〔2018〕550号）要求执行；农村生活垃圾全部集中收集并无害化处置。保护区内农村生活污水应纳入城市污水管网，不具备纳管条件的，原则上可通过农村生活污水处理设施处理后，引到保护区外排放；若不具备外引条件的，可通过农田灌溉、植树造林等方式回用，或排入湿地等进行深度处理。加强农村生活污水处理设施规范化管理、标准化运维，2020年年底前，保护区内的村庄全部完成农村生活污水处理设施建设和改造提升并实现标准化运维。

5. **加大保护区内农业面源污染治理**。一级保护区内禁止开展畜禽养殖、网箱养殖等污染水源的养殖活动；二级保护区和准保护区内禁止新建规模化畜禽养殖场（小区）和开展网箱养殖、坑塘养殖、水面围网养殖等活动，保护区划定前已有的，依法全部拆除或关闭；分散式畜禽养殖废物全部资源化利用。

一级保护区内禁止新增农业种植和经济林，已有农业种植应严格控制农药、化肥使用，逐步退出并建立相应的补偿机制；二级保护区和准保护区严禁施用高毒、高残留农药，鼓励施用有机肥，积极推行化肥、农药减量控害增效技术，开展农田径流氮磷生态拦截沟渠建设，减少农田化肥氮磷流失。

二级保护区和准保护区内禁止毁林开荒行为，水源涵养林建设应满足《水源涵养林建设规范》（GB/T26903-2011）要求。

（三）建立保护区长效管理机制

1. **建立完善饮用水水源保护相关制度**。建立和完善饮用水水源污染防治、安全保障、事故应急、监测监控、年度评估和责任追究等工作机制，实施生态补偿机制和最严格的水资源保护制度。

2. **加强保护区风险管控**。组织开展饮用水水源地安全调查评估，定期检查各项管理和保护措施的落实情况，及时掌握饮用水水源地安全状况。建立全市饮用水水源地污染事故预警机制、危化品运输管理制度、风险源名录，并制定饮用水水源地保护相关应急预案，储备应急物资，定期组织演练。

3. **提高保护区水质预警监测能力**。加大保护区水质监测力度，逐步建立健全水质自动化实时监测监控系统，及时掌握饮用水水源水质变化情况。加强监测数据分析和应用，建立饮用水水源风险管理系统，落实风险防范责任，完善风险防范措施。建立保护区分级预警体系，及时发布安全预警。

4. **加强保护区执法力度**。严厉打击、坚决查处威胁饮用水水源水质安全的违法行为，发现一起查处一起，并公开查处结果，确保饮用水水源水质安全。定期组织专项检查、不定期开展“回头看”和挂牌督办，严防污染反弹。

5. **加强农村饮用水安全保障**。加快建立安全、可靠的农村供水体系。切实加强农村分散式饮用水水源地保护与污染治理，着力消除各类污染隐患。加强对农村现有简易水厂和供水设施的改造，落实各项净水措施，因地制宜解决农村饮水安全问题。提高供水工程水质检测设施装备水平和检测能力，加强农村饮水工程水源及水厂水质的监测和检测。积极推进农村饮水安全巩固提升工作，提高农村饮水安全水平。

三、保障措施

（一）加强组织领导。各职能部门和乡镇（街道）要切实提高政治站位，根据整治方案要求，认真落实并按期完成各项整治，把加强饮用水水源保护、加强保护区管理列入年度工作任务。同时要加强组织领导，完善工作机制，明确工作职责，进一步强化饮用水水源安全保障工作的责任制度。

（二）加强协作联动。各相关部门、乡镇（街道）要各司其职、密切配合，确保各项整治工作落到实处。生态环境、住建、农业农村、文广旅游、三改一拆办等部门要牵头做好整治的督促落实工作；各乡镇（街道）要切实承担起属地责任，在2020年5月底前全面排查清楚保护区内各类污染源情况，并明确每一个污染源的整治措施、时间节点，2020年年底前完成整治。发改部门要做好治理保护项目审批，牵头会同相关部门研究制定生态补偿政策；财政部门要广开融资渠道，增加治理保护资金投入；公安部门要加强对危化品运输的监管力度，并设置相应警示标志；交通部门要完善保护区内道路安全防护设施；生态环境部门要加强保护区生态保护工作，严厉打击污染饮用水水源行为；水利部门要加快治理保护项目推进，加强对饮用水水源地的日常管理工作，确保饮用水水源水质提升；住建部门要加大保护区内农村生活污水处理设施建设、改造提升力度和标准化运维覆盖面；农业农村部门要加强畜禽养殖、网箱养殖、农业面源等污染防治和农家乐、农村环境综合整治，加大生活垃圾治理力度；文广旅游部门要加强对保护区内旅游项目监管，依法取缔一级保护区内旅游活动；自然资源和规划部门要做好保护区内及周边的规划管控。

（三）加强督查考核。将保护区整治工作列入市政府2020年度督查工作重点，并纳入美丽余姚、五水共治、最严格水资源管理制度等考核评价体系，并作为对领导班子和领导干部综合考核评价的重要依据。有关部门要加强监督检查，严格考核评估，切实提升工作成效。饮用水水源保护工作开展不力或造成严重不良影响的，要对责任领导约谈问责。

本方案自2020年5月1日起施行。

——摘自《余姚市人民政府办公室关于印发余姚市“千吨万人”以上饮用水水源保护区整治工作方案的通知》（余政办发〔2020〕25号）

2020年余姚市政务公开工作要点

2020年全市政务公开工作的总体要求是：以习近平新时代中国特色社会主义思想为指导，坚持以人民为中心的发展理念，紧紧围绕“当好浙江建设‘重要窗口’的模范生”使命担当，深入贯彻党中央、国务院和省委、省政府关于政务公开工作决策部署，全面落实《中华人民共和国政府信息公开条例》（以下简称《条例》），提升政务公开质效，为促进区域经济高质量发展，建设法治型、服务型政府，推进治理体系和治理能力现代化发挥积极作用。

一、着力聚焦重点领域信息公开

（一）围绕疫情防控及经济稳增长、社会促稳定领域推进政府信息公开。全面落实党中央、国务院关于重大公共突发事件决策信息公开的要求，重点围绕当前统筹推进新冠肺炎疫情防控和有序推进复工复产重大决策部署，及时公开涉及“六稳”“六保”相关信息，开设信息公开专栏，持续加大相关领域政府信息公开和政策解读力度，全面助推“五公开”促进疫情防控和复产复工各项工作的落实。切实加大惠企政策公开力度，推进构建亲清政商关系的政策体系公开，结合“三服务”活动，向企业精准推送中小企业减税降费政策，帮助企业渡过难关。突出科技创新、先进制造业、新兴产业、招商引资和外贸、现代服务业等领域政策公开及解读，第一时间发出权威声音，引导市场预期，促进经济平稳增长。

（二）围绕重大项目实施推进公开。认真贯彻落实重大建设项目批准和实施领域政府信息公开要求，及时公开对经济社会发展、民生改善有直接影响的固定资产投资项目信息，细化公开事项、内容、时限、方式、监督渠道等内容。大力公开参与融入共建“一带一路”、长江经济带发展、长三角区域一体化发展等国家战略的重大决策、执行、结果等信息，重点公开审批服务、审批结果、招标投标、征收土地、重大设计变更、施工进度、质量安全监督、竣工备案等8类信息，助力重大项目有序推进。

（三）围绕三大攻坚战推进公开。围绕高质量实现精准脱贫目标，重点做好相关政策举措、扶贫项目、财政专项扶贫资金、对口帮扶财政援助资金、对口扶贫地区贫困劳动力务工就业、消费扶贫实施情况及成效等信息公开。围绕打好污染防治攻坚战，及时公开打好蓝天保卫战、治水提升、治土清废、生态环境督察整改信息，做好工业园区废气治理、企业挥发性有机物深度治理、河道生态提升治理、“无废城市”建设、“大地增绿”行动、城市生活垃圾分类处置以及突发环境事件处置、环境监测等信息公开。围绕防范化解重大金融风险，加大宏观调控政策执行、财税政策、房地产市场调控、金融运行监测、地方政府债务等方面信息公开力度。及时公开推进国家普惠金融改革试验区建设信息。

（四）围绕营商环境优化推进公开。围绕“最多跑一次”改革和优化营商环境新任务新举措，及时公开优化营商环境配套政策及实施情况。全面公开政务服务事项、办事指南、办事流程、办事机构、行政审批中介服务监管、常见问题、监督举报方式等信息。持续推进个人和企业全生命周期“一件事”全流程“最多跑一次”信息公开，加大市场准入门槛、市场公平竞争、事中事后监管、“好差评”结果、社会信用等信息公开力度。探索采用微信、短信、电子邮件、纸质材料等方式定向精准推送惠企政策、办事指南和证照到期、办件进度提醒等信息。

（五）围绕民生热点透明推进公开。完善就业、教育、医疗、食品药品监管、生态环境、公益事业、征地拆迁及水、电、气等与群众切身利益密切相关领域信息常态化公开机制，压实主体责任。及时发布高校毕业生、退役军人、城镇就业困难人员等群体就业创业政策和招聘信息，及时公开各类技能培训、失业保障等扶持政策。继续做好学前教育、基础教育、高等教育、职业教育、民办教育、特殊教育、继续教育等领域信息公开。全面公开健康扶贫、医疗卫生服务、卫生执法监管、疾病预防控制、食品药品监管等信息。依法公开企业职工基本养老保险、失业保险、工伤保险、城乡居民最低生活保障、社会救助、慈善行动、公益服务等信息。

（六）围绕办事服务全过程精准公开。全面准确公开各类办事指南，指南应载明全部办事条件和规范格式文本，做到通俗易懂。推动办事指南场景化编制和公开。立足政府门户网站、依托浙江政务服务网、浙里办App，实现互联互通，创建“一件事”全过程公开模式，实现“一件事”一站公开、一网通办。对办事服务信息加以集成、优化、简化，汇总编制办事一本通，并向社会公开，最大限度利企便民。

二、着力提升解读回应公众参与质效

（一）深化决策公开。落实《余姚市人民政府工作规则》，持续推进重大决策预公开，涉及公共利益和公众权益的重大事项，除依法应当保密的外，均应在决策前，将决策草案、决策依据通过听证座谈、网络征集、咨询协商、媒体沟通等多种形式，广泛听取意见。及时公开公众意见的收集、采纳情况和较为集中意见未予采纳的原因。继续推进会议公开，政府常务会议研究重要改革方案、重大政策措施及重大民生事项等事项时，年内至少1次邀请利益相关方、企业代表、市民代表等列席会议，列席和决策事项审议情况向社会公开。

（二）深化政策解读。严格落实政策解读与政策性文件同步发布机制，切实提高解读质量。各乡镇（街道）、市直各部门主要负责人要履行好“第一解读人”职责，采取发表政策解读文章、在线访谈等方式，带头解读政策年内一般不少于2次。要围绕本级政府工作报告明确的2020年主要目标任务，以发展实体经济、扩大内外需求、提升城市能级品质、实施乡村振兴战略、优化营商环境等工作任务为重点，精准解读相关政策措施，确保公开的政策解读内涵透明、信号清晰，稳定社会预期，提振市场信心。推行政策施行后解读，对政策公布后社会的普遍疑虑和误解误读，要有针对性地开展深度解读、延伸解读。积极开展数据事例、图表图解、视频动漫、流程演示等多元化解读，提高解读效果。

（三）深化回应关切。建立健全政务公开、宣传、网信、信访等部门沟通协作联动机制，加强舆情监测、研判、处置，充分发挥“12345”政务热线、领导信箱、政务微博微信、在线访谈、在线咨询、在线投诉、政府网站意见箱、电视问政等渠道作用，提高对社会关切热点的发现、搜集和处理、回应能力。认真落实首问责任制，提高公众满意度。对涉及本地区、本部门的网络谣言，要快速反应，及时公布真相，正面引导舆论，避免发生重大舆情事件。继续抓好人大代表建议和政协委员提案办理结果公开，在不断吸纳民意和接受监督中更好推动政府工作。

三、着力发挥公开载体传播力

（一）加强政府信息公开专栏建设。按照统一标准体系、统一技术平台、统一安全防护、统一运维监管的要求，2020年6月底前完成省、市、区（县、市）三级政府网站集约化工作。认真落实政府信息公开平台事项规范，统一设置“政府信息公开指南”“政府信息公开制度”“法定主动公开内容”“政府信息公开工作年度报告”等栏目，优化页面布局，增强检索、下载功能。加强专栏常态化管理，及时更新政府信息公开指南及制度，按规定时限公开法定公开内容，杜绝内容不准确、格式不规范、更新不及时等现象。

（二）加强政务新媒体管理运营。进一步明确政务新媒体主管单位，建立市政府办公室、市政府新闻办、市委网信办、市大数据局等部门协作机制，研究出台政务新媒体管理实施办法。按照“谁开设、谁主办、谁负责”的原则，督促主办单位切实履行政务新媒体的规划建设、组织保障、健康发展、安全管理等职责，努力打造一批优质精品账号，建设更加权威的信息发布和解读回应平台、更加便捷的政民互动和办事服务平台。力争到2021年底，建成以余姚发布政务新媒体为龙头，整体协同、响应迅速的政务新媒体矩阵体系，全面提升政务新媒体传播力、引导力、影响力、公信力。

（三）加强查阅场所建设管理。在档案馆、公共图书馆、行政服务中心设置政府信息查阅场所，配备、更新相应的设施、设备。重点开辟政务公开专区，统一标识，提供政府信息查询、信息公开申请、办事咨询答复等服务。

四、着力强化基础性保障

（一）加强组织领导。各乡镇（街道）、市直各部门要形成主要领导亲自主抓、分管领导具体负责的工作机制，压紧压实工作责任，不断夯实加强公开机构和队伍。要加强政务公开工作力量配置，配齐配强工作人员。加强政务公开工作经费保障，各单位要在年度预算中统筹考虑，确保政策解读、标准化建设、公开专栏建设等工作顺利开展。

（二）加强宣传培训。广泛开展学习《条例》、贯彻《条例》专项活动，将新《条例》宣传培训纳入普法学习计划，组织政务公开工作人员贯彻落实新《条例》能力全员培训。同时，采取进社区、进企业等方式扩大社会宣传，使基层企业群众、行政机关工作人员进一步了解熟悉《条例》内容，切实提高领导干部及公务员队伍依法行政、依法公开的思想认识和自觉意识，积极营造全社会支持政务公开工作的良好氛围。

（三）加强考核评估。改进年度考核办法，科学设置考核指标，注重日常工作内容与年度工作要点落实相结合，增加考核工作的科学性、合理化。市政府办公室将进一步改进第三方评估办法，完善政务公开指数测评和社会评议，定期对各乡镇（街道）、市直各部门政务公开的及时性、规范性、准确性等进行综合分析评估，及时通报有关情况及问题，督促整改落实。

——摘自《余姚市人民政府办公室关于印发2020年余姚市政务公开工作要点的通知》（余政办发〔2020〕26号）

余姚市加快高新技术企业培育攻坚行动方案（2020—2022年）

为贯彻落实市委市政府高质量发展行动部署，紧密围绕为全市“35”千百亿产业集群建设，加快高新技术企业培育发展，根据《宁波市加快高新技术企业培育发展攻坚行动方案》（甬自创办〔2019〕8号），制定本行动方案。

一、指导思想

贯彻落实党的十九大精神以及国家创新驱动发展战略部署，以着力提升产业创新能力为导向，以持续优化产业结构为重点，以精心培育高新技术企业为抓手，以加快发展高新技术产业为核心，解决高新技术企业数量偏少、规模偏小的短板，分层分类精确施策，多措并举精准发力，加快形成“孵化一批、培育一批、认定一批、树标一批”的高新技术企业培育工作格局，推动全市高新技术企业队伍规模和质量双提升，支撑产业高质量发展。

二、主要目标

按照“科技型中小企业—高新技术培育库—高新技术企业—创新型领军企业”的路径，形成滚动实施的储备机制，加快推进高新技术企业发展壮大，推进产业向高新化发展。

（一）高新技术企业数量实现倍增。到2020年，高新技术企业总数突破295家，实现比2017年翻一番的目标。高新技术企业培育库建立，到2022年入库企业达到290家。

（二）产业结构明显优化。高新技术产业增加值年均增幅达到10%以上，到2022年，高新技术产业增加值占规上工业增加值的比重达70%以上。

（三）创新能力显著提升。规模以上高新技术企业实现市级以上工程技术中心全覆盖；新增市级及以上工程技术中心、企业研究院等研发机构80家以上；高新技术企业研发费支出占营业收入的比重达到4%；高新技术企业发明专利申请量、授权量每年增长15%以上。

（四）创新标杆企业不断涌现。着力培育一批在国内外具有较强影响力和知名度的领军企业以及在行业细分领域内的“隐形冠军”“单项冠军”等创新标杆企业。到2022年，省创新型领军企业入库达到10家。

三、重点任务

（一）建立科技型企业基础数据库

建立科技型企业统计监测制度，全面摸清我市科技型企业现有家底，做好基础数据收集整理工作。建立科技型中小企业、高成长科技型企业、高新技术企业及创新型领军企业数据库，及时了解有关动态，分析研判有关情况，为科技型企业梯次培育提供支撑。

（二）加强高新技术企业培育认定工作

1. **建立高新技术企业培育库制度**。制定高新技术企业培育库建设管理暂行办法，建立高新技术企业培育认定统计监测制度，根据知识产权、研发费用占销售收入比重等指标发掘基本符合申报条件的企业，并结合企业所得税纳税情况筛选具有申报意愿的企业，纳入高新技术企业培育库，进行跟踪对接、主动服务。

2. **加大高新技术企业认定奖励力度**。对纳入高新技术企业培育库和首次认定及重新认定为高新技术企业的企业实行政策奖励，鼓励各乡镇（街道）、经济开发区、中意宁波生态园出台高新技术企业培育扶持政策，共同加大高新技术企业培育力度，建立高新技术企业联动培育机制。

3. **广泛开展高新技术企业申报培训**。鼓励科技咨询、知识产权代理、会计师事务所等中介机构为高新技术企业培育库入库企业提供专业化服务，定期上门走访、重点帮助辅导，并进行日常跟踪分析，帮助企业尽早通过高新技术企业认定。定期对中介机构服务质量进行评价和奖励，提升科技咨询服务机构的服务水准。

（三）全面推动企业创新发展

1. **择优扶持做强一批高成长科技型企业**。加大国家科技型中小企业的培育力度，每年评价250家以上；持续开展宁波市创新型初创企业培育，每年评审认定不少于200家，在智团创业、融资担保等方面给予政策支持，扶持其快速成长为高新技术企业。

2. **鼓励投资引进一批科技型企业**。充分发挥经济开发区、人才创业园、中意宁波生态园等平台作用，支持优秀科技人才携带高新技术项目创办科技型企业。鼓励企业建立“科技飞地”，并购海外研发机构，吸纳国内外高层次科技人才。

3. **支持企业建设各级研发机构**。强化企业创新主体地位，支持企业独立或者与高校院所共建重点实验室、工程技术中心、技术创新中心、企业研发中心、产业技术研究院、产业创新中心等国家、省、市级科技创新平台。在市级科技专项资金中设立科技创新平台专项，支持企业研发机构建设。

4. **加大创新产品推广应用力度**。探索创新产品分阶段分类管理模式，对创新产品以事中事后监管为主。加大政府采购支持力度，试行政府首购制度，提高科技型企业产品政府采购比例。实施新技术新产品应用示范工程，制定创新产品采购、首台（套）重大技术装备支持政策，建立“首购首用”风险补偿机制，促进宁波市重点自主创新产品、装备首台（套）、新材料首批次、软件首版次产品的应用推广。

5. **鼓励企业获得知识产权**。鼓励企业对自主研发成果及时申请并获得发明专利等知识产权。鼓励企业根据自身需要，通过受让、受赠或者并购等方式获得相关知识产权。

6. **支持企业提质发展**。优先支持高新技术企业纳入“专精特新”企业培育库。优先支持高新技术企业围绕智能化、绿色化等方向进行技术升级改造。落实“零土地”技术改造政策，定期发布企业技术改造目录。支持高新技术龙头企业牵头破解行业共性关键技术难题，统筹行业和重大创新平台资源，提升产业核心竞争力。支持高新技术企业作为依托单位参与各级产业创新服务综合体建设和建设专业化众创空间。

7. **支持企业创新人才团队建设**。鼓励和支持企业加强人才队伍建设，大力引进海内外高层次人才，为企业创新发展提供智力支撑。“姚江英才”等人才计划重点向高新技术企业倾斜。

（四）强化创新创业政策落实

1. **落实高新技术企业的税收优惠政策**。执行高新技术企业减按15%的税率征收企业所得税的政策优惠。完善科技和税务部门研发费用税前加计扣除政策落实联合工作机制，强化政策宣传，确保政策落实“应享尽享”。建立企业研究开发项目信息管理系统，加强企业研发项目管理，推动企业建立和完善研发管理制度。

2. **拓宽科技“创新券”使用范围**。健全科技创新券管理制度，深入推进利用“创新券”购买公共服务，扩大在委托开发、技术咨询、技术服务等方面的应用，降低科技型企业创新活动成本。鼓励行业龙头企业开放检验检测实验室，按对外提供的检验检测费给予一定奖励。

四、保障措施

（一）加强组织领导。成立市高新技术企业培育认定管理工作领导小组，由市政府分管领导任组长，科技局、财政局、税务局为成员单位，领导小组下设办公室，办公室设在科技局，负责安排部署高新技术企业申报工作和初审工作，高新技术企业培育库企业的认定工作。

（二）夯实资金保障。发挥财政资金激励和引导作用，激发企业创新发展动力，支持各乡街（镇道）、经济开发区、中意宁波生态园设立高新技术企业培育发展专项资金，提升高新技术产业发展水平；本行动方案涉及的科技型中小企业培育、高新技术企业培育库建设、高新技术企业认定、高新技术企业搬迁引进、科技创新平台孵化培育、科技创新券使用等奖补政策另行制订。

（三）建立考核机制。加强高新技术企业统计分析工作，对全市高新技术企业发展状况及时进行跟踪和研究。将高新技术企业培育工作核心指标纳入各乡镇（街道）、经济开发区、中意宁波生态园科技工作考核内容，全力推动培育工作有效开展。

（四）加大宣传力度。充分激发广大企业的创新创业创造热情，营造全社会尊重创新、宽容失败的良好氛围。充分运用各类新闻媒体，加大对高新技术企业培育相关政策的宣传力度，着力提升政策的知晓度和落地率。宣传一批在国内外具有较强影响力和知名度的创新标杆企业，为全市高新技术企业发展提供示范样板。

——摘自《余姚市人民政府办公室关于印发余姚市加快高新技术企业培育攻坚行动方案（2020—2022年）的通知》（余政办发〔2020〕30号）

余姚市“无废城市”建设实施方案

开展“无废城市”建设是党中央、国务院在打好污染防治攻坚战、决胜全面建成小康社会关键阶段作出的重大改革部署，为深入贯彻《浙江省人民政府办公厅关于印发浙江省全域“无废城市”建设工作方案的通知》（浙政办发〔2020〕2号）精神，打造“美丽余姚”，助推“六争攻坚”，制定本实施方案。

一、总体要求

（一）指导思想

以习近平生态文明思想为指导，全面贯彻党的十九大和十九届二中、三中、四中全会精神，紧紧围绕统筹推进“五位一体”总体布局和协调推进“四个全面”战略布局，深化提升美丽余姚建设，坚持绿色低碳循环发展，全面覆盖一般工业固体废物、危险废物、农业固体废物、生活垃圾、建筑垃圾、园林垃圾、电子废弃物等多源固体废物管理需求，积极推动固体废物处理向规范化、精细化、专业化、规模化、现代化方向发展。

（二）工作目标

以创新、协调、绿色、开放、共享的新发展理念为引领，助推“六争攻坚”和“246”万千亿级产业集群建设，为高质量发展提供保障，以固体废物减量化、资源化为重点，全面形成“全类型、全覆盖、全过程”的固体废物分类处置和资源化利用体系，基本实现产废无增长、资源无浪费、设施无缺口、监管无盲区、保障无缺位、固废无倾倒、废水无直排、废气无臭味，建成“源头管理精细化、贮存转运规范化、过程监控信息化、设施布局科学化、最终处置无害化”的“无废城市”。

（三）实施范围与时限

本方案的实施范围为余姚市行政区域范围，基准年为2019年，分近期（2020—2022年）和远期（2023—2025年），计划2022年建成省级“无废城市”。

二、主要任务

（一）坚持能减则减，全面抓好产废源头减量化

1. **统筹推进产业结构调整**。加快落后产能淘汰，推动制造业高质量发展。加强化工、印染、表面处理、冶金等固体废物产生量大的行业整治提升和清洁生产，实施清洁生产的工业企业年度增长率达到5%，鼓励其他企业开展自愿性清洁生产审核。工业固体废物产生强度稳定实现负增长。

2. **持续推进固体废物“动态清零”**。继续强化建筑垃圾堆场监管、不规范生活垃圾填埋场所排查。推进污泥产生企业和利用处置行业专项整治工作，进一步降低宁波滨海污水处理有限公司及年产污泥1000吨以上的工业企业出厂污泥的含水率。持续推进危险废物“动态清零”工作，对贮存时间超过一年以及贮存时间未超一年但超过自身贮存能力的危险废物开展集中清零，切实消除环境安全隐患。

3. **大力推进农业固体废物减量**。深入推进“肥药两制”改革，力争在2022年底实现化肥农药使用量负增长。发挥地膜回收组织作用，探索推进机械化回收。构建种养循环的生态农业体系，加快完善沼液池（罐）、配套管网、堆肥场、粪污集中处理中心等设施。

4. **加快形成绿色生产生活方式**。大力发展循环经济，推动建立清洁低碳、安全高效的现代能源体系和绿色低碳循环发展的产业体系，积极推动绿色工厂创建。培养简约绿色的生活方式，逐步推进禁止或限制一次性塑料制品的使用，宣传推广节约资源理念，到2022年底，城乡生活垃圾实现零增长。

（二）坚持应分尽分，全面落实分类贮存规范化

5. **全面实施生活垃圾强制分类**。坚持垃圾分类的全民教育，各级教育机构应组织开展生活垃圾分类知识普及教育。着力推进生活垃圾收费制度创新，以非居民端为重点，落实促进分类收集的收费制度。促进可回收物的源头分类回收，加快生活垃圾清运和再生资源回收两网融合，统筹布置再生资源回收点、废电子电器和大件垃圾堆放点和可回收设施，推广生活区大件垃圾的预约回收。

6. **推进一般工业固体废物分类贮存规范化**。督促一般工业固体废物产生企业建设贮存场所，安全分类存放，并预留足够的流转空间。工业园区（工业功能区、工业集聚区、小微企业园区）、产业集聚区按照“精准化源头分类、专业化二次分拣、智能化高效清运、最大化资源利用、集中化统一处置”的原则，建立一般工业固体废物分类收集、贮存、运输专业化服务体系，落实一般工业固废的分类标准和分类贮存制度，提升规范化管理水平。

（三）坚持应收尽收，全面实现收集转运专业化

7. **践行重点行业的生产者责任延伸制度**。按国家相关要求实施动力电池、电器电子产品、汽车等行业的生产者责任延伸制，到2022年，基本建成废弃产品逆向回收体系。探索包装桶、反应催化剂等产品生产厂家回收处置及再利用。

8. **规范工业固体废物和污泥的运输管理**。运输车辆应采取密闭、防水、防渗漏和防遗撒等污染防治措施，配备车载GPS，执行转移交接记录，实施全过程动态监管，根据危险货物运输管理的相关规定，加强本地危险废物运输企业监督管理，依法查处无危险货物道路运输资质企业从事危险废物运输的行为。

9. **推进农业固体废物标准化收储体系建设**。建设规范的秸秆收储体系，培育壮大秸秆收储专业企业，积极推进乡镇（街道）标准化收储中心建设，在秸秆产生大村设置固定收储点，逐步形成秸秆收储运网络。至2022年，农业废弃物收储运体系覆盖率达到100%。推行废旧农膜和农药包装分类回收处理，到2020年，废旧农膜回收处理率达90%以上，农药废弃包装物回收处置率达到90%以上。2022年，农药包装废弃物实现全量回收。

10. **建立小微单元危险废物和有害垃圾的收运体系**。建立健全服务体系，加强学校、检测机构实验室、汽修行业、小微企业危险废物收集、贮存、转运网络体系建设，到2022年，危险废物收运体系基本覆盖全市乡镇（街道）以上工业园区和汽修、科研等行业。完善有害垃圾分类收运体系，以社区、村为重点推进有害垃圾分类收集、贮存专用容器及设施建设。

（四）坚持可用尽用，全面促进资源利用最大化

11. **拓展工业固体废物的综合利用渠道**。落实工业固体废物资源综合利用财政扶持政策、资源综合利用税收优惠政策和补贴政策。重点突破废润滑油、退役动力电池、工业污泥、焚烧飞灰等工业固废的资源化利用技术研发与应用示范。

12. **加快推动生活垃圾回收利用**。鼓励回收企业利用互联网、大数据、物联网、信息管理公共平台等信息化手段，优化逆向物流网点布局，建立线上线下融合的回收网络，提升废品回收的智能化识别、定位、跟踪、监控和管理能力，深入开展农村生活垃圾分类专项行动，至2022年，城镇和农村生活垃圾回收利用率达到60%。

13. **统筹推进建筑垃圾和工程泥浆的资源化利用**。积极推动建筑垃圾精细化分类分质利用，完善收集、清运、分拣、再利用的一体化回收处置体系。至2022年，建筑垃圾资源化利用率达到60%。

14. **着力提升农业固体废物资源化利用水平**。组织实施秸秆肥料、燃料、饲料、食用菌基料和工业原料化等五大资源化利用工程。建立“农村保洁队—镇乡级回收点—专业公司外运处置”的农药包装废弃物管理体系。打造一批省级有机肥替代化肥示范基地。

15. **加快园林垃圾资源化利用设施建设**。推进分散式园林垃圾资源化设施建设，建立就近消纳点。筹划园林废弃物资源化处置场所，提升园林垃圾资源化利用水平。

16. **促进医疗卫生机构可回收物资源回收**。开展医疗卫生机构可回收物统一收集、暂存、回收利用、统计工作，到2021年底，医疗卫生机构可回收物资源回收率达到80%。

（五）坚持应建必建，全面推进处置能力匹配化

17. **优化一般工业固体废物处置设施能力**。鼓励与生活垃圾性状相近的一般工业固体废物进入生活垃圾处理设施处置，推进生活垃圾焚烧厂焚烧一般工业固体废物，共享能力资源。至2022年，工业固体废物安全处置率达到99%。在确保无害化的前提下，推广利用污泥生产新型建材和园林绿化基质土改良剂。

18. **加快生活垃圾处理能力建设**。深入实施城区、乡镇和农村多级统筹的生活垃圾处理工程，推进生活垃圾减量化、资源化、无害化、产业化和社会化综合管理。着力推进生活垃圾焚烧厂改造和处理能力扩容、小曹娥滨海工业园餐厨垃圾处理厂的规范运行，提升城乡生活垃圾处理能力。

19. **提升建筑垃圾资源化利用能力**。稳步推进资源循环利用基地建设，在2021年底前统筹规划建设不少于20公顷、且满足本地建筑渣土、工程泥浆、装修垃圾等建筑垃圾处置需要的资源循环利用基地，资源循环利用基地中公益性企业不列入“亩均论英雄”评价范围。

在2022年底前，规划建成并投入使用一座满足本地拆迁垃圾、工程垃圾等资源化利用企业，严格控制简单用于填埋的措施。

20. **大力推进危险废物利用处置设施建设**。加快推进工业危险废物利用处置能力建设，按照市域统筹、能力匹配、技术先进、覆盖全面的原则，完善工业危险废物利用处置体系。推进宁波海峰环保有限公司工业废弃物综合处理项目、余姚金属表面处理废物利用处置项目和宁波良俭环保科技有限公司废旧包装桶翻新处置项目，有效处置特种危险废物。

（六）坚持应管严管，全面营造高压严管常态化

21. **加强固体废物管理各环节的综合执法**。加强固体废物监管队伍建设，充实相关职能部门管理力量，将固体废物贮存、收集、运输、利用、处置纳入环境综合执法。结合现有网格化环境监管工作，建立固体废物监管村（镇）网格化巡查队伍，制定巡查制度，补足村（镇）监管短板，到2021年，村（镇）网格化巡查队伍覆盖率达90%以上。

22. **强化危险废物环境监管能力建设**。推进危险废物鉴定能力建设。完善全过程环境风险防控，强化危险废物处置过程环境监管和资源化利用过程生态环境要求。扩大监管覆盖面，到2022年，900家固体废物产生企业纳入监管信息系统，实现地方和国家信息互联互通。

（七）坚持应纳尽纳，全面实现管理手段信息化

23. **加强省级信息监管平台的应用**。根据省级固体废物治理数字化平台建设情况，强化对接，逐步过渡应用。提升统计分析、环境监控、资源交易、市场互动、产业链监督等固体废物管理能力。打通和共享各局办间的数据，及时掌握“无废城市”指标和重点项目的完成情况，智能预判发展趋势。

24. **信息公开发布，加强公众监督**。建立“无废城市”环境信息公开通道，包括政府官网“无废城市”专栏、实时环境信息跟踪App、企业单位环境信息公开等。通过举报电话、网站、微信等多途径对“无废城市”建设进行监督。

（八）坚持创业兴业，全面培育治理行业产业化

25. **激发固体废物处置市场主体活力**。落实生活垃圾、医疗废物等固体废物处置收费标准和农业固体废物资源化利用的奖补支持政策。

26. **大力推进固体废物治理技术创新**。开展一批工业固体废物、建筑垃圾、生活垃圾、农业固体废物的减量化、资源化、无害化技术示范。

（九）坚持问题导向，全面推动制度创新精准化

27. **破解固体废物底数摸清难**。督促企业填报上年度工业固体废物的种类、产生量、流向、贮存、处置等有关信息，实现工业固体废物数据的年度动态更新。加快固体废物管理信息系统部署应用，实现电子化申报，形成产废“一本账”。

28. **破解利用处置项目落地难**。规划生活垃圾处理、一般工业固废利用、低值再生资源回收、建筑垃圾综合利用等利用处置项目，构建固体废物协同处理产业链，降低环境成本，提升综合效益。

29. **加强资源配置的政策正向激励**。落实现有资源综合利用增值税等税收优惠政策，对污泥、低值工业固废、低值再生资源等固体废物综合利用环节等实行增值税有条件即征即退。持续加大绿色信贷业务创新和推广力度，实施环境污染责任保险制度。加强环境信用体系建设，持续推动市场监管、生态环境等部门的信息共享、守信激励和失信联合惩戒机制。

（十）坚持长效常治，全面夯实齐抓共管制度化

30. **建立健全管理责任体系和考核制度**。强化对“无废城市”建设工作的督促检查，将“无废城市”建设工作纳入“美丽余姚”建设考核内容。建立分层级考核制度，美丽余姚建设领导小组办公室牵头组织对各相关部门“无废城市”建设工作情况进行年度考核。

31. **制定"无废城市"建设政策性文件**。编制《余姚市工业固体废物专项整治行动实施方案》，深入推进工业固体废物环境污染防治工作。完善市"无废城市"建设实施方案配套细则，各部门根据自身职责制定相关文件，满足固体废物管理需求。

三、保障措施

（一）强化组织领导

由美丽余姚建设工作领导小组办公室统筹"无废城市"建设工作，并成立工作专班。专班承担实施方案编制、年度计划制定、实施过程咨询、年度考核统计等职能。把"无废城市"建设列为政府年度重点工作任务，"无废城市"建设考核评价结果作为领导班子和领导干部实绩考核评价以及环境保护专项资金的重要参考。

（二）强化资金保障

强化政策保障，围绕"无废城市"建设工作的重点领域和主要任务，完善项目审批绿色通道，提高审批效率。创新支付方式，充分运用PPP、政策采购、政府购买服务等手段，引导金融资本、社会资本加大对重点领域、重点项目支持。

（三）强化宣传引导

加强宣传教育，构建全面立体的"无废城市"宣传教育体系，营造舆论氛围，培育"无废"理念。强化全民责任意识、法治意识和企业社会责任意识，推动生产生活方式绿色化，加强人们对无废城市的理解和支持。

——摘自《余姚市人民政府办公室关于印发余姚市"无废城市"建设实施方案的通知》（余政办发〔2020〕52号）

2020年余姚市法治政府建设工作要点

2020年余姚市法治政府建设的总体要求是：坚持以习近平新时代中国特色社会主义思想为指导，全面贯彻党的十九大和十九届二中、三中、四中全会以及习近平总书记在浙江、宁波考察时的重要讲话精神，紧紧围绕《法治政府建设实施纲要（2015—2020年）》和《县乡法治政府建设行动计划（2018—2020年）》确定的目标任务，深入推进依法行政，加快建设法治政府，确保实现到2020年基本建成法治政府目标，努力为争当浙江建设"重要窗口"模范生的排头兵提供有力法治保障。

一、依法全面履行政府职能

（一）依法依规做好疫情防控各项工作。贯彻省人大常委会《关于依法全力做好当前新型冠状病毒感染肺炎疫情防控工作的决定》，及时完善与疫情防控相关的配套制度，加强临时性应急管理措施的合法性审查，构建疫情防控制度体系。严格执行疫情防控和应急处置法律法规，依法实施各项防控和应急措施，建立健全疫情防控应急预案。加大对危害疫情防控行为的执法力度，加强对疫情防控涉及行政执法工作的指导与监督。加强涉疫矛盾纠纷防范化解，发挥疫情防控和恢复生产法治保障工作专班作用，协调联动解决因疫情产生的合同履约、企业债务等纠纷，依法妥善办理涉疫行政复议案件，依法实施劳动保障监察。开展"防控疫情、法治同行"专项宣传活动。

（二）深化"最多跑一次"改革。推进个人和企业全生命周期"一件事"全流程"最多跑一次"，实施公务员职业生涯全周期管理"一件事"改革，推动"最多跑一次"改革向机关内部、公共服务、司法服务、中介服务等各领域发展。推进“最多跑一次”改革向基层延伸，加强乡镇(街道)便民服务中心、村(社区)代办点建设,完善“就近能办”的保障机制。

(三)深入推进简政放权。深化行政审批制度改革，做好下放事项承接和本级事项梳理下放，全面清理目录、备案、认定、认证等管理措施，整治变相设置行政许可行为，推动许可事项“应放尽放”。实施“减证便民”行动,推进“多证合一”“证照分离”“无证明化”等重点领域改革。围绕政府数字化转型，加快数据认证调用最简化和跨部门“一事联办”推进步伐，加快“无证明城市”建设。

(四)优化法治化营商环境。实施优化营商环境“10+N”行动，开展法治化营商环境优化专项行动(2020年)，完善投资项目在线平台和工程建设项目审批管理系统功能，推进一般企业投资项目全过程审批“最多80天”，开展企业投资简易低风险小型项目快速审批“最多20个工作日”试点。全面落实外商投资企业准入前国民待遇加负面清单管理制度，推进常态化企业开办流程“一日办结”和地方设置涉企事项“零许可”。实施市场准入负面清单，推动“非禁即入”普遍落实，健全市场主体平稳退出机制。加强知识产权保护、反垄断、反不正当竞争和涉企收费行为执法监管，改进反垄断执法，持续清理和废除妨碍统一市场和公平竞争的行政规范性文件和政策。认真贯彻《优化营商环境条例》，深入实施《浙江省民营企业发展促进条例》，完善构建亲清政商关系政策体系，强化企业、企业家合法权益保护，促进非公有制经济健康发展。

(五)推动政府数字化转型。全面推进政务服务事项接入政务服务2.0平台，实现无差别受理、同标准办理、全过程监控、“好差评”闭环，推动政务服务办件网上受理率达到80%。构建统分结合的“互联网+政务服务”运营体系,实现掌上办事“一端通办”。完善公共数据平台体系，推进数据归集共享，加快公共数据开放和应用创新。

(六)提升公共服务质量。加快教育、医疗卫生、养老服务、食品安全等领域发展，推动基本公共服务标准化。开展公共法律服务“十百千万”提升专项行动，整合法律服务资源，尽快建成覆盖全业务、全时空的法律服务网络。长效推进“名所名品名律师”培育工程，强化高素质涉外法律服务人才培育和高水平涉外法律服务机构建设机制。

二、完善依法行政制度体系

(一)部署开展重大行政决策目录化管理专项行动。研究制定重大行政决策目录清单指引，将重大行政决策目录化管理工作纳入法治政府考核，开展重大行政决策执行情况专项检查和督察，提升行政决策公信力和执行力。

(二)提升依法行政决策能力。严格落实《重大行政决策程序暂行条例》，优化公众参与、专家论证、风险评估、合法性审查、集体讨论决定等程序，完善政府法律顾问、公职律师履职、激励和保障机制。加强乡镇(街道)法治政府建设，健全乡镇(街道)法制审核机制，推进基层合法性审核全覆盖。指导编制拆迁、拆违和美丽城镇建设等涉法政府事务清单，依法规范涉法政府事务共性问题。

(三)强化行政决策规范化建设。严格规范行政决策调整程序，健全行政决策执行问题反馈机制和决策后评估制度，建立重大行政决策档案管理制度。

(四)强化行政规范性文件管理。围绕推进机构改革、深化“最多跑一次”改革等重点工作，及时对现行有效的市政府规范性文件开展清理。推动全市行政规范性文件信息化管理。

三、严格规范公正文明执法

(一)推进行政执法体制改革。贯彻落实省委、省政府《关于深化综合行政执法改革的实施意见》，完善“综合行政执法+

部门专业执法+联合执法”行政执法体系。落实监管事项、处罚事项、职责边界“三张清单”，健全执法联动、执法配合、执法争议协调机制。深入推进乡镇（街道）一支队伍管执法改革，健全配套制度机制。全面运行行政执法监管系统（掌上执法），推动一体化在线政务服务平台、“互联网+监管”平台与公共信用信息平台互联互通，扩大大数据技术在执法监管中的运用。

（二）严格规范行政执法行为。积极开展行政执法规范化提升年活动和行政执法监督“正法直度”专项行动，加强行政执法人员资格管理，培育基层行政执法监督“最佳实践”。推进行政执法“三项制度”，加强行政执法案例指导，开展执法不严突出问题专项整治行动，建立行政执法评议制度，探索开展社会满意度评价和第三方评估，促进严格规范公正文明执法。加大食品药品安全、安全生产、生态环境、地方金融、知识产权等重点领域执法力度。

（三）优化和改进行政执法方式。全面推广应用浙江省行政执法监管平台，推动“双随机”事项覆盖率达到100%，跨部门联合“双随机”监管占比达到5%，现场执法的掌上执法率达到90%。配合做好全省食品安全综合治理数字化平台建设，实现食品安全风险预警监测、处置评价、多元治理。在教育、医疗、交通、邮政、生态环保、药品监管等重点领域探索非接触式智能化监管应用。推进轻微违法事项告知承诺制、“教科书式”执法和非现场执法，推广执法监管环节“综合查一次”，探索适合新经济新业态的包容审慎监管模式。

四、加强行政权力监督制约

（一）完善行政权力运行监督。健全重大决策出台前向本级人大常委会报告机制，持续完善党内监督、人大监督、监察监督、民主监督、司法监督、舆论监督各类监督方式。支持人民法院受理和审理行政案件，尊重并执行人民法院生效裁判，认真落实司法建议和检察建议。建立政府内部层级监督常态化、长效化机制，完善依法独立行使审计监督权管理体制，强化审计整改责任。

（二）全面推进政务公开。落实《中华人民共和国政府信息公开条例》，持续深入推进决策、执行、管理、服务、结果“五公开”，深化政府信息主动公开基本目录制度，落实政务舆情回应责任，有效规制滥用政府信息公开申请权行为，提升基层政务公开标准化规范化水平。

（三）加快公共信用体系建设。完善诚信建设长效机制，深入实施信用建设“531X”工程，进一步提升社会信用体系建设法治化、规范化水平。推动建立行业信用评价指标体系，建立完善行业信用分级分类监管制度。

五、依法化解社会矛盾纠纷

（一）健全依法化解纠纷机制。强化“基层治理四平台”建设，推进部门基层治理数据归集共享，推动“阿拉一起来”品牌效应进一步显现，着力构建“一中心、四平台、一网格”上下联动、左右协调的社会治理新模式。加强市社会矛盾纠纷调处化解中心规范化建设，努力实现群众反映诉求、化解矛盾“最多跑一地”。实施坚持发展“枫桥经验”实现矛盾不上交三年行动计划，推进人民调解工作规范化建设。积极参与诉源治理工作，大力健全人民调解、行政调解、司法调解联动工作机制，推进“智慧司法”建设，逐步完善非诉讼纠纷解决体系。加强专职人民调解员配备和培训。

（二）推进行政复议应诉工作规范化。认真贯彻落实《行政复议体制改革方案》，加强行政复议规范化建设，认真办理行政复议案件，强化行政复议监督功能，发挥行政复议意见书、建议书作用，加大对违法或不当执法行为的纠错力度。行政机关负责人出庭应诉率达到100%，加大行政机关败诉案件通报力度，力争全市行政争议发案量、败诉率实现“双下降”。促进府院、府检联动和复议诉讼执法联动，加大应诉应议案件的审核把关力度，优化败诉风险案件的沟通机制。加强组织公务人员旁听庭审工作，督促落实行政应诉工作责任，提升行政应诉水平。

（三）加强法治宣传教育。严格落实“谁执法谁普法”普法责任制，出台市级单位普法责任清单，努力构建社会大普法格局。组织开展全市“七五”普法检查验收，组织起草“八五”普法规划。深化“宪法宣传周”“服务大局普法行”等活动，切实发挥宪法公园、法治文化长廊等阵地作用。组织开展第八批全国民主法治示范村（社区）申报工作，全面完成我市“民主法治村（社区）建设三年行动计划”目标任务，构建“三治融合”村社治理架构。贯彻中共中央、国务院《新时代公民道德建设实施纲要》，加强法治建设的道德底蕴，推进“道德银行”建设，营造全社会讲法治、重道德的良好环境，不断提升公民法治素养和道德素质。

六、夯实法治政府建设保障

（一）加强党对法治政府建设的领导。推动各级政府在党委统一领导下，谋划和落实好法治政府建设的各项任务，主动向党委报告法治政府建设中的重大问题。持续落实党政主要负责人履行法治政府建设第一责任人职责，将法治政府建设纳入地区发展总体规划和年度工作计划，与经济社会发展同部署、同推进、同督促、同考核、同奖惩。开展法治政府建设督察，将法治政府建设向纵深推进。

（二）提高法治思维和法治能力。制定实施领导干部学法用法清单，把学法活动列入各级党委（党组）中心组年度学习计划，不断完善政府常务会会前学法、公务员学法用法制度，开展行政执法人员通用法律知识、专门法律知识、修订法律法规专题培训。

（三）强化考核评价和督促落实。落实《法治政府建设与责任落实督察工作规定》，常态化推动各级政府和部门通过政府门户网站等途径向社会公开法治政府建设情况报告。完善法治政府建设与责任落实机制，把依法防控疫情作为检验法治政府建设的重要标尺，推动提高政府绩效考核指标体系中法治政府分值权重，树立厉行法治的鲜明导向。积极推动市本级、乡镇街道参加省、宁波市法治政府示范创建活动。

——摘自《余姚市人民政府办公室关于印发2020年余姚市法治政府建设工作要点的通知》（余政办发〔2020〕63号）

余姚市推进制造业高质量发展实施方案（2020—2022）

为了加快制造业质量变革、效率变革和动力变革，推进全市制造业高质量发展，特制定本实施方案。

一、总体思路和发展目标

（一）总体思路

以习近平新时代中国特色社会主义思想为指导，全面贯彻党的十九大和十九届二中、三中、四中全会精神，认真落实制造强国战略，扎实推进“六争攻坚、三年攀高”行动，坚持市场主导、政府引导、创新引领、重点突破，以新发展理念为指引，以“35”千百亿产业集群培育为方向，以供给侧结构性改革为主线，以省级制造业高质量发展示范县（市）建设为抓手，建立健全产业治理体系，推进产业基础高级化和产业链现代化，促进全市经济社会高质量发展。

（二）发展目标

到2022年，制造业质量效益稳步提升，产业结构不断优化，新动能加速壮大，关键核心技术创新能力显著增强，努力成为长三角传统制造业再造基地、杭州湾南翼新兴产业集聚地、沪甬制造协作示范地、前湾新区深度融合地四大战略基地，成为全省推进制造业高质量发展的先行区和示范区。

——质量效益稳步提升，到2022年，全部工业增加值占GDP比重保持在53%左右；规上企业全员劳动生产率达到23万元/人·年，主营业务收入利润率达到7%，亩均税收达到50万元；规上工业增加值率达到23%。

——产业结构不断优化。“35”千百亿产业集群增加值年均增速达到9%，成为引领支撑全市制造业发展的核心动力；数字经济核心产业增加值占GDP比重达到宁波平均水平；高新技术产业增加值占规上工业比重达到65%；战略性新兴产业增加值占规上工业比重达55%；软件和信息服务业业务收入年均增速达到25%。

——新动能加速壮大。工业投资年均增速达到7%；高新技术产业投资年均增速达到10%；规上企业研发经费支出占主营业务收入比重达到3.0%；每万人发明专利拥有量达到30件。

——制造能级显著提升。新建数字化车间（智能工厂）试点项目6家；单位工业增加值能耗下降完成宁波下达的目标任务；单位工业增加值污染物排放累计下降15%；年均单位工业增加值用水量下降幅度达到8%。

二、主要任务

（一）聚焦提质扩量，打造千百亿高能级产业体系

1. **积极培育先进制造业集群**。以“35”千百亿产业为主攻领域，进一步优化产业发展重点、路径和布局，逐步壮大新兴优势产业集群。大力发展新能源整车和核心零部件、新型光电子元器件、智能家电、高端金属合金材料、高精密模具、集成电路、高端医疗设备等产业，积极推进产业链与创新链、人才链、资金链紧密联结，推动“35”千百亿产业及上下游企业协同融合发展，提升相互支撑和配套水平，完善产业生态体系。

2. **大力发展数字经济**。深入实施数字经济“一号工程”，大力发展软件和信息服务业、电子信息制造业等数字经济核心产业，促进新一代信息技术在各行业的推广应用和融合创新。大力发展工业软件、工业互联网，加快推进大数据在生产链各环节的广泛应用，建设细分行业工业互联网平台，加快推进智能光电小镇、机器人小镇等特色园区建设。

3. **推进传统制造业改造提升**。以省级橡胶和塑料行业传统制造业改造试点建设为契机，全面推动传统优势制造业提质增效发展。推进“互联网+”“大数据+”“人工智能+”等在传统制造业领域的融合应用和赋能，不断提高传统制造业高新化、智能化、服务化、绿色化发展水平，加快落后产能淘汰和“散乱污”企业整治。到2022年，传统优势制造业初步完成数字化改造，力争产值增速达到省内先进水平，每年涉及淘汰落后产能企业10家以上。

（二）聚焦后劲挖掘，提升平台发展能级

1. **扩大制造业有效投资**。实施新一轮技术改造三年行动计划，引导和鼓励企业加大技术改造投资力度，在实现规上工业企业全覆盖的基础上，向年销售1000万元以上工业企业拓展。实施“增资扩产工程”，按照推进一批、留住一批、回归一批、扶持一批的要求，加强协调服务，促进企业增资扩产。以亿元以上重大工业投资项目为抓手，建立滚动实施、定期跟踪、精准服务的推动机制，促进工业投资稳定增长。

2. **强化制造业招商选资。**抢抓“一带一路”建设和长三角区域一体化发展机遇，强化招商引资，以“补链”“强链”项目为重点，瞄准世界500强、中国制造业500强、央企及行业龙头企业，绘制产业招商地图，开展精准招商。到2022年，力争全市“35”千百亿产业领域每年签约落户项目不少于20个。

3. **优化空间布局。**重点建设中意宁波生态园、甬西科创大走廊、浙江余姚人才创业园和制造业特色小镇等重大产业平台，细化产业定位，强化平台支撑，致力打造成为全市制造业发展新高地。编制实施新一轮工业集聚区规划，统筹制造业布局和发展空间，明确各工业集聚区主导产业，推动产业特色化、集约化发展。实施小微企业园区改造提升建设三年行动计划，谋划建设数字化小微园区，提高园区规范管理水平，推动小微企业进区入园。到2022年，建成提升小微企业园15个。

（三）聚焦智能制造，促进高水平融合发展

1. **深入推进智能制造。**实施智能制造升级工程，以“点、线、面”为重点，深化人工智能、5G、大数据等新一代信息技术在制造业中的融合应用，开展“5G+工业互联网”、网络协同制造、数字化车间/智能工程等示范推广，鼓励重点企业从生产智能化向研发、设计、管理、仓储、物流和服务等全流程智能化拓展。大力发展工业互联网，推进工业互联网标识解析体系建设。以行业工业互联网平台为载体，鼓励企业制造资源与行业工业互联网平台全面对接，提升块状特色行业智能化水平。加强培训和诊断，全面引导企业开展以“机器换人”、企业上云为重点的智能化改造。培育引进一批提供工业互联网解决方案、智能技术改造服务、工控安全服务、工业网络建设服务的系统解决方案供应商，鼓励发展总承包服务模式。到2022年，实施数字化车间/智能工厂试点项目10个、建成行业工业互联网平台3个，新增应用工业机器人1000台，培育市级优秀系统解决方案供应商3家。

2. **深入推进制造业与现代服务业融合。**围绕消费品制造业、装备制造业、汽车制造业等产业，大力推广服务型制造、个性化定制、再制造等生产模式，通过试点示范推动企业提供故障预警、远程维护、质量诊断、过程优化、系统集成、整体解决方案等增值服务。消费品制造业领域重点发展个性化定制，构建“产品+内容+生态”智能生态服务体系；装备制造业领域重点推动制造企业向系统集成和整体解决方案提供商转型；汽车制造业领域，重点推进汽车零部件向智能部件转变。到2022年，力争省市级个性化定制示范企业达到2家。培育发展供应链管理、创新设计、全生命周期管理等现代服务业，引导创新设计业与制造业企业嵌入式合作，推进工业创新设计向高端综合设计服务转型。鼓励电商、文化旅游等服务企业向制造环节延伸，发展衍生制造。

3. **深入推进绿色发展。**推进企业节能诊断服务，开展节能节水改造，推进重点用能企业和重点产品的能耗水平、水耗水平达到行业先进水平。全面淘汰改造35蒸吨/小时及以下燃煤锅炉。实施“绿色制造升级工程”，推进生产过程清洁化改造，推行循环生产方式，打造绿色园区、绿色工厂。加强生态环境保护，开展涉气“散乱污”企业集中整治。到2022年，力争打造市级以上绿色工厂3家。深入推进安全生产，加强危险化学品生产、使用单位监管，加强工业企业消防安全监督管理。

（四）聚焦创新驱动，建设高层次创新体系

1. **培育高水平创新研发机构和创新服务平台。**推进制造业创新中心建设，鼓励龙头企业、科研院所、行业组织等牵头组建制造业创新中心，争创省级、国家级制造业创新中心，到2022年，力争新增省级制造业创新中心1～2家。提升企业创新能力，加快企业研究院、企业工程（技术）中心、企业研发中心等创新载体建设。发挥领军企业在产业链协同创新中的头雁效应，创新完善科技成果转移转化和利益分配机制，建立一批产业技术创新联盟。加快培育提升产业创新服务综合体、众创空间和科技企业孵化器。到2022年，新增省级企业研究院2～3家，实现规上工业企业研发机构全覆盖。加快推进智能制造技术平台、塑料材料研发技术平台和高端创业孵化平台等高端科创平台建设，面向机器人、光电信息、高端金属合金材料等主攻产业，建设一批设计、研发、标准、检测等公共创新服务平台。

2. **加快关键技术攻关和核心技术突破**。支持领军型科技企业开展技术路线图研究，积极承担或参与国家科技重大专项、国家重点研发计划、技术创新引导专项（基金）、基地和人才专项等国家级计划项目，聚焦人工智能、5G、工业互联网、先进材料、新能源汽车、机器人与智能制造装备等前沿领域，开展精准靶向攻关，突破关键核心技术，开发一批拥有自主知识产权的重大战略产品。深入开展重大技术成果转化和工程化示范，搭建专业化技术交易市场，建设基于企业技术需求的科技成果资源数据库。到2022年，攻克核心关键技术20项，科技成果交易额20亿元。

3. **夯实产业发展基础**。发挥模具、机械、五金产业基础优势，围绕新装备、新一代信息技术等重点领域整机开发需求，遴选一批“四基”重点项目，引导企业与科研院所、高校协同开展核心技术攻关，促进通用基础产品的工程化、产业化突破。开展“四基”产品应用示范，引导整机、系统及终端产品企业优先选用余姚本地“四基”产品。促进整机企业与“四基”企业建立协同创新、产用结合机制，强化“四基”技术协同创新。

4. **强化品牌质量标准建设**。深入推进“浙江制造”“浙江制造精品”和“三品”建设，积极建设“浙江制造”试点县（市、区），培育发展一批有竞争力的“浙江制造”“浙江制造精品”和“宁波质造”名品，建设一批制造业品牌示范企业，引领带动制造业品牌发展。深入实施“标准化+”战略，引导优势领域龙头企业增强标准创新能力，主持或参与国际、国家、行业和“浙江制造”标准制（修）订。到2022年，争取新增“品字标浙江制造”品牌企业8家，驰名商标2～3件，主持或参与制（修）订国际、国家标准5项以上，主持制（修）订“浙江制造”标准10项以上。

（五）聚焦竞争优势，培育高素质市场主体

1. **加快培育领军企业**。完善政策导向激励机制，重点培育主业突出、掌握核心关键技术、品牌优势明显的总部型企业和千亿级企业。引导领军企业通过加大创新投入、加大技术改造投入、兼并重组、战略联盟等途径优化和提升产业布局，制定“一企一策”综合性扶持政策，增强企业综合竞争实力。注重产业链打造和培育，通过协同制造、资源开发、需求对接等方式，推进大中小企业融通发展。到2022年，力争百亿级企业达到2家，50亿～100亿元企业达到3家。

2. **加快培育单项冠军企业**。以核心技术、市场占有率为导向，建立单项冠军、专精特新企业培育库。支持企业聚焦核心业务和核心技术，强化技术创新投入，延伸产业链，进一步巩固提升行业地位，带动产业链上下游企业发展，培育形成一批制造业单项冠军企业（产品）和专精特新“小巨人”企业。到2022年，力争国家制造业单项冠军企业累计达到7家以上，宁波市级制造业单项冠军累计达到12家。

3. **大力培育高新技术企业**。以科技型中小企业为重点，建立高新技术企业培育库，推动其成长为高新技术企业。优先推荐高新技术企业申报国家重点研发计划、省级重点企业研究院科技计划项目，鼓励牵头承担市“科技创新2025”重大专项。到2022年，高新技术苗子企业达到300家，新增高新技术企业150家。

4. **大力培育小微企业**。实施新一轮小微企业培育三年行动计划，以增强持续发展能力为重点，加快推进“个转企”“小升规”主体培育行动，推动中小微企业升级发展。开展创新型初创企业、科技型中小企业等培育工作，支持中小微企业创新发展。到2022年，每年新增“小升规”企业90家以上。

（六）聚焦要素保障，形成高效率要素配置

1. **健全制造业人才培养体系**。加强高层次双创人才队伍建设，围绕“35”千百亿产业布局，深化实施“姚江英才计划”“阳明学者制度”等高层次人才（团队）引育工程，加快集聚具有国际先进或国内领先水平的领军拔尖人才和高端创业创新团队，力争到2022年，国家、省重点人才计划专家（团队）累计达到70名。实施企业精英管理人才培养“百千万工程”，通过高级研修、高端访学和高层次交流等方式重点培育“百名精英企业家”。到2022年，力争开展覆盖500家企业、3000人次的经营管理人才培训。打造高技能产业人才队伍，建设一批高技能人才培养和实训基地，培育一批技术技能型、知识技能型高技能人才，选树一批“姚城工匠”“阳明蓝领”等技能人才标杆。到2020年，力争新增3个宁波市级人才培养和实训基地。

2. **加大金融支持制造业力度**。搭建银政企对接平台，建立制造业贷款稳定增长机制，鼓励和引导银行等金融机构加大贷款投放力度。扩大直接融资规模，建立上市后备企业资源库，加大上市政策扶持力度，加快余姚制造业企业上市步伐。推进金融产品创新，支持开展商标权、专利权、著作权等知识产权质押贷款，继续推广无还本续贷，深化区块链等新技术应用，加大对中小企业融资支持力度。加快推进全市政策性融资担保体系建设。到2022年，境内外制造业上市企业累计达到15家，制造业贷款余额年均增速保持在8%以上。

3. **优化工业土地配置**。强化“35”千百亿产业集群内企业用地保障，对符合我市产业导向的重大项目实行“应保尽保”。积极开展工业用地弹性出让，推行工业“先租后让”等土地出让方式，建立与企业生命周期相匹配的土地弹性出让制度。支持现有工业、仓储用地实施拆建和改扩建，不增收土地价款，免缴增加面积的城建配套费，提升存量工业用地利用效率。到2022年，全市每年新增用地指标35%用于工业，其中小微企业园不低于5%。深化“标准地”改革，构建完善“标准地”出让指标体系，建立完善“标准地”出让承诺履约管理制度，强化工业用地供后监管。

（七）聚焦改革试点，打造高品质营商环境

1. **坚持改革创新**。建立健全资源要素市场化配置机制，深化“亩均论英雄”改革，推进落实用地、用能、用水、金融等差别化要素配置政策，强化正向激励和反向倒逼。探索工业集聚区整合提升机制，研究制定工业用地红线控制管理办法，划定工业用地控制线。

2. **全力推进企业降本减负**。全面贯彻落实党中央、国务院和省委、省政府降本减负系列政策，打好降低企业税费负担、制度性交易成本、财务成本等“组合拳”。进一步调研企业在用电、用气（汽）、用地、用工、物流、仓储、社保等各方面的成本负担，进一步开展清理整治涉企收费、中介收费工作。

3. **推进中小企业服务体系建设**。实施中小企业服务能力提升工程，加快构建完善中小企业公共服务平台网络，充分发挥市8718平台和各专业性服务平台职能，广泛汇聚各类社会资源，通过专题服务、行业服务、线上线下服务等方式，实现对全市中小微企业全覆盖。深入开展企业服务专项行动，完善“政策云”等企业服务载体。

三、保障措施

（一）健全组织实施机制

市工业强市建设工作领导小组负责统筹全市制造业高质量发展全局工作，协调解决“35”千百亿产业发展重大问题，组织开展监督考核。建立制造业高质量发展统计、监测、评估和考核体系，将制造业高质量发展纳入全市目标管理考核体系。市级各有关部门要根据职责分工，狠抓落实，确保完成既定目标任务。各乡镇（街道、开发区）要结合本地实际，扎实推进本地各项工作。

（二）加强优化政策规划

制定发布细分行业发展规划，形成“8+X”产业发展体系。优化财政资金引导机制，制定制造业高质量发展若干政策意见，支持重点产业、企业、项目、平台、试点示范等建设发展。

（三）营造良好宣传氛围

加强对制造业高质量发展的宣传力度，充分利用各类媒体，持续宣传相关政策举措、典型案例，营造亲商、重商、扶商、全社会支持制造业高质量发展的良好氛围。办好中国机器人峰会等具有全国影响力的专业论坛及展会，展示余姚制造业良好形象。

——摘自《余姚市人民政府办公室关于印发余姚市推进制造业高质量发展实施方案（2020—2022年）的通知》（余政办发〔2020〕77号）

关于进一步加强稳就业工作的实施意见

为深入贯彻中央和省委、省政府关于统筹推进疫情防控和经济社会发展的决策部署，加快恢复和稳定就业，根据《国务院关于进一步做好稳就业工作的意见》（国发〔2019〕28号）、《国务院办公厅关于应对新冠肺炎疫情影响强化稳就业举措的实施意见》（国办发〔2020〕6号）、《浙江省人民政府办公厅关于进一步做好稳就业工作的实施意见》（浙政办发〔2020〕19号）和《宁波市人民政府关于进一步加强稳就业工作的实施意见》（甬政办发〔2020〕41号）等文件精神，结合我市实际，提出以下实施意见。

一、稳定和扩大就业岗位

（一）实施就业优先政策。 加强财税、金融、产业、贸易、投资等经济政策与就业政策的协同传导，实施重大项目、重大产业、专项治理的就业影响评价。加快壮大三大千亿五大百亿支柱产业，推进“8+X”产业集群高质量发展，打造五大标志性产业链，提升投资和产业带动就业能力。认真落实国家、省、市监督执法正面清单，对部分带动就业能力强、环境影响可控的项目，审慎采取查封扣押、限产停产等措施。

（二）推进企业降本减负。 大力实施减税减费减租减息减支行动，深入落实中央、省、市深化增值税改革，小微企业普惠性税收减免，残疾人就业保障金减免和企业延期申报纳税等举措；加快落实降低政府性融资担保和再担保费率等政策；落实对承租国有资产经营性房产的相关企业减免房租政策，鼓励市场运营主体为承租户减免租金，降低企业用水、用气成本；鼓励采取延期还款、分期还款、展期、无还本续贷等措施，推动普惠型小微企业贷款综合融资成本较上年降低0.5个百分点。

（三）支持企业稳定岗位。 将阶段性降低失业保险费率政策的实施期限延长至2021年4月30日。2020年对不裁员或少裁员的中小微参保企业继续实施社会保险费返还，返还标准为本市企业2019年度1个月单位应缴纳的社会保险费最低标准之和。按规定将阶段性免征企业养老、失业、工伤保险单位缴费政策的实施期限延长至2020年底，按规定执行阶段性减半征收职工基本医疗保险单位缴费政策。全面落实企业吸纳重点群体就业定额税收减免、用人单位吸纳就业社会保险补贴等政策。将用人单位吸纳就业社会保险补贴对象调整为新招用毕业2年内首次来宁波大市范围内就业高校毕业生的中小微企业和招用宁波大市范围内就业困难人员的机关、企事业单位（含社会团体、民办非企业）。阶段性减免社会保险费期间，企业正在享受的用人单位吸纳就业困难人员、中小微企业吸纳高校毕业生社会保险补贴期限可顺延。中小微企业新招用符合贷款贴息申请条件人数与现有职工人数的占比，由20%下降为15%（超过100人的由10%下降为8%）。

（四）加大企业融资支持。对裁员率不高于全国城镇调查失业率控制目标的中小微企业建立“稳就业白名单”制度。鼓励银行通过“微担通”渠道为“稳就业白名单”企业提供贷款，利率不高于近1年期贷款市场报价利率（以下简称“LPR”）上浮50个基点的，所发生的坏账损失，在既有的三方分担基础上，银行承担部分的50%由财政补贴。贷款额度单笔不超过500万元，单户累计不超过1000万元。承办银行因管理不善造成坏账损失的，在参与我市创业担保贷款等相关业务时予以一票否决。

（五）稳定劳动关系。鼓励受疫情影响企业采取协商薪酬、调整工时、轮岗轮休、在岗培训等方式稳定岗位，尽量不裁员或少裁员。符合条件企业可按规定享受稳岗补贴。指导拟进行经济性裁员企业依法依规制定职工安置方案报人力社保部门，并提前30日向工会或全体职工说明情况。发挥基层调解作用，引导企业和职工通过调解方式化解劳动纠纷。

二、鼓励自主创业和灵活就业

（六）优化自主创业环境。深化“证照分离”改革，加快推进“照后减证”，简化住所（经营场所）登记手续，除涉及环保、特定区域规定外，申请人提交场所合法使用证明即可登记。政府投资开发的创业孵化基地等平台应安排一定比例的场地，免费向高校毕业生、失业人员、退役军人、农民工等群体提供。疫情期间，我市创业平台为承租的创业主体减免租金的，按市创业园评定办法规定给予建设补贴。对带动就业能力强的创业投资企业提供引导基金扶持、政府项目对接等服务。年度新增建设用地计划指标优先保障返乡创业用地，支持大学生创业园等创新创业基地建设。定期举办创业创新大赛等活动，营造创业氛围，促进全民创业。

（七）完善创业扶持政策。扩大创业扶持政策对象范围，将创业担保贷款及贴息对象范围调整为在宁波大市范围内初次创业5年内的人员；将创业者社会保险补贴对象和创业场租补贴对象范围调整为在宁波大市范围内初次创业3年内的人员；将创业带动就业岗位补贴范围调整为在宁波大市范围内登记注册3年内的企业、个体工商户、民办非企业单位。政策享受期限不超过3年。

提高个人创业担保贷款额度，带动就业不少于3人、5人的，分别最高可贷款40万元、50万元。合理分担创业担保贷款利率，金融机构发放创业担保贷款利率由不超过贷款基础利率上浮3个百分点调整为不超过LPR上浮100个基点。2021年1月1日起，新发放的创业担保贷款利息，除就业困难人员、毕业5年内高校毕业生给予全额贴息外，LPR下浮150个基点部分由个人承担，剩余部分给予贴息。

创业者首次创办实体，贷款10万元以下，由创业担保基金担保的，按规定免除个人反担保。允许已抵（质）押物或尚在按揭贷款的房产，在其仍有担保价值的前提下作为创业担保贷款抵（质）押物。

（八）鼓励多渠道灵活就业。合理设定无固定经营场所摊贩管理模式，预留自由市场、摊点群等经营网点。允许电子商务、网络约车、网络送餐、快递物流等新业态企业的从业人员可按规定先行参加工伤保险。经营者通过电子商务类平台开展经营活动的，可以使用平台提供的网络经营场所申请个体工商户登记。2020年1月1日至12月31日，符合条件的巡游出租车营运司机和网络约车平台专职司机购置车辆，可按规定申请不超过营运车辆购置费用的创业担保贷款及贴息。

三、抓好重点群体就业和基本生活保障

（九）拓宽高校毕业生就业渠道。2020年和2021年，国有企业要积极创造条件逐步扩大高校毕业生招聘规模，要拿出不少于50%的新增岗位招聘高校毕业生，不得将本单位实习期限作为招聘入职的前提条件；提高事业单位空缺岗位招聘高校毕业生比例，高校毕业生录用占比不低于50%。阶段性实施中小学、幼儿园、中等职业学校教师招聘“先上岗、再考证”措施，2020年12月31日前，不得将高校毕业生取得教师职业资格作为招聘限制性条件。

2020年1月1日至12月31日，中小微企业招用毕业年度高校毕业生，签订1年以上劳动合同并缴纳社会保险费满3个月的，由市财政按每招用1人补贴3000元的标准给予企业一次性吸纳就业补贴。2020年，全市新开发公共管理、社会服务、教育、医疗卫生、农村经营管理、农业技术、农村水利、就业和社会保障等基层岗位不少于180个，原则上每个乡镇（街道）不少于10个，用于招录高校毕业生。鼓励在校大学生参军入伍，落实相关优惠政策。

毕业两年内未就业高校毕业生、在甬高校毕业学年学生（自毕业前一年7月1日起的12个月，含技师学院毕业学年学生）和姚籍16～24岁未就业青年在我市大学生就业实践基地参加就业见习的，实践基地应按不低于我市当年度最低工资标准给予见习生活补贴，按不低于我市当年度最低工资标准的60%给予实践基地补贴。实践基地招用见习离校未就业高校毕业生或未就业青年，可补缴见习期间职工基本养老保险，并按企业缴纳职工基本养老保险部分最低缴费标准给予补贴。实践基地为见习人员缴纳工伤保险或综合商业保险费用的，期满后可按每人最高不超过50元的标准享受补贴。毕业2年内未就业高校毕业生见习期最长不超过12个月，其他人员见习期最长不超过6个月。对因疫情影响暂时中断见习的，相应顺延见习期限。对见习期未满与高校毕业生签订劳动合同的，给予见习单位剩余期限见习补贴，实施期限为2020年1月1日至12月31日。

落实求职创业补贴政策，残疾、孤儿、获得国家助学贷款的高校毕业生，以及来自低保家庭、贫困残疾人家庭和建档立卡贫困家庭的高校毕业生，给予每人3000元的求职补贴。对我市高校2020届湖北籍毕业生，按每人1500元的标准由学校所在地财政发放一次性求职创业补贴。继续实施高校毕业生就业补贴。

（十）延长应届高校毕业生录用接收期限。引导用人单位有序推迟面试体检和签约录取时间。对延迟离校的应届毕业生，相应延长报到接收、档案转递、落户办理时限。余姚生源离校未就业毕业生可根据本人意愿，将户口、档案在学校保留2年或转入我市公共就业人才服务机构，允许其以应届高校毕业生身份参加用人单位考试、录用，录用后参照应届毕业生办理相关手续。

（十一）促进退役军人就业。妥善安置符合政府安排工作条件的退役士兵，落实机关事业单位和国有企业安置比例不低于80%的规定。对自主择业军转干部和自主就业退役士兵，积极开展岗位推荐、职业培训、创业孵化等服务。加快推进随军家属“互联网+”灵活劳务创新提质增效，实现有就业意向随军家属上岗率达到95%以上。企业招用自主就业退役士兵，签订1年以上劳动合同并按规定缴纳社会保险费的，在3年内按实际招用人数予以每人每年定额9000元依次扣

减增值税、城市维护建设税、教育费附加、地方教育附加和企业所得税优惠，实施期限至2021年12月31日。

（十二）**支持高技能人才安居乐业**。将来姚就业的高技能人才纳入生活安居补助对象范围。对首次在姚就业、签订劳动合同（聘用合同）3年以上且连续缴纳社会保险费满6个月，未在宁波大市范围内购买住房的高技能人才（列入我市紧缺工种目录范围），按照“就高、不重复”原则，经审核后由市财政按高级技师3万元、技师1万元的标准给予一次性生活安居补助。

（十三）**保障失业人员基本生活**。全面落实失业保险金“畅通领、安全办”要求，对领取失业保险金期满仍未就业且距离法定退休年龄不足1年人员，可发放失业保险金至退休年龄；取消在终止或解除劳动合同之日起60日内申领失业保险金的限制；超过法定退休年龄但尚未依法享受基本养老保险待遇的参保失业人员可按规定申领失业保险金。根据省、市统一部署落实失业补助金政策，及时将符合条件的生活困难失业人员及家庭纳入最低生活保障、临时救助等社会救助范围。

（十四）**强化困难人员就业援助**。实施零就业家庭、离校未就业高校毕业生、就业困难人员、持证残疾人等优先扶持和重点帮助，确保零就业家庭动态清零。完善公益性岗位开发管理办法，具体细则另行制定。落实企业吸纳建档立卡人员、登记失业半年以上人员就业的税收优惠政策。

（十五）**推进贫困劳动者稳定就业**。提高东西部扶贫劳务协作组织化程度，全面落实扶贫协作转移就业扶持政策，发动社会力量开发就业扶贫基地和爱心岗位，完善返岗稳岗服务、加强动态管理，帮助对口地区建档立卡人员在姚稳定就业。

四、强化职业技能培训

（十六）**大力提升劳动者职业技能**。深入实施职业技能提升专项行动，积极开展数字经济、高端装备制造等战略性新兴产业和传统产业转型升级技能培训，提高培训精准性。全面推进企业职工技能提升培训或转岗转业培训，支持出口企业提升职工技能水平，稳定职工队伍。加强校企合作，全面推行企业新型学徒制。鼓励通过政府购买服务方式推进项目制培训，将线上技能培训纳入补贴范围。加强职业技能培训管理服务，建设技能提升培训网上经办平台，推行培训实名制管理。鼓励在甬高校和宁波生源高校在校生按要求参加职业技能培训（实训），在毕业学年取得相应证书的，按规定享受培训（实训）补贴。

（十七）**加强创业培训**。鼓励开发新兴行业创业培训项目，建立本地化创业培训目录，可对师资培训、课程开发、培训管理等工作给予补贴。加强农村电商人才、现代农业领军人才等农村实用人才能力培训，培训经费由财政专项经费列支。

五、完善就业创业服务

（十八）**优化就业用工服务**。建立登记失业人员定期联系和分级分类服务制度。健全岗位信息公共发布平台，加大岗位信息、职业指导、网上面试等服务供给。事业单位、国有企业、政府投资项目岗位以及公益性岗位招聘信息要在市人力社保局网站公开。健全“十省百城千县”劳务合作长效机制，强化企业用工调度保障。推进就业服务和补贴申领在线办理。

（十九）**加强就业监测分析**。全面加强就业失业登记，完善就业失业动态监测系统，推行就业实名制登记。多维度开展重点区域、重点群体、重点行业、重点企业就业监测和大数据比对，健全多方参与的就业形势研判机制。

六、加强组织保障

（二十）**强化组织协调**。切实履行稳就业主体责任，健全就业工作组织领导体系，统筹推进稳就业工作。各有关部门要建立健全就业风险防范机制，落实稳就业政策措施，稳定社会预期。对可能造成规模性失业的，应提前听取市人力社保部门意见并制定应对措施，最大限度减小对就业影响。

（二十一）**强化资金保障**。加大就业专项资金投入力度，统筹用好就业补助资金、失业保险基金和工业企业结构调整专项奖补资金，支持稳就业推进和政策实施需要。强化社保基金统筹管理和风险防控，确保社保基金运行安全和待遇按时足额发放。失业保险扩大支出范围试点的基金支撑能力要求从24个月下调至12个月。

（二十二）**强化督促落实**。强化稳就业工作考核，在相关督查工作中将稳就业作为重要内容，重点督促政策服务落地、重点群体就业、资金保障落实等情况。对工作成效显著的部门和个人，按照有关规定予以褒扬激励；对不履行促进就业职责，产生严重后果或造成恶劣社会影响的，依法依纪严肃问责。

本意见自2020年8月17日起施行，其中具体条款已明确施行期限的，从其规定。此前相关规定与本意见规定不一致的，按本意见执行。涉及国家新规定调整的，按国家新规定执行。

——摘自《余姚市人民政府办公室关于印发进一步加强稳就业工作实施意见的通知》（余政办发〔2020〕93号）

余姚市智能化改造三年行动计划（2020—2022年）

为积极顺应世界新一轮科技革命和产业变革，全面加快制造业智能化技术改造，推动产业转型升级与高质量发展，根据省、宁波市决策部署和《浙江省数字经济五年倍增计划》《宁波市制造业企业智能化技术大改造行动计划（2020—2022)》等文件精神，结合我市实际，制定本计划。

一、总体思路

坚持以习近平新时代中国特色社会主义思想为指导，全面贯彻落实国家制造业高质量发展战略，深入实施数字经济“一号工程”，紧密结合余姚制造业转型升级实际需求，锚定“关键工序—成套装备生产线—数字车间/智能工厂”和“企业—细分行业—制造业”的改造升级路径，全力实施企业智能化改造、产业协同化智造、服务平台化提升、市场本地化拓展、生态健全化培育五大行动，加快构建以“点、线、面”为核心的智能化改造2.0推进体系，推动实现制造业“自动化—信息化—数字化—智能化”的改造升级、跨越发展，为余姚争当全省乃至全国智能制造2.0示范模板奠定坚实基础。

二、主要目标

力争到2022年底，全市制造业智能化水平跃上新台阶，重点行业、龙头企业智能化水平达到国内先进，初步形成智能化改造“余姚模式”，基本完成“双百双千”目标，即智能化改造投资达到100亿元以上、高端装备产值突破300亿元（“双百”），实现智能化改造领域千项技改、千企转型（“双千”），为实现制造业高质量发展提供强大支撑。

三、重点任务

（一）企业智能化改造行动

行动纲领：以企业生产制造工艺流程为主线，以“改点、串线、成面”为主抓手，分类梯度推动企业智能化改造提质扩面，着力打造一批可复制可推广的智能化改造示范样板。

1. **普及关键工序（环节）改造**。结合余姚产业特点，聚焦模具、注塑、冲压、机加工、表面处理（喷涂）、组装等关键生产工序和关键工艺环节，重点支持智能化基础、技术及资金较为薄弱、改造需求十分迫切的小微企业实施智能化改造拓面工程。引导企业梯度实施单节点、单设备、单工位的技术改造，鼓励企业购置应用低成本、模块化智能模组，不断提高关键环节的智能化生产水平。力争到2022年，小微企业智能化普及程度明显提高，新增工业机器人1200台以上，行业骨干企业装备数控化率达到75%以上，机器联网率达到60%以上，企业全员劳动生产率年均提高8%。

2. **推广智能化成套装备（产线）应用**。重点面向关键工序改造基本完成、智能制造基础相对扎实、成套生产线（整条工艺流程）改造意愿强烈的中小型企业，支持企业从部分工序、环节逐步向全生产环节智能化改造拓展，实现“串点成线”。鼓励企业联合国内优质的装备制造商、系统集成商、软件开发商，应用自主知识产权的国产数控系统、机床装备，开展经济普及型自动化/智能化成套装备生产线研制，形成适用于中小企业应用推广的示范样板。力争到2022年，成功研制并推广5条左右经济普及型智能化生产线。

3. **试点数字化车间（智能工厂）建设**。支持优势骨干企业充分利用传感器、工业机器人及网络技术，集成应用虚拟制造仿真技术及工艺，打通制造、安装、检测、物流等生产环节，逐步实现单个车间设备的互联互通。鼓励重点企业顺应5G趋势，探索离散型、流程型数字化车间（智能工厂）、未来工厂建设，通过采购或自行研发智能制造整体解决方案，综合应用ERP、MES、WMS、CRM、SCM等制造及管理系统，强化端对端集成与横向集成，全力推动生产可视化、执行精准化、管理信息化、运营网络化、车间互联化，实现内部人流、物流、资金流、数据流贯穿联通。力争到2022年，建设15家以上数字化车间/智能工厂试点项目。

（二）产业协同化智造行动

行动纲领：聚焦重点行业、传统优势行业，坚持企业主体、龙头带动，循序渐进推进产业链、行业间链条协同改造，实现全市制造业数字技术（智能技术）赋能拓面、改造提质。

1. **打造一批智能化改造示范企业**。以小家电、橡胶注塑、汽车零部件等智能化改造需求密集的特色产业为切入口，分类打造覆盖大中小企业的智能化改造样板，总结、推广先进经验，带动行业改造提升。鼓励优势骨干企业探索各具特色的智能化改造新模式，研究实施5G、人工智能、物联网等技术在智能制造领域的集成创新及应用，建设一批5G+工业互联网、网络协同制造、大规模个性化定制、远程运维服务等新模式应用的重点项目。力争到2022年，全市实施智能化改造重点专项500项以上，推进3个以上行业开展智能化改造新模式应用。

2. **构建一套智能化改造纵横体系**。“纵向”支持产业链协同升级，重点聚焦新材料、光电信息、新能源汽车及关键零部件、机器人及智能装备等四大产业链，构建完善以链主型企业为核心的上下游供应链、管理链、服务链、生态链，探索开展基于互联网的原料供应、协同设计、在线调试、产品物流、质量跟踪追溯，提升全产业链智能化发展水平。“横向”引导行业间协作提升，围绕智能家电—模具—电线电缆、高端装备—新材料—仪器仪表等关联行业，鼓励企业借助“工业互联网平台+工业App”跨界融合，共同开展智能化关键共性技术、智能化组织管理模式等领域合作攻关及配套协作。力争到2022年，形成2条以上在智能化改造领域具备典型示范效应的标志性产业链。

3. **建设一批智能化改造集聚园区**。以智能光电小镇、智谷机器人小镇等为依托，引进集聚智能制造系统解决方案供应商和创新研发机构，开展关键共性技术合作创新，加快实现智能装备、数控系统的“进口替代”。加大数字化产业园区建设，优化工业网络部署，同步搭建专用工业互联网平台，有效链接园区中小企业数字化系统和设备，布局完善集中采购、产能共享、智能仓储物流、设备远程检验检测、集中销售、线上交易等生产性信息服务功能，打造形成以设施数字化、管理可视化、产业智能化、服务智慧化为重点的智慧园区。力争到2022年，创建2个以上数字化产业园区。

（三）服务平台化提升行动

行动纲领：以提升重点平台对企业、行业智能化改造服务能力为主线，以打造多层级工业互联网平台、强化产业园区数字化基础为重点，探索搭建工业大数据应用分析平台，支持企业“上云联网”，构建形成支撑有力的平台及服务体系。

1. **打造工业互联网平台。**支持建设一批企业级平台，鼓励龙头骨干企业牵头打造工业互联网平台，通过资源出租、服务提供、产融合作等方式，向中小企业开放入口并输出智能化改造经验。加快培育一批行业级平台，结合小家电、喷雾泵、模具等块状经济转型需求，支持智能制造工程服务公司运用丰富的智能化改造经验、行业数据资源，开发标准化、可推广、可复制的行业智能化解决方案。鼓励电信运营商与智能装备厂商、智能化改造系统方案服务商等第三方机构“强强”联合，做大做强5G+小家电工业互联网平台。力争到2022年，建成并实现运营3个及以上5G+行业互联网平台。

2. **丰富工业App供给。**加快工业App向工业互联网平台汇聚，支持平台企业引进软件领域优秀生态合作伙伴，建设微服务资源池，提升工业App综合集成、测试验证、质量管控、全生命周期管理和服务能力。纵深推进工业App应用，大力引进、应用面向工业大数据的工业App，培育工业App解决方案，丰富产品供给，加快推进垂直行业应用。鼓励工业企业应用各类工业App产品和服务，切实满足全要素、全流程数字化运营需求。力争到2022年，推广优秀工业App软件30个以上。

3. **提升“企业上云”质量。**重点支持家电、五金、灯具、纺织、橡胶注塑等中小微企业集聚的行业集体“上云”，鼓励企业协同办公、采购管理、生产控制、销售经营、供应链物流等业务“用云”，推动企业从“资源云化”向“业务云化”升级。注重企业“用云质量”提升，支持企业设备、应用系统上云，加快应用系统云化改造和云化迁移，鼓励企业依托工业互联网平台开放研发设计、测试实验、生产制造、物流配送、售后服务、回收再利用等生产能力，实现供需对接和能力交易。力争到2022年，累计“上云企业”达9000家，上云上平台标杆企业12家。

（四）市场本地化拓展行动

行动纲领：加强智能装备企业、工程服务公司、软件企业等市场主体培育，畅通智能化改造市场供需渠道，推进地产智能装备“自产自用”，构建形成智能化改造有力支撑体系。

1. **壮大智能装备产业。**加大培育伟立机器人、天瑞精工、飞图自动化等重点企业，做专做深工业机器人、高档数控专用机床、智能专用装备等细分领域，全力争创单项冠军（隐形冠军）企业。加强新型传感器、工业软件、智能控制、工业互联网等技术在智能装备中的集成应用，推动软硬件一体化发展。引导企业加大关键技术研发投入，加强商标名牌标准建设，形成一批具有自主知识产权、附加值高、市场竞争力强、能够实现进口替代的高端产品，积极争取各级首台套、首版次产品认定和行业标准、国家标准认证。力争到2022年，智能装备领域省级以上首台套产品累计达5个以上，宁波级以上单项冠军企业5家左右。

2. **做强智能制造工程服务公司。**鼓励本地智能装备骨干企业注重提升装备后端配套服务，积极开展“二次创业”，组建独立的智能制造服务子公司，实现从产品供应商到“产品+服务”供应商的转型。深化系统集成、装备制造、工业软件、互联网等企业协同合作，培育一批具有系统总包、方案设计、信息集成能力的专业智能制造系统方案解决商、集成服务商。鼓励智能制造工程服务公司加强本地服务，重点聚焦喷雾泵、五金等特色块状经济及重点细分行业领域，研发一批适用性强、稳定可靠、标准化成熟、性价比高的智能制造系统解决方案。力争到2022年，全市宁波级以上智能制造工程服务公司达20家左右。

3. **促进“地产”智能装备供需对接**。依托本地装备企业、系统服务商、专家团队资源，推动智能化改造向符合产业发展方向、成长态势良好的小微企业延伸。定期举办面向各类企业的综合性或行业性智能制造技术对接活动，加强供需两侧的信息互通，支持有智能化改造意愿的企业优先采购本地智能装备与本地系统方案。加强对智能制造工程服务公司的服务评价，建立管理及考评机制，强化政策、要素支撑。

（五）生态健全化培育行动

行动纲领：聚焦网络基础设施布局、人才管理队伍建设、改造服务水平提升，优化智能化改造要素配置，全面调动改造各方积极性、主动性，努力营造良好发展氛围。

1. **优化工业基础网络**。结合企业实际需求，加快工业基础网络设施就近布局，推进高可靠、广覆盖、大带宽、可定制的企业外网络基础设施建设，助力企业智能化改造。引导企业注重数据联通，加快布局以重数据联通为核心的新一代IT架构，实现梯度升级。加大通信设施运营商与改造企业的合作，加快在重点工业园区、重点企业部署5G网络，探索5G网络工业应用，建设5G应用场景。力争到2022年，应用5G网络的工业企业达10家以上。

2. **强化专业人才培养**。鼓励企业建好企业技术中心、工程技术研究中心、工程实验室、工程中心、重点实验室等创新平台，加快组建智能化改造专业部门，吸引和培养一批智能化改造领域高层次人才和团队。加大智能制造专业人才培养力度，支持员工、人才在职学习、岗位锻炼，积极攻读硕博士学位，不断提升专业能力水平。探索建设产教融合基地，选择一批智能制造领域龙头企业与市内职业院校开展专业人才联合培养，努力为全市智能化改造输送实用型、专业型的设计研发人才和一线操作员工。

3. **提升专业服务水平**。强化与省智能制造专家委员会合作交流，探索组建传统产业智能化技术改造专家指导委员会，组织开展政策宣讲、入企诊断、技术指导、要素保障等服务。实施智能化技术改造专题培训计划，结合不同行业特点，总结梳理一批智能化技改成效显著的企业典型，依托行业协会或专业化服务商，通过视频推介、对标观摩等方式，线上线下分类开展专题培训，开阔企业家队伍眼界。

四、保障措施

（一）加强统筹协调。建立智能化改造协调推进机制，市经信局负责牵头实施，相关部门、乡镇（街道）联动，各行业企业、智能制造工程服务公司协同，制定优化智能化技术改造评价标准规范，推进重大问题协商解决、重大政策督促落实、重点项目落地实施。制订重点智能化改造项目计划，建立定期跟踪服务机制，加快谋划、储备和建成一批优质项目。

（二）强化政策支持。在新一轮工业经济扶持政策中，加大企业数字化、智能化转型支持力度，支持开展关键工序（部位）改造、企业上云、工业App培育，重点鼓励开展数字化车间/智能工厂、5G+行业互联网平台等试点探索、示范创建。鼓励智能制造工程服务平台（机构）、装备企业研发推广具有本地产业特色、标准化程度高的智能化改造解决方案和关键装备（生产线）。支持应用企业优先采购“地产”装备、工业软件及系统集成解决方案。

（三）健全要素保障。拓展金融支持渠道，用好工信产业基金，鼓励风投、创投等各类优质社会资本参与智能化改造重大项目建设。探索“融资、融物、融服务”的智能制造金融模式，引导金融机构创新开展融资租赁、应收账款融资、供应链融资等服务。全方位支持智能化改造项目建设，健全“要素跟着项目走”机制，全力解决资金、土地、能耗等项目建设要事难事。

（四）优化氛围营造。定期组织开展政策宣讲、经验交流等活动，总结推广标杆企业智能化技术改造先进模式，广泛调动大中小各类制造业企业智能化改造的主动性与积极性。发挥中国机器人峰会等活动影响力，定期发布智能制造装备新产品、新技术、新工艺信息，全方位展示余姚在智能化改造、智能制造领域的重大成果，加快链接国内外智能制造领域高端创新资源，为全市智能化改造创造更好条件。

——摘自《余姚市人民政府办公室关于印发余姚市智能化改造三年行动计划（2020—2022年）的通知》（余政办发〔2020〕105号）

2020年中共余姚市委部分文件目录

日期	发文字号	文件名称
1月7日	余党发〔2020〕1号	关于高水平推进市域治理现代化的决定
1月30日	余党发〔2020〕5号	关于坚决贯彻落实习近平总书记重要指示精神充分发挥各级党组织和党员干部在打赢疫情防控阻击战中积极作用的通知
2月19日	余党发〔2020〕7号	印发《关于坚决打赢新冠肺炎疫情防控阻击战全力稳企业稳经济稳发展的实施细则》的通知
3月9日	余党发〔2020〕9号	关于表彰2019年余姚市劳动模范和模范集体的通报
3月9日	余党发〔2020〕10号	关于表扬在“乡村振兴和品质城市建设”工作中作出突出贡献集体和个人的通报
3月9日	余党发〔2020〕11号	关于表扬在“平安余姚”工作中作出突出贡献集体和个人的通报
3月19日	余党发〔2020〕13号	关于表彰2019年度纳税百强企业的通报
4月22日	余党发〔2020〕16号	关于开展2020年度“六争攻坚、三年攀高”抓落实专项行动的实施意见
5月15日	余党发〔2020〕18号	关于深入学习贯彻习近平总书记在浙江、宁波考察时重要讲话精神的通知
6月29日	余党发〔2020〕24号	关于授予在“两手硬、两战赢”工作第一线表现突出的周力等53名同志“余姚市优秀共产党员”称号的决定
7月29日	余党发〔2020〕30号	关于深入实施人才强市创新强市战略　加快建设高水平创新型城市的决定
7月30日	余党发〔2020〕31号	关于印发《中共余姚市委巡察整改质效监督实施办法（试行）》的通知
6月30日	余党发〔2020〕25号	关于加快推进新时代民政事业高质量发展的实施意见
9月18日	余党发〔2020〕36号	印发《关于加强新时代关心下一代工作的意见》的通知
10月14日	余党发〔2020〕40号	关于给予部分公务员记三等功和嘉奖奖励的通报
12月24日	余党发〔2020〕50号	关于制定余姚市国民经济和社会发展第十四个五年规划和二〇三五年远景目标的建议
12月30日	余党发〔2020〕54号	关于建设高水平交通强市的实施意见
1月24日	余党办〔2020〕2号	关于印发《余姚市外贸“双翻番”行动实施方案》的通知
2月18日	余党办〔2020〕5号	关于进一步加强新冠肺炎防治一线医务人员、援鄂医疗队员及其家属保障工作的通知
2月19日	余党办〔2020〕6号	关于全力开展“三服务”活动建立驻企服务员机制的通知
2月28日	余党办〔2020〕7号	印发《〈中共余姚市委关于高水平推进市域治理现代化的决定〉任务分工方案》的通知

续表

日期	发文字号	文件名称
3月23日	余党办〔2020〕11号	关于印发《余姚市开展“六清六净”提升农村人居环境专项行动方案》的通知
3月26日	余党办〔2020〕15号	关于高水平推进美丽城镇建设的实施意见
4月2日	余党办〔2020〕17号	关于印发《“牢记初心使命、勇于奉献担当”专题教育实践活动第三阶段重点任务安排》的通知
4月8日	余党办〔2020〕18号	关于印发《“四送一增强”服务企业专项行动实施方案》的通知
4月8日	余党办〔2020〕19号	关于在全市机关建立“周二夜学”制度的通知
4月8日	余党办〔2020〕21号	印发《关于进一步强化招商引资“一号工程”的若干政策意见》的通知
4月10日	余党办〔2020〕22号	关于印发《2020年全市群众性精神文明建设实施意见》的通知
4月16日	余党办〔2020〕23号	关于印发《2020年余姚市东西部扶贫协作、对口支援和山海协作工作要点及任务分解》的通知
4月17日	余党办〔2020〕24号	关于开展2020年度“慈善一日捐”活动的意见
4月24日	余党办〔2020〕25号	关于命名2018—2019年度余姚市文明村镇、文明单位的通报
5月11日	余党办〔2020〕26号	关于印发《余姚市纵深推进基层社会治理“阿拉一起来”试点工作方案》的通知
5月11日	余党办〔2020〕27号	关于印发《余姚市新时代文明实践中心建设省级试点工作实施方案》的通知
5月11日	余党办〔2020〕28号	关于命名2019年度平安乡镇（街道）的通报
5月11日	余党办〔2020〕29号	关于印发《姚籍人才智力回归工程实施方案》的通知
5月11日	余党办〔2020〕30号	关于印发《余姚市市场化社会化引才奖励办法（试行）》的通知
5月13日	余党办〔2020〕31号	关于发挥新乡贤在助推乡村振兴战略中积极作用推进全市新乡贤工作的实施意见
5月27日	余党办〔2020〕35号	关于印发《实行首问负责即问即办的若干规定（试行）》的通知
6月2日	余党办〔2020〕38号	关于印发《2020年法治余姚建设工作要点》的通知
7月2日	余党办〔2020〕47号	关于印发《进一步推进巩固国家卫生城市工作“十大”专项行动实施方案》的通知
8月4日	余党办〔2020〕60号	转发《中共宁波市委办公厅　宁波市人民政府办公厅关于全面落实过紧日子要求厉行节约反对浪费的通知》的通知
7月20日	余党办〔2020〕62号	关于印发《余姚市提升产业链供应链稳定性和竞争力三年行动计划》的通知
7月1日	余党办〔2020〕64号	关于印发《余姚市危险化学品运输安全“铁拳整治”行动方案》的通知
9月7日	余党办〔2020〕70号	关于进一步深化做好“三对标三自查”履职检查的实施意见
9月14日	余党办〔2020〕72号	关于印发《余姚市深化推进杭州湾污染综合治理攻坚战实施方案》的通知
11月2日	余党办〔2020〕83号	关于认真学习贯彻《中国共产党党和国家机关基层组织工作条例》的通知
11月23日	余党办〔2020〕88号	关于印发《余姚市单项冠军培育三年行动计划（2020—2022）》的通知
12月4日	余党办〔2020〕90号	关于切实做好2021年度党报党刊发行工作严格规范报刊发行秩序的通知
12月15日	余党办〔2020〕92号	关于印发认真贯彻落实《关于加强新时代调解工作的若干意见》的通知

2020年余姚市人民政府部分文件目录

日期	发文字号	文件名称
1月15日	余政发〔2020〕2号	余姚市人民政府关于印发《余姚市公共墓地布局规划修编（2019-2035年）》的通知
1月22日	余政发〔2020〕3号	余姚市人民政府关于印发《余姚市创建浙江省渔业健康养殖示范县实施方案》的通知
2月6日	余政发〔2020〕4号	余姚市人民政府关于打赢疫情防控阻击战帮扶中小企业共渡难关的二十条意见
2月18日	余政发〔2020〕5号	余姚市人民政府关于开展第七次全国人口普查的通知
3月13日	余政发〔2020〕6号	余姚市人民政府关于公布第六批余姚市级非物质文化遗产代表性项目名录的通知
5月25日	余政发〔2020〕12号	余姚市人民政府关于印发余姚市公共投资项目审计监督办法的通知
5月25日	余政发〔2020〕13号	余姚市人民政府关于印发《余姚市集体经营性建设用地入市实施办法（试行）》的通知
7月13日	余政发〔2020〕18号	余姚市人民政府关于调整征地区片综合地价的通知
8月4日	余政发〔2020〕19号	余姚市人民政府关于印发余姚市国有产权交易管理办法的通知
9月22日	余政发〔2020〕22号	余姚市人民政府关于印发推进健康余姚行动实施方案的通知
12月30日	余政发〔2020〕25号	余姚市人民政府关于公布行政规范性文件清理结果的通知
12月30日	余政发〔2020〕26号	余姚市人民政府关于印发推进制造业高质量发展的若干意见的通知
1月7日	余政办发〔2020〕1号	余姚市人民政府办公室关于公布2019年度第三批姚江英才计划入选项目的通知
2月13日	余政办发〔2020〕4号	余姚市人民政府办公室关于印发余姚市畜禽养殖禁养区划分调整方案的通知
3月3日	余政办发〔2020〕6号	余姚市人民政府办公室关于进一步做好疫情防控期间各项惠企政策尽快落地见效的通知
3月9日	余政办发〔2020〕7号	余姚市人民政府办公室关于印发《余姚市5G通信基础设施专项规划（2019—2023）》的通知
3月12日	余政办发〔2020〕8号	余姚市人民政府办公室关于印发着力破解民生领域“五难五多”问题总体方案（2020）的通知
3月17日	余政办发〔2020〕9号	余姚市人民政府办公室关于印发2020年度资产盘活工程提效消障清零“六个专项行动”方案的通知
4月3日	余政办发〔2020〕18号	余姚市人民政府办公室关于印发进一步加强我市危险废物规范化管理工作方案的通知
4月21日	余政办发〔2020〕19号	余姚市人民政府办公室关于印发余姚市开展消防车“生命通道”集中治理行动实施方案的通知
4月27日	余政办发〔2020〕20号	余姚市人民政府办公室关于印发余姚市培育支持社会救援力量发展的指导意见的通知
5月15日	余政办发〔2020〕23号	余姚市人民政府办公室关于印发余姚市城市供水供气事故应急预案的通知
5月14日	余政办发〔2020〕24号	余姚市人民政府办公室印发关于推动全市外贸产品转型稳产扩能实施方案的通知
5月27日	余政办发〔2020〕25号	余姚市人民政府办公室关于印发余姚市“千吨万人”以上饮用水水源保护区整治工作方案的通知

续表

日期	发文字号	文件名称
6月8日	余政办发〔2020〕26号	余姚市人民政府办公室关于印发2020年余姚市政务公开工作要点的通知
6月24日	余政办发〔2020〕30号	余姚市人民政府办公室关于印发余姚市加快高新技术企业培育攻坚行动方案（2020—2022年）的通知
6月24日	余政办发〔2020〕31号	余姚市人民政府办公室关于印发余姚市城镇燃气体制改革实施方案的通知
6月30日	余政办发〔2020〕32号	余姚市人民政府办公室关于公布2020年度第一批姚江英才计划入选项目的通知
7月2日	余政办发〔2020〕33号	余姚市人民政府办公室关于印发2020年粮食订单政策方案的通知
6月28日	余政办发〔2020〕34号	余姚市人民政府办公室关于印发2020年余姚市食品安全工作要点的通知
7月2日	余政办发〔2020〕35号	余姚市人民政府办公室印发关于规范出让地块周边市政公用设施带建项目建设管理实施办法（试行）的通知
7月6日	余政办发〔2020〕36号	余姚市人民政府办公室转发市教育局关于《余姚市2020学年教育事业计划》的通知
7月16日	余政办发〔2020〕37号	余姚市人民政府办公室关于调整历史遗留用地补办用地手续政策的补充通知
7月22日	余政办发〔2020〕38号	余姚市人民政府办公室关于印发全市道路交通安全“大排查、大整治”百日攻坚战工作方案的通知
7月22日	余政办发〔2020〕39号	余姚市人民政府办公室关于印发余姚市国土绿化五年行动计划（2020—2024年）的通知
7月22日	余政办发〔2020〕40号	余姚市人民政府办公室关于印发2020年度镇级政府性投资新建项目计划的通知
7月22日	余政办发〔2020〕41号	余姚市人民政府办公室关于印发《余姚市省级国土资源节约集约模范（县）市创建活动实施方案》的通知
7月22日	余政办发〔2020〕42号	余姚市人民政府办公室关于印发余姚市公共投资项目结（决）算审核中介机构管理暂行办法的通知
7月29日	余政办发〔2020〕43号	余姚市人民政府办公室关于印发《余姚市姚江沿线排涝泵站管控方案（试行）》的通知
7月27日	余政办发〔2020〕44号	余姚市人民政府办公室关于印发余姚市一般工业固废分类管理工作实施方案的通知
7月31日	余政办发〔2020〕45号	余姚市人民政府办公室关于印发全市农贸市场及周边整顿百日行动方案的通知
7月31日	余政办发〔2020〕46号	余姚市人民政府办公室关于印发余姚市普速铁路沿线外部环境安全隐患综合整治行动方案的通知
8月19日	余政办发〔2020〕48号	余姚市人民政府办公室关于印发余姚市产业创新服务综合体建设实施方案的通知
8月25日	余政办发〔2020〕49号	余姚市人民政府办公室关于印发落实国务院办公厅2020年政务公开工作要点任务清单的通知
8月26日	余政办发〔2020〕50号	余姚市人民政府办公室关于下达2020年全市2000万元及以上政府（国企）投资项目和重点工程调整后计划的通知
8月30日	余政办发〔2020〕52号	余姚市人民政府办公室关于印发余姚市“无废城市”建设实施方案的通知
8月28日	余政办发〔2020〕53号	余姚市人民政府办公室关于印发《余姚市旅游综合执法体系建设实施方案》的通知
8月28日	余政办发〔2020〕54号	余姚市人民政府办公室关于加强全域旅游市场综合监管的意见
8月27日	余政办发〔2020〕55号	余姚市人民政府办公室关于印发余姚市支持交通运输企业复工实施意见的通知
9月3日	余政办发〔2020〕56号	余姚市人民政府办公室关于过渡期内乡镇总体规划实施管理的通知
9月20日	余政办发〔2020〕60号	余姚市人民政府办公室关于印发余姚市2020年打赢蓝天保卫战空气质量提标进位行动方案的通知
9月20日	余政办发〔2020〕61号	余姚市人民政府办公室关于印发《余姚市保健食品行业专项清理整治行动实施方案（2020—2021年）》的通知
9月25日	余政办发〔2020〕63号	余姚市人民政府办公室关于印发2020年余姚市法治政府建设工作要点的通知
9月25日	余政办发〔2020〕64号	余姚市人民政府办公室关于印发余姚市2020年土地例行督察迎检工作方案的通知

续表

日期	发文字号	文件名称
9月24日	余政办发〔2020〕65号	余姚市人民政府办公室关于印发2020年余姚市优化营商环境攻坚行动实施方案的通知
9月27日	余政办发〔2020〕66号	余姚市人民政府办公室关于印发开展废弃矿山生态修复“百日攻坚战”实施方案的通知
9月30日	余政办发〔2020〕67号	余姚市人民政府办公室关于印发余姚市人工繁育野生动物补偿处置工作方案的通知
10月12日	余政办发〔2020〕70号	余姚市人民政府办公室关于印发《关于促进3岁以下婴幼儿照护服务发展的实施意见》的通知
10月12日	余政办发〔2020〕71号	余姚市人民政府办公室印发《关于改革完善医疗卫生行业综合监管制度的实施意见》的通知
10月19日	余政办发〔2020〕75号	余姚市人民政府办公室关于印发余姚市高标准推进生活垃圾治理攻坚行动方案的通知
10月26日	余政办发〔2020〕77号	余姚市人民政府办公室关于印发余姚市推进制造业高质量发展实施方案（2020—2022年）的通知
11月6日	余政办发〔2020〕79号	余姚市人民政府办公室关于公布2020年度第二批姚江英才计划入选项目的通知
10月12日	余政办发〔2020〕81号	余姚市人民政府办公室关于印发余姚市2020年度地质灾害防治方案的通知
11月26日	余政办发〔2020〕84号	余姚市人民政府办公室关于调整我市医疗保险有关政策的通知
11月30日	余政办发〔2020〕85号	余姚市人民政府办公室关于印发余姚市户口迁移实施细则的通知
12月14日	余政办发〔2020〕91号	余姚市人民政府办公室关于印发余姚市“三线一单”生态环境分区管控方案的通知
12月17日	余政办发〔2020〕92号	余姚市人民政府办公室关于印发余姚市国家慢性病综合防控示范区巩固提升工作实施方案的通知
12月11日	余政办发〔2020〕93号	余姚市人民政府办公室关于印发进一步加强稳就业工作实施意见的通知
12月21日	余政办发〔2020〕95号	余姚市人民政府办公室关于印发余姚市重污染天气应急预案等三个预案的通知
12月22日	余政办发〔2020〕96号	余姚市人民政府办公室关于印发余姚市粮食安全应急预案的通知
12月21日	余政办发〔2020〕99号	余姚市人民政府办公室关于印发余姚市火灾事故应急预案的通知
12月15日	余政办发〔2020〕100号	余姚市人民政府办公室关于印发《余姚市自然资源统一确权登记工作方案》的通知
12月31日	余政办发〔2020〕103号	余姚市人民政府办公室关于做好2021年元旦、春节期间民生领域保供稳价工作的通知
12月29日	余政办发〔2020〕105号	余姚市人民政府办公室关于印发余姚市智能化改造三年行动计划（2020—2022年）的通知

索 引

D

E

F

G

H

I

J

K

L

M

N

P

Q

R

S

T

W

X

Y

Z

数字

数字